REPÚBLICA, UNIVERSIDADE E ACADEMIA

REPÚBLICA, UNIVERSIDADE E ACADEMIA

Coordenação
Vítor Neto

REPÚBLICA, UNIVERSIDADE E ACADEMIA

COORDENAÇÃO
Vítor Neto

COORDENAÇÃO TÉCNICA
Marlene Taveira

EDITOR
EDIÇÕES ALMEDINA, SA
Rua Fernandes Tomás nºs 76, 78, 80
3000-167 Coimbra
Tel.: 239 851 904 · Fax: 239 851 901
www.almedina.net · editora@almedina.net

PRÉ-IMPRESSÃO | IMPRESSÃO | ACABAMENTO
G.-C. GRÁFICA DE COIMBRA, LDA.
Palheira – Assafarge
3001-453 Coimbra
producao@graficadecoimbra.pt

Capa: Lápide comemorativa da República – 1927
Escultor: Costa Motta Sobrinho – Propriedade da Reitoria da Universidade de Coimbra
Fotografia: Alexandre Ramires
Autoria da capa: Gonçalo Luciano

Março, 2012

DEPÓSITO LEGAL
341853/12

Os dados e as opiniões inseridos na presente publicação
são da exclusiva responsabilidade do(s) seu(s) autor(es).

Toda a reprodução desta obra, por fotocópia ou outro qualquer
processo, sem prévia autorização escrita do Editor, é ilícita
e passível de procedimento judicial contra o infractor.

Biblioteca Nacional de Portugal – Catalogação na Publicação

COLÓQUIO INTERNACIONAL REPÚBLICA, UNIVERSIDADE
E ACADEMIA, Coimbra, 2010

República, Universidade e Academia : actas / Colóquio
Internacional República… ; coord. Vítor Neto
ISBN 978-972-40-4734-8

I – NETO, Vítor

CDU   94(469)"191/194"
    378
    323

Organização:

Apoios:

Índice

Vítor Neto
Nota Introdutória 11

MOVIMENTOS REPUBLICANOS E UNIVERSIDADE

Luís Reis Torgal
António José de Almeida,
a Universidade e a Reforma Republicana do Ensino 17

Jaume Claret Miranda
El Sueño de una Universidad Republicana, 1931-1939 53

Manuel Augusto Rodrigues
A República e a Universidade de Coimbra 63

Fernando de Almeida Catroga
A Universidade Portuguesa e as Universidades Europeias 91

Angelo Brigato Ésther
A Universidade Brasileira:
Tensões, Contradições e Perspectivas em sua Trajetória 165

Christophe Charle
Le Project Universitaire de la Troisième République
et ses Limites, Science, Démocratie et Elites 183

Ernesto Castro Leal e Noémia Malva Novais
Ideias Políticas, Formas Organizativas e Lutas Estudantis Universitárias:
Marcos de um Itinerário (1918-1926) 209

República, Universidade e Academia

Maria Manuela Tavares Ribeiro
A Academia de Coimbra – Revolução e República 237

Isabel Pérez-Villanueva Tovar
La Ciudad Universitária de Madrid, de la Monarquía a la República 251

CIÊNCIA E MOVIMENTOS CIENTÍFICOS

Rui Manuel de Figueiredo Marcos
A Reforma dos Estudos Jurídicos de 1911
Coordenadas Científicas e Pedagógicas 275

Maria de Fátima Nunes
Cientistas em Acção:
Congressos, Práticas Culturais e Científicas (1910-1940) 291

João Paulo Avelãs Nunes
Ciência e Ideologia: a História na FLUC de 1911 a 1933 313

José Morgado Pereira
A Recepção das Correntes Psiquiátricas Durante a Primeira República 339

Alfredo Mota
A Medicina na República 347

Luciano Casali
L'Università Italiana dal Fascismo alla Repubblica.
Tentativi di Rinnovamento e Sostanziale Continuità 353

PROFESSORES E ESTUDANTES

Vítor Neto
Afonso Costa: o Republicanismo e os Socialismos 367

Manuel Carvalho Prata
A Universidade de Coimbra e os seus Professores
na Literatura Memorialista Estudantil (1880-1926) 379

Alexandre Ramires
A Imagem Fotográfica de Professores e Estudantes Republicanos
da Universidade de Coimbra 399

Nuno Rosmaninho
Historiadores de Arte na Universidade Republicana 413

António Gomes Ferreira e Luís Mota
Formar Professores Para Cumprir a Educação na República.
A Ideologia e a Acção Política 429

J. Romero Magalhães
Leonardo Coimbra e a Criação Política da Faculdade de Letras
da Universidade do Porto 457

Salomé Marivoet
Educação Física, Ginástica e Desportos na Primeira República 471

RESUMOS 493

Vítor Neto

Nota Introdutória

A obra que agora se publica é a consumação final de um Encontro Científico sobre o tema *República, Universidade e Academia*. Ela integra-se no Centenário da República e reuniu um conjunto de investigadores nacionais e estrangeiros os quais, durante três dias, debateram as questões relacionadas com os regimes políticos republicanos, as universidades e os estudantes numa perspectiva global e problematizadora. Para isso, o Colóquio foi organizado em painéis que também constituem a estrutura deste livro: *Movimentos Republicanos e Universidade, A República e os Movimentos Académicos, Ciência e Movimentos Científicos* e *Professores e Estudantes*. Procurou-se que este volume reflectisse o conhecimento objectivo desse ciclo histórico e revelasse as preocupações dos intelectuais participantes a respeito das relações entre o poder político, as ideologias e a Universidade. Nos múltiplos enfoques presentes nos diferentes artigos será, a nosso ver, possível encontrar uma certa unidade epistemológica e teórica que transformará a leitura dos textos agradável e inovadora nas suas diferentes abordagens. E se o livro não trouxer muitas certezas, pelo menos levantará questões de interpretação teórica e poderá suscitar perguntas no leitor como tanto nos interessa. A história desta temática ainda se encontra, em boa medida, por fazer. Contudo, julgamos que, com este volume, damos um contributo ainda que modesto para um melhor entendimento destas temáticas em período republicano. Reunindo vinte e dois artigos, o livro permitirá certamente alargar os horizontes sobre esta fase crucial da nossa modernidade. Para além da presença dos nossos Colegas de outras Universidades (nacionais e estrangeiras), a Universidade de Coimbra esteve representada por Professores de todas as Faculdades permitindo-se, assim, um olhar diverso e múltiplo sobre o objecto em questão. Desejamos, muito naturalmente, que a leitura deste livro vos enriqueça e vos traga novidades teóricas e empíricas sobre esse tempo de rupturas e de utopias – o tempo da Primeira República Portuguesa.

O nosso agradecimento a todos os Colegas que tornaram possível a realização do obra apresentando os seus estudos, que agora temos o prazer de publicar. O reconhecimento pelo trabalho desenvolvido e pelo seu entu-

República, Universidade e Academia

siasmo à Sandra Duarte, à Carolina Álvaro, à Dr.ª Isabel Luciano, à Dr.ª Marlene Taveira, à Ângela Lopes, ao Gonçalo Luciano. O nosso profundo agradecimento à Fundação para a Ciência e Tecnologia e à Fundação Eng. António de Almeida. Do mesmo modo agradecemos o patrocínio tão generosamente concedido pelo Governo Civil de Coimbra e pelo Departamento de Cultura da Câmara Municipal de Coimbra.

MOVIMENTOS REPULICANOS E UNIVERSIDADE

Luís Reis Torgal

António José de Almeida, a Universidade e a Reforma Republicana do Ensino

TORGAL, **Luís Reis** – Doutor em História pela Faculdade de Letras da Universidade de Coimbra. Professor Catedrático Aposentado da FLUC. Coordenador de Investigação do CEIS20.

António José de Almeida, estudante republicano:
escritor polémico e orador

Em 16 de Julho de 1931, a Câmara Municipal de Coimbra atribui à rua de Montes Claros o nome de António José de Almeida[1]. Já no processo de formação do Estado Novo, em 1933, foi autorizado que o seu nome fosse concedido a centros republicanos, como sucedeu em Coimbra, cujos estatutos foram aprovados em 21 de Março. Em Penacova, sede do conselho da sua terra natal, Vale da Vinha, da freguesia da então Farinha Podre (hoje S. Pedro de Alva), depois de ter sido lançada a primeira pedra do seu monumento, no significativo dia 5 de Outubro de 1974, foi inaugurado o busto, da autoria do escultor Cabral Antunes, no mesmo dia mas dois anos depois, 1976. Em 28 de Maio anterior, a Assembleia Municipal de Penacova deliberou por unanimidade que o feriado municipal se verificasse no dia 17 de Julho, do nascimento de António José de Almeida (nascera em nesse dia, em 1866). Só em 1984, no sempre simbólico 5 de Outubro, foi inaugurada em Coimbra uma réplica do busto de Cabral Antunes, no pequeno largo em que se abre a rua António José de Almeida. Só outra vez em 5 de Outubro de 1997 foi inaugurada uma estátua de corpo inteiro em S. Pedro de Alva, ficando também o nome do militante da República ligada ao nome da rua e de outro pequeno largo que se situa em Vale da Vinha, junta da casa onde nasceu e que se encontra ainda de pé, à espera que seja transformada em património municipal e nacional.

Os concelhos de Coimbra e Penacova homenagearam, pois, em tempos diferentes, o seu filho, que haveria de morrer em Lisboa, na sua vivenda da avenida António Augusto de Aguiar, já infelizmente transformada em prédio de andares, em 31 de Outubro de 1929. Depois de funerais nacionais, mais tarde, em 31 de Outubro de 1937, foi inaugurada a sua estátua nas "avenidas novas" de Lisboa, próximo do Instituto Superior Técnico, do Instituto Nacional de Estatística e da Casa da Moeda, que constituiriam verdadeiros símbolos da arquitectura do Estado Novo. Seria esse, depois, um dos lugares de culto da oposição ao Estado Novo.

Em Coimbra, duas figuras, que de resto estiveram ligadas uma à outra, marcaram as manifestações do 5 de Outubro, passando até hoje a serem lugares de romaria cívica os seus espaços simbólicos: António José de

---

[1] Sobre a temática que se segue ver o nosso livro, com selecção de imagens de Alexandre Ramires, *António José de Almeida e a República*, Lisboa, Círculo de Leitores, 2004, sobretudo cap. 8.

Almeida e o seu busto na rua com o seu nome, e José Falcão e o seu túmulo, no cemitério de Santo António dos Olivais. Este foi o mais respeitado mestre republicano, a quem os estudantes procuravam e ouviam, como sucedeu nas vésperas de 31 de Janeiro de 1891, depois da visita a sua casa de Alves da Veiga, que viria a assumir a responsabilidade da revolta falhada do Porto. António José de Almeida foi um deles e, como outros, a conselho de José Falcão, ficou a aguardar notícias do Porto, enquanto se preparava o movimento que tinha o apoio de alguns militares do quartel do Regimento de Infantaria 23 ("quartel de Santana") e do quartel da rua da Sofia, instalado no antigo colégio da Graça. Esperaram... – e sobre essa espera António José de Almeida deixou-nos um texto interessantíssimo, pela sua bela descrição dramática[2] –, só deixando de o fazer quando vieram as notícias do Porto de que a revolta falhara. Nessa altura António José de Almeida frequentava o 2.º ano de Medicina.

Mas, a sua história como estudante republicano vinha já de trás. Depois de ter frequentado o Liceu de Coimbra, entrou na Universidade para fazer os preparatórios de Medicina nas faculdades de Matemática e de Filosofia, não seguindo o curso do seu irmão Francisco António, que se havia formado em Direito e que será pela vida fora seu discreto companheiro de viagem.

Não foi então um grande aluno e os dois anos necessários para concluir essa primeira parte do curso demoraram quatro, os quais foram percorridos, com quatro reprovações, desde 1885-1886 a 1888-1889[3]. É no final deste ano lectivo que António José de Almeida, com o pseudónimo de *Diógenes* (o lendário filósofo grego dos séculos V-IV A.C., da escola cínica, famoso pela sua austeridade e pelo facto de ter procurado imprimir um sentido ético à sua filosofia), vai escrever o primeiro artigo de jornal, num semanário de vida curta, cujo nome iria ter mais tarde (já no Estado Novo) um grande significado na imprensa estudantil, *Via Latina*. O artigo é exactamente sobre a sua incompatibilidade com o compêndio de Matemática de Francoeur[4].

---

[2] Cfr. *Desaffronta: história d'uma perseguição*. Coimbra, Livraria Moderna de A. d'Oliveira, 1895. 2ª edição: 1896. Ver *António José de Almeida e a República*, *ob. cit.*, pp. 50-54.

[3] Sobre a vida académica de António José de Almeida, ver no Arquivo da Universidade de Coimbra o seu processo individual. Ver *ob. cit., António José de Almeida e a República*, cap. 3.

[4] *Via Latina*, Coimbra, n.º 3, 13.12.1889. Trata-se do compêndio de L. B. Francoeur, *Curso completo de mathematicas puras* novamente trad., correcto e augmentado

António José de Almeida, a Universidade e a Reforma Republicana do Ensino

Mas, é já como aluno de Medicina que inicia a sua acção republicana com um explosivo artigo na imprensa. António José de Almeida fora eleito pelos estudantes de Medicina para os representar no Congresso dos Estudantes Portugueses, realizado naquela cidade, de 23 a 25 de Março de 1890, e que votou os estatutos da efémera Federação Académica Portuguesa.

Em 23 Março de 1890 sai o "Número Programa" da "Folha Académica", que se pretendia bissemanária, intitulada *O Ultimatum*. A "Redacção" começava por saudar os colegas de Lisboa, do Porto e de outras cidades que se encontravam em Coimbra "para tratarem da federação académica". No editorial salientava-se o seu credo em letras gordas: "Somos anti-monárquicos". Logo na primeira página, em lugar de destaque, surgia o artigo assinado por "António J. Almeida", intitulado "Bragança, o último". Já se vê que se tratava de um texto de grande sentido polémico.

No mês de Outubro, dia 19, de 1889, morrera o rei D. Luís e fora aclamado D. Carlos I. Logo no início de 1890, 11 de Janeiro, verifica-se o *Ultimatum* inglês, que originara protestos nacionais, inclusivamente na Universidade de Coimbra. As faculdades reuniram as suas congregações e resolveram que os lentes contribuiriam monetariamente para uma subscrição nacional destinada a "auxiliar a defesa do país". Em claustro pleno, reunido em 15 de Janeiro, a Universidade manifestou por unanimidade lavrar "um solene protesto contra o procedimento do Governo inglês". E decidiu, para além de enviar uma cópia desse protesto ao Governo de Lisboa, dar dele "conhecimento público"[5].

Neste contexto de revolta, aproveitada pelas hostes republicanas, alguns estudantes de Coimbra com esse credo foram buscar o nome do *Ultimatum* para o seu periódico, que por isso revela, indirectamente embora, o sentido nacional e colonial que há-de caracterizar a propaganda em prol da República. Mas, directamente, o que surge é um grande libelo contra a Monarquia. As expressões figurativas e simbólicas sucedem-se no texto acusatório de António José de Almeida, bruscamente, mesmo brutalmente, mas através de um raciocínio polémico de grande coerência.

---

pelos lentes cathedraticos Francisco de Castro Freire e Rodrigo Ribeiro de Sousa Pinto. Coimbra, Impr. da Universidade, 1853. Houve dele várias edições. Também se adoptaram do mesmo autor manuais de astronomia e sobre a teoria do calendário.

5 Cfr. AUC, Reitoria da Universidade: Registo de correspondência – Ofícios, 1887-1890, fl. 147v.-148 – IV-2ª E-11-1-11, e Actas do Claustro Pleno, 1856-1910, fl. 89v.-90 – IV-1ª D-3-1-108. Textos transcritos em "Ultimatum", *Boletim do Arquivo da Universidade de Coimbra*, vol. XI e XII, 1992, pp. 368-369.

República, Universidade e Academia

Com o *Ultimatum*, D. Carlos, que era até ali chamado de "larápio", de "grande gatuno", de "bruto", de "pacóvio", passou a ter outra característica – "irresponsabilidade"[6]. De onde se concluía que "D. Carlos de Bragança não é um homem!". Irresponsável era o boi ou o gato. Logo, daqui se conclui que "el-rei D. Carlos de Bragança é um animal". Mas que espécie de animal é esse, "que dizem ter a covardia da hiena e ser traidor como o tigre", "que umas vezes arremete de juba alçada como um leão para em seguida virar as costas como um sendeiro"...? – interroga-se António José. E, olhando para os exemplares em esqueleto ou empalhados do "Museu" (o Museu Zoológico da Universidade), não aceita que se trate de um camelo ou de um orango. Não. "Aquele macaco, para nós, discípulos de Darwin, está mais próximo do homem e el-rei está muito longe, está muito, mesmo muito afastado; separa-o de nós além da sua irresponsabilidade, o abismo imensurável da sua inviolabilidade sagrada."

Perante esta dúvida, que teria o próprio Lineu, conclui que o melhor será não tentar mais: "Alguém o classificará um dia e a ciência dar-se-á por satisfeita." O que é preciso é "que a revolução se faça". Mas o rei "não pode ser morto". O melhor será "metê-lo numa das gaiolas centrais do Jardim Zoológico". E conclui, com uma dura ironia:

> E então os jornais, depois de anunciarem que no Jardim Zoológico há música às quintas e domingos, dirão, subindo ao mais alto furo do *reclame*, que acaba de para lá entrar o último animal de Bragança.

> Mais tarde a História repetirá friamente, como um eco:
> – Último animal de Bragança!...

Claro que um texto destes não poderia ficar impune, mesmo que se verificasse por essa altura uma branda censura em relação a críticas desde tipo, expressas em textos e em caricaturas. Recorde-se o caso de Rafael Bordalo Pinheiro.

Mas, mesmo assim, nunca se fora tão longe e não se poderia perdoar, ainda que o autor fosse um jovem estudante do 1.º ano, uma afronta deste tipo aos valores sagrados – que iam deixando de o ser – da Monarquia. Julgado no tribunal de Coimbra, António José de Almeida, defendido por

---

[6] A ideia de "irresponsabilidade" do rei deriva da fórmula do artigo 72.º da Carta Constitucional em vigor: "A Pessoa do Rei é inviolável e sagrada; ele não está sujeito a Responsabilidade alguma".

António José de Almeida, a Universidade e a Reforma Republicana do Ensino

Manuel de Arriaga, com mais dois réus (que tiveram outros defensores), o colega de Direito Afonso Costa, que subscrevera outro artigo, e o impressor Pedro Cardoso, o juiz, Assis Caldeira de Queiroz, não aplicou qualquer pena a Afonso Costa, considerando, porém, "procedente e provada a acusação contra os réus António José de Almeida e Pedro Augusto Cardoso", aplicando ao primeiro a pena de três meses de prisão correccional e ao segundo trinta dias de multa a 200 réis por dia. Além disso, declarou "suprimido o periódico *Ultimatum*".[7]

Este acontecimento deu uma grande popularidade a António José e Almeida, por altura da sentença, durante os meses em que esteve preso na cadeia de Santa Cruz e na altura em que foi libertado. Surgiram manifestações públicas e individuais e comícios no Centro Republicano de Coimbra, um deles presidido por Sebastião Magalhães Lima, que se deslocou propositadamente a Coimbra, e onde o pai de António José, José António de Almeida, que fora presidente da Câmara de Penacova pelo Partido Progressista, durante os quatro anos que se sucederam a 1887, aderiu ao Partido Republicano. E, na prisão, António José de Almeida escreveu um opúsculo que intitulou *Palavras d'um intransigente*, dedicado "Aos Patriotas..." e publicado pelo seu amigo Pedro Cardoso na Tipografia Operária. É datado, precisamente, da "Cadeia de Coimbra, 1 de Julho de 1890", ou seja, menos de uma semana depois de ter entrado na cadeia de Santa Cruz.

O sentido polémico e "intransigente" de António José de Almeida não ficou por aqui durante a sua passagem pela Universidade de Coimbra, como estudante. Escreveu textos diversos em defesa da prática de estudantes republicanos e manifestou-se mesmo em simples manifestações praxísticas da Academia, não pela defesa de velhos costumes, considerados ultrapassados, mas por solidariedade para com os colegas. No entanto, a acção mais contundente no domínio universitário foi a publicação de um livro contra a Faculdade de Medicina pelo facto de alguns dos seus lentes terem revelado oposição à sua entrada na carreira universitária, pois António José, depois de um percurso nada brilhante, acabou o curso com altos resultados, recebendo mesmo prémios pelo seu aproveitamento. Nele não poupou até professores republicanos, como Augusto Rocha. O título desse livro, publicado em 1895, era significativo: *Desafronta (História d'uma perseguição)*[8]. Fala,

---

[7] AUC – Processo judicial do crime de abuso de liberdade de imprensa em que são réus Pedro Augusto Cardoso, António José e Almeida e Afonso Augusto da Costa, Polícia Correccional, VI-1ª D-15-1-15, maço 59 – n.º 6.

[8] *Ob. cit.: Desaffronta: história d'uma perseguição*. Coimbra, Livraria Moderna de A. d'Oliveira, 1895. 2ª edição: 1896.

República, Universidade e Academia

assim, da "tirania universitária" e do seu "espírito inquisitorial", e refere-se à Universidade como a "pesada e sombria carroça da Minerva coimbrã"[9]. E, reportando-se à sua faculdade, conclui: "Não há faculdade na universidade mais retalhada por pequeninos despeitos e torpes invejas do que a de medicina. Os senhores conspiram, uns contra os outros, e passam a vida esfarrapando-se a reputação"[10].

Para além dos escritos polémicos, também foi em Coimbra que nasceu o orador, que seria uma das características marcantes de António José de Almeida

O cemitério de Santo António dos Olivais e o dia 15 de Janeiro de 1893 foram o espaço e o tempo em que se revelou essa sua qualidade. José Falcão era a personalidade que originaria o discurso fúnebre que iniciaria a sua campanha de oratória.

Perante a "grandeza" de José Falcão e perante a sua morte implacável, surge-lhe uma palavra de desânimo, que, por sua vez, se transforma numa palavra de esperança. Segundo o credo positivista, os patriotas mortos comandam a vida, predizem o futuro e são exemplo para a sua construção. Era, afinal de contas, a sua postura frente à morte do mestre:

> Evidentemente que o partido republicano não tem o direito de vir queimar a sua bandeira sobre o túmulo de José Falcão. As ideias podem curvar-se momentaneamente perante o sepulcro daqueles em quem o génio deu uma vibração fantástica à força heróica do carácter, mas não se aniquilam com a morte dos homens. Por maiores que estes sejam, o seu túmulo é sempre pequeno para nele caberem aquelas também.[11]

A morte de José Falcão poderia predizer "a sepultura da Pátria – no cemitério da História" (como afirmava em palavras sonoras). Ele era "grande" e "bom", numa altura "em que a *grandeza* das reputações e dos homens se levanta num alicerce de infâmias e baixezas". Ele tinha "o entusiasmo de Hugo", "o estoicismo de Baudin" e "essa força resignada, ora-

---

[9] *Idem*, p. 5.

[10] *Idem*, p. 181. Vide também p. 182.

[11] Discurso proferido à beira do túmulo do Doutor José Falcão, no cemitério de Santo António dos Olivais (Coimbra), em 15 de Janeiro de 1903. Transcrito in *Quarenta anos de vida literária e política*, vol. I, Lisboa, J. Rodrigues & Cª, 1933, p. 56-58; cfr. p. 56. Esta colectânea de textos de António José de Almeida, em quatro volumes, publicados em 1933-1934, passará a ser designada nas notas de forma simplificada: QAVLP.

António José de Almeida, a Universidade e a Reforma Republicana do Ensino

brusca ora terna, semelhante a Kossuth". Juntando, assim, as qualidades do escritor revolucionário francês, do político da Segunda República morto numa barricada no golpe contra-revolucionário de 1851 e do herói nacional da Hungria, António José de Almeida apresentava Falcão como a síntese das virtudes dos revolucionários e dos patriotas[12]. E terminava deste modo a sua oração fúnebre, em palavras que eram ultrapassadas pela esperança na vitória do ideal republicano, que vivia para além dos homens:

> Meus senhores! Neste momento, que é o momento dum grande pesar e também de uma grande apoteose, a única consagração que Portugal lhe deve fazer é esta: enviar para o espaço silencioso e mudo esta palavra trágica: o grande homem morreu.[13]

Porém, não se ficaram por aqui os admiradores de José Falcão, que em breve lhe publicariam um *In Memoriam*, com artigos necrológicos dos jornais e os discursos que se pronunciaram no seu funeral[14]. E António José de Almeida, "futuro tribuno" ou já tribuno popular, pouco tempo depois, falará de novo num cemitério. Mas, desta vez, homenageava não um lente da Universidade de Coimbra, mas um modesto caixeiro que os estudantes republicanos consideravam "como correligionário honrado e firme". É Rocha Martins que nos conta este episódio:

> A assistência ficou impressionada quando o futuro tribuno disse:
> –"Ontem, José Falcão; hoje..." – e pronunciou o nome ignorado do defunto que ia descer à cova. Ficaram todos suspensos da sua palavra. Que ia dizer? Que comparação faria?
> Concluiu:
> –"Mas que importa, se águia ou andorinha seguem a mesma rota, caminham para o mesmo lado?!"[15]

Era assim que António José de Almeida começava a entusiasmar as audiências.

---

[12] *Idem, ibidem*, p. 57.

[13] *Idem*, p. 58.

[14] *Memoria a José Falcão*, Coimbra, Typ. Auxiliar d'Escriptorio, 1894.

[15] Rocha Martins, "Doutor António José de Almeida", *Portugal dos nossos dias. Vermelhos, brancos e azuis*, Lisboa, Organizações Crisális, 1950, vol. II, p. 281.

De S. Tomé a Lisboa:
a consagração do médico-político e a Universidade

O abandono de Coimbra, a caminho de S. Tomé, em Março de 1896, onde António José de Almeida vai exercer medicina durante cerca de sete anos, não significa uma fuga aos problemas políticos, embora possa corresponder a um período de desilusão relativamente à Universidade, onde terá sonhado ser professor. Continua a manter-se ligado à política e não esquece completamente o ensino universitário. De S. Tomé, onde se instalou, após ter passado por Luanda – o seu irmão era ali juiz da Relação, com jurisdição no arquipélago de S. Tomé e Príncipe –, vai enviando artigos para os jornais, acerca dos seguintes temas: de crítica à colonização portuguesa em África ("Da África", *Resistência*, Coimbra, 25.10.1896), de louvor a Sousa Martins, médico e professor da Escola Médico-Cirúrgica de Lisboa, que morrera em 18 de Agosto de 1897 (*O País*, Lisboa, 11.10.1897), de crítica à situação hospitalar de S. Tomé ("De S. Tomé", *Resistência*, Coimbra, 17.3.1898). Já há muito afastado de S. Tomé, mas recordando a sua vida ali, deve relevar-se, pelo seu significado, pela descrição dramática e sobretudo pela ligação que fez da prática médica à política, o discurso que irá fazer bem mais tarde, a 22 de Setembro de 1922, no Rio de Janeiro, na Academia Nacional de Medicina, na qualidade de Presidente da República e de médico. Ali proferiu estas palavras:

> [...] Tudo aquilo que sou o devo efectivamente à minha formação de médico.
>
> Exercendo-a, estudando a ciência, que me deu as faculdades para exercê-la, fiquei sabendo que na vida só há uma verdade – "aquela que assenta na observação e na experiência".
>
> Foi como médico, cultivando a medicina, que pude ter para mim esta filosofia suprema, de que o homem deve ser sempre bom, caritativo e agasalhador [...]; que o homem deve olhar sempre para o seu semelhante, ou seja branco ou preto, ou grande ou pequeno, ou homem ou mulher, ou celerado ou santo, abrigando-os, a todos, no manto da mesma ternura. [...]
>
> Se eu não tivesse sido médico, pouco mais, em qualquer caso, poderia ser do que tenho sido; poderia ser muito menos, mas, com certeza, seria uma coisa diferente, porque foi o exercício de minha profissão, foi o contacto com os meus doentes, foi o sentimento fraterno que me ligou sempre a eles, como de resto acontece a todos os médicos, que fez com que eu, na política da minha terra, tenha sido animado deste espírito de conciliação que me tem levado a querer concentrar todos os portugueses nos laços da mesma

António José de Almeida, a Universidade e a Reforma Republicana do Ensino

disciplina e, ao mesmo tempo, conservá-los sob o mesmo amor carinhoso e fraterno. [...]

No uso dessa profissão, vendo Deus em toda a parte, na árvore, na planta, na rocha, no cristal, nas águas, nas montanhas, em toda a parte, enfim, a gente se habitua, embora eu nunca o pudesse, de facto, fazer, na realidade, por falta de qualidades morais para isso [...], a aprender a dizer com a filosofia suprema da vida que animou S. Francisco de Assis – esse S. Francisco de Assis que, no momento de ver a sua cidade, ao longe, cheia de vícios, mergulhar em todas as desgraças, que podem acontecer a uma sociedade, em lugar de a maldizer, de se arrepender de a ter amado, trémulo e comovido, com os braços descarnados, voltando-se para ela disse: – "Eu te perdoo" e lhe pôs por cima a bênção amorosa e paternal – *urbi et orbi*.[16]

Em meados de 1903 regressa a Portugal, para de novo partir. Viaja pela Europa (França, Suíça, Holanda, Alemanha e Itália), com intuitos de aprofundamento científico e de conhecimento da prática clínica que se verificava sobretudo em Paris, onde esteve por mais tempo. Constituía este tipo de viagens a grande experiência de políticos, pedagogos, escritores, cientistas, médicos..., desde há séculos. E foi aí que se iniciou no tratamento termal, que o haveria de acompanhar ao longo da vida, assim como a doença, o reumatismo gotoso. Também de Paris escreve para Lisboa, para João de Meneses, mostrando não perder de vista a política portuguesa[17].

Finalmente regressa a Portugal, a Lisboa, lugar onde tudo se jogava do ponto de vista político. Aí se instala como médico das "doenças dos países quentes", na rua do Ouro e, depois, na Praça de Camões, ao Chiado. Era o lugar das grandes conspirações.

O militante republicano e o discurso sobre a greve académica de 1907

António José de Almeida volta ao discurso fúnebre que tanto o celebrizou em Coimbra, agora no funeral de Rafael Bordalo Pinheiro, realizado

---

16 Texto transcrito em Luís Derouet, *Duas Pátrias. O que foi a visita do Sr. Dr. Antonio José de Almeida ao Brasil*. Colectânea compilada por ..., Lisboa, Editora "O Mundo", 1923; transcrito também in QAVLP, vol. IV, p. 261 ss. (cfr. pp. 269-271).

17 "A João de Menezes", *O Debate*, 24.2.1904; transcrito in QAVLP, vol. I, pp. 87-90.

República, Universidade e Academia

no cemitério dos Prazeres a 24 de Janeiro de 1905. É então que vai consolidar a sua fama de orador.

Mais do que isso. Vai participar em todas as manifestações do Partido Republicano, em artigos de jornais, em comícios, em congressos, em conspirações, na campanha para a eleição de deputados. E aderirá à Maçonaria com o nome de Álvaro Vaz de Almada, companheiro de D. Pedro em Alfarrobeira. Em 19 de Agosto de 1906 será eleito deputado pelo círculo oriental de Lisboa, com Afonso Costa, enquanto pelo círculo ocidental serão sufragados Alexandre Braga e João de Meneses. Falará então, em 1906-1907, sobre temas diversos: sobre a "questão dos adiantamentos à Casa Real", sobre o descanso semanal, sobre o estado da assistência sanitária e dos hospitais de Lisboa, sobre o professorado e a instrução primária...[18]

Mas, seguindo o tema que nos ocupa, também voltará a falar sobre a Universidade, em relação à greve académica de 1907. Fora uma situação escolar, e não uma situação propriamente política, a originar o grande movimento grevista que abalou, em Coimbra e com repercussão nas outras cidades académicas, as estruturas da Monarquia em crise, ou seja, a reprovação no acto de doutoramento em Direito de José Eugénio Dias Ferreira, que, curiosamente, era filho do estadista José Dias Ferreira, o chefe de um "governo nacional" que tanto fora criticado durante a questão académica de 1892, em que António José, como estudante, também se envolvera[19]. Agora, como deputado, não deixou de voltar a referir-se a essa greve de 92, considerando que foi um acto impensado ("teve por origem um facto insignificante, sem valor, sem importância"), mas que acabou por criar uma atitude "de infâmia" do Governo e de alguns dos estudantes que iniciaram a "parede" e que foram os primeiros a redigir um requerimento a justificar as faltas com o qual pretendiam salvar o ano, a convite do Governo[20]. Almeida foi um dos 46 "incondicionais" que se recusaram a fazê-lo

No discurso parlamentar de 5 de Março de 1907 e nos que se seguiram (5 e 9 de Abril de 1907), António José de Almeida regressa, de algum modo, ao tipo de argumentação da *Desafronta*, embora sem o cunho carac-

---

[18] Ver no livro citado *António José de Almeida e a República*, particularmente o cap. 5.

[19] Ver Alberto Xavier, *História da greve académica de 1907*. Coimbra, Coimbra Editora, 1962, e Natália Correia, *A questão académica de 1907*. Lisboa, Minotauro – Seara Nova, [1962].

[20] Discurso na sessão parlamentar de 5 de Março de 1907, *Diario da Camara dos Senhores Deputados*, transcrito in QAVLP, vol. II, pp. 84-85.

António José de Almeida, a Universidade e a Reforma Republicana do Ensino

teristicamente pessoal desse texto polémico. Não se tratava já de um caso académico que lhe dizia respeito, mas de uma situação que abrangia, no seu pensar, mais do que a academia, a nação. Por isso não se importou – de modo idêntico ao que sucedera quando estudante, com o "abaixo-assinado dos 46" – de acamaradar com o deputado monárquico João Pinto dos Santos, progressista dissidente, no sentido de ambos pedirem que fosse discutida na Câmara dos Deputados a crise coimbrã. No seu dizer, tratava-se, pois, de um caso "excepcional", de "uma questão nacional"[21].

Os ataques dirigiam-se, naturalmente, agora, ao governo dirigido por João Franco – "tiranete de comédia", "intriguista político", "produto risível de um cérebro perturbado"...[22] – que procurava aplicar contra os estudantes medidas repressivas da legislação de 1839 (tratava-se do decreto de 25 de Novembro daquele ano do "Regulamento da Polícia Académica"[23]), mas cujas origens mergulhavam no final do século XVIII. E, quanto a esse governo, procurava também atacar o que considerava a "acção nefasta" de "um espírito reaccionário e de cultura superficial", que era o ministro das Obras Públicas, José Malheiro Reimão, o qual falara na Câmara dos Deputados, em nome de João Franco, "como se estivesse num Parlamento de pretos"[24] (note-se a concepção da inferioridade da "raça negra", apesar das interessantes considerações que apresentou a seu respeito).

Porém, objecto da crítica de António José era igualmente – se não preferencialmente – a Universidade. E, nesta polémica, não era tanto atingido qualquer professor em particular, embora o reitor, António dos Santos Viegas (o mesmo que governava a Universidade em 1892 e que voltara, pois, a ocupar o lugar reitoral em 1907), fosse objecto de considerações duras. Era acusado de ter alterado a sua postura de compreensão das atitudes dos estudantes, após a entrevista que com ele tivera João Franco. O que, sobretudo, procurava visar era o espírito corporativo dos seus mestres e, em especial, neste caso (na *Desafronta* fora, como vimos, a Faculdade de Medicina), os lentes da Faculdade de Direito, dado que o processo que originara a greve se tinha verificado nessa escola:

---

[21] Discurso de 5 de Março de 1907, *idem*, *ibidem*, p. 73.

[22] *Idem*, *ibidem*, p. 83; discurso de 5 de Abril, *idem*, *ibidem*, p. 105; e discurso de 9 de Abril, idem, *ibidem*, p. 107.

[23] Cfr. José Maria de Abreu, *Legislação Académica*, coligida por..., coordenada, revista e ampliada pelo Dr. Antonio dos Santos Viegas. Volume I. 1772-1850. Coimbra, Imprensa da Universidade, 1894, p. 223 ss.

[24] Discurso de 5 de Março de 1907, *idem*, *ibidem*, pp. 75-76.

República, Universidade e Academia

Para mim o capelo não dá imunidade, a borla não é um preservativo. Não.

Nestes movimentos apaixonados, a mocidade é sempre nobre e o corpo docente raras vezes é generoso.

A Universidade de Coimbra é reaccionária. Ama as trevas como as aves nocturnas. Cérebro em que fuzile uma ideia rebelde é alvo inevitável da represália impiedosa. Toda uma torva história de perseguições assim o mostra. E em especial a Faculdade de Direito é o porta-estandarte dessa hoste do despotismo.

Entre os seus lentes há muitos que são verdadeiros homens de bem e de indubitável talento. Mas todos eles, em colectividade, formam uma seita com psicologia especial. Particularmente são óptimos cidadãos, afáveis e sem toleimas. Mas todos juntos de capelos nas costas, são de um fanatismo que faz pasmar. Há a psicologia do militar, do agente policial, do homem de Estado, do merceeiro, etc. Pois a psicologia do lente da Universidade destaca-se, com viva crueza, no quadro esbatido de todos eles. A Faculdade de Direito, em especial, é um recinto fechado, onde só têm entrada os que comungam a hóstia do catedratismo.[25]

Nesta medida, não deixa de salientar concretamente uma série de alegadas perseguições que se verificaram na Faculdade de Direito – Barjona de Freitas, "cobardemente reprovado", Teófilo Braga, "escorraçado da cátedra", João Arroio, "lutando furiosamente para conquistar na estacada um lugar que nunca lhe devia ser dificultado", Manuel Fratel, "fazendo a sua formatura sob o olhar policial da gendarmaria de capelo", e outros casos semelhantes, até que, finalmente, José Eugénio Dias Ferreira foi "reprovado por unanimidade, caso único, nas suas teses"[26]. Mas, por outro lado, nota também, no plano individual, que alguns lentes, de Direito e de outras faculdades, de evidentes virtudes, eram, infelizmente, vítimas inocentes de um sentimento comum entre os estudantes: "O lente, eis o inimigo!"[27].

Assim, António José recorda os casos lamentáveis de Guilherme Moreira – "amigo certo", pois o apoiara na sua luta contra os lentes de Medicina – que fora agredido por um aluno, o qual, em seguida a esse acto, "num gesto lamentável, mas nobre, meteu uma bala no crânio", ou de Sousa Refoios – "amigo nobre e leal a quem se devem inolvidáveis finezas" –,

---

[25] Discurso de 5 de Março de 1907, *idem, ibidem*, pp. 76-77.

[26] *Idem*, p. 77.

[27] *Idem*, p. 80.

[28] *Idem*, pp. 81-82.

António José de Almeida, a Universidade e a Reforma Republicana do Ensino

sobre quem "um louco sombrio, ruminando a sua ideia homicida durante meses seguidos", despejou "o seu revólver injustamente vingador"[28].

Por outro lado, regista que entre os lentes havia verdadeiras intrigas e uma falta de respeito pessoal sobretudo dirigida àqueles que apontavam as feridas da Universidade. Refere-se, neste caso, à famosa "oração de sapiência", proferida em 1904, por Bernardino Machado – "talentoso, querido e respeitado" que, se algum defeito tem, "é ser ainda catedrático a mais" –, a qual apontava para a falta de uma acção estruturada de investigação científica. Contra ele se ergueu Avelino Calisto, lente de Direito e então reitor interino, e, quando se realizou uma sessão solene em Coimbra para celebrar aquele trabalho de Bernardino Machado, "nem um só lente lá compareceu!". Por isso, porque pertencia ao Directório Republicano e porque apoiara basicamente os estudantes, fora perseguido por João Franco[29].

Portanto, em toda a discussão relativa à greve de 1907, o que deparamos nas palavras de António José de Almeida é uma crítica global à Universidade, ao espírito corporativo dos seus lentes, à ausência de relações de cordialidade entre professores e estudantes, à falta de actividade científica, à acção repressiva do Conselho de Decanos, no que continuava a chamar-se (um pouco erroneamente, se considerarmos a situação do ponto de vista de instituição judicial, mas não se a entendermos em sentido caricatural e simbólico) "foro académico" ... Mas verifica-se também a necessidade da valorização de alguns professores, considerados "excepções", mesmo que elas fossem abertas com algumas reservas. Assim, quando António José de Almeida fala no Conselho de Decanos que julgou os actos dos estudantes envolvidos na greve (o tal "foro académico", "vergonha da civilização" – como o classifica), lamenta que Júlio Henriques (ilustre lente de Botânica) estivesse entre eles: "é dos poucos que têm trabalhado e dos poucos que conhecem, à força de estudo e de talento, os segredos mais íntimos da ciência que ensina". Por isso conclui: "Medonho sorvedouro é aquele antro da Universidade, onde nem as boas almas, como a de Júlio Henriques, conseguem flutuar e são inexoravelmente arremessadas para o fundo do pélago lodento!"[30]. Mas, sobretudo, dentro dessas excepções, não esquece os mestres seus amigos, que o apoiaram em momentos adversos, como era o caso de Daniel de Matos, "meu mestre querido, grande médico e eminente professor"[31]. A greve de 1892 ou as polémicas de 1895-1896 estão ainda vivas,

---

[29] Discurso de 5 de Abril, *idem, ibidem*, pp. 101-104.

[30] *Idem, ibidem*, p. 96.

[31] *Idem, ibidem*, p. 103.

República, Universidade e Academia

não tanto no recurso à renovação de críticas pessoais, mas de críticas institucionais e da recordação daqueles que o ajudaram ou de que guardou uma boa memória. E, por outro lado, nesse ano de 1907 (António José de Almeida tinha mais de 40 anos), ainda era bem viva, no seu discurso, a consciência da força moral da juventude que, como vimos, assumira enquanto estudante de Coimbra:

> A mocidade das escolas é, em todos os povos, o nervo vibrátil da civilização e do progresso. É a alma das sociedades; e se a sua candura exaltada é prejudicial às severas interpretações da justiça, ao menos, a sua fé inabalável e o seu entusiasmo estonteante são o impulsor indomável que leva as ideias às decisões do triunfo.
>
> Grande força, a mocidade. Nela a vida actua mais forte e grita mais alto.
>
> Todas as atenções para ela serão poucas. Ó! Mocidade, ó! eterna sonhadora, não desalentes, não desanimes! Uma grande estrela te guia. Caminha para ela com os teus passos resolutos, e nós, os homens que prepararam a pátria nova, te ajudaremos, e em todos os lances seremos contigo[32].

Os alunos "riscados" na crise de 1907 foram sete (menos que os "incondicionais" 46 de 1892): Carlos Olavo, Campos Lima, Alberto Xavier, Pinho Ferreira, Ramada Curto, Gonçalves Preto e Pinto Quartim. Na Câmara dos Pares, Júlio Vilhena, João Arroio e João Alpoim apoiaram os estudantes, ao passo que na Câmara dos Deputados João Pinto dos Santos, Paçô Vieira e a minoria republicana, na qual se encontrava António José de Almeida, terçaram armas por eles. Se os resultados não foram imediatos, o certo é que a "questão académica", que se tornara uma "questão nacional" (como, conforme vimos, António José classificou a greve de 1907), transformava-se cada vez mais numa "questão política". E seria, naturalmente, a República – considerada pelo tribuno de Penacova a única forma de reabilitação da "alma nacional" – a ganhar com a situação. Na verdade, qualquer "questão política" era então essencialmente considerada uma "questão de regime".

---

[32] *Idem*, *ibidem*, pp. 100-101.

O ministro do Interior do Governo Provisório da Primeira República e a reforma do Ensino Superior

Declarada a República Portuguesa, em 5 de Outubro de 1910 – passaria a ser a terceira república existente na Europa, depois da tradicional Confederação Helvética e da República Francesa –, foi logo nomeado o Governo Provisório, presidido por Teófilo Braga. António José de Almeida vai ocupar a pasta mais importante e com mais vastas e variadas funções (nos campos da política, da segurança, da assistência, da instrução pública, da ciência, etc.), que sucedia ao ministério do Reino, o ministério do Interior. Afonso Costa vai para a pasta da Justiça, para as Finanças José Relvas, António Luís Gomes fica nas Obras Públicas só até 22 de Novembro de 1910, sucedendo-lhe no depois apelidado ministério do Fomento Manuel de Brito Camacho, nos Negócios Estrangeiros Bernardino Machado, na Guerra e na Marinha os militares António Xavier Correia Barreto e Amaro Justiniano Azevedo Gomes. Basílio Teles, nomeado para o ministério da Fazenda, não chega a tomar posse. Falando especificamente dos sete ministros civis, Teófilo formara-se em Direito em Coimbra e era professor do Curso Superior de Letras; Afonso Costa era lente na Faculdade de Direito de Coimbra; António José, formado em Coimbra pela Faculdade de Medicina, fora preterido na sua escola por parte do professorado, num polémico processo de que falámos; Bernardino Machado fora lente de Filosofia, na especialidade de Antropologia, tendo pedido a exoneração em 25 de Abril de 1907, no contexto da greve académica, e a ele se devia uma das mais polémicas orações de Sapiência, proferida em 16 de Outubro de 1904, contra o tradicionalismo universitário; António Luís Gomes, formado em Direito por Coimbra, viria a ser reitor da Universidade em 1921-1924; e, finalmente, o seu substituto, Brito Camacho, era formado na Escola Médico-Cirúrgica de Lisboa e médico-militar.

A implantação do regime, tendo em conta as anteriores movimentações republicanas, no contexto da greve de 1907, trouxe algumas convulsões e reformas significativas na política universitária[33]. Houve tumultos em Coimbra contra os símbolos da Monarquia e da "universidade tradicio-

---

[33] Sobre as reformas republicanas em matéria de instrução pública, ver a síntese de Rómulo de Carvalho, na *História do Ensino em Portugal*, Lisboa, Fundação Calouste Gulbenkian, 1986. Ver ainda, sobre a Universidade de Coimbra, a obra analítica de Joaquim Ferreira Gomes, *A Universidade de Coimbra durante a Primeira República (1910-1926)*, Lisboa, Instituto de Inovação Educacional, 1990.

República, Universidade e Academia

nal", liderados sobretudo pelo grupo anarquista intitulado "Falange Demagógica" – foram destruídos algumas vestes dos lentes e púlpitos das salas de aula, e foram alvejados os retratos dos reis D. Carlos e D. Manuel II da Sala dos Capelos. Mas o Governo Provisório procurou de imediato a sua pacificação, nomeando para reitor o republicano Manuel de Arriaga (futuro presidente da República, do primeiro governo constitucional), que tomou posse em 19 de Outubro de 1910 com a presença do referido ministro do Interior, António José de Almeida. Em seguida, António José levou a efeito uma série de medidas consideradas urgentes, através de decretos com força de lei: a abolição dos juramentos dos professores, do reitor e demais funcionários e dos alunos, a anulação das matrículas na Faculdade de Teologia, a adopção da frequência livre das aulas e do uso facultativo da capa e batina, e a anulação do que restava do chamado "foro escolar", considerado no Regulamento da Polícia Académica de 25 de Novembro de 1839 (23.10.1910); a nomeação de uma comissão para estudar e propor ao governo um novo plano geral da reforma dos estudos (2.11.1910); a supressão do exame de licenciatura e de conclusões magnas e a definição das provas para a obtenção do grau de doutor, a obrigatoriedade da aposentação de todos os professores aos 70 anos e a extinção do culto religioso na capela da Universidade de Coimbra e sua conversão num museu (21.1.1911); a reforma dos estudos médicos (22.2.1911); a fundação das Universidades de Lisboa e do Porto e a criação de um fundo de bolsas nessas escolas e na de Coimbra para subsidiar os estudantes pobres (22.3.1911); a reforma dos estudos jurídicos (18.4.1911).

Mas a reforma estrutural do ensino superior verifica-se em 19 de Abril de 1911 (pouco menos de um mês depois da reforma do ensino primário), com a lei de bases da nova constituição universitária[34]. Por esta lei, a Universidade de Coimbra passaria a ter uma Faculdade de Ciências (que resultava da fusão das Faculdades de Matemática e de Filosofia), uma Faculdade de Letras (com implícito desaparecimento da Faculdade de Teologia, cujos professores se transferiram para a nova escola), uma Faculdade de Direito e uma Faculdade de Medicina (já existentes), uma Escola de Farmácia e uma Escola Normal Superior, anexas, respectivamente, às Faculdades de Medicina e de Ciências e de Letras. Por sua vez, a Universidade de Lisboa deveria ter uma Faculdade de Letras (derivada, na prática, do Curso Superior de Letras) e de Ciências (herdeira da tradição da Escola Politécnica), uma Faculdade de Ciências Económicas e Políticas, uma Faculdade de Medicina

---

[34] Ver *Diário do Governo*, 22.4.1911.

António José de Almeida, a Universidade e a Reforma Republicana do Ensino

e outra de Agronomia, e uma Escola de Farmácia e uma Escola Normal Superior anexas, como em Coimbra, respectivamente, às Faculdades de Medicina e de Ciências e de Letras. Finalmente, a nova Universidade do Porto teria uma Faculdade de Ciências, uma Faculdade de Medicina e uma anexa Escola de Farmácia e uma Faculdade de Comércio, prometendo-se que se completaria com a criação posterior de Faculdades de Ciências Aplicadas ou Escolas Técnicas. Também o mesmo decreto com força de lei de 19 de Abril dava grande importância à autonomia universitária, considerando especialmente que o reitor de cada universidade seria nomeado pelo governo de uma lista tríplice sufragada em cada uma das escolas.

O certo, todavia, é que esta lei não teve aplicação completa, ficando por realizar certos desideratos e criando-se outras estruturas não consideradas ali. É exemplo o facto de em determinados momentos as universidades não manterem a sua autonomia, que constituía uma das bandeiras da política republicana, sendo os reitores nomeados entre personalidades de inteira confiança dos respectivos governos. Por outro lado, a Faculdade de Direito acabou por ser criada em Lisboa, vindo a transferir-se para ela professores de Coimbra, em busca de um novo estatuto político que a capital lhes daria ou poderia vir a dar. Foi o caso de Afonso Costa, seu director em 1913, ano da criação. E a Faculdade de Direito de Lisboa pretendeu tornar-se uma escola de cariz republicano, embora para ela se viessem a deslocar também alguns mestres que passariam, mais tarde, a participar activamente na política salazarista ou a entrar nos seus aparelhos de governo e de cultura. São os casos de José Caeiro da Mata, transferido em 1919, de António Carneiro Pacheco, em 1921, e de Manuel Rodrigues Júnior, já em 1928.

Voltando à magna reforma levada a efeito por António José de Almeida, nem sempre concretizada em todos os pontos, data de 9 de Maio de 1911 o decreto de organização do plano de estudos das Faculdades de Letras de Coimbra e de Lisboa, seguindo-se, pouco depois, o plano de estudos das Faculdades de Ciências (12.5.1911) e o decreto da criação das Escolas Normais superiores de Coimbra e de Lisboa (21.5.1911). De 26 de Maio é datado o decreto com força de lei que cria Escolas de Educação Física junto às Universidades de Lisboa e de Coimbra e surge no mesmo dia o decreto da reforma dos estudos farmacêuticos. São criadas também, nessa altura, as Escolas de Belas Artes de Lisboa e do Porto. Em 5 de Junho são nomeadas duas comissões para estudarem as condições de instalação das novas Universidades de Lisboa e do Porto...

Entretanto, no âmbito do ministério do Fomento, de que era titular, como vimos, o médico Brito Camacho, é formado o Instituto Superior Técnico de Lisboa (1911). Proveio do Instituto Industrial e Comercial de

República, Universidade e Academia

Lisboa, que, por decreto de 23 de Maio, deu origem a duas escolas autónomas: o IST e o Instituto Superior de Comércio. Também outras escolas de natureza técnica se iam reformando, como a Escola de Medicina Veterinária e o Instituto de Agronomia. Com nomes diferentes hão-de vir a fazer parte da Universidade Técnica de Lisboa, fundada em 1930, que constitui a quarta universidade portuguesa. A Escola de Engenharia do Porto (depois Faculdade Técnica), resultante em certa medida da Academia Politécnica, ficou anexa à Faculdade de Ciências, só passando a faculdade autónoma (Faculdade de Engenharia) em 1930.

Pode, pois, dizer-se que se tratou da mais importante reforma do ensino superior realizada depois do Marquês de Pombal. De resto, finalmente, em 7 de Julho de 1913, após duas experiências falhadas nos anos setenta e noventa do século XIX, é instituído o ministério de Instrução Pública. Era presidente do Conselho de Ministros Afonso Costa e António Joaquim de Sousa Júnior (bacteriologista, professor na Escola Médico-Cirúrgica do Porto e depois da Faculdade de Medicina) foi o seu primeiro titular. No plano republicano ficou clara a intenção de que a Universidade de Coimbra ficasse confinada ao seu estatuto de "universidade clássica", que Lisboa, como capital, comportasse todas as áreas, e que o Porto se especializasse sobretudo na área técnica, adequada à realidade económico-social que sempre caracterizou a cidade.

Todavia, Leonardo Coimbra[35], ministro da Instrução Pública no breve governo do democrático Domingos Leite Pereira, em 10 de Maio 1919, procurou ainda criar uma Faculdade de Letras no Porto, de sentido pretensamente mais moderno e prático, ao memo tempo que procurava extinguir a mesma faculdade na Universidade de Coimbra, que desejava adequar a uma linha menos "clássica", criando ali, inclusivamente, uma Faculdade Técnica, que teria anexa uma Escola de Belas Artes. A Faculdade de Letras do Porto subsistiu cerca de dez anos, mas a de Coimbra, que se alegava ser "escolástica" e herdeira da Faculdade de Teologia, não foi extinta, devido ao protesto da Universidade e à acção decisiva de um professor republicano, Joaquim de Carvalho[36].

---

[35] Ver, para além da comunicação apresentada neste congresso por Joaquim Romero Magalhães, sobre o significado da Faculdade de Letras do Porto, Manuel Ferreira Patrício, *A pedagogia de Leonardo Coimbra. Teoria e prática*, Porto, Porto Editora, 1992.

[36] *A minha resposta ao último considerando do decreto que desanexou a Faculdade de Letras da Universidade de Coimbra*, Coimbra, Tipografia França Amado, 1919.

Nos anos vinte (18 de Janeiro de 1921, no governo do chefe do Estado Maior da Guarda Nacional Republicana, Liberato Pinto, estando na pasta da Instrução Pública o naturalista Augusto Pereira Nobre), as Escolas de Farmácia, incluindo a de Coimbra, foram ainda promovidas a Faculdades. Mas a de Coimbra foi episodicamente extinta em 1928, tornando-se no início do governo de Salazar, altura em que os estudos farmacêuticos foram remodelados, de novo uma escola anexa à Faculdade de Medicina. Por sua vez, tal como sucedeu em Lisboa, a 27 de Julho de 1922, foi criado em Coimbra, na Faculdade de Ciências, o curso de Engenharia Geográfica. Era ministro outra vez Augusto Pereira Nobre, irmão do poeta António Nobre, mas já no governo do democrático António Maria da Silva. Subjacente a esta iniciativa estava a importância conferida então às colónias, num tempo marcado pelo revivalismo e no contexto da comemoração da independência do Brasil e da viagem de Gago Coutinho e Sacadura Cabral. António José de Almeida era ainda Presidente da República, o primeiro chefe de Estado português a realizar uma viagem oficial ao pais irmão. Foi, por assim dizer, o único curso técnico criado em Coimbra, dado que os cursos de Engenharia só foram introduzidos na década de setenta do século XX, no âmbito da Faculdade que se passou a chamar, e até hoje, Faculdade de Ciências e Tecnologia, gorada que foi a proposta do deputado António Alberto Torres Garcia, apresentada em 27 de Setembro de 1923, de instituir na Universidade de Coimbra um Curso Superior de Agricultura, que tivesse como base o Instituto Botânico.

A reforma de António José de Almeida
no contexto da reforma do ensino

Deve dizer-se que a grande reforma do ensino superior se integrou numa mais vasta reforma do ensino em que se deu uma importância fundamental ao ensino primário.

"O homem vale, sobretudo, pela educação que possui..." – este lema surge logo no início do preâmbulo do decreto com força de lei de 29 de Março de 1911, do Governo Provisório dirigido por Teófilo Braga[37]. Tratava-se do diploma que reorganizava os serviços de instrução primária, diploma fundamental mas ao mesmo tempo polémico. Fundamental, porque se considerava que a instrução primária era a trave-mestra da educação

---

[37] Ver *Diário do Governo*, 30.3.1911.

República, Universidade e Academia

do cidadão republicano. Polémico, porque António José de Almeida, encarregado (como se disse) do Ministério do Interior, que tinha então vastas funções em muitas áreas, incluindo a Instrução Pública, entregara o estudo sobre a reforma do ensino primário a João de Barros, nomeado Director-Geral da Instrução Primária, e a João de Deus Ramos, chefe da Repartição Pedagógica, e os subscritores deste projecto (*A reforma da Instrução Primaria*, 1911) não se reviram no decreto governamental, o que provocou o pedido de demissão dos cargos que ocupavam e uma discussão pública entre o ministro e João de Barros que atingiu os limites do insulto. Isso não impediu – diga-se – que Barros não prosseguisse a sua carreira no ensino e não viesse a reatar relações com António José de Almeida, que acompanhou ao Brasil durante a sua viagem presidencial de 1922.

Mas Almeida tinha, na verdade, em grande consideração o ensino primário e os seus mestres. De tal modo que, ainda no tempo da Monarquia, se lhe deve sobre o tema uma das mais importantes intervenções na Câmara dos Deputados. Com efeito, depois de, em 23 de Novembro de 1906, ter defendido o ensino nos quartéis como uma das formas de resolver o problema do analfabetismo, proferiu, em 6 de Abril de 1907, um significativo discurso de defesa dos professores primários, insurgindo-se contra os seus magros vencimentos, que nem sequer eram suficientes para comer[38].

Este era, aliás, um dos temas favoritos dos republicanos que faziam depender a consciência política do grau de instrução dos cidadãos. Portanto, havia que provar que o Estado monárquico gastava pouco com a instrução do povo e com os professores primários, que ganhavam um ordenado de miséria: "com a República e a liberdade está sempre a instrução e só com a reacção monárquica se dá bem e adapta a ignorância e a degradação intelectual dos povos".

A este propósito, teceu Almeida, no referido discurso, largas considerações de natureza histórica, revelando, para além do carácter ideológico de ver os problemas, de uma forma "maniqueia", como acabámos de reparar, um conhecimento da realidade do que se passara sobretudo em França e em Portugal. Assim, vai-se referindo às intervenções, na Assembleia Nacional francesa, de vários liberais, de Mirabeau a Condorcet. Discute a questão da gratuitidade e da obrigatoriedade da instrução, que não é ainda aceite por Mirabeau, mas que Talleyrand, "pandilha versátil, mas de uma inteligência tão dúctil como a cera e tão luminosa como um facho", proclamava já, de

---

[38] *Diário da Câmara dos Senhores Deputados*, 6.4.1907; in QAVLP, vol. II, p. 123 ss.

harmonia com a Constituição de 1791. Foi, porém, Condorcet – segundo o deputado republicano pelo círculo oriental de Lisboa – quem mais amou a instrução, demonstrando que "sem instrução, a liberdade e a igualdade seriam quimeras". Seria, contudo, a Convenção a votar os projectos de lei. Primeiro seriam as ideias moderadas de Lanthenas a triunfar, depois as ideias mais avançadas de Lepelletier, Romme e Bouquier. Com a "reacção" que se seguiria a 9 de Termidor (27 de Julho de 1794), o projecto Bouquier seria substituído por outros projectos mais moderados, mas, no meio da confusão, surgiriam novas teorias pedagógicas, a ideia da grande importância conferida aos direitos do homem, a moral republicana e... o aumento dos ordenados dos professores.

Numa lógica iluminista-republicana, fazia de seguida coincidir os períodos de "reacção", como o Segundo Império, com o obscurantismo, e os momentos luminosos com a fugaz Revolução de 1848 ou a Terceira República, em que paulatinamente se foi instalando o ensino obrigatório, gratuito e laico. Foram subindo os ordenados dos professores, cresceu o número de escolas, criaram-se as caixas escolares, surgiram cursos de ginástica e de canto, colónias de férias, cursos de adultos, e as conferências ou palestras tornaram-se comuns. E concluía: "Assim fez a França da revolução, que, livre das dinastias, vai caminhando com o seu pé resoluto a luminosa estrada do seu destino".

E o mesmo sucedera com a tradicional República Suíça: "O analfabeto na Suíça é um fenómeno tão raro que... não existe. [...] A grande força dessa extraordinária pátria de homens livres está na sua cultura".

No país monárquico que sempre tinha sido Portugal, continuava o deputado republicano, a instrução popular iniciara-se com o Marquês de Pombal e foi tendo pontos altos quando se afirmaram ideias mais liberais, a começar em 1820. As estatísticas sucedem-se no discurso bem organizado de António José de Almeida. Compara o número de escolas: em 1900 havia em Portugal uma escola para 1223 habitantes, mas em 1870 D. António da Costa notava já que, por essa altura, em Espanha havia uma escola por 600 habitantes, na França, Holanda e Inglaterra uma para 500 e 400, nos Estados Unidos uma para 160 e na Prússia uma para 150. Os ordenados dos professores eram uma miséria, especialmente se comparados com os seus colegas estrangeiros. Vai ao ponto de verificar as despesas correntes com o almoço, o jantar e a ceia, e com outras despesas de vestuário e de habitação, para caracterizar a situação triste dos mestres-escola.

Todas estas análises são evidentemente acompanhadas, sempre que possível, com críticas ao franquismo e com elogios à República e aos seus pedagogos, como Bernardino Machado ou Ana de Castro Osório. Mas, é com uma

República, Universidade e Academia

saudação aos professores primários que termina este seu discurso, que é também quase a última peça oratória da sua primeira experiência parlamentar. Recorda o seu "velho professor", João Gama Correia da Cunha, que sempre o acompanhou nos momentos críticos, e deixa para o fim estas palavras:

> [...] a pátria, estando com todos os que trabalham, com maioria de razões se encontra identificada com os professores primários que, devendo já ser hoje um elemento de propaganda para a transformação política, serão depois um formidável elemento de reconstituição nacional.
> Em nome do Partido Republicano, do alto desta tribuna, calorosamente os saúdo.

De tal maneira foi importante para a classe dos professores este discurso que a *Gazeta das Escolas* o publicou, para assim o melhor divulgar. E as homenagens dos professores primários a António José de Almeida prolongaram-se até ao fim da sua vida e mesmo depois da sua morte.

Portanto, a ideologia de António José de Almeida – ultrapassando embora o projecto de João de Barros e de João de Deus Ramos em alguns detalhes – foi fiel ao ideário republicano sobre o ensino primário, em que militava, por exemplo, Bernardino Machado, seu camarada de partido desde 1903, que citara na intervenção parlamentar. Mas Machado afirmara-se nesse campo ainda na qualidade de deputado regenerador. Foi eleito em 1890 para a Comissão de Instrução Pública, tendo depois sido nomeado vogal do Conselho de Instrução Pública. A sua acção neste domínio fez com que tivesse presidido, ainda integrado no referido partido monárquico, ao Congresso Pedagógico organizado pelos mestres-escola em 1897. Neste contexto, escreveu alguns textos fundamentais não só sobre o ensino primário como sobre outros ramos da educação, de que são exemplo obras como *As Crianças. Notas de um Pai* (1897), *O Ensino* (1898) *O Ensino Primário e Secundário* (1899) ou *O Ensino Profissional* (1900). E esta acção também é afinal demonstrativa de que não eram apenas os republicanos a defenderem a causa do ensino primário, como, aliás, se poderia comprovar se pretendêssemos recuar ao período da Monarquia Constitucional e à análise da ideologia e da acção de alguns dos seus estadistas e pedagogos.

No entanto, a República arvorava-se no papel de verdadeira regeneradora da Pátria e da Instrução Pública. No referido decreto de 29 de Março de 1911 – que surgira depois de António José de Almeida, como ministro do Interior, procurar beneficiar os professores em aspectos mais ou menos significativos, como a concessão de uma licença com vencimento às professoras grávidas durante dois meses, no último mês antes do parto e no

António José de Almeida, a Universidade e a Reforma Republicana do Ensino

primeiro após o nascimento da criança (7.1.1911) –, afirmava-se expressamente, numa lógica antijesuítica, que era um dos chavões ideológicos do republicanismo:

> A República libertou a criança portuguesa subtraindo-a à influência jesuítica, mas precisa agora de a emancipar definitivamente de todos os falsos dogmas, sejam os da moral ou os da ciência, para que o seu espírito floresça na autonomia regrada, que é a força das civilizações.

Fazendo uma distinção entre educação e instrução pública (tema debatido desde Herculano), continuava o decreto:

> Mas na escola primária não se ministra apenas educação pelo facto de se facultar a sua base essencial: a instrução. Ministra-se também educação directamente, nas suas consequências e resultados, fornecendo à criança, pela prelecção, pelo conselho e pelo exemplo, as noções morais do carácter.

E, sublinhando o sentido "naturalístico" e prático da educação, que ultrapassava o mero sentido da alfabetização, completava o preâmbulo:

> A criança, de hoje para o futuro, conhecerá os rudimentos das artes, da agricultura, do comércio, da indústria, familiarizando-se, numa educação essencialmente prática, com a terra e com os utensílios que o homem põe ao serviço da vida.
> A criança, enfim, vai ser reintegrada na natureza, não para ficar abandonada às suas forças tempestuosas, mas para as aproveitar no fim supremo de dar a si própria unidade moral e os aos seus semelhantes solidariedade afectiva.
> E eis porque a República deu tamanha atenção ao problema da instrução primária e com tanto desvelo distingue, e mais se propõe ainda distinguir, o professor de instrução primária, que é um grande obreiro da civilização.
> É que se torna indispensável e urgente que todo o português da geração que começa seja um homem, um patriota e um cidadão.

Quanto à reforma em si mesma, pouco diremos mais, pois está tudo expresso na lei, que foi já analisada por Rómulo de Carvalho[39]. Apenas referiremos que se tentou então constituir o ensino infantil público – na ver-

---

[39] Rómulo de Carvalho, *ob. cit.*, p. 669 ss.

dade, só vingou o particular, com os Jardins-Escolas João de Deus, cujas origens datam do fim do século XIX e cujo primeiro estabelecimento, de Coimbra, foi fundado em 2 de Abril de 1911 – e escalonou-se o ensino primário em elementar, de três anos, considerado obrigatório, ao qual se seguia, como alternativo ao ensino liceal, o complementar, de dois anos, e o superior, de três anos. Deve destacar-se ainda que o ensino normalmente não optava pela co-educação (o que comprova como a ideologia republicana ainda distinguia o homem da mulher, que, de resto, continuou sem direito a voto), e deve sublinhar-se que se considerava a existência de escolas fixas e de escolas móveis (onde aquelas não se pudessem criar), se manifestava cuidado pela preparação dos professores em Escolas Normais Primárias, existentes em Lisboa, no Porto e em Coimbra, e se ligava o ensino primário – tema sempre muito debatido e que acompanhou o pensamento e a polémica liberal e republicana – aos municípios e às juntas de freguesia, nem sempre com resultados positivos.

Entretanto, durante a República, novas leis foram surgindo, considerando-se, porém, este decreto de 1911 como uma espécie de "lei fundadora".

Curiosa e sintomaticamente, não houve igual preocupação pelo ensino secundário. Logo no início do novo regime (*Diário do Governo*, 9.2.1911) surgiu uma circular da Direcção da Instrução Secundária, Superior e Especial com a finalidade de orientar os institutos de instrução secundária no sentido de evitar a proliferação do "proletariado intelectual", em que havia uma "crise de abundância", em favor das "profissões práticas". Ou seja, não se considerava prioritário o ensino secundário, que teria como objectivo final a Universidade, preocupando-se o governo sobretudo com a preparação para funções consideradas mais úteis, ministradas no "ensino especial" (curso especial do ensino secundário, ensino técnico e ensino profissional). Foi nesse sentido que, por decreto de 26 de Junho de 1911, foi nomeada uma comissão para organizar um projecto de reforma do ensino liceal, presidida por Adolfo Coelho e constituída por professores do ensino universitário e secundário. Entre estes estava Domitila de Carvalho, médica de formação, que foi a primeira diplomada pela Universidade de Coimbra.

Surgiram depois, durante a República, várias reformas também nesta área, assim como foram aparecendo debates curiosos sobre o plano geral da Instrução Pública, de que ficou particularmente conhecido aquele que, com data de 21 de Junho de 1923, foi apresentado à Câmara dos Deputados pelo então ministro (durante menos de um ano) e médico pela Universidade de Lisboa João José da Conceição Camoesas, do governo democrático de António Maria da Silva, o qual voltará em 1925 ao ministério de Instrução Pública no governo chefiado por Domingos Leite Pereira, o penúltimo da I República.

António José de Almeida, a Universidade e a Reforma Republicana do Ensino

Acrescente-se ainda, pelo seu significado, servindo-nos das análises de Rómulo de Carvalho[40], com base no *Anuário Estatístico*, que, pese embora a aposta da República no ensino primário, não foi muito grande o avanço do regime no sentido da alfabetização. Sendo a população em 1911 de 5.960.056 haveria um total de 4.478.078 analfabetos (1.936.131 do sexo masculino e 2.541.947 do sexo feminino), ou seja, 75,1%. Em 1930, de uma população superior, de 6.825.883 habitantes, o analfabetismo subiu para 4.627.988 (1.974.448 do sexo masculino e 2.653.540 do sexo feminino), mas diminuiu percentualmente, isto é, para 67,8%.

A ligação de António José de Almeida à sua Universidade

António José de Almeida, apesar das polémicas políticas e académicas que teve em Coimbra, não esqueceu a sua Universidade. Há-de voltar a Coimbra, como Presidente da República[41].

Esteve ali de 29 de Novembro a 2 de Dezembro de 1919, ficando hospedado nos aposentos do próprio Paço das Escolas. Acompanharam-no o ministro da Instrução Pública, Joaquim José de Oliveira, e os ministros da Guerra, tenente coronel Hélder Ribeiro, e do Comércio, engenheiro Ernesto Navarro (filho do estadista Emídio Navarro), o presidente do Senado, general António Xavier Correia Barreto, e o presidente da Câmara dos Deputados, Domingos Pereira, antigo presidente do vigésimo ministério da República, bem como o comandante da Guarda Nacional Republicana, General Mendonça e Matos, o secretário geral da presidência da República, Jaime Atias, e o inspector dos Serviços de Protecção a Menores, Padre António de Oliveira. A velha estacão de caminho de ferro volta a ser teatro de acontecimentos da sua vida. Agora, como de outras vezes, de aclamação, como já o fora de dolorosa espera de notícias, aquando do 31 de Janeiro. Receberam António José de Almeida a Câmara Municipal e o bispo-conde, D. Manuel Luís Coelho da Silva. No município foi saudado pelo presidente do Senado Municipal, o professor da Faculdade de Letras Alves dos Santos, sendo-lhe à noite oferecido um banquete, em que falou o presidente da Câmara, o também professor da Universidade, da Faculdade de Medicina, e futuro reitor da época salazarista, João Duarte de Oliveira.

---

[40] *Ob. cit.*, p. 799 ss.

[41] Cfr. *António José de Almeida e a República*, pp. 160-161.

República, Universidade e Academia

No dia 30 de Novembro foi aposta a insígnia da Torre e Espada ao Regimento de Infantaria 23, que participara na guerra nos campos da Flandres, sob o comando de Hélder Ribeiro. Um batalhão desse regimento formou na Ínsua dos Bentos, onde o presidente lhe passou revista, antes de assistir ao seu desfile, dos Paços do Concelho. Na tarde desse dia e no dia 1 de Dezembro de manhã visitou as instalações da Universidade, o local em Santo António dos Olivais onde se iria instalar a Tutoria da Infância, aproveitando para ali próximo prestar homenagem junto ao túmulo de José Falcão, onde proferira um dos seus primeiros discursos, como atrás se viu.

A cerimónia de abertura solene da Universidade foi, naturalmente, o ponto alto desta viagem de Estado, organizada com toda a pompa e circunstância. No entanto, antes, o presidente teve de ouvir a reclamação respeitosa da Universidade contra a lei n.º 861, de 27 de Agosto de 1919 (ainda António José não era presidente), que se dizia atentar contra a autonomia da Universidade, passando o reitor a ser exclusivamente nomeado pelo governo[42]. E, na verdade, era então reitor nessas condições Filomeno da Câmara Melo Cabral, que presidiu à cerimónia realizada na "sala dos capelos", no dia 1 de Dezembro, a partir das 14 horas e 30, a qual foi narrada, por exemplo, pelo jornal de Lisboa *A Vitória*, de 3 de Dezembro.

Como era comum, estiveram presentes as autoridades da cidade, incluindo o bispo que ocupou o seu lugar na tribuna por cima da cadeira reitoral, ficando na tribuna ao lado a esposa de António José de Almeida. Ou seja, a Igreja voltava simbolicamente a afirmar-se em lugar de destaque no cerimonial da Universidade.

A "oração de sapiência" coube ao já referido Doutor João Duarte de Oliveira, que se afirmou republicano, defendeu a autonomia universitária, revendo-se na organização das universidades alemãs, como era costume na filosofia da época. Os estudantes também tiveram a sua participação, não só porque receberam no acto a notícia, através das palavras do reitor, de que iria ser construída a sede da Associação Académica, o que nunca se chegou a verificar no tempo da República, mas também porque, depois do hino académico, uma aluna do 5.º ano do liceu, Aida Guimarães, gritou, de forma espontânea ou não, que no Presidente abraçava "a República de 1910".

---

[42] Ver a respectiva lei, in Manuel Augusto Rodrigues (coordenador), *A Universidade nos seus Estatutos*, Coimbra, Arquivo da Universidade, 1988. Relativamente à medida referida, que foi objecto de protesto, ver artigo 1.º. Curiosamente nesta lei foi revogada a remoção da Faculdade de Letras de Coimbra (artigo 5.º), que havia sido considerada no decreto com força de lei n.º 5.770, de 10 de Maio de 1919.

António José de Almeida, a Universidade e a Reforma Republicana do Ensino

O discurso de António José de Almeida foi mais um apelo à unidade nacional[43]. É uma oração de circunstância, com os costumados elogios à Universidade de Coimbra: "Sem desdouro para as outras duas universidades, aliás também superiormente representadas por um professorado de *elite* e por uma mocidade prometedora, pelas tradições gloriosas que lhe vêm dum longo passado, cheio de unidade e sequência, e que envolve professores e alunos, pela força impetuosa da sua seiva actual, pelo valimento, pela sua reputação e até pela lenda que a cerca, está destinada, pelas determinações históricas da raça, a marcar as balizas do nosso progresso mental, respeitando equilibradamente, do passado, tudo o que o merecer, e aceitando, ponderosamente, do futuro, tudo o que for acessível à consciência dos homens cultos."[44] Como iam longe as palavras polémicas dos anos 90 do século XIX!

Não deixou também de se rever nas suas reformas como ministro do Interior do Governo Provisório, a favor da autonomia e da ciência. No entanto, acima de tudo, o grande objectivo do Presidente era, na verdade, falar, mais uma vez, como fizera noutras ocasiões, da concentração das forças em volta da restauração da Pátria, no ideal republicano, para a qual concorria até o dia em que se celebrava o cerimonial universitário, 1 de Dezembro, o dia da Restauração:

> As instituições republicanas, que são, em Portugal, as melhores, pela razão mais forte de que o povo as quer e as ama, aceitam a colaboração de todos os corações verdadeiros, que queiram sinceramente, ajudá-las. A larga tolerância de que elas estão dando prova permite que toda a gente tome lugar à sua sombra, sem aviltamentos que desonrem, antes com brio que dignifique; e eu, empenhado na minha missão fraterna, daqui, deste lugar, fazendo-me ouvir pelos ecos augustos que a ciência tantas vezes tem acordado, lanço à Pátria um pregão de paz. Unamo-nos! Esta festa da ciência, realizada no dia de hoje, que lembra uma data sagrada em que a nossa terra – nosso berço e nosso túmulo! – tornou a ser independente e livre, tornou a ser a nossa terra! é já um prenúncio eloquente de que a majestade do patriotismo vai, com uma força nova, avassalar todos os corações. Unamo-nos! Unamo-nos! e purifiquemos, nas chamas da nossa alma, o culto eterno da raça imperecível e da Pátria imortal.[45]

---

[43] Discurso proferido na sessão solene da abertura das aulas na Universidade de Coimbra, em 1 de Dezembro de 1919, transcrito in QAVLP, vol. IV, pp. 67-73. Ver *Anuário da Universidade Coimbra*, 1919-1920.

[44] *Discurso cit. in ob. e vol. cits.*, pp. 72-73.

[45] *Idem*, p. 426.

Este apelo à unidade revela afinal uma consciência de crise da República. E se a ideia de unidade em volta do ideal republicano, embora mantendo a diversidade de opiniões e de partidos (ideia-chave do demoliberalismo, sempre presente em António José de Almeida), não se torna uma realidade, vai-se afirmando, sobretudo depois da revolução de 28 de Maio de 1926, a ideia de "união nacional" em que está presente ainda uma hipotese de República reformada. Mas, depois de 1930, ou ainda antes, com Salazar e os salazaristas de várias sensibilidades, virá ao de cimo a ideia convergente de uma "união nacional" sem partidos, um "Estado Novo", que se vai afirmando de uma forma ambígua como "República" (por concessão aos "republicanos"), ou seja, uma "outra República" – a "República Corporativa", próxima da ideia de Estado do fascismo italiano. António José de Almeida morrera, como vimos, em 1929, mas, dramaticamente, previra, já pelo menos, a crise trágica dos ideais por que se tinha batido ao longo da vida.

A concluir

António José de Almeida foi, pois, um combatente republicano desde o seu tempo de estudante e teve uma acção corajosa e mesmo radical desde os bancos da Universidade, quer contra a Monarquia, sobretudo nas pessoas de D. Carlos e de João Franco, quer contra alguns dos seus mestres de Medicina, em que nem sequer poupou simpatizantes da República. Impetuoso, deixou, porém, uma imagem de simpatia mesmo entre os seus adversários. Uma afirmação sua de 1907, o ano mais combativo a favor da ideia republicana, numa carta aberta que dirigiu a Manuel de Arriaga, pode de algum modo simbolizar esta sua idiossincrasia

> Não tenho ódio ao rei de Portugal. Falando a verdade, eu não odeio ninguém. Tenho procurado fazer a minha propaganda política sem represálias pessoais e se, algumas vezes, tenho agredido os homens, é porque esses homens são instrumentos do mal. Quero a República, porque ela é a liberdade e a paz. Para conseguir essa paz e essa liberdade é preciso que os homens batalhem nas contingências da revolução? Está provado que é. Pois então que essa revolução se não demore e ela será o veículo sagrado do futuro redentor.

> Mas a República que essa revolução há-de trazer, nas suas asas de fogo, não a quero só para mim ou para os meus. Reclamo-a para a nação inteira e para todos os homens.

António José de Almeida, a Universidade e a Reforma Republicana do Ensino

Eu, que me considero um agitador e, várias vezes, me tenho intitulado revolucionário, sou, no fundo, um pacifista inabalável.[46]

A sua posição como ministro do Interior do Governo Provisório destacou-se, entre outros aspectos, pela importância que concedeu aos problemas da Instrução Pública, dando a primazia ao ensino primário, na continuação da sua intervenção como deputado republicano na Câmara dos Deputados, e ao ensino superior, na sequência de críticas que fez à Universidade enquanto estudante. Mas ficou visível a sua opinião relativa ao excesso de bacharéis que via em Portugal, o que correspondia, de resto, à caricatura de Bordalo Pinheiro e, sobretudo, ao texto de Ramalho Ortigão que a acompanhava no *Álbum das Glórias*, *"Alma Mater. A Mamã dos Bacharéis"*. Bordalo, que Almeida tanto admirou, tendo sido o orador do Partido Republicano no seu funeral, apresentou no seu desenho a Universidade ligada à Tradição e aos seus privilégios corporativos, como se fosse o símbolo do "conservadorismo", enquanto Ramalho Ortigão, sob o pseudónimo de *João Ribaixo*, dizia na sua ironia: "

> Depois de bebido todo o leite da sabedoria que a Universidade lhes propina, os bacharéis acabam por via de regra estoirando de fome ou indo à sua própria custa aprender outro ofício menos estéril que o de bacharelar.[47]

Mas, António José de Almeida foi directamente responsável pelo aumento de bacharéis, ao criar as duas novas universidades de Lisboa e do Porto, o que não passou despercebido a um caricaturista de *O Século* (20.7.1911). Mas não propriamente pelo aumento de bacharéis em Direito, a quem, com certeza e especialmente, se queria referir Ramalho, dado que a Faculdade de Direito de Lisboa só foi instituída – como se viu – em 1913. O que nos parece é que a sua reforma procurou sim aumentar o número de formados em áreas científicas e práticas, considerando entre estas a Medicina.

Qual foi o resultado no fim da República, depois destas reforma iniciais de Almeida e das inúmeras vicissitudes por que o regime passou?

---

46 *Situação clara: carta aberta ao cidadão Manuel d'Arriaga*. Lisboa, A. J. de Almeida, 1907. Esta carta, de 16 de Julho de 1907, que teve uma publicação independente, foi transcrita in QAVLP, vol. II, pp. 175 ss.. Citação nas pp. 181-182.

47 Rafael Bordalo Pinheiro, *Álbum das Glórias*, Março 1880 – Abril 1910. Reedição facsimilada, Lisboa, Fragmentos, 1992, n.º 34, Novembro de 1882.

República, Universidade e Academia

Indiscutivelmente o panorama do ensino superior ficou bastante alterado. Ainda que as novas universidades tivessem resultado de escolas superiores existentes, terminou com a existência da "universidade única". Mas não podemos também exagerar a importância das mudanças republicanas – de António José de Almeida e de todas aqueles que foram surgindo, e das suas consequências durante o percurso de dezasseis anos do regime – valendo-nos do sensível aumento de alunos.

Rómulo de Carvalho que, com base nas estatísticas oficiais, analisou o número de estudantes em 1910 e em 1926 no ensino superior, afirmou, embora expressasse o valor relativo dos dados que apresentou, que houve um acréscimo considerável: de 3227 (considerando os 1262 alunos da Universidade de Coimbra e os alunos das escolas e institutos superiores de Lisboa e do Porto) para 4117[48]. Além disso, notou um número significativo de estudantes dos cursos de Ciências (1247) e de Medicina (1170)) em confronto com os alunos de Direito (936)[49]. Apesar de se aceitar que houve, realmente, um aumento de alunos da área "científica" (o mesmo se passou depois da Revolução de 1820, numa lógica de "conflito de faculdades", para utilizar uma frase de sabor kantiano, actualizada pelas investigações de Pierre Bourdieu[50]), o certo é que tal não terá impedido que a sociedade portuguesa mantivesse a sua característica fundamentalmente "juridista", ou seja, que os juristas continuassem a ter um papel particularmente importante como elites políticas, o que, todavia, tem de ser verificado através da contagem, atendendo à sua formação e funções, não só de governantes e deputados, mas também de governadores civis e de administradores de concelhos. Por outro lado, independentemente da existência de nichos de investigação científica (que os houve, nomeadamente no campo da Medicina), o certo é que a pesquisa científica (ao nível das ciências exactas e naturais, mas talvez nem tanto nas ciências sociais e humanidades) saldou-se, com certeza, em níveis pouco elevados e, curiosamente, só se verificou uma política organizada de investigação científica, por contraditório que pareça, com

---

[48] Rómulo de Carvalho, *ob. cit.*, pp. 715-716. Note-se que esta contagem tem, na verdade, um valor relativo, pois os nossos números são diferentes – 3.347 em 1909--1910 e 5.379 em 1925-1926. Mas o valor simbólico não se altera.

[49] *Idem*, p. 715.

[50] Kant *Der Streit der Fakultäten* (*O conflito de faculdades*), 1798, e Pierre Bourdieu, *Homo Academicus*, Paris, Editions de Minuit, 1984. Ver o nosso estudo "Universidade, conservadorismo e dinâmica de mudança nos primórdios do Liberalismo em Portugal", in *Revista de História das Ideias*, n.º 12, Coimbra, 1990.

a criação em 1929 da Junta de Educação Nacional, que alargou a sua esfera de acção, em 1931, à área das artes.

É certo também que as mulheres foram subindo de número durante a República (frequentaram então a Universidade de Coimbra, de 1910 a 1926, ano da revolução dita "nacional", 280 mulheres, segundo o cômputo de Joaquim Ferreira Gomes[51]), como subirão durante o Estado Novo. Contudo, se o aumento das mulheres na Universidade significa sociologicamente um factor de evolução da mentalidade, também é certo que representou na prática o aumento de um sector que, de uma maneira geral e durante largo tempo, correspondeu a uma afirmação de conservadorismo. A confirmar o que se disse, basta olhar para o papel das mulheres no salazarismo, como Domitila de Carvalho, que foi uma das deputadas da União Nacional ao órgão legislativo do Estado Novo. E será ainda na Primeira República – em que o número de professores de facto aumentou – que surgirá, e isso é simbolicamente significativo, a primeira mulher professora universitária, a alemã por nascimento e portuguesa por casamento e sensibilidade, Carolina de Michaëlis de Vasconcelos.

Por outro lado, deve salientar-se que regressaram à Universidade os seus usos tradicionais, com o retorno ou a reinvenção dos rituais, à medida que os professores e os estudantes católicos e integralistas iam reforçando as suas posições políticas. A uma geração "revolucionária" seguia-se uma geração "reaccionária", tradicionalista, conservadora ou "revolucionária de direita", defendendo ambas, como sucederá com as seguintes gerações, a sua identificação como "novas", como "vanguardas", mesmo como "modernas". Veja-se neste sentido a acção do Centro Académico de Democracia Cristã (CADC), fundado em Coimbra em 1901, que se tornará uma das forças de pressão contra o carácter laicista do republicanismo, caracterizado, na verdade, não tanto por uma separação do Estado das Igrejas, mas por uma situação de subordinação da Igreja Católica ao Estado, conforme se pode facilmente verificar pela lei de Afonso Costa de 20 de Abril de 1911. Pela acção do CADC e do Centro Católico Português (CCP), fundado em Braga em 1917, verificou-se uma acção contra o "republicanismo de 1910-1911", sendo o Padre Manuel Gonçalves Cerejeira, Diogo Pacheco de Amorim e Salazar, professores da Universidade de Coimbra, os seus principais mentores. Oliveira Salazar chegará a ser eleito deputado por Guimarães em 1921 e também ele e Fezas Vital, Carneiro Pacheco e Magalhães Colaço

---

[51] Cfr. Joaquim Ferreira Gomes, *A mulher na Universidade de Coimbra*, Coimbra, Livraria Almedina, 1987, cap. II, em especial, p. 76 ss.

República, Universidade e Academia

serão arguidos de um processo presumivelmente por terem participado no movimento da chamada "Monarquia do Norte".

Na transição da República para o Estado Novo, após a "Revolução Nacional" de 28 de Maio de 1926, vão destacar-se dois paradigmas, de sentido oposto ou substancialmente diferente:

Por um lado, como seria óbvio, embora depois de uma efémera rea-firmação de autonomia, surgirá uma universidade ligada ao Estado. A partir dos anos trinta, trata-se de um Estado Corporativo, autoritário, de ideologia única, que não deixava de salientar o seu carácter tecnológico, adaptado pragmaticamente às realidades do desenvolvimento, que foi sempre um dos pontos característicos da dinâmica fascista. Aliás, depois da Universidade de Coimbra, várias vezes centenária, e das universidades de Lisboa e Porto, criadas no início da República, Portugal vai conhecer (como se disse) em 1930, ano fundamental de arranque do processo do Estado Novo, a quarta universidade, a Universidade Técnica de Lisboa.

Por outro lado, nesse ano de 1930, foi publicada a famosa conferência proferida a convite da *Federación Universitaria Escolar de Madrid*, de Ortega y Gasset, *Misión de la Universidad*[52], que, com a sua ideia de "Universidade cultural", vai influenciar e dar corpo a uma linha de defesa da modernidade crítica para que apontavam alguns intelectuais desiludidos com o demoliberalismo político da Primeira República, mas que se opunham também, e fundamentalmente, ao nacionalismo autoritário. É o caso do movimento da Renovação Democrática, por assim dizer o último "partido republicano" surgido na transição da Ditadura Militar para o Estado Novo, em 1932, que – na sequência do movimento da "Seara Nova" – vai discutir a Universidade e a sua "inércia", ao lado de alguns poucos professores de formação republicana ou de uma formação de esquerda não partidária[53].

Serão eles, na Universidade, as primeiras vítimas do Estado Novo. Assim sucederá com Sílvio Lima, da área da Filosofia, da Pedagogia e da Psicologia, e com o botânico Aurélio Quintanilha, da Universidade de Coimbra, com o historiador da literatura Manuel Rodrigues Lapa, da Universidade de Lisboa, e com o médico Abel Salazar, da Universidade

---

[52] Ortega y Gasset, *Misión de la Universidad*, Madrid, Revista de Occidente, 1930.

[53] Ver *Lobo Vilela e a polémica sobre a Universidade e o Ensino nos inícios do Estado Novo*. Selecção, fixação de textos e notas de António Costa Lobo Vilela. Estudo introdutório de Luís Reis Torgal. Prefácio de Eduardo Marçal Grilo. Lisboa, Fundação Calouste Gulbenkian – Serviço de Educação e Bolsas, 2009.

António José de Almeida, a Universidade e a Reforma Republicana do Ensino

"Meus senhores! a República é tolerante: suprimiu os conselheiros, mas multiplicou os bacharéis. Fica uma coisa pela outra..."

A caricatura, referindo-se, como é óbvio, ao aumento de "bacharéis formados" que surgiriam ção de António José de Almeida contra os "privilégios" da Universidade e dos universitários, na qual se pode notar a abolição da honra de "conselheiros" que havia sido atribuída aos lentes de prima com oito anos de exercício, por carta régia de 4 de Novembro de 1824.

República, Universidade e Academia

do Porto, demitidos em 1935. Entretanto, em 1934 era extinta a Imprensa da Universidade de Coimbra, administrada pelo filósofo e historiador das ideias Joaquim de Carvalho, que se manterá discretamente, mas de forma sempre clara, como um republicano liberal, de oposição ao regime salazarista. E a Associação Académica de Coimbra, fundada em 1887, deixará, em 1936, de poder livremente escolher a sua direcção durante largo tempo.

Fechava-se assim um ciclo, iniciado em 1910-1911, em que estivera presente, e muito activo, com novas perspectivas, António José de Almeida.

Jaume Claret Miranda

El Sueño de una Universidad Republicana, 1931-1939[1]

---

[1] Jaume Claret, *El atroz desmoche*, Barcelona, Crítica, 2006.

CLARET MIRANDA, **Jaume** – Doutor em História pela Universidade Pompeu Fabra. Professor Associado da Universidade Pompeu Fabra e da Universidade Aberta da Catalunha.

La progresiva consolidación de los Estado-nación exigía – no siempre exitosamente – una comunidad nacional con valores, creencias, religión y lengua comunes. En este proceso resultaron de gran utilidad la Hacienda, el Ejército y la Escuela. De hecho, la educación era – y es – un elemento básico de nacionalización y de cimentación del estado.

Sin embargo, en el caso español, los gobiernos monárquicos tradicionalmente había hecho dejación de sus propias funciones, traspasando dicha responsabilidad a la todopoderosa y predominante Iglesia católica. Fruto de ello, a principios del siglo XX la tasa de analfabetismo se situaba alrededor del 32 por 100 de la población.[2] Similar situación se producía en el Portugal monárquico, cuyo legado a la recién instaurada república fijaba el nivel de analfabetismo en el 78,6%.[3]

No es estraño, por tanto, que el republicanismo moderado y las izquierdas españolas – como en su momento las portuguesas – coincidieran en la necesidad de crear una auténtica y extensa red estatal de educación, primer paso para convertir en ciudadanos a una población formada hasta entonces por súbditos.

Así, el cambio de régimen en Portugal se consolidó sobre la urgencia y el consenso de «fazer a república». Esto se traducía en tres puntos básicos: "descentralização, separação da Igreja e do Estado, educação primária generalizada". Respecto de la tercera cuestión, ello significaba una apuesta clara en favor del "ensino primário obrigatório, gratuito e laico".[4]

El ejemplo portugués se reproduciría tiempo después en España. Los nuevos dirigentes republicanos, al asumir inesperadamente el gobierno el 14 de abril de 1931, fijaron en la lucha contra el analfabetismo y a favor de la cultura y la educación, una de sus principales prioridades.[5]

---

[2] Sandie Holguín, *República de ciudadanos. Cultura e identidad nacional en la España republicana*, Barcelona, Crítica, 2003. Mercedes Vilanova Ribas y Xavier Moreno Juliá, *Atlas de la evolución del analfabetismo en España de 1887 a 1981*, Madrid, Centro de Publicaciones del MEC, 1992, pp. 288-289.

[3] Joaquim Romero Magalhães, *Vem aí a República! 1906-1910*, Coimbra, Almedina, 1999, p. 325.

[4] Joaquim Romero Magalhães, *Vem aí a República! 1906-1910*, Coimbra, Almedina, 1999, p. 324.

[5] Àngel Duarte, *Història del republicanisme a Catalunya*, Vic y Lleida, Eumo y Pagès, 2004, pp. 270-273, muestra la continuidad de esta creencia republicana. Un ejemplo de la tarea republicana puede verse en *Biblioteca en guerra*, Madrid, Biblioteca Nacional, 2005.

República, Universidade e Academia

El ministro republicano de Instrucción Pública y Bellas Artes, Marcel·lí Domingo, declaraba: "la instauración de la democracia puede ser por la violencia, su consolidación sólo es por la cultura. Donde la cultura falta, el sistema democrático se pervierte, se esteriliza, se desfigura o cae, no por la presión, sino por interna consunción".[6] La cultura y la escuela se convertían así en herramienta para la regeneración, la difusión y el arraigo de los ideales democráticos y republicanos. No hay que olvidar que la República llegaba a España más por el colapso de la Monarquía que por méritos de los republicanos.

El nuevo régimen desplegó una actividad febril, muy centrada en la Primaria. En tan sólo dos años, de 1931 a 1933, se construyeron siete mil nuevas escuelas y se nombraron más de diez mil nuevos maestros. Se trataba de una cuestión de prioridades políticas y estratégicas, pues estaban convencidos que, de ello, dependía tanto el progreso del país como la consolidación del nuevo régimen.

Esta revolución educativa no era ajena al desembarco masivo de catedráticos y profesores en la Administración, el Parlamento y el Gobierno republicanos. La llamada República de los profesores hacía honor a su nombre, aunque el resto de niveles educativos – Secundaria, Escuelas Técnicas y Universidades –, no recibieron la misma atención.

Sin embargo, ello no significa que en el ámbito universitario no se hiciera nada. En primer lugar, la Universidad se benefició de una mayor libertad. Puede parecer una cuestión menor e incluso para algunos contraproducente – todavía hay quien imputa la posterior guerra civil a esa libertad excesiva –, pero las evidencias demuestran su bondad.

Así, durante la Segunda República, España vive una auténtica «edad de plata» a nivel científico e intelectual. Un florecimiento que, la guerra y el posterior exilio, forzó a trasplantar en el extranjero, principalmente a las repúblicas americanas y a Europa.

Lógicamente no estoy atribuyendo el global de estos hallazgos a la política científica republicana. Como bien sabe todo aquel que se dedica a la investigación, cada avance, cada artículo, cada experimento, necesita de un previo y largo período de formación, trabajo y experimentación. Así, los logros ciertos de aquellos años tenían sus orígenes en organismos previos como la Institución Libre de Enseñanza, la Junta de Ampliación de Estudios

---

[6] Marcel·lí Domingo, *La experiencia del poder*, Madrid, Quemades, 1934, p. 159. Francisco Morente Valero, *La depuración del Magisterio Nacional (1936-1943). La escuela y el Estado Nuevo*, Valladolid, Ámbito, 1997, p. 55.

El sueño de una Universidad Republicana, 1931-1939

o los diferentes institutos y laboratorios impulsados durante el primer tercio del siglo XX, algunos de ellos por instituciones al margen de las academias oficiales.[7]

Con todo, la República facilitó los contactos internacionales, permitió una mayor apertura, democratizó los centros, promocionó el talento, incrementó las facilidades y, sobre todo, generó expectativas. La República se convirtió en la gran esperanza para miles de ciudadanos y decenas de colectivos. Y ello fue su gran mérito y, a la vez, su gran cruz, porque cuánto mayor es la esperanza, mayor es también el desengaño.

Más allá de ese cambio ambiental, la República contaba, de hecho, con un programa de reforma universitaria. Pero las prioridades políticas y presupuestarias eran otras, y los vaivenes políticos tampoco jugaron a su favor. En marzo de 1933 se presentaba formalmente la Ley de Reforma Universitaria, pero la frustración estudiantil por el retraso y el posterior cambio de mayorías parlamentarias que llevaron a la derecha al poder impidieron su concreción.[8]

Del proyecto destacaba la transformación de los centros "desde una perspectiva de flexibilidad y adecuación a las nuevas realidades sociales" para formar académica y humanamente tanto a profesionales como a investigadores. A su vez, el profesor asumía una función más tutorial y de orientación del alumno, se eliminaban los exámenes como único parámetro de selección, y se abría el abanico de opciones más allá de las asignaturas troncales fijas.[9]

Aunque no se pudo llevar a cabo la reforma, sí que se materializaron medidas parciales. Cabe destacar la incorporación de los estudios pedagógicos a las Facultades de Filosofía y Letras con la consecuente supresión de la Escuela de Estudios Superiores del Magisterio y, sobre todo, la concesión de autonomía a las Facultades de Filosofía y Letras de Madrid y Barcelona. No obstante, la medida más espectacular tuvo lugar con motivo de la concesión de la autonomía a la Universidad de Barcelona en su conjunto.

---

[7] L. E. Otero Carvajal (dir.), M. Núñez Díaz-Balart, G. Gómez Bravo, J. M. López Sánchez y R. Simón Arce, *La destrucción de la ciencia en España. Depuración universitaria en el franquismo*, Madrid, Universidad Complutense, 2006, pp. 48-49.

[8] A. Molero Pintado, "Un intento frustrado en la política educativa de la II República: El proyecto de la Ley de Reforma Universitaria de 1933" en *X Coloquio de Historia de la Educación. La Universidad en el siglo XX: España e Iberoamérica*, Murcia, Sociedad Española de Historia de la Educación y Universidad de Murcia, 1998, pp. 222-227.

[9] A. Molero Pintado, *Historia de la educación en España. La educación durante la Segunda República y la guerra civil (1931-1939)*, Madrid, MEC, 1991, volumen IV, pp. 54-64.

República, Universidade e Academia

La relevancia de la reforma trascendía el ámbito local. Por un lado, se revelaba como el modelo que los republicanos aspiraban a extender al resto de centros, pero, por el otro, personificaba también las peores pesadillas de la derecha política y de buena parte de la intelectualidad españolas. Durante el proceso de tramitación parlamentaria de la autonomía barcelonesa se evidenció un enfrentamiento político e ideológico que tendría continuidad durante todo el período republicano y que se manifestaría violentamente a partir de la guerra civil.

De hecho, la renovación de la Universidad de Barcelona estará encabezada y protagonizada por la denominada «generación de 1914». Es decir, aquellos docentes e investigadores que se habían visto favorecidos por los diferentes pensionados establecidos durante el primer tercio de siglo y que ahora simpatizaban mayoritariamente con los partidos republicanos y autonomistas. Una joven generación, con alguna adhesión de miembros más mayores, cuyos referentes científicos y académicos se hallaban en Alemania, Francia e Inglaterra. Ellos fueron los encargados de introducir un nuevo estilo.[10]

El propio rector barcelonés describiría más tarde el proceso con estas palabras: "Pedagógicamente, administrativamente e incluso físicamente la renovación universitaria fue de una espectacularidad aparatosa. [...] La dinámica universitaria adquirió una intensidad y una fuerza que trascendió la propia Universidad e inició aquella deseada relación Universidad-sociedad".[11]

Estos profundos cambios se alternaron con otros de menos calado pero tan significativos como el enlucido de las paredes, la mejora de los fondos bibliográficos, la instalación de luz eléctrica en la Biblioteca, el establecimiento de un bar en el sótano y la apertura del jardín a los estudiantes.[12]

Las Facultades barcelonesas establecieron cuatro objetivos básicos que, en aquel momento, revolucionaban el tradicional mundo universitario y ejemplificaban el objetivo último de los reformistas republicanos españoles: formación cultural, general y especializada; preparación profesional; investigación; y difusión extrauniversitaria. Para conseguirlos, se crearon diver-

---

[10] Jordi Cassasas Ymbert, *La fàbrica de les idees. Política i cultura a la Catalunya del segle XX*, Catarroja, Afers, 2009, pp. 234-235.

[11] Jordi Maragall, *El que passa i els qui han passat*, Barcelona, Edicions 62, 1985, p. 137, cita traducida del catalán.

[12] Pere Bosch Gimpera, *Memòries*, Barcelona, Edicions 62, 1980, pp. 170-186. Recuerdos similares pueden hallarse en Pompeu Fabra, "L'obra de la Universitat Autònoma" en *Conferències sobre la Universitat de Barcelona*, Barcelona, Altés, 1935, p. 131-152; y Alexandre Cirici, *El temps barrat*, Barcelona, Destino, 1973, pp. 33-34.

El sueño de una Universidad Republicana, 1931-1939

sos seminarios y laboratorios, se aumentó la colaboración con diferentes organismos, se promocionaron las publicaciones universitarias, y se realizó un esfuerzo importante de proyección exterior mediante la cooperación con asociaciones culturales, profesionales y gubernamentales.

Con el inicio de la guerra, las universidades 'republicanas' se redujeron prácticamente a dos: Barcelona y Valencia. Además, los claustros sufrieron importantes modificaciones, tanto por las bajas provocadas por la dispersión estival y la implicación en uno u otro bando, como por la adscripción provisional de aquéllos a quienes resultaba imposible regresar a sus centros originales. La mayoría del profesorado se agregaba, por tanto, a las universidades de Barcelona y, especialmente, de Valencia, recién nombrada nueva capital republicana. De hecho, este último centro fue quien pasó a personificar el modelo republicano de universidad, aunque de forma parcial y condicionada por la guerra.

Con la guerra y, sobre todo, con la victoria franquista, vino también el despertar del sueño republicano. La expulsión, la depuración y el exilio lograron el efecto buscado, es decir, eliminar los planteamientos más progresistas del mundo universitario español, tanto en la gestión como en los contenidos. Sirva de ejemplo que cuando se eleva una consulta sobre "la suerte" de los próceres miembros del Patronato universitario de Barcelona, el propio ministro franquista Pedro Sainz Rodríguez, de su puño y letra, escribía un contundente "a la calle".[13]

La purga política llevada a cabo por el franquismo en la administración pública en general y en el escalafón docente en particular debe enmarcarse dentro de una dinámica de carácter internacional. Aunque sin la contundencia y la extensión temporal del caso español, las otras tres dictaduras europeas contemporáneas – Italia, Alemania y Portugal – protagonizaron depuraciones con elementos comunes a la franquista.

Los cuatros regímenes compartían el temor a "la disensión espiritual e ideológica más que [a] la acción abierta, porque es fácil aplastar la rebelión, pero las ideas suelen difundirse insidiosa e inconteniblemente".[14] Todos

---

[13] *La Vanguardia Española*, 1 de mayo de 1940, con motivo de la visita del ministro José Ibáñez Martín a la Universidad de Barcelona. Archivo de Pedro Sainz Rodríguez, caja 92, documentación 28. Citado también por Borja de Riquer, "Presentación" en Francisco Morente Valero, *La depuración del Magisterio Nacional (1936--1943). La escuela y el Estado Nuevo*, Valladolid, Ámbito, 1997, pp. 18-19.

[14] Francisco Morente Valero, "Políticas de control ideológico del profesorado universitario en los regímenes fascistas. Una aproximación", en *Josep Fontana. Història i projecte social. Reconeixement d'una trajectòria*, Barcelona, Crítica, 2004,

República, Universidade e Academia

ellos coincidían en la descalificación pública del enemigo, la aplicación de sanciones disfrazadas como penas estrictamente administrativas, y la exigencia de una adhesión pública a partir de la obligatoria jura de fidelidad al régimen.[15]

En el caso portugués, desde mayo de 1926 la contrarrevolución lusa favoreció un creciente control y centralización de la enseñanza. Tras un primer período de transigencia, la represión se endureció progresivamente, coincidiendo con el aumento de la contestación profesional y estudiantil. "Os intelectuais, principais agentes de intermediaçâo, vâo ter que, de imediato, definir o seu campo, ou ao serviço da propaganda do Estado, integrando-se nos padrôes estetico-ideológicos previamente estabelecidos e sendo por isso devidamente recompensados, ou do lado das «ideias perturbadoras e dissolventes da unidade e interesse nacional»".[16]

En septiembre de 1931 se decretaba el cese de todo funcionario sospechoso y, en septiembre de 1936 se imponía una declaración pública de repulsa del comunismo, así como de toda idea subversiva.[17] Sin embargo, el paulatino incremento de la represión no alcanzó nunca el grado de violencia español, originado en gran medida por la sangrienta guerra civil.

En Portugal, los órganos representativos no contestaron las depuraciones, ni el constante estado de sospecha reinante en la Universidad, ni el apartamiento de algunos profesores de sus cátedras. La inercia se imponía mientras que el Estado no cuestionara la Universidad en su conjunto y en tanto que la discreción de comportamiento siguiera asegurando el mantenimiento de la mayoría en sus funciones. Sin embargo, como relata Carolina Rodríguez Lopez, "con el paso del tiempo se fue viendo cómo iba penetrando en el cuerpo docente un cada vez mayor número de profesores que

---

pp. 1.493-1.503; y "La Universidad en los regímenes fascistas: la depuración del profesorado en Alemania, España e Italia"; una primera versión puede hallarse en Francisco Morente Valero, "La Universitat feixista i la Universitat franquista en perspectiva comparada", en Giuliana di Febo y Carme Molinero (eds.), *Nou Estat, nova política, nou ordre social. Feixisme i franquisme en una perspectiva comparada*, Barcelona, CEFID y Fundació Carles Pi i Sunyer, 2005.

[15] Laura Fermi, *Inmigrantes ilustres. La historia de la migración intelectual europea 1930-1941*, Buenos Aires, Ameba, 1971, p. 65.

[16] Helena Ângelo Veríssimo, *Os jornalistas nos anos 30/40. Elite do Estado Novo*, Coimbra, Minerva, 2003, pp. 25-26.

[17] Maria Filomena Mónica, *Educaçaô e sociedade no Portugal de Salazar*, Lisboa, Presença, 1978, pp. 178-181.

El sueño de una Universidad Republicana, 1931-1939

no se integraban ideológicamente en el Régimen, más allá de que sus críticas fueran leves y su discreción muy marcada".[18]

Volviendo al mundo universitario español. A pesar de sus escasas realizaciones y a pesar de haber generado más esperanzas que realidades, el contraste entre lo que fue y, sobre todo, pudo ser y lo que los franquistas estaban haciendo, era absoluto. El paréntesis republicano, con todas sus limitaciones, incrementaba su valor por pura comparación. De hecho, el principal logro era la simple ruptura con el modelo escolástico del pasado y, especialmente, la futura comparación con lo que había de llegar.

Como decía, la reforma planteó grandes esperanzas que, diversas circunstancias, impidieron que se llevasen a cabo. Pero, precisamente, esa falta de concreción facilitó su mitificación. A ese proceso ayudó la continuidad de las carreras científicas de muchos docentes españoles en el exilio, que dejó abierto el interrogante sobre qué hubiera sido de España en caso de haber seguido trabajando e investigando en sus centros. Una duda acrecentada por la recreación desde el exilio de una España perdida, donde las grandes esperanzas surgidas parecían o se recordaban más factibles.

Respecto de los que se quedaron o regresaron al cabo de poco tiempo, también ellos colaboraron en la mitificación parcial de ese pasado. De nuevo, el contraste entre el horizonte de esperanza de la República y la gris realidad franquista se decantaba a favor de la primera. Y, a todo ello, se añadían las propias situaciones personales que llevaban a la lógica añoranza ante los buenos tiempos perdidos.

Sin embargo, ésta era una lucha desigual, pues mientras tanto el franquismo dispuso de cuarenta años para reescribir la historia y para borrar ese pasado incómodo. Como escribe Tzvetan Todorov "los regímenes totalitarios del siglo XX han revelado la existencia de un peligro antes insospechado: la supresión de la memoria".[19]

Por desgracia, la universidad y la ciencia españolas son más consecuencia de la herencia franquista que de la herencia republicana. Con esto no estoy diciendo que sean franquistas, sino señalando un origen, un pecado original. Evidentemente, esta desgraciada herencia evolucionó, acumuló excepciones, se resquebrajó, se diversificó e incluso integró a personas y líneas de investigación alejadas del estricto nacional-catolicismo inicial.

---

[18] Carolina Rodríguez López, *La Universidad de Madrid en el primer franquismo. Ruptura y continuidad (1939-1951)*, Madrid, Dykinson, 2002, pp. 51-52.

[19] Todorov Tzvetan, *Los abusos de la memoria*, Barcelona, Paidós, 2008, p. 13.

República, Universidade e Academia

Seguramente, el mejor homenaje consistiría en recuperar el trabajo científico de aquellos exiliados exteriores e interiores. Conscientes de que éste es el único camino para construir una historia de la ciencia española integradora. Pero, al mismo tiempo, desde la consciencia de que no podemos trabajar con historias contrafactuales. Lo que pasó, pasó y, por desgracia, la República no ganó la guerra, ni tuvo tiempo para desarrollar completamente su sueño.

Paralelamente, se debería realizar un esfuerzo por normalizar la historia de España, sustrayéndola de la afición hispánica a la excepcionalidad. Más allá de la casuística propia y de los elementos realmente singulares, lo acaecido durante aquellos años debe situarse en un movimiento más amplio que afectó a otros muchos países, empezando por el vecino Portugal. Flaco favor hace a la historia quien se obstina en reducir sus horizontes al propio escritorio, renunciando al contraste y la comparación con otras realidades. Precisamente, el único camino para enriquecer la propia interpretación y distinguir entre lo habitual y lo excepcional.

Y me gustaría acabar con una pequeña anécdota filológica, que pienso ilustra el sentido último de estas líneas. En la tradición clásica griega, los humanos cruzábamos el río Lethos para acceder al mundo de los muertos y, en este tránsito, olvidábamos todo recuerdo del mundo de los vivos. De aquí que "lethesia" tomase el sentido de "olvido". Su antónimo se construía añadiendo una humilde "a", "alethesia". ¿Y cuál es el significado de "alethesia"? Si respondiéramos sin pensar, seguramente aventuraríamos "recuerdo" como traducción de "alethesia" y antónimo de "lethesia" (olvido). Pero nos equivocaríamos, ya que para los griegos lo contrario de olvido es "verdad", porque el olvido no es nada más que el velo que oculta la verdad.

Manuel Augusto Rodrigues

A República e a Universidade de Coimbra

RODRIGUES, **Manuel Augusto** – Doutor em História da Cultura Medieval e Moderna pela Universidade de Coimbra. Professor Catedrático Aposentado pela Universidade de Coimbra.

I. ANTECEDENTES

A Universidade na Europa no séc. XIX seguiu dois modelos: o napoleónico[1] e o alemão, este último devido a Humboldt que criou em Berlim, em 1810, a célebre Universidade de Berlim[2].

Depois da Revolução Francesa e das conquistas de Napoleão o panorama europeu universitário apresentava-se em acentuado declínio exceptuando a Alemanha e a Inglaterra[3]. Nos outros países como Portugal carac-

---

[1] Napoleão criou em 10 de Maio de 1806 a Universidade que passou a ser conhecida por Universidade Napoleónica ou Imperial. Em França passou a haver uma única universidade ficando as outras reduzidas a faculdades, escolas superiores e a todas as instituições que se prendiam com o sistema educativo que ele pretendeu reorganizar completamente.

[2] A Universidade Humboldt de Berlim ("Alma Universitas Humboldtiana Berolinensis" ou "Universitas Friderica Gulielma Berolinensis") foi criada em 1810. Inspirada nos ideais do iluminismo de educação e da investigação crítica para a descoberta da verdade, serviu de modelo para outras universidades. O seu modelo de educação teológica funcionava como pesquisa teórica e pesquisa crítica e também como fonte de educação para o ministério eclesiástico em alternativa ao tradicional modelo. Neste domínio teve grande influência Schleiermacher que ali foi professor durante toda a vida. Para ele a teologia era um ramo de ensino independente da filosofia, mas com uma base forte das artes liberais. O grande princípio consistia na liberdade de aprender (*Lernfreiheit*) e de ensinar (*Lehrfreiheit*), pioneira da liberdade de educação universitária independente do poder religioso e estatal. Era considerada como meio de emancipação e de formação do governo da Prússia. – Vid. *Forschen und Wirken: Festschrift zur 150-Jahr-Feir des Humboldt-Universität zu Berlin: 1810-1960*, 3 vols., 1960; Albert Blackwell, *Friedrich Schleiermacher and the Founding of the University of Berlin: The Study of Religion as a Scientific Discipline*. Lewiston, 1991; Walter Rüegg, *A History of the University in Europe*, Cambridge, vol. 3, 2004; Paula Sabloff, *Higher education in the post--communist world/case studies of eight universities Case*, Nova Iorque etc., 1999.

[3] Em 1789 havia na Europa 143 universidades e em 1815 apenas 83. As universidades francesas haviam sido suprimidas, tendo sido criadas 12 como Escolas Superiores e Faculdades autónomas. Só em 1896 a França voltou ao esquema antigo das universidades. Sobressaíram como grandes reformadores do ensino superior em França entre 1879 e 1902 Bréal, Lavisse, Monod, Albert Dumont e Louis Liard. O ministério Duruy deu significativo impulso à viragem em curso. A criação da École Practique des Hautes Études foi um facto importante e foi então que se criaram diversas bibliotecas, e laboratórios, etc. Mas Cousin, Guizot, Michelet e Quinet continuavam privados das suas cátedras e como eles muitos outros. Entretanto crescia o positivismo, a laicidade, etc. No período de Jules Ferry (primeiro ministro em 1880-1881 e em 1883-1885) deu-se um grande impulso ao ensino. A lei de 16 de Julho de 1896 culminou o processo restituindo

República, Universidade e Academia

terizou-se por um excesso de burocratização, pela especialização e pela crescente secularização. Pontificava o modelo napoleónico. Quando em 1872 se comemorou o centenário da Reforma Pombalina de 1772 ainda havia quem defendesse que ela mantinha a sua plena actualidade. Era reitor o Visconde de Vila Maior[4]. Quando seria de esperar que o acto comemorativo fosse o ponto de partida para uma nova fase, afinal tudo ficava praticamente na mesma e assim se pretendia continuar[5]. Basta ver o que Mota Veiga acerca da faculdade de teologia enaltecendo a continuidade do esquema dos estatutos de 1772. Afirma que mesmo o que se acrescentou ou alterou em nada modificou o essencial dos Estatutos[6].

O constitucionalismo criou o sistema de subordinação absoluta ao Estado. É certo que houve medidas adoptadas e autores que propuseram

---

às universidades a sua autonomia que há tanto tempo estava perdida. De lembrar a criação de várias obras e revistas sobre o ensino, como *Revue internationale de l'enseignement. Revue Enseignement Supérieur,* etc. – Vid. George Weisz, "Le corps professoral de l'enseignement supérieur et l'idéologie de la réforme universitaire en France, 1860- -1885", in *Revue Française de Sociologie,* 1977, vol. 18, n.º 2, pp. 201-232; *Histoire générale de l'enseignement et de l'éducation en France,* dir. de Louis-Henri Parias, prefácio de René Rémond, vol. 3: Francoise Mayeur, *De la révolution à l'École républicaine (1789-1930),* Paris, 1983.

[4] Júlio Máximo de Oliveira Pimentel (visconde de Vila Maior) governou a Universidade entre 1869 e 1884. – Vid. o nosso livro *A Universidade de Coimbra e os seus Reitores,* Coimbra, Arquivo da Universidade, 1990. Sobre os lentes referidos neste trabalho, vid. *Memoria Professorum Universitatis Conimbrigensis,* vol. II: 1772-1937, ibidem, 1991. Vid. ainda *A Universidade nos seus Estatutos. Da Reforma de 1901 à Lei de Autonomia de 1988,* 1988; *A Universidade de Coimbra no séc. XX. Actas da Assembleia Geral,* 2 vols., 1988. 1991; *Actas do Conselho Académico; Actas do Senado,* 2 vols., 1989, 1991), *Actas da Junta Administrativa,* 1990; *Actas da Faculdades de Letras,* 2 vols., 1989, 1991, *Actas da Faculdade de Direito* 2 vols., 1991, 1995, *e Actas da Faculdade de Ciências,* vol. I, 1992.

[5] Escreve Teófilo Braga na sua *História da Universidade de Coimbra nas suas relações com a instrucção pública,* vol. IV: «O valor destas comemorações assenta sobre o balanço dos progressos adquiridos durante o longo percurso de um século; é como a determinação de uma nova era e o ponto de partida de uma orientação consciente». Tudo feito em três meses. Mais diz: acerca das memórias das diversas faculdade que então se publicaram (excepto de cânones e leis): «...são apagadas compilações, e factos sem relevo, sem correlação com a actividade intelectual do século e concluindo pela imutabilidade dos Estatutos e integralidade da obra como a montara o Marquês de Pombal e a entregou à conservação das gerações subsequentes» (p. 561).

[6] Teófilo usa expressões como «no pé em que hoje as vemos» e «inalterabilidade admirável através de cem anos».

A República e a Universidade de Coimbra

uma alteração profunda no sistema de educativo. De relevante significado foram os vários diplomas de 1837 que criavam em Lisboa uma Escola Politécnica e no Porto a Academia Politécnica. De referir ainda as Escolas Médico-Cirúrgicas de Lisboa e Porto fundadas em 29 de Dezembro de 1836. O grande interesse de Passos Manuel pelo ensino científico e técnico merece ser realçado.

Tentativas de reforma do ensino não faltaram ao longo do séc. XIX, como a criação do Conselho Superior de Instrução Pública (1835), as reformas de Passos Manuel e de Costa Cabral, a fundação do Curso Superior de Letras (1859) que se pode considerar o embrião da Faculdade de Letras da Universidade de Lisboa[7] e o aparecimento do Ministério dos Negócios da Instrução Pública em 1870, à frente do qual foi colocado D. António da Costa de Sousa Macedo, que tinha sido o grande defensor da sua criação e que escreveu *História da Instrução Popular em Portugal desde a fundação da monarquia até aos nossos dias* (1871).

Autores que escreveram sobre a reforma, como Francisco de Borja Gastão Stockler temos Luís da Silva Mouzinho de Albuquerque com *Ideias sobre o estabelecimento da instrução pública dedicadas à nação portuguesa e oferecidas aos seus representantes* (Paris, 1823)[8], os lentes de Matemática António Dias Teixeira Pegado (1835) que no seu estudo fala da necessidade da criação de uma Faculdade de Letras *Projecto de Lei da Organização Geral da Universidade de Portugal. Dedicado à Nação Portuguesa, e oferecido ao Corpo Legislativo* e Albino de Figueiredo e Almeida, em 1836, escreveu um *Projecto de reforma da Instrução Pública*.

Não devemos esquecer que casos houve de grandes personalidades como Alexandre Herculano, Oliveira Martins, Gama Barros, Adolfo Coelho, etc. que não foram universitários.

O séc. XIX não fora propício ao regular funcionamento da instituição devido a causas várias que afectaram profundamente a vida universitária[9].

---

[7] Nele leccionaram, entre outros, Teófilo Braga, Silva Teles, Silva Cordeiro e Francisco Adolfo Coelho, entre outros. Os seus primeiros professores foram António José Viale, Rebelo da Silva e Lopes de Mendonça.

[8] «Radicalmente propunha o autor retirar de Coimbra todo o ensino universitário, concentrando-o em Lisboa, cidade marítima, populosa, comercial e industrial, indicada por isso, como nenhuma, para o exercício daquele grau de ensino. Só admitia, como excepção, uma Faculdade de Medicina no Porto», escreveu certo autor.

[9] Recordamos as invasões francesas, a instabilidade política que o país atravessou, o encerramento da Universidade durante seis anos (1810-1811, 1828-1829, 1831-1832 a 1833-1834, e 1846-1847), a perda da Fazenda em 1836. Por outro lado, o

Teófilo Braga na sua *História da Universidade* fala abundantemente da situação crítica por que passava a Universidade.

Faltava dar à Universidade liberdade e independência do Estado, tornando possível o uso proveitoso dessa liberdade pela instituição ou desenvolvimento de bibliotecas, seminários, institutos e clínicas, liberal e generosamente dotadas. A autonomia universitária não existia e sem ela não se podia ir muito longe.

Como já era tradição, os reitores nomeados não provinham do corpo docente. Depois da primeira fase de Francisco de Lemos à frente dos destinos da Universidade até 1777, estiveram reitores que não revelaram possuir estatura para enfrentar os acontecimentos: os Principais Mendonça e Castro. Francisco de Lemos regressa em 1799 e governa a Escola até 1821[10].

Ao percorrermos as actas do Claustro Pleno, do Conselho de Decanos e das Congregações verificamos a falta de rasgo e determinação para quebrar a monotonia reinante. Não admira, pois, que tivesse havido vozes que defenderam mesmo a eliminação da Universidade de Coimbra. Não quer isto dizer que não tivesse havido professores que se impuseram sobremaneira pelo seu saber e dedicação à Escola. Mas, de uma maneira geral, a Escola não acompanhava os progressos filosóficos e científicos que entretanto se iam verificando lá fora. É certo que houve áreas do saber em que se distinguiram algumas personalidades e que se assistiu a algumas realizações marcantes.

II. A UNIVERSIDADE NOS ÚLTIMOS ANOS DA MONARQUIA

A República prestou uma especial atenção aos problemas de todos os graus de ensino (primário, secundário, superior: Universidades, Escolas

---

número de alunos decresceu substancialmente: entre 1800 e 1900 houve anos em que o número de estudantes matriculados nunca chegou a 500 em nenhum ano escolar e nunca se atingiu os 1500. Isto para seis faculdades (depois cinco com a fusão das de Cânones e Leis) da única Universidade do país. Só as faculdades jurídicas tinham mais de metade da população estudantil (48301 num total de 91888).

[10] Sucederam-lhe Francisco de São Luís (1821-1823) e Furtado de Mendonça (1823-1827). Vem depois uma fase de 14 anos em que a Universidade foi governada por vice-reitores. Temos depois uma série de reitores que não foram professores. Como reitores professores temos José Machado de Abreu, Basílio de Sousa Pinto (visconde S. Jerónimo), Vicente Ferrer Neto Paiva, o visconde de Vila Maior, Cardoso Machado, António dos Santos Viegas por duas vezes, Costa Simões e Manuel Pereira Dias. Vid. o nosso livro *A Universidade de Coimbra e os seus Reitores*, Coimbra, 1990.

A República e a Universidade de Coimbra

Normais, etc.), mas já antes de 1910 houve foi aprovada legislação importante sobre o assunto.

Nesta análise sintética, tomamos como pontos de referência os documentos oficiais – alguns deles já anteriores à República – que focavam a urgência de uma remodelação e inovação da Universidade, algumas orações *de sapientia* e diversos textos e factos mais marcantes que se verificaram até 1926. A urgente reforma da Universidade era vista à luz do que se passava lá fora: a cada passo encontramos alusões a Escolas e pensadores estrangeiros que serviam de modelo para o muito que entre nós se havia a fazer perante um atraso considerável.

A *Proposta de Lei com as Bases para a Reorganização da Universidade de Coimbra* de 1901, assinada por Hintze Ribeiro, é considerado o primeiro texto reformador do séc. XX[11]. Nele se lê que a comissão nomeada pela Universidade para elaborar as bases da reforma não chegou a conclusões práticas aproveitáveis. O actual gabinete, que seguia a mesma orientação do último governo progressista ia tentar melhorar as condições do ensino superior.

Seguiram-se no mesmo ano de 1901 as *Bases para a Reorganização da Universidade de Coimbra*[12] onde se diz: «O Governo não podia desistir da reforma da Universidade, porquanto o valor de um país depende incontestadamente do grau da sua cultura intelectual, e este aquilata-se, principalmente, pelo estado do seu ensino superior. Ora, nada mais indicado manter o ensino superior à sua devida altura do que uma Universidade devidamente organizada, constituindo um foco poderoso do estudo de todas as ciências, onde se eduque o espírito dos pensadores e de onde irradiem as ideias que hão-de nortear luminosamente os povos nas suas conquistas materiais, intelectuais e morais». O modelo apontado é o alemão. A Alemanha deve em grande parte a sua prosperidade às universidades que formaram o espírito nacional daquele Estado.

Aborda o estado das diversas faculdades e refere nomes de especialistas estrangeiros que importava seguir ou ter em atenção para renovar a Universidade, por exemplo, quanto à Teologia fala dos graves problemas da teologia dogmática que não podem ser conscienciosamente estudados sem o subsídio dos conhecimentos de Antropologia (11.ª cadeira da Faculdade

---

[11] Proposta de Lei n.º 42-L, de 15 de Abril de 1901 (Diário do Governo, n.º 84, de 17 de Abril de 1901).

[12] Decreto n.º 4, de 24 de Dezembro de 1901 (Diário do Governo, n.º 294, de 29 de Dezembro de 1901).

República, Universidade e Academia

de Filosofia) e de Geologia (10.ª cadeira da mesma Faculdade). Os trabalhos de Moigno[13], Reusch[14], Hamard[15], Vigouroux[16], Lavaud de Lestrade[17], Pioger[18], Faye[19], etc. assim o têm mostrado.

---

[13] François-Napoléon-Marie Moigno (1804 - 1884) revelou-se um célebre físico. Nos seus estudos teológicos manifestou grande inclinação para as línguas hebraica e árabe.

[14] Franz Heinrich Reusch (1823-1900) foi um teólogo velho-católico e historiador da Igreja. Escreveu obras importantes, como *Erklärung des Buches Baruch*, Friburgo, 1853; *Lehrbuch der Einleitung in das Alte Testament*, Freiburg, 1859, 1864, 1868, 1870; *Bibel und Natur. Vorlesungen über die mosaische Urgeschichte und ihr Verhältnis zu den Ergebnissen der Naturforschung*, Freiburg 1862, 1866, 1870 (trad. port., *A Biblia e a natureza: lições sobre a historia biblica da creação*, Porto, 1877); *Die biblische Schöpfungsgeschichte und ihr Verhältnis zu den Ergebnissen der Naturforschung*, Bona, 1877;

[15] O padre oratoriano Pierre-Julien Hamard escreveu, por exemplo, *Géologie et révélation...*, 1881?; *L'Âge de pierre et l'homme primitif*, Paris, 1883; *Les Sciences et l'apologétique chrétienne*, 1886.

[16] Fulcran Vigouroux (1837-1915), padre da Companhia dos Sacerdotes de S. Sulpício, ensinou Sagrada Escritura no seminário da sua Companhia (1860-1895) e depois no Instituto Católico de Paris (1890-1903). Chamado a Roma, aí desempenhou o cargo de secretário da Comissão Bíblica para os Assuntos Bíblicos. Escreveu diversos livros como *La Bible et les découvertes modernes en Égypte et en Assyrie*, Paris, 1877; *La Bible et les découvertes modernes en Palestine, en Égypte, et en Assyrie*, 1879; *La Bible et la critique, réponse aux "Souvenirs d'enfance et de jeunesse" de M. Renan*, 1880; *Les Livres saints et la critique rationaliste, histoire et réfutation des objections des incrédules contre les saintes Écritures*, 1890-1891; *Dictionnaire de la Bible, contenant tous les noms de personnes, de lieux, de plantes, d'animaux mentionnés dans les Saintes Écritures, les questions théologiques, archéologiques, scientifiques, critiques, relatives à l'Ancien et au Nouveau Testament*, 1895-1912 (com diversos colaboradores).

[17] Lavaud de Lestrade escreveu *Transformisme et darwinisme, réfutation méthodique*, Paris, 1885.

[18] Léger-M. Pioger escreveu *Dieu dans ses oeuvres. Le Monde des infiniment petits*, 1877; *Les mystères du ciel étoilé et les profondeurs de l'infini: Dieu dans ses oeuvres*, 1892); *Les merveilles du ciel étoilé et les profondeurs de l'infini*, Paris, 1896; *La Vie après la mort, ou la Vie future selon le christianisme, la science et notamment les magnifiques découvertes de l'astronomie*, 1879; *La Vie après la mort, ou la Vie future selon le christianisme, la science et notamment les magnifiques découvertes de l'astronomie... par l'abbé L.-M. Pioger,... Précédé d'une lettre de l'abbé F. Moigno de Léger-Marie Pioger et F. Moigno*, 1879, *Dieu dans ses oeuvres. Les Splendeurs de l'astronomie, ou Il y a d'autres mondes que le nôtre*, 1893.

[19] Hervé-Auguste-Etienne-Albans Faye (1814-1902) foi um astrónomo célebre. Desempenhou vários cargos como professor de Astronomia e ministro da Instrução

A República e a Universidade de Coimbra

Ainda de 1901 temos a *Reorganização do Curso Superior de Letras*[20] que é outro documento a patentear a preocupação reformista do ensino. Tratando dos serviços das bibliotecas e arquivos nacionais e da sua superior inspecção alude em especial à Biblioteca Nacional de Lisboa e ao Real Arquivo da Torre do Tombo e à reorganização da Inspecção Geral das Bibliotecas e Arquivos Públicos[21].

Passados três anos, Bernardino Machado na sua oração *de sapientia* de 1904 manifesta a grande desilusão perante a situação da Universidade[22]. Lamenta o desaparecimento do Ministério da Instrução Pública do que advieram não poucos agravos à causa da educação, distanciando-se o governo da Universidade. Afirmou que a Alemanha é um modelo do ensino superior em toda a Europa e que uma Universidade deve ser escola de tudo, mas sobretudo de liberdade. Numa alusão ao perigo das oligarquias, disse que há que acabar com a diferença entre intelectuais e o povo, pois a Universidade deve estar ligada à sociedade, dando como exemplo o grande clínico e filantropo Daniel de Matos, realçando que urge criar uma cidadania

---

Pública (1877). Traduziu o *Cosmos* (4 vols., 1846-59) de Humboldt e editou uma vasta série de trabalhos como *Leçons de cosmographie* (1852) e *Sur l'Origine du monde: théories cosmogoniques des anciens et des modernes* (1896).

[20] Decreto n.º 5, de 24 de Dezembro de 1901.

[21] O Arquivo da Universidade de Coimbra foi criado como repartição autónoma em 1901 tendo sido seu primeiro director António Garcia Ribeiro de Vasconcelos. Vid. sobre a história daquela instituição, António de Vasconcelos, "O Arquivo da Universidade", in *Anuário da Universidade*, vol. XCVII, 1902-1903, op. 3-51, trabalho que reeditámos com introdução e anexos em 1991.

[22] Bernardino Luís Machado Guimarães (Rio de Janeiro, 28 de Março de 1851 – Famalicão, 28 de Abril de 1944) foi presidente da República Portuguesa por duas vezes (1915-1917 e 1925-1926). Estudou Filosofia e Matemática na Universidade de Coimbra e dela foi professor. Já em 16 de Outubro de 1885 Bernardino Machado havia feito uma oração *de sapientia* na sala grande dos actos. Em Junho de 1906 proferiu um discurso importante na inauguração do Centro Republicano dos estudantes de Coimbra. Naquela oração fala da ciência como religião e da escola com templo do saber. Propugna o amor à ciência e a sã convivência entre todos. Deixou uma série preciosa de trabalhos de índole pedagógica citamos. Num discurso comemorativo do Marquês de Pombal (1882) enalteceu Sebastião José e a sua obra reformadora da Universidade. Referimos o seu *Discurso parlamentar proferido a 16 de Julho de 1890 (a organisação do Ministerio d'Instrucção Publica e a centralisação do ensino official especialmente do Ensino primário*, Lisboa, 1890. Vid. Elzira Machado, "Bernardino Machado e a Universidade de Coimbra", in *Revista de História das Ideias*, Coimbra, 12, 1990, pp. 257-267.

forte, como sucede na Inglaterra e nos USA onde as *debating societies*, que são autênticos torneios oratórios têm dado os melhores resultados.

Assim sucedia antes com o Teatro Académico de Coimbra que foi outrora palco de debates, um verdadeiro centro de discussão científica e cultural, uma autêntica universidade. A teocracia, a secularização da sociedade e da escola é tudo um e o mesmo problema. Também apoia a eleição pela Universidade dos seus professores entre os mais bem preparados para ensinar.

Alude a Manuel Dias da Silva e a Júlio Augusto Henriques, o primeiro, presidente do município de Coimbra e o segundo, da Sociedade Filantrópico-Académica, como exemplos de professores que se dedicam à causa pública; o povo e a juventude precisam da ajuda dos intelectuais que devem criar laços de fraternidade que é uma aspiração da sociedade[23].

Importantíssimo para a vida das universidades foi o decreto de 1907 que criou a *Autonomia dos Institutos de Instrução Superior*[24] que, como se verá mais adiante, Mendes dos Remédios tanto enalteceria como sendo a chave da reestruturação e modernização da Universidade.

Ainda em 1907, a 16 de Outubro, Sobral Cid na sua oração *de sapientia*, fala das universidades inglesas, alemãs e francesas[25]. Quanto às primeiras, entre as quais sobressaem as de Oxford e Cambridge, diz que foram conservadas nas suas formas tradicionais, «como corporações autónomas, *self-supporting* e *self-governing*, verdadeiras instituições nacionais fazendo corpo com o Estado, mas não absorvidas por ele». Entre outros aspectos foca a importância dada à educação física dos estudantes.

Elogia bastante a universidade alemã citando W. Humboldt que criou em 1810 a Universidade de Berlim: «Uma Instituição educativa do Estado para a instrução das profissões científicas, e uma corporação privilegiada de sábios, cujas supremas funções devem ser a livre investigação dos conhecimentos humanos». O ensino é aí confundido com a ciência em que «um grémio de sábios independentes, trabalhando pela ciência e simultaneamente encarregados pelo Estado de instruir a juventude da Nação». E com a sua autonomia as universidades autogovernam-se.

---

[23] Vid. Teixeira Bastos, *Iniciativas académicas. 1. Sociedade filantrópico-académica de Coimbra*, Coimbra, 1923.

[24] Decreto de 19 de Agosto de 1907.

[25] José de Matos Sobral Cid (1877-1941), mais conhecido por Sobral Cid, foi um médico e professor de Psiquiatria da Universidade de Coimbra. Exerceu vários cargos como o de ministro da Instrução Pública em dois dos governos da Primeira República Portuguesa: em 1912 e depois em 1914.

A República e a Universidade de Coimbra

Cita uma carta ao rei da Prússia: «O Estado não tem outro dever que o de fornecer às universidades os meios necessários à sua existência e escolher os homens apropriados. Não deve imiscuir-se nos negócios internos da Universidade e deve ter sempre presente ao espírito que isso não é, nem pode ser, da sua competência e que quando interfere é sempre com prejuízo».

Na universidade são formados os filósofos, os historiadores, os homens de ciência, os dirigentes da nação, como sucedeu com Fichte, Hegel, Schelling e Schleiermacher, mestres em Iena e Berlim. Refere depois alguns nomes célebres que se evidenciaram nas áreas da filologia moderna e dos estudos neo-clássicos, e da história[26], das matemáticas e das ciências histórico-naturais.

Em 1810, a Prússia vencida fundava a Universidade de Berlim. Segundo a voz eloquente dos seus filósofos, como Fichte nos *Anrede an die deutsche Nation* ("Discursos à Nação alemã") a universidade seria a salvação que o país tanto procurava.

Em 1808 Napoleão havia edificado na França vencedora a Universidade Imperial, diz Sobral Cid, mas a alemã tornou-se o mais poderoso instrumento de unidade nacional e é hoje a base mais segura da sua supremacia científica e acompanhou a França até Sedan, aludindo ao espaço de tempo que decorreu até 1870, quando foram restabelecidas as Universidades gaulesas. E por quê? Porque uma foi fundada sobre a liberdade e autonomia, a outra sobre a centralização e o despotismo, afirmou Sobral Cid. Na França só com a terceira República é que as universidades recuperaram o seu prestígio e se afirmaram como centros do saber. Desde 1871, todos os ministros da Instrução Pública e directores do ensino superior – Ferry, Goblet, Fallieres, Bourgeois, Girard – se interessaram pela restau-ração das Universidades modernas francesas.

---

[26] Menciona os nomes dos filólogos Wolf, Haup e Curtius em Berlim; Niebuhr e Diez em Bona; Herman em Leipzig, Tierch em Munique; e Iacob e Wilhelm Grimm que fundaram e ensinaram a Filologia germânica em Göttingen; e dos historiadores Von Steim, Mommssen e Waitz, «que pela sua situação nas Universidades tão poderosamente influíram na vida da Nação e para a unidade política do Império». Aproveitamos para referir que em 1836 Friedrich Christian Diez (1794-1876) iniciou a publicação da sua monumental *Gramática das línguas românicas*, em que estabelece as relações entre as línguas latinas entre si com o próprio latim, por meio de leis fixas de precisão quase matemática. Desde então, a etimologia é uma das áreas mais importantes da linguística; e em 1863 escreveu *Über die erste portugiesische Kunst- und Hofpoesie*.

74
República, Universidade e Academia

As Universidades espanholas, afirma o prof. Giner de los Rios, deformadas em 1845 pelo modelo seguido em França, conservam-se ainda embalsamadas na estrutura napoleónica[27].

Em 1908, temos o *Regulamento da aplicação das dotações dos estabelecimentos autónomos de Ensino Superior*[28] que vem na sequência do texto de 1907. No seu art. 37.º trata das missões científicas dos professores a países estrangeiros, sendo estes obrigados no termo da missão a apresentar à respectiva escola ou faculdade um relatório da missão, em duplicado, «devendo um dos exemplares ser remetido imediatamente à Direcção-Geral da Instrução Secundária, Superior e Especial».

Sidónio Bernardino Cardoso da Silva Pais, em 16 de Outubro de 1908, na sua oração *de sapientia* desse ano afirma que a Universidade precisa de obras e não de palavras[29]. O futuro presidente da República afirma que a Universidade de Coimbra tem de deixar de ser uma instituição anacrónica e perniciosa e fala da subsistência das velhas fórmulas da sua primitiva estrutura religiosa e clerical e de outros vícios que a minavam. É necessário separar a ciência da religião, o serviço de Deus do de Minerva, disse.

E prosseguiu nestes termos: «A Universidade de Coimbra, senhores, não pode ficar indiferente como uma estátua, nem enigmática como uma esfínge, perante esta onda de renovação e reviviscência. A Universidade de Coimbra precisa de tomar um partido – ou é pelo passado, pelo espírito

---

[27] Francisco Giner de los Ríos (1839-1915), filósofo, pedagogo e ensaísta, fundou a Institución de Libre de Enseñanza (ILE). Estiveram ligados à ILE Manuel Azaña, Julián Besteiro, José Ortega y Gasset, Federico García Lorca, Salvador Dalí, Antonio Machado, Juan Ramón Jiménez, Luis Buñuel, Miguel de Unamuno, Fernando de los Ríos e Bosch Gimpera. – Unamuno (1864-1936) que foi reitor da Universidade de Salamanca dedicou diversos escritos à universidade espanhola. O mais antigo e mais substancial é o ensaio "De la enseñanza superior en España", publicado na "Revista Nueva", entre Agosto e Outubro de 1899. De mencionar ainda várias intervenções, como na II Assembleia Universiária de Barcelona (Janeiro de 1905) e as conferências "Lo que ha de ser un rector en España" e "Autonomía docente", pronunciadas respectivamente a 25 de Novembro de 1914 e 3 de Janeiro 1917, ambas em Madrid.

[28] Decreto de 8 de Outubro de 1908. Vem referenciada a autonomia da Universidade de Coimbra, da Escola Politécnica de Lisboa, da Academia Politécnica do Porto, das Escolas Médico-Cirúrgicas de Lisboa e Porto e do Curso Superior de Letras.

[29] Sidónio Bernardino Cardoso da Silva Pais (1872-1918), militar e político, entre outras funções exerceu os cargos de deputado, de ministro do Fomento, de ministro das Finanças, de embaixador de Portugal em Berlim e de presidente da República Portuguesa. Foi professor de Matemática e vice-reitor da Universidade no reitorado de Manuel de Arriaga.

A República e a Universidade de Coimbra

de rotina, pela reacção enfim, e tem de morrer; ou é pelo progresso, pelo espírito científico e pela liberdade, e tem de buscar em si própria a potência criadora, que há-de, por uma transformação radical, torná-la o primeiro centro de educação da mocidade portuguesa».

No ano seguinte, Eusébio Barbosa Tamagni de Matos Encarnação, a 16 de Outubro de 1909, volta ao assunto[30]. Diz que o movimento literário, científico e artístico é insignificante, e apesar de não nos podermos considerar, nem mental nem fisicamente inferiores aos habitantes dos outros países da Europa, não se registam descobertas científicas importantes, nem investigações originais de vulto. As reformas sucedem-se, mas a decadência do país é constante. É costume imputar à Universidade a responsabilidade de todos os males: que é reaccionária e clerical, por haver uma faculdade de teologia, mas na Alemanha há-as e isso não prejudica a vida universitária, pelo contrário valoriza-a. Acusam-na de dogmática, porque os seus professores usam borla e capelo, mas há que respeitar as tradições. E lembra o brilhantismo do 2.º centenário de Carlos Lineu (1707-1778), o genial botânico, zoólogo e médico sueco, no qual participou[31]. Diz-se que a Universidade é anti-progressista e inquisitorial porque os alunos têm de dar conta do estudo. Os métodos de ensino não são inferiores aos praticados lá fora, diz Tamagnini, que cita Gustave Le Bon sobre a França, e Barrett Wendell e Abraham Flexner sobre os USA[32].

Como notas negativas aponta o facto de os alunos chegarem à Universidade sem preparação e de faltarem mecenas que leguem fundos à Universidade, como sucede lá fora, pois o Estado não pode fazer tudo.

Em 1907, Marnoco e Sousa e Alberto dos Reis escreveram o opúsculo *A Faculdade de Direito e o seu ensino*. O pretexto foi a greve académica desse mesmo ano. Nele falam do ensino das ciências sociais, das ciências jurídicas

---

30 Eusébio Barbosa Tamagnini de Matos Encarnação (1880-1972) foi ministro da Educação de 1934 a 1936; escreveu *Como se entende e em que consiste a liberdade de ensino nalgumas universidades europeias: relatório duma missão de estudo ao estrangeiro*, Coimbra, 1916; e proferiu ainda a oração *de sapientia* do ano lectivo de 1934-1935; nela tratou do problema da população, das suas implicações biológicas, dos aspectos nacionais, etc.

31 Na celebração do 2.º centenário do nascimento de Lineu a Universidade de Coimbra fez-se representar pelo grande botânico Júlio Augusto Henriques (1838-1928).

32 Gustave Le Bon (1841-1931) foi um psicólogo social, sociólogo e físico amador francês. – Barrett Wendell (1855-1921) foi um notável intelectual americano – Abraham Flexner (1866-1959) evidenciou-se como um grande pedagogo.

República, Universidade e Academia

e do movimento reformador. Na parte final defendem a criação de uma Faculdade de Letras, como já desde o séc. XIX sucedera com vários autores.

III. A UNIVERSIDADE NO PERÍODO REPUBLICANO

Era António José de Almeida ministro do Interior, do qual faziam parte os serviços do ensino superior, quando se procedeu a uma série de importantes reformas universitárias. A comissão criada incluía, entre outros, Sobral Cid e António Ferrão.

Os primeiros textos tratam das Faculdades de Medicina (decreto de 24 de Fevereiro de 1911[33] e dos estudos jurídicos (decreto de 18 de Abril)[34], «trabalho notável, onde não é difícil reconhecer a colaboração de Marnoco e Sousa e José Alberto dos Reis», escreve António Ferrão.

Surge a seguir a *Instituição de fundos universitários de bolsas de estudo* e a *Criação das Universidades de Lisboa e do Porto*[35], facto que se revestiu da maior importância para a vida do País. Num estado democrático deve ser assegurada a todos os cidadãos, sem distinção de fortuna, a possibilidade de se elevarem aos mais altos graus de cultura, segundo a bela definição do imortal Pasteur: «aquela forma de estado que permite a cada indivíduo produzir o seu máximo esforço a desenvolver, em toda a plenitude, a sua personalidade». A instituição das bolsas fundamenta-se nos princípios da grande revolução e é essencialmente democrática. Fala ainda da vantagem de mandar os mais distintos para o estrangeiro para que aí possam *in loco* experimentar a ciência.

De enorme importância são as *Bases da Nova Constituição Universitária*, igualmente de 1911[36], documento que é considerado um verdadeiro

---

[33] O ensino da Farmácia anexo às Faculdades de Medicina foi estabelecido pelo decreto de 6 de Maio de 1911. Foram ainda criadas a Escola Superior de Medicina Veterinária, as Escolas de Belas-Artes de Lisboa e Porto e as Escolas de Educação Física. Vid. António Ferrão, *O Prof. Joaquim de Carvalho e a sua época (Desde as reformas de ensino universitário do governo provisório, em 1911)*, Figueira da Foz, 1960.

[34] Decreto de 18 de Abril. É um diploma notável, de difícil adaptação entre nós, pelo que teve de ser depois simplificado e restringido.

[35] Decreto com força de Lei, de 22 de Março de 1911.

[36] Decreto com força de lei, de 19 de Abril de 1911 (Diário do Governo, n.º 93, de 22 de Abril). O texto que é assinado por Teófilo Braga, António José de Almeida, Afonso Costa, José Relvas, Correia Barreto, Azevedo Gomes, Bernardino Machado e Brito Camacho volta a falar da criação das Universidades de Lisboa e do Porto.

A República e a Universidade de Coimbra

estatuto. Três eram os objectivos das Universidades: fazer progredir a ciência, ministrar o ensino e promover o estudo dos problemas nacionais. Quanto à de Coimbra, ela compreende as Faculdades de Ciências, Letras (destinada ao ensino das ciências psicológicas, filológicas e histórico--geográficas), Direito e Medicina, e as Escolas de Farmácia e Normal Superior. Também em Lisboa foi criada uma Faculdade de Letras e outras faculdades; no Porto foram estabelecidas várias faculdades, mas não a de Letras. A de Teologia de Coimbra viu as suas matrículas canceladas.

As Universidades como estabelecimentos públicos de carácter nacional dependem do Ministro do Interior. É dada grande relevância à autonomia universitária, à inspecção e às circunscrições universitárias, à extensão universitária[37], e aos órgãos de governação: assembleia-geral da Universidade, conselho académico, à junta administrativa senado, reitor, conselhos das Faculdades e Escolas, e a outros assuntos[38]. O reitor seria nomeado pelo Governo a partir de uma lista tríplice escolhida pela Assembleia-Geral[39]. De notar que no art. 15.º já se fala da criação do Ministério de Instrução Pública.

O decreto de 27 de Abril reorganizava o Conselho Superior de Instrução Pública. O decreto de 9 de Maio organizava as novas Faculdades de Letras de Coimbra e Lisboa[40] e as novas Faculdades de Ciências foram criadas por decreto de 12 de Maio de 1911.

De alto significado é o discurso do reitor Joaquim Mendes dos Remédios, *A Universidade de Coimbra perante a Nova Reforma dos Estudos*, que foi proferido a 15 de Outubro de 1912 na abertura das aulas do novo ano lectivo[41].

---

[37] Mais tarde a Biblioteca Geral da Universidade organizou Cursos e Conferências de extensão universitária que foram editadas em 6 vols., em 1935-1936.

[38] Algumas das actas destes órgãos académicos foram por nós editadas quando desempenhámos o cargo de director do Arquivo da Universidade de Coimbra: da Assembleia Geral, do Senado da Faculdade de Letras, da Faculdade de Direito e da Faculdade de Ciências. Até 1901 os órgãos universitários eram o claustro-pleno, o conselho de decanos e as congregações das diversas faculdades.

[39] Depois de Manuel de Arriaga e Daniel de Matos foram reitores já eleitos Mendes dos Remédios (1911-1913; e 1918-1919), Guilherme Alves Moreira (1913--1915), Norton de Matos (1916-1918) e, mais tarde, Almeida Ribeiro (1926-1927). Dos 81 reitores de 1537 até agora, apenas 15 foram eleitos entre 1537 e 1770; e entre 1770 e 1911 nenhum foi eleito.

[40] Por esse tempo já havia por essa Europa fora muitas Faculdades de Letras ou de Filosofia e Letras.

[41] In *Revista da Universidade de Coimbra*, vol. I, 1912, pp. 589-622. Proferiu a oração *de sapientia* o Dr. António de Vasconcelos em substituição da Prof.ª Carolina de

República, Universidade e Academia

É uma espécie de balanço do muito que se havia feito na Universidade e uma apologia das reformas operadas.

Começou com palavras muito elogiosas à República e a Teófilo Braga. E obedecendo ao preceituado no art. 65.º da Constituição Universitária, traçou a «crónica» do ano lectivo findo. Sem querer entrar em pormenores apenas se limitava a àqueles factos que estão na linha evolutiva, no perpassar constante e agitado do meio académico.

Para Mendes dos Remédios: «um ano de aplicação duma reforma que assentou em bases diametralmente opostas às que tínhamos; afectou toda a organização dos cursos, cadeiras e disciplinas, das diversas Faculdades; alterou, suprimiu ou modificou o regime de frequência, de provas e de actos, e que, desde o professor até o estudante, desde a economia até à disciplina, em tudo, enfim, que respeita a vida, o teor, a marcha do mais alto ensino, fez sentir mais ou menos a sua acção, está bem longe e simultaneamente bem perto de nós para poder ser avaliada e apreciada com inteira justiça». Algumas das medidas tomadas já constituíam desde há muito vagas aspirações que aguardavam a sua hora.

As reformas de 1901 e de 1907 já existiam, é certo, mas urgia fazer uma iniciativa revolucionária introduzindo rapidamente e duma só vez extensas modificações como as que começaram a ser postas em prática. Reconhece que há bastante a modificar e a corrigir nesta obra, mas ninguém podia exigir que ela fosse como a Minerva da fábula saindo perfeita da cabeça de Júpiter.

Vasconcelos impedida por motivo de doença. António de Vasconcelos versou o tema "Faculdade de Letras" em que fez o historial da Faculdade de Artes que sofreu um rude golpe com a sua extinção pelo Marquês de Pombal. Aludiu às várias tentativas de criar uma Faculdade de Letras, como a que o reitor Adriano de Abreu Cardoso Machado fez a 1 de Outubro de 1888, na abertura solene das aulas, e outra de 1897 por professores de diversas faculdades, mas ambas não surtiram efeito. Daí manifestar ao governo provisório o testemunho de reconhecimento que pelo decreto de 19 de Abril de 1911 dar satisfação a um anseio tão sentido. Tratou depois do objecto desta faculdade que funciona com excelentes resultados noutros países. À crítica movida por alguns de que duas Faculdades de Letras no nosso país é muito responde com argumentos fortes que o ideal seria que também a Universidade do Porto tivesse uma. E concluiu assim a sua intervenção: «Ora essa educação, simultaneamente moral, política e cívica, tão necessária em uma sociedade democrática, só pode ser dispensada pela acultura humanística; é função já indirecta já indirecta, das Faculdades de Letras». O texto impresso inclui algumas notas sobre a cultura e ensino humanístico na Universidade de Coimbra nos meados do século XVI, escolas do ensino primário e secundário criadas em todo o país, fiscalizadas e dirigidas pela Universidade (ibidem, pp. 623-647).

A República e a Universidade de Coimbra

O ministro do Interior do governo provisório, António José de Almeida, havia feito a entrega da reforma. Podia dizer como o seu colega da República Brasileira, Rivadavia da Cunha Correia[42]: «Eis em escorço o meu plano concretizado na trama da lei orgânica e nos regulamentos anexos. Entrego a ossatura dum organismo complexo a mãos hábeis que a saberão vestir, distribuindo com esmero as partes plásticas de forma que, dos relevos e contornos da figura, ressalte uma impressão de força e de beleza».

O que se podia pedir ao Estado, ele o concedeu: aspiração, desejo, sonho, «mais e além do que se esperava». A visão tomou corpo. Melhor do que a Galateia de Pigmalião. É uma realidade e não é o produto duma mentalidade febril e doentia. A reforma está feita de fora para dentro, agora é necessário fazê-la de dentro para fora. O *punctum saliens* reside no professor que há-de responder à legislação. Os professores de todas as faculdades e a Escola de Farmácia deram o melhor de si mesmos, «sem atritos nem solavancos, a engrenarem a reforma, tal como um hábil mecânico em frente dum maquinismo, delicado e complexo».

Falando da Faculdade de Letras diz que ela abriu com chave de ouro, pois o corpo docente fora enriquecido com a entrada de D.ª Carolina Michaëlis de Vasconcelos a 19 de Janeiro de 1912[43].

---

[42] Cunha Correia foi ministro da Justiça e do Interior do Brasil de 1910 a 1913.

[43] Carolina Wilhelma Michaëlis de Vasconcelos (Berlim, 15 de Março de 1851 – Porto, 22 de Outubro de 1925) é considerada a mais célebre filóloga da língua portuguesa. Era portuguesa por casamento e por devoção. Em 1876 ela casou-se com Joaquim António da Fonseca Vasconcelos, musicólogo e historiador de arte. Evidenciou-se como crítica literária, escritora, lexicógrafa, investigadora. Foi a primeira mulher a leccionar numa universidade portuguesa. Na acta da Faculdade, de 13 de Novembro de 1911, o seu director, António de Vasconcelos, deu a conhecer o requerimento em que D.ª Carolina, que era professora ordinária da Faculdade de Letras de Lisboa, que pedia a sua transferência para a de Coimbra. O conselho manifestou grande satisfação pelos altos dotes científicos que a ornavam, dando assim a sua total aprovação. Na sessão de 1 de Fevereiro de 1912, o Dr. Vasconcelos comunicou o acto de ingresso da nova professora, acto que teve lugar na sala grande dos actos no dia 19 com grande solenidade tendo presidido pelo reitor que pronunciou um primoroso discurso de elogio e saudação à ilustre professora, tendo também usado da palavra o director da Faculdade e dois alunos da mesma». D.ª Carolina de Vasconcelos teve grande importância como mediadora entre a cultura portuguesa e a cultura alemã. Na *Revista da Universidade de Coimbra*, vol. I, 1812, pp. 191-198, escreveu Mendes dos Remédios na secção "Miscelânea" uma nota sobre D.ª Carolina de Vasconcelos que inclui os elementos do processo da sua transferência para Coimbra, a proposta do reitor, o seu discurso e o do reitor na tomada de posse e nótulas bio-bibliográficas sobre a nova professora.

República, Universidade e Academia

Cita Dante no cant. I da "Divina Comédia": «selva selvaggia, aspra e forte...»[44] para significar as dificuldades vencidas. Fala da biblioteca de S. Pedro hibernara desde há mais de meio século, das outras Faculdades e dos progressos obtidos graças à autonomia. Destaca o excelente trabalho dos Drs. Júlio Augusto Henriques, Teixeira Bastos e Álvaro Bastos[45]; e de Gonçalves Guimarães no Museu e Laboratório mineralógico; no Geológico o Dr. Anselmo Ferraz de Carvalho. E pergunta: «E quando teremos nós um «Parque Zoológico» em Coimbra e uma «Estação Zoológica» marítima na Figueira da Foz? O art. 47.° da reforma da Faculdade cria-os. Refere-se iguamente à actividade desenvolvida na Escola de Farmácia a funcionar na Casados Melos, na Biblioteca (e descoberta dos 8 arcos) e no Arquivo da Universidade.

E escreve: «Por toda a parte o martelo, o alvião, a serra, o pincel, quer dizer, por toda a parte, a acção, a vida, o progresso, a luta. É assim que as instituições vivem – quando não são corpos galvanizados. Assim é que elas se afirmam – quando não são ficções que iludem».

A razão de tudo isto foi a autonomia (decreto de 19 de Agosto de 1907 (n.° 3 do art. 39.°), que a Constituição universitária veio a consagrar (n.° 1 do art. 11.°)[46]. E exclama: «A autonomia!». «O que isso representa! O triunfo que estas disposições legais traduzem, quando se vê o que se passou ainda em outros países!».

Aproveita para aludir à autonomia universitária noutros países. Em Espanha ela fazia parte do programa de Canalejas[47] e em 1902 ocupou-se do assunto pela primeira vez na Assembleia universitária de Valência o

---

[44] Texto completo: « Nel mezzo del cammin di nostra vita mi ritrovai per una selva oscura ché la diritta via era smarrita. Ahi quanto a dir qual era è cosa dura esta selva selvaggia e aspra e forte che nel pensier rinova la paura! Tant'è amara che poco è più morte; ma per trattar del ben ch'i' vi trovai, dirò de l'altre cose ch'i' v'ho scorte. Io non so ben ridir com'i' v'intrai, tant'era pien di sonno a quel punto che la verace via abbandonai. Ma poi ch'i' fui al piè d'un colle giunto, là dove terminava quella valle che m'avea di paura il cor compunto, guardai in alto, e vidi le sue spalle vestite già de' raggi del pianeta che menà dritto altrui per ogne calle».

[45] Álvaro Basto editou *A organização das Faculdades de Ciências em Portugal*, Coimbra, 1912.

[46] No art. 37.°: «A Universidade de Coimbra, a Escola Politécnica de Lisboa, a Academia Politécnica do Porto, as Escolas Médico-Cirúrgicas de Lisboa e Porto e o Curso Superior de Letras têm capacidade civil, sob a inspecção do Governo: 1.° para...

[47] José Canalejas y Méndez (1854-1912) foi um advogado e político da Espanha. Depois de ser várias vezes ministro, ocupou o lugar de presidente do governo de Espanha de 1910 a 1912.

A República e a Universidade de Coimbra

prof. de Oviedo Aniceto Sela[48]; em 1905 era Azcárate, de Madrid, que em Barcelona defendia o mesmo tema que se supunha resolvido «tão depressa se reunissem as Cortes»[49].

Na Bélgica apareceram as Universidades Livres de Bruxelas e de Lovaina[50] e em França foi criada a lei de autonomia de 10 de Julho de 1896 que restaurava as universidades extintas com Napoleão. Cita Georges Radet[51] e Charles Edmond Petit-Dutaillis[52]. E lembra ainda os grandes progressos verificados na Inglaterra, Alemanha, Suécia, USA e Brasil.

[48] Aniceto Sela y Sampil (1863-1935), professor catedrático e insigne internacionalista, leccionou na Institución Libré de Enseñanza, na Universidade de Valência e de Oviedo, da qual foi reitor. Participou nas Assembleias Universitárias de Valência (1902) e Barcelona (1905). Deixou uma vasta obra sobre temas de direito internacional, de economia política e de pedagogia; muitos dos seus trabalhos encontram-se nas revistas "Boletín de la Institución Libre de Enseñanza", "Revista General de Legislación y Jurisprudencia", "Nuestro tiempo", "La España moderna", "Anales de la Universidad de Oviedo", e em periódicos como "El Globo", "El Liberal", "Heraldo de Madrid", etc. – Vid. *L'Éducation Nationale, Hechos é idea*s, Madrid, 1910; José Pérez Montero, in *Gran Enciclopedia Asturiana*, t. XIII, Gijón, 1984, p. 112); Justo García Sánchez, in *Diccionario crítico de juristas españoles, portugueses y latinoamericanos (hispánicos, brasileños, quebequenses y restantes francófonos)*, dir. de Manuel J. Peláez (dir. e coord.), Saragoça, 2006; Santiago Melón Fernández, *Estudios sobre la Universidad de Oviedo*, Oviedo, 1998.

[49] Gumersindo de Azcárate Menéndez-Morán (1840-1917) foi um jurista, pensador, historiador, catedrático e político espanhol. A partir de 1873, dedicou-se com exclusividade à carreira universitária, tendo ocupado em Madrid a cátedra de Economia Política e Estatística. Em 1876 participou na criação da Institución Libre de Enseñanza juntamente com Francisco Giner de los Ríos e Nicolás Salmerón, entre outros catedráticos. Foi afastado da sua cátedra, mas depois retomou-a.

[50] O autor lembra o caso de Franz-Valéry-Marie Cumont (1868-1947) revelou-se um grande arqueólogo e historiador, filologista e epigrafista, tendo deixado uma vasta obra, nomeadamente sobre os mistérios gregos. Vid. *Revue Internationale, l'enseignement*, de 15 de Setembro de 192, p. 273.

[51] Vid. Georges Radet (1859-1941), in *Revue Internationale L'Enseignement*, 16 de Fevereiro de 1912. Foi um notável historiador da antiguidade clássica. É autor de uma importante obra sobre Alexandre Magno. Foi director do "Bulletin hispanique: annales de la Faculté des Lettres de Bordeaux et des Universités du Midi". – Charles Petit-Dutaillis (1868-1947). Vid. Georges Radet, in *Revue internationale, l'énseignement*, de 15 de Fevereiro de 1912.

[52] Vid. o discurso do ilustre medievalista Petit Dutaillis (1868-1947) por ocasião do centenário da Faculdade de ciências de Grenoble, in *Revue internationale l'enseignement*, de 15 de Março do 1912.

Mendes dos Remédios fornece elementos sobre o que se passou em 1908-1909 relativamente às receitas obtidas. E menciona alguns nomes daqueles que trabalharam no escorço da reforma: Mendes dos Remédios, Daniel de Matos, Gonçalves Guimarães, Vilela, Sidónio, Sobral Cid, e os estudantes Lopo de Carvalho e Nogueira Soares.

Fala da aplicação dada de aos fundos conseguidos de acordo com o art. 12.º da Constituição universitária[53], evidenciando que se tornou possível a saída para o estrangeiro de vários professores em missões científicas[54].

Outros assuntos versados por Mendes dos Remédios reportam-se ao arranjo condigno da sede da Associação Académica, à criação de uma Filantrópica (Caixa de Socorros a estudantes pobres) e à educação física, dando como exemplo o Japão.

A criação de revistas revela a pujança das Faculdades na prossecução do seu labor científico[55]. A actividade da Imprensa da Universidade, etc. são igualmente versados na alocução de Mendes dos Remédios.

---

[53] As receitas foram encaminhadas em especial para custear missões científicas ao estrangeiro. Mendes dos Remédios refere as realizadas entre 1908-1909 e 1912-13. Logo no primeiro ano temos as de Mendes dos Remédios na Holanda a pesquisar nos arquivos israelitas de Amesterdão, tendo delas resultado os livros *Os judeus portugueses em Amsterdam*, Coimbra, 1911; e a *Chronica do Infante Santo D. Fernando*, ibidem; Marnoco e Sousa e José Alberto dos Reis deslocaram-se a Itália e França, editando a partir das investigações feitas *O ensino jurídico em França e na Itália*; Ângelo da Fonseca, Sobral Cid, Henrique de Figueiredo e Sidónio Pais para França; para Inglaterra Egas Pinto Bastos (1908-1909). Outras se seguiram: as de Machado Vilela, Elísio de Moura (1909-1910); Costa Lobo, Luciano Pereira da Silva e Silva Basto (1910-1911); Oliveira Guimarães, António de Pádua, Gonçalves Guimarães, Anselmo Ferraz de Carvalho e Alves dos Santos (1911-1912); e António de Vasconcelos e Carlos Mesquita (1912-1913).

[54] Mendes dos Remédios lembra a conveniência de elaborar depois um relatório que é um documento que fica e perdura e se estende para lá dos círculos universitários e académicos. Lembra a propósito o de Álvaro Bastos, *A organização das Faculdades de Ciências em Portugal*, Coimbra, 1912.

[55] Com colaboração em revistas e periódicos, como *O Instituto* (1852), *Conimbricense* (1854), *Instituições Cristãs* (1853), *Revista de Legislação e de Jurisprudência* (1868), (*Revista da Universidade de Coimbra* (1912), *Boletim Bibliográfico da Biblioteca da Universidade de Coimbra* (1914), *Estudos* (1922), *Boletim da Faculdade de Direito da Universidade de Coimbra* (1914), *Arquivo Coimbrão* (1923), *Correio de Coimbra* (1924), *Biblos* (1925), *Folia Anatómica Universitatis Conimbrigensis* (1926), etc.. Vid. A. Carneiro da Silva, *Jornais e revistas do distrito de Coimbra*, Coimbra, 1947.

Também H. Teixeira Bastos, em 1913, elaborou *A Faculdade de Sciências de 1911 a 1913. Relatório aprovado em Congregação de 11 de Novembro de 1913*.

Em 1914, o ministro da Instrução, Sobral Cid, redigiu uma Proposta de Lei de Reorganização Universitária, em que fazia o balanço da obra efectuada desde 1911 e propunha soluções para os problemas existentes[56].

Também António de Vasconcelos se pronunciou sobre a reforma de 1911 relatando o respeito e carinho que António José de Almeida nutria pela *Alma Mater*. Elogiou bastante Teófilo Braga e Ângelo da Fonseca pelo empenho revelado em prol da Universidade.

«À frente da lista dos grandes vultos da República, apontados como inimigos irreconciliáveis da Universidade, figurava o Dr. António José de Almeida. Quem como tal o indicava, não conhecia a sinceridade franca do seu feitio, a integridade moral do seu carácter, a honestidade inconcussa de toda a sua vida, a justeza firme do seu critério». Lembrou os seus anos de Coimbra e a sua *Desafronta*, em que verberou, crua e apaixonadamente, as ofensas recebidas[57].

A *Lei sobre a autonomia universitária* (Lei n.º 616, de 16 de Junho de 1916) reforça o que já estava consagrado antes. O *Estatuto universitário e demais legislação do Ensino Superior* de 6 de Julho de 1918[58] releva o princípio da autonomia e a Constituição Universitária de 1911 como motores da reforma universitária.

Os anos que se seguiram, 1918 a 1919, foram de grandes dificuldades para o País e para a Universidade por causa da guerra mundial, do movimento monárquico e do assassínio de Sidónio Pais.

O ano de 1919 "gira" à volta do ministro da Instrução, Leonardo Coimbra, e do reitor Joaquim José Coelho de Carvalho, (o «mandarim de Xangai», por ter sido cônsul nessa cidade)[59].

---

[56] Anos mais tarde, em 1926, escreveu *Aspirações universitárias: a universidade ao serviço da Nação*.

[57] António de Vasconcelos, *Escritos vários*, reed. por nós a em 1987, vol. I, pp. 144-145.

[58] Decreto com força de lei n.º 4554, de 6 de Julho de 1918 (rectificado em 15 de Julho de 1918).

[59] Leonardo Coimbra foi ministro da Instrução de 30 de Março de 1919 a 30 de Junho de 1919; de 30 de Novembro de 1922 a 7 de Dezembro de 1922; e de 7 de Dezembro de 1922 a 9 de Janeiro de 1923. – Coelho de Carvalho (1852-1934) marcou, pela negativa, a sua curta passagem pela reitoria da Universidade (nomeado reitor interino a partir de 18 de Março após o reitor Mendes dos Remédios se ter demitido associando-se

República, Universidade e Academia

O conflito académico começa logo a 14 de Março de 1919 com a suspensão dos professores de Direito, Carneiro Pacheco, Fezas Vital, Magalhães Colaço e Oliveira Salazar, «visto pesarem sobre eles *graves acusações políticas*, que seriam apuradas em inquérito *imediato*». O reitor e os restantes professores de Direito pediram logo que o inquérito se lhes tornasse extensivo, considerando-se também suspensos. Deixaram de funcionar as aulas de Direito[60].

Mas o juiz do Supremo Tribunal de Justiça, António Maria Vieira Lisboa, encarregado do inquérito «para averiguar factos, unicamente de natureza criminal, hostis ao regime republicano, atribuídos aos professores da Universidade» no seu relatório de 19 de Abril de 1919 concluiu assim: «O processo não revela a menor cumplicidade de qualquer dos professores da Universidade no último movimento monárquico e não resulta dele prova jurídica de que algum desses professores tenha praticado actos que, perante a lei, possam considerar-se de hostilidade à República»[61].

---

ao protesto do dia 14; efectivo desde 19 de Maio, depois de Leonardo Coimbra ter demitido o Mendes dos Remédios até 26 de Junho de 1919). De Coimbra havia saído em 1879 depois de concluídos os seus estudos jurídicos. Conhecido pelo reitor dos 90 dias – tanto o tempo em que se manteve no cargo, – causou à Escola uma série de problemas que tiveram enorme impacto na vida universitária. Foi reitor, mas o seu retrato não figura na galeria de quadros da reitoria, pelo que já alguém afirmou com ironia que foi reitor, mas não o é! Natural de Tavira, foi cônsul no Rio Grande do Sul, em Xangai (daí o ser apelidado «mandarim de Xangai») e em Huelva. Em Lisboa dedicou-se às letras e à política sendo um destacado republicano Deixou alguns trabalhos publicados e fez várias traduções. Faleceu no seu castelo de Arade, na praia de Angrinho (Ferragude) a 18 de Julho de 1934. – Vid. Fernando Mendonça Fava, *Leonardo Coimbra e a I Primeira República*, Coimbra, 2010.

[60] Na acta do senado de 19 de Abril de 1920, Teixeira Bastos leu uma série de *notas* sobre o conflito universitário, tendo o senado resolvido que elas ficassem registadas na acta bem como a correspondência que, com elas, resumisse a história do mesmo conflito (vid. Manuel Augusto Rodrigues, *A Universidade de Coimbra no século XX. Actas do Senado, vol. II (1916-1924)*, pp. 120-174. O primeiro documento reporta-se ao ofício do governador civil de Coimbra ao reitor Mendes dos Remédios a comunicar a suspensão já referida de quatro professores de Direito. O último data de 16 de Abril de 1920. – Vid. a acta da reunião do senado de 24 de Maio de 1919 que foi presidida pelo vice-reitor Eusébio Tamagnini, já que o reitor Coelho de Carvalho se recusou a participar, «por considerar que o assunto dado para objecto da sessão não era nenhum daqueles que, pelo art. 13.º do Estatuto, competem ao senado universitário».

[61] Mas mesmo assim o reitor Coelho de Carvalho decidiu: «por motivo de ordem interna da Universidade proíbo aos srs. Professores drs. Carneiro Pacheco e Fezas Vital que compareçam nas aulas para reger cadeira – isto sem prejuízo dos seus vencimentos de categoria e exercício, até ulterior resolução».

A República e a Universidade de Coimbra

Extremamente gravoso para a Universidade de Coimbra foi a *Extinção da Faculdade de Letras da Universidade de Coimbra e sua transferência para a do Porto, sendo criada em Coimbra em sua substituição uma Faculdade Técnica e de uma Escola de Belas Artes*, pelo decreto 5 770, de 10 de Maio de 1919[62].

Como se isso já não bastasse para agitar o ambiente, veio depois a reforma da secção de Filosofia e ainda a nomeação de dois professores para aquela faculdade sem que esta tivesse sido ouvida.

Sobre a Coimbra caíra uma autêntica tempestade com reacções provindas de todos os quadrantes do País a favor da sua Universidade e, em concreto, da sua Faculdade de Letras[63].

Na publicação *A Faculdade de Letras da Universidade de Coimbra ao País* (1919) encontramos o historial da questão e num dos apêndices textos a favor da instituição de Brito Camacho, Ângelo da Fonseca, António Ferrão, etc. Joaquim de Carvalho escreveu *A minha resposta ao último considerando do decreto que desanexou a Faculdade de Letras da Universidade de Coimbra* que é um depoimento verdadeiramente extraordinário.

Coelho de Carvalho que sempre tomou atitudes de profunda desconsideração para com a Universidade é entretanto demitido a 21 de Junho, passando a dirigir os destinos da Universidade interinamente[64].

Mas a Lei n.º 861 que trata também da *nomeação dos reitores das Universidades e Liceus e dos directores de outros estabelecimentos de ensino revogava o decreto com força de Lei n.º 5 770*, de 10 de Maio de 1919, que extinguira a Faculdade de Letras[65]. A Faculdade de Letras de Coimbra mantinha-se, sendo criada outra no Porto[66]; o parlamento con-

---

[62] Decreto n.º 5770, de 10 de Maio de 1919 (Diário do Governo, I série, n.º 98).

[63] Vid. Pedro José da Cunha, *O conflito universitário*, Lisboa, 1921.
A Faculdade de Letras da Universidade de Coimbra ao País, Coimbra, 1919; e Joaquim de Carvalho, *A minha resposta ao último considerando do decreto que desanexou a Faculdade de Letras da Universidade de Coimbra*, 1919; António Ferrão, *O Prof. Joaquim de Carvalho e a sua época (Desde as reformas de ensino universitário do governo provisório, em 1911)*, Figueira da Foz, 1960.

[64] Leonardo Coimbra a 29 de Junho de 1919 num discurso no parlamento sobre *A Universidade e a Liberdade* ataca duramente a instituição universitária considerando-a incompatível com as modernas exigências da democratização da cultura.

[65] Lei n.º 861, de 27 de Agosto de 1919.

[66] Os reitores das Universidades e dos Liceus e os Directores dos outros estabelecimentos de ensino a cargo do Estado passaram a ser de nomeação do Governo. Aos reitores compete propor ao governo as nomeações dos vice-reitores e directores das

firma a criação da Faculdade de. Letras na Universidade do Porto, ficando o próprio Leonardo Coimbra como seu director, e resolve manter a de Coimbra Mas um ponto negativo daquela Lei prende-se com o reitor da Universidade que passava a ser designado pelo governo.

Falando de Leonardo Coimbra não deixamos de apontar o seu interesse pelas Universidades Populares[67]. Com a proclamação da República abriu-se no espaço intelectual português a tendência a inovações muito diversificadas: no campo da docência e do progresso técnico e científico verificaram-se várias manifestações muito positivas. Em 1919, foi inaugurada a Universidade Popular Portuguesa, com uma conferência de Leonardo Coimbra, e em Fevereiro de 1925 foi criada a Universidade Livre de Coimbra, da qual Joaquim de Carvalho foi um dos promotores. No opúsculo *A minha resposta* de que já falámos atrás escreve Joaquim de Carvalho: «Acompanhei desde o seu início a "Renascença Portuguesa" e, quando ela fundou em Coimbra uma Universidade Popular, dei-lhe o melhor da minha sinceridade. Esta generosa tentativa faliu, infelizmente. À sua inauguração veio assistir o sr. Leonardo Coimbra. É ao espírito que então nos animava, e ao qual fiquei fiel, que o reputo traidor, com a sua obra miseravelmente sectária hoje».

Entretanto (30 de Junho de 1919), o Governo caía, e Leonardo Coimbra, então deputado, pronunciou no parlamento um discurso intitulado *A Universidade e a Liberdade*, em que atacava a instituição universitária, considerando-a «incompatível com as modernas exigências de democratização da cultura».

Uma referência é devida aqui à oração *de sapientia* proferida por João Duarte de Oliveira, professor de Medicina, na abertura do ano lectivo de 1919-1920[68]. Nela tratou da Universidade na Idade Média e da Universi-

---

faculdades e escolas, de entre os respectivos professores. Foi criada no Porto uma Faculdade de Letras. Foram reitores depois de Coelho de Carvalho: Filomeno Melo Cabral, António Luís Gomes, Cunha Leal e Jardim de Vilhena e Almeida Ribeiro, mas só este último foi eleito (1926-1927), graças ao *Estatuto* Universitário, de 2 e de 14 de Outubro de 1926, da iniciativa de Mendes dos Remédios, ao tempo Ministro da Instrução. Mas as modificações introduzidas pelo decreto n.º 16623, de 18 de Março, retiraram esse direito à Universidade, pelo que o reitor seguinte, Fezas Vital, já não foi eleito pela sua Escola.

[67] Vid. Leopoldo Palacios, *Las universidades populares*, Valência, 1910?; *Estatuto da Universidade Popular Portuguesa aprovado em... 1919*.

[68] João Duarte de Oliveira (Cebolais de Cima, Castelo Branco, 6 de Fevereiro de 1875 – 16 de Dezembro de 1946), professor de Medicina, foi reitor entre 11 de Junho de 1931 e 8 de Junho de 1939.

A República e a Universidade de Coimbra

dade pombalina e da acção popular do Estado, fez críticas à Reforma de Pombal e atacou a Universidade de Napoleão. Por isso, Liard[69] em *Universités et facultés* escrevia acerca de Napoleão: «Criava, assim, uma fábrica de espírito público para seu uso, não assegurando nele, um lugar sério à Ciência que é uma fonte de liberdade».

Já a Prússia tendo-se libertado do furacão napoleónico, criava a Universidade de Berlim que mereceu a aprovação do rei: «Eis o que é excelente e reanimador. O que o Estado perdeu pela força física, deve repará-lo pela força moral». Duarte de Oliveira enaltece o papel de Schleiermacher que lhe definiu o papel político e social enquanto Humboldt lhe deu a enformação pedagógica, para que fosse «uma instituição educativa do Estado para a instrução das profissões científicas, e uma corporação privilegiada de sábios cujas supremas funções devem ser a livre investigação dos conhecimentos humanos»[70].

Anotamos aqui a visita de António Ferrão à Universidade de Coimbra em 18 de Maio de 1919, tendo na circunstância proferido um discurso na sala do senado sobre "Academias e Universidades. Necessidade da correlação entre as Academias e as Universidades portuguesas para o progresso científico nacional", que foi publicado nesse mesmo ano.

DE 1919 A 1926

De 1919 a 1926, entre o muito que havia a dizer, salientamos, o que se passou na sessão do senado de 14 de Outubro de 1921: o Senado, atendendo a que a Universidade de Lisboa havia já transigido quanto à nomeação dos Reitores pelo Governo, e ainda tendo em consideração as vantagens

---

[69] Louis Liard (1846-1917), filósofo, e administrador francês, director do Ensino Superior do ministério da Instrução Pública em 1884, fundou a École Pratique des Hautes Études em 1886. Foi nomeado vice-reitor da Academia das Ciências Morais e Políticas em 1903. Nos princípios da guerra de 1870, ganhou progressivamente a convicção de que a derrota tinha causas "intelectuais" relacionadas com a decadência de uma Sorbonne adormecida e esclerosada. Editou, entre outros: *L'Enseignement supérieur en France, 1789-1889*, 2 vols., 1888-94; *Universités et facultes*, Paris, 1890; *L'Université de Paris*, 2 volumes, 1909.

[70] Cita Humboldt que escreveu: Humboldt escreveu: «Não deve intrometer-se o Estado nos negócios internos da Universidade, e deve ter sempre presente ao espírito que isso não é nem deve ser da sua competência, e quando interfere, é sempre com prejuízo».

República, Universidade e Academia

daí resultantes e o facto de o Ministro da Instrução querer solucionar de uma vez para sempre a questão, votou no sentido de que os Reitores fossem nomeados directamente pelo Governo e que os directores das Faculdades fossem eleitos pelas mesmas.

Em 1923, João José da Conceição Camoesas[71] tomou conta da pasta da Instrução. Redigiu o documento intitulado *Estatuto da Educação Pública*. Solicitou o apoio de várias pessoas e serviu-se em especial de Faria de Vasconcelos, a quem se atribui a maior responsabilidade na redacção do projecto[72] apresentado à Câmara dos Deputados[73].

Nas suas 24 bases o texto pela primeira vez trata em conjunto da história do novo regime a considerar em conjunto um plano definido de educação nacional. Jaime Cortesão, embora fazendo alguns reparos, escrevia na *Seara Nova*: «A reforma constitui, na crítica dos métodos de ensino e nos fins gerais que tacitamente propõe, não só o mais sério documento político emanado de um governo, dentro da República, como a primeira tentativa de reforma nacional, orientada por um espírito democrático»[74].

António Sérgio foi mais longe no entusiasmo: «Quem conspirou contra a reforma medite bem no que vai fazer: porque assume perante o povo a mais tremenda das responsabilidades: «Um dia a nação nos há-de julgar»[75]. Poucos meses decorridos, em Novembro do mesmo ano, em 1923, o governo caiu, «vítima da voracidade dos políticos que não permitiam a estabilidade governativa».

Já na parte final do período em análise, temos o *Estatuto da Instrução Universitária*, de 2 de Outubro de 1926[76] (que revogou a lei de 27 de Agosto de 1919 quanto à eleição do reitor, vice-reitor e directores das Faculdades que passava a pertencer a estes organismos); e os decretos de

---

[71] Vid. José Carlos de Oliveira Casulo, "A educação superior no projecto Camoesas", in Actas do Congresso Internacional Galego-Português de Psicopedagogia, 10, Braga, 2009, pp. 4973-4979.

[72] Jaime Cortesão, em artigo publicado na *Seara Nova* (n.º 25, de Julho de 1923), intitulado *A Reforma da Educação*, trata do projecto de Camoesas afirmando que o seu conteúdo se filia em ideias expressas pelo grupo orientador daquele periódico, e que nele trabalharam Faria de Vasconcelos e António Sérgio.

[73] Vid. *Diário do Governo*, II série, de 2 de Julho seguinte.

[74] Jaime Cortesão, "A Reforma da Educação", em *Seara Nova*, n.º 25, Julho de 1923.

[75] António Sérgio, *Virtudes fundamentais da Reforma da Educação*, Lisboa, 1923. Conferência realizada na Sociedade de Geografia em 25 de Julho de 1923.

[76] Decreto n.º 12426, de 2 de Outubro de 1926.

Organização administrativa das Universidades[77], do *Estatuto da Instrução Universitária*[78], e o das *Modificações do Estatuto da Instrução Universitária*[79] estabelecendo que o reitor passava a ser escolhido pelo governo[80].

CONCLUSÃO

Servindo-nos de Rómulo de Carvalho diríamos: «Não faltaram à I República os homens esforçados de quem se esperaria nos legassem melhor imagem da sua acção governativa. Vítimas dos seus vícios políticos e das circunstâncias por suas mesmas atitudes criadas, conduziram o país por uma via de instabilidade de tal modo permanente e angustiosa que o fizeram desembocar na mais indesejada das situações, a da mão pesada que reprime e exige».

E acrescenta: «Foram até por vezes os próprios governantes republicanos a recorrerem a meios que nada tinham de democrático, em tudo semelhantes aos que vieram a ser repetidos no regime ditatorial que se lhe seguiu, como seja a vigilância apertada sobre a ideologia política dos funcionários públicos, e não só, com realce para o ensino, que é o assunto que nos interessa»[81].

---

[77] Decreto n.º 12492, de 14 de Outubro de 1926.

[78] Decretos n.º 12 426 e 12 492, de 2 e 14 de Outubro de 1926, novamente publicados por terem saído com inexactidões.

[79] Decreto n.º 16 623, de 18 de Março de 1929.

[80] De referir ainda a lei de Autonomia das Universidades de 1988 e os Estatutos de 1989 que restituíram, entre outros, o direito da eleição do reitor. Presentemente vigora a lei n.º 62/2007, de 10 de Setembro, que é o Regime Jurídico das Instituições de Ensino Superior; os novos estatutos da Universidade de Coimbra foram homologados pelo Despacho normativo n.º 43/2008 do Ministério da Ciência, Tecnologia e Ensino Superior.

[81] Refere-se ao art. 5.º da lei n.º 410, de 9 de Setembro de 1915, que impedia o provimento em qualquer cargo livre, dos estabelecimentos de ensino qualquer pessoa que não tenha provado, por actos e factos, a sua franca adesão às Instituições republicanas e o seu acatamento à Constituição e às leis da República Portuguesa. – Mais tarde, já no Estado Novo foram promulgados os decretos-lei n.º 25 317, de 13 de Maio de 1935, e n.º 27 003, de 15 de Setembro de 1936, sendo ministro da Instrução Pública e Belas Artes Eusébio Tamagnini de Matos Encarnação, que no seu art. 1.º exigia dos funcionários públicos ou empregados, civis ou militares, a sua adesão aos princípios fundamentais da Constituição Política. Foram expulsos 33 funcionários civis e militares, entre os quais Abel Salazar, Aurélio Quintanilha, Manuel Rodrigues Lapa, Sílvio

República, Universidade e Academia

A vida nacional foi perturbada por acções criminosas e por um ambiente pouco sereno. De 1913 a 1926 houve 40 ministros da Instrução, sem contar com os que desempenharam o cargo interinamente. Uma média de um ministro por 4 meses. Mas o trabalho conseguido revelou-se francamente positivo. Basta pensar na produção científica dos professores das diversas Faculdades. Na evocação do centenário da República é de toda a justiça que se enalteça a notável obra realizada em prol do ensino, em particular na Universidade de Coimbra, apesar de certos contratempos surgidos. Uma preciosa herança que urge prosseguir de acordo com as novas exigências dos tempos.

Pelo que a República significou para a renovação da Universidade aqui referimos a acta da sessão do senado de 31 de Julho de 1926. Foi dado conhecimento de que o antigo reitor Jardim de Vilhena encomendara uma lápida artística comemorativa do advento da República, destinada a ser colocada na sala dos actos grandes. Deliberou-se nomear uma comissão para decidir sobre a inscrição a gravar na lápide, bem como o sítio onde devia ser colocada, pois o lugar de honra da Sala dos Capelos estava ocupado pela inscrição dedicada à memória de Camões. A comissão que era constituída pelo Dr. António de Vasconcelos, António Augusto Gonçalves e Dr. Virgílio Correia, apresentou o seu relatório a 6 de Novembro e sugeriu que a lápida fosse colocada entre a Torre da Universidade e a entrada para a Secretaria.

A lápide que esteve no seu lugar durante alguns anos encontra-se hoje abandonada num corredor da Universidade. Triste desfecho dum símbolo histórico que devia merecer dos responsáveis da Escola a melhor atenção pelo muito que a República significou para a Universidade de Coimbra. A memória de uma instituição não deve ser, a que título seja, apagada e hostilizada. A frase latina "ad perpetuam rei memoriam" traduz esse sentimento nobre de transmitir aos vindouros a história e os seus protagonistas.

Lima, Norton de Matos, etc. Em 1947 outros professores vieram a ser demitidos. Com o 25 de Abril igualmente foram afastados das Universidades vários professores por motivos de ordem política e outros. Sempre as contingências da história!

Fernando Catroga

A Universidade Portuguesa
e as Universidades Europeias

CATROGA, **Fernando** – Doutor em História pela Faculdade de Letras da Universidade de Coimbra. Professor Catedrático da FLUC. Investigador do Centro de História da Sociedade e da Cultura da Universidade de Coimbra.

Em 1907, ao fazer o balanço das grandes linhas de desenvolvimento das Universidades da Europa e dos EUA – para melhor compreender os caminhos trilhados pela Universidade portuguesa –, Sobral Cid defendeu que todas elas podiam ser "referidas a um de três tipos fundamentais: inglês, alemão e francês ou napoleónico"[1], palavras que esboçam uma interessante perspectiva, que iremos explorar.

As razões desta diversidade remetem para as especificidades dos processos históricos que as determinaram (incluindo o peso das tradições universitárias). Todavia, dever-se-á igualmente reconhecer a existência de condicionantes comuns. Recorde-se que o século XIX é comummente caracterizado como a "era das revoluções". De facto, em correlação com as mudanças sociais e económicas que se objectivaram na chamada sociedade científico-industrial, irromperam revoluções políticas que, em geral, mas com ritmos próprios, liquidaram a ordem (política, cultural e simbólica) do Antigo Regime, em nome de uma concepção de soberania concretizada numa nova estrutura – o Estado-Nação –, cujo poder se exercia num terri-tório demarcado (daí a importância da formação profissional das forças militares) e, cada vez mais, sobre a população, vista como a principal riqueza das nações. Não espanta, assim, que esse período também tenha sido o da "era das nações" e, posteriormente, dos nacionalismos. Por outro lado, a legitimação da origem e da função da nova ideia de soberania valo-rizava os seus fundamentos seculares, o que arrastou consigo, tanto a refor-mulação das recíprocas relações entre o Estado, a sociedade e as Igrejas, como o delineamento de perspectivas mundividenciais que valorizavam a mobilidade social e os interesses terrenos.

Mas tudo isto foi acompanhado pelo impacto da "revolução cientí-fica", traduzido na consolidação de um ideal de saber interessado em fazer aumentar a capacidade de previsão (e provisão) e em questionar os elos das novas ciências entre si e de todas com a técnica, movimento que deu uma particular acuidade à dimensão taxonómica, enciclopédica e sistémica da fundamentação da verdade, bem como aos caminhos que, a partir dela, poderiam conduzir o homem à autonomia e à consciência de si, projecto exemplarmente expresso na nova palavra alemã *Bildung*.

---

[1] "Oração de *Sapientia* recitada na sala grande dos actos da Universidade, no dia 18 de Outubro de 1907, pelo dr. José de Mattos Sobral Cid, lente cathedratico da Facul-dade de Medicina", *Annuario da Universidade de Coimbra. Anno lectivo de 1907-1908*, Coimbra, Imprensa da Universidade, 1907, p. XXXIX.

República, Universidade e Academia

I. O MODELO FRANCÊS

Sintetize-se, então, a chamada "questão da Universidade" em França durante o século XIX[2]. Como se sabe, o anticorporativismo da Revolução atingiu igualmente a Universidade de uma maneira radical. As decisões da Convenção, de 19 de Setembro de 1793, passaram a certidão de óbito a uma instituição concebida, até então, como *universitas scholarum et magistrorum*. E, se a reforma napoleónica trouxe algo de novo, ela não pretendeu romper com o legado revolucionário.

É certo que, tal como ocorria em outros países europeus antes de 1789, o estado das Universidades francesas era, em geral, de decadência. O país contava com 22 (no sentido medieval do termo), mas, em algumas delas, a frequência de alunos era diminuta: 30 estudantes de Direito na de Angers; em Caen, 18 em Medicina; 20 na Faculdade de Artes de Douai, etc.[3]. Por outro lado, nem em todas funcionavam as quatro Faculdades (Artes, Teologia, Direito, Medicina). E a sua população não era homogénea. Assim, se, na de Paris, a Faculdade de Artes contava à volta de 5000 estudantes, somente 563 frequentavam a de Direito. Na província, a debilidade era ainda mais notória, sendo a Faculdade de Medicina de Montpellier uma das excepções: ela tinha mais estudantes do que a da capital, não obstante o exíguo número dos que a frequentavam (97 em 1787-1788)[4].

Ora, se esta realidade tem de ser sopesada na compreensão das medidas tomadas em 1793, fica por explicar por que é que não se seguiu – como virá a acontecer na Alemanha – uma via reformista, tanto mais que houve continuidade em relação a alguns estabelecimentos herdados do Antigo Regime e que virão a formar as "Grandes Écoles".

---

[2] É extensíssima a bibliografia sobre este tema. Entre outros títulos, vejam-se: R. D. Anderson, *European universities from the enlightenment to 1914*, Oxford, Oxford University Press, 2004, pp. 39-50, 176-190; Donald N. Baller e Patrick J. Harrigan (ed.), *The Making of frenchmen. Current directions in the history of education in France, 1679-1979*, Waterloo, Historical Reflections Press, 1980; Antoine Prost, *Histoire de l'enseignement en France. 1800-1967*, Paris, A. Colin, 1968; Stephen D'Irsay, *Histoire des universités françaises et étrangères*, 2 vols., Paris, Éditions Auguste Picard, 1935.

[3] Para uma informação estatística mais completa, leia-se Louis Liard, *L'Enseignement supérieur en France*, t.º I, Paris, A. Colin, 1908.

[4] Cf. Alain Renaut, *Les Révolutions de l'Université. Essai sur la modernisation de la culture*, Paris, Calman-Lévy, 1995, p. 161.

A Universidade Portuguesa e as Universidades Europeias

De facto, a liquidação da Universidade é inseparável da política geral da Revolução contra as "sociedades intermédias"[5], tendo em vista a afirmação de um modelo de Estado uno e indivisível. E a Universidade, corporação e "coisa da Igreja", contraditava um projecto cujo ideal educativo, de raiz iluminista e secular, por razões económicas, mas, sobretudo, de cunho militar e político-burocrático, estava mais interessado em promover a aprendizagem deste tipo de especializações.

As "Grandes Écoles"

Os reis de França – pelo menos desde Francisco I – empenharam-se na criação de instituições fora da Universidade. E, no século XVIII, dentro da política do despotismo esclarecido e do crescente fascínio (mesmo lúdico) pela técnica, multiplicaram-se as iniciativas para se desenvolver o ensino superior de matérias em boa parte ignoradas pelas instituições universitárias, bem como pelos próprios colégios dos jesuítas e dos oratorianos. A Revolução irá apropriar-se deste património, pelo que, a este nível, houve renovação na continuidade[6].

Com efeito, ela não suprimiu o Collège Royal – cuja criação datava de 1530 –, limitando-se a chamar-lhe Collège de France (25 messidor ano II). Destino análogo tiveram a École de Ponts-et-Chaussées (fundada em 1715), a de Mines (1748) e a École du Génie Militaire (situada em Mazières e instalada em 1748). Em simultâneo, o Jardim Real das Plantas Medicinais (o célebre "Jardin des Plantes") foi transformado, segundo um projecto de 1790, no Museu de História Natural. E este, por decreto de 10 de Junho de 1793, passou a funcionar como uma instituição de ensino superior, que se queria pôr ao serviço do desenvolvimento económico (agricultura, comércio e artes). Para isso, a Convenção apoiou-o, dando-lhe recursos humanos relevantes (G. Saint-Hillaire, Lacepède, Lamarck, Fourcroy, etc.) e conferindo-lhe uma relativa autonomia. Foi ainda criado o Instituto de França (reorganizado em 1803).

---

5 Cf. Pierre Rosanvallon, *Le Modèle politique français. La société contre le jacobinisme*, Paris, Seuil, 2004.

6 François Furet, "Préface", Terry Shinn, *Savoir scientifique et pouvoir social. L'École Polytechnique. 1794-1914*, Paris, Presse de la Fondation Nationale des Sciences Politiques, s.d., pp. 5-6.

Mas a medida mais significativa desta orientação encontra-se na fundação da Escola Politécnica (Setembro de 1793). Não se tratava de uma instituição original, já que resultou da fusão da École des Ponts-et-Chaussées e da École du Génie, tendo por missão formar todo o tipo de engenheiros civis e militares. E, embora o seu parto se tivesse dado após a queda de Robespierre, ela viu a luz sob os auspícios de dois sobreviventes do grande Comité de Salvação Pública (Carnot e Pieur de la Côte-d'Or) e de Fourcroy, um químico "patriota". Foi de acordo com o seu modelo que, nesta conjuntura (1795), foram criadas a École Centrale des Travaux Publics e, em Outubro de 1794, a École Normale Supérieure, cujo objectivo visava formar professores para colégios e liceus.

A importância que a Convenção depositou nesta última instituição está bem patente na qualidade do seu corpo docente (Monge, Lagrange, Bertholet, Volney, Laplace, La Harpe, Bernardin de Saint-Pierre)[7]. Contudo, ela teve vida breve. Mas Napoleão recriou-a, início de um percurso que, assente no fomento de um espírito racional, tolerante e de *finesse*, irá definir um tipo de académico específico: o *normalien*. Destinada a ter um grande futuro, a primeira fase da vida desta instituição não foi fácil. Encerrada, de novo, durante boa parte da Restauração (1822-1826), veio a fixar-se, duradouramente, na Rue Ulm, após a Monarquia de Julho.

A Revolução instalou, ainda (1793), Escolas de Saúde em Paris, Montpellier e Estrasburgo, que substituíram as respectivas Faculdades de Medicina. E o aumento do interesse pelo Oriente – com grande impulso na Inglaterra – reflectiu-se na instalação de cursos de línguas orientais vivas na Biblioteca Nacional, decisão antecessora da futura École de Langues Orientales.

À luz destas políticas, poder-se-á dizer que, sem se negar a importância das chamadas "ciências morais" (direito, história, língua), a epistemologia deste reformismo deu prioridade à utilidade e às ciências da natureza, com especial relevo para a medicina, ramo que conquistou um indesmentível domínio intelectual entre 1789 e 1820[8].

Em geral, os regimes políticos posteriores não porão em causa as Grandes Escolas. Alguns irão mesmo alargar a sua rede. Foi o que aconte-

---

[7] Sobre a génese e evolução deste estabelecimento, veja-se Louis Liard, *L'Université de Paris*, Paris, Librairie Renouard-H. Laurens Éditeurs, 1909, p. 115 e ss.

[8] Cf. John Heilbron, *Naissance de la sociologie*, Marselha, Agone, 2006, p. 176 e ss.; N. e J. Dhombres, *Naissance d'un nouveau pouvoir: sciences et savants en France (1793-1824)*, Paris, Payot, 1989.

A Universidade Portuguesa e as Universidades Europeias

ceu, durante a Restauração, não só com a fundação da École des Chartes (1822), mas também com a da École Centrale des Arts et Manufactures (Paris, 1829), de estatuto privado, voltada para o cultivo da "ciência industrial". A II República fundou uma outra (8 de Março de 1848): a efémera Escola de Administração, que tinha em vista fomentar o ensino superior da política, extinta por Falloux em 9 de Agosto de 1849. De qualquer modo, a iniciativa virá a ser invocada como uma das precursoras da actualmente célebre École Nacionale d'Administration (ENA), instituída após a II Guerra Mundial[9].

Mesmo quando a discussão acerca da reforma da Universidade francesa voltava a estar na ordem do dia, um novo estabelecimento especial surgiu em 1868, já sob o impacto alemão: a École Pratique des Hautes Études, sob a iniciativa do Victor Duruy, ministro de Luís Napoleão Bonaparte na fase mais liberal do II Império. E foi ainda neste contexto que Émile Boutmy lançou a École Libre des Sciences Politiques[10]. No campo mais tecnológico, em 1843 surgiram as Écoles des Arts et Métiers e, a partir de 1880, instalaram-se a École de Physique et Chimie Industrielle de la Ville de Paris e a École Supérieure d'Électricité de Malakof, entre outras[11].

Não obstante exigirem diferentes requisitos de ingresso, a tarefa de educar boa parte das elites burocráticas e técnicas, do Estado e da sociedade francesa, pertencia-lhes[12]. A admissão aos seus cursos foi desde logo fortemente selectiva, exigindo-se, segundo o modelo da École Polytechnique, o bacharelato e o exame de acesso (cours d'entrée). Por outro lado, esta impunha a frequência obrigatória das aulas, uma disciplina próxima da militar e, ainda, a definição rigorosa dos programas a ensinar. E procurava fomentar a meritocracia[13], propondo-se admitir alunos sem discriminação de nascimento nem de fortuna. Como retribuição, os seus estudantes diplomados acediam, por direito, a altos cargos, civis e militares, da administração pública[14], destino que ajudou à reconstituição de novos privilégios sociais,

---

[9] Cf. Guy Thuillier, *L'E.N.A. avant l'E.N.A.*, Paris, PUF, 1983.

[10] Cf. R. D. Anderson, *ob. cit*, pp. 177-217.

[11] Cf. Maria de Lurdes Rodrigues, *Os Engenheiros em Portugal*, Oeiras, Celta, 1999, p. 19.

[12] Sobre esta vocação, leia-se E. Sulleiman, *Les Élites en France. Grands corps et grandes écoles*, Paris, Seuil, 1979.

[13] Sobre esta "Grande Escola", veja-se, por todos, a citada obra de Terry Shinn.

[14] Cf. Victor Karady, "Il dualismo del modello d'istruzione superiori e la riforma delle facoltà di lettere e di scienze nella Francia di fine Ottocento", Ilaria Porciani (dir.),

República, Universidade e Academia

agora sob a mediação do Estado e sob a aparência da igualdade[15] (alerta já lançado por alguns sectores de esquerda jacobina, aquando do debate que levou à sua formação).

Embora a situação se venha a alterar um pouco, esta índole elitista prolongou-se até hoje. As Grandes Escolas manterão privilégios em matérias como o controlo de acesso, a autonomia e os apoios financeiros estaduais, mesmo após se ter procedido à reorganização da Universidade. Significa isto que a Revolução deu continuidade e reforçou a existência de um dualismo (pouco pacífico) dentro do ensino superior público: por um lado, as Grandes Escolas e Institutos, e, por outro, as Faculdades, federadas, a partir da III República, em Universidades renovadas, cabendo às primeiras o papel de fornecer ao novo Estado-Nação e à sociedade pós-revolucionária uma formação adequada à estabilização do país e às necessidades e interesses (político-burocráticos e militares) da nova ordem, ao mesmo tempo que ajudavam a bloquear o aparecimento de corporações, antigas ou renovadas, no domínio da posse e do controlo dos conhecimentos. No entanto, elas também acentuaram a fragmentação dos saberes e empolaram a valorização do diploma, monopólio do Estado, como via imediata de acesso aos altos cargos. E é discutível a importância que deram, tanto à nota, aos concursos e à avaliação do mérito, como à regulamentação e uniformização dos programas[16].

Na prática, o seu funcionamento e a sua função desmentiam as promessas semeadas pela cultura republicana francesa, a qual, como se sabe, colocava o ensino como uma obrigação do Estado, em nome da prossecução da felicidade comum e do seu postulado fundamental: a igualdade de oportunidades. Ao formarem elites, as Grandes Escolas contribuirão para a auto-reprodução de novos privilégios e distinções no interior das classes médias ilustradas, sector social de onde provinha (e proveio) boa parte dos seus alunos[17].

Um outro efeito colateral diz respeito à própria desvalorização das Universidades, essa característica da França, pátria da figura do "intelec-

---

L'Università tra Otto e Novecento: i modelli europei e il caso italiano, Napoli, Casa Editrice Jovene, 1994, p. 63.

[15] François Furet, *ob. cit.*, p. 7.

[16] Cf. Christophe Charle e Jacques Verger, *Histoire des Universités*, Paris, PUF, 1994, p. 71.

[17] Cf. Pierre Bourdieu, *La Noblesse d'État. Grandes Écoles et esprit de corps*, Paris, Minuit, 1989; Terry Shinn, *ob. cit.*, p. 27.

A Universidade Portuguesa e as Universidades Europeias

tual", não por acaso em boa parte construída fora (e até contra) do mundo universitário[18]. Como salientou Alain Renaut, se a criação das Grandes Escolas e de outros estabelecimentos de ensino superior foi uma consequência do tradicionalismo das velhas Universidades corporativas, o apoio que eles vieram a receber dos poderes centrais contribuiu para a depreciação do prestígio do sistema universitário e para a diminuição das condições político-jurídicas e financeiras para o reformar[19]. O essencial da pesquisa e inovação vinha das Grandes Escolas (à excepção de alguns cursos da Sorbonne), do Colégio de França, do Instituto ou de sociedades científicas[20]. E esta desigualdade manter-se-á. Nos finais do século XX, tendo somente 4% dos estudantes, as Escolas recebiam cerca de 30% do orçamento estadual destinado ao ensino superior[21].

A Universidade napoleónica e a fragmentação dos saberes

Com Napoleão, a Universidade ressurgiu. Mas em que acepção? Não se tratou, como é óbvio, de um regresso ou de uma reactualização do modelo corporativo-eclesiástico medieval, nem de uma reforma no sentido da que, por essa conjuntura, estava em debate na Alemanha. A Universidade napoleónica será coisa bem diferente e não pretendeu pôr em causa a herança da Revolução, mormente a índole centralista, dual e laica do sistema educativo.

Por outro lado, a sua vocação estava sobretudo voltada para o cultivo de profissões úteis à sociedade, orientação que tinha uma maior semelhança com a que animava as *Hochschulen* ou as *Spezialschulen* alemãs do que com a nascente Universidade humboldtiana.

A educação devia ser confiada a um corpo de professores, com um espírito de solidariedade modelado pelo do militar e do eclesiástico, e o nexo com o poder estava garantido pela figura que a dirigia (no princípio), um Grão-Mestre, que respondia directamente perante o Imperador. Possuía, ainda, capital, imóveis e finanças próprios. Como segundo centro do seu

---

[18] Cf. Christophe Charle, *Les Intellectuels en Europe aux XIXᵉ siècle. Essai d'histoire comparée*, Paris, Seuil, 1996, e *Naissance des 'intellectuels'. 1880-1900*, Paris, Minuit, 1990.

[19] Cf. Alain Renaut, *ob. cit.*, pp. 32-33.

[20] Cf. Christophe Charle e Jacques Verger, *ob. cit.*, p. 71.

[21] Cf. Alain Renaut, *ob. cit.*, p. 33.

República, Universidade e Academia

poder administrativo, Napoleão instituiu o Conselho Superior da Universidade (mais tarde, Conselho de Instrução Pública), cujos membros eram escolhidos entre os principais funcionários e professores[22]. Além disso, o Estado (lei de 1806) afirmou o seu monopólio no campo do ensino superior.

Mais concretamente, por lei de 10 de Maio de 1806, o Imperador decretou que "il sera formé, sous le nom d'Université impériale, un corps chargé exclusivement de l'enseignement et de l'éducation physique dans tout l'Empire" (art. 1.º). Bem vistas as coisas, o conceito aqui usado aparecia como sinónimo do que, desde a Convenção, se designava por "Educação Nacional" e referia-se a um "todo único, simetricamente construído e militarmente hierarquizado" (Sobral Cid), apostado em unificar, sob a dependência do Estado, o sistema de ensino em todos os seus graus. Este evoluirá para divisões regionais, chamadas "Academias", tendo à sua frente um Reitor, autoridade oficial e não académica, responsável por todo o ensino no seu território[23].

O Império, no que ao ensino superior respeita, impôs várias Faculdades e dispersou-as pela França, "sem coesão e espírito cooperativo" (Sobral Cid): Teologia (cuja prioridade foi afirmada, sem dúvida, devido à política de reconciliação com a Igreja), Direito e Medicina. Dir-se-á que, aqui, se seguia a tradição. Mas inovava-se nas restantes: nas de Ciências e Letras, que vinham substituir a Faculdade de Artes. As vicissitudes políticas posteriores geraram uma maior fragmentação.

Uma medida, inspirada em Royer-Collard, provocou brechas no tipo de Universidade, una e indivisível, instituída por Napoleão, e o que poderia levar à descentralização produziu uma maior atomização. Por dificuldades financeiras e militares, muitos estabelecimentos, que se achou desnecessários, foram suprimidos, medida que provocou o encerramento de 7 Faculdades de Letras e 3 de Ciências. Todo este movimento virá a desaguar no desaparecimento do cargo de Grão-Mestre e na colocação das Faculdades sob a directa tutela do Ministro do Interior. A tendência para a segmentação continuará nas décadas seguintes, em consequência de pressões políticas (nacionais e regionais), realidade que só a III República tentará modificar.

---

[22] Cf. George Weisz, "Le corps professoral de l'enseignement supérieur et l'idéologie de la réforme universitaire française, 1860-1885", *Revue Française de Sociologie*, t.º XVIII, 1977, p. 203.

[23] Cf. R. D. Anderson, *ob. cit.*, pp. 43-44.

A Universidade Portuguesa e as Universidades Europeias

Suprimida sob a Restauração, a Universidade viveu "l'âge d'or de l'autonomie corporative sous la Monarchie de juillet"[24]. Todavia, este estatuto colidia com a propensão centralista do Estado francês, pelo que, desde 1845 (Salvandry), foram tomadas medidas para fazer diminuir essa relativa autonomia, tendência que se acentuou na fase ditatorial do II Império, época que Liard considerou "la plus pénible qu'ait eu à traverser l'Instruction publique en ce siècle"[25]. Compreende-se. Foi o período em que os sectores conservadores, liderados pela Igreja, lançaram uma forte contestação ao monopólio do Estado no campo do ensino, sendo algumas das suas reivindicações satisfeitas, com a aprovação da célebre *lei Falloux* (1850), alvo a abater pelas campanhas posteriores a favor da obrigatoriedade, gratuitidade e laicidade. Com as leis de Fortoul (1852), aumentou ainda mais a tutela do Governo, com o direito que este passou a ter para designar e demitir directamente os professores. Esta orientação é inseparável de uma onda de saneamentos, na qual figuras como Victor Cousin, Guizot, Michelet, Jules Simon, Quinet, Mickiewicz foram, tão-só, as vítimas mais conhecidas.

Logicamente, não fazia sentido falar-se em liberdade académica ou livre docência. Proibiu-se mesmo o ensino de certas matérias, como o Direito Constitucional e a Filosofia, substituídas por assuntos mais neutros (Direito Romano, Gramática Comparativa). Nas ministradas, os professores eram obrigados a submeter à autoridade académica programas detalhados do que ensinavam, e pormenores como as vestes e o tamanho da barba não eram descurados.

O crescimento da contestação (liberal e republicana) ao II Império conduziu estes sectores a darem uma importância maior à "questão universitária", particularmente no interior do mundo académico. E se a reflexão era tardia, quando comparada com o que se havia passado na Alemanha, ela não deixará de emergir, com força, na fase mais liberal do II Império (Victor Duruy, 1868) e, sobretudo, nas primeiras décadas da III República, conjuntura em que o fascínio pelo modelo alemão cresceu, em consequência da derrota na guerra franco-prussiana (1870) atribuída, em boa parte, à superioridade do ensino além-Reno.

Recorde-se que, já em 1833, no seu *Rapport sur l'instruction publique dans quelques pays de l'Allemagne et particulièrement en Prusse*, Victor Cousin (filósofo ecléctico de inspiração hegeliana), convocando o espírito

---

[24] George Weisz, *art. cit.*, pp. 203-204.
[25] Louis Liard, *ob. cit.*, t.º II, p. 241.

República, Universidade e Academia

de Sistema, escrevia: "Il est inouï de voir, en France, les diverses Facultés dont se compose une Université allemande séparées les unes des autres, et comme perdues dans l'isolement [...]. Hélas! nous avons une vingtaine de misérables Facultés éparpillées sur la surface de la France, sans aucun foyer de lumière. Hâtons-nous de substituer à ces pauvres Facultés de province, partout languissantes et mourantes, de grands centres scientifiques rares et bien placés, quelques Universités, comme en Allemagne, avec des Facultés complètes, se prêtant l'une à l'autre un mutuel appui, de mutuelles lumières, en mutuel mouvement"[26]. Esta atracção manter-se-á, sob o signo da "crise alemã do pensamento francês"[27]. Várias tomadas de posição, desde Renan (1867) a Edmond Dreyfus-Brisach (1874), e vários estudos específicos, resultantes de visitas de professores franceses a Universidades alemãs depois da guerra – E. Dreyfus-Brisach (1879), Fustel de Coulanges (1879), Lachelier (1881), Seignobos (1881) e outros –, possibilitaram um melhor conhecimento da realidade do país vizinho[28].

A III República e a criação da Universidade francesa moderna

Articulando a reforma do ensino superior com a revolução escolar nos ensinos primário e secundário, a III República procurou concretizar algumas das ideias que, particularmente a partir da década de 1860, foram lançadas pela discussão sobre o ensino superior, debate que deu origem a uma espécie de filosofia do republicanismo sobre a Universidade (Ravaisson, Vacherot, Jules Barne, Paul Bert, Seignobos, Lavisse, Louis Liard), inserida num ideal demopédico em que a herança do Iluminismo e do legado da Revolução Francesa surgia mediada pela lição do positivismo de Comte (Jules Ferry, Littré, Louis Liard)[29].

Somente após 1875-1877, isto é, quando o regime, saído dos escombros da Comuna, se clarificou e se consolidou – passando a ser, então, uma

---

[26] In Alain Renaut, *ob. cit.*, p. 95.

[27] Cf. C. Digeon, *La Crise allemande de la pensée française (1870-1914)*, Paris, PUF, 1959.

[28] Cf. Christophe Charle, *La République des universitaires. 1870-1940*, Paris, Seuil, 1994, p. 21 e ss.; Alain Renaut, *ob. cit.*, p. 97.

[29] Cf. J. L. Fabiani, *Les Philosophes de la République*, Paris, Minuit, 1987; Louis Legrand, *L'Influence du positivisme dans l'oeuvre de Jules Ferry. Les origines de la laïcité*, Paris, Marcel Rivière, 1961, pp. 217-237.

A Universidade Portuguesa e as Universidades Europeias

República dirigida por republicanos –, ficaram reunidas as condições para se concretizar a reforma do sistema do ensino[30] e, dentro deste, do ensino superior, movimento que pode ser periodizado por três datas emblemáticas: 1875, 1885 e 1896.

A primeira refere-se à lei de 12 de Julho. Esta, dando continuidade a propostas que já vinham de um projecto avançado por Victor Duruy em 1870, pôs em vigor a liberdade de ensino. Todavia, novas eleições trouxeram a renovação do pessoal político e o controlo total das instituições pelos republicanos. E, na linha da tradição jacobina, ganharam força os que viam naquele princípio uma porta aberta para o avanço da contra-revolução católica. Por isso, a 18 de Março de 1880, uma nova lei restituiu ao Estado o monopólio na concessão de graus e retirou aos estabelecimentos privados de ensino superior o direito de se intitularem "Universidades". O facto de o republicanismo à francesa pressupor o dever de a sociedade – e o direito do homem – garantir a educação (requisito primordial para que os indivíduos ascendessem à cidadania), e o convencimento de que a Igreja constituía o principal obstáculo à conquista da emancipação intelectual e cívica, reforçaram a convicção de que só uma educação nacional, pública e laica poderia fazer radicar o sistema representativo e a modernidade.

Quanto à segunda data, relembre-se que a pedra fundacional do edifício (de Nénot) que, arquitectonicamente, irá albergar a nova Sorbonne foi lançada em 3 de Agosto de 1885. Foi também esse o ano (25 de Julho) em que se reconheceu personalidade jurídica às Faculdades e, consequentemente, o direito de receberem doações, legados e subvenções. Tais medidas serão completadas por um novo decreto (28 de Dezembro de 1885), que reforçava a sua autonomia, ao criar-se, em cada uma delas, o lugar de Deão, autoridade que representava tanto o poder universitário como o central. Nomeado pelo Ministério, mas eleito pela Assembleia da instituição, ele tinha por tarefa administrá-la nessa dupla qualidade[31].

Na sua especificidade própria, procurava-se dar corpo à experiência moderna de autonomia. No entanto, a autonomização administrativa e a diversificação dos ramos a ensinar teriam de ser completadas pela federalização das Faculdades, em ordem a que, na linha do modelo alemão, mas à luz de outro paradigma epistémico, a variedade se compatibilizasse com a

---

[30] Cf. George Weisz, "The anatomy of University reform. 1863-1914", Donald N. Baker e Patrick J. Harrigan (eds.), *ob. cit.*, pp. 364-379.

[31] Sobre tudo o que se acabou de sintetizar, leia-se Alain Renaut, *ob. cit.*, p. 153 e ss.

unidade. Foi o que se pretendeu realizar com a lei de 10 de Julho de 1896, ao determinar-se que cada "corpo de Faculdade", ou várias Faculdades associadas, tomassem o nome de "Universidade". Geria-a um Conselho de Universidade, formado por representantes das Faculdades, sob a presidência de um Reitor da Academia, nomeado pelo Ministério, e de um Vice-Presidente, eleito anualmente por aquele Conselho. O impacto desta reforma – que, de certa forma, reintroduziu aquele vocábulo na linguagem administrativa francesa – foi tal que as suas disposições manter-se-ão praticamente inalteráveis até à célebre *lei Edgar Faure* (1968).

Almejava-se, em suma, acabar com a fragmentação e a dispersão das Faculdades, nem que para isso fosse necessário fechar algumas, concentrando-as nas principais cidades do país e, em particular, em Paris. Em simultâneo, combatia-se a excessiva "profissionalização" (mais saint-simoniana do que comtiana), em nome de uma aprendizagem que devia estar ao serviço de motivações morais e cívicas, finalidade que os conhecimentos meramente parcelares, empíricos e técnicos não podiam alcançar. Assim, tal como a sua congénere alemã, não bastava que a nova Universidade não fosse mais uma *universitas scholarum et magistrorum*; ela teria de ser uma *universitas scientiarum*. Mas qual o conceito de ciência que a cimentaria? A resposta tinha de ser encontrada no horizonte da filosofia hegemónica no republicanismo francês finissecular: o positivismo.

A epistemologia unificadora do novo ideal de Universidade

Mesmo quando não perfilhava a célebre "lei dos três estados" e rejeitava a não-aceitação, por Comte, da emergência de novas ciências – como acontecia, entre outros, com Louis Liand[32], um dos principais impulsionadores da reforma –, um sector importante dos intelectuais franceses acreditava que o positivismo encerrava uma "doutrina de educação universal" e que a humanidade tinha entrado na fase definitiva da positividade. A estes pressupostos juntava-se o convencimento de que só a ciência, a partir de leis gerais, poderia iluminar o bom uso da técnica, distinguindo-se, assim, tanto do empirismo como da versão mais "tecnocrática" de algum saint-simonismo de origem "politécnica". E, como somente aceitavam que só o geral é cientificável, a inevitável divisão das ciências só ganharia significado

---

[32] Cf. Louis Liard, *La Science positive et la métaphysique*, 2.ª ed., Paris, Germer Baillière, 1883.

A Universidade Portuguesa e as Universidades Europeias

mediante a compreensão do lugar que cada uma delas ocupava na hierarquia dos saberes.

Esta era uma velha premissa da *episteme* ocidental[33], que a descrição das várias árvores do saber, no período moderno, reactualizou. Ela reaparecerá, transformada em espírito de Sistema (metafisicamente fundamentado), no idealismo alemão dos princípios do século XIX. Mas, à primeira vista, a posterior relevação positivista do paradigma das ciências da natureza parecia torná-la pouco receptiva à problemática da ordenação dos conhecimentos. Bem pelo contrário. Não se pode esquecer que Comte, não obstante o seu declarado antimetafisicismo, deu continuidade às pretensões sistémicas do idealismo objectivo alemão e às suas tentativas para ordenar a nova enciclopédia dos saberes. Pode mesmo dizer-se que o pensador francês perseguiu, obsessivamente, a ideia de Sistema, agora estribada, não na metafísica (como na Alemanha), mas na generalização e hierarquização dos conhecimentos (que teriam progredido da máxima generalidade para a máxima complexidade), moldados, com pequenas diferenças, pelo convencimento de que o método das ciências da natureza traria a definitiva cientificação dos fenómenos sociais.

O exposto ajuda-nos a inteligir melhor a versão francesa do ideal de *universitas scientiarum*. A Universidade ter-se-ia de organizar como *Universidade*, o que não significava que os estudantes devessem estudar tudo. Porém, o campo específico em que se formavam tinha de pôr em acção o núcleo que totaliza e unifica a diversidade dos conhecimentos. Deste modo, se, desde Kant e do idealismo alemão, esse papel devia caber à Filosofia (e, portanto, à Faculdade de Filosofia), na visão republicana de Universidade tal tarefa era pelouro das ciências sociais[34], ou melhor, da sociologia. Todavia, como esta só gozaria de cientificidade à luz do paradigma clássico das ciências da natureza, era este que acabava por sobredeterminar, em última análise, a unidade da diversidade taxinómica.

A consequência mais imediata deste modelo traduziu-se no confinamento da filosofia à sistematização das ciências e em tentativas para se cientificar, não só a sociologia – pioneiramente ensinada, na Sorbonne, por Durkheim e, depois, por alguns dos seus discípulos (Celestin Bouglé)[35] –,

---

[33] Cf. Peter Burke, *A Social history of knowledge from Gutenberg to Diderot*, Cambridge, Pality Press, 2000, pp. 82-90.

[34] Cf. John Heilbron, *ob. cit.*, p. 345 e ss.

[35] Cf. Jean-Fabien Spitz, *Le Moment républicain en France*, Paris, Gallimard, 2005.

mas também a historiografia (Fustel de Coulanges, Monod, Lavisse, Langlois, Seignobos, Arlaud) e a própria literatura (Lanson).

É uma verdade comprovada que esta valorização da ciência se materializou na modernização de infra-estruturas de pesquisa (laboratórios, "salas de trabalhos", seminários) e, por conseguinte, numa maior junção do ensino com a investigação[36], de acordo com o apelo que Claude Bernard havia feito e como o modelo alemão ensinava. Mas o enaltecimento do que se entendia por ciência não deixou igualmente de funcionar como uma mundividência e como uma retórica que, não raro, e sobretudo no domínio das "ciências morais", dispensava a experimentação que reivindicava, tendo começado a gerar reacções várias, como as do bergsonismo, ou as protagonizadas, sob o impacto do caso Dreyfus, por alguns sectores tradicionalistas (questão da "nova Sorbonne", 1910-1914), que acusavam a Universidade republicana de estar a pôr em causa a cultura humanista europeia.

Independentemente das motivações políticas que moveram estas contestações, ou aquelas outras inspiradas no espiritualismo e no neokantismo de fundo republicano, o positivismo e o cientificismo, para o bem e para o mal, tornaram-se na(s) filosofia(s) dominante(s) na Universidade francesa.

Por outro lado, a renovação não rompeu com realidades que, incrustadas na tradição académica e na estrutura do Estado-Nação francês, se prolongarão. Assim, apesar da maior autonomia outorgada, o regime republicano não abriu mão do papel do monopólio que o Estado detinha em matérias como a concessão e o reconhecimento de graus, e não quebrou o predomínio da centralidade e da macrocefalia de Paris, ponto de chegada de todas as carreiras e centro privilegiado da oferta de ensino superior (da Universidade e das Grandes Escolas), tanto mais que o corpo docente da capital era o mais bem pago[37] (o mesmo acontecia ao nível secundário).

---

[36] O maior apoio financeiro do Estado (o orçamento das Faculdades passou de 7.634.000F, em 1875, para 23.228.000F, em 1913), a melhoria das instalações e a reforma do conteúdo do ensino, ligados a factores demográficos, repercutiram-se no aumento da procura. Assim, o número de professores cresceu (de 488, em 1865, para 1416, em 1919). E o mesmo aconteceu no que se refere, particularmente nas Faculdades de Letras e Ciências. Aqueles passaram de 238, em 1876, para 6586, em 1914, enquanto os das Faculdades de Ciências subiram de 293 para 7330. Paris – centro tradicional de boémia estudantil – continuava a concentrar a procura, embora se note um ligeiro decréscimo. Na capital, estavam 55% dos estudantes do ensino superior, em 1876, contra 43%, em 1914. Contudo, em 1934-1935, esse número voltava a ser de 54,9%. Cf. Christophe Charle e Jacques Verger, *ob. cit.*, pp. 92-93.

[37] Em 1865, as diferenças de ordenado entre os professores titulares de Paris e os da província eram as seguintes: Direito (5400 francos, para 3000); Medicina (7000,

A Universidade Portuguesa e as Universidades Europeias

Esta política – que contrastava com a descentralização alemã – também não pôs em causa a manutenção do sistema dual. Na verdade, a III República não extinguiu nem integrou as Grandes Escolas. Estas manterão o lugar privilegiado que detinham na formação das elites técnicas, burocráticas e políticas. Explica-se. É que, dentro da cultura republicana, a igualdade de oportunidades e o princípio segundo o qual o Estado tinha obrigações activas em campos como a saúde e a educação não podiam ser entendidos como um ponto de chegada: o ensino, conquanto de cariz meritocrático, era hierarquizado e selectivo. Por todos, teorizou-o Durkheim, e a análise sociológica da realidade universitária também o comprova. Tanto as Grandes Escolas como as Universidades – ainda que estas numa escala ligeiramente mais baixa – respondiam à procura, esmagadoramente masculina, das camadas médias e letradas da sociedade. E a hora da massificação ainda não tinha chegado.

II. O MODELO ALEMÃO

Sendo a Alemanha uma realidade politicamente fragmentada, as suas Universidades sofreram as consequências da Reforma, das subsequentes guerras religiosas e, depois, o impacto da Revolução Francesa, prolongado pela invasão napoleónica. No início, estes últimos acontecimentos foram interpretados, por muitos intelectuais, como o sinal das potencialidades emancipatórias da humanidade. Um bom exemplo desta expectativa encontra-se nas célebres respostas à pergunta *Was ist Aufklärung?* (Kant, 1798), que se saldaram num apelo à assunção da maioridade do homem, definido como um ser educável para o uso da sua autónoma razão teórica e prática. No mesmo contexto, surgiu, porém, uma reacção contrária (*Sturm und Drang*), que irá enfatizar a intuição, o sentimento e a crítica aos ideais excessivamente universalistas e racionalistas do Iluminismo, acusando-os de não relevarem as especificidades nacionais (entes espirituais específicos, resultantes de condicionantes como a história, a raça e o meio), atitude que teve na filosofia de Herder e na sua concepção acerca da índole concreta dos povos (*Volksgeist*) a sua objectivação precursora, e que, sob o trauma das vitórias de Napoleão, encontrará nos célebres *Discursos à nação alemã*, de Fichte (1807), a sua expressão nacionalista de maior repercussão.

---

para 5000); Ciências (7500, para 4000); Letras (7500, para 4000); Farmácia (4000, para 3000). Cf. George Weisz, *Le Corps professoral de l'enseignement supérieur et l'idéologie de la réforme universitaire française, 1860-1885*, p. 218.

Ambas as correntes acreditavam na capacidade emancipadora da educação – onde se notará influências de pedagogos como Rousseau e Pestalozzi –, expectativa que encontrará no vocábulo *Bildung* a sua fixação semântica decisiva. O termo adequava-se bem à tradição judaico-cristã, que define o homem como *imago Dei*. É que, se, literalmente, ele referencia significados como "quadro" ou "retrato", também remete para "imagem". E, no contexto da problemática educativa, conotará, igualmente, a ideia de *processo*, ou *resultado de um processo*.

Recorde-se que Moses Mendelssohn usou *Bildung* – termo recente no léxico alemão – para significar a maturidade humana de uma pessoa com *Kultur* e *Aufklärung*. Para ele, em concreto, pessoa ilustrada seria a que possuísse conhecimentos racionais e perspicácia em relação à vida e à missão humanas (*Bestimung*), adquiridos pela ciência e pela filosofia. Num outro plano, os contactos sociais e a eloquência ou retórica somente fariam o homem culto. E se certos povos, como o francês, possuíam cultura, e o inglês ilustração, somente a velha Grécia tinha conseguido, até então, combinar a ilustração e a cultura, mediante a realização de uma verdadeira *Bildung*[38]. Daí que Humboldt sonhasse com a concretização de um ideal educativo que fizesse a síntese entre o espírito germânico e a herança da paideia grega.

Kant, tal como Mendelssohn, utilizou aquele conceito algumas vezes (sobretudo em *Über Pädagogik*) para nomear, não só o intelectual, mas também o desenvolvimento moral e emocional dos indivíduos. Todavia, coube a Herder a sua aplicação ao campo da educação e a explicitação das suas premissas caracterizadoras: a acção e a universalidade[39]. E pode defender-se que o sucesso do vocábulo se deveu à sua grande capacidade para exprimir a cooperação tácita que deve existir entre o professor e o aluno no processo de aprendizagem, a fim de se criar *Bildung*, isto é, se gerar uma formação activa.

---

[38] Sobre este conceito e respectiva aplicação na filosofia idealista alemã da Universidade, leia-se R. D. Anderson, *ob. cit.*, pp. 52, 55-57, 103-104, 110-112.

[39] Cf. Seven-Eric Liedman, "A la búsqueda de Isis: educación general en Alemania y Suecia", Sheldon Rothblatt y Bijörn Wittrock (coord.), *La Universidad europea y americana desde 1800. Las tres transformaciones de la Universidad moderna*, Barcelona, Ediciones Pomares-Corredor, 1996, p. 84 e ss.

A situação da Universidade alemã nos inícios do século XIX

Salvo algumas excepções, a herança medieval da divisão em quatro Faculdades somente tinha sofrido mudanças terminológicas nas Universidades alemãs: a Faculdade de Artes havia-se transformado em Faculdade de Filosofia (na acepção larga do termo, pois incluía tanto a filosofia propriamente dita, como os domínios das matemáticas e das ciências da natureza). Diga-se que esta evolução foi preparada pelas instituições saídas da Reforma e do absolutismo iluminista, particularmente pelas de Halle e Göttingen. E, se muitas outras estavam decadentes, estas – fundadas, respectivamente, em 1694 e em 1737 – tinham alcançado merecida fama, mormente no domínio dos conhecimentos ligados à medicina e às demais ciências da natureza, em boa parte porque exigiam, sobretudo a partir da segunda metade do século XVIII, o empenhamento dos docentes na pesquisa científica e um ensino ministrado em seminários e assente na cientificação das disciplinas.

O seu sucesso – e o de outras, incluindo algumas "escolas especiais" – vinha ao encontro, na segunda metade de Setecentos, das necessidades de uma camada social cujo *status* decorria da educação, a burguesia letrada (*Bildungsbürgertum*)[40], que se preparava para servir o(s) Estado(s), ou para se dedicar a profissões liberais, grupo que foi crescendo a par da burguesia económica (*Wirtschaftsbürgertum*). Significa isto que, cada vez mais, o futuro da Universidade alemã ficará condicionado pelas características de uma sociedade "estadual-burguesa", bem distinta do ideal consubstanciado na ideia francesa de "cidadão--burguês"[41]. E esta diferença explica, em boa parte, por que é que a sua crise suscitou, no contexto do despertar do nacionalismo cultural alemão e antifrancês, não só a preocupação do poder político, mas, sobremaneira, da sua "inteligência", de onde veio um riquíssimo conjunto de reflexões filosóficas e um desejo reformador que recuperará o melhor do legado de Göttingen e de Halle[42]. Como esta última região deixou de fazer parte da Prússia, em consequência das conquistas de Napoleão, o Estado foi mesmo impelido a criar uma nova Universidade, que fosse capaz de reno-

---

40 Cf. R. D. Anderson, *ob. cit.*, pp. 37, 62-63, 131-132.

41 Cf. Rüdiger vom Bruch, "Il modello tedesco: Università e Bildungsbürgertum", Ilaria Porciani (coord.), *ob. cit.*, p. 38.

42 Sobre o prestígio desta Universidade, consulte-se R. D. Anderson, *ob. cit.*, pp. 24-25, 52-53.

República, Universidade e Academia

var a dinâmica da que servia de referência. E a génese de Universidade de Berlim (1809) não será estranha a esta intenção[43].

Porém, o movimento para a reforma não se deveu somente aos efeitos da invasão napoleónica. Também pesou a decadência de muitas Universidades. Sublinhe-se que, em 1789, funcionavam, na Alemanha, 35, com 7900 estudantes, 40% dos quais frequentavam as mais importantes (Halle, Göttingen, Iena e Leipzig). Mas a situação de crise levou ao fecho de 18[44]. Em simultâneo, notava-se uma preocupante descida nas matrículas: em 1808, a Universidade de Duisburg contava com 38 estudantes, e a de Erfurt com 43.

Mais do que uma restauração, impunha-se aplicar uma nova concepção de aprendizagem. O filólogo Fred Alan Wolf chegou mesmo a propor a abolição do termo "Universidade", porque negativamente ligado ao passado. Porém, tal alvitre não será ouvido, como não se seguirá o exemplo da Revolução Francesa, ou a via napoleónica. Sobretudo na Prússia, ousou-se modernizar, sob a inspiração directa de um intenso debate filosófico (1802--1809) acerca da sistematicidade dos saberes e do modo como se devia estruturar uma Universidade que estivesse ao serviço da cultura e da ilustração dos seus alunos.

De facto, a escolha não foi estranha a um ideal epistémico crítico em relação à capacidade que, só por isso, o ensino especializado e parcelar teria para gerar *Bildung*. É certo que, na Alemanha, também existiam prestigiadas "Grandes Escolas", fruto do despotismo esclarecido de alguns reis. Convém lembrar que já Leibniz, no seu *De arte combinatori* (1666), havia feito a apologia do cultivo da ciência "em e por si", tanto do ponto de vista teórico, como na perspectiva em que elas são todas práticas, ao mesmo tempo que apelava para a criação, fora das Universidades, de um certo número de Academias (incluindo a Academia das Ciências de Berlim), sob o lema *"theoria cum praxis"*. E a vertente iluminista mais apologética do saber técnico e utilitário também se reflectirá, nos territórios alemães, na instalação de "escolas especiais" (*Spezialschulen*) e de "escolas superiores profissionais" (*Fachhochschulen*) no decurso do século XVIII. Tais instituições estavam em concorrência e em rivalidade com o estabelecido, mas não constituíam uma alternativa forte às Universidades (ao invés do que acontecia em França) nem funcionavam como forças bloqueadoras da sua reforma[45].

---

[43] Cf. Alain Renaut, *ob. cit.*, p. 114 e ss.

[44] Cf. Christophe Charle e Jacques Verger, *ob. cit.*, p. 64.

[45] Cf. Alain Renaut, *ob. cit.*, pp. 121-122.

A ciência como sistema

A mudança terminológica que conduziu à designação de Faculdade de Filosofia inscrevia-se em reivindicações mais latas: ultrapassar o lugar propedêutico e secundário que as Faculdades de Artes ocupavam em relação às restantes e dar um relativo acolhimento às ideias que contestavam o posicionamento da teologia como "senhora" de todos os saberes, sob a tutela da autoridade eclesiástica (e política). Kant interpretou este movimento numa perspectiva mais profunda, ao colocar a filosofia, enquanto reflexão racional e crítica dos fundamentos da ética e de todo o conhecimento científico, no cerne do conflito entre as Faculdades e como condição necessária para o cumprimento do ideal iluminista de *Bildung*.

A sua tese, defendida no livro *O Conflito das Faculdades* (*Der Streit der Fakultäten*, 1798), é conhecida[46]. Ao Estado cabia a solução dos problemas da população através de funcionários (eclesiásticos, administradores de justiça e agentes médios), pelo que seria lícito que ele interviesse na organização do ensino das "três Faculdades superiores" (Teologia, Direito e Medicina), que visavam, respectivamente, "o bem eterno de cada um", o "bem social" e o "bem corporal". Mas o mesmo seria inaplicável à "Faculdade inferior", ou seja, à Faculdade de Filosofia. Nesta, o poder político devia abandoná-la à "razão do povo sábio", espaço livre onde tudo passava pelo crivo do tribunal da razão crítica[47]. E, se ela podia continuar a ser considerada inferior na perspectiva do Estado, ao nível dos efeitos da sua acção sobre a razão pública seria superior às outras desde que perseguisse a busca desinteressada da verdade.

Era nela e por ela que a Universidade ganhava consciência dubitativa, atitude que também inundaria o ensino ministrado nas restantes Faculdades, cujo saber tendia a estar subordinado à tradição, a fórmulas estabelecidas, à autoridade[48] e ao discutível propósito de convencer o povo de que detinha a verdade definitiva. Bem vistas as coisas, como o conflito não era com o Estado, mas entre Faculdades, exigia-se o exercício de uma permanente vigilância da razão. E como esta é actividade crítica, tal conflito – que não

---

[46] Acerca das ideias de Kant e sobre o seu contexto universitário, leia-se R. Pozzo, "Kant's *Streit der Fakultäten* and conditions in Königsberg", *History of Universities*, vol. 16, n.º 2, 2000, pp. 96-128.

[47] Cf. Kant, *Le Conflit des Facultés. En trois sections*, Paris, Librairie Philosophique J. Vrin, 1973.

[48] Cf. Alain Renaut, *ob cit.*, p. 143.

era uma guerra, mas uma *concordia discors*, ou uma *discordia concors* – subsistiria se não houvesse acordo entre a comunidade dos cientistas e a dos cidadãos acerca dos princípios que deviam levar à superação dos limites impostos à liberdade de opinião (pública) pelo arbítrio governamental. Se tal fosse possível, os últimos seriam os primeiros, tornando-se a Faculdade de Filosofia na "Faculdade superior", não para conquistar o poder, mas para aconselhar aqueles que o detêm[49].

Com isto, Kant, em nome do ideal iluminista de *Bildung*, contribuiu para a crítica à fragmentação e ao cariz mais especializado e mais profissionalizante do ensino ministrado nas outras Faculdades. Só a problematização racional dos conhecimentos seria formativa, o que exigia o uso autónomo e incondicionado da razão, raiz motora da produção do verdadeiro.

O apelo kantiano para a elevação da filosofia crítica a instância fundamentadora dos múltiplos saberes transmitidos pela Universidade marcará o tom das reflexões imediatamente posteriores, embora feitas no quadro do idealismo alemão (os textos mais importantes são de Fichte, Schelling, Schleiermacher e Humboldt)[50]. Este movimento – onde as ideias de Hegel sobre a matéria são uma síntese das de Fichte e Schelling – opor-se-á, igualmente, à aquisição de conhecimentos segmentados e à não-compreensão de que a indagação da verdade é um processo orgânico. Ultrapassava, assim, o dualismo kantiano, visível no conceito de *concordia discors,* ao supor a verdade como sinónimo de unidade sistémica de conhecimentos. E só princípios metafísicos (o Espírito; a Ideia) poderiam iluminar o caminho que levaria à vitória da *cultura* sobre a *natureza*. Como escrevia Schelling nas suas *Lições sobre o método dos estudos académicos* (1803), a "Universidade é a filosofia por essência". Logo, para se chegar à verdade, a articulação dos conhecimentos teria de ser sobredeterminada pelo ideal de autonomia – estendendo-se a todas as Faculdades o requisito que Kant reivindicou para a de Filosofia – e pelo princípio de totalidade, ou melhor, de "Uni-totalidade" (*Ein-und Allheit*). Em suma: a Universidade tinha de constituir uma "totalidade sistémica do saber, expressa na fórmula hegeliana de 'sistema absoluto'", projecto que jamais se concretizou na sua plenitude, mas que,

---

[49] Cf. Miguel Baptista Pereira, "Universidade e ciência", *Revista da Universidade de Aveiro. Letras*, n.º 1, 1984, pp. 37-41.

[50] Estão traduzidos em L. Ferry, J. P. Person e A. Renaut, *Philosophies de l'Université. L'idéalisme allemand et la question de l'Université*, Paris, Payot, 1979 (contém textos de Schelling, Fichte, Schleiermacher, Humboldt, Hegel).

A Universidade Portuguesa e as Universidades Europeias

"como ideal puro e unificador"[51], foi decisivo para o entendimento da *universitas scientiarium* como *Uni-versidade*.

A fundação da Universidade de Berlim e o modelo humboldtiano

O alvo concreto dos reformadores era a "forma gótica" (Schleiermacher) de Universidade. E, pelas razões assinaladas, a partir de 1802, o poder prussiano (sob a tutela do ministro Beyme e de Engel, antigo preceptor do rei) apresentou o primeiro plano de reorganização do ensino superior (13 de Março de 1802). A sua materialização não foi imediata. As derrotas militares infligidas por Napoleão datam de 1806, e as suas consequências não só atrasaram o processo, como, com a perda do ducado de Magdebourg (onde se situava Halle), o alteraram: a partir de 1807, consolidou-se a convicção de ser necessário criar uma nova Universidade, em Berlim. Facilmente se percebe que a esta intenção não eram estranhas motivações regeneradoras e de cunho patriótico. O plano apareceu ligado a reformas mais gerais, assim como a iniciativas similares, que se corporizaram no surgimento de mais duas Universidades: a criação (ou recriação) das de Bona e Breslau, em 1818, iniciativas que tinham por objectivo reforçar o poder prussiano sobre territórios muito heterogéneos e que iam das regiões de forte influência francesa até à Polónia católica.

Foi neste contexto que se desenvolveu o debate filosófico sobre a Universidade, cujos efeitos se irão repercutir, ainda com maior incidência, quando, nos finais de 1808, a comissão encarregada de fundar a de Berlim passou a ser liderada por Wilhelm von Humboldt. Quais as ideias nucleares que presidiram à sua estruturação e ditaram o seu sucesso (ao abrir as suas portas, contava com 256 estudantes e 52 professores)?

O aparecimento, sem o peso directo da tradição, de uma nova Universidade possibilitou o ensaio de um modelo mais adequado às necessidades de uma sociedade traumatizada, em rápida mudança, e à procura de se refundar como Nação. E tem-se salientado a novidade: o respeito pela *autonomia externa* e o cumprimento da *autonomia interna*. A Universidade só criaria *Bildung* se não estivesse subordinada, o que implicava o reconhecimento do papel crítico e unificador da filosofia (e da Faculdade de Filosofia). Dir-se-ia que a crítica kantiana ao pensamento heterónomo atingia uma

---

[51] Cf. Miguel Baptista Pereira, "Considerações sobre a dimensão científica da Faculdade de Letras", *Biblos*, vol. 59, 1983, p. 4.

República, Universidade e Academia

corporização institucional. Com a garantia da sua *autonomia externa*, ela ficaria liberta de pressões utilitárias, viessem elas do Estado ou da própria sociedade, porque autogovernada pelas autoridades académicas: o Reitor (anualmente eleito pelo Claustro Pleno dos professores ordinários e extraordinários), os Decanos e o Senado Consultivo. Deste modo, embora pública, a nova Universidade não podia funcionar – porque se negava a si mesma – como uma Universidade do Estado. O poder político devia limitar-se – nas palavras de Humboldt ao rei da Prússia – a fornecer às Universidades os meios necessários à sua existência, mas sem se intrometer nos seus negócios internos. Estes não eram nem podiam ser da sua competência, e a experiência mostrava que, quando isso não acontecia, as consequências eram sempre muito negativas.

Porém, alguns – como Fitche – defendiam uma organização centralista e heterónoma, onde estudantes e professores abdicariam da sua autonomia para se colocarem ao serviço do todo. Como a ciência era una, também só devia haver uma única Universidade. A estas ideias opôs-se Schelling, para quem aquela – desde que desse corpo a uma correcta concepção sistémica das relações interdisciplinares – seria compatível com a diversidade e a autonomia. Humboldt, depois de conferenciar com ambos, irá optar pela tese de Schelling, solução que vinha ao encontro do seu pensamento sobre o papel do Estado na sociedade e que irá marcar, indelevelmente, a génese da Universidade moderna, ao fazê-la radicar no ideal da "pesquisa na solidão e na liberdade" (*Forschung in Einsamkeit und Freiheit*), pedra de toque da "liberdade académica". Não obedecendo senão aos imperativos da vontade, a sua actividade seria solitária, mas só na medida em que era autónoma (e não heterónoma)[52]. E daqui decorria a exigência da *autonomia interna*: a *liberdade de docência* e a *liberdade de ciência* (*Lehr- und Lernfreiheit*)[53]. E, com a criação do sistema do *Privatdozent*[54], a remuneração dos professores estaria dependente da procura dos alunos, que lhes pagavam, categoria de docentes que fez crescer a concorrência no interior da própria instituição.

Sinteticamente, poder-se-á então sustentar que o paradigma da reforma berlinense entroncava nas bases seguintes: combinação do ensino com a investigação, centrada na aprendizagem em seminários; autonomia e

---

[52] Cf. Alain Renaut, *ob. cit.*, p. 130.

[53] Cf. Schelling, "Leçons sur la méthode des études académiques" (1803), L. Ferry, J. P. Person e A. Renaut, *ob. cit.*, pp. 41-164.

[54] Sobre esta matéria, veja-se R. D. Anderson, *ob. cit.*, pp. 60-61, 153-154.

A Universidade Portuguesa e as Universidades Europeias

unidade na pesquisa e no ensino no que concerne a toda a pressão do Estado e da sociedade; prossecução contínua e desinteressada da verdade; divisão por Faculdades; e, na linha de Kant, institucionalização, através de uma Faculdade particular (a Faculdade de Filosofia), do pensamento crítico como garante da unidade e da liberdade da Universidade[55], concebida como *Universidade*, ou melhor, como uma *universitas scientiarium*.

Em termos tipológicos, é indiscutível que estamos perante o exemplo supremo da chamada Universidade "idealista", bem distinta da que já foi caracterizada como "utilitarista"[56]. Só uma aprendizagem que fomentasse a pesquisa como "actividade autónoma" moldaria a formação (*Bildung*) do homem como ser livre, pelo que o conhecimento fragmentado, ou cingido à sua exclusiva dimensão técnica e utilitária, seria insuficiente.

Com isto, dá-se razão aos que têm contestado o entendimento do conceito de *Bildung* como um ideal que visava fundir o indivíduo nos imperativos da comunidade. Basta lembrar a sua raiz iluminista, a que não terá sido estranha uma certa influência protestante, ao fomentar o desenvolvimento de uma espécie de secularização e individualização do dever religioso, factores que, de acordo com Troeltsch, se condensaram numa unidade orgânica do povo revivificada por um devotamento simultaneamente rigoroso e crítico do indivíduo ao todo, completado e legitimado pela independência e individualidade da livre cultura espiritual. Nesta acepção, a *Bildung* ter-se-á mesmo transformado, na opinião de Thomas Mann, numa "especificidade alemã", impondo-se como um projecto que, tanto quando pôde, bloqueou o imperialismo cientificista e tecnocático, numa sobrevivência prolongada pela corrente hermenêutica e que, como atitude crítica, chegou até aos nossos dias (Gadamer)[57].

De tudo o que ficou exposto se infere que, sem se alienar o melhor do passado, se procurou renovar, num movimento que envolverá (não sem polémicas) todos os domínios do saber, isto é, tanto as "ciências da natureza" como as do "espírito", e que, desde a teologia de Schleirmacher[58],

---

[55] Cf. Rüdiger vom Bruch, *ob. cit.*, pp. 39-40; Alain Renaut, *ob. cit.*, p. 145.

[56] Cf. J. Dreze e J. Debelle, *Conceptions de l'Université*, Paris, Éditions Universitaires, 1968.

[57] Cfr. Louis Dumont, *L'Ideologie allemand France-Allemagne et retour*, Paris, Gallimard, 1991, p. 39.

[58] Para se perceber as mudanças neste domínio, leia-se Thomas Albert Haward, *Protestant theology and the making of the modern german university*, Oxford, Oxford University Press, 2006.

República, Universidade e Academia

passando por Droysen e Dilthey, reivindicava uma autonomia epistémica, entre ambos os campos, sem paralelo na cultura francesa e nas por ela influenciadas.

O sucesso do "modelo humboldtiano" – que, no entanto, não deixou de suscitar resistências por parte de Universidades fiéis à tradição neotomista (como as da Baviera), ou das que queriam seguir a via franco-napoleónica[59] – trouxe-lhe um acelerado prestígio interno. Em 1815, a Universidade de Berlim contava já com 4900 estudantes. Ora, dez anos depois, estes tinham duplicado (9876) e, em 1830, chegavam aos 15.838. Depois, estagnaram à volta dos 11.000 (1860), para voltarem a subir nas décadas seguintes: 29.011 (em 1909); 60.235 em 1914[60].

Por sua vez, a partir da década de 1830, medrou, por toda a Alemanha e países vizinhos, uma aguerrida actividade estudantil, com o desenvolvimento de rituais próprios, de hábitos colectivos de habitação, de convívio e de sociabilidade, com migrações periódicas, no Inverno, das Universidades do Norte para as do Sul, e com frequentes lutas entre tradicionalistas e progressistas. Estes últimos formavam um poderoso movimento (*Burschenschaft*), com uma génese ligada às lutas contra a invasão napoleónica. Sob o lema "Honra, Liberdade e Pátria", ele perseguia ideias nacionalistas, liberais e unitárias. Em 1848-1849, terá chegado a envolver 60% da população estudantil[61].

O sucesso da Universidade humboldtiana também alcançou uma repercussão externa (França, Inglaterra, EUA, Japão). Mas, entre a idealização e a realidade, existiam diferenças. E, devido ao crescimento de pressões socioeconómicas e ideológicas, bem como ao gradual aumento da massificação do acesso aos estudos superiores, o modelo irá sofrer desmentidos ao nível dos factos. Por exemplo, no que respeita à sua autonomia externa, não se pode olvidar que as autoridades guardaram sempre, mesmo quando de um modo discreto, o direito de lançarem um olhar político para as "suas" Universidades. Em 1819 (Conferência de Karlsbad), decidiram nomear um seu representante junto de cada uma, figura que, em 1848, foi substituída pelos *Kuratoren*, embora com poderes muito limitados. E, como é lógico, em épocas posteriores, de maior assomo estadualista (e nacionalista), esta

---

[59] Cf. Rüdiger vom Bruch, *ob. cit.*, pp. 40-41.

[60] Cf. *Idem*, *ibidem*, p. 57.

[61] Cf. Christophe Charle e Jacques Verger, *ob. cit.*, p. 68. Sobre este movimento estudantil, na Alemanha e em outros países, leia-se R. D. Anderson, *ob. cit.*, pp. 72-74, 275-279.

A Universidade Portuguesa e as Universidades Europeias

presença tornar-se-á mais vigilante e activa, vindo a atingir o seu paroxismo totalitário e racista durante o III Reich[62].

Também o funcionamento da autonomia interna não deixava de gerar algumas injustiças, que agrediam os autoproclamados critérios meritocráticos. Se o sistema de escolha dos docentes pelos alunos e o dos concursos, em função do trabalho de investigação, constituíam factores dinâmicos – como era o da concorrência dentro e entre as próprias Universidades –, houve casos (e épocas) em que os recrutamentos foram ditados por motivos extracientíficos. Em 1830-1840, muitos cientistas judeus tiveram de emigrar por razões religiosas e políticas, nomeadamente para França. O mesmo aconteceu a alguns docentes liberais (em 1837, ao chamado grupo dos "7 de Göttingen"). E a agudização dos conflitos sociais e políticos, nos finais de Oitocentos e da primeira década do século XIX, reflectiu-se, intensamente, no seu interior[63]. Por outro lado, tal como ocorrerá em França, a hierarquização do poder dentro dos grupos de pesquisa gerou um sistema de "mandarinatos", alguns dos quais com interesses ligados ao desenvolvimento da indústria[64], o que, igualmente, se repercutiu numa maior valorização das ciências da natureza.

Num outro registo, a Universidade alemã também tinha por vocação formar elites. Elegendo, como referência, o ano de 1865, sabe-se que os seus estudantes somente correspondiam a 0,5% da população. E a evolução da sua origem social denota a passagem de um estádio, onde dominavam os filhos dos funcionários (38%) e, mais genericamente, da burguesia culta (*Bildungsbürgertum*), para um outro, que revela uma maior ascensão de jovens oriundos da burguesia económica (*Wirtschafsbürgertum*) e das profissões liberais, e mesmo da pequena burguesia. E, como acontecia nas suas congéneres europeias, o elemento popular estava quase ausente (2%)[65], assim como o feminino[66].

---

[62] Cf. Miguel Baptista Pereira, "Sobre o conceito heideggeriano de Universidade", *Revista da Faculdade de Letras. Filosofia*, Porto, n.º 14, 1997.

[63] Para uma síntese destas tensões a partir da *Kulturkampf* (década de 1870), veja R. D. Anderson, *ob. cit.*, pp. 162-171.

[64] Cf. Jonathan Harwood, "'Mandarine' oder 'Außenseiter'? Selbstverständnis Deutscher Naturwissenschaftler (1900-1933)", Jürgen Schriewer, Edwin Keiner e Christophe Charle (dir.), *Socialer Raum und academische Kulturen / À la recherche de l'espace universitaire européen*, Frankfurt am Main, Peter Lang, 1993, p. 183 e ss.

[65] Cf. Sven-Eric Liedman, *ob. cit.*, pp. 94-95.

[66] Uma panorâmica acerca do lento e desigual acesso das mulheres às Universidades europeias encontra-se em R. D. Anderson, *ob. cit.*, pp. 256-273.

República, Universidade e Academia

Estas mudanças foram ditadas pelas transformações económicas e sociais da sociedade oitocentista alemã, realidade que se irá espelhar no peso relativo das Faculdades. Nos anos de 1830, as mais frequentadas eram as de Direito e Teologia. Contudo, estas irão declinar a favor das Faculdades de Medicina e Filosofia (ciências e letras), que representavam, respectivamente, 21,5% e 40,4% do total dos efectivos nos inícios de 1880[67]. E não deixa de ser significativo que, em 1910, a Faculdade de Filosofia (devido ao seu cariz científico) tivesse 52,1% dos inscritos[68].

O desenvolvimento económico e industrial também incidiu no aumento da procura dos cursos especializados oferecidos pelas *Technischen Hochschulen*[69]. A população estudantil destes estabelecimentos triplicou (à volta de 5000, em 1871-1872, para cerca de 17.000 em 1903), enquanto a das Universidades duplicou, sinal de que aquelas começavam a disputar a sua base de recrutamento. Todavia, isto não quer dizer que se caminhava para um sistema dual à francesa. As elites e a intelectualidade com influência na sociedade alemã continuarão muito ligadas aos meios universitários.

III. O MODELO INGLÊS

A par do francês e do alemão, costuma-se destacar, pela sua originalidade e atracção, o sistema da Inglaterra, cujo entendimento requer, antes de tudo, uma perspectiva de longa duração, tanto mais que, nos inícios do século XIX, Cambridge e Oxford eram as únicas Universidades ali existentes[70]. Continuavam a gozar de autonomia em relação ao Estado, garantida pelo usufruto de bens fundiários e pelas suas estreitas relações com a Igreja anglicana. Funcionavam, por isso, como corporações autónomas (*self--governing* e *self-supporting*), circundadas de *colleges*, onde, sob a direcção de um principal, os *fellows* e os simples estudantes (*undergraduates*) viviam em comum.

---

[67] Cf. Christophe Charle e Jacques Verger, *ob. cit.*, p. 65.

[68] Cf. Rüdiger vom Bruch, *ob. cit.*, p. 57.

[69] A mais importante será a *Technische Hochschule*, de Berlim Charlottenbourg. Os seus precursores datam de 1799 e serão transformados em *TH*, em 1882, através da fusão de diversos estabelecimentos especializados. Nesta conjuntura, a mais recente foi a de Danzig, criada em 1904. Cf. Christophe Charle e Jacques Verger, *ob. cit.*, p. 101; e Rüdiger vom Bruch, *ob. cit.*, p. 55.

[70] Cf. Christophe Charle e Jacques Verger, *ob. cit.*, pp. 74-75.

A Universidade Portuguesa e as Universidades Europeias

Ora, nos primórdios de Oitocentos, a sua situação era de crise. Em 1829, contavam com a admissão anual de 820 alunos, números que se situavam ao nível dos do século XVIII. As causas desta situação residiam não só no custo dos estudos e na obrigação de residência no seio dos colégios, mas também no facto de, em certa medida, elas serem Universidades da Igreja, já que não aceitavam a admissão de não-anglicanos. Algumas alterações, como a progressiva introdução de exames (*tripos*), irão contribuir para uma relativa melhoria da qualidade do ensino, o que não impediu que, em 1850, tivesse sido formada uma comissão real para inquirir o estado decadente dos dois estabelecimentos[71]. Por outro lado, a sua vocação, agora numa sociedade em acelerado processo de industrialização, levava a que os desenvolvimentos no campo do conhecimento ocorressem "outside the formal structure of universities, which had a powerful institutional conservatism that tended to give a bleak reception to intellectual innovations"[72]. Ganha assim sentido a afirmação de que a verdadeira génese da Universidade inglesa moderna está ligada à fundação da Universidade de Londres, em 1836.

Sobral Cid, ao sintetizar o modelo inglês, mostrava-se bem informado quando, em 1907, escrevia: "a Universidade inglesa não é uma corporação para a investigação original e descobertas científicas, missão que pertence às academias e reais sociedades, nem organizada para a habilitação ao exercício das profissões liberais, ensino que na Inglaterra está domiciliado junto dos grandes hospitais para a medicina, nos tribunais para as carreiras na màgistratura. São na realidade instituições de educação tradicional, frequentadas ou, mais rigorosamente, habitadas pelos descendentes da nobreza e da grande burguesia, abertas a todos os jovens inteligentes e de mérito, por meio de bolsas de estudo – *fellowships* – que atraem os alunos mais brilhantes das escolas médias do país"[73]. Combinando a educação clássica e humanista com a educação física, as Universidades tradicionais consideravam a especialização incompatível com o seu ideal de educação liberal[74].

---

[71] Cf. F. M. L. Thompson, "Introduction", F. M. L.Thompson (ed.), *The University of London and the world of learning. 1836-1986*, Londres e Ronceverte, The Hambledon Press, 1990, pp. IX-XXIII; N. Boyd Harte, *The University of London. 1830--1986*, Londres, The Athlone Press, 1986.

[72] Cf. F. M. L. Thompson, *ob. cit.*, p. X.

[73] In *Annuario da Universidade de Coimbra. Anno lectivo de 1907-1908*, p. XLI.

[74] Sobre a crise de Oxford e Cambridge, e acerca das dificuldades da sua modernização, leia-se R. D. Anderson, *ob. cit.*, pp. 191-197.

120
República, Universidade e Academia

A criação da Universidade de Londres tem de ser encarada como uma reacção contra o cariz confessional de Oxford e Cambridge e como um acto de modernização, que também procurava responder aos interesses das novas classes médias, engrossadas pela industrialização e pelo crescimento das cidades. A nova instituição secundarizará a importância da teologia. Será, igualmente, a primeira Universidade britânica a constituir-se sob bases seculares – nos seus primórdios, ela só instituiu as Faculdades de Artes, Medicina e Direito (a de Teologia somente será criada em 1898[75]) – e aquela em que o utilitarismo inglês encontrará algum eco. Tudo isto contribuiu para lhe incutir uma orientação menos generalista e mais especializada. Bem vistas as coisas, nasceu como uma espécie de federação de instituições autónomas. Partindo do University College (1828) e do King's College (1829, 1831), englobará, também, escolas ligadas a hospitais, a Royal School of Mines, o Royal College of Science, o Central Technical College, a London School of Economics (1895).

Foi com a tomada de consciência de que era necessário renovar e sob o impacto de outras experiências (francesas, escocesas e, sobretudo, alemãs) que, nas décadas de 1850 a 1880, se debateu, em Inglaterra, o modelo que melhor corresponderia à formação intelectual e moral do homem. Peça essencial desta querela foram, sem dúvida, o escrito de J. H. Newman (*The Idea of a University*, 1852) e as tomadas de posição de pensadores como John Stuart Mill, Th. H. Huxley, Mathew Arnold, etc.). A análise dos seus escritos permite perceber que, também além-Mancha, o problema se situava na discussão sobre as relações entre o ensino generalista e a especialização ou a profissionalização.

Comummente, as teses de Newman são apresentadas como a súmula deste dilema. Para ele, a Universidade devia continuar a ser mais um lugar de ensino do que de pesquisa e ter um cariz mais geral, intelectual e moral, do que profissional, fornecendo aos estudantes uma cultura assente nas humanidades (*liberal education*). Apontava, assim, para a formação de *gentlemen*, criticando a fragmentação dos saberes, realidade só superável, porém, com o regresso da teologia ao papel de ciência charneira do sistema. Daí que o cardeal se opusesse à secularização do ensino.

John Stuart Mill, Mathew Arnold ou Thomas Henry Huxley não diferiam muito destes princípios, situando-se as suas divergências, sobretudo, na defesa da secularização e na solução que apresentavam para resolver este britânico "conflito das Faculdades". Se Newman apelava para a teologia,

---

[75] Cf. Sydney Evans, "Theology", F. M. L. Thompson (ed.), *ob. cit.*, pp. 149-150.

A Universidade Portuguesa e as Universidades Europeias

Stuart Mill e Arnold atribuíam a vocação unificadora à cultura literária, enquanto Huxley, mais positivista, seguia o exemplo francês da III República: caberia à ciência experimental enlaçar as diversidades dos conhecimentos ensinados na Universidade[76]. Dir-se-ia que aqui se esboçava a vertente inglesa do debate sobre as "duas culturas".

Se a inovação foi mais fácil na que tinha sido criada de novo – a Universidade de Londres –, ela revelava-se mais difícil onde imperava a tradição e não se queria provocar rupturas ou extinções à francesa. Cambridge e Oxford irão introduzir mudanças importantes, devido, sobretudo, a pressões da sociedade e do poder político. Nos anos de 1870, serão obrigadas, pelo Parlamento, à sua reforma mais importante desde a Idade Média: os estudantes não-anglicanos e as mulheres[77] foram finalmente admitidos, e os *fellows* dos *colleges* autorizados a casar-se. No entanto, o acesso feminino aos graus somente ocorrerá em 1920 (Oxford) e, em Cambridge, em 1948, expressão inequívoca do carácter esmagadoramente masculino da alta educação em Inglaterra. No entanto, em 1848, tinha aberto, em Londres, o Ladies' College (o futuro Bedford Square for Women), e, em 1867, a Universidade de Londres reconheceu às mulheres o direito a obterem "Certificates of Higher Proficiency". Mas, aqui, o acesso aos graus somente ocorreu em 1878, tendo surgido as primeiras quatro graduadas em 1880[78].

As reformas tiveram outros efeitos. O predomínio dos estudos clássicos e das matemáticas deu lugar a uma maior relevação das ciências experimentais, da história do direito e das línguas estrangeiras. E, de acordo com o modelo humboldtiano, em 1871, entrou a pesquisa (sobretudo em Cambridge). Naturalmente, este renovamento terá efeitos ao nível da procura: em 1861, ambos os estabelecimentos tinham 2400 estudantes, número que passou para 3690, em 1871 (aumento de 54%), 4710, em 1881 (28%), 5100, em 1891 (8%), e 5880 em 1901, (15%)[79].

Seja como for, a resposta mais imediata do ensino superior às necessidades de uma sociedade a viver uma galopante industrialização (e conse-

---

[76] Para uma síntese do que se expôs, veja-se Alain Renaut, *ob. cit.*, pp. 211-214.

[77] Este movimento não foi estranho à campanha que Stuart Mill, na linha do escrito de Mary Wollstonecraft, *Vindication of the rights of women* (1792), lançou com o ensaio *The Subjection of women* (1861).

[78] Cf. Gillian Sutherland, "The plainest principles of Justice. The University of London and the higher education of women", F. M. L. Thomas (ed.), *ob. cit.*, p. 35 e ss; R. D. Anderson, pp. 264-266.

[79] Cf. R. D. Anderson, *Universities and elites in Britain since 1800*, Cambridge, Cambridge University Press, 1995, p. 14

República, Universidade e Academia

quente urbanização) veio tanto das mais tarde chamadas *civic universities* – criadas sob a iniciativa do Estado, ou, então, das autoridades provinciais e municipais, movimento que se acentuou nas décadas de 1870 e 1880, a partir do exemplo de Manchester (1851) e de Newcastle (1871) –, como de escolas especializadas, que perseguiam objectivos mais pragmáticos. Por outro lado, a preparação e a certificação para o exercício de certas profissões (advogados, médicos e engenheiros) estavam nas mãos de associações de classe. Estas conseguiram reactualizar tradições medievais corporativas e resistir, até muito tarde, às críticas do Parlamento e às iniciativas das Universidades para lhes retirarem esses poderes[80].

Note-se que os estabelecimentos mais técnicos, apesar do seu prestígio, não tinham por vocação formar as altas elites políticas e burocráticas, como em França, tarefa que continuou a cargo das Universidades e, em particular, do eixo Oxford-Cambridge. Estas manter-se-ão como o destino natural das camadas sociais mais altas, ao invés do que acontecia no sistema francês (os custos dos estudos em *Oxbridge* de um aluno por ano rondava o rendimento anual de uma família burguesa), o que talvez explique por que é que "the new colleges in London, and others in the English provinces, did not succeed in establishing a rival university model in public mind, and by the time this sector began to expand the reform of Oxbridge was well under way. The result, and one of the keys to understanding English higher education, was that expansion and differentiation took a hierarchical form". Isto é, Oxford e Cambridge continuaram a ser Universidades nacionais, ao serviço do rejuvenescimento das elites de tipo tradicional, "but did not attempt to serve the full range of middle-class needs"; as demais e, em particular as *civic universities*, "were angled to local demands and catered for rather lower strata of the middle class"[81].

A emergente universidade americana

O modelo inglês, distinto do francês e do alemão, foi a primeira matriz do americano. Todavia, este irá percorrer um caminho próprio, sobretudo a

---

[80] Sobre toda esta questão, leia-se Michel Burrage, "De la educación práctica a la educación profesional académica: pautas de conflito y adaptación en Inglaterra, Francia y Estados Unidos", Sheldon Rothblatt e Björn Wittrock (coord.), *ob. cit.*, pp. 156-162.

[81] R. D. Anderson, *European universities from the enlightenment to 1914*, pp. 191-192.

A Universidade Portuguesa e as Universidades Europeias

partir das três últimas décadas do século XIX[82]. Sublinhe-se que, à data da independência, somente existiam dez instituições de ensino superior (entre elas, Harvard, 1636; Yale, 1701; Princeton, 1746; Columbia, 1754). Os Estados Unidos, depois de 1776, empenhar-se-ão na criação de outras, o que deu origem a um sistema desdobrado: um sector público e um outro privado, mais forte e, em boa parte, herdeiro dos primeiros *colleges*. Esta estrutura cresceu, embora predominasse o *college* residencial de tipo inglês e o ensino fosse, em geral, de cariz literário e religioso, e tivesse por objectivo formar uma elite restrita.

Por outro lado, durante muito tempo, a preparação e a certificação profissional, tal como na Grã-Bretanha, provinham de corporações e instituições particulares exteriores aos *colleges*. E os que pretendiam uma educação que fosse para além do B.A. (*bachelor of arts*) eram obrigados a ir para a Europa (recorde-se que o primeiro doutoramento conferido por Yale somente se deu em 1861).

Devido à sua génese, o governo da Universidade era exercido por autoridades externas, nomeadas pelas entidades fundadoras (autoridades políticas, congregações, fundações privadas), e o ensino tinha uma função quase exclusivamente transmissora de conhecimentos, sendo rara a pesquisa. Contudo, a frequência dos *colleges* foi aumentando de um modo significativo: passou de 1800 alunos, em 1800, para 32.364, em 1860[83].

Ora se, neste arranque, é notória a influência da tradição universitária e liberal britânica, ela também tem a marca do modo como se deu a colonização e como nasceu a nova Nação, com uma *cultura republicana* bem diferente da francesa, porque radicada na ideia de comunidade, onde valores como a associação, a vida local e a religião se interligavam. A estes laços juntaram-se interesses económicos e solidariedades práticas de toda a espécie, pelo que a noção de comunidade evoluiu, rapidamente, para a de meio sócioeconómico, ou, então, para o terreno mais intimista das relações de vizinhança.

Esta base é importante, tanto mais que o núcleo forte das Universidades americanas será concebido, gerido e desenvolvido dentro do espírito de "serviço comunitário", de carácter funcional, instrumental e pragmático, que as colocava em posições de concorrência em relação aos utilizadores dos seus serviços, incitando-os a participarem no seu financiamento e, por-

---

[82] Cf. Alain Touraine, *Université et société aux États-Unis*, Paris, Seuil, 1973.

[83] Cf. Christophe Charle e Jacques Verger, *ob. cit.*, pp. 79-81.

República, Universidade e Academia

tanto, nos seus órgãos de direcção. Daí a sua tendência para se tornarem "empresas", preocupadas com a eficácia e atentas às alterações da procura social e económica[84], bem como com o seu estatuto dominantemente privado, onde a prática da filantropia e do mecenato desempenha um papel crucial, características que surgirão, ainda com mais evidência, após a (re)fundação da década de 1860.

De importância decisiva foi o *Morril Act* (1862), assinado por Lincoln nas vésperas da guerra civil, com a finalidade de encorajar o desenvolvimento da educação liberal e a prática das "classes industriais adaptada às diversas profissões". O Estado federal doou grandes extensões de terrenos às comunidades para criarem escolas dedicadas ao ensino da agricultura e da mecânica, o que gerou o aparecimento dos Agricultural & Mechanical Colleges (*A. Y. M. & Colleges*), instituições voltadas para uma educação mais profissional. Mas os fundos adquiridos também impulsionaram a reforma das próprias Universidades, pois fizeram aumentar a convicção de que o modelo anterior – ainda excessivamente dependente do inglês – estava desadequado a uma sociedade mais democrática, industrializada e pragmática. Para a concretização desse renovamento, os reformadores voltaram-se para o exemplo alemão, então no auge do seu prestígio.

Resultados deste intercâmbio encontram-se na abertura, sob a presidência de Daniel C. Gilman, da Johns Hopkins University (1876)[85] e na orientação que Samuel Eliot Morrison – que visitou a Alemanha em 1863 – imprimiu a Harvard. Generalizada, esta política veio a corporizar o tipo de Universidade americana: quatro anos iniciais de ensino geral (*College*), onde as especializações eram meramente embrionárias, e um ciclo posterior, de pesquisas mais especializadas (*Graduate School*), organizadas em departamentos. Todavia, se o modelo alemão não foi estranho a estas mudanças, não se pode esquecer que a sua recepção foi mediada pela memória da herança inglesa e colonial, pelas características específicas da cultura americana e pelas necessidades de uma sociedade em acelerado processo de modernização da indústria e da agricultura. Por isso, mais do que uma imitação, procedeu-se a uma síntese.

Ao invés do que acontecia na Europa, as Universidades americanas foram desde logo sensíveis à formação profissionalizante e tecnológica,

---

[84] Cf. Michel Freitag, *Le Naufrage de l'Université et autres essais d'epistémologie politique*, Paris, La Découverte/M.A.U.S.S., 1995, pp. 37-38.

[85] Cf. Hugh Hawkins, *Pioneer. A history of the Johns Hopkins University, 1874--1889*, Nova Iorque, Ithaca, 1960.

A Universidade Portuguesa e as Universidades Europeias

separando-se do clássico modelo inglês, mais generalista e mais voltado para a formação do *gentleman*. E se, na sua conciliação entre o ensino e a investigação, ressoa o eco do exemplo alemão, foi-lhe estranha a querela entre o cultivo da ciência pura e o distanciamento perante a especialização. Elas procuraram especializar a própria investigação, através de uma pesquisa profissionalizada e do ensino e investigação de matérias que os preconceitos europeus ainda não achavam dignas de entrarem na Universidade, mormente as de natureza tecnológica e as ligadas ao mundo da economia e das finanças[86]. Esta abertura dará origem à Wharton School of Finance (inaugurada em 1881, na Universidade da Pensilvânia) e à Harvard Business School (1908).

Foi esta torrente renovadora que levou Yale a atribuir o seu primeiro PhD em 1861, Harvard o seu primeiro doutoramento, em Ciências, em 1873, e a que, entre 1880 e 1885, se tenham doutorado cerca de 900 indivíduos nas Universidades americanas. Iniciava-se um percurso que se reflectirá na diminuição da procura das Universidades europeias por estudantes americanos – o seu número continuou a aumentar só até à década de 1890 –, assim como na capacidade de adaptação do modelo à massificação e democratização do ensino superior (em 1900, existiam 250.000 estudantes nos *Colleges*), onde as mulheres estavam numa percentagem bem maior do que na Europa (as Universidades do Estado, particularmente no Oeste, abriram-se à população feminina a partir de meados do século XIX).

Assim sendo, a influência alemã nos EUA deve ser matizada, tanto mais que ela foi tocada não só pela tradição anterior – onde era forte a iniciativa da sociedade civil –, mas também pelos valores e expectativas que enformavam a visão americana do mundo. E se, na Alemanha, a problemática da Universidade remeteu para fundamentações metafísicas acerca da índole *uni-diversa* dos saberes, na América essa discussão carecia de sentido. O seu ideal de ciência não tinha finalidades emancipatórias; saber era poder. Por conseguinte, era relativamente indiferente às discussões sobre a distinção epistemológica entre ciência e técnica, ou a atinente à constituição de conhecimentos objectivos que deviam ser postos ao serviço da uma moral social e cívica, como no positivismo francês. Interessava-lhe, sobretudo, testar o poder que a ciência tinha para resolver tecnicamente problemas práticos, nem que fosse aprendendo através da reconstituição expe-

---

[86] Cf. Roger Geiger, "Investigación, educación de graduados y la ecología de las universidades en Estados Unidos: una historia interpretativa", Sheldon Rothblatt e Björn Wittrock (coord.), *ob. cit.*, pp. 225-284.

rimental do itinerário que, primordialmente, levou à descoberta científica. E "l'exemple de Benjamin Franklin illustre bien cette attitude, qui sera ensuite systématiquement développée par la philosophie pragmatique, tant sur le plan epistémologique, qu'éthique, politique et pédagogique"[87].

Em conclusão, se se quiser fazer uma síntese final respeitante às relações das Universidades europeias com a sociedade desde os inícios do século XIX, poder-se-á detectar, em termos comparativos mas necessariamente genéricos e não síncronos, três fases essenciais, muito condicionadas pelos ritmos do desenvolvimento industrial: na primeira, as Universidades continuaram a receber, predominantemente, os filhos dos velhos proprietários rurais e das elites profissionais; na segunda, que se deu por volta de 1860, começaram a adaptar-se às necessidades das sociedades industriais, tornando-se mais receptivas à formação para as novas profissões em crescimento; a terceira, que decorreu entre 1860 e 1930, caracterizou-se por um grande aumento do número de estudantes e por uma mais sólida consolidação do ideal de pesquisa, "combining scholarship and teaching under direction of an autonomus academic profession"[88]. Ora, Portugal, à sua escala – em 1910, estavam matriculados, na Universidade, 1262 alunos, e só 5 eram mulheres – e nos ritmos próprios que pautaram o seu processo de modernização (incluindo a tardia industrialização), não deixará de reflectir, no essencial, estas modificações.

IV. O ENSINO SUPERIOR EM PORTUGAL NO SÉCULO XIX

A Universidade portuguesa entrou no século XIX sob o signo da incumprida reforma pombalina. Para isso, contribuíram vários factores: demora das obras infra-estruturais, fraco impacto imediato dos novos cursos, alterações políticas ("viradeira", invasões francesas, Revolução Liberal). E, se houve momentos em que os seus efeitos foram positivos – mormente no campo das ciências da natureza –, o balanço, algumas décadas depois, era negativo. Por outro lado, como foi modernizada dentro de uma tradição absolutista e regalista, os novos *Estatutos* não retiraram à instituição o velho cariz "corporativo-senhorial", faceta que, a par da qualidade do ensino que ministrava, descontentava os sectores mais progressistas, situação que a elevará a um dos alvos privilegiados do camartelo liberal, mesmo

---

[87] Michel Freitag, *ob. cit.*, p. 39.

[88] R. D. Anderson, *Universities and elits in Britain since 1800*, p. 1.

A Universidade Portuguesa e as Universidades Europeias

quando empunhado por homens que ajudou a formar[89]. Deixando de lado todos estes pressupostos, pergunta-se: quais serão as características que, no decurso de Oitocentos e sob a égide de uma longa tradição e dos novos *Estatutos*, foram construindo a especificidade portuguesa no contexto das experiências universitárias europeias?

Tem sido apontado o facto de, até 1911 (exceptuando o período em que os jesuítas tiveram em funcionamento a Universidade de Évora: 1559- -1759), somente ter existido, na Metrópole e nas Colónias, uma única Universidade[90]. A esta nota, ter-se-á de juntar uma outra: a sua não-localização na capital política do país desde 1534, tal como havia acontecido em Espanha até 1822 (ano em que a Universidade de Alcalá, na sequência do chamado "informe Quintana", de clara inspiração napoleónica, foi transferida para Madrid, dando origem à "Universidade Central")[91] e, em Inglaterra, até à fundação da Universidade de Londres (1836).

Esta descentração já não agradava a alguns no período pré-liberal[92], sentimento que ganhará mais adeptos quando o novo Estado-Nação, saído da vitória sobre o miguelismo, se começou a edificar em termos políticos e administrativos, desmantelando os poderes locais, as sociedades intermédias e as relações de propriedade de Antigo Regime. Ora, a Universidade possuía uma autonomia corporativa, que fazia dela, no dizer de Borges Carneiro, um "*status in status*"[93], pelo que, tarde ou cedo, teria de ser atingida por este movimento desestruturador. E Sobral Cid teve razão ao afirmar que este processo destruiu o seu antigo suporte senhorial: "Antes mesmo de o absolutismo ter deposto as armas pela convenção de Évora-Monte, os decretos que o génio político de Mouzinho da Silveira ditava na Ilha Terceira, estabelecendo o Estado moderno sobre a base da igualdade dos direitos,

---

[89] Cf. Luís Reis Torgal, "Universidade, conservadorismo e dinâmica de mudança nos primórdios do liberalismo em Portugal", *Revista de História das Ideias*, vol. 12, 1990; Luís A. de Oliveira Ramos, "A Universidade de Coimbra no primeiro período liberal (1820-1823). Problemas e respostas", *Revista de História*, vol. 6, 1985, p. 209 e ss.

[90] Cf. Luís Reis Torgal, "A Universidade de Coimbra no período liberal", AA.VV., *Las Universidades Hispánicas de la Monarquía de los Austrias*, Salamanca, Universidade de Salamanca, s.d., p. 315.

[91] Cf. Antonio Álvarez de Morales, *Génesis de la Universidad española contemporânea*, Madrid, Instituto de Estudios Administrativos, 1972, p. 505 e ss.

[92] Cf. Maria de Lourdes Costa Lima dos Santos, *Intelectuais portugueses na primeira metade de Oitocentos*, Lisboa, Presença, 1988, p. 126.

[93] *Diario da Camara*, 2.ª leg., t.º I, pp. 1023-1024.

República, Universidade e Academia

aluíram a velha Universidade nos seus fundamentos tradicionais, mesmo quando contra ela não eram expressamente dirigidos. Aguiar e os primeiros ministros da regência consumaram essa obra, e todos os nossos privilégios, altos cargos na magistratura e desembargo do Paço, prebendas doutrinais, os velhos colégios universitários para opositores e porcionistas, o nosso opulento património – dízimos, bens, rendas senhoriais –, tudo o que as velhas Universidades inglesas de Oxford e Cambridge conservam ainda, se subverteu com o velho regímen. Que nos ficou da Universidade tradicional? Apenas os símbolos."[94]

A sobrevivência do antigo não se resumiu, porém, à herança de capitais meramente simbólicos (na acepção estrita do termo), pois manter-se-ão continuidades memoriais e situações de privilégio, mormente o (quase) monopólio no campo do ensino superior e o da concessão de graus, situação que será posta em causa por uma ordem política que tenderá a enfatizar a capitalidade e por uma sociedade que se tornará mais complexa e com novos centros de poder[95].

A centralização política do ensino superior

Ao nível da política educativa, o primeiro tentame para se reforçar o controlo político sobre o ensino superior – no seguimento do que havia sucedido em França, após a primeira fase da legislação napoleónica, e em Espanha – prendeu-se com o debate sobre a função e a sede da Junta da Directoria dos Estudos e Escolas do Reino, criada por D. Maria I em 1779--1794. Tratava-se de um organismo corporativo, localizado em Coimbra e em boa parte dirigido pela Universidade. Gozava, portanto, de alguma autonomia em relação ao Estado e superintendia todos os ramos de ensino. Esta descentralidade colidia com a visão liberal de racionalização do poder. Daí o teor de propostas como a que foi apresentada por Santos Valente (lente da Universidade) ao Parlamento, a 12 de Dezembro de 1822, e onde, num conjunto de medidas de cunho "convencionalista" e "napoleónico", se defendia a criação, na capital, de "um tribunal supremo de instrução pública, o qual,

---

[94] In *Annuario da Universidade de Coimbra. Anno lectivo de 1907-1908*, pp. XXXVII-XXXVIII.

[95] Cf. Maria Eduarda Cruzeiro, "A universidade sitiada: a Universidade de Coimbra entre dois liberalismos (1820-1834)", *Análise Social*, vol. 29, n.º 125-126, 1994, pp. 385-415.

além das atribuições novas que se lhe assinaram, terá as da Junta da Directoria dos Estudos, que fica extinta"[96]. A descentração e a índole autónomo-corporativa da Universidade estavam desajustadas à lógica da nova ordem político-administrativa que, ao invés, apontava para a concentração e para o controlo directo da educação. Não surpreende, assim, que tenham aparecido novas iniciativas (1835-1836, 1843) tendentes a transferir a instituição para Lisboa e a pô-la sob a tutela directa do Ministério do Reino[97].

A reacção conimbricense[98] é inseparável da tomada de consciência de uma outra intenção: a de lhe retirar o monopólio de certos ramos do ensino superior, mesmo sem se tocar no seu estatuto de Universidade única. Com efeito, a acção legislativa de Rodrigo da Fonseca Magalhães (1835) para acabar com aquela Junta, substituindo-a por um Conselho Superior de Instrução – a sediar em Lisboa –, vinha acompanhada do fito de se fundar, também na capital, um Instituto de Ciências Físicas e Matemáticas.

E, se esta iniciativa foi revogada por Luís da Silva Mousinho de Albuquerque, no âmbito de um projecto próprio de reforma do ensino[99] – a Universidade tinha demonstrado a inconstitucionalidade da lei de Rodrigo, por não ter sido aprovada no Parlamento[100] –, outras se seguirão, transversais à alternância (mais progressista ou mais conservadora) dos governos da Monarquia Constitucional. Foi o caso da avançada em 1843 (Costa Cabral), que trazia, acoplado, o propósito de instalar Faculdades de Medicina em Lisboa e no Porto. A ideia mereceu uma forte oposição por parte de Coimbra, atitude sintetizada num escrito do lente João Alberto Pereira de Azevedo. Depois de lembrar que a Universidade não protestou, quando se "deu a perda do seu património antigo e moderno, dos seus próprios bens, e da administração de uns e outros, nem contra a abolição dos seus privilégios, isenção e regalias, estabelecidas", aí se escrevia, em nome da instituição:

---

[96] Projecto transcrito em Luís Reis Torgal e Isabel Nobre Vargues, *A Revolução de 1820 e a instrução pública*, Porto, Paisagem Editora, 1984, p. 194.

[97] Cf. Joaquim Ferreira Gomes, *Estudos de história e pedagogia*, Coimbra, Almedina, 1984, p. 11 e ss.

[98] Bem expressa na *Representação da Universidade de Coimbra dirigida ás Camaras Legislativas da Nação Portugueza*, Coimbra, Imprensa da Universidade, 1836.

[99] Cf. Rogério Fernandes, "Luís da Silva Mousinho de Albuquerque e as reformas do ensino em 1835-1836", *Boletim da Biblioteca da Universidade de Coimbra*, vol. 38, 1983, pp. 221-303.

[100] Cf. Joaquim Ferreira Gomes, *ob. cit.*, pp. 26-27.

República, Universidade e Academia

"não se tendo demonstrado conveniência pública de seu acabamento; faltaria ela à sua dignidade, carácter científico e até justa defesa dos seus direitos, se devidamente e conforme as leis os não expusesse respeitosamente à Consideração de Sua Majestade, das Câmaras Legislativas, dos Ministérios e do Público"[101]. E foi neste contexto que Garrett – seu antigo aluno, mas que a tinha fustigado nas *Viagens na minha terra* – veio a terreiro defendê-la no Parlamento: "é realmente o estabelecimento mais respeitável que há no País [...] Tem uma reputação feita, uma reputação europeia"[102].

Esta oposição somente conseguiu resultados parcelares. A Junta foi extinta e, em sua substituição, foi criado o Conselho Superior de Instrução Pública, cuja sede continuou em Coimbra (1844)[103], mas com uma composição diferente. Os seus membros eram de nomeação governamental e "tirados três de entre os lentes jubilados da Universidade de Coimbra, três de entre os lentes jubilados dos mais estabelecimentos de instrução pública e os três restantes serão nomeados dentre as maiores ilustrações do país"[104]. A tendência governamentalizadora nota-se, ainda, no facto de a presidência pertencer ao Ministro e Secretário de Estado dos Negócios do Reino.

Esta descentração, em Coimbra, continuou a levantar protestos, não obstante a Universidade já não ser hegemónica naquele órgão. De facto, a sua localização feria a índole centrípeta do novo Estado. Em Junho de 1859, Fontes Pereira de Melo liquidou o Conselho, pondo em seu lugar uma Direcção-Geral de Instrução Pública e um Conselho Geral de Instrução Pública[105], instalando-os em Lisboa e na dependência do Ministério do Reino. Coimbra protestou, debalde, mas, sintomaticamente, desta vez com o apoio da Academia Politécnica do Porto[106].

---

[101] [João Alberto Pereira de Azevedo], *A Universidade de Coimbra em 1843*, Coimbra, Imprensa da Universidade, 1843, pp. 1-2. Cf. Luís Reis Torgal, *Universidade, conservadorismo e dinâmica de mudança nos primórdios do liberalismo em Portugal*, pp. 134-135.

[102] *Diario da Camara dos Senhores Deputados*, vol. 5, sessão n.º 15, 17 de Maio de 1843, p. 244.

[103] Decreto de 20 de Setembro de 1844 (*Diario do Governo*, n.º 220, 23 de Setembro de 1844). Cf. António Delgado da Silva, *Collecção official de legislação-portugueza. Anno de 1844-1845*, Lisboa, Imprensa Nacional, 1845, pp. 326-328.

[104] In Joaquim Ferreira Gomes, *ob. cit.*, p. 22.

[105] Sobre os protestos da Universidade, da cidade e de outras forças vivas da região, leia-se *O Instituto*, vol. 8, Maio 1859.

[106] Cf. Joaquim Ferreira Gomes, *ob. cit.*, pp. 26-27.

A Universidade Portuguesa e as Universidades Europeias

As novas instituições tinham por tarefa fiscalizar, proteger e uniformizar os estudos, e ajudar a comunicação, através do seu presidente, entre o Governo e as entidades escolares[107]. A racionalização político-administrativa, sendo incompatível com intermediações corporativas e descentralizadoras, reforçava, como em outros domínios, os mecanismos de concentração e de tutela, neste caso através do Ministro do Reino, já que as tentativas (1870, 1890) para se instituir um Ministério da Instrução Pública só alcançarão êxito duradouro a partir de 1913.

De facto, este centralismo anticorporativo não foi estranho à estratégia para se radicar, em Lisboa, um núcleo forte de estabelecimentos de ensino superior, aspiração que tinha na macrocefalia de Paris – e nos mais recentes exemplos de Madrid (1822) e Londres (1836) – um modelo a seguir. É certo que, com o mesmo objectivo, algumas sugestões, de teor "convencionalista", chegaram mesmo a propor a extinção da Universidade. Entre alguns, foi o caso do bacharel médico Rebelo de Carvalho que, em *O Censor Provinciano* (1823), recorria ao exemplo convencionalista e propunha: "A Universidade não deve ser reformada; precisa de ser abolida e tratar-se quanto antes da organização de Escolas Centrais, independentes umas das outras."[108] E, muitas décadas depois, ainda encontramos o eco do mesmo gesto no deputado republicano Miguel de Abreu. Para este, o encerramento seria o melhor meio para se sanar um conflito académico (em que estudantes anarco-republicanos, pertencentes a um movimento que se designava a si mesmo por *"falange demagógica"*, exigiam a reforma da instituição à mistura com questões pessoais) e para se erradicar o seu conservadorismo. Simultaneamente, seria a maneira de, naquele dia 14 de Julho de 1911, se "comemorar a tomada da Bastilha, que a França hoje celebra"[109].

Excepções sem eco, já que a superação da existência de uma única Universidade não passou, ao nível do poder, pelo modelo "convencionista", nem "imperial", pelo menos na acepção segundo a qual o conceito de Universidade era sinónimo de "Educação Nacional". Assim sendo, será pertinente dizer-se que o constitucionalismo monárquico ergueu um sistema napoleónico de ensino superior?

---

[107] Cf. Maria de Fátima da Cunha de Moura Ferreira, "Entre a corporação e a ordem estatal: a instituição do organismo director da Instrução Pública (1835-1859)", *Cadernos do Nordeste*, n.º 19 (1-2), série "História" 2, 2002, pp. 129-150.

[108] In Luís Reis Torgal, *art. cit.*, p. 157.

[109] *Diario da Camara dos Deputados*, sessão de 14 de Julho de 1911.

República, Universidade e Academia

Sublinhe-se que a extinta Junta da Directoria Geral dos Estudos e Escolas do Reino era pré-napoleónica e que, por outro lado, a Universidade Imperial, no que ao ensino superior respeita, assentou na fragmentação das instituições. Ora, em Portugal, os *Estatutos Pombalinos* não deixaram de prever órgãos coordenadores inter-Faculdades, e a segmentação somente irá ocorrer em relação aos outros estabelecimentos de ensino superior. Além do mais, a Universidade napoleónica tinha um cariz secularizado, ao contrário da Universidade de Coimbra da época. Prolongando a velha aliança entre o trono e o altar, ela era, em simultâneo, uma "Universidade do Estado" e uma "Universidade católica". É verdade que o sistema acentuou o centralismo. Mas esta característica, se é "napoleónica", também é inerente ao tipo "jacobino" de Estado implantado desde a Revolução e, com especificidades próprias, seguido em outros países, incluindo Portugal.

Isto não significa que os exemplos franceses não tivessem impacto. Mas, entre nós, caminhou-se para uma solução de compromisso, de teor reformista, em ordem a garantir-se, numa primeira fase, um sistema dual, em que novas Escolas especializadas iriam responder a necessidades mais técnicas, e a Universidade, devidamente reformada, manteria a sua função mais elitista, garantida pelo carisma dos graus e pela orientação mais geral do seu ensino. Contudo, desde cedo se percebeu que este dualismo não caminhava para um aprofundamento qualitativo, mas para a criação de novas Universidades, sobretudo em Lisboa, cidade onde o peso demográfico, económico e também político, bem como a existência de activas associações culturais (como a *Sociedade dos Amigos das Letras*) e de uma intelectualidade interessada na propagação dos conhecimentos úteis (com destaque para alguns elementos formados no estrangeiro), reforçavam essa reivindicação.

"Universidade do Estado" e "Universidade católica"

No século XIX e, em particular, na sua segunda metade, patenteou-se, de um modo mais conflituoso, uma outra tensão, inscrita na sua própria matriz. Como António de Oliveira salientou, a Universidade, como *studium generale*, nasceu "da confluência das vontades do poder régio e eclesiástico. Entre estes poderes, e de certo modo sustentando-os, assumiu-se, desde as origens, como um forte terceiro poder de índole moral e intelectual. De profundo cariz eclesiástico, de que conserva ainda hoje a lembrança viva, a Universidade portuguesa, como as de outros países, progressivamente se foi

A Universidade Portuguesa e as Universidades Europeias

laicizando a partir dos séculos XIV e XV"[110]. Ora, este processo só atingirá, se não o seu termo, pelo menos a sua explícita confirmação jurídico-institucional, quando a República impôs a separação da Universidade e da religião.

O perfil de uma "Universidade régia" – que a reforma de Pombal quis reforçar – manter-se-á no século XIX. E, mesmo quando se começaram a ouvir vozes a pedir que não se confundisse uma Universidade pública com uma Universidade do Estado, o apelo à protecção do poder central, encarnado na Coroa, manter-se-á actuante. Exemplo disso é o que se passou no Claustro Pleno que, em 25 de Maio de 1908, aquando da subida de D. Manuel II ao trono, ainda solicitou, como era da praxe, a protecção régia. Levantaram-se algumas vozes discordantes, como a de Daniel de Matos, que só não se oporia se a comissão que fosse encarregada de o fazer "afirmasse e repetisse que a Universidade não tinha sido, não era e não seria nunca reaccionária, que era do espírito liberal que se inspirava e vivia [...], que a Universidade lutava para pôr em prática os melhores métodos da pedagogia moderna [...], e repetir que a Universidade, para cumprir a sua missão, carecia de elementos económicos, de dinheiro, numa palavra"[111]. Mas a posição mais radical foi a de Sobral Cid, feita em nome de um conjunto de propostas que reclamava o princípio da autonomia, isto é, o direito de os professores elegerem "as suas autoridades académicas e de, por si próprios, governarem a corporação"[112].

A "concepção providente e tutelar" em relação ao Estado coexistiu com a sua faceta "eclesiástica", embora, com o tempo, esta tivesse sido secundarizada pelas limitações regalistas que o poder político impôs à Igreja, prática que a Monarquia Constitucional reforçou. De qualquer modo, a Universidade oitocentista e pré-republicana continuou a ser, em certo sentido, "coisa da Igreja". Recorde-se que mesmo a reforma pombalina foi feita contra os jesuítas, mas não contra o catolicismo. E, nas primeiras décadas de Oitocentos, uma percentagem significativa dos seus professores continuava a ter origem eclesiástica[113]. Por outro lado, não se pode olvidar que

---

[110] António de Oliveira, "A Universidade e os poderes", AA.VV., *História da Universidade em Portugal (1537-1771)*, vol. 1, t.º II, Coimbra, Universidade de Coimbra – F. C. Gulbenkian, 1997, p. 897.

[111] AUC, *Assentos das sessões dos Claustros Plenos da Universidade (1857-1910)*, fl. 102v.

[112] *Ibidem*, fl. 103.

[113] Cf. Luís Reis Torgal, *art. cit.*, *passim*.

134
República, Universidade e Academia

a Carta Constitucional instituiu um Estado confessional, pelo que, sendo a Universidade "coisa pública", ela só podia ser, mesmo que indirectamente, uma "Universidade católica". Tudo isto talvez explique por que é que a campanha a favor da liberdade de ensino – que a Igreja tanto agitou a partir de meados do século XIX – não teve, em Portugal, grandes repercussões na "questão universitária" e, portanto, por que é que não deu origem a iniciativas como as que, na Bélgica, implicaram uma reorganização de compromisso (1835), de onde resultou a instalação, a par de duas Universidades do Estado religiosamente neutras (Gand e Liège), de uma Universidade Católica (Lovaina), e de uma outra, de inspiração maçónica e livre-pensadora, a Universidade Livre de Bruxelas[114].

É um facto que, em 1834, com a extinção das ordens religiosas, o Cancelário da Universidade deixou de ser o Prior-Mor do Mosteiro de Santa Cruz (o que acontecia desde o século XVI) e que, em 1847, foi nomeado o primeiro Reitor laico da instituição (o Conde de Terenas, Sebastião Correia de Sá). Por sua vez, com a criação da Faculdade de Direito (1836), a Faculdade de Cânones foi extinta. No entanto, muito do capital simbólico (e ritual) ligado à reforma tridentina manter-se-á em vigor, apesar de alguma contestação e das denúncias lançadas ao seu anacronismo. O decreto de 24 de Dezembro de 1901 (da autoria de Hintze Ribeiro)[115] tentou mesmo revigorar algumas praxes, convocando, não os *Estatutos Pombalinos*, mas os chamados *Estatutos Joaninos*, ou *Estatutos Velhos* (1653), mera reprodução dos *Estatutos Filipinos* (1594)[116]. Por eles se definia um vasto calendário religioso: juramento dos lentes à Divindade no início do ano lectivo, e dos estudantes que viessem frequentar a Universidade pela primeira vez; colação do grau de licenciamento na Capela; procissão e missa, antes da colação do grau de doutor, na Sala dos Actos Grandes; obrigação de os candidatos à docência terem de apresentar atestados de bom comportamento moral, civil e religioso; festividade em honra da Imaculada Conceição, padroeira da Universidade[117]; respeito do feriado das festas da Rainha

---

[114] Cf. R. D. Anderson, *European universities from the enlightenment to 1914*, pp. 91-93.

[115] *Diario do Governo*, n.º 294, 28 de Dezembro de 1901.

[116] Cf. Joaquim Ferreira Gomes, *Novos Estudos de história e pedagogia*, Coimbra, Almedina, 1986, pp. 7-65.

[117] "Reforma dos estudos da Universidade. Decreto n.º 4, de 24 de Dezembro de 1901", *Annuario da Universidade de Coimbra. Anno lectivo de 1902-1903*, Coimbra, Imprensa da Universidade, 1902, p. 42.

Santa. Além do mais, a obrigatoriedade do uso de capa e batina (para estudantes e professores) simbolizava a marca "eclesiástica" da instituição.

Que as práticas eram controversas, mesmo no seu interior, provam-no tanto a célebre recusa de jurar ao Espírito Santo, assumida por Homem Cristo Filho[118], como a célebre "oração de sapiência" de Sidónio Pais e os debates sobre a capa e batina. Chegou-se a pensar que a crise estudantil de 1907[119] tinha, como uma das suas principais causas, o problema do hábito talar. E foi neste contexto que o lente da Faculdade de Filosofia, Júlio Augusto Henriques, propôs, no Conselho dos Decanos, "que se tratasse de obter, o mais depressa possível, a abolição da capa e batina, visto ser esse trajo uma das causas das irregularidades dos estudantes, havendo tanto mais razão para abolir, quanto já não é usado a rigor"[121]. Fá-lo-á a República, mas sem contudo ousar ser radical: o seu uso passou a ser facultativo.

Numa sociedade que se ia secularizando, tais sobrevivências sofreram algum relaxe, ou passaram a ser depreciadas por minorias activas. Todavia, elas provocavam um misto de repúdio e de atracção (o jovem Antero de Quental não deixou de exercer acções praxistas)[122]. E os novos estabelecimentos de ensino superior, paulatinamente, acabarão por reinventar a sua versão deste legado simbólico-ritual, assim como o seu próprio passado, incluindo a autocomemoração (mais tarde, disputar-se-á mesmo a herança da fundação).

Um outro sintoma das dificuldades decorrentes do facto de a Universidade ser pública e "católica" patenteia-se na evolução da Faculdade de Teologia até à sua extinção, em 1911. A tendência do seu declínio era antiga, ao contrário do que acontecia com a procura dos estudos jurídicos, cuja atracção já se encontra detectada nos próprios *Estatutos Pombalinos*: "Costumam muitos pais precipitar os estudos dos filhos, que destinam para a profissão de direito, não consentindo que eles se detenham nas Escolas menores pelo tempo, que é necessário, para nelas poderem aprender as

---

[118] Cf. Fernando Catroga, *A Militância laica e a descristianização da morte em Portugal*, vol. 1, Coimbra, Faculdade de Letras, 1988, p. 571.

[119] Para as suas motivações mais profundas, leia-se Campos Lima, *A Questão da Universidade*, Lisboa, Livraria Clássica Editora, 1907.

[120] *Arquivo da Universidade de Coimbra, Actas das Congregações da Faculdade de Filosofia (1889-1911)*, fl. 101. Propostas de igual teor surgiram em outras Faculdades. Cf. Joaquim Ferreira Gomes, *A Universidade de Coimbra durante a Primeira República (1910-1926)*, Lisboa, Instituto da Inovação Educacional, 1990, p. 13.

[121] Cf. Mário Brandão, *Antero de Quental estudante*, Coimbra, Acta Universitatis Conimbrigensis, 1957.

Letras humanas, e as disciplinas Filosóficas, pondo somente todo o seu desvelo, em que eles se habilitem com a maior brevidade possível para poderem matricular-se em Direito com o ambicioso fim de se graduarem mais cedo, para pretenderem os empregos"[122]. Quer isto dizer que, nesta versão portuguesa do "conflito das Faculdades"[123], os estudos jurídicos ganharam, desde cedo, uma posição dominante. Tal preferência, correlacionada com a importância que o saber científico-técnico irá conquistar, e com as mudanças ocorridas ao nível das expectativas de ascensão social trazidas pela educação, acentuarão esta decadência (no ano lectivo de 1907-1908, a frequência da Faculdade de Teologia não ultrapassa os 22 alunos, para um total de 12 professores).

Por outro lado, se a sua orientação neotomista fazia dela um dos alvos privilegiados das críticas racionalistas, positivistas e livre-pensadoras dos finais de Oitocentos, o seu estatuto de instituição do Estado criou-lhe problemas tanto com o poder político – por causa do beneplácito régio –, como com a Igreja. Prova-o a polémica com o Bispo-Conde de Coimbra, D. Manuel de Bastos Pina, em 1885[124], onde esteve em jogo a cada vez mais difícil coabitação da "Universidade do Estado" com a "Universidade Católica"[125]. E os teólogos foram apanhados neste fogo cruzado. Como alguns dos sobreviventes irão escrever mais tarde, "a Faculdade estava de mal com os Bispos por causa do Estado, de mal com o Estado por causa dos Bispos"[126].

---

[122] *Estatutos*, liv. II, tit. I, cap. I, p. 253.

[123] Luís Reis Torgal, que tem sublinhado esta faceta em vários estudos sobre o tema.

[124] J. M. da Cruz Pontes, "Para a história da Faculdade de Teologia no século XIX. Beneplácito régio contra a autonomia do ensino", in AA.VV. *Universidade(s). História, memórias, perspectivas*, vol. 1, Coimbra, Comissão Organizadora do Congresso "História da Universidade", 1991, p. 327 e ss. Diga-se que a mesma orientação regalista se detectava ao nível do ensino do Direito Eclesiástico na Faculdade de Direito. Cf. Vitor Neto, "A. Aires de Gouveia. Da ideologia ao regalismo", *Revista de História das Ideias*, vol. 11, 1989; e João Luís Oliva, *O Domínio dos Césares. Ensino do Direito Eclesiástico na Faculdade de Direito*, Lisboa, Colibri, 1997.

[125] Foi assim que a caracterizou o Bispo-Conde de Coimbra, D. Manuel Bastos Pina. Cf. Manuel de Almeida Trindade, *A Faculdade de Teologia e o incidente com o sr. Bispo-Conde D. Manuel Correia de Bastos Pina*, Lisboa, Tipografia União Gráfica, 1954, p. 13.

[126] *A Faculdade de Letras de Coimbra ao País*, Coimbra, Tip. de França Amado, 1919, p. 15.

A República limitar-se-á a confirmar esta morte anunciada, fenómeno que não era exclusivamente português (em Espanha, as Faculdades de Teologia tinham sido extintas em 1868). Aliás, os próprios teólogos tinham consciência da realidade. Por isso, engrossaram o número daqueles que, a partir de um projecto apresentado por José Maria Abreu (Abril de 1857)[127], reivindicavam a criação de uma Faculdade de Letras na Universidade, tal como acontecia em França, em Espanha e, em certa medida, em Lisboa, com o Curso Superior de Letras. De qualquer modo, aquele acto constitui um dos emblemas da consumação da separabilidade entre a Universidade e a Igreja[128]. A par da extinção, secularização e republicanização dos símbolos e ritos universitários – disposições inscritas numa política mais geral de reforma da Instrução Pública e no projecto, ainda mais fundo, de se laicizar a sociedade portuguesa –, exigia-se a separação das Igrejas e da Escola. Disse-o o novo Reitor, Manuel de Arriaga[129], e afirmou-o a nova lei republicana: as Universidades republicanas seriam Universidades públicas e laicas.

As "Grandes Écoles" portuguesas e o conflito dos estabelecimentos de ensino superior

O debate atinente ao valor dos conhecimentos mais generalistas e o dos "conhecimentos úteis" também se repercutiu em Portugal, numa clara articulação com o da índole descentrada da Universidade e do seu (quase) monopólio, problema que fez com que aos conflitos inter-Faculdades se tivesse juntado, como em outros países (e particularmente em França), aquele que eclodiu no novo campo do ensino superior, num contexto também inseparável de disputas de carácter regional[130], polarizadas pelo vórtice da capitalidade.

---

[127] Cf. Joaquim Ferreira Gomes, "Dois projectos de lei do século XIX para a criação de Cursos ou Faculdades de Letras", *Biblos*, vol. 60, 1984, pp. 520-545.

[128] Acerca da laicização da Universidade, leia-se Fernando Catroga, *ob. cit.*, pp. 567-573.

[129] Cf. Joaquim Ferreira Gomes, *A Universidade de Coimbra durante a Primeira República*, pp. 55-58.

[130] Estas últimas vertentes encontram-se bem estudadas em Maria de Fátima da Cunha de Moura Ferreira, *A Institucionalização do saber jurídico na Monarquia Constitucional. A Faculdade de Direito da Universidade de Coimbra. I Parte*, Braga, Universidade do Minho-Instituto de Ciências Sociais, 2004, *passim* (exemplar mimeografado).

República, Universidade e Academia

Como tem salientado Fátima Moura Ferreira, no Porto as reivindicações intelectuais, académicas e mesmo políticas tiveram, nesta matéria, uma menor intensidade. As posições nortenhas, na maior parte dos casos, e em função das conjunturas, acabavam por ser arrastadas, ora pelas de Coimbra, ora pelas de Lisboa, o que indicia fragilidades na radicação de um projecto autónomo. Além do mais, os centros de pressão e o fomento de notoriedades influentes (alcançadas pela actividade política e pelo jornalismo) situavam-se, sobretudo, na capital, não obstante a importância esporádica de algumas individualidades portuenses.

Relembre-se que, na linha de Leibniz, a Academia das Ciências de Lisboa (criada por D. Maria I) escolheu o lema "*Nisi utile est quod facimus, stulta est gloria*" e que, tal como em outros países, a Coroa tinha fundado, fora da Universidade, instituições vocacionadas para um ensino mais "técnico". E, se o Colégio dos Nobres é habitualmente apresentado como a iniciativa precursora, outras a acompanharam. Foram elas, em Lisboa, a Academia Real da Marinha (1779), a Academia Real de Artilharia e Fortificação e Desenho (1796), a Escola Régia de Cirurgia de Lisboa; e, no Porto, a Academia Real da Marinha e do Comércio (1803) e a Escola Régia de Cirurgia (1821). Mas a própria reforma pombalina da Universidade, na linha de algumas tendências iluministas, não foi indiferente à dimensão técnica e "experimental" do conhecimento, mormente ao nível das suas novas "faculdades naturais".

No entanto, para responder às necessidades do moderno exercício da soberania (militares, de saúde pública, de desenvolvimento económico), os poderes políticos alimentarão – com tonalidades diferentes – o dualismo, o qual, no caso português, será fortemente marcado pela experiência da Convenção. Mas o elo desta via com uma reforma mais geral do ensino superior somente ocorrerá, de um modo coerente, com o Setembrismo (1836). Como se sabe, sob proposta do Vice-Reitor da Universidade de Coimbra, José Alexandre de Campos, foram então fundadas as Escolas Médico-Cirúrgicas de Lisboa[131] e do Porto, e a Academia Politécnica do Porto. Este estabelecimento visava formar engenheiros de todas as classes (minas, construtores de navios, geógrafos e de pontes e estradas), assim como oficiais de marinha e pilotos, comerciantes, agricultores, directores de fábricas e artistas[132]. Sob

---

[131] Cf. Augusto da Silva Carvalho, *Memórias da Escola Médico-Cirúrgica de Lisboa*, separata das "Memórias da Academia de Ciências, Classe de Ciências", t.º IV, 1942, pp. 33 e 36-88.

[132] Cf. Maria de Lurdes Rodrigues, *ob. cit.*, p. 66.

A *Universidade Portuguesa e as Universidades Europeias*

o impulso de Sá da Bandeira, e com o fito de reforçar a componente cientfico-técnica em relação às primeiras medidas da reforma, nasceu a Escola Politécnica de Lisboa[133].

Mais tarde (1858), será criado, em Lisboa, e sob a protecção de D. Pedro V e a égide intelectual e moral de Herculano, o Curso Superior de Letras[134], que começou a funcionar somente com três cadeiras ligadas à história – que virá a ter, aqui, um desenvolvimento significativo – e às literaturas modernas[135].

Se este último estabelecimento remete para o exemplo francês da Escola Normal Superior, a Escola Politécnica de Lisboa tinha por paradigma o então muito prestigiado modelo parisiense. A par da sua estreita ligação ao Ministério da Guerra e às carreiras militares[136], ela também pretendia formar quadros para o comércio, a indústria e a agricultura[137]. Queria-se, em suma, uma escola nova. Assim, ao contrário da do Porto, não só não herdava nenhuma das anteriores – embora, simbolicamente, tenha sido instalada no edifício que havia albergado o entretanto extinto Colégio dos Nobres[138] –, como iria dar prioridade, quanto ao recrutamento, aos graduados no estrangeiro.

A sua esfera de acção e as suas pretensões eram diferentes das da Academia Politécnica do Porto, e tem-se visto na génese deste estabelecimento, impulsionada por José Alexandre de Campos, uma medida que, ao ir ao encontro do preconceito segundo o qual o Porto era uma cidade mais indus-

---

133 Cf. Pedro José da Costa Cunha, *A Escola Politécnica de Lisboa. Breve notícia histórica*, Lisboa, Faculdade de Ciências de Lisboa, 1937, e *Nova Contribuição para a Escola Politécnica de Lisboa*, Separata das "Memórias da Academia de Lisboa, Lisboa, 1938.

134 Cf. Busquets de Aguilar, *O Curso Superior de Letras (1858-1911)*, Lisboa, s. ed., 1939.

135 Cf. Sérgio Campos Matos, "O Curso Superior de Letras e a vulgarização histórica em Portugal. Projectos em confronto (1858-1901)", AA.VV., *Universidade(s). História, memória, perspectivas*, vol. 1, pp. 367-388.

136 Para isso, do seu elenco faziam parte as seguintes cadeira: Aritmética, Álgebra Transcendental, Mecânica, Astronomia, Química, Mineralogia, Anatomia, Botânica e Economia Política

137 Cf. *Diario do Governo*, n.º 15, 18 de Janeiro de 1837, pp. 84-87. Cf. José Silvestre Ribeiro, *História dos estabelecimentos scientíficos em Portugal*, vol. 7, Lisboa, Typ. da Academia Real das Sciencias, 1878, pp. 122-142 e 255-295.

138 Cf. Alexandre Herculano, *Da Escola Polytecnica e do Collegio dos Nobres*, Lisboa, Typ. da Sociedade Propagadora dos Conhecimentos Úteis, 1841.

140

República, Universidade e Academia

trial e comercial, procurava equilibrar o sistema, instalando, no Norte, um pólo que se contrapusesse à Escola Politécnica de Lisboa[139].

Em suma: o Setembrismo renovou, mas sem romper com a continuidade. No que respeita à Universidade de Coimbra, por um lado, os novos estabelecimentos retiraram-lhe o monopólio na formação profissional de certas áreas – Medicina, Filosofia e Matemática (o mesmo aconteceu à Escola do Exercício, no respectivo campo); mas, por outro lado, ela manteve o seu estatuto de "primeiro estabelecimento", com o monopólio da concessão de graus e com a introdução de algumas reformas importantes. É que nasceu a Faculdade de Direito, por fusão da Faculdade de Leis e da Faculdade de Cânones[140], e procedeu-se a alterações nas Faculdades de Matemática e de Filosofia. O plano de estudos destas últimas passou a ser de cinco anos e foram definidas as saídas profissionais dos seus graduados: cargos e ofícios que requeressem a carta de engenheiro civil ou militar, diferentes armas do exército e da armada; todos os ofícios e empregos da Fazenda e, particularmente para os diplomados da Faculdade de Filosofia, "todos os cargos da administração geral"[141]. A Universidade ficou assim mais fortalecida para enfrentar, em todos os campos, um "mercado", cujo aumento da oferta não terá correspondência, porém, ao nível da procura, mormente fora da burocracia estadual, como se confirma através da lentidão e do modo tardio como, por exemplo, a profissão de engenheiro se impôs em Portugal.

Em concomitância, chegavam ou consolidavam-se na docência universitária professores da confiança do regime, o que dará à instituição uma orientação que, sem ser homogénea, pode ser caracterizada como sendo de teor liberal moderado, com os seus lentes a distribuírem-se, em boa parte, pelas duas tendências que alimentavam a alternância do poder dentro da Monarquia Constitucional. Só mais tarde (a partir da década de 1860) surgirão alguns, poucos, de orientação republicana (José Falcão, Manuel Emídio Garcia, Augusto Rocha, Guilherme Moreira, Afonso Costa, Bernardino Machado, Sidónio Pais, Sobral Cid).

Seja como for, com as Politécnicas e as Escolas Médico-Cirúrgicas, o ensino técnico e de "coisas úteis", de nível superior, ganhou a sua carta de

---

[139] Cf. Maria de Fátima da Cunha de Moura Ferreira, *ob. cit.*, pp. 53-54.

[140] Cf. Paulo Merêa, "Como nasceu a Faculdade de Direito", *Boletim da Faculdade de Direito*, suplemento XV, vol. 1, 1961, pp. 151-168.

[141] Cf. Manuel Alberto Carvalho Prata, "Ciência e sociedade. A Faculdade de Filosofia no período pombalino e pós-pombalino", AA.VV., *Universidade(s). História, memória, perspectivas*, vol. 1, pp. 195-214.

A Universidade Portuguesa e as Universidades Europeias

alforria e deu actualidade portuguesa ao contencioso europeu segundo o qual a Universidade teria por vocação um ensino mais teórico e generalista, não devia ser contaminada por condicionantes técnicos e pragmáticos. No seu registo próprio, esta era a posição dominante na Universidade. Como escreveu Simões de Carvalho, ao sintetizar os debates sobre a orientação da própria Faculdade de Filosofia, o principal "ponto de divergência foi o ensino das ciências tecnológicas na Faculdade, sendo a maioria de parecer que este ensino não é próprio das Universidades, e pertence em especial às escolas e institutos"[142].

Este preconceito era compartilhado por outras Faculdades, nomeadamente por aquela que ocupava o lugar central: a Faculdade de Direito. Na verdade, toda a sua política, depois da fundação em 1836, foi demonstrar e defender uma visão unitária da ideia de Direito e o cariz sistémico-enciclopédico da organização do seu plano de estudos. Por isso, ela – por razões teóricas e, sobretudo, de poder (interno e externo) – nunca se mostrou receptiva a propostas que fossem no sentido da autonomização de cursos mais especializados, como a fundação de uma Faculdade de Ciências Económicas e Administrativas, proposta em 1849. Com alguma resistência e sem grande entusiasmo, deixou funcionar um Curso Administrativo, a partir de 1854, mas, não por acaso, sob a sua directa tutela, não obstante o seu cariz interdisciplinar[143].

Diga-se que, com o avançar do século, esta demarcação entre a ciência e a técnica e entre o ensino de vocação mais geral e o mais especializado se manterá. É certo que ela se mostrou capaz de formar os quadros que levaram a cabo a codificação das novas leis liberais, dentro de uma filosofia que evoluiu de uma orientação mais individualista e kantiana (Vicente Ferrer Neto Paiva) para posições mais eclécticas, influenciadas pelo krausismo (e por Proudhon, em José Maria Rodrigues de Brito) e, depois, pelo positivismo de Comte e Littré e por outras correntes orgânico-sociológicas. Ora, todas estas últimas filosofias defendiam que a ciência não é um empirismo; seria, antes, um conhecimento assente em leis gerais, cuja hierarquização

---

142 Joaquim Augusto Simões de Carvalho, *Memoria historica da Faculdade de Philosophia*, Coimbra, Imprensa da Universidade, 1872, p. 70. Esta orientação prolongar-se-á e é uma das razões que explicam o modo tardio como o saber mais tecnológico entrou na Universidade de Coimbra. Cf. Carlos Sá Furtado, "O ensino das tecnologias na Universidade de Coimbra nos últimos cem anos, AA.VV., *Universidade(s). História. Memória. Perspectivas*, vol. 1, pp. 513-524.

143 Cf. Maria de Fátima da Cunha de Moura Ferreira, *ob. cit.*, pp. 131-132.

República, Universidade e Academia

taxonómica devia ser a base da organização educativa dos saberes, perspectiva particularmente teorizada na Faculdade de Direito. Aqui, durante as últimas décadas do século XIX, houve mesmo uma verdadeira obsessão com o problema da unidade e divisão das ciências[144].

Sob todas estas influências, ocorreu algo de parecido com a filosofia implícita à Universidade francesa, reformada pela III República: a positivista ideia de que só há conhecimento científico do geral e de que a técnica não passava do resultado da confluência de várias ciências. Só que, no caso português, tanto na Universidade como nas Escolas a apologia do paradigma das ciências da natureza, como critério de cientificidade (incluindo as ciências sociais), não era acompanhada pela institucionalização de um ensino ligado à investigação criadora.

A querela não se cingia, porém, ao debate epistemológico. Ela era movida, sobretudo, por estratégias (ofensivas e defensivas) de poder[145]: a Universidade, a lutar pela manutenção da sua hegemonia; as novas instituições, a combaterem para conquistar, pelo menos, um estatuto equiparado[146].

Sublinhe-se que, logo em 1823, o deputado Soares Franco apresentou um projecto de reforma global da Instrução Pública, em que as Escolas especiais apareciam ao lado da Universidade[146]. Mas a que, antes da Regeneração, apontava, expressamente, para a diminuição do poder do estabelecimento de Coimbra era a de Rodrigo da Fonseca Magalhães (finais de 1835): Lisboa ficaria a ser a principal sede do ensino superior de cariz técnico, confinando-se Coimbra ao ensino do Direito, e o Porto a uma Escola de Ciências Físicas e Matemática[148].

---

[144] Cf. Fernando Catroga, "O sociologismo jurídico em Portugal e as suas incidências curriculares", AA.VV., *Universidade(s) História, memória, perspectivas*, vol. 1, pp. 339-428.

[145] Sobre esta estratégia, leia-se, por todos, Maria de Fátima da Cunha de Moura Ferreira, *ob. cit.* (mormente o cap. I).

[146] Cf. Maria Eduarda Cruzeiro, "Capital simbólico e memória institucional – a propósito da Universidade no século XIX", *Análise Social*, vol. 28, n.os 101-102, 1988, e *Action symbolique et formation scolaire. Faculté de Droit dans la seconde moitié du XIXème siècle*, Paris, École des Hautes Études en Sciences Sociales, 1990 (exemplar mimeografado).

[147] Cf. *Diario das Cortes dos senhores Deputados*, 2.ª leg., t.º I, p. 710; Aurea Adão, *A Criação e instalação dos primeiros liceus portugueses. Instalação administrativa e pedagógica (1836-1860)*, Oeiras, Fundação C. Gulbenkian, 1982, p. 239 e ss.

[148] *Diario do Governo*, n.º 238, 9 de Outubro de 1835, p. 979.

A Universidade, liderada pela Faculdade de Direito, conseguiu convencer que a disposição estava ferida de inconstitucionalidade, e Luís Mousinho de Albuquerque irá revogá-la. Como se viu, será Passos Manuel, coadjuvado pelo Vice-Reitor da Universidade de Coimbra (José Alexandre de Campos) a conseguir alterar as coisas[149]. Não surpreende. Com a reforma, a Universidade mantinha a sua posição de "primeiro estabelecimento", não obstante o seu desagrado com a implantação de estudos médicos e técnicos em Lisboa e no Porto, o que lhe retirava o monopólio neste campo do saber. Tacticamente, ela preferiu "deixar à lição do tempo e da experiência o desengano do que lhe pareceu menos bem, e ficou tranquila espectadora dos futuros sucessos"[150]. Por outro lado, depois dos problemas levantados pelo modo como Rodrigo da Fonseca Magalhães tinha actuado, os governos compreenderam que teriam de ouvir os interessados e de arbitrar os vários conflitos entre as partes, sopesando-os, também, com as reais necessidades do país e com as capacidades financeiras do Estado para levar por diante algumas das reformas propostas. Fácil é perceber que, subjacente às recíprocas autovalorizações e depreciações, o que estava em causa dizia em boa parte respeito à credibilização de diplomas, que só o grau poderia plenamente carismar. A Universidade defendia-se invocando a herança histórica, a modernidade e a capacidade de adaptação que os seus *Estatutos* (pombalinos) encerravam[151], ou recorrendo a representações de auto-

---

149 CF. Luís Reis Torgal, "Passos Manuel e a Universidade. Do vintismo ao setembrismo", Lisboa, Centro de História da Cultura da Universidade Nova, 1987; Maria de Fátima da Cunha de Moura Ferreira, *ob. cit.*, p. 32.

150 João Alberto Pereira de Azevedo, *ob. cit.*, pp. 23-24.

151 A idealização da obra de Pombal e a convocação do argumento historicista eram armas frequentemente arremessadas. Assim, não foi por razões meramente comemoracionistas que a Universidade, a propósito da passagem do centenário da reforma pombalina, mandou elaborar a história das suas Faculdades, de onde saíram vários estudos: Augusto Simões de Carvalho, *Memoria-historica da Faculdade de Philosophia*, Coimbra, Imprensa da Universidade, 1872; Francisco de Castro Ferreira, *Memoria historica da Faculdade de Mathematica*, Coimbra, Imprensa da Universidade, 1872; Bernardo António Serra de Mirabeau, *Memoria historica e commemorativa da Faculdade de Medicina nos cem annos decorridos desde a Reforma da Universidade em 1772 até ao presente*, Coimbra, Imprensa da Universidade, 1872; Manuel Eduardo da Motta-Veiga, *Esboço historico-litterario da Faculdade de Theologia na Universidade de Coimbra em commemoração da reforma e restauração da mesma Universidade effectuada pelos sabios Estatutos de 1772*, Coimbra, Imprensa da Universidade, 1872. Diga-se que a idealização da obra do Marquês se deu em outros sectores, fomentada

República, Universidade e Academia

-enaltecimento do seu lugar de "primeiro estabelecimento" do país, ao mesmo tempo que denunciava o baixo nível do ensino ministrado nos estabelecimentos rivais. Com isso resistiu, e o Estado parece ter-lhe dado razão, pois o usufruto do seu monopólio durará até 1911. E o peso político da instituição não pode ser avocado como única justificação deste arrastamento do problema, tanto mais que, há muito, a instituição não dominava o Conselho Geral de Instrução Pública e, em certas conjunturas, os governos denotavam uma influência mais "politécnica" (Fontes Pereira de Melo) do que coimbrã, tendência que também se reflectia na composição geral da elite política da Regeneração.

A importância da contenda é óbvia: o grau era fundamental para a legitimação do capital cultural e simbólico adquirido através da educação. E, se a Universidade formava, dominantemente, quadros para a nova máquina estadual (política, burocrática, eclesiástica e, em menor grau, militar), rapidamente se percebeu que o destino dos que vinham das Escolas mais especializadas não era tanto a sociedade civil, mas o mesmo empregador público, ou melhor, a nova burocracia "técnica" e as emergentes obras públicas, o que agudizava concorrências e provocava sobreposições. Por outro lado, a profissionalização não se mostrava incompatível com a formação generalista, já que, neste "mercado", e por mais que os concorrentes protestassem ou o depreciassem, o bacharel formado em Direito tendia a ser o preferido[152].

A luta pela concessão de graus tinha de ser, logicamente, uma das principais bandeiras das Escolas. Mas só em 1866 (decreto de 28 de Feve-

---

pelo liberalismo anticongreganista e, depois, pelo anticlericalismo republicano. Para o caso universitário, veja-se Maria Eduarda Cruzeiro, "A reforma pombalina na Universidade de Coimbra", *Análise Social*, vol. 24, n.º 100, 1988, pp. 165-210. Neste trabalho de autolegitimação, de construção e reforço de identidades, as Escolas e Academias não ficarão atrás da Universidade. Logo que puderam, em particular a pretexto da comemoração de aniversários fundacionais, também não deixaram de elaborar as respectivas "Histórias" ou "Memórias".

[152] Talvez isto explique por que é que os projectos alternativos, que procuravam legitimar-se em nome da técnica, só muito raramente reivindicavam a fundação de Faculdades de Direito em Lisboa e, eventualmente, no Porto. O direito era depreciado por constituir um saber retórico, que se situava nos antípodas dos conhecimentos necessários ao desenvolvimento do país. Mas também se pode supor a existência de receios, pois a sua instalação poderia fazer diminuir o poder regional das Escolas estabelecidas. Sobre alguns dessas excepções, consulte-se Maria de Fátima da Cunha de Moura Ferreira, *ob. cit.*, p. 41, nota 36.

A Universidade Portuguesa e as Universidades Europeias

reiro), o Estado concedeu a equiparação profissional entre as Escolas Médico-Cirúrgicas e a Faculdade de Medicina (em certos casos, o concorrente de origem universitária teria, contudo, prioridade[153]), e só com a *Reforma dos Estudos da Universidade* (promulgada por Hintze Ribeiro, em 1901) se reconheceu que "os alunos que tiverem concluído o curso nas Escolas Médico-Cirúrgicas de Lisboa ou Porto, na Escola Politécnica de Lisboa ou na Academia Politécnica do Porto, podem receber o grau de bacharel [que essa lei criava] nas Faculdades de Medicina, Matemática ou Filosofia, frequentando na Universidade as cadeiras que lhes faltarem para completar o curso geral de Faculdade e fazendo os respectivos exames" (art. 46).

A querela da concessão dos graus surgia associada, ainda, ao intento de se criar uma Universidade em Lisboa – e, por arrastamento táctico, no Porto –, extinguindo-se a de Coimbra ou, pelo menos, as Faculdades que ocupavam o espaço profissional que as novas queriam preencher. Nestes casos, os alvos privilegiados foram as de Filosofia, Matemática e, sobretudo, Medicina. Particularmente a Escola Médico-Cirúrgica de Lisboa, através de alguns dos seus professores ou, indirectamente, de centros de pressão – a *Sociedade de Ciências Médicas de Lisboa*, alguma imprensa e, em certas conjunturas, algumas intervenções parlamentares –, puxava nessa direcção.

Com efeito, neste combate, desempenharam um papel de liderança a Escola Politécnica de Lisboa e a Escola Médico-Cirúrgica de Lisboa. E a relevância ganha por esta última, nos finais de Oitocentos, reflecte a crescente força do sector médico na afirmação do poder dos saberes, campo em que já disputava a tradicional hegemonia exercida pelo Direito[154], sobretudo através de especialidades, como a Higiene Social e a Psiquiatria, que tinham a pretensão de agir como verdadeiras engenharias sociais. Porém, esta pugna também perseguia interesses corporativos e de controlo e regulação do mercado, contexto em que se chegou a defender a inviabilidade de virem a funcionar três Faculdades de Medicina (Coimbra, Lisboa e Porto). Pelo menos, foi nesse sentido que, em 1885, se pronunciou uma comissão nomeada para reformar o ensino médico, que incluía Ricardo Jorge como representante da Escola do Porto. Sem se explicitar que a vítima seria a de

---

[153] Cf. Maria de Fátima da Cunha de Moura Ferreira, *ob. cit.*, p. 65.

[154] Por todos, sobre esta competição, leia-se Maria Rita Garnel, *Vítimas e violência na Lisboa da I República*, Coimbra, Faculdade de Letras, 2005, pp. 112-113 (exemplar mimeografado).

Coimbra, propunha-se a liquidação das três instituições existentes (as Escolas Médico-Cirúrgicas e a Faculdade de Medicina), para serem substituídas por dois novos estabelecimentos, a criar, "dependentes ou independentes da Universidade"[155].

A tendência para se encontrar uma solução equitativa só gradualmente foi aparecendo. Ela detecta-se, por exemplo, na proposta que o deputado Alfredo Filgueiras da Rocha Peixoto, lente de Matemática da Universidade de Coimbra, apresentou ao Parlamento, em 5 de Janeiro de 1886, iniciativa depois retomada por Guilherme de Abreu, em 22 de Junho de 1888. Conquanto sem grande impacto, aí se propunham a manutenção de Coimbra e a criação de duas novas Universidades (Lisboa e Porto), de acordo com a estrutura organizativa da *Alma Mater*, e avançava-se com a ideia de haver uma coordenação interuniversitária, assim como com a eleição dos Reitores e dos Vice-Reitores, nomeados pelo Ministro do Reino, a partir de listas quíntuplas constituídas por eleição directa dos professores[156]. E dentro da própria Universidade, mas contra o seu sector maioritário (que defendia a continuidade da ordem e da hierarquização estabelecidas), outros, mais realistas, ou por razões políticas, ou, ainda, por recusarem o modelo de fragmentação à francesa, achavam que os demais estabelecimentos deviam evoluir para Universidades. Di-lo, expressamente, Bernardino Machado na sua célebre oração inaugural do ano lectivo de 1904-1905, ao lastimar que "nem ao menos os institutos de ensino superior de Lisboa e Porto se acham organizados em centros universitários"[157].

Dir-se-ia que, neste longo conflito, a velha Academia se convenceu de que teria de ceder. Perderia sempre alguma coisa, enquanto as Escolas tinham muito a ganhar. De qualquer maneira, nos finais do século, assistiu-se a uma maior distensão, talvez devido à tomada de consciência, por parte dos mais lúcidos, de que, afinal, a crise era transversal não só à Universidade, mas a todo o sistema. A estas razões há que acrescentar uma outra, de cariz epistemológico: o convencimento de que, se se acasalasse o ensino com a investigação sob o critério das ciências experimentais – o paradigma que se foi hegemonizando –, a dicotomia ficaria sem sentido.

---

[155] Cf. *A Medicina Contemporânea*, III anno, n.os 6, 42 e 46, 1885, pp. 41-42, 333-340 e 365-366; Maria Rita Garnel, *ob. cit.*, pp. 112-113.

[156] A análise desta proposta encontra-se em Maria de Fátima da Cunha de Moura Ferreira, *ob. cit.*, pp. 67-72.

[157] In *Annuario da Universidade de Coimbra. Anno lectivo de 1904-1905*, Coimbra, Imprensa da Universidade, 1904, p. XLII.

A Universidade Portuguesa e as Universidades Europeias

Como, já em 1880, o lente da Faculdade de Medicina, Costa Simões, afirmava, "a velha distinção entre as Faculdades, enquanto entidades privilegiadas de um ensino mais filosófico, mais sublime", e as Escolas, encarregadas de "um ensino prático de categoria inferior", estaria a desaparecer às mãos de "um novo princípio de distinção baseado na qualidade do trabalho experimental"[158].

A crise do sistema

Com o tempo, aquelas últimas já não se podiam legitimar com o facto de somente terem trazido excelência e modernidade. É que, se o velho resistia à mudança, o novo rapidamente envelheceu. Daí que tenham aparecido vozes, mesmo no seu interior, a denunciarem que, tal como acontecia em relação à Universidade, o seu estado era de crise, ou, pelo menos, de grande desfasamento entre o que tinha sido idealizado e a realidade. Confessa-o, em 1856, o director do estabelecimento emblemático da nova alternativa – a Escola Politécnica –, criado para ser, como na França revolucionária, a "escola símbolo dos novos tempos"[159]. Afinal, a réplica nunca tinha correspondido ao modelo[160]. Dificuldades várias – incluindo de ordem orçamental – levaram a que este ramo do ensino, de vocação técnica, fosse vítima de constrangimentos análogos aos indicados como causa da crise da instituição universitária.

Por outro lado, a situação da Academia Politécnica do Porto, nas primeiras décadas da sua existência, também não foi brilhante, tendo uma inspecção chegado a alvitrar o seu encerramento, o que gerou uma forte reacção por parte das forças mais activas da cidade[161]. Só na década de 1880 ela conseguiu entrar numa fase de mais sólida afirmação.

Quais as razões do fracasso? Andrade Corvo, lente da Politécnica de Lisboa, indicou-as em 1866: "Se os estabelecimentos superiores de instru-

---

[158] In Maria de Fátima da Cunha de Moura Ferreira, *ob. cit.*, pp. 62-63.

[159] *Idem, ibidem, ob. cit.*, vol. 1, p. 49.

[160] Cf. *Discurso proferido pelo director interino da Escola Polythecnica, Figueiredo e Almeida, na sessão de distribuição dos premios, referentes ao anno lectivo de 1856-1856*, Lisboa, Imprensa Nacional, 1856.

[161] Cf. *Relatorio da inspecção extraordinaria feita à Academia Politechnyca do Porto em 1864, pelo vogal effectivo do Conselho Geral de Instrução Publica José Maria Abreu*, Lisboa, Imprensa Nacional, 1865.

República, Universidade e Academia

ção pública em Portugal se compenetrassem bem da sua posição; se a Escola Politécnica de Lisboa e a Academia Politécnica do Porto não quisessem ser Faculdades universitárias, e se a Universidade não quisesse ser escola ou academia; se cada um dos estabelecimentos do ensino superior ocupasse o lugar que lhe compete, em relação às necessidades públicas; se houvesse para isto comum acordo entre todos eles; o ensino ganharia, e a importância dos estabelecimentos ganharia também." E concluía: "é preciso dizer, e repetir, que tem havido uma rivalidade incontestável, e pertinaz, entre os estabelecimentos de ensino superior. Esta rivalidade não me parece nem justificável, nem útil ao país. Não é justificável, porque todos os estabelecimentos podem ocupar um lugar eminente e perfeitamente distinto no ensino público. Não é útil, porque nenhum desses estabelecimentos ocupará nunca o lugar eminente que lhe compete, enquanto não perceber bem qual é a sua missão, e não a preencher desassombrado de todas as rivalidades"[162].

Por aqui ressoa a lição do exemplo francês, de diferenciação e não de osmose, em contraste com a indefinição portuguesa. É que, se a justificação epistemológica e vocacional, que distinguia os dois ramos, se centrava na dualidade entre teoria e "ciências práticas", entre, por um lado, a formação assente na mera transmissão de conhecimentos generalistas e, por outro lado, a formação técnica e profissionalizante, entre nós tal dicotomia seria mais retórica do que real, pois, em todo o lado, descontando honrosas excepções (em 1907, Sobral Cid ressalvava, em medicina, Câmara Pestana, Augusto Rocha e Costa Simões), ensinava-se, mas não se investigava.

Quarenta anos depois do diagnóstico de Andrade Corvo, Sobral Cid – lente da Faculdade de Medicina da Universidade de Coimbra – detectava o mesmo fenómeno de homologia, responsabilizando o constitucionalismo monárquico por ter imposto um modelo "napoleónico" e "burocrático" ao sistema de ensino superior em Portugal. Isto é, para ele, as "Faculdades coimbrãs e Escolas de Lisboa e Porto foram identicamente vasadas nos moldes napoleónicos, com *curriculum* fixo de estudos, sucessão predeterminada de cadeiras e o mesmo regime de frequência obrigatória e exames anuais. Numas e noutras, o ensino adstrito à instrução profissional ficou naturalmente subalternizado à exposição anualmente repetida do mesmo corpo de doutrinas, divorciado como nas faculdades napoleónicas da livre

---

[162] João de Andrade Corvo, *A Instrução publica. Discurso pronunciado nas sessões de 9 e 11 de Abril de 1866*, Lisboa, Sociedade Typographica Franco-Portugueza, 1866, p. 77. Cf. Maria de Fátima da Cunha de Moura Ferreira, *ob. cit.*, pp. 56-57.

A Universidade Portuguesa e as Universidades Europeias

investigação e da elaboração científica". E, com a mente nos três grandes modelos de Universidade que se tinham afirmado na Europa oitocentista, ele concluía que às instituições do ensino superior português faltavam tanto a livre investigação, que colaborasse, de uma maneira eficaz, "na elaboração das novas verdades científicas", como a "especialização, que é hoje a base indispensável para a produção científica e progresso da ciência"[163]. Por isso, regra geral, em quase todo o lado reinava a "sebenta".

Clamava-se não só por reformas pontuais, mas por outras, mais profundas, em ordem a criar-se uma realidade nova. Depois das iniciativas de 1866, 1880 e 1882[164], e sobretudo das leis de 1901 e 1907, só a República o fará, a provar que, em Portugal e neste domínio, mudanças político-jurídicas (que são distintas da sua capacidade para alterar, de facto, a realidade) estão muito ligadas a momentos de ruptura. Todavia, este acto também significou a criação de um novo dualismo, já que, se as Escolas, nascidas no Setembrismo, serão reformadas, reconvertidas em Faculdades, e integradas nas novas Universidades de Lisboa e do Porto, outras serão fundadas, em nome de uma via autónoma para as "ciências de aplicação".

Depois do exposto, dir-se-á que este foi um desfecho natural. Desde cedo se detectou uma espécie de complexo universitário nas "Grandes Escolas" à portuguesa, coisa bem diferente do que ocorreu em França e mesmo em outros países (Alemanha, Inglaterra, EUA). E o estatuto de Universidade aparecia-lhes como a condição necessária para, finalmente, conquistarem o direito a concederem graus. Mas também surgia como uma mais-valia que, dadas as características do mercado português dos valores simbólicos, reforçava os desejos de legitimação, reconhecimento e distinção que animavam as disputas no interior das elites.

A visão republicana do ensino superior

O sistema de ensino superior que a Monarquia Constitucional tinha criado e reformado estava em crise, diagnóstico que cresceu nos inícios do século XX. As mudanças ocorridas nas tradicionais Universidades de Inglaterra – nomeadamente entre as décadas de 1850 e 1870 –, a refundação

---

[163] *Annuario da Universidade de Coimbra. Anno de 1907-1908*, Coimbra, Imprensa da Universidade de Coimbra, 1907, p. XLVIII e ss.

[164] Cf. Visconde de Vila-Maior, "Instrução superior", *O Instituto*, vol. 44, n.os 3-10, p. 585 e ss.

República, Universidade e Academia

universitária em França (III República) e nos EUA, e o sucesso alemão constituíam experiências que os críticos da situação portuguesa amiúde invocavam. Pode mesmo dizer-se que a consciência do problema deu origem a várias tomadas de posição, com os seus momentos altos em épocas de agitação estudantil.

Como em outros centros universitários, também em Coimbra (e, gradualmente, nas cidades com Escolas superiores e até Liceus) a vida estudantil, com as suas formas de socialidade (formal e informal, discreta ou secreta), as suas múltiplas actividades (boémias, lúdicas, culturais, praxistas), com particular relevo para as literárias e políticas, exercia um papel activo, fosse de conservação, ou fosse – o que foi mais frequente na "era das revoluções" – de contestação. Sem serem homogéneas e incólumes a rivalidades político-ideológicas internas, algumas gerações ficaram célebres, desde a de Garrett (na conjuntura da revolução de 1820), passando pela chamada Geração de 70, até à que liderou a greve de 1907. E os protestos contra o autoritarismo e o conservadorismo da Universidade foram um tema constante destes movimentos. Mesmo quando o pretexto parecia fútil, secundário ou, mesmo, discutível (os pedidos de perdão de acto), a sua eclosão constituía sempre um sintoma de uma crise mais geral.

Não se pretende defender, contudo, que tais protestos fossem, só por si, factores de aceleramento das reformas. Outras razões, incluindo as que decorriam da vontade das próprias instituições e, sobretudo, do poder político, contribuíram para surtos de tensão entre os defensores da continuidade e os que propugnavam pela mudança. Foi assim que se chegou ao início de Novecentos, conjuntura em que a "questão universitária" ganhou uma acrescida premência no interior da própria Universidade, aparecendo cada vez mais associada à crise política e social que atravessava o país.

Sinal dessa preocupação, vindo do poder, foi a *Reforma dos Estudos da Universidade* (promulgada por Hintze Ribeiro em 24 de Dezembro de 1901). O documento acabou por decepcionar os reformistas, tanto mais que, a pretexto de dificuldades financeiras, revelou pouca ousadia. No entanto, não se tem assinalado um outro argumento justificativo a que recorreu: a crise que estaria a atravessar a tão cantada "universidade humboldtiana", nomeadamente no campo dos professores e dos *Privatdozenten*. Ao mesmo tempo lembrava, contra os seus apologetas, que o sucesso do modelo, de qualquer modo, supunha "um país de uma intensa vida científica, como a Alemanha, e uma organização universitária inteiramente diversa da que possuímos, e por isso tal sistema não pode ser importado para o nosso meio". Além do mais, mesmo na sua pátria, o *privat-docentismo* estaria a ser atacado rudemente, "não só porque a carreira universitária tem perdido

A *Universidade Portuguesa e as Universidades Europeias*

nos últimos tempos uma grande parte dos seus atractivos; mas também porque os estudantes se fazem inscrever de preferência no curso, embora medíocre, do professor ordinário, que lhes inspira maior confiança, e a quem esperam talvez ter um dia por arguente no seu exame". Em suma: as ideias de Humboldt seriam inaplicáveis "às condições dos povos latinos"[165].

Mais inovadora, na perspectiva que aqui interessa, foi a reforma que João Franco apresentou ao Parlamento antes da crise estudantil de Março de 1907 e que veio a ser aprovada depois, por decreto de 19 de Agosto. Aí se ensaiava, embora de um modo tímido, o reclamado cumprimento do princípio de autonomia e se convocava a inspiração das melhores experiências europeias. Com efeito, o seu preâmbulo decretava: "Concedamos às Escolas superiores, suposto sem quebra do laço que as deve prender ao Estado [...], autonomia razoável na administração da fazenda que lhes pertence e outrossim no exercício do ensino." Por outras palavras: outorgava-se às Universidades e às Escolas o "direito de subsistirem por si mesmas, de caminharem sem tropeços aos seus fins, de exercerem o seu governo como pessoas morais incumbidas de um altíssimo papel na sociedade e outorguemos-lhes, nos limites que a qualidade de institutos públicos justamente mande respeitar, mas só com a restrição destes justos limites, a sua carta de alforria: 'a ciência é a liberdade'. E àqueles que, porventura, se assustem de ver realizado entre nós, como na Alemanha e na França, esse conceito, diremos que a experiência não será perdida, ainda que o futuro venha a trazer o seu malogro"[166].

Segundo este decreto – onde ressoa o exemplo da lei francesa de 25 de Julho de 1885 –, os estabelecimentos de ensino superior ganhavam o estatuto de pessoas jurídicas, pelo que, em certas condições, podiam adquirir ou receber bens que fossem úteis para o seu ensino, bem como parte do produto das propinas de matrícula, o que lhes deu uma relativa margem de autonomia financeira, sob o controlo do Conselho dos Decanos (Coimbra) e do Conselho Administrativo (Escolas).

Dir-se-á que, neste domínio, os propósitos de modernização de João Franco também queriam caçar no "terreno dos republicanos". E, pese a sua inserção num projecto ditatorial, Sobral Cid, na sua "oração de sapiência" de Outubro de 1907, não deixará de saudar a reforma, louvando-a por ter

---

[165] "Reforma dos Estudos da Universidade. Decreto n.º 4, de 24 de Dezembro de 1901", *Annuario da Universidade de Coimbra. Anno lectivo de 1902-1903*, Coimbra, Imprensa da Universidade, 1902, p. 6.

[166] *Diario do Governo*, n.º 188, 24 de Agosto de 1907.

152
República, Universidade e Academia

dado "personalidade moral às Faculdades" e uma "maior latitude na direcção da sua actividade docente", porque se inspirou no "salutar princípio" da autonomia. Porém, ter-se-ia de ir mais longe.

Uma outra consequência positiva da lei traduziu-se na possibilidade de os estabelecimentos enviarem professores ao estrangeiro em missões científicas[167], das quais foram a presentados relatórios[168]. Isto mostra a importância da "questão universitária" dentro da mais global e duradoura "crise europeia do pensamento português" (repetia-se, assim, o caminho trilhado pelos universitários franceses após se terem convencido da superioridade da Alemanha). E, como momento precursor, Sobral Cid citava a longa viagem científica que o doutor Costa Simões "realizou pelos centros universitários alemães, onde, sob a influência propulsora de Müller e a direcção militante de Dubois-Reymond, Helmoltz, Langenbek e Virchow, a Medicina, emancipada das velhas especulações filosóficas, se lançava abertamente no campo da investigação científica"[169].

Mas a vertente mais ideológica desta crise objectivou-se no interior da própria Universidade, quando os habituais conflitos entre as Faculdades ligadas às ciências naturais e as restantes (lideradas por Direito) se condensaram na tensão entre os adeptos da continuidade (maioritários e com inclinações monárquicas) e os da renovação[170] – com particular destaque para o pequeno grupo republicano, bem informado e muito sensível à incidência das

---

[167] Entre outros: Teologia – Joaquim Mendes dos Remédios a Madrid (1909), Francisco Martins ao Arquivo do Vaticano; Direito – Marnoco de Sousa e José Alberto dos Reis a França e Itália, Machado Vilela a França, Itália e Bélgica; Medicina – Ângelo Rodrigues da Fonseca ao Hospital Necker em Paris (1907-1909), e José Sobral Cid às Maternidades de Paris, Berna, Zurique, Bâle, Estrasburgo, Leipzig, Dresden e Berlim, numa missão de seis meses; Matemática – saíram os doutores Francisco da Costa Lobo, Luciano António Pereira da Silva, Henrique Miguel de Figueiredo e Sidónio Pais. E esta prática continuará nos anos seguintes. Cf. Joaquim Ferreira Gomes, *A Universidade de Coimbra durante a Primeira República (1910-1926)*, p. 21 e ss.

[168] Alguns foram feitos aos respectivos pares. Em livro: Marnoco e Sousa e José Alberto dos Reis, *O Ensino jurídico na França e na Itália. Missões scientificas da Faculdade de Direito*, Coimbra, Imprensa da Universidade, 1910.

[169] In *Annuario da Universidade de Coimbra. Anno lectivo de 1907-1908*, p. LII.

[170] Esta dialéctica, no interior da Universidade de Coimbra, encontra-se bem assinalada em Rui Manuel Afonso da Costa, "A Universidade entre o conservadorismo e a mudança nos primórdios do século XIX", AA.VV., *Universidade(s) história, memórias, perspectivas*, vol. 1, pp. 449-470.

A Universidade Portuguesa e as Universidades Europeias

crises sociais e políticas (incluindo as estudantis[171]) na "questão universitária". E o cenário que escolheram para o combate foi a Sala dos Capelos. São conhecidos os apóstolos desta última corrente: Bernardino Machado (1904), Sobral Cid (1907), Sidónio Pais (1908). Ora, se se correlacionarem as suas "orações de sapiência" com o que estava a acontecer na vida escolar e na própria sociedade portuguesa, facilmente se conclui que elas veiculam uma anatematização do *status quo* estribada em princípios comuns, onde os exemplos externos eram convocados com intenções de confronto. Não surpreende esta preocupação problematizadora, pois uma das limitações que Sobral Cid apontava ao sistema de ensino superior do constitucionalismo monárquico residia no facto de – ao contrário da reforma pombalina – ele não possuir um "fundamento intelectual e, por isso mesmo, não tem podido desempenhar uma missão superior na vida da Nação"[172]. Daí a importância de se reflectir sobre a "questão universitária". Embora sem quaisquer intuitos sistemáticos, ou exclusivamente partidários, este conjunto de intervenções acabava por se alicerçar, nas suas diferenças, numa base comum[173], de inspiração positivista e com uma análoga motivação regeneradora. A seu propósito, pode mesmo falar-se do esboço de uma ideia republicana de Universidade. Quais os seus contornos?

Em primeiro lugar, urgia transformá-la numa Universidade exclusivamente pública, expurgando-a das "velhas fórmulas da sua estrutura religiosa e clerical", essa estranha "mistura do serviço de Deus e do serviço de Minerva" que, no dizer de Sidónio Pais, não deixava perceber "se foi a Escola que se instalou na Igreja ou se foi a Igreja que invadiu a Escola", clarificação que decorria da separação, mais geral, entre o Estado e as Igrejas, e condição para se conseguir separar a Ciência da Fé: "a Escola, para ser livre, tem que ser neutra em matéria religiosa", porque "os conhecimentos científicos emanam só da *razão* e as verdades religiosas apoiam-se na *revelação*, que é uma palavra que não tem sentido na ciência"[174].

---

[171] No contexto da crise estudantil, Bernardino Machado demitiu-se das suas funções de professor universitário.

[172] *Annuario da Universidade. Anno lectivo de 1907-1908*, p. LXVI.

[173] Cf. Fernando Catroga, *O Republicanismo em Portugal. Da formação ao 5 de Outubro de 1910*, 2.ª ed., Lisboa, Editorial Notícias, 2000, pp. 121-160, 201-256.

[174] "Oração *de sapiência* recitada na sala grande dos actos da Universidade, no dia 6 de Outubro de 1908, pelo Dr. Sidónio Bernardino Cardoso da Silva Paes, lente cathedratico da faculdade de matemática", *Annuario da Universidade de Coimbra. Anno lectivo de 1908-1909*, Coimbra, Imprensa da Universidade de Coimbra, 1909, pp. XLV-XLVI.

Em segundo lugar, impunha-se a libertação do peso "gótico" da sua história, não para se fazer tábua rasa do passado, mas para o reactualizar à luz das novas exigências científicas e pedagógicas, assim como das lições que podiam ser colhidas dos melhores exemplos estrangeiros. Logo, a ideia republicana de Universidade estava longe de propor um camartelo iconoclasta, ou, mais radicalmente, seguir a solução "convencionalista". Pode mesmo dizer-se que ela não rompia com a concepção corporativa. Antes, pretendia reorganizá-la, não tanto como o havia feito *Oxbridge*, mas a partir da ideia alemã de autonomia e da revalorização, em consonância com o republicanismo social dos finais de Oitocentos, do papel autónomo dos renovados organismos intermédios.

A este respeito, Sobral Cid foi o mais explícito. O tempo das corporações de Antigo Regime, com uma auto-suficiência financeira garantida por dízimos e por outros privilégios senhoriais, seria incompatível com os princípios do Estado moderno, baseados na "igualdade dos direitos". De facto, se ele parece admirar o exemplo inglês – onde "os costumes prevalecentes são ainda essencialmente os dos tempos antigos" –, o seu maior entusiasmo ia para as universidades humboldtianas, que caracterizou como os "mais formosos monumentos para celebrar a aliança da tradição com os mais altos ideais da civilização. *Como corporações autónomas*, as Universidades alemãs elegem as autoridades académicas [...] e administram e governam independentemente os seus negócios internos, sob a superintendência discreta do poder"[175]. Como quem diz: elas são Escolas públicas, mas não Universidades do Estado, no sentido "napoleónico" do termo, modo diferente do inglês e do americano (onde vigorava o *self-supporting*) para se atingir um análogo *self-governing*. Simultaneamente, com esta apologia do modelo berlinense, Cid respondia aos juízos negativos inseridos no relatório da *Reforma das Escolas da Universidade* (1901).

Insinuava-se, assim, que também a modernização da Universidade portuguesa passava pela conquista da sua *autonomia externa* e *interna*, o que significava o imediato alargamento das franquias previstas na lei de Agosto de 1907. Logo, "a liberdade restrita, que ela reconhecia, devia ser empregada em reclamar e conseguir o reconhecimento de novos direitos e a realização de mais largas aspirações. O primeiro e fundamental direito de todas as Universidades inglesas e alemãs, que evolucionaram dentro das suas formas originais, ou mesmo as francesas, que delas se desviaram para

---

[175] *Annuario da Universidade de Coimbra. Anno lectivo de 1907-1908*, pp. LI-
-LII. Os itálicos são nossos.

A Universidade Portuguesa e as Universidades Europeias

nelas se reconstituírem, é o de eleger as próprias autoridades académicas [...]. Elejamos o nosso Reitor. 'O reitor eleito é o símbolo visível da independência corporativa da Universidade"[176]. E o mesmo princípio se devia estender, nas Faculdades, à escolha do seu Decano e Director, bem como às autoridades que, para além do Reitor e dos Decanos – que seriam seus membros natos –, iriam formar o Senado. Ora, um mecanismo eleitoral muito parecido terá acolhimento na reforma republicana de 1911.

Este ideal de *self-government* – tão caro à cultura republicana – seria o alicerce da autonomia interna, pois "foi nessa base, liberdade e independência de ensinar e de aprender, que Humboldt fundou, na Prússia vencida, a Universidade de Berlim, um ano sobre a data não menos memorável, em que Napoleão edificou, na França vencedora, a Universidade imperial", nefasto modelo que teria influenciado a Universidade portuguesa. Por isso, Sobral Cid aconselhava que "mudemos de companhia. A liberdade é a condição fundamental para que o professor possa ser uma autoridade científica e uma capacidade docente, e a Universidade simultaneamente um estabelecimento de ensino e um centro de alta cultura"[177]. E o caso francês só devia ser tido em conta, porque a III República soube reconstruir a Universidade sob os auspícios da lição alemã.

A reivindicação da liberdade de ensinar, sendo intrínseca à própria ideia de Universidade, ganhava maior acutilância num país em que tinham vigorado a repressão inquisitorial e a censura e que, mais recentemente, havia sido atravessado por sangrentas perseguições no período da guerra civil. E se, após a institucionalização do constitucionalismo monárquico, não se podia falar em purgas político-ideológicas – ao contrário do que aconteceu em Espanha, com a demissão de Sanz del Río e de outros professores krausistas em 1867 –, a actividade docente não deixava de ser vigiada do exterior, fosse pela imprensa, por sectores da Igreja, ou pelo próprio Parlamento. Como lembrava Sobral Cid, as *Memórias históricas da Faculdade de Medicina* (de Simões de Carvalho, 1872) revelaram "o facto único na história moderna das Universidades, de uma Faculdade se dirigir ao parlamento pedindo autorização para reformar e substituir os compêndios oficiais!"[178]. Por outro lado, as denúncias acerca de compadrios, conivências partidárias ou de facção, e mesmo de nepotismo, no sistema de concursos para o professorado, eram frequentes.

---

[176] *Idem, ibidem*, pp. LV-LVI.
[177] *Idem, ibidem*, p. LVI.
[178] *Idem, ibidem*, p. XLIX.

República, Universidade e Academia

Ao princípio da liberdade de ensinar ligava-se, como seu corolário, a *"liberdade de aprender"*. O regime de frequência livre deve ser considerado uma aspiração pedagógica a realizar em correlação com os outros princípios da Universidade moderna". E estes incluíam a "liberdade de frequência – *Lernfreiheit*", logo o sistema de *"privat-docentismo"*. Contra a lei de 1901, Sobral Cid defendia, ainda, a abertura de cursos, públicos ou privados, em seminários ou em laboratórios de investigação, ministrados por *"privat--docentes"*, por professores ordinários e extraordinários, ou ainda por outros. Daí o teor da pergunta que lançou com o propósito de legitimar a mudança, não como uma ruptura, mas como algo que, sendo novo, estaria potenciado na evolução do organicismo universitário: "Não será possível instituir entre nós o *privat-docentismo* que, aliás, existe até nas mais pequenas Univer-sidades alemãs e do qual o antigo regime da *longa oposição* se aproxima?"[179]. E, reportando-se ao caso específico da Medicina, concluía: "chamem ao ensino os directores de Laboratório, os assistentes chefes de clínica, que se reconheçam com vocação e capacidade docente. É necessário aproveitar todas as vocações, estimular as actividades"[180].

Como é lógico, neste modelo não fazia sentido cultivar-se – como tinha acontecido em Portugal – a formação profissional e técnica sem ciência e sem investigação. Para Cid, foi a ausência desta combinação que destruiu os propósitos que animaram a reforma pombalina e os objectivos que ditaram a instalação das Escolas especiais no Setembrismo. É que, se os primeiros haviam colocado, como ponto nodal da Universidade não-jesuíta, a "Faculdade de Filosofia natural [...], onde foram largamente introduzidas as ciências de observação – física experimental, química, ciências naturais", e se as segundas foram "organizadas como escolas profissionais", a influência do modelo francês (até à III República) tinha deturpado esses objectivos. As Faculdades passaram a ser – de acordo com o seu diagnóstico – "meras escolas profissionais, sem coesão e existência universitárias, apenas destinadas a preparar para o exercício das profissões científicas livres ou das carreiras do Estado", enquanto as Escolas e Academias, com "quadros semelhantes aos das Faculdades de Medicina e Filosofia", e "providas em grande parte de pessoal docente universitário", "ficaram, *ab initio*, verdadeiras faculdades académicas e, como tais, as Escolas Médicas se consideram reclamando o privilégio da concessão de graus"[181]. Quarenta anos depois

---

[179] *Idem*, *ibidem*, pp. LVII-LVIII.
[180] *Idem ibidem*, p. LXIV.
[181] *Idem ibidem*, pp. XLVIII-XLIX.

A Universidade Portuguesa e as Universidades Europeias

do diagnóstico de Andrade Corvo, o lente de Coimbra detectava o mesmo fenómeno de homologia. Em todos os estabelecimentos de ensino superior, regra geral, reinava a "exposição anualmente repetida do mesmo corpo de doutrinas, divorciado [...] da livre investigação e da elaboração científica"[182].

Ora, as experiências que modernizaram as Universidades europeias no decurso do século XIX tinham procurado institucionalizar o caldeamento do ensino com a investigação, fosse através da procura de novas explicações, fosse mediante uma transmissão de conhecimentos que soubesse reconstituir, experimentalmente, o processo que levou à descoberta. Este último mereceu particular destaque a Sidónio Pais, que se apercebeu do modo como se deu a recepção do modelo humboldtiano nos EUA. Por palavras suas: "as reclamações do mundo civilizado sobre o ensino são no sentido de educar a mocidade principalmente a investigar. Ensinar será assim educar a vontade e a inteligência para a conquista da verdade", mesmo que seja com o recurso à ciência feita, desde que se empregue "o método da *redescoberta* (*rediscovery*) de que tão bom proveito tiram os americanos"[183].

A apologia da simbiose entre ensino e investigação não caía, porém, numa visão utilitarista e pragmática de ciência. Como Comte e o krausismo (no caso de Bernardino Machado) tinham ensinado – a partir de pressupostos diferentes, é certo –, as ciências, mesmo que cingidas às normas do método das ciências da natureza, deviam culminar numa lição moral e cívica. Por conseguinte, neste ideal de Universidade, o *Bildung* surgia mediado, não por qualquer finalismo metafísico (como na Alemanha do tempo de Humboldt), mas pela ética social e cívica do republicanismo, sobredeterminação bem sintetizada nesta lapidar frase positivo-krausista de Bernardino Machado: "nós não estudamos a física, a química, a biologia, as ciências da matemática e as ciências do espírito, senão para, através das suas leis, como através de lentes cada dia mais poderosas, irmos concentrando em nossas almas o calor e a luz da lei moral. Esta é que é o fecho, o coroamento de todas as outras"[184]. De onde a importância propedêutica e emancipatória do ideal de autonomia: a "Universidade deve ser escola de tudo,

---

[182] *Idem ibidem*, pp. XLVIII-XLIX.

[183] In *Annuario da Universidade de Coimbra. Anno lectivo de 1908-1909*, pp. XLVIII, L.

[184] In *Annuario da Universidade de Coimbra. Anno lectivo de 1904-1905*, p. XXXIII.

mas sobretudo da liberdade"[185]. Para a sua concretização – concluirá Sobral Cid três anos depois –, ter-se-ia de pôr os olhos, como fizeram os republicanos franceses e americanos, no "exemplo das Universidades alemãs", em ordem a constituir-se uma "Universidade moderna, assente na dupla base – autonomia corporativa e livre investigação científica –, por forma a desempenhar a sua tríplice função: – preparar o profissional para a carreira, o cidadão para o Estado e o homem para a Ciência"[186]. Como se verá, tais finalidades não deixarão de ter guarida no texto da reforma republicana de 1911.

Bem vistas as coisas, esta ideia de Universidade reactualizava crenças de teor iluminista. Em tal horizonte, não se punha em causa o seu estatuto elitista – ela devia educar um "escol" –, mas enfatizava-se a importância da promoção do mérito e da propagação das luzes pela sociedade. Não espanta, assim, a sua sensibilidade em relação a práticas que, em outros países, tinham levado à formação de Universidades Populares (França) e à promoção, extramuros, de cursos e conferências. Tratava-se, em suma, de promover acções de "extensão", de acordo com o recomendado no III Congresso Internacional de Ensino Superior (1900).

Sidónio Pais apoiava o princípio, e via-o como uma espécie de imperativo ético a cumprir, devendo Portugal entrar nesse "grande movimento, a chamada *extensão universitária*" já existente "em todos os países civilizados". Pormenorizando a ideia, informava que ela consistia na "vulgarização dos conhecimentos pelo povo, por todas as classes, que, para viver, tenham renunciado à instrução"[187]. Tendo presente tudo isto, percebe-se melhor que a reforma de 1911 a tenha previsto e que, sob a I República, venham a ser criadas Universidades Populares.

O que acabou de ser sintetizado traça os contornos de uma "Universidade ideal". Mas, ao defender-se que algumas das suas sugestões se encontram plasmadas na reforma republicana de 1911, não se pretende sustentar que esta a tentou cumprir em toda a sua extensão. De qualquer modo, a acção de António José de Almeida – que contou com a colaboração próxima de Ângelo da Fonseca, lente da Faculdade de Medicina da Universidade de Coimbra – não lhe foi indiferente, como não o foi a lição de Humboldt, ainda que mediada pela sua concretização francesa e pela sua pragmática recepção americana.

---

[185] *Idem, ibidem*, p. XXXI.

[186] In *Annuario da Universidade de Coimbra. Anno lectivo de 1907-1908*, p. XLVI.

[187] In *Annuario da Universidade de Coimbra. Anno lectivo de 1904-1905*, p. LII.

A Universidade Portuguesa e as Universidades Europeias

Prova-o a grande sensibilidade do legislador em relação ao problema da autonomia. Com efeito, a nova *Constituição Universitária* (19 de Abril de 1911)[188] confiava "às Universidades o seu próprio governo económico e científico" (art. 7.º) e, ao mesmo tempo, reafirmava-as, (na linha da lei de 1907), como "pessoas morais" (arts. 8.º a 10.º). Também definia os seus professores e funcionários como funcionários públicos e descrevia a proveniência das receitas próprias das instituições, bem como as dotações do Estado que receberiam.

A salvaguarda da sua autonomia científica estava fixada no art. 13.º: "Só as Universidades são competentes para governar o respectivo ensino. O professor desenvolve livremente o programa geral dos estudos, e responde perante a Faculdade respectiva." Por sua vez, esta somente seria responsável, nesta matéria, perante o Senado, e este, perante o Governo.

Nas suas relações heterónomas, o Estado devia ter um papel discreto, de modo que a Universidade pudesse autogovernar-se, em autonomia, ou melhor, como uma Universidade pública. É que, de acordo com a lei, elas passaram a ser "estabelecimentos públicos de carácter nacional", ainda que "colocados sob a dependência e inspecção do Estado, e dotados pelo Estado, com o concurso dos municípios das regiões interessadas" (art. 1.º).

Queria instituir-se uma Universidade pública, mas não uma Universidade do Estado, ao mesmo tempo que se extinguia a sua faceta de "Universidade católica". As Universidades eram laicas, não seguiam qualquer religião, e eram estranhas às confissões religiosas de professores e alunos. A religião somente podia ser considerada – à luz da cultura republicana (à francesa) que iluminava este princípio – como objecto de investigação científica e filosófica (art. 14.º). Com isto, reiterava-se o que a legislação avulsa do novo regime já havia decretado acerca dos ritos e lugares religiosos da Universidade de Coimbra.

O alargamento da autonomia teria de passar por um amplo *self-government*. O Reitor era nomeado, pelo Governo, por um período de três anos, mas a escolha tinha de ser feita a partir de uma lista tríplice, apresentada pela Assembleia Geral da Universidade, órgão que elegia, exclusiva-

---

[188] In *Annuario da Universidade de Coimbra. Anno lectivo de 1910-1911*, Coimbra, Imprensa da Universidade, 1911, pp. 329-342. Informações mais detalhadas sobre a reforma universitária da República podem ser recolhidas na citada obra de Joaquim Ferreira Gomes e em Rómulo de Carvalho, *História do ensino em Portugal desde a fundação da nacionalidade até ao fim do regime de Salazar-Caetano*, Lisboa, Fundação Calouste Gulbenkian, 1986, pp. 682-693.

mente, o Vice-Reitor. Assim sendo, e dada a sua legitimação electiva, o Reitor actuava como representante da Universidade junto do Governo; porém, devido à nomeação, também representava o Governo junto da Universidade.

Por sua vez, o Senado, a par dos seus membros inerentes, era formado por professores eleitos pelas Faculdades, por um representante do Município sede da Universidade, pelo Governador Civil do Distrito sede da Universidade, pelos protectores da Universidade, ou por individualidades eminentes, por um representante dos antigos graduados da Universidade e por um representante eleito pelos estudantes, de entre os antigos graduados. Os assistentes não estavam representados, sintoma da nova hierarquização do corpo docente que a reforma igualmente instituiu.

A Assembleia Geral da Universidade era constituída por todos os professores (ordinários e extraordinários), por um representante dos professores livres, por um representante dos assistentes e por um representante dos estudantes de cada Faculdade ou Escola.

Quer isto dizer que a lei, a par dos professores ordinários, extraordinários e dos assistentes, ainda previa o recurso a professores contratados e a professores livres. Estes últimos somente necessitavam de aprovação do Senado, por razões exclusivamente económicas, e ser-lhes-iam distribuídas regências de cursos facultativos, gerais ou especiais (art. 48.º). No fundo, eles seria a expressão portuguesa do *privat-docentismo* alemão: os professores livres não tinham "ordenado do Estado" e seriam "remunerados pelos alunos, recebendo uma percentagem deduzida da propina de inscrição", tendo a frequência dos seus cursos um "valor igual ao dos cursos oficiais" (art. 55.º).

Facilmente se concorda que a nova legislação pretendia consagrar o princípio da autonomia universitária, sob a explícita influência do princípio *Lehr- und Lernfreiheit*, aliás taxativamente inscrito no decreto – "o ensino universitário assenta fundamentalmente no princípio de liberdade de ensinar e de aprender" (art. 74.º) –, pelo que não só a presença nas aulas deixava de ser obrigatória, como os estudantes podiam inscrever-se "livremente nos cursos e cadeiras, salvo as dependências estabelecidas nos diplomas especiais", e sob o aconselhamento, por parte das Faculdades e Escolas, acerca dos estudos que lhes "pareçam mais harmónicos com a solidariedade e sucessão lógica das diferentes disciplinas" (art. 75.º).

A reforma também enfrentou uma das realidades mais contestadas: o sistema de exames permanentes, prática que, no dizer do krausista espanhol Giner de los Ríos, amigo de Bernardino Machado e citado por Sobral Cid, tinha posto a Universidade espanhola (e, por analogia, a portuguesa) perante

A Universidade Portuguesa e as Universidades Europeias

um dilema inconciliável: *"ou exames ou ensino"*[189]. No entanto, a sua decisão foi moderada: os exames passariam a ser feitos por grupos de cadeiras e a realizar-se em duas épocas (Março e Julho). Mas deixou-se alguma autonomia, pois a reforma dos estudos jurídicos da Faculdade de Direito de Coimbra[190] irá propor a abolição dos exames e a sua substituição por provas a realizar após o aluno ter completado a parte curricular (5 anos) e adquirido alguma prática. A prova seria feita na Faculdade, mas por um júri externo. A fonte da ideia é explicitada no próprio preâmbulo do decreto (escrito por Machado Vilela): tratava-se do "grande exame de Estado, como se diz na Alemanha (*Grosse Staatsprüfung)"*[191].

Perante o que ficou escrito, explica-se que o grande objectivo dos princípios enunciados no decreto de 19 de Abril de 1911 fosse conciliar, finalmente, o ensino com a investigação. Daí que, numa clara recepção da proposta que Sobral Cid lançou em 1907, o seu artigo inaugural explicitasse, deste modo, o tríplice fim perseguido pela reforma: "a) fazer progredir a ciência, pelo trabalho dos seus mestres, e iniciar um escol de estudantes – nos métodos de descoberta e invenção científica; b) Ministrar o ensino geral das ciências e das suas aplicações, dando a preparação indispensável às carreiras que exigem uma habilitação científica e técnica; c) Promover o estudo metódico dos problemas nacionais e difundir a alta cultura na massa da Nação pelos métodos de extensão universitária" (art. 1.º)[192].

Todas estas intenções serão particularizadas em várias disposições legais[193] e tiveram a sua concretização mais significativa na fundação, há muito reclamada, de Universidades em Lisboa e no Porto. Com a medida, ultrapassava-se a querela dos graus, e as Escolas destas cidades, reformadas,

---

[189] *Annuario da Universidade de Coimbra. Anno lectivo de 1907-1908*, p. LIX.

[190] "Decreto com força de lei de 18 de Abril de 1911. Reforma dos estudos jurídicos", *Annuario da Universidade de Coimbra. Anno lectivo de 1910-1911*, p. 294 e ss.

[191] *Ibidem*, p. 296.

[192] *Ibidem*, p. 329.

[193] A reforma de 1911 foi promulgada através de várias disposições: reforma do ensino médico (decreto de 22 de Fevereiro), criação das Universidades de Lisboa e do Porto e de um "fundo universitário de bolsas de estudos" (decreto de 22 de Março); reforma dos estudos jurídicos (18 de Abril); bases da nova constituição universitária (19 de Abril); plano de estudos das Faculdades de Letras das Universidades de Coimbra e de Lisboa (9 de Maio); plano geral de estudos das três Faculdades de Ciências (12 de Maio); Escolas Normais Superiores (21 de Maio); Escolas de Educação Física (26 de Maio); e reforma do ensino de Farmácia (26 de Maio). Cf. Joaquim Ferreira Gomes, *ob. cit.*, p. 189-140.

República, Universidade e Academia

viram cumpridas velhas reivindicações. Por outro lado, Coimbra igualmente reformada, ficou sem o monopólio do Direito, que passou a ser ministrado em Lisboa. Análoga benesse não teve o Porto, onde não foi criada uma Faculdade de Letras.

A génese da Faculdade de Direito de Lisboa deu-se sob a inspiração do paradigma sociologista (e cientificista) que dominava a cultura universitária da época. Recorde-se que ela começou por se intitular "Faculdade de Ciências Económicas e Políticas" (1911), tendo passado a chamar-se, depois de 1913, "Faculdade de Estudos Sociais e de Direito". Este estabelecimento virá a desempenhar, no interior da nova Universidade, um papel hegemónico em relação às demais, ao mesmo tempo que se afirmará, em concorrência, como uma outra "fábrica de advogados, deputados e ministros", para se utilizar os termos com que Adolfo Coelho qualificou a função da sua congénere de Coimbra.

Qual o paradigma epistémico que unificava a *uni-diversidade* republicana? Ele só podia remeter, tal como no exemplo francês, para o positivismo, ou, mais especificamente, para a concepção segundo a qual são as leis gerais que fundamentam as ciências de aplicação, e para a não-distinção entre o estatuto epistémico das ciências da natureza e o das ciências sociais. Prova-o a própria reforma dos estudos jurídicos em Coimbra.

Esta propunha-se aplicar as regras do método positivo tanto na fundamentação dos seus princípios – como há muito vinha a ser ensinado –, como na aprendizagem dos saberes transmitidos e na investigação propriamente dita. Quanto a este último aspecto, enaltecia-se a prática instituída em Harvard, por Langdell, professor da escola de Direito, que, em 1872, contra o velho método de *book-system* e da *lecture-system*, utilizou um outro, que designou por *case-system* e cuja ideia fundamental consistia "em formular os princípios jurídicos sobre a análise de casos de jurisprudência". Bem vistas as coisas, o *case-method* podia ser visto como "*o método de laboratório aplicado ao estudo das ciências jurídicas e sociais*", orientação que, no fundo, vinha ao encontro do "sistema de concretização" praticado nas Universidades alemãs e do espírito positivo da época. E os seus bons resultados levaram a Faculdade a propô-lo ao Governo para ser consignado na nova lei.

Curiosamente, este anteviu algumas possíveis objecções, nomeadamente as respeitantes aos perigos de essa metodologia cair na casuística, ou no empirismo, o que seria "a negação da ciência". Rebatendo-as, o poder explicitou a epistemologia que perfilhava, pois achou que essa "experimentação" não contraditava, antes pressupunha, a formação mais generalista, desígnio por excelência da formação universitária. Ganha assim sentido que se tivesse decretado: "na organização das lições, esforçar-se-á o professor por apresentar os princípios e as instituições na sua função histórica e nas suas relações com a vida social, para que os mesmos princípios e instituições se apresentem ao espírito dos estudantes, como fórmulas científicas de realidades objectivas e como elementos do progresso social" (art. 14.º), postulados que deviam iluminar o "sistema americano dos casos (*case-system*, *case-method*)" (art. 17.º).

A investigação propriamente dita seria praticada como "nos seminários alemães e nas salas de trabalho de Paris": os relatórios elaborados deviam ser lidos e discutidos em sessões com o relator, o professor e os demais alunos, o único caminho para se "aprender a pensar e a trabalhar cientificamente"[194] (e foi para o cumprir que se fundou o Instituto Jurídico).

Como facilmente se percebe, a dicotomia entre, por um lado, a perspectiva mais teórica e geral da ciência e, por outro, a sua aplicação não desapareceu. Comparava-o a reactualização republicana do dualismo dentro do sistema de ensino superior, não só através da criação de estabelecimentos anexos às Faculdades, designados por "escolas de aplicação" (Escolas de Farmácia, Escolas Normais Superiores, de Lisboa e Coimbra, anexas às Faculdades de Ciências e de Letras, respectivamente; Escola de Medicina Veterinária, anexa à Faculdade de Medicina de Lisboa; Escolas de Educação Física, anexas às Universidades de Lisboa e Coimbra), mas também com a instalação, no campo do ensino superior, de estabelecimentos de cariz mais técnico: o Instituto Industrial e Comercial de Lisboa foi desdobrado em duas escolas autónomas – Instituto Superior Técnico e Instituto Superior do Comércio[195]. No Porto, a Academia Politécnica deu lugar à Faculdade Técnica (anexa à Faculdade de Ciências) que, a partir de 1926, chamar--se-á Faculdade de Ciências da Universidade do Porto.

---

[194] In *Annuario da Universidade de Coimbra. Anno de 1910-1911*, p. 304.

[195] Não deixa de ser interessante notar, porém, que estas Escolas, desenvolvendo novas rivalidades (regionais, nacionais e entre diplomados do ensino médio – agentes técnicos contabilistas – e os quadros, em áreas afins, no ensino superior), acabarão por ter um desfecho análogo ao das Escolas oitocentistas. Em 1930, elas serão integradas na Universidade Técnica de Lisboa. E, se esta solução não é estranha à lógica orgânico--corporativa, centralista e repressiva do nascente Estado Novo, ela também remete para uma sobrevivência, mitigada, do velho dualismo, agora expresso na dicotomia entre o tipo de "Universidade clássica" e o de "Universidade técnica", mas onde, em termos de prestígio simbólico (e político), o primeiro se sobrepunha ao segundo, dando-se assim continuidade ao forte fetiche universitário que existe na mentalidade portuguesa.

República, Universidade e Academia

O caso do Instituto Superior Técnico deve ser relevado, ainda que sinteticamente. É que, sob a direcção de Alfredo Bensaúde – que vinha do Instituto Industrial –, foi-lhe dada uma forte autonomia pedagógica e administrativa, segundo o exemplo das *Technischen Hochschulen*. Portanto, também aqui só supletivamente o modelo foi francês. Não surpreende. Bensaúde tinha estudado, durante oito anos (entre 1874 e 1882), em duas escolas técnicas e em duas universidades alemãs[196].

Para a concretização do ideal meritocrático, instituiu-se, ainda, um *Fundo Universitário de Bolsas e Pensões de Estudo*, pelo decreto de 22 de Março de 1911. Nesta matéria, pretendia-se seguir o exemplo de países como a França, Itália, Bélgica, Suíça. O Estado iria subsidiar os estudantes pobres com boas classificações e enviar bolseiros para o estrangeiro, a fim de ajudar a aperfeiçoar e a especializar os recém-diplomados distintos. Segundo Joaquim Ferreira Gomes, trata-se "de um documento notável que, embora nunca tivesse sido executado, é bem significativo do idealismo de alguns promotores da República"[197].

Por isso, pelo prometido e não cumprido, mas também pelo que será realizado, a reforma republicana constitui um marco de modernização que, posteriormente, uns procurarão aprofundar, enquanto outros se empenharão em deturpar, ou em fazer inflectir num sentido mais conservador e autoritário. Seja como for, e tal como aconteceu em muitas outras reformas, ela sofreu os desfasamentos estruturais que, em Portugal, comumente existem entre o modelo – neste caso a "Universidade ideal" –, a sua tradução político-legislativa e, depois, a sua implantação no terreno.

---

[196] Cf. Maria de Lurdes Rodrigues, *ob. cit.*, p. 84.
[197] Joaquim Ferreira Gomes, *ob. cit.*, p. 150.

Angelo Brigato Ésther

A Universidade Brasileira: Tensões, Contradições e Perspectivas em sua Trajetória

ÉSTHER, **Angelo Brigato** – Doutor em Administração pela Universidade Federal de Minas Gerais. Professor Adjunto do Departamento de Ciências Administrativas da Universidade Federal de Juiz de Fora.

Introdução

Embora o ensino superior no Brasil tenha sido implantado já no século XVI, a universidade é uma instituição oficializada apenas no século XX. E, apesar de sua criação tardia, parece estar ou ter estado "sempre" em crise. Mas, para compreender essa situação, é preciso voltar às origens. Compreender a trajetória da criação da universidade brasileira, chegando aos dias atuais, implica, necessariamente, a consideração de disputas ideológicas e políticas, as quais, por sua vez, estão permeadas por relações de poder. Assim, tensões e contradições estão presentes na busca e criação (ou na negação) da instituição universitária no país e, por conseguinte, na definição de uma identidade institucional, ou seja, de um significado compartilhado socialmente. O resultado, como se poderá perceber, está longe de configurar um padrão unânime. Ao contrário, as tensões continuam presentes e intensas nos dias atuais. Assim, quando se fala em crise, fala-se, principalmente, acerca de uma crise de identidade institucional.

Certamente, a análise da crise da universidade, ou, pelo menos de suas transformações, não se limita ao caso brasileiro. Outros autores têm discutido essa questão, como Santos, Torgal, Charle e Calhoun, por exemplo[1]. No entanto, neste artigo, concentrar-se-á exclusivamente no caso brasileiro, ressaltando-se as principais tensões e contradições em cada fase de sua trajetória.

O ensino superior no Brasil Colônia (1500-1808)

Embora a fase colonial dure cerca de 300 anos, considerando-se o marco do descobrimento, até por volta de 1759, com a expulsão dos jesuítas de Portugal e das colônias, o ensino superior era basicamente de cunho religioso, sendo os cursos de teologia e filosofia os primeiros criados no Brasil, por volta de 1550. Com a nomeação de Sebastião José de Carvalho

---

[1] Ver, dentre outros: SANTOS, Boaventura de Sousa. A universidade do século XXI: para uma reforma democrática e emancipatória da Universidade. São Paulo: Cortez, 2004; TORGAL, Luis Reis. A universidade e as condições da imaginação. Cadernos dos CEIS20. Coimbra, CEIS20, 2008; CHARLE, Christophe. Patterns. In RÜEGG, Walter. Themes. In RIDDER-SYMOENS, H. DE. A history of the university in Europe. Volume III: Universities in the nineteenth and early twentieth centuries (1800-1945). New York: Cambridge University Press, 2007; CALHOUN, Craig. Is the university in crisis? Society. May/June, 2006.

168
República, Universidade e Academia

e Mello, o futuro Marquês de Pombal, pelo Rei José I, é promovida a reforma da Universidade de Coimbra (1770), sob inspiração iluminista e a emergência da ideologia capitalista. No Brasil, as escolas jesuítas foram fechadas e, em seu lugar, foram criadas as aulas régias de grego, hebraico, filosofia, teologia, retórica e poética, desenho e figura, aritmética, geometria, francês, quase todas independentes e em locais diversos. Tal fragmentação levou a criação de cursos estruturados, como, por exemplo, no Convento de Santo Antônio do Rio de Janeiro, em 1776, que funcionava como uma faculdade, organizada conforme a Universidade de Coimbra e nos moldes da reforma pombalina. Era destinada tanto à formação de sacerdotes quanto a leigos. Na prática, era até maior do que outros estabelecimentos chamados de universidade em outros países da América.

Para Teixeira (1989), a fase colonial representa os interesses da dupla empresa portuguesa: a exploração comercial, estendendo o estado português às novas terras, com o clero, a nobreza e o povo, apoiando-se na escravidão; e a cruzada católica-cristã dos jesuítas, fundada em grande esforço educacional, se não apoiada na natureza e espírito medieval, certamente na contrarreforma protestante. O conflito entre as duas empresas culminou com a expulsão dos jesuítas. No Brasil, a empresa comercial toma caráter especial, uma vez que exige a ocupação de novas terras. Com isso, todo um aparato é criado e desenvolvido. O poder monárquico impede qualquer desenvolvimento autônomo da colônia, fechando fronteiras, tornando obrigatória a naturalidade portuguesa dos funcionários, monopolizando o comércio, negando a imprensa, a tipografia e a universidade, levando à dependência total da colônia em relação à metrópole. A educação era ministrada em latim, basicamente escolástica e imóvel, idêntica na metrópole e na colônia, que sofre o primeiro choque apenas com a reforma de Pombal no século XVIII. A cultura era transmitida oralmente, pelo menos até a Independência, em 1822.

A Universidade de Coimbra, herdeira da Universidade de Paris e de Salamanca, passou ao controle dos jesuítas no século XVI. A serviço da Contra-Reforma e da Inquisição, iria constituir centro de cultura mais estacionária, situação que se altera apenas com a reforma de Pombal, inspirada no Iluminismo do século XVIII (TEIXEIRA, 1989).

O ensino superior no Império (1808-1889) e a recusa da criação da Universidade

Com a mudança da sede monárquica para o Brasil em 1808, a secularização do ensino superior já existente na metrópole chega à colônia, apesar

A Universidade Brasileira: Tensões, Contradições e Perspectivas em sua Trajetória

de a Igreja permanecer ligada ao Estado até a proclamação da república, em 1889 (CUNHA, 1986). Nesse período, destaca-se a criação do curso de Cirurgia, Anatomia e Obstetrícia em fevereiro de 1808, a pedido do cirurgião--mor do Reino, a despeito da negação do Regente em abrir uma universidade literária a pedido dos comerciantes da Bahia (TEIXEIRA, 1989).

Para Teixeira (1989), o Estado português tinha consciência da função política da educação, ou seja, como meio de impor o modelo social desejado ou sua transformação. Assim, a universidade reformada de Coimbra e a universidade napoleônica são as duas influências intelectuais a se estenderem sobre as colônias. Em sua análise, apesar de matriz e colônia terem a "mesma estrutura intelectual e uma mesma compreensão da vida e dos seus problemas, mantida a metrópole como centro originário dessa cultura (...) a diferença era a da estrutura econômica da sociedade e da proibição das instituições suscetíveis de promover mudança cultural – a tipografia e a universidade, ou seja, a imprensa e o livro." Portanto, não interessava ao poder central a mudança da ordem social, ou seja, a independência da colônia.

Quanto a esse aspecto, Rüegg (2007) destaca que já na década de 1500 (cerca de 300 anos antes do Império), os descobrimentos influenciaram profundamente as discussões teológicas, filosóficas e de jurisprudência no âmbito das universidades (especialmente na Espanha), incluindo os direitos dos nativos das terras então conquistadas. No entanto, a subjugação militar e a colonização não cessaram, mantendo seu *modus operandi*. Portanto, os colonizadores não levaram a contento as ponderações existentes. No caso brasileiro, parece fazer sentido argumentar que a implantação de uma universidade levaria, necessariamente, tal tipo de discussão até as colônias, ou pelo menos a despertaria.

Durante o período do império, foram várias as disputas envolvendo o ensino como um todo, incluindo a expansão do ensino privado. Nesse sentido, uma das correntes defendia o controle de todo o ensino pela universidade, que deveria ser criada. Os liberais a desejavam, mesmo reconhecendo as deficiências de instrução das massas. Seu papel seria preparar uma elite competente, capaz de desenvolver e incentivar as aspirações populares. Por outro lado, professores oriundos da Escola Politécnica de Paris, sob influência do positivismo de Augusto Comte, que lá lecionava, ajudaram a difundir suas ideias, partindo do princípio que o catolicismo e o feudalismo entraram em decadência nos séculos XIV e XV, ao mesmo tempo em que surgia, lenta e anarquicamente, a ciência e a indústria (CUNHA, 1986).

O argumento básico contrário à criação da universidade, portanto, era que os recursos que seriam destinados a uma universidade burguesa e elitista, fossem aplicados na instrução básica popular, e não para a formação

República, Universidade e Academia

de "um pequeno número de privilegiados". Durante todo o Império, em função da influência política dos positivistas, foram recusados, pela Assembleia Geral legislativa, 42 projetos de abertura de universidades, muitas delas calcadas no modelo e na bibliografia francesas, inclusive a proposta de criação de duas universidades pelo próprio Imperador Pedro II, em sua última Fala do Trono, em 1889 (FÁVERO, 2006).

Para Teixeira (1989), talvez o fato de o Brasil nunca ter possuído uma universidade, aliado à solução *substitutiva* de escolas superiores profissionais isoladas e independentes, criaram uma tradição anti-universitária, fortalecida pelos argumentos positivistas, identificando a universidade com as formas obsoletas da cultura medieval. Para o autor, parece que recusamos a universidade por um sentimento confuso de que não seríamos capazes de criá-la e mantê-la, relacionando esse sentimento com o juízo de que ela não seria necessária. Na prática, as escolas profissionais – o ensino superior – não se estruturam como tal – saber aplicado e útil –, ao contrário, elas buscavam, sobretudo, corporificar valores que só a universidade desinteressada de amplos objetivos poderia cumprir. Assim, nos dizeres de Teixeira (1989, p. 68), "chamamo-las escolas profissionais; demo-lhes, porém, o caráter de escolas de cultura desinteressada, com o que distorcemos o seu caráter profissional e lhes emprestamos o de ensino universitário de busca de saber pelo saber. Essa ambiguidade trai a confusão de sentimentos a que nos lançou a nossa experiência de nação colonizada." Assim, para o autor, os valores almejados eram de outra cultura que não a brasileira, local. A forma encontrada de sua implantação se deu por meio de solução substitutiva, compensatória.

Finalmente, para o autor,

> o ensino superior no Brasil ilustra de modo evidente o que chamaria a confusão de sentimento em que se perde o país com respeito à cultura intelectual, objeto simultaneamente do mais extremo culto e descaso, quando se trata de criar as condições reais e concretas para o objetivo do culto se afirmar. Resulta daí um conceito da cultura intelectual como milagre ou heroísmo (TEIXEIRA, 1989, p. 69).

Após a independência, o Brasil dispunha apenas das escolas profissionais superiores de Medicina, Direito e Engenharia, criadas pelos dois primeiros soberanos. Não havia nenhuma oportunidade de estudos superiores de humanidades, letras ou ciências como disciplinas acadêmicas, pois os estudos superiores eram realizados em Coimbra até então (TEIXEIRA, 1989).

A Universidade Brasileira: Tensões, Contradições e Perspectivas em sua Trajetória

A falta de estudos superiores acadêmicos acaba por tornar precária a formação dos professores para os colégios secundários, levando-os ao autodidatismo. Assim, após a Independência, o país se tornou inclinado à cultura acadêmica e humanística devido à tradição colonial – ensino jesuítico. Tal tradição – em declínio – perdura até a república de 1930, quando é criada a primeira Faculdade de Filosofia, Ciências e Letras, implantando os estudos acadêmicos desinteressados para base da cultura nacional (TEIXEIRA, 1989).

O ensino superior na República
República Velha – 1889-1930

Por meio de um golpe de estado envolvendo os positivistas e os liberais, foi proclamada a República em 1889. Em 1891, foi promulgada a Constituição Federal, que atribuía ao Congresso Nacional a criação de cursos superiores, mas não privativamente, ou seja, as assembleias estaduais também poderiam criar seus próprios cursos. Em 1896, as escolas particulares já poderiam ser equiparadas às estaduais, embora não fosse muito simples fazê-lo.

Durante esses anos, foram realizadas três reformas do ensino: em 1910, 1915 e 1925. Esta última, além de estabelecer critérios de abertura e funcionamento de faculdades e cursos superiores, promove grande controle político e ideológico dos estudantes e professores, com a introdução da cadeira de instrução de moral e cívica nos ensino primário e secundário, com o objetivo de ressaltar as forças do bem (a ordem) contra as do mal (a desordem), evitando, portanto, a anarquia (ideal positivista). Também foram criadas associações de estudantes, inclusive com apoio financeiro pelos estabelecimentos, como forma de manipular os estudantes (CUNHA, 1986).

No entanto, a resistência à criação da universidade continuava. Estimulavam-se escolas agrícolas, liceus de artes e ofícios. "(...) O governo brasileiro, a classe governante brasileira, ao mesmo tempo que via o Brasil com inclinação para a cultura intelectual, para a cultura do lazer, para a cultura geral, para a cultura do consumo, resistia a essa tendência, que considerava 'ornamental', no sentido que lhe dava Benjamin Franklin (...), francamente dedicado à cultura desinteressada do espírito, à cultura intelectual da época passada." (TEIXEIRA, 1989, p. 84). Permanecia, assim, a visão de que educação superior deveria ser do tipo utilitária e restrita às profissões, deixando-se de lado sua função de formadora da cultura nacional e da cultura científica desinteressada (TEIXEIRA, 1989).

Durante a república velha, foram criadas três universidades "passageiras, fora e à revelia do poder central": Universidade de Manaus, Universidade de São Paulo e da Universidade do Paraná, criadas. Seus diplomas não tinham validade real, assim, somente décadas depois os respectivos estados conseguiram criar efetivamente suas universidades (CUNHA, 1986).

Em 1920, foi criada a primeira universidade no país por parte do governo federal: a Universidade do Rio de Janeiro (URJ). Existia uma "brecha" na legislação de 1915, que previa que o governo federal poderia reunir em universidade, no Rio de Janeiro, "quando achasse oportuno", a Escola Politécnica, a Escola de Medicina e uma das escolas de direito. Para Fávero (2006, p. 86), o que motivou sua criação foi "o desafio inadiável para que o governo federal assumisse seu projeto universitário ante o aparecimento de propostas de instituições universitárias livres, em nível estadual" (a Constituição de 1891 já previa tal possibilidade).

O ensino superior na Nova República – 1930-1964
A era Vargas

A era Vargas é marcada por fortes conflitos entre setores das classes dominantes (oligarquias), da burocracia do Estado, da classe trabalhadora, em função de movimentos econômicos mais amplos e da questão do café em particular, que culminaram com a chamada Revolução de 1930. Instaurou-se a Assembleia Constituinte (1933) e foi promulgada a Constituição (1934). Entretanto, em 1937, é instaurado o *Estado Novo* – inspirado no regime de Salazar –, predominando no governo Vargas uma política educacional autoritária. Foi criado o Ministério da Educação, cujo primeiro ocupante elaborou o Estatuto das Universidades Brasileiras em 1931, que permaneceu vigente por trinta anos, dentro da chamada "Reforma Francisco Campos".

Nesse contexto, a política educacional recebe forte influência do liberalismo, especialmente com as ideias de *John Dewey*, ainda que com expressões diversas e contraditórias. Dentre os liberais, destacam-se duas correntes: os liberais elitistas e os liberais igualitários (CUNHA, 1986). Do primeiro grupo, ressalta-se a liderança de Fernando de Azevedo, para quem o ensino superior deveria ser dirigido às elites, "as verdadeiras forças criadoras da civilização". Sob sua inspiração, foi criada a Escola Livre de Sociologia e Política de São Paulo e, mais, tarde, em 1934, a Universidade de São Paulo (CUNHA, 1986), que consistia numa proposta de ensino, pesquisa, progresso científico, foco na cultura, conhecimentos que enriqueçam

A Universidade Brasileira: Tensões, Contradições e Perspectivas em sua Trajetória

ou desenvolvam o espírito, disseminação das ciências letras e artes, dentre outros.

O segundo grupo tem seu maior expoente em Anísio Teixeira, que estudou na Universidade de Columbia, nos EUA, onde lecionava *Dewey*, seu principal inspirador. Em sua atuação como Diretor de Educação do Distrito Federal de 1932 a 1935, destaca-se a criação de escolas técnicas secundárias, voltadas à formação em indústria e comércio, e a criação da Universidade do Distrito Federal (UDF), em 1935. A UDF nasce com vocação científica e estrutura totalmente diferentes das demais universidades, inclusive da USP, tendo como concepção o lugar da atividade científica livre e da produção cultural desinteressada (FÁVERO, 2006a). Segundo Fávero (2006), a UDF se apresenta como uma definição precisa e original do sentido de universidade, bem como com os mecanismos que se fazem necessários para a consecução de seus objetivos. No entanto, sua criação foi acompanhada de resistência, inclusive dentro do próprio governo. O principal argumento era ideológico, afirmando-se que ela seria uma esquerdista ou comunista, "qualificação mágica atribuída pelo sectarismo integralista e pelos católicos" (FÁVERO, 2006, p.59).

A partir de 1936, às "vésperas" do Estado Novo, vários professores são presos. Embora a UDF continue atuando, seus princípios vão se "acomodando" aos padrões do poder central, que culmina com sua reorganização em 1938 (Decreto 5.513) e sua extinção em 1939 (FÁVERO, 2006a). Paralelamente, o governo federal desenvolve seu próprio projeto de universidade, levando à criação, em 1937, da Universidade do Brasil, a partir da reorganização e posterior fechamento da Universidade do Rio de Janeiro e sua conversão em Universidade do Brasil (UB). O então ministro Gustavo Capanema afirma que a nova universidade fixa o padrão de ensino superior em todo o país, constituindo-se, portanto, numa instituição de significado nacional, não local. Em 05 de novembro de 1965, por meio da Lei n.º 4.831, a UB passa a ser chamada de Universidade Federal do Rio de Janeiro (UFRJ) (FÁVERO, 2006b).

Segundo Cunha (1986), no início da era Vargas, o Brasil possuía três universidades. Ao final, em 1945, totalizavam cinco.

A Universidade no Brasil pós-45

Durante os anos da década de 1940, outras universidades públicas e privadas vão sendo criadas, frutos de reunião de faculdades. Em 1950, cerca de 10 universidades estavam implantadas no Brasil, além de diversas insti-

República, Universidade e Academia

tuições isoladas. No início da década de 1960, o país possuía mais de 20 universidades. Nessa época, surge a Universidade de Brasília (UnB) – a partir das ideias e conceitôs de Anísio Teixeira e Darcy Ribeiro –, que acaba por ser fundada em 15 de dezembro 1961, seguindo o modelo norte-ameri-cano, baseado em institutos, faculdades e unidades complementares, sendo o departamento a unidade didática básica, em substituição à cátedra vitalí-cia. A nova estrutura evitava duplicação de recursos, bem como propiciava aos alunos de diferentes cursos freqüentaram disciplinas comuns. A biblio-teca centralizada evitava a duplicação de obras (MORHY, 2004). A Univer-sidade de Brasília foi a primeira universidade brasileira a não ser criada a partir da aglutinação de faculdades preexistentes. A sua estrutura era con-traposta ao modelo segmentado em cursos profissionalizantes, sendo flexí-vel e moderna, com o objetivo de promover o desenvolvimento de uma cultura e de uma tecnologia nacionais ligadas ao projeto desenvolvimentista (OLIVE, 2002), constituindo-se num divisor de águas na história das univer-sidades do país (FÁVERO, 2006).

Sua criação se dá no contexto do projeto nacional desenvolvimentista do presidente Juscelino Kubstchek (JK), baseado no processo de substitui-ção de importações, e orientada segundo a política de interiorização e inte-gração nacional, em que o Estado assume papel estratégico de planejamento macroeconômico, de geração de empregos por meio de gastos públicos, acentuando a urbanização e a entrada de capital estrangeiro no Brasil. Do ponto de vista político, sob influência das teses do estado de bem estar social e do avanço do socialismo, os governos de JK (1956-1961), Jânio Quadros (1961) e João Goulart (1961-1964) orientam as políticas públicas em torno de um ideal nacionalista e desenvolvimentista. Alem disso, movi-mentos da igreja católica, juntamente com a sociedade civil organizada e os espaços universitários favorecem a promoção de uma cultura popular e a constituição de uma "pedagogia libertadora, problematizadora e cons-cientizadora, voltada para uma mudança social mais profunda (OLIVEIRA; DOURADO; MENDONÇA, 2006).

Toda essa movimentação leva, também em 1961, à promulgada da pri-meira Lei de Diretrizes e Bases da Educação Nacional, (cinco dias após a cria-ção da UnB), que reforça o modelo tradicional vigente (baseado na reforma de Francisco Campos), mantendo a cátedra vitalícia, as faculdades isoladas, a universidade composta da justaposição de escolas profissionais e a maior preocupação com o ensino, sem focalizar a pesquisa. Como se pode perceber, a LDB contrariava os princípios da UnB, configurando uma tensão impor-tante no ensino superior brasileiro, fruto de tensões e resistências dentro do próprio governo federal, que acaba culminando com o golpe militar de 1964.

A universidade no governo militar – 1964 a 1985

Em 1964, é implantada a chamada "ditatura militar". Em fins de 1967, preocupado com a "subversão estudantil", o governo federal inicia a implantação de um sistema de autoridade dentro das instituições de ensino, usando do recurso da intimidação e da repressão, plenamente implementado pelo AI-5 – Ato Institucional n.° 5 (FÁVERO, 2006). Durante o governo militar, a UnB foi invadida diversas vezes pelo exército e polícia militar; professores foram demitidos e estudantes foram presos. A consequência inevitável foi a ruptura com seu modelo original (OLIVEIRA, DOURADO, MENDONÇA, 2006).

Em 1964, já existiam 37 universidades no Brasil, que, em sua grande maioria, eram fruto do processo de agregação de escolas profissionalizantes (faculdades estaduais ou particulares), como é o caso das nove universidades católicas que se constituíram (MENDONÇA, 2000).

Por outro lado, os governos militares fizeram investimentos consideráveis no setor público de educação superior, promovendo um salto qualitativo e quantitativo das universidades brasileiras. A pós-graduação e a pesquisa científica são expandidas e modernizadas. Promoveram nova reforma em 1968, em que se destacam o vestibular classificatório, a criação dos institutos básicos e dos departamentos, a criação de cursos de curta duração, a noção da indissociabilidade entre ensino, pesquisa e extensão, e os regimes de tempo integral e de dedicação exclusiva para os professores, bem como o sistema de créditos e a instituição dos colegiados de cursos. A reforma de 1968 foi implantada segundo um projeto de nação apoiado na busca da grandeza e na luta contra o socialismo e o comunismo, para o qual contribuíram os acordos do governo brasileiro com o norte-americano, especialmente o acordo MEC/USAID (Agência Americana para o Desenvolvimento Internacional), cujo objetivo maior era garantir a vigência do sistema capitalista, criando um mercado consumidor para seus produtos, e cujos termos influenciaram sobremaneira a reforma de 1968 e a criação da Universidade de Brasília, já em 1961. A principal crítica a esse acordo é que ele vincula a universidade aos interesses das classes dominantes que lucram com o capitalismo (PINA, 2008). Segundo as recomendações dos assessores, a universidade brasileira deveria ter como princípios básicos o rendimento e a eficiência (FÁVERO, 2006).

Ao longo dos anos de 1970, o setor educacional privado se expandiu. No início dos anos de 1980, o país possuía 43 universidades públicas e 22 privadas. As universidades foram equipadas com bons prédios, laboratórios e bibliotecas, profissionalizaram docentes e funcionários técnico-

República, Universidade e Academia

-administrativos, e ofereceram salários razoáveis (MORHY, 2004). No total, em 1980, estavam instaladas no país 882 instituições de ensino superior (MACEDO *et al.*, 2005)[2].

Segundo a análise de Oliveira, Dourado, Mendonça (2006, p. 147),

> as concepções teóricas e modelos organizacionais decorrentes das reformas universitárias nos anos de 1950, 1960 e 1970 articulam-se a uma concepção tecnicista de educação que considerava possível pensá-la num quadro de modernização produtiva, de desenvolvimento planificado pelo Estado. Assim, nesse contexto e nessa lógica, os sistemas educativos precisavam tornar-se eficientes, formando os recursos humanos que seriam demandados pelo processo de industrialização, de integração nacional e de modernização, em geral.

Como se pode notar, a identidade institucional da universidade concebida pelos governos brasileiros – sob influência norte-americana – implicava uma instituição não reflexiva, voltada para o desenvolvimento científico em sua vertente tecnológica, e direcionada para o processo produtivo industrial, ainda incipiente no Brasil até a década de 1950, se comparado a países mais desenvolvidos sob essa ótica. Tal concepção se mostrou – e vem se mostrando – como uma das principais fontes de tensão quanto a sua identidade institucional e papel na sociedade atual.

A universidade no governo do Presidente Fernando Henrique Cardoso (FHC) – 1994 a 2002

Desde meados da década de 1980, dois eventos foram muito significativos para a educação brasileira: a Constituição de 1988 e a nova Lei de Diretrizes e Bases da Educação Nacional (LDBEN – Lei 9.394, de 23/12/96)[3]. A primeira estabelece aplicação de, no mínimo, 18% da receita

---

[2] Embora não seja objeto de interesse central aqui, destaca-se que o governo militar, em 11 de agosto de 1971, sanciona a Lei 5.692, que fixa as diretrizes e bases para o ensino de primeiro e segundo graus. A LDB de 1961 para o ensino superior fica mantida.

[3] As publicações atuais divergem quanto à sigla correta. Geralmente, são encontradas três: LDB, LDBN, e LDBEN. Todas dizem respeito à lei 9.394/96. Para este período, foi adotada a última forma. Para os demais períodos, manteve-se a forma única anteriormente utilizada: LDB.

A Universidade Brasileira: Tensões, Contradições e Perspectivas em sua Trajetória

anual de impostos federais no desenvolvimento da educação; gratuidade da educação pública; e criação do Regime Jurídico Único e outras medidas. A segunda introduz, dentre outras medidas: os princípios de igualdade, liberdade e pluralismo; as bases legais da educação à distância; a garantia da qualidade; a qualificação docente; a avaliação sistemática; e a dissociabilidade entre ensino, pesquisa e extensão para instituições de ensino superior não universitárias (MORHY, 2004).

A LDBEN (segundo a proposta original de Darcy Ribeiro), aprovada dentro do mandato do presidente FHC (1995-2002), introduziu como uma das principais inovações na universidade brasileira a avaliação sistemática dos cursos de graduação e das próprias instituições (conhecido como "provão", de 1996), além de estabelecer que, para ser considerada uma universidade e gozar de sua autonomia, a instituição deve possuir pelo menos um terço de seu corpo docente constituído por mestres ou doutores e um terço do corpo docente em regime integral. De certo modo, tais diretrizes favoreceram a institucionalização da pesquisa (OLIVE, 2002).

O objetivo da política FHC consistia em uso mais racional de recursos e utilização da capacidade ociosa, generalizando cursos noturnos e matrículas, sem aumento de despesas. Para tanto, as universidades deveriam ter uma autonomia efetiva, cujo montante financeiro seria atrelado a uma avaliação de seu desempenho. Tal sistemática tinha como pressuposto subjacente a educação como fator econômico, base do desenvolvimento. Nesse sentido, a universidade deveria agir em parceria com o setor privado, tanto no que diz respeito à gestão quanto ao financiamento do sistema brasileiro de desenvolvimento científico e tecnológico. Para tanto, o projeto da LDBEN foi sendo ajustado aos interesses governamentais. Na prática, o governo foi traçando as diretrizes e bases "no varejo", por meio de leis menores, ao invés de seguir uma política "hierárquica", ou seja, partindo da Constituição para ajustar, em seguida, a LDBEN à Carta Magna. Dessa forma, temas e questões relevantes ficaram de fora da lei (CUNHA, 2003).

Ocorre uma forte expansão do ensino superior, em relação ao período entre 1980 e 1995, quando o crescimento foi vegetativo. Simultaneamente, segundo Macedo et al. (2005), observa-se o esgotamento da capacidade de investimento por parte do governo federal. Em meados dos anos de 1990, as instituições públicas eram responsáveis por 42% das matrículas; no início da década de 2000, por menos de 30%. Considerando apenas as federais, a participação no conjunto das matrículas cai de 20,8% em 1995 para 14,6% em 2003.

Além do sistema de avaliação, o governo entendeu que poderiam e deveriam existir diversas modalidades de ensino superior e mais de um tipo

República, Universidade e Academia

de universidade, ou seja, uma instituição diversa, plural e desigual. Tal concepção é compatível com a proposta de Burton Clark[4], de que a universidade deve atuar em um nicho sustentável, ou seja, focar suas ações de modo a garantir sua sobrevivência num ambiente em que ela deve competir por diversas fontes de recursos. Em suas palavras, é a proposta da chamada "universidade empreendedora". Segundo Cattani e Oliveira (2002),

> [...] a reforma da educação superior é imbuída da lógica da distinção, ou melhor, da diferenciação acadêmica. Força uma alteração na identidade de cada instituição, uma vez que as universidades são levadas a assumir compromissos e a definir especificidades que, em tese, garantam performances mais eficazes e adequadas. Essa lógica, portanto, não respeita a identidade das instituições e as finalidades que cada uma delas vem delineando historicamente no contexto em que se situa.

Da mesma forma, Sguissardi (2005) assume que a identidade multissecular da universidade está em jogo, tendo como uma das razões básicas a reformulação da relação público-privado no que diz respeito ao conhecimento que é gerado nas universidades e fora delas, relação esta modificada pelo próprio Estado, ao fazer com que as instituições públicas ajam como organizações privadas, que dependem da venda de seus produtos e serviços. Leher (2001) afirma que, ao se retirar da universidade sua autonomia, transferindo-a para o mercado, desinstitucionaliza-se a universidade, "transformando-a em organização social que, entretanto, já começa a se configurar como nova instituição que não poderá merecer o nome de universidade" (LEHER, 2001, p. 155).

A universidade no governo do Presidente Luis Ignácio "Lula" da Silva – 2003 a 2010

O Presidente Lula assumiu alguns compromissos para com a universidade. Destacam-se: a promoção da autonomia; a indissociabilidade entre ensino, pesquisa e extensão; o papel estratégico da universidade – principalmente a pública – no desenvolvimento econômico e social, a consolidação das instituições públicas como referência para o conjunto de IES (instituições de ensino superior) do país; expansão de vagas; ampliação do financiamento público; gratuidade do ensino superior público.

---

[4] Ver CLARK (1998).

A Universidade Brasileira: Tensões, Contradições e Perspectivas em sua Trajetória

Ao contrário do seu antecessor, o governo atual ampliou todos os investimentos na educação superior pública, principalmente federal, baseado na meta de expansão da oferta de educação superior constante do Plano Nacional de Educação de 2001. Destaca-se – apesar de controvertido – o lançamento do Programa de Apoio a Planos de Reestruturação e Expansão das Universidades Federais – REUNI, em 2007. O REUNI tem como objetivo central dotar as universidades federais das condições necessárias para ampliação do acesso e permanência na educação superior. Este programa pretende consolidar uma política nacional de expansão da educação superior pública, pela qual o Ministério da Educação cumpre o papel atribuído pelo Plano Nacional de Educação (Lei n.º 10.172/2001) quando estabelece o provimento da oferta de educação superior para, pelo menos, 30% dos jovens na faixa etária de 18 a 24 anos, até o final da década (REUNI: Diretrizes gerais..., 2007).

À época do lançamento das diretrizes gerais do REUNI, o governo federal já havia implantado 49 novas unidades acadêmicas, e criado dez novas universidades. O total de investimentos projetados para o período de 2008 a 2011 é da ordem de 2 bilhões de reais. O REUNI tem como meta global a elevação gradual da taxa de conclusão média dos cursos de graduação presenciais para 90% e da relação de alunos de graduação em cursos presenciais por professor para dezoito, ao final de cinco anos, a contar do início de cada plano. O REUNI foi alvo – e ainda é – de muita controvérsia, originando diversos conflitos. Em várias universidades espalhadas pelo Brasil viram-se movimentos estudantis e docentes contrários ao programa, por entenderem que suas metas são elevadas demais, o que implicaria a queda de qualidade do ensino superior público. Em alguns casos houve até ocupação de reitorias por alunos. No entanto, o programa do governo reflete, pelo menos em parte, a proposta de diversos reitores de universidades federais[6].

Antes, em janeiro de 2005, o governo lançou o também polêmico Programa Universidade para Todos (PROUNI), que institui e refere-se "à concessão de bolsas de estudo integrais e bolsas de estudo parciais de 50% ou de 25% para estudantes de cursos de graduação e seqüenciais de formação específica, em instituições privadas de ensino superior, com ou sem fins lucrativos". Segundo os críticos, consiste na "compra de vagas"

---

[5] Essa afirmação baseia-se em diversos depoimentos públicos. Ver, por exemplo, quanto a esse aspecto, material disponível no sítio da ANDIFES (http://www.andifes.org.br/).

República, Universidade e Academia

nas instituições privadas pelo governo federal, para suprir a falta de vagas nas públicas.

Por fim, destaca-se o Sistema Nacional de Avaliação da Educação Superior (SINAES), criado em 2004. Ele é formado por três componentes principais: a avaliação das instituições, dos cursos e do desempenho dos estudantes. O SINAES avalia todos os aspectos que giram em torno desses três eixos: o ensino, a pesquisa, a extensão, a responsabilidade social, o desempenho dos alunos, a gestão da instituição, o corpo docente, as instalações e vários outros aspectos.

Se no governo FHC a política neoliberal foi aventada e criticada, o governo atual também é alvo de críticas. Leher (2004), por exemplo, as discutir a relação entre o público e o privado, demonstra que as propostas do governo brasileiro para as universidades acabam por destruir as fronteiras entre o público e o privado, ao colocar a universidade sob a égide das regras e da lógica de mercado. Em resumo, as propostas são orientadas no sentido de tornar o conhecimento uma mercadoria à disposição do mercado. Ou seja, estão em jogo "serviços educacionais" (LEHER, 2001), contrariando os princípios da chamada "Declaração de Lima"[6].

A identidade institucional: tensões, contradições e perspectivas

Como se pode perceber, a universidade brasileira foi criada tardiamente, fruto de disputas políticas e ideológicas, cujas tensões resultaram num "modelo" oficial de universidade profissional com ares e práticas de universidade acadêmica. Ao mesmo tempo, concepções de "universidade desinteressada" representaram uma tentativa ou, antes, um projeto de alguns intelectuais de evitar um caminho de "modernização reflexa" – uma espécie de copia ou adaptação de modelos importados descolados da realidade bra-

---

[6] Embora assinada por representantes da America Latina em 2009, parece representar, em parte, uma contradição em relação às diretrizes oficiais brasileiras. Dentre outros, o documento expressa as seguintes propostas: *"Reiterar, como princípios basilares (...): educação como bem público; qualidade, pertinência e inclusão social; e internacionalização solidária; Solicitar aos governos que se declarem e atuem no sentido de considerar a Educação Superior como um direito e não comoum serviço negociável no paradigma da Organização Mundial do Comércio".* Disponível em http://www.iesalc.unesco.org.ve/index.php?option=com_content&view=article&id=451&Itemid=455&lang=es. Acesso em 30/03/2010.

A Universidade Brasileira: Tensões, Contradições e Perspectivas em sua Trajetória

sileira, com o mero intuito de "oferecer diplomas suscetíveis de *credenciar* seus titulares a cargos e honrarias" (TEIXEIRA, 1989, p. 93) – e de buscar um "crescimento autônomo" (Ribeiro, 1969), tendo como concepção subjacente a ideia de universidade como instrumento de incorporação da cultura nacional e instituição de seu desenvolvimento (Teixeira, 1989), mas sempre com a resistência governamental. Atualmente, o contexto mais amplo parece ter colocado fim às "utopias e ideologias", dando lugar a um tipo de profissional especialista, cuja postura é cada vez mais pragmática aos problemas que se apresentam, sem uma crítica mais profunda das razões pelas quais tais problemas emergem. Ao que parece, a intelectualidade perdeu ou abandonou sua função política, tão cara a gerações passadas e a classes sociais menos ouvidas, e passa a atuar em função de demandas mercadológicas. Tais demandas são legítimas, sem sombra de dúvida, mas não são as únicas.

No caso brasileiro, as perspectivas para o futuro contêm tensões e ideais contraditórios quanto se contrapõem, por exemplo, os ideais de uma universidade desinteressada ao ideais de uma universidade empreendedora ou inovadora, ou, uma universidade de cultura geral desinteressada *versus* formação pragmática profissional. Além disso, outras tensões ainda estão longe de serem resolvidas, tais como aquelas que colocam, face a face, massificação do acesso *versus* excelência acadêmica, participação social *versus* mérito acadêmico, educação pública *versus* educação privada, autonomia *versus* avaliação externa, políticas nacionais *versus* internacionalização.

A história mostra que governos conseguiram impor suas ideologias e modelos, a despeito das alternativas propostas e implantadas (e eventualmente "extintas" ou "reformadas"). Assim, a identidade institucional da universidade foi sendo construída de forma basicamente autoritária. Mas uma identidade é um projeto político que, por sua vez, exige e não pode prescindir de um regime democrático, o que implica a participação concreta das instituições e indivíduos. Mesmo nos chamados governos democráticos brasileiros, o diálogo foi preterido, via de regra. Portanto, a identidade da universidade passa pelo amadurecimento de uma instituição mais fundamental: a democracia.

REFERÊNCIAS

CALHOUN, Craig. **Is the university in crisis?** Society. May/June, 2006.

CLARK, Burton R. **The entrepreneurial university**: demand and response. Tertiary Education and Management. Vol 4, No. 1, 1998.

CUNHA, Luiz Antonio. **A Universidade Temporã:** da colônia à Era de Vargas. Rio de Janeiro: Francisco Alves, 1986.

CUNHA, Luiz Antonio. **O ensino superior no octênio FHC**. Educ. Soc., Campinas, vol. 24, n. 82, p. 37-61, abril, 2003.

FÁVERO, Maria de Lourdes de Albuquerque, UDF: construção criadora e extinção autoritária. *In* MOROSINI, Marília. **A universidade no Brasil**: concepções e modelos. Brasília: INEP, 2006a, p. 53-70.

FÁVERO, Maria de Lourdes de Albuquerque. A UFRJ: origens, construção e desenvolvimento. *In* MOROSINI, Marília. **A universidade no Brasil**: concepções e modelos. Brasília: INEP, 2006b, p. 85-102.

FÁVERO, Maria de Lourdes de Albuquerque. **A universidade no Brasil**: das origens à reforma de 1968. Revista Educar. Curitiba, n. 28, 2006c, p. 17-36.

LEHER, Roberto. **Para silenciar os** *campi*. Educação e Sociedade, vol. 25, n. 88, p. 867-891, Especial, out. 2004.

MENDONÇA, Ana Waleska P. C. A universidade no Brasil. Revista Brasileira de Educação, n. 14, maio-ago, 2000.

OLIVEIRA, João Ferreira, DOURADO, Luiz Fernandes, MENDONÇA, Erasto Fortes. UnB: da universidade idealizada à "universidade modernizada". *In* MOROSINI, Marília. **A universidade no Brasil**: concepções e modelos. Brasília: INEP, 2006, p.145-169.

PINA, Fabiana. **Acordo MEC/USAID**: opções e reações (1966-1968). Encontro Regional de História, XIX, Anais eletrônicos. ANPUH/SP-USP. São Paulo, 2008.

RIBEIRO, Darcy. **A universidade necessária**. Rio de Janeiro: Paz e Terra, 1969.

RISTOFF, Dilvo. A universidade brasileira contemporânea: tendências e perspectivas. *In* MOROSINI, Marília. **A universidade no Brasil**: concepções e modelos. Brasília: INEP, 2006, p. 37-52.

RÜEGG, Walter. Themes. In RIDDER-SYMOENS, H. DE. A history of the university in Europe. Volume II: **Universities in early Europe** (1500-1800). New York: Cambridge University Press, 2007.

TEIXEIRA, Anísio. **Ensino superior no Brasil**: análise e interpretação de sua evoluação até 1969. Rio de Janeiro: FGV Editora, 1989.

REUNI – REESTRUTURAÇÃO E EXPANSÃO DAS UNIVERSIDADES FEDERAIS: DIRETRIZES GERAIS. Diretrizes Gerais. Brasília, 2007. Disponível em http://www.planalto.gov.br/ccivil_03/_Ato2007-2010/2007/Decreto/D6096.htm. Acesso em 01/10/2009.

Christophe Charle

Le Projet Universitaire de la Troisième République et ses Limites, Science, Démocratie et Elites

CHARLE, **Christophe** – Professor de História Contemporânea na Universidade Paris I – Panthéon – Sorbonne. Director do Instituto de História Moderna e Contemporânea (CNRS/ENS) e membro do Instituto Universitário de França.

Après la défaite de 1871 et l'avènement de la troisième République, les intellectuels les plus célèbres de l'époque proposent une analyse que les républicains reprennent en partie à leur compte: l'échec du Second Empire tient à la mauvaise formation des élites et à leurs illusions sur le monde contemporain, faute d'une bonne initiation aux sciences morales et politiques. Cette absence d'esprit scientifique expliquerait les erreurs dans l'organisation de l'Etat et de l'armée, à l'origine des premières défaites. Les gouvernants républicains, influencés par le positivisme, y souscrivent volontiers et en déduisent deux réformes urgentes: celle de l'armée et celle de l'enseignement[1]. Cette perspective justifie aussi les grandes réformes de l'éducation secondaire et supérieure entamées très tôt à la fois par les conservateurs (création de l'Ecole libre des sciences politiques en 1871 et des facultés catholiques à partir de 1875) et poursuivies sous d'autres modalités par les républicains: développement de l'enseignement supérieur littéraire, scientifique et médical et modernisation du programme des lycées.

La troisième République a attaché son nom à la renaissance et à la rénovation des universités comme réponse à la défaite face à l'Allemagne, moyen de rénovation des élites pour la démocratie et outil du rayonnement culturel international de la France. Après un examen de la réalité et des effets de ce programme mené avec continuité des années 1880 aux années 1930 on verra que cette rénovation n'empêche pas la multiplication des crises dans la seconde moitié du XXe siècle. L'analyse plus rapide des politiques conduites par la IV$_e$ et la V$_e$ républiques mettra en évidence les contradictions non résolues du projet républicain d'université.

I. LES RÉFORMES ET LES INVESTISSEMENTS SCIENTIFIQUES DES ANNÉES 1880 À 1900

1) La réforme universitaire (1868-1904)

Dès la fin des années 1860, les défauts du système napoléonien des facultés sont apparus de plus en plus nettement et ont été critiqués publiquement par les universitaires et même par les autorités. Le double souci de développer la fonction de recherche à l'intérieur des facultés sur le modèle

---

[1] Cf. Jean-François Chanet, *Vers l'armée nouvelle: République conservatrice et réforme militaire 1871-1879*, Rennes, Presses universitaires de Rennes, 2006 et *L'Ecole républicaine et les petites patries*, Paris, Aubier, 1996.

germanique, alors à son apogée, et de rééquilibrer un organisme hypercentralisé converge avec l'intense réflexion sur les causes de la défaite de 1871 pour accélérer le mouvement de réforme.

a) Les quatre premières sections de l'École pratique des Hautes Études, fondées en 1868 par Victor Duruy, répondent au premier besoin: créer des laboratoires liés à l'enseignement et un lieu où l'on transmet la science sous forme de séminaires spécialisés rompant avec le cours formel destiné au grand public, principal mode d'enseignement dans les facultés.

b) L'augmentation des moyens

Ce deuxième objectif est plus long à réaliser. Il faut à la fois un soutien local (appui des élus locaux – en général républicains – des grandes villes universitaires), de nouveaux maîtres (le nombre de postes d'enseignants passe de 488 en 1865 à 1 416 en 1919) et des ressources élargies: les budgets des facultés passent de 7 634 000 francs en 1875 à 23 228 000 francs en 1913. La plupart des universités sont reconstruites ou agrandies à cette époque. Les facultés des lettres (6 586 étudiants en 1914 contre 238 en 1876) et des sciences (respectivement 7 330 et 293) se peuplent d'étudiants professionnels. Pour ce faire, on crée des bourses de licence et d'agrégation tandis que les débouchés vers le professorat d'enseignement secondaire (pour les lettres) et vers les fonctions d'encadrement industriel (pour les sciences) s'élargissent.

c) La réforme administrative rassemble les facultés en universités par la loi de 1896. Dotés de la personnalité civile, ces nouveaux corps disposent de conseils élus, sont maîtres d'une partie de leur budget, peuvent créer des chaires ou en supprimer, recevoir des donations, bref innover. Mais la décision de transformer la quasi totalité des groupes de facultés en universités alors que l'idée initiale était de créer quelques grandes universités capables de rééquilibrer Paris s'avère lourde de conséquences négatives. Par rapport aux objectifs initiaux, on peut parler d'un demi-échec de cette réforme. La décentralisation a progressé, mais n'a pas vraiment entamé la domination parisienne: 43% des étudiants, toutes facultés confondues, se concentrent encore à Paris en 1914, contre 55% en 1876; le pourcentage remonte même à 54,9% en 1934/35.

Le mécontentement des enseignants de province dont les salaires sont statutairement plus bas et dont les carrières se bloquent avec la fin de l'expansion s'exprime ouvertement avec l'apparition d'associations professionnelles par faculté à partir de 1906. Celles-ci réclament des règles claires pour l'avancement et la diminution des privilèges financiers dont jouissent les professeurs de Paris.

d) Le corps enseignant a rajeuni grâce aux créations de postes. Il est maintenant formé de plusieurs catégories qui rappellent les catégories allemandes. Aux professeurs titulaires (équivalent des professeurs ordinaires allemands) s'ajoutent les chargés de cours et professeurs adjoints (analogues aux professeurs extraordinaires) et les maîtres de conférences (titre nouveau), fondés sur le modèle des *privat-docenten*, mais qui, à la différence de ceux-ci, jouissent d'un statut de fonctionnaire et deviennent presque tous titulaires à plus ou moins brève échéance. Cette réforme a affecté surtout les facultés des lettres et des sciences car les facultés de droit, de médecine et de pharmacie restent fidèles au principe des concours d'agrégation, malgré les critiques de plus en plus vives qu'ils suscitent.

2) La rénovation des bâtiments

A Paris, les institutions scientifiques ne souffraient pas d'un manque d'étudiants, à la différence des facultés provinciales, en raison de la concentration des grandes écoles, des laboratoires, des bibliothèques et des directions de thèses de doctorats. Aussi l'effort principal fourni par la troisième République a-t-il porté sur la reconstruction de la nouvelle Sorbonne, oubliée sous le Second Empire, et qui menaçait ruine avec ses bâtiments vieux de deux siècles. La décision est prise en 1882, sous Jules Ferry. Les travaux démarrent effectivement en 1884 mais l'achèvement n'intervient qu'en 1901, soit un chantier permanent de dix-sept ans. On se contente de démolir les anciens locaux du XVIIe siècle sans élargir sensiblement le périmètre disponible, et l'on abrite, dans des bâtiments provisoires, les activités universitaires qui se poursuivent tant bien que mal pendant que l'on reconstruit sur place Avant même la fin des travaux, dès 1890, Louis Liard, le directeur de l'enseignement supérieur, reconnaît qu'il a été dommageable d'avoir sacrifié les besoins nouveaux de la science au respect du périmètre traditionnel hérité du Moyen Âge:

> "Je me demande si ces grands monuments inextensibles, faits pour durer des siècles et des siècles répondront toujours aux exigences de la science. Qui sait ce que deviendront un jour son outillage et ses engins, et si, au lieu de ces palais durables, mieux n'eussent pas valu de simples ateliers légèrement construits, partant faciles à remplacer, le jour où la science y

aurait avantage? Et alors je me prends à regretter que, laissant la Faculté des lettres à la Sorbonne, on ne se soit pas avisé, quand il était temps, d'élever sur de vastes espaces, à la Halle aux vins, par exemple, au flanc du Muséum, une trentaine de pavillons et d'instituts distincts pour le service de la Faculté de médecine et de la Faculté des sciences." (...) "En Allemagne, une Université n'est pas un monument; c'est tout un quartier, parfois même une cité entière, la cité ouvrière de la science, où tous les services sont à la fois chacun chez soi et groupés tous ensemble, comme les pièces organiques d'un même appareil. Tout autre a été presque partout le type de nos Facultés nouvelles. A l'ordre dispersé, nous avons préféré la concentration derrière la même façade, sous le même toit, de services dissemblables peu faits pour cohabiter ensemble. C'est un peu par la faute de nos professeurs qui, dans les débuts, n'étaient pas assez au courant des installations de l'étranger, et qui, jugeant de ce qu'on leur offrait par ce qu'ils avaient, se montraient facilement satisfaits. Mais c'est aussi celle des architectes qui, plus d'une fois, dans une Faculté à construire, ont vu moins des services à pourvoir d'organes appropriés qu'un monument à édifier."[2]

Le souci du monumental, qui caractérise la façade officielle de la Sorbonne sur la rue des Écoles, pèse aussi sur l'utilisation fonctionnelle des locaux. Cette façade réoriente le bâtiment initial en fonction de l'ensemble majestueux de l'aile nord siège du pouvoir académique, avec le rectorat[3], dont l'emprise limite les surfaces disponibles pour le travail universitaire et de recherche. Cela obligera très tôt les scientifiques à émigrer vers de nouveaux lieux. Ces annexes rompent l'unité initiale de l'Université médiévale ou néohumaniste embrassant tout le savoir littéraire et scientifique. Successivement, s'autonomisent l'Institut de chimie (1896) abrité dans des nouveaux locaux, 3 rue Michelet, puis rue d'Ulm, sur un terrain acheté à une congrégation, un laboratoire de physique et des salles de travaux pratiques, 12 rue Cuvier, à côté du Muséum d'histoire naturelle, un laboratoire de chimie biologique dans les locaux de l'Institut Pasteur, rue Dutot, dans le 15ème arrondissement, et enfin le laboratoire d'évolution des êtres organisés, 3 rue d'Ulm qui émigrera par la suite 108 boulevard Raspail, dans le

---

[2] L. Liard, *Universités et facultés*, Paris, A. Colin, 1890, pp. 42-43.

[3] Rappelons que, dans le système universitaire napoléonien, le recteur est un haut fonctionnaire nommé qui dirige l'ensemble d'une circonscription d'enseignement appelée "académie" et non, comme dans les universités allemandes le chef élu de la communauté universitaire. Cela marque donc l'absence d'autonomie politique des universités.

Le Projet Universitaire de la Troisième République et ses Limites, Science,...

6ème arrondissement. La solution du campus à l'américaine, rêvée par certains, s'établit de fait, mais en ordre dispersé, et au hasard des disponibilités de terrains, ce qui sépare de plus en plus l'enseignement et la recherche, les disciplines théoriques qui demeurent à la Sorbonne et les disciplines de recherche qui ont une tendance centrifuge. En dehors de Paris, on trouve aussi sous la responsabilité de professeurs de la capitale le laboratoire maritime de Roscoff et ceux de Banyuls et du Wimereux.

Plus ambitieux est l'Institut du radium (1909), création commune de la Faculté des sciences et de l'Institut Pasteur, dont les bâtiments, 11 rue Pierre Curie ne sont terminés qu'en 1914. D'autres équipements universitaires sont rénovés ou reconstruits par le régime, même s'il n'ont pas la même ampleur que la Sorbonne et ses annexes: la Faculté de médecine, boulevard Saint-Germain, et la Faculté de droit agrandie place du Panthéon. Les nouveaux locaux de l'École de Pharmacie sont pris sur le lotissement de la partie sud du jardin du Luxembourg, à la faveur de la création de la rue Auguste Comte et de l'avenue de l'Observatoire. A proximité immédiate, on bâtit, dans "le style colonial 1900, genre mauresque"[4], un autre établissement d'enseignement supérieur lié à la politique officielle, l'École coloniale: créée en 1888, elle compte, en 1900, 27 chaires dont certaines sont assurées par le même enseignant qui, parfois, exerce dans une faculté voisine comme le droit. Enfin l'Institut agronomique, vouée à une science appliquée au service d'un autre des secteurs-clés de l'économie républicaine, l'agriculture, est reconstruit aussi au Quartier latin au 16 de la rue Claude Bernard, récemment ouverte (23 enseignants en 1900, soit autant que la faculté des sciences avec des cumulants).

Non loin, rue Lhomond, sur des terrains récupérés sur un domaine religieux, la ville de Paris qui, à cette époque, est orientée politiquement plus à gauche que la majorité parlementaire, contribue au rééquipement scientifique de la capitale en créant sa propre école de science appliquée: l'École municipale de physique et chimie industrielles (1882)[5]. D'abord hébergée dans les anciens locaux du collège Rollin, rue Lhomond, elle est dotée de laboratoires en 1885 et de bâtiments modernes achevés en 1903 et 1911 qui donnent à présent sur la rue Vauquelin. En 1898, deux chercheurs

---

4 *Annuaire de l'Education nationale*, 1946, p. 255.

5 *Cinquante années de science appliquée à l'industrie 1882-1932*, Paris, Ecole municipale de physique et chimie industrielles, 1932; l'école initialement d'un niveau inférieur à l'enseignement supérieur a été rattachée, en 1926, à la Faculté des sciences; plusieurs de ses professeurs ont cumulé des chaires avec des chaires d'enseignement supérieur, ce qui justifie de l'intégrer à cette analyse.

República, Universidade e Academia

de cette école apportent une contribution majeure à la science, avec la découverte du radium par Pierre et Marie Curie dans un hangar de fortune situé dans la cour[6].

D'autres établissements s'ouvrent aussi à cette époque. Ainsi la Cinquième section de l'École pratique des Hautes Études est instituée en 1886 grâce aux crédits laissés disponibles par la suppression de la faculté de théologie catholique en 1885: elle compte 16 enseignants titulaires au début du siècle. Les grandes expositions permettent enfin la construction de quelques bâtiments offrant des espaces nouveaux pour des équipements culturels à vocation scientifique. Ainsi le nouveau Trocadéro, né de l'Exposition de 1878, abrite le Musée des monuments français et le nouveau Musée d'anthropologie.

Cette politique d'équipement reste liée à une conception en partie utilitaire de la culture et à sa situation dans la capitale sur laquelle le pouvoir exerce lourdement son influence. Elle comporte des faiblesses: on sacrifie trop souvent la fonction au monumental et on voit parfois à trop court terme.

Il est juste de reconnaître que les institutions scientifiques parisiennes ont bénéficié aussi de l'apport de l'argent privé avec la fondation de l'École libre des sciences politiques en 1871 dont les bailleurs de fonds se recrutent dans l'élite de la bourgeoisie d'affaires éclairée. Cette école offre une première ouverture sur les sciences sociales et l'histoire contemporaine et dispose d'une bibliothèque spécialisée qui fera bientôt référence au point de servir de modèle à la *London School of Economics*[7]. Une nouvelle école technique, l'École supérieure d'électricité est financée également par des fonds privés. Son directeur, Paul Janet, est cependant issu de l'université et il enseigne en parallèle la physique à la Sorbonne. L'autre grande réalisation privée de l'époque est la fondation de l'Institut Pasteur grâce à une souscription internationale et nationale de 2,5 millions de francs en 1888. Son originalité est d'allier une activité de recherche, de thérapie et d'enseignement avec ses fameux cours de microbiologie ouverts à un public largement cosmopolite.

---

[6] Cf. Eve Curie, *Madame Curie*, (1938), n. éd., Paris, Gallimard, "Folio", 1981, p. 238.

[7] D. Damamme, "Genèse sociale d'une institution scolaire, l'Ecole libre des sciences politiques", *Actes de la recherche en sciences sociales*, 70, novembre 1987, pp. 31-46; C. Charle, "Sciences-Po. entre l'élite et le pouvoir", *Le Débat,* n.º 64, mars-avril 1991, pp. 93-108.

Le Projet Universitaire de la Troisième République et ses Limites, Science,...

Avec l'obtention de la personnalité morale, les facultés ou institutions d'enseignement supérieur parisiennes bénéficient de plus en plus de legs et libéralités qui augmentent leur potentiel scientifique ou humain. C'est d'autant plus appréciable que les équipements de recherche traditionnels, comme les grandes bibliothèques, malgré leur patrimoine hérité n'ont pas toujours les moyens de l'entretenir ou de faire face à l'accroissement de la demande de la part des lecteurs.

La seconde faiblesse de la politique scientifique de la troisième République est l'absence de volonté décentralisatrice du "capital-livres" pour accompagner la décentralisation universitaire: presque toutes les grandes collections sont rassemblées à Paris (600 000 volumes à la Sorbonne, 100 000 à la faculté de droit, 220 000 à la faculté de médecine, 43 000 en pharmacie, 266 000 à la Bibliothèque Sainte-Geneviève très fréquentée par les étudiants, 200 000 volumes à la Mazarine, 350 000 l'Arsenal) soit plus de 4000 000 de volumes dans la capitale au début du siècle, c'est-à-dire pratiquement la moitié de tous les livres de bibliothèque français évalués à 10 millions de volumes. Une seule bibliothèque universitaire provinciale, celle de Toulouse, atteint 150 000 volumes. Toutes les disciplines d'érudition dépendent donc presque exclusivement de la capitale, ce qui explique l'attraction parisienne sur tout le milieu universitaire français et international. Plus de 200 000 personnes fréquentent en un an, en effectifs cumulés, les principales bibliothèques parisiennes de recherche[8]. Ceci nous conduit à examiner les nouveaux aspects de la domination scientifique parisienne.

II. LES UNIVERSITÉS DANS LA PREMIÈRE MOITIÉ DU XXÈ SIÈCLE

1) Les étudiants

Grâce à ces réformes, la France connaît une expansion remarquable des effectifs qui rattrapent ou dépassent les autres pays d'Europe. Si l'on met en rapport avec les effectifs allemands le décalage disparaît en tenant compte de l'écart de population. D'après Fritz K. Ringer, les étudiants représentent en 1875 0,5% de la classe d'âge en France contre 0,6% en

---

[8] D. Varry (dir.), *Histoire des bibliothèques françaises*, Paris Promodis, 1991, tome 3, 1991, pp. 329- 478.

República, Universidade e Academia

Prusse mais, en 1930-31, les taux sont respectivement 2,9 et 2,1%, la France républicaine a donc dépassé son grand rival.[9]

La réalité du projet décentralisateur de la troisième République peut être jugée à partir de deux indicateurs. Celui du poids numérique des étudiants parisiens dans l'ensemble des étudiants français et celui de l'importance des universitaires de la capitale dans la communauté universitaire française. Pour les étudiants, une inversion de tendance est bien constatée par rapport à l'époque précédente, mais elle reste modeste, surtout à l'aune de l'évolution allemande et du poids de la capitale berlinoise dans l'ensemble universitaire germanique. Le déséquilibre reste à cet égard patent entre les deux villes et les deux systèmes universitaires. Sans doute, Berlin, comme Paris, occupe-t-elle la première place au sein de son système universitaire, mais son poids relatif dans l'effectif universitaire national n'augmente, entre 1875 et 1928, que de 10,5 à 15,3% et reste entre trois et quatre fois plus faible que celui de Paris. Dans ce dernier cas, la domination parisienne, totale en début de période, diminue légèrement au cours du temps, conformément à l'effort de la troisième République pour faire revivre les universités provinciales. Le résultat de cette décentralisation universitaire reste modeste puisque la baisse n'est que de 5 points environ en 50 ans. La centralisation parisienne des effectifs étudiants demeure même majoritaire tout au long de la période dans certaines facultés comme la médecine ou les lettres[10].

---

[9] F. Ringer, *Fields of Knowledge*, Cambridge, Cambridge U.P.,1992, tableau 1.1.

[10] Cf. C. Charle, "Paris – Zentrum der französischen Eliten. Eine kommentierte Datensammlung", *in* Gerhard Brunn und Jürgen Reulecke (hg.), *Metropolis Berlin, Berlin als deutsche Hauptstadt im Vergleich europäischer Hauptstädte, 1870-1939*, Bonn-Berlin, Bouvier Verlag, 1992, p. 302-303.

	1875	1897/98	1909	1928
Paris	6 694	12 047	17 311	26 753
% France	*46,9*	*42,2*	*42,4*	*41,4*
total France	14 245	28 543	40 767	64 531
Berlin	1724	4615	6694	12817
total Allemagne	16 357	31 716	50 390	83 322
% Allemagne	*10,5*	*14,5*	*13,2*	*15,3*

Tableau n.º 1: Nombre d'étudiants à Paris et à Berlin et leur part dans le total national
Sources: *Minerva*; H. Titze (hg.), *Datenhandbuch zur deutschen Bildungsgeschichte*, Bd 1, teil 1 et 2, Goettingen, Vandenhoeck et Ruprecht, 1987 et 1995 ; *Annuaire statistique de la France*, années citées.

2) Le rayonnement international

Pour les étudiants d'origine étrangère, le pouvoir culturel parisien, loin de diminuer, comme pour les étudiants provinciaux, s'accentue. On passe à Paris à la fin du siècle dernier d'un peu moins de 10% d'étudiants étrangers à 24,5% en 1928. A l'inverse, l'ouverture cosmopolite de l'Université de Berlin décline de 12 à 8,6% sous ce rapport (cf. tableau n.º 2).

	1875	1897/98	1909	1928
Paris	?	1129	3072	6596
Berlin	192	554	875	1112
Paris (%)	*?*	*9,3*	*17,7*	*24,5*
Berlin (%)	*11,14*	*12*	*13*	*8,68*

Nombre et pourcentage d'étudiants étrangers à Paris et à Berlin

France	?	6,2	11,5	22,2
Allemagne	?	6,7	7,37	4,89

% d'étudiants étrangers dans les universités françaises et allemandes

Tableau n.º 2: Les étudiants étrangers à Paris et à Berlin

República, Universidade e Academia

Sur l'ensemble de la période, le pouvoir d'attraction de Paris sur les étudiants étrangers venus en France est deux fois plus grand que celui de Berlin sur les étudiants non-allemands en Allemagne. Il se produit trois modifications du rôle universitaire de Paris à l'échelle internationale: sa spécialisation sur les fonctions les plus élevées de formation, ce qui ne peut attirer autant les étudiants étrangers à la recherche surtout de formations rentables de base dans la mesure où ils proviennent plutôt des parties les moins développées de l'Europe; la féminisation de la population étudiante va dans le même sens car les étudiantes recherchent soit une culture générale, soit des formations courtes et professionnelles, présentes en province; la politique d'incitation gouvernementale enfin, par le biais des bourses, ventile une partie des étudiants étrangers vers les universités régionales.

	Droit	Médecine	Lettres	Sciences
Paris	9,4	13,7	6,4	8,3
Berlin	4,26	15,6	21,3	17,02

Tableau n.º 3: Pourcentage d'étudiants étrangers par faculté en 1897/98 à Berlin et à Paris.

La répartition des zones d'attraction des étudiants étrangers selon les facultés souligne bien les fonctions très variables des études à Paris, selon la discipline et le pays d'origine (tableaux n.º 6 et 7). Paradoxalement, ce sont les facultés traditionnelles, autrefois dominantes, qui apparaissent les plus cosmopolites, traduction du souci utilitariste d'étudiants, venus surtout de l'Europe pauvre pour obtenir un titre professionnel rendu prestigieux, par son origine parisienne, dans leur pays natal. Inversement, les facultés intellectuelles recrutent plutôt leurs auditeurs étrangers dans les vieilles nations intellectuelles, tout particulièrement quand il s'agit de la faculté de culture générale par excellence, la faculté des lettres.

La mise en place du doctorat d'université, moins contraignant que la thèse d'État a eu pour but précisément d'attirer cette clientèle étrangère moins utilitariste et tournée vers la vraie recherche[11]. Mais les contraintes formelles imposées (usage du français, exigences d'érudition similaires pour les Français et les étrangers) ont limité l'élargissement de ce vivier

---

[11] C. Charle, *La République des universitaires (1870-1940)*, *op. cit.*, p. 49-50.

d'apprentis chercheurs. En revanche, l'institution, dans les années 20, de l'École française de formation des professeurs de français à l'étranger se plaça dans la logique de captation de la clientèle attirée par la culture française pour la transformer en agent professionnel de diffusion de la langue dans les pays francophiles. La seule exception à ce schéma d'interprétation est représentée ici par les étudiants russes, nombreux en sciences et en médecine, à la fois parce qu'ils viennent d'un pays en retard et qu'ils trouvent en France un climat de liberté et de tolérance supérieur, encore élargi dans une métropole comme Paris: en effet bon nombre de ces Russes appartiennent en fait aux ethnies dominées ou persécutées (Polonais, Juifs). Leur insertion est facilitée en outre par le précoce apprentissage du français dans cette partie de l'Europe.

3) La crise latente de la recherche universitaire

La déconcentration des effectifs ne s'est pas accompagnée d'une amélioration sensible des budgets disponibles. En effet, avec plus de 40% des effectifs, les diverses facultés parisiennes ne disposent, au cours de la période, que de 37,2% à 19,4% du budget total des universités françaises, ce qui indique une sous-dotation relative, d'autant que les traitements des enseignants étant plus élevés à Paris qu'en province, le poste des salaires y pèse plus lourd dans le budget, ce qui ne profite pas aux étudiants. Cette constatation est accentuée si l'on met en parallèle les ressources universitaires parisiennes avec celles de l'Université de Berlin à la même époque. L'Université de Paris apparaît alors encore plus mal lotie, malgré la proximité des chiffres absolus, puisque, d'une part, les étudiants et les enseignants berlinois sont moins nombreux à se partager une somme quasi équivalente et que, d'autre part, la répartition des effectifs étudiants entre les facultés est plus équilibrée qu'à Paris, ce qui évite trop de distorsions entre les besoins financiers et les moyens des diverses facultés. La dépense budgétaire par étudiant, pour des années proches, aboutit à un résultat sans équivoque. Alors que, dans les années 1870, on dépense 427 francs par étudiant à Berlin, on se contente de 331 francs à Paris. L'écart se creuse au cours du temps, puisqu'on passe à 622 et 634 francs dans les années 1890 et 1900 *Unter den Linden*, pendant que les facultés parisiennes se contentent de 411 francs à la fin du siècle. On peut presque parler ici de paupérisation relative pour l'une des premières universités de masse, à l'aune de cette époque.

Berlin	1867	1880	1890	1900
	0,590M=	1,4M=	2,3 M=	3,4 M=
	0,737M F	1,750MF	2,875MF	4,250MF
			(1891)	(1903)
Prusse	2,7M	?	10,9M	14,4M
Allemagne	?	?	19,9M	29,4M
%Prusse	21,8	?	21,1	23,6
%Allemagne	?	?	12,4	11,5
Paris	1,4M	2,221	2,237M	4,958M
		(1877)	(1887)	(1898)
France	3,9M	8,0	11,4M	10,27M
% France	37,2	27,6	19,4	32,5

Tableau n.º 4: Budgets (d'État) comparés des universités de Berlin et de Paris et part dans le total national correspondant (en millions de marks et millions de francs courants).
Sources: W. Lexis, *Die deutschen Universitäten*, Berlin, Verlag von A. Ascher, 1893, tome 1, p. 154-158 et éd. 1904; M. Lenz, *op. cit.*, Bd III, p. 529; R. Steven Turner, "Universitäten", *in* K. E. Jeismann & P. Lundgreen (hg.), *Handbuch der deutschen Bildungsgeschichte*, Bd III, 1800-1870, Munich, Verlag C. H. Beck, 1987, tableau 4, p. 234; *Statistique de l'enseignement supérieur*, Paris, 1876, 1878-88 et 1889-99.

En fait, vue de province ou de l'étranger, la réputation des établissements parisiens repose sur deux illusions d'optique qui contribuent au maintien de leur attrait, malgré ce constat matériel objectif peu engageant. Pour les étudiants provinciaux, est attribué en partie à l'Université de Paris, ce qui revient aux institutions extra-universitaires comme le Collège de France, le Muséum, l'École des langues orientales, l'École pratique des Hautes Études et les diverses écoles spéciales. Le budget de ces quatre établissements s'élève par exemple, à lui seul, à 1 965 300 francs en 1888, soit 17,2% du budget total des universités françaises[12], ce qui porte ainsi la part des divers établissements parisiens à plus du tiers des ressources de l'enseignement supérieur.

---

[12] D'après *Statistique de l'enseignement supérieur 1878-1888, op. cit.*: voici le détail par établissement: 499 000 francs (Collège de France), 925 000 francs (Muséum), 154 000 francs (Langues Orientales, 71 300francs (Chartes) et 316 000 franc (EPHE).

Le Projet Universitaire de la Troisième République et ses Limites, Science,...

Ainsi, par le jeu de certains cumuls ou des facilités offertes à certains professeurs des facultés associés à ces établissements, ces derniers peuvent profiter des ressources de ce deuxième secteur qui n'existe pratiquement pas à Berlin ou n'apparaît que tardivement avec la *Kaiser-Wilhelm Gesellschaft* à partir de 1911[13]. Des professeurs de la Sorbonne ou du Collège de France disposent ainsi de laboratoires rattachés, tantôt à une école d'ingénieurs, tantôt à un grand établissement, tantôt à une fondation privée. Le laboratoire de chimie d'Émile Duclaux, professeur à la Sorbonne, se trouve ainsi rue Dutot, dans le cadre de l'Institut Pasteur que ce savant dirige depuis la mort de son maître en 1895. L'École normale supérieure abrite aussi les recherches de plusieurs professeurs extérieurs et financés en partie par les ressources de l'École pratique des Hautes Études.

Dans les disciplines littéraires et juridiques, où la question d'argent est moins cruciale, le cumul des avantages pour les Parisiens se fait par le biais des grands établissements (École pratique des Hautes Études), par le contrôle des commissions accordant des subventions (missions, prix académiques, achats de livres), par les ressources des fondations auprès des établissements.

L'Université de Paris bénéficie de donations similaires pour accroître son potentiel scientifique. Selon G. Weisz, les institutions d'enseignement supérieur parisiennes ont rassemblé 80% des donations ou legs privés les plus importants, soit environ 9,6 millions de francs sur un total de 12 millions reçus entre 1896 et 1913[14]. Parmi les plus significatifs pour le potentiel scientifique parisien, on peut citer le financement de l'observatoire de Meudon en 1904 par le banquier Raphaël Bischoffsheim, celui de l'Institut océanographique par le prince de Monaco (1907), celui de la chaire d'aérodynamique par le marchand d'armement Basil Zaharoff (700 000 francs), celui de l'Institut aérotechnique par le pétrolier Émile Deutsch de la Meurthe (500 000 francs) ou encore le legs Commercy de 4 millions de francs, destiné à la recherche scientifique[15]. Les facultés provinciales reçoivent quelques donations similaires mais de moindre amplitude dans la mesure où les plus grandes fortunes sont concentrées à Paris et en particulier celles des étrangers francophiles qui ne connaissent que les institutions de la capitale.

---

[13] R. Vierhaus & B. vom Brocke (hg), *Forschung imp Spannungsfeld von Politik und Gesellschaft. Geschichte und Struktur der Kaiser-Wilhelm-/Max-Planck- -Gesellschaft,*, Stuttgart, Deutsche Verlags-Anstalt, 1990

[14] G. Weisz, *op. cit.*, pp. 165 et 170-171.

[15] G. Weisz, *ibid.*, p. 174.

4) Bilan humain

Les limites de la décentralisation sont encore plus nettes quand on mesure le poids des universitaires parisiens dans la communauté universitaire française. Malgré la multiplication des postes en province, aucune ville universitaire française n'atteint une taille critique par rapport à la capitale.

Le déséquilibre est aggravé par la poursuite de la croissance des institutions spécifiquement parisiennes (Collège de France, École pratique des Hautes Études, Conservatoire des arts et métiers, Muséum, écoles spéciales, etc.). A ce potentiel humain déjà existant, se sont en outre ajoutées, au cours des années 1880-1900, de nouvelles institutions qui s'approprient les fonctions novatrices de l'enseignement supérieur et qui n'ont pas d'équivalent en province: l'École du Louvre pour la formation à l'histoire de l'art et à l'archéologie (8 cours), la Cinquième section de l'École pratique des Hautes Études, pour les sciences religieuses, de nouvelles écoles d'ingénieurs (École supérieure d'électricité), de commerce (Hautes Études commerciales, 1881[16]), de nouveaux centres de recherche, des écoles privées (École libre des hautes études sociales, École d'anthropologie). Surtout la spécialisation des disciplines multiplie les fondations de revues scientifiques qui ont presque toutes leur siège à Paris, même si certains de leurs animateurs sont en province, en fonction du rôle dirigeant de l'édition scientifique parisienne. L'autre atout des institutions parisiennes qui ne peut être remis en cause est la spécialisation vers les disciplines nouvelles dont on ne trouve pas l'équivalent en province, car elles ont besoin d'installations spécifiques ou d'un public suffisant pour prospérer. Dans toutes les facultés, il n'y a qu'à Paris qu'on trouve les disciplines les plus récentes en phase avec les développements internationaux des connaissances. Cela n'était pas inéluctable, comme le montre l'exemple de la sociologie, dont on a d'abord expérimenté l'enseignement en province, à Bordeaux, avec Espinas puis Durkheim. Mais la logique d'attraction parisienne, la disposition des legs ou des moyens de recherche et la présence d'étudiants de haut niveau ou cosmopolites ont contrecarré les efforts d'innovation décentralisatrice.

---

[16] M. Meuleau, *HEC 100, histoire d'une grande école*, Paris, Dunod, 1981.

– Les clivages persistants entre universitaires

Cette différence des formes de sélection préalables à l'entrée dans la carrière universitaire aboutit à des clivages persistants comme avant la réforme:
- les littéraires viennent encore en majorité de l'enseignement secondaire;
- les scientifiques créent une filière parallèle de carrière fondée sur les fonctions de laboratoire;
- les juristes, les médecins et les pharmaciens sont sélectionnés par une série de concours et cumulent professorat et activités privées libérales.

Cela empêche la véritable naissance d'un esprit de corps universitaire au-delà des clivages entre facultés. D'autres transformations sociales, du public et de la fonction sociale des universités accroissent les conflits internes à l'enseignement supérieur français.

– Le clivage entre facultés

Il se maintient voire s'amplifie parce que la troisième République a modernisé sans supprimer les structures de base héritées du socle napoléonien: pour élargir le corps enseignant, on a créé de nouvelles catégories mais on les a recrutées, pour l'essentiel, selon les modalités déjà en place ; pour les motiver, on a gardé les mêmes grilles de traitement et d'avantages où l'ancienneté, les titres et la situation géographique pèsent plus que le travail personnel, etc.

La réunion des facultés dans un organisme commun a plutôt renforcé l'identité de chacune, dans la lutte de concurrence pour les ressources communes attribuées à l'ensemble, phénomène lié au fait que les enseignants des facultés dominantes, en particulier les professeurs de droit, ont vécu la réforme comme une perte de privilèges et un déclin relatif. En effet, les nouvelles facultés des lettres et des sciences, pratiquement inexistantes auparavant, notamment en province, ont connu un dynamisme plus grand et ont bénéficié d'une augmentation de leurs ressources financières et humaines bien supérieures, en fonction du mot d'ordre du rattrapage de l'Allemagne sur le plan "scientifique", dans lequel le droit ne jouait pratiquement pas de rôle (sauf pour l'économie politique).

En second lieu, la question des concours n'est pas résolue. Au sein des facultés académiques, un clivage apparaît entre deux groupes d'enseignants à propos des recrutements. Les modernistes souhaitent s'aligner sur le modèle allemand de mise à l'épreuve prolongée par la fonction de *privat-docent*, les traditionalistes refusent l'abandon du concours comme titre préalable à toute cooptation. Les uns privilégient la capacité de recherche prouvée par les travaux, les autres l'apprentissage rhétorique et pédagogique préalable à toute entrée dans le supérieur.

Or on constate, en lettres et en sciences, que les recrutements obéissent à un modèle double: les disciplines traditionnelles supposent toujours, pour effectuer les meilleures carrières, la détention des titres d'ancien élève de l'École Normale Supérieure et d'agrégé, à côté du seul titre officiellement nécessaire de docteur. Seules les nouvelles disciplines (langues, sciences sociales, sciences appliquées, disciplines d'érudition) laissent leur chance – mais plus en province qu'à Paris – aux chercheurs qui montent dans les grades secondaires de la hiérarchie purement universitaire: chargé de cours, maître de conférences en lettres, préparateur, chef de travaux, directeur de laboratoire en sciences.

Cette cohabitation, née de la diversification disciplinaire, crée donc deux types d'enseignants du supérieur au sein des facultés académiques, ceux qui prolongent le modèle napoléonien et ceux qui se rapprochent du modèle international. Les premiers, aux carrières plus rapides et qui maîtrisent mieux la fonction de représentation de par leur formation rhétorique, accèdent aux positions de pouvoir plus facilement. Cela contribue à l'hégémonie persistante du premier modèle, bien au-delà du changement de rapport de forces entre les catégories.

– Le clivage géographique

Il existait auparavant, on l'a vu. Pourtant, non seulement il n'a pas été atténué par la réforme, mais il a été rendu plus sensible, puisqu'il y a eu nationalisation du marché des postes en lettres, en sciences et en droit, les médecins conservant un recrutement essentiellement régional. Ce qui, dans le modèle germanique, entretient le dynamisme et le progrès des connaissances, c'est la concurrence théorique que se livrent des universités de catégorie comparable pour attirer professeurs et étudiants. Il y a bien sûr de petites et de moyennes universités, viviers des grandes, mais il n'y a pas une seule grande université comme en France. Passer de Berlin à Munich, à Leipzig ou à Vienne, si l'on sait négocier son "appel", peut constituer une promotion. En France, cela reste impensable avant les années 1960 où est opérée l'unification des grilles de salaires.

En maintenant un nombre excessif d'universités, les réformateurs n'ont pas pu donner à tous les enseignants des moyens de travail suffisants, même dans les plus grands centres provinciaux. Seules quelques facultés des sciences de province résistent à la suprématie parisienne en passant des alliances avec les industries locales pour développer des recherches appliquées ou des instituts spécialisés, ainsi à Nancy, Grenoble, Toulouse[17]. En lettres, une telle stratégie est impossible: soit il faut consentir à la solitude du chercheur, aux voyages incessants vers les bibliothèques et archives parisiennes, soit il faut revenir à la Sorbonne ou au Collège de France pour bénéficier des ressources parisiennes: bibliothèques, sociétés savantes et revues scientifiques pour rester immerger dans une communauté savante et surtout se constituer un vivier d'élèves susceptibles de continuer la recherche.

De plus, le système des concours – École normale et agrégation – a pour effet pervers de concentrer presque tous ceux qu'on appelle aujourd'hui les doctorants autour des professeurs parisiens.

III. LES CRISES DU SECOND XXᴱ SIÈCLE

Presque tous les pays, au XXe siècle, ont connu des crises universitaires, il n'y a guère qu'en France (et dans certaines nations du Tiers Monde) qu'elles ont ouvert des crises de régime ou ont fait trébucher le pouvoir. Les universités seront entendues ici génériquement, malgré l'impropriété, comme l'ensemble des filières d'enseignement supérieur à l'exclusion des "grands établissements" ou des établissements de recherche pure.

1) Croissance et permanences

La plupart des institutions d'Etat ont subi, au XXe siècle, des mutations profondes, mais les établissements d'enseignement supérieur sont certainement celles qui ont connu les plus rapides et les plus amples, tant quantitatives que qualitatives. On dénombrait, en 1902, 30 370 étudiants (jeunes filles et étrangers compris), 81 218 en 1935 (+167% en 33 ans), 213 100 en 1959/60 (+162% en 24 ans). C'est alors que la croissance s'emballe: qua-

---

[17] M.-J. Nye, *Science in the Provinces, Scientific Communities and Provincial Leadership in France, 1860-1930*, Berkeley, University of California Press, 1986.

druplement en moins de vingt ans (837 776 étudiants en 1977-78), quasi doublement depuis (1,4 million en 1989/90), 2,2 millions en 2007. La mutation qualitative est peut-être encore plus importante. La population étudiante se féminise: représentant 3% des inscrits en 1902, les jeunes filles sont majoritaires depuis 1975, avec des décalages sensibles des lettres, très féminisées, aux sciences et aux écoles d'ingénieurs très masculines. Les centres d'enseignement se multiplient (24 en 1939, 40 en 1970, 80 aujour--d'hui) comme les nouvelles filières plus professionnelles (Instituts universitaires de technologie, Instituts universitaires professionnels, écoles de commerce et de gestion, etc.) et les nouveaux diplômes. Les modes de rapport à l'étude se différencient en conséquence de plus en plus: à côté des étudiants à temps plein, plus rares et souvent obligés de travailler partiellement, sont apparus les étudiants salariés, les adultes en formation permanente, les universités troisième âge, l'enseignement à distance, etc.

Malgré ces changements considérables, certaines particularités de l'enseignement supérieur français ont tenu bon ou n'ont commencé à être corrigées que tardivement. En premier lieu, le déséquilibre Paris/province reste marqué: en 1914, les facultés parisiennes rassemblaient 43% des étudiants français, plus encore si l'on ajoute les élèves des grandes écoles, presque toutes encore à Paris à cette date; en 1968/69, on est revenu à 28,6% grâce à la création des nouvelles universités de la couronne du bassin parisien (Rouen, Amiens, Reims, Orléans, Tours). Le tiers du total est de nouveau dépassé dans les années 1970 avec l'implantation des universités extra-muros (Paris-VIII à XIII, ou plus récemment dans les villes nouvelles: Marne-la-Vallée, St Quentin-en-Yvelines). La massification n'a pas été non plus synonyme de démocratisation au sens naïf qu'on donnait au mot dans les années 60. Absentes ou quasiment à la veille de la Deuxième guerre mondiale (on comptait 2% d'enfants d'ouvriers en 1939 dans les facultés), les catégories les plus modestes atteignent 12% du total au début des années 1980. Le changement réel ou perçu par les acteurs de l'institution est à la fois beaucoup plus et beaucoup moins important que ne le disent ces moyennes: beaucoup plus, puisque le pourcentage portait en 1939 sur moins de 90 000 individus et, à la seconde date, sur près de dix fois plus. On peut donc soutenir qu'au début des années 1980 le nombre d'étudiants d'origine ouvrière équivalait au nombre total des étudiants d'avant-guerre, le passage par l'université d'horizon quasi impossible pour les milieux modestes devient un horizon réel. Beaucoup moins aussi, si l'on raisonne en chances d'accès car l'ouverture démographique n'a pas réduit sensiblement les écarts entre groupes sociaux. La diversification des filières et la concurrence entre filières sélectives et non sélectives, donc entre filières dont les diplômes assurent une véritable promotion et celles dont les débouchés et l'image sociale se dévaluent, aboutit à une hiérarchisation très claire en fonction des origines sociales, donc à un maintien des hiérarchies héritées malgré l'allongement de la scolarisation de tous les groupes. Selon la part des étudiants issus des milieux privilégiés, on trouve, au milieu des années 1970, à un pôle, les diverses écoles (de commerce, d'ingénieurs) et les filières sélectives ou à *numerus clausus* (Institut d'études politiques, Ecoles normales supérieures, médecine, etc.); à l'autre extrême, les filières ouvertes socialement sont formées des Instituts universitaires de technologie, des filières paramédicales, des sections de techniciens supérieurs; les facultés de l'université classique (droit, lettres et sciences) se trouvent en situation intermédiaire, car elles restent liées, en principe, aux cursus secondaires les plus traditionnels. Ce sont ces dernières qui souffrent le plus des transformations générales du fait d'une double concurrence: celle des nouvelles filières professionnelles courtes, dont la pédagogie est plus adaptée à une population de bacheliers elle-même de plus en plus diverse, et celle des filières prestigieuses et sélectives qui les privent de leurs meilleurs éléments, surtout dans les premières années. Ce sont elles où les problèmes vont prendre un tour explosif tant en 1968 qu'en 1976 ou en 1986 et dans les années les plus récentes (question des premiers cycles).

2) La crise de l'université républicaine

Jusqu'aux années 50, les structures mises en place par la Troisième République ont fait face tant bien que mal à la croissance. La division du travail était relativement claire entre écoles et facultés: les unes orientées vers les professions de cadres du secteur privé ou de l'administration, les autres vers les professions libérales, le professorat, les emplois de cadres moyens, les premières sélectives et élitistes, les secondes ouvertes et promettant la promotion républicaine aux boursiers et la "vraie" culture aux individus inadaptés au bachotage des classes préparatoires. Les universités remplissent encore également à cette époque, conformément à l'idéal scientiste des réformateurs de la fin du XIXe siècle, la plus grande part de la fonction de recherche grâce à la fondation d'Instituts liés aux facultés qui ont pris leur essor des années 1900 aux années 1930: la Sorbonne a ainsi ses annexes en sciences (Institut de biologie physico-chimique, Institut du radium, etc.) et en lettres (Institut d'art et d'archéologie, Institut d'ethnographie, Institut d'études slaves, etc.). Les facultés de province ont fondé surtout des instituts de sciences appliquées dont certains deviendront plus tard des écoles d'ingénieurs. Les facultés restent la véritable unité administrative, la conscience d'appartenance à une université étant plutôt faible dans cet univers individualiste, divisé par des modes de recrutement différents (concours en médecine, pharmacie et droit, thèses en sciences et lettres) et structuré par le découpage des chaires et le patronage des plus jeunes par les anciens, en l'occurrence les professeurs parisiens qui dirigent la plupart des thèses, siègent aux jurys des concours, animent les revues disciplinaires et contrôlent les instances consultatives.

Le gonflement des flux étudiants oblige à des solutions de fortune: le recrutement massif d'enseignants non titulaires, plus jeunes et se sentant plus proches des étudiants faute de participer au pouvoir de décision des conseils de faculté et la création à la hâte de nouveaux campus souvent mal adaptés à des générations issues du *baby boom*. Le cas de Nanterre, première antenne de la Sorbonne en banlieue ouvrière, est ici idéal-typique. Orsay, campus scientifique à l'américaine dans la verdure, relié aux laboratoires du CNRS, sera plus réussi, par contraste avec les silos à étudiants de la nouvelle faculté des sciences de la Halle aux vins ou de l'annexe Censier de la faculté des lettres. Moins respectueuses des formes, du fait du recul des méthodes éducatives les plus autoritaires, ces générations étudiantes sont plus impatientes face à une société qui mêle contradictoirement l'éloge de la consommation et de la modernisation et un discours politique officiel dominé par le culte du héros et la geste de la lutte contre l'occupant, période qui paraît bien lointaine aux "jeunes" mais où certains groupuscules puiseront, souvent à contre-sens, des références historiques plaquées mais qui prouvent l'imprégnation inconsciente par cette culture politique de la Résistance. La culture universitaire qu'on transmet dans des cadres surannés se trouve encore plus décalée par rapport au monde extérieur. Les éléments scientifiquement novateurs ont souvent trouvé refuge dans des structures extra-universitaires: la recherche scientifique de pointe migre de plus en plus dans des laboratoires du CNRS ou des grands organismes de recherche (Commissariat à l'énergie atomique, Institut Pasteur); les nouvelles disciplines de sciences humaines s'y développent également ainsi que dans de nouvelles institutions *ad hoc* comme la VIe section de l'Ecole pratique des Hautes Etudes.

Le séisme de 1968 débute, ce n'est pas un hasard, dans le maillon faible de l'université en chantier, non à la vieille Sorbonne, mais à Nanterre, et chez des étudiants qui préfèrent aux humanités les apports critiques et politiques d'un savoir lié à la société (en psychologie et en sociologie par exemple). La crise universitaire est plus profonde que dans les autres pays d'Europe parce que les structures en place et les responsables de celles-ci

Le Projet Universitaire de la Troisième République et ses Limites, Science,...

s'avèrent incapables de dégager la solution des conflits sans recourir aux autorités externes (recteur, ministre, forces de l'ordre), ce qui, en retour, politise, radicalise et élargit la base sociale de ces conflits dont les incidents déclencheurs, rétrospectivement, apparaissent, comme souvent en histoire, sans proportion du résultat.

3) Après la tempête: université ou forum politique?

L'originalité des réformes nées de mai 1968 par rapport aux crises universitaires précédentes est double. La loi d'orientation d'Edgar Faure a cherché à repenser les structures dans l'urgence (alors que la réforme de la Troisième République avait été étalée dans le temps) et a répondu, plus que ne le demandait la majorité des professeurs, à certains mots d'ordre ou propositions du mouvement élaborées lors des innombrables assemblées générales et commissions tenues en mai et juin 1968. Il en a résulté des flottements considérables et surtout des haines inexpiables entre partisans et adversaires des nouvelles structures, d'où la création de nouvelles universités plutôt en fonction de clivages politiques que de nécessités scientifiques raisonnées: l'ancienne Faculté des lettres de Paris (la Sorbonne) se brise ainsi en quatre morceaux: Paris I (lettres, sciences sociales, droit, économie), Paris III (lettres, langues), Paris IV (la "vieille" Sorbonne continuée) et Paris VII, la plus avant-gardiste. Deux annexes novatrices naissent aussi, l'une dans les beaux quartiers: le centre Dauphine, plus tard Paris IX, université sélective et orientée vers l'économie et la gestion. L'autre, le Centre expérimental universitaire de Vincennes, plus tard Paris VIII, est envoyée dans l'est parisien, puis, déménagée contre son gré à St-Denis, dix ans plus tard. S'y affrontent au début de manière inexpiable et suicidaire réformistes et gauchistes dans des locaux vite trop étroits. L'utopie généreuse de l'université pour tous (ouverte aux salariés et non-bacheliers) mais aussi d'avant--garde au plan disciplinaire et organisationnel (avec l'introduction, par exemple, de la psychanalyse ou du cinéma et le souci de l'interdisciplinarité) se heurte à la mauvaise volonté du pouvoir, au découragement des pionniers face au comportement irresponsable de certains de leurs collègues.

La fonction intellectuelle des universités s'en est trouvé inversée. Jusqu'alors caisse de résonance ou avant-garde des grands débats politiques nationaux de l'affaire Dreyfus à la guerre d'Algérie, le milieu universitaire (étudiants et professeurs en proportion variable selon les conjonctures) est devenu le lieu d'affrontement presque transparent des clivages externes, l'autonomie administrative conquise aboutissant à une politisation des questions proprement universitaires. Mais, en concentrant son énergie sur ces querelles internes, la communauté universitaire a perdu, au cours des dix années suivantes, l'essentiel de ses repères identitaires, chaque tendance cherchant à trouver une oreille complaisante au sommet de l'Etat pour régler ses comptes. La conjoncture budgétaire, de plus en plus restrictive après 1974, et le climat de revanche anti-soixante-huitard qui culmine sous le ministère Saunier-Séïté aboutissent à une dégradation accélérée, tant matérielle que morale, des universités. En 1982, la France dépensait seulement 2600 dollars par étudiant, la Suède 3300, les Etats-Unis 5900, le Royaume-Uni 11600. Le gros effort fourni depuis 1989 doit tout à la fois rattraper le retard pris et faire face à des effectifs sans cesse croissant, pari difficile à tenir.

4) Démocratisation ou élitisation?

La période la plus récente a été le théâtre d'un mouvement sinusoïdal, au gré des coups de balancier de la gestion politique des universités, de la montée des antagonismes internes au corps enseignant et des phases de mobilisation ou d'apathie des étudiants. Le recul manquant pour risquer un pronostic, on se limitera à une observation de bon sens: la poussée des effectifs depuis le milieu des années 1980, analogue à celle des années 60, et l'impuissance relative des pouvoirs successifs à faire passer des réformes d'envergure (trop de réformes tuent la réforme) ne peuvent qu'aggraver les dysfonctionnements toujours évidents de l'enseignement supérieur français: tension entre le centralisme ministériel et l'effort d'autonomie et de décentralisation régionale, taux d'échecs excessifs des premiers cycles non sélectifs, inégalité choquante d'encadrement et de budget selon les filières, localisme des carrières, démotivation et division des enseignants en multiples statuts rivaux, tandis que la crise de l'emploi pousse les étudiants à prolonger toujours plus les études.

En fonction des alternances politiques les réformes universitaires depuis les années 1980 ont tantôt privilégié le souci d'ouverture sociale pour répondre au déclassement de la jeunesse et à la nécessité d'adapter la formation aux nouvelles conditions économiques de l'Europe unifiée et de la globalisation, tantôt (ou en même temps) renforcé les pôles d'excellence et le secteur sélectif appuyé sur les institutions de recherche pour maintenir le rang de la France dans la compétition internationale qu'elle soit économique ou scientifique. Dans les phases de prospérité relative l'arbitrage

Le Projet Universitaire de la Troisième République et ses Limites, Science,...

entre ces deux options n'est pas trop difficile. En revanche dans les phases de crise comme celles qu'a connues la crise à plusieurs reprises dans les années 1990 ou actuellement, la contradiction entre le projet élitiste et l'idéal républicain initial apparaît au grand jour. Ce débat n'est pas propre à la France. Les pays voisins comme l'Italie et l'Allemagne ont mis en place des procédures rompant avec l'égalité des systèmes traditionnels: privatisation, hausse des droits d'inscription, hiérarchisation des universités par des aides mises au concours. En France la différenciation des filières est ancienne comme on l'a vu. Pas plus la troisième que la quatrième ou la cinquième République n'y ont mis fin, au contraire. L'accent mis depuis quelques années sur l'évaluation à partir de classements internationaux ou de la mesure de la productivité des universités à partir d'indicateurs quantitatifs pousse encore en ce sens malgré quelques mesures cosmétiques pour masquer les clivages entre établissements voués aux études professionnelles, établissements pratiquant l'élimination «douce», établissements prestigieux et élitistes qui essaient de devenir des «champions» nationaux et internationaux. Les différentes mesures prises depuis 2005 vont toutes dans le sens, non de la démocratisation, mais de l'élitisation, de l'alliance des forts entre eux contre les faibles (politique des pôles de recherche et d'enseignement supérieur, plan Campus, agences de financement de la recherche). Ces clivages ne se limitent pas aux établissements et aux filières, ils apparaissent de plus en plus entre les disciplines d'un même établissement. La peur de l'avenir pousse une fraction de la jeunesse à préférer les filières «rentables» ou professionnalisantes au détriment des autres.

Conclusion provisoire

L'historien est plus à l'aise pour comprendre les choix du passé que prévoir les évolutions à venir. On peut tirer trois enseignements principaux de ce parcours historique:

1) Les universités en France ont toujours couru après l'histoire et l'Etat, même quand il a essayé d'anticiper, n'a jamais eu les moyens de ses ambitions et surtout a été incapable de penser l'ensemble de l'enseignement supérieur, si bien que les effets de domination entre les segments continuaient de produire leurs effets et bloquaient donc en partie les effets positifs des réformes. Les réformes en cours ou annoncées présentent, on l'a vu, exactement les mêmes défauts.

Repúblíca, Universidade e Academia

2) Un second argument qu'on emploie aussi dans les médias est : faisons comme les autres et tout ira mieux. Malheureusement, tout ne va pas si bien ailleurs et les modèles qu'on propose demandent des conditions qui ne sont pas remplies en France pour fonctionner. Pour prendre un exemple simple: les universités anglaises aujourd'hui dépendent de la manne des droits d'inscription des étudiants étrangers ainsi que des placements boursiers des universités anglaises. Avec la crise financière actuelle, exactement comme les fonds de pension, ce qu'on nous présentait comme l'issue au déséquilibre des finances publiques pour financer l'enseignement supérieur ou les retraites s'avère un piège ; les moins values boursières contraignent les universités concernées à faire des choix budgétaires déchirants au détriment de la continuité du service public.

3) Dernière observation de l'historien: on dispose d'une bibliothèque énorme de rapports et d'analyses sur l'enseignement supérieur, le malaise étudiant, etc. Et pourtant les réformateurs et les hommes politiques continuent de proposer toujours les mêmes formules toutes faites, les mêmes débats idéologiques qu'on pouvait déjà lire il y a quarante ans, *mutatis mutandis*. Dès qu'un ministre est parti, on lance un nouveau projet au lieu d'évaluer sérieusement les effets des projets précédents et de corriger le tir. Il en va du statut d'un ministre: il faut qu'il affiche quelque chose de nouveau pour qu'on croit qu'il a agi, mais, malheureusement, le rythme d'évolution de l'enseignement supérieur et de la société n'est pas celui du tourniquet des ministres.

4) Pour ne pas nous contenter de faire la critique des responsables, nous devons, enseignants et étudiants, faire notre autocritique. Si les universités en France vont mal et si une partie des étudiants sont si maltraités, c'est aussi parce que les universitaires n'investissent pas assez dans la connaissance et la gestion de leur propre univers. J'en ai fait l'expérience depuis que je suis professeur, soit 20 ans: quand je propose des sujets sur l'enseignement ou l'université, je suis sûr de faire fuir les étudiants ; quand on regarde le taux de participation aux élections universitaires, on voit que les étudiants (et les enseignants dans une moindre mesure) ne considèrent pas qu'ils sont des citoyens de l'université et ils s'en remettent à d'autres pour décider. De temps à autre, ils protestent. Mais au-delà des victoires ponctuelles, il faudrait une mobilisation permanente pour obliger les autorités à repenser l'ensemble au lieu de réagir au coup par coup face aux urgences.

Ernesto Castro Leal
Noémia Malva Novais

**Ideias Políticas, Formas Organizativas
e Lutas Estudantis Universitárias:
Marcos de um Itinerário (1918-1926)**

LEAL, **Ernesto Castro** – Doutor em História Contemporânea pela Universidade de Lisboa. Professor Associado com Agregação da FLUL e investigador do Centro de História da Universidade de Lisboa.

NOVAIS, **Noémia Malva** – Licenciada em História pela Faculdade de Letras da Universidade de Coimbra. Doutoranda em Ciências da Comunicação na Faculdade de Ciências Sociais e Humanas da Universidade Nova de Lisboa. Colaboradora do CEIS20.

Introdução

O curto ciclo da vida académica dos estudantes universitários configura um dos factores objectivos para a frequente mudança nos seus projectos organizativos (associações) ou informativos (imprensa), com algumas excepções a essa regra, devendo-se juntar, para uma visão geral, a diversidade das comunidades académicas universitárias portuguesas. Entre a *República Nova* sidonista (1918) e a *Ditadura Militar* (1926), essas comunidades académicas universitárias vão confrontar, quase todos ao anos, o poder político com vários protestos, principalmente na Universidade de Coimbra, vindo a ocorrer uma greve geral convergente nas Academias de Lisboa, Coimbra e Porto em Maio de 1926, que, tendo começado por reivindicações profissionais de futuros diplomados (Letras, Ciências, Direito, Engenharias), acabou também por incorporar uma crítica política ao poder republicano, num momento de forte conspiração militar e civil para o golpe de Estado desse mês. Durante os protestos, evidenciaram-se os ideários políticos republicanos e monárquicos, nas suas diversas versões ideológicas, umas vezes em convergência, outras vezes em divergência, tendo-se reconstruído o associativismo estudantil universitário e tendo regressado por duas vezes (1919 e 1926) a ideia antiga de uma Federação Académica Nacional.

1. Organizações políticas de juventude e associativismo académico universitário

Neste período em análise, releve-se a circunstância da recente criação das Universidade de Lisboa (refundação) e da Universidade do Porto, em 22 de Março de 1911, e da aprovação das novas bases da Constituição Universitária republicana para as três Universidades em 19 de Abril seguinte. Temos, por conseguinte, a longa memória transmitida na Universidade de Coimbra, através de uma vasta imprensa académica e estudantil e da Associação Académica de Coimbra, ao lado das curtas memórias institucionais unificadas da Universidade de Lisboa e da Universidade do Porto, apesar da importante rede de Escolas do Ensino Superior e de uma significativa e diversificada imprensa académica e estudantil existente nessas duas cidades, mesmo antes da revolução republicana de 5 de Outubro de 1910.

Para a formação política e cultural das juventudes universitárias, os republicanos, os monárquicos, os católicos e outros criaram várias organizações, algumas muito efémeras. Apesar de não existir um levantamento exaustivo, que estamos a fazer, pode-se, para este período, salientar os Cen-

República, Universidade e Academia

tros Republicanos Académicos de Coimbra, Lisboa e Porto, ligados fundamentalmente ao Partido Republicano Português ("Partido Democrático"), a Liga Nacional da Mocidade Republicana (1918), de convergência republicana entre democráticos, evolucionistas e unionistas, a Liga da Mocidade Republicana (1919-1921), afecta ao Partido Republicano Português ("Partido Democrático"), a União da Mocidade Republicana (1923-1924), afecta ao Grupo da «Seara Nova», os Centros Monárquicos Académicos de Coimbra e de Lisboa, tendo a participação de constitucionalistas e de integralistas – só em 1929 é que os integralistas lançaram autonomamente as Juntas Escolares de Lisboa, Coimbra e Porto –, o Centro Federal Mocidade Republicana (1918), de filiação sidonista, os Núcleos da Juventude Republicana Sidonista de Lisboa (1919-1921), as Comissões Académicas de Lisboa e de Coimbra da Cruzada Nacional D. Nuno Álvares Pereira (1925-1926), o Centro Académico de Democracia Cristã de Coimbra (existência legal desde 1905) e as Juventudes Católicas (desde 1913)[1].

Essas organizações de combate político e cultural disputavam a sua presença hegemónica ou dominante nas direcções das organizações académicas e estudantis e entraram várias vezes em confronto público, como, por exemplo, aquando da criação de organismos federativos – fundação de uma Liga Nacional da Mocidade Republicana (1918) –, da realização de actos eleitorais associativos – as eleições para a direcção da Associação Académica de Coimbra (1923 e 1924) – ou de lutas estudantis universitárias – o debate em torno da greve académica nacional (1926).

---

[1] Para a história das esquerdas e direitas republicanas e das direitas monárquicas, católicas e nacionalistas, durante a I República, cf. Ernesto Castro Leal, *Partidos e Programas. O campo partidário republicano português (1910-1926)*, Coimbra, Imprensa da Universidade de Coimbra, 2008; Idem, *Nação e Nacionalismos. A Cruzada Nacional D. Nuno Álvares Pereira e as Origens do Estado Novo (1918-1938)*, Lisboa, Edições Cosmos, 1999; Manuel Braga da Cruz, *As Origens da Democracia Cristã e o Salazarismo*, Lisboa, Editorial Presença/Gabinete de Investigações Sociais, 1980; Idem, «O Integralismo Lusitano nas Origens do Salazarismo», in *Monárquicos e Republicanos no Estado Novo*, Lisboa, Publicações Dom Quixote, 1986, pp. 13-74; Jorge Seabra, António Rafael Amaro e João Paulo Avelãs Nunes, *O C.A.D.C. de Coimbra, a Democracia Cristã e os Inícios do Estado Novo (1905-1934). Uma abordagem introdutória a partir dos ESTUDOS SOCIAES (1905-1911), IMPARCIAL (1912-1919) e ESTUDOS (1922-1934)*, 2.ª ed. revista, Lisboa, Edições Colibri/Faculdade de Letras da Universidade de Coimbra, 2000; Fernando Rosas e Maria Fernanda Rollo (coordenação), *História da Primeira República Portuguesa*, Lisboa, Tinta-da-China, 2009; Luís Reis Torgal, *Estados Novos, Estado Novo. Ensaios de história política e cultural*, 2.ª ed. revista, 2 vols., Coimbra, Imprensa da Universidade de Coimbra, 2009.

Ideias Políticas, Formas Organizativas e Lutas Estudantis Universitárias:...

No início da *Nova República* afirmou-se também a dimensão paramilitar da actividade política de estudantes republicanos, através do Batalhão Académico de Coimbra e do Batalhão Académico de Lisboa, que, em 1919, participaram, o primeiro, no combate à «Monarquia do Norte», e o segundo, na escalada da Serra de Monsanto contra os monárquicos aí entrincheirados. Seguiam, assim, a tradição liberal radical dos Batalhões Académicos constituídos em 1808-1811, 1826-1827, 1828-1834, 1837 e 1846-1847.

A formação de uma Federação Académica Nacional foi uma ideia recorrente desde finais do século XIX, que nunca seria concretizada totalmente, apesar do início da sus estruturação em 1890 e dos esforços unificadores de 1926. Durante a contestação ao «Ultimatum» inglês de 11 de Janeiro de 1890[2], revelou-se também a força do protesto estudantil no ensino superior do País, vindo a destacar-se o diário *A Pátria*[3], dirigido por Higino de Sousa, órgão de imprensa da Associação Académica de Lisboa, que publicou 326 números, entre 29 de Janeiro de 1890 e 31 de Janeiro de 1891.

No dia 16 de Março (1890), na sala grande dos concursos da Escola Médico-Cirúrgica de Lisboa, juntaram-se representantes dos estudantes do ensino superior de Lisboa (Higino de Sousa presidia à comissão de académicos), de Coimbra (Silvestre Falcão presidia à comissão de académicos) e do Porto (Francisco Reis Santos presidia à comissão de académicos), tendo declarado o presidente da mesa da sessão, Higino de Sousa, secretariado por Santiago Sanches e Eusébio Leão, que «se assistia naquele momento ao prólogo da federação académica»[4]. Durante os dias 23, 24 e 25 de Março (1890), reunia-se em Coimbra um Congresso Académico Nacional, com delegados dos estudantes de Coimbra, Lisboa e Porto (portadores de ofícios de nomeação), onde foram votados os Estatutos da Federação Académica Portuguesa e eleita a sua Direcção, mas não houve seguimento deste projecto federativo.

---

[2] Amadeu Carvalho Homem, «O "Ultimatum" inglês de 1890 e a opinião pública», *Revista de História das Ideias*, vol. 14, Coimbra, 1992, pp. 281-296; Ernesto Castro Leal, «Opinião pública na Província em 1890. Elementos de agitação e antropologia do Português durante a crise do *Ultimatum* inglês», *CLIO*, nova série, vol. 3, Lisboa, Edições Colibri/Centro de História da Universidade de Lisboa, 1998, pp. 39-57.

[3] Ernesto Castro Leal (coordenador científico), *Memória da Imprensa Estudantil Universitária*, Lisboa, Edição de "Os Fazedores de Letras", vol. 1, 2007, pp. 27--29 (verbete de Álvaro de Costa Matos), e vol. 2, 2009, pp. 35-44 (verbete de Luís Almeida).

[4] Cf. «Reunião dos estudantes na Escola Médica», *A Pátria*, Lisboa, 16/03/1890, p. 1.

214
República, Universidade e Academia

Em Maio de 1919, perante «A questão universitária» provocada pela política do ministro da Instrução Pública, Leonardo Coimbra, representantes das três Academias tentaram a criação de uma Federação Académica Nacional. Nos anos de 1921 e 1922, a Associação dos Estudantes do Porto propôs, também sem sucesso, à Associação Académica de Coimbra e à Federação Académica de Lisboa, a constituição de uma Federação Académica Nacional. Finalmente, em Março de 1926, outra vez, a Associação de Estudantes do Porto convidava as congéneres de Coimbra e de Lisboa para uma reunião, que se realizou em Abril, a fim de se estudar o processo de fundação da referida Federação Académica Nacional, vindo estes trabalhos a serem inviabilizados após a dinâmica de confronto político-militar decorrente do golpe de Estado de 28 de Maio de 1926[5].

Havia, em cada uma das Academias, estruturas federativas do associativismo estudantil das diversas Escolas. A Federação Académica de Lisboa teve um percurso intermitente. Fundada em 1871, renomeou-se de Associação Académica de Lisboa cerca de 1885 e atingiu um momento relevante nos anos de 1890 e 1891, dentro do já referido contexto do «Ultimatum» inglês, sendo liderada por estudantes republicanos. Após um período de desactivação, ressurgiu em Março de 1913, novamente com o nome de Federação Académica de Lisboa, reunindo então as Associações da Faculdade de Letras, da Faculdade de Ciências, do Instituto Superior Técnico, do Instituto Superior de Agronomia, do Instituto Superior de Comércio e da Escola de Medicina Veterinária. Publicaria dois números (Março e Abril de 1915) da *Revista da Federação Académica de Lisboa*, dirigida por Raul Navas[6]. Com Estatutos aprovados na reunião da Assembleia-Geral do dia 22 de Junho de 1917, prolongou a existência até 1926, altura em que alguns estudantes integralistas e outros nacionalistas antiliberais tinham forte presença nas suas estruturas directivas.

Face à longevidade e ao estado de construção da sua memória e história, conhecemos melhor a Associação Académica de Coimbra, fundada em 3 de Novembro de 1887 (António Luís Gomes foi o seu primeiro presidente e será reitor da Universidade de Coimbra entre 1921 e 1924) e veio a ser presidida, entre 1918 e 1926, por Guilherme Moreira (1918-1919), filho do doutor Guilherme Alves Moreira; Augusto da Fonseca Júnior, o *Passa-*

---

5 Ernesto Castro Leal, *Nação e Nacionalismos*, pp. 209-276.

6 Ernesto Castro Leal (coordenador científico), *Memória da Imprensa Estudantil Universitária*, Lisboa, Edição de "Os Fazedores de Letras", vol. 1, 2007, pp. 47--49 (verbete de Ricardo Duarte).

rinho (1919-1920), eleito numa lista republicana e participante na *Tomada da Bastilha* em 25 de Novembro de 1920; António Pádua (1920-1921); Alfredo Fernandes Martins (1921-1922), principal líder da *Tomada da Bastilha*; Lúcio de Almeida (1922-1923), eleito numa lista de convergência entre republicanos e monárquicos; Manuel Gomes de Almeida (1923-1924 e 1924-1925), eleito por duas vezes numa lista de convergência entre republicanos moderados, monárquicos e católicos, o que lhe valeu, na primeira vez, a sua expulsão do Centro Académico Republicano de Coimbra; António de Matos Beja (1925-1927)[7].

A Associação dos Estudantes do Porto surgiu em 5 de Abril de 1911 e os seus fundadores reuniram pela primeira vez no dia 10 de Maio seguinte. Em Janeiro de 1918, instalou-se a Federação Académica do Porto, que se extinguiu em Novembro de 1920 para dar origem à Associação dos Estudantes do Porto até Dezembro de 1924, altura em que passou a chamar-se Associação Académica do Porto. No ano de 1925 lançaram a ideia de se criar uma Federação Académica do Norte. Nos tempos iniciais, colaboraram com o Grupo da «Renascença Portuguesa», solicitando aos seus intelectuais várias conferências, a primeira das quais teve como orador Jaime Cortesão, no dia 4 de Março de 1912, sobre *«A Mocidade e o Ideal»*, e, em Junho desse ano, promoveram um grande sarau no Teatro de Sá da Bandeira, homenageando Luís de Camões, onde participaram, entre outros, Teixeira de Pascoaes, Jaime Cortesão, Afonso Duarte, Augusto Casimiro e Leonardo Coimbra[8].

2. Confrontos político-ideológicos e lutas estudantis universitárias

2.1. *Em Lisboa, durante a* República Nova

Em Abril de 1918 ocorreu um grave confronto político-ideológico entre estudantes sidonistas e antisidonista, a propósito da criação de uma

---

[7] Para informações respeitantes a Coimbra, cf. Alberto Sousa Lamy, *A Academia de Coimbra, 1537-1990. História, praxe, boémia e estudo, partidas e piadas, organismos académicos*, 2.ª ed., Lisboa, Rei dos Livros, 1990; João Pedro Campos (coordenação), *AAC – Os rostos do poder*, Coimbra, Imprensa da Universidade de Coimbra, 2009.

[8] Para a história do associativismo académico portuense, cf. S.[Serafim] Lino, «Breve história da Associação Académica do Porto», *Porto Académico*, 30/04/1926, pp. 4-10.

República, Universidade e Academia

Liga Republicana[9]. A 24 desse mês, na véspera da partida de Afonso Costa para o exílio político parisiense, uma Comissão de Alunos da Universidade de Lisboa, afecta aos democráticos, evolucionistas e unionistas, dirigiu-se à mocidade republicana, convidando-a a comparecer dois dias depois na sede do mais importante Centro Evolucionista (Rua de S. João da Praça, 90-1.º), a fim de se criar uma Liga onde «se possam congregar todos os republicanos da nova geração, com ou sem filiação partidária»[10]. No dia da reunião, *O Mundo*, jornal ligado ao Partido Republicano Português ("Partido Democrático"), registava: «Nem toda a mocidade se encontra ao lado da reacção»[11].

A polícia interrompeu o encontro e intimou a comparecer nas instalações Governo Civil de Lisboa, para averiguações, a mesa da assembleia, constituída por Luís de Ornelas Nóbrega Quintal (chefe de gabinete de António José de Almeida aquando do Governo da «União Sagrada»), Fernando Rebelo da Costa e Abreu e Álvaro Eurico Lopes Cardoso. Nóbrega Quintal, António Lúcio Vidal, Fernando Abreu e Lopes Cardoso, que constituiriam depois a Comissão Organizadora da Liga Nacional da Mocidade Republicana, convocaram uma segunda reunião alargada de estudantes para o dia 5 de Maio a ter lugar agora na sede da União Republicana (Largo do Calhariz, 17 – Palácio Azambuja). Novamente a polícia interveio para impedir a sua realização, originando graves distúrbios.

O intuito da Liga Académica Republicana, cujo nome passou a ser Liga Nacional da Mocidade Republicana, era a criação em Lisboa de uma estrutura semelhante à do Bloco Académico Republicano de Coimbra e à do Grémio Académico Republicano do Porto. Apesar de toda a repressão policial a Liga promoveu a sua apresentação pública, entre Maio e Julho de 1918, através da realização de um ciclo de conferências proferidas por destacados republicanos: *«Cada povo tem o governo que merece»*, pelo general João de Almeida Lima, professor da Faculdade de Ciências de Lisboa e antigo reitor da Universidade de Lisboa; *«Presidencialismo»*, pelo doutor Ludgero Neves, professor da Faculdade de Direito de Lisboa; *«Os partidos políticos e as causas do movimento de 5 de Dezembro»*, pelo doutor Albino

---

[9] Ernesto Castro Leal, *Nação e Nacionalismos*, pp. 125-130; Ana M. Caiado Boavida, «Tópicos sobre a prática política dos estudantes republicanos (1890-1931): limites e condicionantes do movimento estudantil», *Análise Social*, n.º 77-78-79, Lisboa, 1983, pp. 749-750.

[10] *O Mundo*, Lisboa, 24/04/1918, p. 1.

[11] *O Mundo*, Lisboa, 26/04/1918, p. 1.

Ideias Políticas, Formas Organizativas e Lutas Estudantis Universitárias:...

Vieira da Rocha, professor da Faculdade de Direito de Lisboa; *«Significado espiritual da guerra europeia (Portugal na guerra)»*, pelo dr. Leonardo Coimbra, professor da Escola Normal Superior de Lisboa e do Liceu Gil Vicente de Lisboa, no decurso da qual houve vários incidentes provocados por defensores da causa anti-intervencionista[12].

A Liga Nacional da Mocidade Republicana possuía desde Maio um Directório composto por João Camoesas, Teófilo Júnior, Fernando de Abreu, Álvaro Lopes Cardoso e Luís Nóbrega Quintal, mas a prisão de alguns deles levou à constituição em Julho de novo Directório, onde estavam Teófilo Júnior, Barbosa Soeiro, Rui Ribeiro, Francisco da Costa Ferreira e Francisco Magro. A criação deste projecto será dificultada pelas autoridades, o que não impediu o debate sobre o Programa e a Lei Orgânica da Liga, nos meses de Agosto e Setembro, e a saída de apenas dois números da revista *A Mocidade*, em 5 de Outubro e 13 de Novembro (1918), este segundo praticamente todo em branco, por causa da censura. Dirigida por Manuel de Almeida, editada por Fernando de Carvalho e administrada por José de Almeida, a revista publicou, entre outros, artigos de Camoesas, Nóbrega Quintal, José da Cruz, Fernando Carvalho, Arnaldo Júlio Vieira, João Pereira Rodrigues Júnior e Manuel de Almeida. Durante o ano de 1919, com a construção da memória heróica recente do Batalhão Académico de Lisboa, a Liga ganharia novo folgo até 1921.

A contra-ofensiva sidonista não se exprimiu só na repressão policial. Alguns estudantes afectos à *República Nova*, considerando terem sido enganados pelo convite para a reunião de 26 de Abril, iniciaram o aliciamento para a fundação de outra organização académica. Assim é que, uma semana após a já referida reunião no Centro Evolucionista, J.V.M [?], estudante da Faculdade de Direito de Lisboa que aí esteve presente, fazia publicar uma carta no sidonista *Jornal da Tarde*, dirigido por João Calado Rodrigues, onde classificava a Liga de grande *«blague»* e passava a descrever o que se tinha passado[13]. Esclarecia que tinham comparecido republicanos da

---

[12] Para o ambiente de debate público, cf. Luís Manuel Alves de Fraga, *Portugal e a Primeira Grande Guerra. Objectivos políticos e esboço da estratégia nacional: 1914-1916)*, Lisboa, Universidade Técnica de Lisboa, 1990; Nuno Severiano Teixeira, *O Poder e a Guerra, 1914-1918. Objectivos nacionais e estratégias políticas na entrada de Portugal na Grande Guerra*, Lisboa, Editorial Estampa, 1996; Filipe Ribeiro de Meneses, *União Sagrada e Sidonismo. Portugal em guerra, 1916-18*, Lisboa, Edições Cosmos, 2000; Noémia Malva Novais, *João Chagas. A Diplomacia e a Guerra (1914--1919)*, Coimbra, Minerva Coimbra, 2006.

[13] *Jornal da Tarde*, Lisboa, 7/05/1918, pp. 1-2.

218

República, Universidade e Academia

«Velha» e da «Nova» República – o convite fora dirigido de forma muito abrangente –, só que as finalidades dos dois grupos de estudantes é que não eram as mesmas, afirmando, de seguida, que, entre o grupo afecto a Sidónio Pais, estavam muitos estudantes de Direito, de Medicina, da Escola de Guerra e jovens oficiais do Exército. Em nota, logo a seguir à carta, o jornal comentava assim a Liga Republicana que se estava a organizar: «[...] na sua essência não passa duma nova agremiação formigal destinada a continuar a odisseia deslumbrante da outra [alusão à *Formiga Branca* dos democráticos], que tem vindo a morrer de inanição por lhe terem levantado os víveres».

Dessa contestação surgiu o Centro Federal Mocidade Republicana, sendo canalizadas as adesões para a redacção do jornal sidonista *A Situação*, dirigido pelo então alferes de Artilharia Jorge Botelho Moniz, um dos cadetes de Sidónio Pais. O manifesto do Centro surgiu a 7 de Maio (1918) e foi assinado por uma Comissão Organizadora, composta por J. Marques da Silva, dinamizador da iniciativa, Gonçalo Casimiro e Sacadura Cabral (estudantes de Direito), Augusto Mira e Hipólito Gracias (estudantes de Medicina), tenente Manuel Henrique de Faria, alferes e escritor teatral Rui Chianca e Francisco Sobral Cervantes (empregado público)[14]. No documento, voltava-se a denunciar a Liga como «agremiação democrática» e apelava-se à organização da mocidade sidonista para ajudar a promover os seguintes objectivos: difusão da instrução, com um carácter prático e popular; diagnóstico dos recursos humanos e materiais da nação; pacificação da família portuguesa; intensificação do «espírito da Raça, dando a todos o ideal supremo da Pátria». Apesar das numerosas adesões, o Centro não teria sucesso, acabando por estar na génese da Cruzada Nacional D. Nuno Álvares Pereira (constituição da Comissão Organizadora em 6 de Junho de 1918), com a entrada do tenente de Infantaria João Afonso de Miranda para a Comissão Organizadora do Centro, em 11 de Maio (1918). Outra atitude académica de apoio a Sidónio Pais, esta após a sua vitória presidencial como candidato único, traduziu-se no telegrama de felicitações enviado de Coimbra, em Maio de 1918, com dezenas de assinaturas: «*Telegrama dirigido ao Excelentíssimo Senhor Doutor Sidónio Pais. Os estudantes conservadores da Universidade de Coimbra saúdam em Vossa Excelência a vitória da Ordem*»[15].

---

[14] *A Situação*, Lisboa, 7/05/1918, p. 1.

[15] A. H. de Oliveira Marques, *História de Portugal. Desde os tempos mais antigos até à Presidência do Sr. General Eanes*, 3.ª ed., vol. III, Lisboa, Palas Editores,

Ideias Políticas, Formas Organizativas e Lutas Estudantis Universitárias:...

Os primeiros doze estudantes subscritores desse telegrama foram Elias de Aguiar (5.º ano de Direito), Aarão de Lacerda (2.º ano de Letras), D. Manuel de Almeida de Azevedo e Vasconcelos (4.º ano de Direito), Francisco Joaquim Fernandes Júnior (2.º ano de Direito), Roberto Vaz de Almeida (4.º ano de Direito e Letras), Fausto Ferreira Lobo (5.º ano de Medicina), Mário Correia Teles de Araújo e Albuquerque (2.º ano de Direito e Letras), Américo Júlio da Silva Reboredo de Sampaio e Melo (2.º ano de Ciências), Ernesto de Castro Leal (4.º ano de Direito), António Pedro Pinto de Mesquita Carvalho de Magalhães (2.º ano de Direito), João de Azevedo Pacheco Sacadura Botte (4.º ano de Ciências) e Emílio de Almeida Azevedo (1.º ano de Medicina).

A Liga Nacional da Mocidade Académica renasceu em 1919 com o nome de Liga da Mocidade Republicana e extinguiu-se em 1921. Entre os seus dirigentes, estavam Luís Derouet, José Gomes Ferreira, Cristino da Silva e Santos Franco, funcionando a sua sede nas instalações da redacção do jornal *A Vanguarda* (dirigido por Sebastião de Magalhães Lima). Em 1923 iniciaram-se os trabalhos para o seu reaparecimento, o que veio a acontecer em finais desse ano com a União da Mocidade Republicana, sob a liderança de José Rodrigues Miguéis e a presença destacada de Carlos Mayer Garção e de Adelino da Palma Carlos. Promoveram em Fevereiro de 1924, no Teatro Nacional, em Lisboa, uma sessão solene para comemorar a revolta republicana de 31 de Janeiro de 1891, onde discursou Rodrigues Miguéis, afirmando que o problema basilar da política portuguesa, nesse momento, não era o problema do regime político (república ou monarquia, barrete frígio ou coroa) mas «o da organização da democracia; sindicalismo, socialismo, bolchevismo – tudo são fórmulas que procuram, na desorientação deste século, traduzir cada vez melhor e exactamente os justos ideais da democracia»[16]. Convergente com ideário searetiro, clamou pela formação de elites e por um programa de ressurgimento nacional, recordando três figuras ilustres e exemplares que «a política republicana não soube utilizar»: Sampaio Bruno, Basílio Teles e Teófilo Braga.

1986, gravura n.º 51, com 86 assinaturas no telegrama. Alberto Sousa Lamy refere, na sua obra *A Academia de Coimbra, 1537-1990* (p. 212), serem cerca de 500 as assinaturas, o que apontaria para a reprodução parcial por Oliveira Marques das assinaturas do telegrama.

[16] Rodrigues Miguéis, «União da Mocidade Republicana», *Seara Nova*, Lisboa, 1/03/1924, pp. 159-161.

2.2. *Em Coimbra, ao longo da* Nova República

Em Coimbra, no período volvido entre 1919 e 1926, que designamos por *Nova República*, entre as várias greves académicas e universitárias ocorridas, salientamos quatro que nos parecem especialmente relevantes e cuja historicidade tem estado por fazer, só havendo a registar o contributo de Alberto Sousa Lamy[17]. São as greves de 1919 (motivada pela extinção da Faculdade de Letras), de 1920 (a *Tomada da Bastilha*), de 1921 (quintanistas de Medicina contra o Professor Ângelo da Fonseca) e de 1924 (confrontos durante o cortejo da Queima das Fitas). Entre estas, sublinhamos a greve académica desencadeada no dia 24 de Maio de 1919, pela Assembleia Magna dos estudantes de Coimbra, em reacção contra a transferência da Faculdade de Letras para o Porto (decreto n.º 5770, de 10 de Maio de 1919), por decisão de Leonardo Coimbra, ministro da Instrução Pública do Governo de Domingos Leite Pereira.

2.2.1. *«A questão universitária»*

A greve de 1919 tem origem na política de Leonardo Coimbra para o Ensino Superior, nomeadamente nas medidas políticas implementadas, no sentido de reestruturar os Cursos de Ciências Filosóficas das Faculdades de Letras e de criar novos cursos na Faculdade de Ciências da Universidade de Coimbra, na Escola Normal de Coimbra e na Escola Normal do Porto. Para esse efeito, o Governo aprovou dois decretos (Maio de 1919), que foram publicados no *Diário do Governo* de 2 de Maio de 1919. Um dos decretos procedia à reorganização das disciplinas do curso de Filosofia das Faculdades de Letras de Lisboa e de Coimbra, à criação de duas vagas para professores nesse curso e conferia ao Governo a competência para nomear os professores para esses lugares. O outro decreto, complementar deste, nomeava os professores escolhidos pelo ministro Leonardo Coimbra.

No mesmo decreto, o corpo docente da Faculdade é apontado por ter instigado os alunos a também enviarem um abaixo-assinado ao ministro, para mais redigido em «termos inconvenientes», e o reitor Joaquim Mendes dos Remédios é responsabilizado por estes actos e exonerado e é nomeado reitor interino Joaquim José Coelho de Carvalho. O Governo vai ainda mais longe ao publicar o decreto n.º 5770 (10 de Maio de 1919) que extingue a Faculdade de Letras da Universidade de Coimbra e cria a Faculdade de

---

[17] Alberto Sousa Lamy, *A Academia de Coimbra, 1537-1990*, pp. 212-222.

Ideias Políticas, Formas Organizativas e Lutas Estudantis Universitárias:...

Letras da Universidade do Porto. O Executivo fundamenta a sua decisão na necessidade de dotar o Porto de uma Faculdade de Letras e no facto, seguro para o Governo, da Faculdade de Letras de Coimbra ter um ensino «retrógrado»[18], uma espécie de «erudição livresca»[19] e de «orientação tomista e escolástica»[20]. Em compensação, o decreto prevê a criação, em Coimbra, de uma Faculdade Técnica que deveria incluir uma Escola de Belas Artes.

Ora, como em política os actos têm, normalmente, consequências, o ministro da Instrução Pública 'conseguiu' unir a Universidade, a Academia e a cidade de Coimbra, voltando-os, em uníssono, contra si. O jornal *Gazeta de Coimbra* transformou-se no arauto da «Causa da Universidade»[21], acusando o Governo de «má vontade» e o ministro de ser mal aconselhado por «falsos acusadores» dos professores das Letras. A Academia de Coimbra reuniu-se em Assembleia Magna, a 22 de Maio de 1919, no Pátio da Universidade, e aprovou a greve geral para se iniciar em 24 horas se o ministro não anulasse o decreto que transferia a Faculdade para o Porto. Nesta Assembleia Magna foi eleita uma comissão de estudantes que, em seguida, comunicou ao reitor a decisão de avançar para a greve, ao que este retorquiu com a informação de que os alunos não seriam prejudicados, pois, no ano lectivo seguinte, seriam aprovados sem exame. Os estudantes recusaram esta proposta do reitor e, em nova Assembleia Magna realizada no dia seguinte (23 de Maio de 1919), decidiram avançar para a greve que começou, efectivamente a 24 de Maio (1919).

No dia do início da greve académica, o Senado da Universidade, dado que não foi convocado pelo reitor, reuniu por direito próprio sob a presidência do vice-reitor Eusébio Tamagnini[22], e aprovou uma moção de repúdio pelos decretos e elaborou um extenso manifesto intitulado «*A Faculdade de Letras da Universidade de Coimbra ao País*»[23] em que, entre muitos outros aspectos, considerou que «a Universidade está com o espírito

---

[18] *Gazeta de Coimbra*, 24/05/1919, p. 1.

[19] Decreto n.º 5770, 10/05/1919.

[20] Ibidem.

[21] *Gazeta de Coimbra*, 10/05/1919, p. 1.

[22] O Senado foi presidido pelo vice-reitor Eusébio Tamagnini, dado que o reitor se recusou a presidir por considerar que o Senado não tinha competência para apreciar o decreto n.º 5770, mas, na verdade, tinha essa competência ao abrigo do n.º 1 do artigo 13.º do Estatuto Universitário.

[23] Este manifesto intitulado «*A Faculdade de Letras da Universidade de Coimbra ao País*» foi publicado pela Tipografia França Amado neste ano de 1919.

da Nação». Com esta declaração, o Senado arredava qualquer possibilidade de ser acusado de agir contra os interesses da República como, de resto, fora acusada a Faculdade de Letras. Para mais, o Senado solidarizou-se com «a doutrina da acta» da reunião do Conselho da Faculdade de Letras e considerou que o decreto n.º 5770, por ter uma data anterior a 14 de Maio, era uma «anomalia legal», dado que surgiu posteriormente a esta data. Assim, pediu ao Governo que suspendesse a aplicação do decreto até que este fosse apreciado pelo Parlamento.

Entretanto, Ângelo da Fonseca, professor da Faculdade de Medicina, liderou uma reunião de professores da Universidade, na qual foi decidido adoptar a moção do Senado contra a transferência da Faculdade para o Porto, comunicar ao Governo que a permanência do reitor no cargo seria prejudicial para a Universidade de Coimbra e solidarizar-se com a greve da Academia. Esta moção foi assinada pela maioria dos professores da Universidade, com Ângelo da Fonseca à cabeça, e seguindo-se, entre outros, e por esta ordem, Bissaya Barreto, Eusébio Tamagnini, Elísio de Moura, Mendes dos Remédios, Eugénio de Castro, António de Oliveira Salazar e Filomeno da Câmara. Simultaneamente, realizaram-se reuniões na Sociedade de Defesa e Propaganda de Coimbra, na Associação Comercial, no Governo Civil, na Câmara Municipal e no Centro Evolucionista. A uma só voz, a voz do presidente da Sociedade de Defesa e Propaganda de Coimbra, Manuel Braga, Coimbra disse ao Governo que a cidade «não consentia [...] que se atentasse contra a integridade da sua grande e gloriosa Universidade, cujo prestígio e engrandecimento tanto intimamente importam ao progresso e futuro da cidade»[24] e exigiu «o restabelecimento imediato da extinta Faculdade de Letras ou a criação de uma nova faculdade»[25].

Perante este protesto generalizado de Coimbra, o ministro da Justiça deslocou-se à cidade e, após reunir com a mesma comissão, declarou-se convicto de que «as reclamações de Coimbra seriam rapidamente atendidas»[26], desde logo, porque as defenderia no Conselho de Ministros e no Parlamento. Também um delegado do Governo, Silvério Júnior, se dirigiu a Coimbra, reuniu com a mesma comissão e garantiu que o ministro do Interior «satisfaria imediatamente as pretensões da cidade»[27]. Estas promessas não acalmaram esta quase guerra sem tréguas. Assim, o arauto da cidade

---

[24] *Gazeta de Coimbra*, 27/05/1919, p. 1.
[25] *Gazeta de Coimbra*, 27/05/1919, p. 2.
[26] Ibidem.
[27] Ibidem.

Ideias Políticas, Formas Organizativas e Lutas Estudantis Universitárias:...

(a *Gazeta de Coimbra*) recordou que tinham saído da Universidade de Coimbra os políticos mais em evidência na República: Teófilo Braga, Manuel de Arriaga, Bernardino Machado, Sidónio Pais, Afonso Costa e António José de Almeida; a Universidade de Coimbra dera, até então, o maior número de ministros, senadores e deputados à República; e o Governo do momento integrava quatro ministros que tinham frequentado a Universidade de Coimbra, designadamente Domingos Pereira (presidente do Ministério), Vítor de Macedo Pinto (ministro da Marinha), Ramada Curto (ministro das Finanças) e o próprio Leonardo Coimbra (ministro da Instrução Pública).[28]

Os protestos iam subindo de tom e, cada vez mais, iam sendo direccionados para o ministro Leonardo Coimbra e para o reitor Joaquim Coelho de Carvalho. Este é publicamente acusado de ter colaborado para a elaboração do decreto que extinguia a Faculdade de Letras; de desprezar os altos corpos universitários; de se ter ausentado de Coimbra no dia agendado para a Academia das Ciências de Portugal, presidida por Teófilo Braga, entregar as suas mais altas distinções à Universidade de Coimbra; e de se ter esquecido, por um lado, de agradecer, de acordo com o cerimonial académico, a conferência proferida na Sala dos Capelos por um professor do Colégio de França, e, por outro lado, de se ter esquecido também de ir receber, na estação de comboios, outro professor do Colégio de França que, uma vez esquecido na cidade, regressou a Paris sem apresentar a conferência em Coimbra. O ministro é acusado de encabeçar o movimento contra a Universidade de Coimbra. Certo será, pelo menos, que Leonardo Coimbra tinha, desde há algum tempo, a intenção de efectuar mudanças na Universidade de Coimbra, como evidenciam as palavras por si utilizadas num encontro que teve com o poeta José Gomes Ferreira, na Brasileira, no Rossio, em Lisboa; bem como as declarações por si prestadas numa entrevista a *O Mundo*, considerando que alguns dos professores da Universidade de Coimbra são «propagandistas duma neutralidade impossível e até de puro germanofilismo», sublinhando ser sua a intenção de formar uma comissão para estudar «um programa de remodelação da Universidade»[29].

Neste contexto de agitação académica, a 28 de Maio (1919), em defesa da autonomia universitária, a Federação Académica de Lisboa deci-

---

[28] *Gazeta de Coimbra*, 29/05/1919, p. 1.

[29] Fernando Mendonça Fava, *Leonardo Coimbra e a I República. Percurso político e social de um filósofo*, Coimbra, Imprensa da Universidade de Coimbra, 2008, p. 82. Cf. Norberto Cunha, «O percurso e as ideias políticas de Leonardo Coimbra», *Gil Vicente*, 4.ª série, n.º 3, Guimarães, 2002, pp. 7-30.

República, Universidade e Academia

diu iniciar uma greve de solidariedade com os seus colegas de Coimbra. Dois dias depois, Fernando Duarte Silva, representante desta Federação, foi convidado a presidir a uma reunião da Academia de Coimbra que reuniu os estudantes da Universidade e do Liceu e na qual foram anunciadas a adesão à greve da Escola Normal Superior, da Faculdade de Letras, do Instituto Superior Técnico e do Instituto Superior de Agronomia, todos de Lisboa. Os estudantes decidiram enviar um telegrama ao Presidente da República (que, aliás, saudaram por se encontrar doente), explicitando que a greve não tinha objectivos políticos, e enviar delegados ao Porto, a fim de lançarem as bases de uma Federação Académica Nacional.

A polémica adensa-se com a chamada do reitor a Lisboa. Na ausência deste, o vice-reitor Eusébio Tamagnini assumiu o governo da reitoria, porém, foi suspenso dessas funções por telegrama do ministro da Instrução. Neste quadro, mandavam os estatutos que o mais antigo director de Faculdade assumisse o lugar do reitor. Assim, coube ao director da Faculdade de Medicina, Filomeno da Câmara, assumir estas funções. O reitor, porém, mandou, de Lisboa, que o expediente não fosse entregue a Filomeno da Câmara e, posteriormente, o ministro ordenou à Secretaria da Universidade que cessasse o expediente até estar nomeado um novo vice-reitor.

Perante esta situação, Ângelo da Fonseca, em nome dos professores, escreveu um telegrama ao presidente do Ministério Domingos Pereira descrevendo esta sequência de acontecimentos na reitoria e reiterando a necessidade de exonerar o reitor. Por seu lado, Joaquim de Carvalho, jovem assistente da então extinta Faculdade de Letras, publicou um manifesto intitulado «*A minha Resposta ao último considerando do decreto que desanexou a Faculdade de Letras da Universidade de Coimbra*»[30], em que estabeleceu «o seu programa de actuação magistral, pedagógica e científica» como o programa de um «homem livre como cidadão e professor universitário, como membro da polis, como pensador e como docente da sua universidade (posta injustamente em causa por um ministro de notável talento verbal mas de ideias limitadas)»[31]. Neste depoimento, como o próprio o denomina, contestou as considerações feitas no decreto da extinção da Faculdade de Letras de Coimbra, como a «erudição livresca» manifes-

---

[30] Joaquim de Carvalho, «A minha Resposta ao último considerando do decreto que desanexou a Faculdade de Letras da Universidade de Coimbra», in *Obras Completas*, vol. VII, *Escritos sobre a Universidade de Coimbra (1919-1942)*, Lisboa, Fundação Calouste Gulbenkian, 1993, pp. 1-11.

[31] Idem, p. XV.

Ideias Políticas, Formas Organizativas e Lutas Estudantis Universitárias:...

tada na «filosofia revelada nas obras dos alunos laureados» e na sua «quase completa orientação tomista» enfatizando que nunca fora tomista, nem escolástico, pela razão simples de ser neo kantista»[32].

No Parlamento, a polémica serviu de mote a várias sessões do mês de Junho e Julho. Os protagonistas do combate parlamentar foram, pelo Governo, o ministro da Instrução Leonardo Coimbra, e, pela 'oposição', o deputado pelo círculo de Coimbra Alves dos Santos. «A questão universitária» – como lhe chamava a maioria dos jornais portugueses e, mais tarde, lhe chamará o próprio Leonardo Coimbra num opúsculo que tem por base um discurso intitulado *«A Universidade e a Liberdade»* por si proferido na Câmara dos Deputados pouco depois de cessar as suas funções ministeriais – terminou em finais de Julho, após a mudança da presidência do Governo para Alfredo de Sá Cardoso e a substituição do ministro da Instrução Pública Leonardo Coimbra por Joaquim José de Oliveira. Este promoveu a revogação do decreto (n.º 5770, de 10 de Maio) da extinção da Faculdade de Letras, através da lei n.º 861, de 27 de Agosto de 1919, que manteve a Faculdade de Letras de Coimbra e criou a Faculdade de Letras do Porto, cuja direcção foi entregue a Leonardo Coimbra como uma espécie de prémio de consolação pela derrota política.

2.2.2. *A* Tomada da Bastilha

Outro dos acontecimentos estudantis de maior importância ocorreu a 25 de Novembro de 1920. Foi a *Tomada da Bastilha*, que até hoje permanece na memória cívica ritualizada dos estudantes universitários de Coimbra, tendo mesmo sido feriado académico. Na origem deste episódio esteve o facto da sede da Associação Académica de Coimbra (AAC) se localizar, desde 1913, no acanhado rés-do-chão do Colégio de S. Paulo Eremita, ou Colégio dos Paulistas, na Rua Larga, edifício em que também funcionava, no primeiro andar, a sede do Instituto de Coimbra, uma prestigiada academia científica e literária, fundada em 1852. Na verdade, este espaço tinha sido várias vezes prometido para novas instalações da AAC. Porém, a academia continuava sem instalações dignas e com uma verba diminuta (100.000 escudos) para a construção de uma nova sede, pelo que encetaram contactos com a Universidade, no sentido de adquirirem todo o edifício. A Junta Administrativa da Universidade acedeu à pretensão dos estudantes, mas o Instituto de Coimbra exigiu uma indemnização destinada a custear as

---

[32] Ibidem.

República, Universidade e Academia

despesas resultantes de uma nova instalação e, em resposta, a academia organizou um comité, a fim de dar força à direcção da AAC para reclamar junto da Universidade. Porém, um grupo de estudantes mais impaciente decidiu apoderar-se do primeiro andar do edifício naquela madrugada (25 de Novembro de 1920).

Sob o silêncio da noite, esse grupo de estudantes colocou em acção uma estratégia inédita: um primeiro grupo defendeu as instalações da AAC; um segundo grupo, de cerca de 40 estudantes, dirigido pelo estudante de Direito Alfredo Fernandes Martins (que virá a ser presidente da AAC em 1921-1922), ocupou a sede do Instituto de Coimbra, mudou para este espaço o mobiliário da sede da AAC e encaixotou e selou os móveis e os livros do Instituto; um terceiro grupo, liderado pelo estudante de Medicina Augusto da Fonseca Júnior, conhecido como o *Passarinho* (presidente da AAC em 1919-1920), cerca das 6h30 da madrugada, tomou a Torre da Universidade, fazendo repicar os sinos e queimando morteiros.

Seguidamente, alguns estudantes mais eufóricos, precedidos de «Zés P'reiras», percorreram as ruas da Alta e da Baixa da cidade, anunciando o assalto a que deram o nome de *Tomada da Bastilha*. À noite, a academia promoveu uma sessão solene e uma marcha luminosa novamente pelas ruas da Alta e da Baixa. Contudo, a direcção da AAC, provavelmente, temendo as consequências da ocupação da sede do Instituto de Coimbra, convocou uma reunião para o dia 27, na Sala dos Capelos, na qual apresentou a demissão que não foi aceite pela academia. Assim, decidiram enviar telegramas ao Presidente da República, ao presidente do Ministério, ao ministro da Instrução Pública, aos presidentes do Senado e da Câmara dos Deputados e ao reitor da Universidade de Coimbra, comunicando-lhes terem «tomado posse da nova sede da Associação Académica». Devido à boa vontade do presidente do Instituto, Francisco Miranda da Costa Lobo, o objectivo dos estudantes foi alcançado e, entretanto, reconhecido pelo reitor Filomeno da Câmara, que aceitou que as instalações do Instituto de Coimbra fossem, a partir de então, a nova sede da Associação Académica de Coimbra (até 1949). A reabertura solene da sede da AAC decorreu em Outubro de 1921 e o Instituto de Coimbra foi transferido para novas instalações situadas junto ao Museu Nacional Machado de Castro.

2.2.3. *A greve dos Quintanistas de Medicina*

Aquela que começou por ser apenas uma greve dos Quintanistas de Medicina transformou-se, entre Abril e Outubro de 1921, numa greve nacional. A origem desta luta estudantil encontra-se na reacção de Ângelo da

Fonseca, então professor de Clínica Cirúrgica e de Clínica Urológica no 5º ano médico, ao discurso proferido pelo aluno Eduardo Coelho, em representação do curso de Medicina, aquando da homenagem ao recém falecido Daniel de Matos, professor de Medicina e antigo reitor da Universidade de Coimbra. Numa das suas aulas de Março (1921), Ângelo da Fonseca declarou aos alunos que tinha ouvido «com desgosto e mágoa» aquele discurso em que Eduardo Coelho considerara que «rareiam cada vez mais os homens da envergadura moral e intelectual de Daniel de Matos. Desaparecem grandes homens e ficam pequenos homens! [...] os cursos estiolam em apagada e vil tristeza, faz tremer de pavor, pelo futuro da raça, o desaparecimento de mentalidades como a de Daniel de Matos que foi extraordinária em todas as fases da sua vida e em todas as modalidades da sua personalidade [...]. [...] pertenceu a um curso excepcional – o maior que tem passado pela Velha Faculdade de Medicina e que tinha cabeças portentosas como a do Sena, do Augusto Rocha, do Lopes Vieira, do Matoso dos Santos, do Urbino de Freitas, do Teixeira de Queiroz [...]. Devia fazer-lhe pena recordar o seu curso e compará-lo com os actuais, olhar para o dobrar dos tempos em que se bateu a sua alta mentalidade e aferi-lo por esta estagnada planície», terminando com uma citação do homenageado: «Que tristeza a geração de hoje! De maus e de doidos, mais maus que doidos»[33].

Os alunos, que tinham acabado de anunciar para o dia 28 de Abril (1921) uma homenagem nacional a Daniel de Matos, para a qual já tinham convidado o Presidente da República e o ministro da Instrução Pública, não gostaram da crítica de Ângelo da Fonseca, nunca mais foram às aulas de Clínica Cirúrgica e de Clínica Urológica e lançaram um *«Manifesto ao País»* (10 de Março de 1921), onde apresentavam o seu ponto de vista sobre a situação, exigiam ao reitor que o professor fosse afastado da regência das cadeiras naquele ano lectivo e apelavam à greve. A 18 de Abril (1921), como o reitor não atendeu as suas pretensões, a academia reuniu em Assembleia Magna, na Sala dos Capelos, e votou a greve geral, alegando não poder aceitar uma transferência (voluntária) em massa de estudantes de Medicina para a Universidade de Lisboa. A universidade e a cidade não aceitaram a atitude dos estudantes, dado que consideravam Ângelo da Fonseca «um operador muito distinto», «homem de uma grande competência na sua especialidade», responsável por «alguns dos melhoramentos conseguidos no hospital», a quem a universidade e a cidade deviam «relevantes serviços»[34].

---

[33] *Gazeta de Coimbra*, 3/03/1921, p. 1.
[34] *Gazeta de Coimbra*, 19/04/1921, p. 1.

Os estudantes, contudo, não se deixaram intimidar e decidiram não realizar a Queima das Fitas. Obtiveram, então, a solidariedade das academias de Lisboa e do Porto que, a 20 de Abril, anunciaram a sua adesão à greve académica.

Entretanto, a 18 de Maio (1921), a AAC reuniu novamente em Assembleia Magna com a presença de um delegado da Federação Académica de Lisboa, ao qual entregou um libelo acusatório a Ângelo da Fonseca, pedindo aquela federação que dele desse conhecimento aos poderes públicos, a quem solicitam a solução do conflito. Tendo em conta que as suas pretensões, mais uma vez, são ignoradas, os estudantes não realizam mesmo a Queima das Fitas e, a 1 de Junho (1921) voltam a reunir e a decidir continuar em greve, dando à universidade um prazo de cinco dias para resolver a situação favoravelmente para a academia. O prazo foi esgotado e os estudantes foram em greve para férias. Em Outubro, regressam os alunos e a contestação, porém, a 11 de Outubro (1921), foi publicado um decreto que validava as inscrições nas cadeiras e cursos de frequência no ano lectivo anterior, que tinham sido anuladas pelos conselhos das faculdades, e transferia a época extraordinária de exames para Dezembro e Janeiro.

Ora, quando a contestação dava sinais de acalmia, no domingo, 16 de Outubro (1921), um grupo de estudantes, no regresso de uma ceia, envolveu-se, por duas vezes, em confrontos com populares e agentes da polícia. Um dos estudantes, José Barbas dos Anjos, foi preso e levado para a esquadra. Os colegas acompanharam-no e foram igualmente detidos. Já na esquadra, quando um dos agentes procedia à sua identificação, dois dos estudantes – Aníbal dos Santos Veloso e Ernesto Pinto Camelo – exaltaram-se e um deles agrediu o agente. Outro polícia que acorreu em auxílio do colega foi atingido por um banco e, enfurecido, «caiu sobre os dois estudantes como um traçado», como escreve a *Gazeta de Coimbra*[35]. Os dois estudantes deram entrada no hospital, ficando Ernesto Pinto Camelo, aluno do primeiro ano de Medicina, em estado considerado crítico. Perante a gravidade desta situação, a direcção da AAC e o reitor da universidade visitaram-se e prometeram cooperar a bem de todos. A morte de Ernesto Pinto Camelo, no domingo 20 de Novembro, o mesmo dia em que completava 23 anos, acabou por viabilizar o fim desta greve.

---

[35] *Gazeta de Coimbra*, 18/11/1921, p. 2.

2.2.4. *Incidentes entre estudantes e populares durante a Queima das Fitas*

A última luta estudantil relevante ocorrida em Coimbra durante a *Nova República* foi desencadeada por uma sucessão de confrontos entre estudantes e conimbricenses durante o Cortejo da Queima das Fitas, no dia 27 de Maio de 1924. Nesse dia, o arauto da cidade anunciava a festa dos estudantes como sendo uma das «mais interessantes e movimentadas que se conhecem nos meios estudantis de Portugal»[36]. Porém, logo a seguir, já noticiava que o cortejo, que normalmente já assumia o tom de «verdadeira sarabanda infernal, numa miscelânea de exclamações e acordes [...] desencontrados»[37], desta vez tinha resultado numa confusão generalizada que resultara na prisão de um estudante.

Esta confusão resultou de uma brincadeira dos estudantes que, ao início do cortejo, distribuíram um humorado convite, dirigido aos *futricas* (nome dado no calão académico coimbrão a quem não é estudante), «para um chá em parte incerta». Alguns conimbricenses reagiram mal ao convite da academia e acabaram por se envolver em confrontos físicos com os estudantes ao longo do percurso. A polícia distribuiu «pranchada», pelo que vários estudantes e populares ficaram feridos. Os estudantes, reunidos em Assembleia Magna a 28 de Maio, responsabilizaram a população de Coimbra pelos acontecimentos, saudaram a polícia mas pediram a demissão das autoridades civis e nomearam uma comissão para elaborar um relatório dos acontecimentos para enviarem ao ministro do Interior. Em seguida, dirigiram-se para o hospital, onde fizeram uma manifestação de apoio aos colegas feridos. Só um estudante, João Silva, defendeu a cidade das acusações dos colegas, justificando não poder aceitar que a cidade fosse colectivamente responsabilizada pela atitude de apenas alguns conimbricenses.

Como a polícia foi publicamente acusada do exercício de violência sobre os estudantes, o Governo nomeou Raul de Carvalho, secretário do ministro do Interior, para proceder ao inquérito dos acontecimentos. Este chegou a Coimbra a 4 de Junho (1924), reuniu com o governador civil e, após essa reunião, procedeu à suspensão de um agente graduado da 2.ª esquadra e três guardas. Apesar do inquérito já estar a decorrer, os estudantes decidiram abandonar a cidade, pedindo para a época de exames de Junho passar para Outubro e a de Outubro para Dezembro. Alguns pediram

---

[36] *Gazeta de Coimbra*, 27/05/1924, p. 1.
[37] Ibidem.

230
República, Universidade e Academia

até para realizarem os exames em Lisboa ou no Porto, o que não foi aceite, dado que o conflito existiu com um grupo de populares e não com a Universidade de Coimbra. Apesar de alguns estudantes considerarem a decisão de abandono da cidade «prejudicial para as suas carreiras», os estudantes deixam a cidade, regressando apenas em Outubro seguinte, no início do novo ano lectivo.

Este novo ano académico, ao contrário da pompa e circunstância habitual, começou com «uma apagada e vil tristeza»[38], dado que o conflito académico ainda não estava resolvido e o novo reitor, Sousa Júnior, que era vice-reitor na Universidade do Porto, ainda não estava em Coimbra. O comissário da polícia João Perdigão demitiu-se (substituído por Artur Gaspar Madeira); o inspector da polícia criminal, referindo-se aos estudantes, defendeu que era «necessário perdoar e esquecer as suas irreverências que não têm intuitos ofensivos»; e o Governo aprovou um despacho que terminou esta questão académica a favor da academia. Este despacho referia os confrontos registados a 27, 28 e 29 de Maio (1924) e as 158 testemunhas ouvidas e mandava reorganizar os serviços policiais do distrito de Coimbra, prosseguir o processo disciplinar à polícia, transferir o chefe Matias Alves (que estava suspenso) para outra esquadra, continuar o processo de investigação criminal o mais rapidamente possível e que o governador civil determinasse quem deveria substituir o comissário da polícia. Os estudantes congratularam-se com a solução do conflito mas, ainda assim, em nome da comissão mandatária da academia, João Dautel de Andrade, aconselhou os colegas a, futuramente, «usarem da maior prudência»[39].

2.3. *Em Lisboa, Porto e Coimbra, no ocaso da* Nova República: *dinâmicas para a greve geral académica*

Neste itinerário seleccionado de lutas estudantis universitárias, refira-se a movimentação desenvolvida durante o primeiro semestre de 1926, que começou na Universidade de Lisboa, articulando reivindicações profissionais dos futuros diplomados com o ambiente geral de crítica política ao regime republicano, ao que não será alheia a presença na direcção da Federação Académica de Lisboa e em direcções das Associações Académicas de Lisboa de jovens ligados ao ideário do Integralismo Lusitano ou da Cruzada

---

[38] *Gazeta de Coimbra*, 15/10/1924, p. 1.
[39] *Gazeta de Coimbra*, 18/10/1924, p. 1.

Nacional D. Nuno Álvares Pereira, podendo-se citar os casos de António Júlio de Castro Fernandes, aluno do Instituto Superior de Comércio, presidente da Assembleia Geral da Federação Académica de Lisboa; Augusto de Campos Coelho, presidente da Direcção da Associação Académica da Faculdade Direito; José Centeno Castanho, membro da Direcção da Associação de Estudantes do Instituto Superior Técnico, delegado à Federação Académica e um dos directores da revista *Técnica* (n.º 1, Dezembro de 1925); ou os recém diplomados em Letras, José Manuel da Costa, director da revista *Cultura* (n.º 1, Fevereiro de 1926), e Rodrigo de Sá Nogueira, redactor da mesma revista, ambos ligados à Federação Académica de Lisboa, sendo o segundo director de Instrução[40].

As críticas dos estudantes dirigiam-se, quer à política geral de ensino – nomeações políticas, sistema de concursos e contratos públicos, limitações à autonomia, reduzido investimento na educação, perfil e titulação imprecisa dos graduados pelos ensinos elementar, médio e superior –, quer a aspectos das carreiras profissionais para os diplomados em Letras, Ciências, Direito ou Engenharias. Os alunos de Letras e Ciências exigiam mais liceus, o alargamento dos quadros do pessoal docente e protestavam pelo facto do diploma de professor de ensino livre suplantar os seus diplomas para professor liceal; os alunos de Letras e de Direito não aceitavam as facilidades concedidas aos colegas do Instituto Superior do Comércio no acesso à carreira diplomática e na leccionação de algumas disciplinas liceais.

O caderno reivindicativo mínimo dos estudantes de Letras de Lisboa era o seguinte:

(1) que para o futuro só possam passar à categoria de professores efectivos os indivíduos que tenham aprovação no exame de estado;

(2) que, para o preenchimento de vagas de professores provisórios dos Liceus, tenham os licenciados em Letras e em Ciências preferência sobre quem quer que seja;

(3) que se anule totalmente o valor dos diplomas de Ensino Livre para efeitos de concursos aos lugares de professores provisórios dos Liceus;

(4) que o Governo valorize o ensino feminino, criando mais um Liceu em Lisboa, no Porto e em Coimbra, ou então, se não for possível no curto tempo, que se amplie os já existentes[41].

---

[40] Ernesto Castro Leal, *Nação e Nacionalismos*, pp. 190-207.
[41] *Cultura*, Lisboa, n.º 1, 1926, pp. 2-3.

República, Universidade e Academia

As reclamações dos alunos do Instituto Superior Técnico (IST), partilhadas pelos colegas da Faculdade Técnica da Universidade do Porto (FTUP), foram apresentadas por José de Queiroz Vaz Guedes, um dos directores da revista *Técnica*, na sessão da Federação Académica de Lisboa, de 24 de Maio de 1926, onde será decidida a greve geral na Academia de Lisboa:

(1) que seja autorizado o Conselho Escolar do IST a reorganizar os cursos;

(2) que se proceda à reorganização geral do ensino técnico, elementar e médio;

(3) que as cadeiras técnicas das escolas industriais sejam providas exclusivamente, na efectividade, da respectiva especialidade e mediante concurso de provas públicas;

(4) que as cadeiras de preparação geral, secção de ciências, sejam preenchidas por concurso de provas públicas, a que só poderão concorrer, e em igualdade de circunstâncias, os engenheiros cuja especialidade seja mais adequada e os licenciados em ciências da respectiva secção;

(5) que seja anulada, pura e simplesmente a lei (para mais inconstitucional) que concedeu o título de engenheiro auxiliar aos diplomados pelos Institutos Industriais;

(6) que sejam anuladas as leis que concederam o título de engenheiro industrial aos oficiais de artilharia a pé e o de engenheiro civil aos oficiais de engenharia (excepto da antiga Escola do Exército);

(7) que seja extinto o actual curso de engenheiro maquinista naval e que seja criado, em sua substituição, o curso de engenheiro mecânico da armada, para cuja matrícula seja habilitação mínima o 1.º ano da especialidade de engenharia mecânica do IST ou da FTUP;

(8) que os indivíduos diplomados por escolas estrangeiras de Engenharia só possam exercer a respectiva profissão no território português depois de devidamente autorizados, à face do seu diploma, pelos Conselhos Escolares do IST e da FTUP;

(9) que o IST seja instalado convenientemente e que a sua dotação corresponda pelo menos às suas mais urgentes necessidades[42]. Os diplomados da Escola Nacional de Agricultura/Escola Agrícola de Bencanta (Coimbra) pediam, por sua vez, a concessão do título de engenheiro agrícola.

---

[42] *Técnica*, Lisboa, n.º 5, 1926, p. 34.

Ideias Políticas, Formas Organizativas e Lutas Estudantis Universitárias:...

O fundo reivindicativo desta última contestação situava-se na construção do perfil profissional do ensino técnico, num ambiente de alargamento do acesso às escolas superiores e médias, e na afirmação social da profissão de engenheiro. Já em 1903 os Condutores de Trabalhos (não confundir com condutores de máquinas) do então Ministério das Obras Públicas reclamavam o título de engenheiro auxiliar, que foi deferido, após o protesto da Associação dos Engenheiros Civis Portugueses, e, em 1924 (lei n.º 1638, de 23 de Julho), será conferido o título de engenheiro auxiliar aos diplomados com qualquer dos cursos especiais ministrados nos Institutos Industriais ou com qualquer dos cursos que então eram equivalentes. Já o título de arquitecto e o exercício da profissão será só permitido, a partir de 3 de Março 1925 (decreto n.º 10663), aos diplomados pelas Escolas de Belas Artes. A protecção do título de engenheiro, atribuído unicamente aos diplomados pelas Escolas do Ensino Superior, teve um marco relevante em 29 de Julho de 1926 (decreto n.º 11988), reservando-se o título de agente técnico de engenharia aos diplomados pelos Institutos Industriais e aos antigos Condutores de Trabalhos, vindo a ser mais claramente regulado o título de engenheiro em 19 de Janeiro de 1927 (decreto n.º 13043).

Henrique de Barros, presidente da Assembleia Constituinte (1975--1976), participou como aluno na luta académica de 1926, no Instituto Superior de Agronomia, e deixou este depoimento: «Tinha sido atribuído aos regentes agrícolas e aos diplomados pelo Instituto Industrial o título de engenheiro, e logo as escolas onde se formavam engenheiros (Instituto Superior Técnico e Instituto Superior de Agronomia) se opuseram a esta decisão, que, obviamente, afectava o prestígio dos futuros engenheiros, e resolveram entrar em greve. [...] algum tempo depois, [deu-se] razão aos grevistas da engenharia, garantindo o título de engenheiro apenas aos diplomados pela universidade[43] [...]»; em nota, afirmava: «Observe-se, a propósito, que logo após o 25 de Abril os regentes agrícolas e os engenheiros auxiliares conseguiram, não sei com que artes, reaver a sua qualificação como engenheiros, sem que isso originasse qualquer greve estudantil e sem que a Ordem dos Engenheiros se manifestasse (pelo menos com êxito). Homem que sou do 25 de Abril, sinto-me na obrigação de deixar aqui a minha discordância»[44].

---

[43] O decreto n.º 11988, de 29 de Julho de 1926, estabeleceu uma primeira regulação do título de engenheiro, que será aprofundada pelo decreto n.º 13043, de 19 de Janeiro de 1927.

[44] Henrique de Barros, *Quase um Século... Memórias sintéticas*, Lisboa, Gradiva, 1991, pp. 23-24.

República, Universidade e Academia

O protesto estudantil nas várias Faculdades e Institutos Superiores de Lisboa conduziu a ciclos de greves e de regresso às aulas, a partir de 9 de Janeiro (1926). Em Fevereiro, os estudantes de Letras e de Ciências obtiveram a solidariedade dos colegas das respectivas Faculdades de Coimbra e do Porto, mês em que declararam greve os alunos dos Institutos Superiores Técnico, de Comércio e de Agronomia de Lisboa e da Faculdade Técnica e do Instituto Superior de Comércio do Porto. A declaração das greves gerais nas três Academias far-se-á no Porto, em 21 de Maio (1926), e em Lisboa e Coimbra em 24 de Maio (1926), vindo a terminar em meados do mês seguinte, mas na Faculdade de Direito de Lisboa prolongar-se-ia até Outubro desse ano.

No dia 26 de Maio (1926), um articulista (S.T.) do jornal *Porto Académico*, colocava, ironicamente, o dilema do Governo face à greve académica nacional: «A Academia Portuguesa, com a declaração da greve, quer tão-somente saber o que lhe vale mais, para delinear a sua vida futura: 1.º – Se continuar a frequentar as Escolas que os tornarão competentes para o exercício da função a que pretendem dedicar-se e assentando a sua educação moral nos princípios da Equidade, Justiça e Liberdade; 2.º – Se é abandonar as Escolas que frequentam e alistar-se no *Bando* que lhe dá acesso a todas as carreiras, trocando o trabalho longo do estudo de um Curso Superior, por simples trabalhos práticos da cadeira única de Audácia, Bomba e Incompetência [...]»[45]. Dois dias depois, iniciou-se o golpe de Estado de 28 de Maio de 1926 que poria fim à I República Portuguesa.

Conclusão

Os marcos escolhidos para surpreender alguns momentos relevantes do itinerário das lutas estudantis universitárias, entre 1918 e 1926, revelaram as seguintes ocorrências principais: (1) confronto político-ideológico na constituição do associativismo académico em Lisboa, nos meses de Abril e de Maio de 1918, entre estudantes republicanos ligados à *República* de 1910-1917 e estudantes republicanos e monárquicos adeptos da *República Nova* de 1917-1918; (2) dinâmicas do protesto académico em Coimbra, durante a *Nova República* de 1919-1926 – em Maio de 1919, contra a transferência da Faculdade de Letras de Coimbra para o Porto, obtendo a solidariedade dos colegas da Faculdade de Letras de Lisboa; em Novembro de

---

[45] *Porto Académico*, 26/05/1926, p. 4.

Ideias Políticas, Formas Organizativas e Lutas Estudantis Universitárias:...

1920, a *Tomada da Bastilha*, ocupação das instalações do Instituto de Coimbra, para aí se situar as novas instalações da Associação Académica de Coimbra, várias vezes prometidas; entre Março e Outubro de 1921, os alunos do 5.º ano de Medicina colocaram-se contra o professor Ângelo da Fonseca, por este comentar negativamente o discurso que o aluno Eduardo Coelho tinha feito na homenagem ao falecido professor Daniel de Matos, obtendo a solidariedade grevista durante o mês de Abril dos académicos de Lisboa e do Porto; em Maio de 1924, incidentes entre estudantes e populares durante o Cortejo Académico, que levaram à prisão de um estudante e a várias greves entre Maio e Outubro desse ano; (3) ciclos de greves parciais nas três Academias a partir de Janeiro de 1926, culminado com a declaração da greve académica nacional, primeiro na Academia do Porto a 21 de Maio, depois nas Academias de Lisboa e de Coimbra a 24 de Maio (1926), vindo a terminar no mês seguinte.

Maria Manuela Tavares Ribeiro

A Academia de Coimbra – Revolução e República

RIBEIRO, **Maria Manuela Tavares** – Doutora em História pela Faculdade de Letras da Universidade de Coimbra. Professora Catedrática da FLUC. Coordenadora de Investigação do CEIS20.

Motins e pronunciamentos

«A nação devia uma desafronta à Soberana, uma satisfação à Europa. Essa desafronta e essa satisfação emana do grito Viva a Carta».

Assim se escrevia no jornal Académico *A Restauração da Carta* publicado em 4 de Fevereiro de 1842. A Carta Constitucional de 1826 acabava por ser reposta após o golpe militar de Janeiro de 1842 por António Bernardo da Costa Cabral. A aclamação dos cartistas foi apoteótica e, ao som do Hino de 1826, dirigiram-se ao terreiro da Universidade, percorreram a cidade, proclamaram a Carta Constitucional e deram vivas à Rainha D. Maria em ambiente de calorosa festividade. E o dia 31 de Julho seria lembrado anualmente, como data memorável, duplamente fausto: dia evocativo da restauração do código de D. Pedro, a Carta Constitucional de 1826, e do aniversário da Rainha D. Maria II.

As ocorrências políticas do país vizinho, aqui em Espanha – a vitória dos moderados (González Bravo e Narváez) em fins de 1843 e nos inícios de 1844 e a oposição dos progressistas, republicanos e cartistas (defensores da Carta Constitucional de 1826) – tiveram repercussão na política cartista conservadora, centralizada, oligárquica do governo português e dos seus opositores. A França e a Inglaterra, atentas ao desenrolar da situação política ibérica, iam dispondo as peças do xadrez segundo os seus interesses. Questão que não é apenas de teor económico-financeiro, mas também de índole político-ideológica.

Nos inícios de 1844 registam-se motins em Espanha, concretamente em Alicante (28 de Janeiro), em Cartagena (1 de Fevereiro) e de 4 para 5 de Fevereiro, após sublevações dispersas, os radicais do reino vizinho conseguem insurreccionar parte do exército. A Costa Cabral não passava despercebido que "inimigos da ordem e do sossego público de ambos os reinos trabalhavam de comum acordo para transtornar a ordem estabelecida". O confronto agudizou-se entre os liberais cartistas e liberais progressistas e legitimistas que culminou na guerra civil de 1846-47 – Maria da Fonte e Patuleia – intervenção estrangeira de 1847.

O pronunciamento que eclodiu em Coimbra em 8 de Março de 1844, na sequência dos movimentos de guerrilha disseminados por vários pontos do país, e da revolta militar de Torres Novas que ocorrera neste mesmo ano, toma um carácter especial. Nem apenas de cariz militar, nem só fruto da espontaneidade popular, ele vai colher o apoio dos habitantes de Coimbra, de alguns lentes e de muitos estudantes da Universidade.

O opúsculo *A Universidade de Coimbra em 1843*, da autoria do lente de Medicina João Alberto Pereira de Azevedo, expõe as preocupações que

República, Universidade e Academia

lhe custavam essa "ampla faculdade de eleição dos membros do Conselho que esta lei confere ao ministro". E afirma:

"... Inesquecível e ilusória... Anti-liberal, por ser fundada em princípios despóticos e absolutos; anti-política por entregar a um Ministro a possibilidade de perverter e amoldar a fins particulares a Instrução e a Moral Pública; anti-científica por trocar os princípios liberais estabelecidos, por outros compatíveis com a recta e profícua cultura".

Reunidos em Claustro Pleno a 24 de Maio de 1843, os lentes decidem submeter à apreciação régia um documento em que expressam a sua incondicional discordância em relação ao projecto de lei de 4 de Março que, nas palavras do lente de Filosofia, José Maria de Abreu, "encerrava o gérmen da destruição da Universidade, impedia o progresso das ciências e deteriorava o bem da Nação".

O levantamento dos populares de Coimbra na noite de 7 para 8 de Março foi secundado por alguns académicos. Vários estudantes foram expulsos da Universidade e remetidos à sua terra de origem. Dos vinte e seis presos (20 da Faculdade de Direito, 3 de Matemática, 1 de Medicina, 1 de Filosofia e 1 do Liceu de Coimbra) só foram 16 processados, mas a suspensão dos seus estudos manter-se-ia até 29 de Maio de 1846, sendo readmitidos após a concessão da amnistia. Alguns lentes tiveram mandado de captura e uma ordem do Governador Civil foi enviada ao Reitor, Conde de Terena, (Sebastião Correia de Sá Meneses – 1841-1848) para que encerrasse as portas da Universidade.

Em 1846 "como era agitada e vigorosa em ideias a vida académica! Que entusiasmo ao entoarmos o hino académico, o da Maria da Fonte, a Marselhesa!" Palavras de António dos Santos Pereira Jardim, então estudante do 1.º ano de Direito e membro do Batalhão Académico em 1846-1847.

Do cimo da Torre da Universidade observavam-se, atentamente, os movimentos dos populares e dos académicos.

O Batalhão Académico, precedido por outros quatro formados em momentos de graves crises políticas oitocentistas, constituía um "ser colectivo, composto de irmãos nos desejos, como o define o jornal coimbrão *O Grito Nacional*, de cariz anticabralista. Foi essa "briosa mocidade académica" a guarda avançada da Junta de Coimbra que, até ao dia 8 de Junho de 1846, velaria pela observância das reivindicações dos liberais radicais".

> *Hino do Batalhão de Voluntários Académicos*
> Brada a pátria: à guerra, à guerra
> Ó valente mocidade

que vos roubam vossa amante
A divina liberdade.

Somos jovens, livres somos
Somos demais portugueses
O dever nos chama à guerra,
Afrontemos seus reveses.

Quando da pátria
Soa o clarim
Ninguém nos vence
Morremos sim.

....
Seremos, sim, p'ra mostrarmos
Que o mal da pátria nos dói,
Cada estudante um soldado,
Cada soldado um herói.

Embora Lisboa durma
O sono da escravidão
Há-de Coimbra acordá-la
Ao rouco som do canhão.

....

De um total de 267 estudantes que se alistaram no Batalhão Académico de 1846-1847, apenas 25 não estavam matriculados no ano anterior. Da relação nominal dos alistados, assinada pelo Vice-Reitor António Ribeiro de Liz Teixeira, compulsámos 44 da Faculdade de Matemática; 30 da Faculdade de Filosofia; 130 da Faculdade de Direito; 11 da Faculdade de Medicina; 2 da Faculdade de Teologia e 25 alunos do Liceu Nacional.

República, Universidade e Academia

Recrutamento de estudantes para o Batalhão Académico nos anos de 1846-1847

Faculdades e Liceu 1846-1847			
	Frequência	Alistados	%
Matemática	113	44	38,9
Filosofia	104	30	28,8
Direito	614	130	21,2
Medicina	64	11	17,2
Teologia	94	2	0,2
Liceu Nacional de Coimbra	278	25	0,9
Não matriculados, mas alistados		25	
Total	**1267**	**267**	**21,1**

Pelos locais de nascimento, que conseguimos identificar, concluímos que a maior percentagem era natural de localidades da actual zona Centro (66) a que se segue a zona Sul e, por fim, a zona Norte. Havia ainda estudantes das ilhas (18), de Goa (6) e de Moçambique (1), do Rio de Janeiro (1) e um nascido na Bélgica.

Os ecos das revoluções

A Carbonária Lusitana, na linha do carbonarismo italiano e da prática dos líderes dos movimentos nacionalistas, que em 1848 ganham alento pela Europa, assume um carácter conspirativo, animado, todavia, por uma visão religiosa do mundo e da vida. Os ideais humanos universais concitam os carbonários ao labor infatigável pela mudança política. E em Coimbra, a Choça 16 de Maio (nome evocativo da revolta popular em que se integraram membros da Academia de Coimbra, em 1846) chegou a discutir a instauração do regime republicano em Portugal.

Os seus nomes simbólicos evocam nomes de guerreiros ilustres (Milcíades, Leónidas, Péricles, Cid, Alexandre Magno, Dario, Nelson, Aníbal, Odorico), de revolucionários célebres (Robespierre, Cromwell, Marat, Arago, Louis-Blanc, Raspail, Ledru-Rollin, Lamartine, Saint Just, Napoleão, Washington), de figuras históricas portuguesas, símbolos de consagrados momentos de libertação (Viriato, Sertório, Nuno Álvares Pereira, Gomes Freire, guerrilheiro Galamba).

A Academia saúda, a 9 de Abril de 1848, a vitória republicana francesa e felicita os estudantes de Paris, da Alemanha, da Itália, da Polónia e da Rússia em nome da Fraternidade Universal. Documento subscrito por 406 estudantes, número, todavia, significativo, atendendo ao facto de muitos alunos se encontrarem em férias, fora de Coimbra, e ao total de frequência universitária perfazer, então, 963 discentes. Significativo, ainda, pelo facto da lista de apoio à política dos defensores da "ordem" contar, entre os seus 117 assinantes, apenas 10 professores, lentes e doutores e 31 estudantes.

Os ecos da Revolução Francesa de 1848 e dos movimentos nacionalistas europeus chegaram a Portugal num momento em que estavam bem vivas as sequelas da guerra civil de 1846-1847. Razões conjunturais de natureza económica, social e política justificam o interesse e o entusiasmo despertado entre os liberais radicais – alguns deles animados de ideias socializantes e de princípios republicanos – e entre os legitimistas – que desejavam repor o rei absoluto, D. Miguel, no trono de Portugal – e explicam a emergência de novos projectos que visavam criar uma alternativa à monarquia cartista. Os defensores de um ideário democratizante consideravam o momento oportuno para se operar reformas económicas e sociais urgentes, algumas das quais inspiradas nas várias medidas votadas pelo Governo Provisório francês: o sufrágio universal, a liberdade de pensamento, de expressão e de reunião e a vigência de um governo com representação nacional regido por uma constituição republicana[1].

Os intentos revolucionários dos radicais de esquerda e de direita eram estimulados pela presença de cidadãos estrangeiros, particularmente espanhóis e franceses, na sua maioria considerados desestabilizadores da ordem pública. A acção das autoridades francesas, nomedadamente de Ferrière--le-Vayer, Encarregado de Negócios em Portugal, estimulava os liberais mais radicais.

De facto, as facções liberais e legitimistas portuguesas vencidas pela intervenção estrangeira em 1847 mantinham latente um certo ardor revolucionário. Ganham alento mercê de uma conjuntura interna (política, social, económica, financeira e administrativa) e externa (a política ordeirista de Narváez em Espanha, a protecção britânica e as revoluções republicanas europeias). E se recrudesceu o ânimo dos liberais mais radicais, sofreu também novo impulso a insurreição legitimista.

---

[1] Sobre o assunto veja-se Ribeiro, Maria Manuela Bastos Tavares, *Portugal e a Revolução de 1848*, Coimbra, Livraria Minerva, 1990.

República, Universidade e Academia

A imprensa clandestina conhece, então, um surto de publicações de teor "republicano" e socializante, de panfletos e papéis anónimos antigovernamentais. Paralelamente, redobram as medidas repressivas e intensifica-se a violência contra as "maquinações dos conspiradores"[2].

Nos últimos meses do ano de 1847 as guerrilhas mantinham-se e, a partir de Março de 1848, verifica-se um crescendo de focos insurrecionais em vários pontos do território nacional português. Houve ainda tentativas dos mais moderados para travar o processo revolucionário. Os mais radicais, porém, dinamizavam uma activa propaganda militar. Os "republicanos" portugueses, animados do frémito revolucionário francês e à semelhança das tácticas militares e da defesa popular utilizadas em Paris, Milão, Berlim e Viena, procuravam organizar-se de um modo eficaz e seguro. Atrair e obter o apoio das massas populares era também um dos seus objectivos. Tal como acontecia com as forças progressistas espanholas, o exército revolucionário achava-se organizado em centúrias e decúrias[3]. As barricadas, por sua vez, obrigavam a uma certa disciplina das massas populares. O entusiasmo dos "republicanos" portugueses colhia o exemplo, o apoio e a conivência dos progressistas espanhóis, empenhados numa luta similar contra o governo centralizador de Narváez. Assim se lê num folheto anónimo: *"Sobre as barricadas tremulará a bandeira republicana de vermelho e branco. Sobre elas se dará o grito: Viva a República! Viva a Federação Peninsular! Nada de rei! Nada de regência!"*[4].

Portugueses em Paris

Foi em nome da Fraternidade Universal que, logo após a eclosão dos acontecimentos revolucionários em Paris, em 24 de Fevereiro de 1848, algumas centenas de cidadãos, entre eles espanhóis e portugueses[5], se mani-

---

[2] Veja-se o nosso estudo "Subsídios para a História da Liberdade de Imprensa em Portugal. Meados do século XIX", *Boletim do Arquivo da Universidade da Universidade de Coimbra*, vol. 6.º, 1984, Apêndice I, p. 554.

[3] Ofício do Governador Civil de Lisboa, Marquês de Fronteira, para o Ministro e Secretário de Estado dos Negócios do Reino de 6-5-1848 (ANTT – Arq.º Costa Cabral, C.Miscelânea, macete 36). Veja-se Clara E. Lida, *Anarquismo y revolución en la España del XIX*. Madrid, 1972, p. 44.

[4] *Fazei barricadas e a República será salva*, s.l., s.d.

[5] Ofício de Francisco José de Paiva Pereira para o Duque de Saldanha, de Paris, de 24-3-1848 (ANTT – Ministério dos Negócios Estrangeiros, Legação de Portugal em Paris, ex. 10.1848-1849, doc. 7).

A Academia de Coimbra – Revolução e República

festaram frente ao Hotel de Ville. Residentes em Paris, dezassete estudantes portugueses integraram a manifestação de apoio ao Governo Provisório e congratularam-se com a instauração da república francesa.

Portugueses e espanhóis, unidos por ideais iberistas, empunhavam o estandarte ibérico. A questão da união peninsular já em 1847 era discutida em França pelos portugueses ali residentes[6]. A esperança desses "republicanos" iberistas, fortalecida pela adesão aos ideais republicanos, visava fazer ruir o edifício da Santa Aliança e erigir, em seu lugar, a Santa Aliança dos Povos. Na felicitação dirigida ao Governo Provisório francês os portugueses manifestam o seu reconhecimento, admiração e simpatia pela "obra gloriosamente começada em Fevereiro". Do *Courrier Français* transcreve o jornal português *A Revolução de Setembro*:

> "*A república francesa abre uma nova era. Os destinos de todo o mundo vão estar mais que nunca ligados aos destinos de França. O seu heróico grito fez palpitar os nossos corações de alegria e de esperança.*
>
> *Era para ela que se dirigiam os olhos do universo. A maneira cristã com que empreenderam a sua regeneração social prova que julgámos bem o nobre coração deste grande povo.*
>
> *Renunciar à guerra e à violência, tão contrárias a todo o progresso civilizador, tomar as ideias por armas, as inteligências por soldados, a discussão por campo de batalha, a fraternidade por estandarte, a humanidade por pátria: é deste modo que podereis continuar a obra tão gloriosamente começada em Fevereiro.*
>
> *Por um sublime esforço, os filhos da França fizeram desvanecer como um fantasma a tirania hipócrita que pesou sobre eles, e sobre o mundo. Glória para eles! Glória também para vós, cidadãos, por que nas vossas mãos já frutifica a vitória do povo.*
>
> *Não podíamos nós, portugueses ficar estranhos à vossa grande obra: por que sabemos, há muito, que após o governo que derrubastes, existia o povo francês, existieis vós, cidadãos, que esposáveis a santa causa de uma nação oprimida, e que não tomaste parte nas violências que nos fizeram experimentar.*
>
> *Por isso, nós cumprimos um dever de reconhecimento exprimindo-nos a admiração, e a simpatia de todos os portugueses, desse povo agora escravo, e que todavia tomou uma parte nobre na história de civilização.*

---

6 Ribeiro, Raphael, *O iberismo dos monárquicos*, Lisboa, 1930, p. 19.

246

República, Universidade e Academia

A república francesa escreveu na sua bandeira a palavra fraternidade: a Santa Aliança dos reis vai cair perante a Santa Aliança dos povos. Agora não teremos a temer a oposição de uma força brutal exterior, havemos de vir, com os nossos irmãos da Península, tomar lugar ao lado da França, debaixo do estandarte sagrado da liberdade, e da fraternidade universal.
Viva a república!
Viva o governo provisório!"
Paris, 21 de Março de 1848[7].

A deputação portuguesa protestava contra a opressão governamental. Cremieux, membro do Governo Provisório, congratula-se com o gesto fraterno dos que felicitam a França e a revolução; repudia vivamente a "tirania das três nações" (França, Grã-Bretanha e Espanha) intervenientes na guerra civil que ocorrera em Portugal e no acordo de paz imposta pela Convenção de Gramido (1847); deprecia e critica o governo português e exprime o desejo de que "o dia da ressurreição da liberdade chegue para todos". Na mesma folha diária lisboeta *A Revolução de Setembro* podem ler-se as palavras daquele político francês:

"Cidadãos portugueses: julgo-me feliz em me achar presente no Hotel de Ville no momento em que vindes felicitar a França e o governo provisório desta maravilhosa revolução.
Na última câmara dos deputados como na nação, todos os que compõem hoje o governo provisório têm simpatizado com o povo português. Eu não tenho pois necessidade de vos recordar a alegria que experimento hoje, recebendo a vossa deputação, porque Portugal, desde o primeiro dia em que eu vi as potências arrogar-se o direito de ir, mais fortes, oprimir um povo todo sublevado contra a tirania que o oprimia, desde esse dia, eu senti a necessidade de elevar, em nome da França, o protesto mais vivo (bravo, bravo) contra essa tirania de três nações, ligando-se contra uma só para sustentar ... [sic] – perjura contra um povo vitorioso (aplausos) e nessa época, foi impossível obter de uma maioria servil um protesto favorável a Portugal, ao menos todos os corações franceses responderam às minhas palavras. (Viva a França)
Sei que o próprio Portugal tem estremecido, e no momento em que falamos, é possível, que esse Portugal, onde vive um povo tão cheio de generosidade e de valor, é possível que esse Portugal, que tem deixado na histó-

---

[7] Transcrito do jornal *Courrier Français* em *A Revolução de Setembro*, Lisboa, n.º 1821, 3-4-1848, p. 2.

A Academia de Coimbra – Revolução e República

ria recordações tão brilhantes e tão belas se levante a seu turno (grito geral: Ele se levantará) *e faça compreender pela sua parte que o dia da ressurreição da liberdade chegou para todos.*

O governo provisório vos agradece pelos votos que fazeis pela França, e pelo movimento simpático que vos anima para os vossos irmãos de França. Sim, a fraternidade dos povos está doravante estabelecida. Algum tempo, e a palavra de Santa Aliança com referência aos povos, todos unidos num mesmo sentimento, receberá a mais maravilhosa reabilitação.

"Senhores, a Europa desperta e agita-se, ouvi ao longe, dois gritos ressoam: Viva a pátria! Viva a liberdade! Estes gritos nobres e santos que se resumem hoje para nós nesta deliciosa aclamação – Viva a República"

Todos os portugueses: – "Viva a República!" O membro da deputação que tinha dirigido a palavra: "Prometi-me, senhores, de vos dirigir em particular em nome dos meus compatriotas, a expressão de novo reconhecimento pelas nobres e eloquentes palavras, que haveis pronunciado do alto da tribuna francesa em favor do povo português, contra o despotismo do seu governo e a violência da intervenção estrangeira.

A França, que ama os corações nobres e as altas inteligências, vos confiou, no meio desta sublime revolução, uma parte dos seus destinos, nós nos congratulamos com esta escolha, pela grandeza da França e pela felicidade do nosso país.

Mr. Cremieux – Senhores, – eu vos agradeço – Só basta para que os sentimentos que estão no fundo do meu coração brilhem pela minha boca, uma manifestação mais particular para mim: Viva a República!

Os portugueses: – "Viva República! Viva Cremieux!"

Mr. Cremieux: – "Viva a nação portuguesa!"

Os portugueses: – "Viva a França! Viva a República!"[8].

Discurso polémico foi amplamente contestado pelas autoridades portuguesas, nomeadamente por Francisco José de Paiva Pereira, Encarregado dos Negócios Estrangeiros em França, que, ressentido, exige uma justificação do governo francês. Lamartine, então Ministro dos Negócios Estrangeiros, traduz, nas suas palavras de resposta, um dos princípios fundamentais da ideologia de 48 – o não intervencionismo:

La République Française espère rassurer plutôt que dissoudre les excellents rapports de France avec le Portugal. Soyez assez bon pour en don-

---

[8] *A Revolução de Setembro*, n.º 1823, 5-4-1848, p. 2 e *Le Moniteur Universel*, Paris, n.º 82, 1848.

République, Universidade e Academia

ner, dans cette circonstance, comme dans toute autre. L'assurance à Notre Gouvernement. Ne pas s'immiscer dans les questions intérieurs des gouvernements étrangers c'est la Loi que la République s'est faite"[9].

De facto, o governo português não reconheceu de imediato a república francesa e aguardou cautelosamente a decisão das autoridades britânicas. Atitude ponderada que revela, por um lado, uma notória dependência da velha aliada inglesa em termos de política externa e, por outro lado, o receio suscitado pelas ocorrências revolucionárias francesas[10]. A Grã-Bretanha seguia atentamente o desenvolvimento dos acontecimentos e a sua repercussão na Península Ibérica.

Apregoar os princípios republicanos, pôr em causa a prática governamental monárquica centralizadora e oligárquica era demasiado ousado e perigoso para não ser levado em conta pelos responsáveis ministeriais portugueses. De facto, os estudantes e emigrados residentes em Paris[11], participantes activos nos sucessos de 48, alguns deles combatentes nas hostes liberais radicais em 1844 e 1846-47, foram vítimas da repressão do governo que suspende os seus vencimentos e licença de permanência em França[12].

Iberismo e internacionalismo

O ideal iberista permanecia, no entanto, bem vivo. É sintomática a manifestação dos portugueses em Paris, solidários com os progressistas

---

[9] Cópia n.º 2 anexa ao Ofício Reservado n.º 7 da Legação de S. M. em Paris de 24-3-1848 para o Duque de Saldanha (ANTT – Ministério dos Negócios Estrangeiros, Legação de Portugal em Paris, ex. 10, 1848-1849).

[10] Ofícios de F. J. de Paiva Pereira para J. J. Gomes de Castro, de Paris, de 15-5-1848, 25-5-1848 e 5-6-1848 (ANTT – Ministério dos Negócios Estrangeiros, Legação de Portugal em Paris, ex. 10, 1848-1849, docs. 81, 91, 97 e 103).

[11] Dos estrangeiros que frequentavam a École Nationale des Ponts et Chaussées entre 1825 e 1850, 19 eram portugueses (Malézieux, M., *Note sur les elèves externes de l'École Nationale des Ponts et Chaussées*, Paris, 1975, p.4).

[12] Ofício do Barão de Francos ao Ministro e Secretário de Estado dos Negócios Estrangeiros de 25-4-1848 (ANTT – Correspondência do Ministério do Reino, Ministério da Guerra, ex.10, 1847-1851. AHM – 1.º divisão, 28.ª secção, ex. 7, doc. 61). Veja-se Ribeiro, Maria Manuela Tavares, "A Academia de Coimbra e a situação política em Portugal nos meados do século XIX", *Actas do Congresso "História da Universidade"*, vol. 5.º, Coimbra, 1991, pp. 309-326.

A Academia de Coimbra – Revolução e República

espanhóis, numa cerimónia fúnebre em memória das vítimas do levantamento progressista de 26 de Março na capital espanhola.

Cerca de trezentos manifestantes, muitos deles franceses, estiveram presentes. Para além dos estandartes tricolores, e da bandeira espanhola, agitava-se o pendão da Federação Ibérica, "azul, cor de cana e vermelho". Os demo-liberais portugueses empunhavam uma bandeira azul e branca, sem as armas nacionais[13]. O iberismo ganhava força nos espíritos dos portugueses[14].

Também a Academia da Universidade de Coimbra, integrada por elementos radicais, núcleo considerável de liberais "progressistas" que haviam militado nas lutas da guerra civil de 1846-47[15], saúda, a 9 de Abril de 1848, a vitória republicana francesa. Difundida pela imprensa, nomeadamente em *O Patriota* e em *A Revolução de Setembro*, a felicitação dirige-se aos estudantes de Paris em termos similares à proclamação destes para os colegas da Alemanha, da Itália, da Polónia e da Prússia. O lema era comum: a liberdade dos povos e a fraternidade universal.

> *"Irmãos! Os estudantes de Coimbra não podiam ficar silenciosos diante dos vossos feitos...do vosso amor pela liberdade, e da vossa dedicação pela causa dos povos. Quebrastes os grilhões da França, preparastes a unidade da Itália e da Alemanha, emancipastes a Áustria, concorrestes para a revolução da Polónia, apressastes a queda do absolutismo na Europa...e nós de longe fazíamos votos pelo triunfo da santa causa, que defendíeis, que é a nossa também, a da Península, a das nações, a de toda a humanidade...a Santa Aliança morreu, e nos nossos corações existe cada vez mais vivo o amor pela liberdade...Viva a Península! Viva a liberdade de todos os povos! Vivam os nossos irmãos de Paris, Itália, Berlim e Viena"[16]*

---

[13] Ofício de Francisco José de Paiva Pereira para o Duque de Saldanha, de Paris, de 24-3-1848 (ANTT-Ministério dos Negócios Estrangeiros, Legação de Portugal em Paris, ex. 10.1848-1849, doc. 8).

[14] Cf. Catroga, Fernando, "Nacionalismo e Ecumenismo. A Questão Ibérica na segunda metade do século XIX", *Cultura. História e Filosofia*, Lisboa, vol. IV, 1985, pp. 419-463.

[15] *Notícia histórica do Batalhão Academico de 1846-1847*, Notas do Dr. António dos Santos Pereira Jardim, Coimbra, 1888.

[16] Assinada por 406 estudantes, número significativo se atendermos a que se estava, àquela data, nas férias da Páscoa. Por esta razão, encontravam-se muitos alunos fora de Coimbra. Em 1848, a frequência universitária era de 963 estudantes. Cf. *A Revolução de Setembro*, n.º 1834, 18-4-1848, p.1, cols. 2-3.

É bem significativo este *Viva a Península*. Ele traduz, explicitamente, o ideal ibérico que animava muitos dos portugueses demo-liberais. Insere--se, por um lado, na ideologia que subjaz ao movimento emancipalista e federalista de 48: independência nacional e união dos povos: por outro lado, no quadro da conjuntura política europeia os demo-liberais sabiam que, para fazer face à sua mais velha aliada, à Grã-Bretanha, havia que consolidar uma frente comum - a União Ibérica. Na sua forma unitarista ou federalista, ela foi defendida por muitos intelectuais e políticos.

Portugueses e espanhóis uniram-se por razões tácticas, numa estratégia comum. Fazer face à hegemonia inglesa e fazer ruir os governos vigentes para recolocar a legitimidade ou para instaurar a República, ou ainda para concretizar a regeneração social no âmbito do regime monárquico. Uniram-se, também, por razões ideológicas. Para muitos a União Ibérica traduzia, afinal, o espírito ecumenista que comungavam com os "irmãos" da república francesa.

Os ventos eram propícios... A eclosão do movimento revolucionário francês de 1848 marcara a hora da "ressurreição do povo", a hora suprema das nacionalidades e do sonho da Santa Aliança dos Povos.

Porém, no dia 6 de Abril de 1851 entra triunfante em Coimbra o marechal Saldanha. Vindo do Porto, é recebido com entusiasmo. No meio da ovação geral a Academia acolhe-o efusivamente. Uma deputação de cinco académicos (3 de Matemática e 2 de Direito: João António dos Santos Silva, de Matemática, depois médico e deputado; António José Teixeira, 3.º de Matemática, mais tarde lente, deputado e Par do Reino; António dos Santos Pereira Jardim, 5.º Direito, posteriormente lente e administrador de concelho; José Joaquim Vieira, 5.º Direito, que viria a ser deputado, governador civil e Juiz da Relação do Porto todos estes combatentes no Batalhão Académico em 1846-1847; e António Luís Ferreira Girão, 3.º ano de Matemática) felicita-o calorosamente. Recebida a comissão representativa, grande número de académicos, que com os populares de Coimbra coadjuvaram a revolta de Saldanha, rompeu com o mesmo entusiasmo de 1842, em estrepitosos vivas À Liberdade! À Reforma da Carta! À Regeneração!

Regeneração que iria encetar uma nova etapa na sociedade portuguesa.

Isabel Pérez-Villanueva Tovar

La Ciudad Universitaria de Madrid, de la Monarquía a la República

PÉREZ-VILLANUEVA TOVAR, **Isabel** – Doutora em História na Universidade Nacional de Educação à Distância em Espanha. Professora titular de História do Pensamento e dos Movimentos Políticos e Sociais na UNED de Madrid.

La Ciudad Universitaria madrileña constituye, con vacilaciones y retrasos en su concepción y en su puesta en marcha, una realización importante de la política universitaria y cultural española del primer tercio del siglo XX. Fue en la etapa de la Dictadura del general Primo de Rivera cuando recibió un impulso definitivo, y, tras el 14 de abril de 1931, la República hizo suyo con gran interés este proyecto, al que Alfonso XIII había estado vinculado de forma personal. La caracterización de la Ciudad Universitaria es el resultado de su trayectoria en tiempos de la Monarquía y de su adaptación a la política republicana, un paso que simboliza la sucesiva – y decisiva – responsabilidad de dos catedráticos de la Facultad de Medicina, los doctores Florestán Aguilar y Juan Negrín, muy cercano el primero al Rey y relacionado el segundo en ese periodo con la labor reformista de la Junta para Ampliación de Estudios e Investigaciones Científicas. El tema se ha considerado hasta ahora atendiendo sobre todo a su configuración arquitectónica y urbanística. Este artículo, centrado en el tránsito de la Monarquía a la República, aborda el estudio de la Ciudad Universitaria atendiendo a algunas de sus claves intelectuales y apuntando su vertiente política, tanto en el ámbito interno como en el campo de las relaciones internacionales. En estas páginas, se esbozan también sus fundamentos educativos y la definición del modelo universitario al que responden.

* * * * *

La nueva instalación de la Universidad de Madrid – la Universidad Central – fue un proyecto de larga preparación y muy lenta realización, que abarcó buena parte del reinado de Alfonso XIII y los años de la Segunda República. Al comenzar la guerra civil, en julio de 1936, no se había concluido todavía.

La idea inicial fue modesta. Consistió simplemente en la construcción de un Hospital Clínico, muy necesario por las malas condiciones que ofrecían las instalaciones, estrechas y anticuadas, de la zona de Atocha, al sur de Madrid, en el dieciochesco y hermoso – pero poco funcional – caserón de San Carlos, y en un conjunto de edificios adyacentes. Por Real Decreto de 20 de octubre de 1911, el Ministro de Instrucción Pública y Bellas Artes, Amalio Gimeno, en el gabinete liberal de José Canalejas, nombró una Comisión de seis catedráticos de la Facultad de Medicina, a los que se añadió un arquitecto, para estudiar el anteproyecto del Hospital y la elección de su emplazamiento. La Comisión no tardó en solicitar que se levantase también, junto al Hospital, una nueva Facultad de Medicina, por la conveniencia indiscutible de que ambas instituciones estuvieran próximas. Para la

República, Universidade e Academia

construcción de la Facultad y del Hospital, se pensó pronto en la zona de la Moncloa, en las afueras del norte de Madrid, donde había ya pequeñas instituciones sanitarias y benéficas, como el Instituto del Cáncer o el Asilo de María Cristina. La Real Orden del Ministerio de Instrucción Pública de 17 de marzo de 1919 nombraba otra Comisión con el propósito, ya aceptado, de proyectar una nueva sede para la Facultad de Medicina y su Hospital Clínico.

Pero el tiempo siguió pasando sin que el proyecto avanzase en la práctica, por dificultades presupuestarias y por la complicada obtención de los solares adecuados – terrenos en buena parte ya propiedad del Estado –, a pesar de los varios intentos que se llevaron a cabo desde gobiernos de distinto signo político. Finalmente, en el verano de 1921, el recrudecimiento de la guerra de África – y el Desastre de Annual, que conmovió profundamente a la opinión pública –, precipitó la rápida construcción y el acondicionamiento en tres meses de un conjunto de pabellones Docker, un tipo de edificación prefabricada y con carácter provisional. La urgencia se debía a que la Facultad de Medicina de la Universidad Central se había ofrecido a atender a los heridos de guerra, especialmente a los que requerían cirugía.

Alfonso XIII se mostró personalmente interesado en la nueva sede médica desde época temprana. En junio de 1915, visitó ya unos terrenos en la zona de la Moncloa con los Ministros de Instrucción Pública y de Hacienda – Bergamín y Bugallal –, en uno de esos momentos en que se reactivó la idea de construir un Hospital Clínico con la Facultad de Medicina en esa zona, durante el gobierno conservador presidido por Eduardo Dato[1]. Y no resulta casual que unos días antes – el 31 de mayo –, se nombrase a Florestán Aguilar miembro de la Comisión encargada del estudio para la construcción de esas instituciones, una vez obtenida la cátedra de Odontología de la Facultad de Medicina[2].

El doctor Aguilar era el dentista de la familia real, incluido el propio Alfonso XIII, a quien conoció siendo muy joven y con quien tuvo siempre una relación muy cercana. El Vizconde de Casa Aguilar – título que le concedió Alfonso XIII –, formado en Estados Unidos, fue el impulsor de la

---

[1] Para esta primera etapa del proyecto de construcciones sanitarias en la Moncloa, puede verse Javier de Luque, *Ciudad Universitaria de Madrid. Notas críticas*, Madrid, Imp. Góngora, 1931, pp. 21-26.

[2] Expediente de Florestán Aguilar Rodríguez. AGUCM. Sign. P-432,29. El nombramiento para formar parte de la Comisión se publicó en la *Gaceta de Madrid*, 6 junio de 1915.

La Ciudad Universitaria de Madrid, de la Monarquía a la República

Odontología en España. Hombre de gran empuje y de iniciativas múltiples, viajó incansablemente por Europa y América, y consiguió una gran proyección internacional y el reconocimiento de prestigiosas sociedades odontológicas. Ejerció también su profesión con gran éxito fuera de España. Fue, por ejemplo, dentista de la casa de Austria, probablemente por influencia de la madre del Rey, María Cristina de Habsburgo Lorena.

El trato de Alfonso XIII con otro profesor, como Aguilar, de la Facultad de Medicina de Madrid, el catedrático de Ginecología y Obstetricia Sebastián Recasens, aseguraba también la vinculación del Rey con el proyecto de construcciones universitarias en la Moncloa. Recasens fue médico de la reina Victoria Eugenia, a la que atendió en los partos de algunos de sus hijos. Desempeñó el puesto de decano de la Facultad de Medicina entre 1916 y 1933, año de su jubilación[3], y aparece ya entre los profesores incluidos desde octubre de 1911 en la primera Comisión nombrada para elaborar un anteproyecto de Hospital Clínico. Fue presidente, en su calidad de decano de la Facultad de Medicina, de la constituida en 1919. Su fidelidad a la persona de Alfonso XIII pudo más, al menos mientras duró su reinado, que sus posibles inclinaciones republicanas[4].

El alcance del interés del Rey se expresa en el Real Decreto de 17 de mayo de 1927, que pone en marcha realmente la nueva sede de la Universidad de Madrid, mediante la formación de una Junta Constructora. En la exposición de motivos, el Ministro de Instrucción Pública, Eduardo Callejo de la Cuesta, presenta la Ciudad Universitaria como una iniciativa del monarca, que deseaba además que fuese esa obra "la única conmemoración" de sus veinticinco años de reinado[5]. De hecho el 17 de mayo – fecha del Decreto – hacía un cuarto de siglo que el Rey había jurado la Constitución, el mismo día que cumplió dieciséis años, en 1902.

Pero entonces Alfonso XIII ya no era, como pudo ser considerado en su juventud, al iniciarse en 1911 la idea de edificar un nuevo Hospital Clínico, "la esperanza del liberalismo monárquico", el monarca "imbuido

---

[3] Expediente de Sebastián Recasens. AGUCM. Sign. P-660,4.

[4] Julio Palacios recoge la siguiente frase, oída al doctor Recasens: "Quizá doctrinalmente pudiera yo tener simpatías por el régimen republicano, pero mientras ciña la corona de España S. M. el Rey D. Alfonso XIII, fundador de esta Ciudad Universitaria, no consiento que nadie pretenda aventajarme en monarquismo" ("Anecdotario de la Ciudad Universitaria que había de llamarse de Alfonso XIII", *Acción Española*, VII, 43, 16 de diciembre de 1933, p. 637).

[5] *Gaceta de Madrid*, 17 de mayo de 1927.

de un genuino espíritu regeneracionista", en palabras de Javier Moreno[6]. Se trataba ya de un hombre que "se había hecho – dice María Jesús González, refiriéndose a los primeros años veinte – más conservador que los conservadores", y que "actuaba como un rey antiliberal", atento sobre todo a las solicitudes de la Iglesia y el ejército[7]. Y eso, sea cual sea la responsabilidad que se le atribuya en el pronunciamiento del general Primo de Rivera. Porque la Ciudad Universitaria madrileña se inició en la práctica sobre el entramado ideológico y político de la Dictadura de Primo de Rivera, y es ése el marco de referencias en el que hay que considerar su planteamiento efectivo.

Uno de los aspectos más relevantes y definitorios de la nueva sede universitaria madrileña, uno de los más innovadores también en el campo de la educación superior en España, es su caracterización internacional. El Rey se refiere a ella como "la Ciudad Universitaria Española" – "Universidad Hispánica"[8], se la denomina en algunos folletos – y expresa su propósito de que sirva para asegurar "el intercambio escolar entre España y los países americanos"[9]. En la segunda sesión de la Junta Constructora, celebrada el 1 de junio de 1927, se habla de Iberoamérica como ámbito de actuación, y se acuerda también "que los estudiantes de Portugal sean para estos efectos considerados como los Ibero-Americanos"[10].

Desde este punto de vista, la sede universitaria de la Moncloa se configura como una pieza singular en la política internacional de la Dictadura, en ese horizonte hispanoamericanista en el que confluyen las inclinaciones personales del Rey y las intenciones del general. González Calleja ha recordado, por ejemplo, que uno de los primeros gestos políticos de Primo de Rivera tras llegar al poder fue su compromiso de "aumentar y consolidar las

---

[6] Javier Moreno Luzón, "El rey de los liberales", en Javier Moreno Luzón (ed.), *Alfonso XIII. Un político en el trono*, Madrid, Marcial Pons, 2003, pp. 154-155.

[7] María Jesús González, "El rey de los conservadores", en *Íbidem*, p. 146.

[8] *Lo que será la Ciudad Universitaria*, Madrid, Universidad de Madrid, s.a., s.p. Este folleto se sigue citando en el texto, sin nota.

[9] Palabras de Alfonso XIII, recogidas en *La Ciudad Universitaria de Madrid*, Universidad de Madrid, s.a., s.p. Este folleto se sigue citando en el texto, sin nota.

[10] AGUCM. Actas de las sesiones de la Junta Constructora, 1 de junio de 1927, pp. 11-12. Esta fuente se sigue citando en el texto, sin nota. Sobre las denominaciones utilizadas para la América de habla española, véase Isidro Sepúlveda, *El sueño de la Madre Patria. Hispanoamericanismo y nacionalismo*, Madrid, Fundación Carolina, Centro de Estudios Hispánicos e Iberoamericanos, Marcial Pons, 2005, pp. 349-359.

corrientes de amor entre España y América", proclamado con toda solemnidad el 12 de octubre de 1923, justamente en el Paraninfo de la Universidad Central[11]. Durante la Dictadura, se encargaron del Ministerio de Estado – conviene recordarlo – el mismo Primo de Rivera y, durante poco más de un año, Yanguas Messía[12], catedrático de Derecho Internacional, y uno de los más activos miembros de la Junta Constructora de la Ciudad Universitaria desde su constitución en la primavera de 1927.

Pero pueden apreciarse otras intenciones y otras influencias. En la construcción de la Ciudad Universitaria hay un intento de emular, en el ámbito americano, la obra de la Cité Universitaire de París, que en esos años se está construyendo. Planteada como un conjunto de residencias de diferentes países, con dependencias de vida comunitaria de orden cultural y deportivo, pero al margen de las Facultades y Escuelas, la Cité Universitaire, vinculada a la Universidad de París a través de una Fundación que le aseguraba autonomía y flexibilidad en su funcionamiento, era una iniciativa innovadora que tenía, entre otros propósitos, el de constituirse como "l'oeuvre de rapporchement intellectuel et moral entre les élites de toutes les nations"[13], efectuando un esfuerzo internacional, encabezado por Francia, para promover en la Europa – y en el mundo – de entreguerras el entendimiento entre las naciones y asegurar la paz, mediante la convivencia y el conocimiento mutuo entre estudiantes de diferente procedencia. Desde este punto de vista, la intención de la Cité estaba muy próxima a la de esos vigorosos – y esforzados – movimientos norteamericanos de los años de entreguerras, de iniciativa privada en su mayoría, como el Institute of International Education o las International Houses, e incluso a ciertas áreas de la Sociedad de Naciones.

Como en el caso de la Ciudad Universitaria madrileña, el Rey se mostró muy interesado en la Cité Universitaire, y participó también personalmente en la fundación del Colegio de España, que fue creado por Real Decreto de 15 de agosto de 1927, es decir, tres meses después de la puesta en marcha de la nueva sede de la Moncloa. Durante una estancia en París,

---

[11] Eduardo González Calleja, *La España de Primo de Rivera. La modernización autoritaria. 1923-1930*, Madrid, Alianza, 2005, p. 125.

[12] Sobre el pensamiento americanista de José de Yanguas Messía, véase Isidro Sepúlveda Muñoz, *Comunidad cultural e hispano-americanismo. 1885-1936*, Madrid, UNED, 1994, pp. 82-83.

[13] Madeleine Priault, *La Cité Universitaire et son rôle social*, París, Rousseau et Cie., 1931, p. 76.

258
República, Universidade e Academia

en junio de 1927, según una noticia de prensa, "el Soberano tomó oficialmente posesión del terreno" sobre el que se levantaría el edificio, que comenzó a construirse con financiación procedente del Ministerio de Instrucción Pública, pero se vinculó a la Junta de Relaciones Culturales del Ministerio de Estado, encargada de su organización y administración, por Real Orden del 9 de noviembre de 1927[14]. En este caso, fue el Duque de Alba, presidente de esa Junta, que constituye otra muestra del interés por establecer vínculos de carácter internacional con acento cultural durante la Dictadura, quien desempeñó el papel de álter ego del Rey, con la entregada colaboración del embajador Quiñones de León, como pone de manifiesto la documentación que se conserva en el Archivo de la Casa de Alba.

La participación extranjera en la Ciudad Universitaria se encauzó, como en París, mediante la instalación de residencias de estudiantes de los diferentes países. Se definió una zona en el Cerro de los Degollados, junto al Parque del Oeste, denominada en algunos planos "Zona internacional de residencias". La primera fue la Fundación del Amo, financiada a expensas de un rico filántropo residente en California, y antiguo alumno de la Facultad de Medicina de la Universidad Central, el Doctor Gregorio del Amo, que donó cuatrocientos mil dólares a la Ciudad Universitaria. Instalada en un edificio construido en los años 1929 y 1930 por los arquitectos Bergamín y Blanco Soler, la Fundación fue el primer organismo en funcionamiento en la sede de la Moncloa, y en su gestación intervinieron el doctor Florestán Aguilar y el mismo Rey. Se planteó como Residencia de Estudiantes Hispanoamericanos, aunque, paralelamente, Gregorio del Amo destinó otra donación equivalente para becar científicos – estudiantes y profesores – tanto americanos como españoles, dirigidos estos últimos a los Estados Unidos[15].

Poco a poco comenzaron a concretarse algunos proyectos de residencias de estudiantes – las de Cuba, Perú, Chile, Uruguay y Argentina–, pero también alguna de iniciativa europea. El hispanófilo Conde de Jay donó doscientos mil marcos oro para la instalación de una residencia para estudiantes alemanes. De acuerdo con el embajador de Alemania en España, el

---

[14] "Su Majestad el Rey, en París", *ABC*, 22 de junio de 1930, p. 27, y Junta de Relaciones Culturales, *Memoria correspondiente a los años 1931 a 1933*, Madrid, 1934, p. 36.

[15] Véase Thomas Glick, "Fundaciones americanas y ciencia en España: la Fundación del Amo, 1928-1940", en Luis Español González (coord.), *Estudios sobre Julio Rey Pastor (1888-1962)*, Logroño, Instituto de Estudios Riojanos, 1990, pp. 313-326.

La Ciudad Universitaria de Madrid, de la Monarquía a la República

doctor Aguilar hizo un viaje a Berlín, del que dio cuenta a la Junta Constructora el 2 de noviembre de 1930, para aclarar la participación que tendría el gobierno alemán, a través del Ministerio de Relaciones Exteriores, en la fundación de la Casa de Alemania en la Ciudad Universitaria madrileña. Y recibió allí todo tipo de facilidades y un claro apoyo, incluida la promesa de eximir del pago de matrículas a los alumnos y graduados españoles que fuesen a ampliar estudios a Alemania. El Ministerio de Relaciones Exteriores se reservaba la traza del edificio, que pensaba confiar al arquitecto autor de la Residencia para profesores del Kaiser Wilhelm Institute, y se acordó realizar un acto "con toda solemnidad" en el que participaría el embajador, cuando se hiciese la demarcación de los terrenos para la residencia.

* * * * *

Pero la Ciudad Universitaria responde también a claves de orden interno. Algunas de tipo general. En una Circular de la Presidencia del Consejo de Ministros fechada el 13 de mayo de 1927 – cuatro días antes de la creación de la Junta Constructora –, Primo de Rivera exhortaba al pueblo español a cooperar, por su "honda significación patriótica", en la construcción de la nueva sede universitaria, "supremo ideal de cultura", secundando así los deseos del Rey para la celebración de sus veinticinco años de reinado. Y se abrió una suscripción nacional, minuciosamente regulada y encauzada a través de los gobernadores civiles y los alcaldes, que exaltaba la figura de un "Rey inteligente y bueno", en torno al cual se solicitaba la adhesión de los españoles. Inteligente, pero también bueno, porque el foco se pone en este caso en el futuro Hospital Clínico, de modo que la suscripción, que se quiere abrir "hasta en las más humildes villas y pequeños lugares" y cuyo resultado se prevé a razón de "un real" por habitante, se plantea con una finalidad benéfica, la de financiar camas del Hospital con un coste de dos mil pesetas cada una. La abundante documentación que se conserva en el Archivo de la Universidad Complutense da cuenta del éxito de esta disposición, así como de la participación del propio Alfonso XIII y de los miembros de su familia. Desde este punto de vista, la Ciudad Universitaria, empresa de educación y de beneficencia al tiempo, aúna, en palabras de Miguel Primo de Rivera, "el anhelo de progreso cultural, base esencialísima de toda grandeza patria, con la preocupación, llena de íntima cordialidad, por el alivio de las miserias humanas"[16].

---

[16] AMAE. Leg. R-1209, exp.14.

260

República, Universidade e Academia

Pero hay también claves explicativas que remiten expresamente al ámbito académico. En la creación de la Ciudad Universitaria se percibe la voluntad de contrarrestar la influencia de la Junta para Ampliación de Estudios e Investigaciones Científicas, una corporación creada en 1907 con inusual autonomía en el seno del Ministerio de Instrucción Pública para la reforma y mejora de la educación y de la investigación españolas, siguiendo los principios liberales y reformistas de la Institución Libre de Enseñanza. Es muy significativo que la Dictadura de Primo de Rivera quisiese controlar esa Junta, intentando disminuir su independencia al facultar directamente al Ministerio de Instrucción Pública para intervenir en el nombramiento de sus vocales, de acuerdo con las disposiciones del Real Decreto de 21 de mayo de 1926[17].

El Ministerio y ciertos sectores universitarios muy activos entonces, encabezados por catedráticos conservadores y católicos, afectos a Primo de Rivera en su mayoría aunque poco organizados políticamente, intentaron emprender una reforma en la Universidad que modernizase y prestigiase las instituciones de educación superior, remediando lo que para ellos había sido una dejación de funciones en las manos – extranjerizantes y laicas – de la Institución Libre de Enseñanza, a la que se atribuía además un enorme poder en el ámbito académico, y especialmente en la adjudicación de cátedras. Se produjo en esos sectores un cierto rearme ideológico centrado en la política universitaria, y se impulsó un intento, bastante consistente y articulado, de recuperar terreno en el ámbito universitario, que sentían perdido a favor de los núcleos académicos e intelectuales aglutinados en torno a la Junta para Ampliación de Estudios e Investigaciones Científicas y sus fundaciones. Desde este punto de vista, la Ciudad Universitaria se presenta a la vez como una réplica – y como una imitación – de la Junta para Ampliación de Estudios.

* * * * *

El signo más evidente – e inmediato – de la transformación que se produce en el proyecto universitario de la Moncloa al proclamarse la República es sin duda el cambio de nombre de la vía que iba a constituir su eje principal. La gran arteria que se conocía como Avenida de Alfonso XIII desde que se proyectó pasó a llamarse Avenida de la República. Se trata de un cambio

---

[17] Junta para Ampliación de Estudios e Investigaciones Científicas, *Memoria correspondiente a los cursos 1924-25 y 1925-26*, Madrid, 1927, p. XI.

con un eco rotundo, si se tiene en cuenta además la importancia de la Avenida, que procuraba a Madrid una entrada muy vistosa por el norte, uniendo Puerta de Hierro y la Plaza de la Moncloa, esto es, tres kilómetros de largo por cuarenta metros de ancho. Pero además se pretendía que la Avenida formara parte en el futuro de una modificación en el trazado urbano de Madrid, al enlazar Puerta de Hierro y la Puerta de Alcalá, por las calles de Princesa, Gran Vía y Alcalá, hasta alcanzar un total de siete kilómetros. Naturalmente, no se volvió a hablar de dar el nombre de Plaza de la Reina María Cristina al espacio formado en la confluencia de la Avenida Alfonso XIII con la de la Universidad, según había acordado la Junta Constructora en su sesión de 15 de abril de 1929, a la vez que iniciaba las gestiones para que se instalase allí el monumento, ya en estudio, en honor de la madre de Alfonso XIII, fallecida el mes anterior. Y ni que decir tiene que con la proclamación de la República desaparece toda referencia a la posibilidad de dar el nombre de Alfonso XIII a la Ciudad Universitaria, como había apuntado de pasada, por ejemplo, Julio Palacios, en otra sesión de la Junta Constructora[18].

Por el contrario, la continuidad entre la Monarquía y la República resulta evidente en lo que se refiere a su ordenamiento jurídico, a partir del Real Decreto de 17 de mayo de 1927, que rompe – ha escrito el profesor García de Enterría – "todas las tradiciones inmediatas en la materia", y supone una importante innovación en la administración española, con un único precedente, el Real Decreto de 11 de enero de 1907 por el que se creó la Junta para Ampliación de Estudios e Investigaciones Científicas.

La Junta Constructora de la Ciudad Universitaria, que se crea en esa norma, se concibe como un organismo autónomo, es decir, una organización especializada en el seno de la Administración General del Estado, a la que se asigna personalidad jurídica, fondos y patrimonio propios, y autonomía de gestión. Si todo este planteamiento resultaba ya atípico y novedoso, el rasgo más singular es el hecho de que ese organismo autónomo sea presidido por el Rey en persona. El Real Decreto se refiere al Patronato del Rey, pero al no preverse el nombramiento de un presidente, queda claro que su patrocinio no es simplemente simbólico, sino claramente decisorio.

Tras la República, la nueva ley de 22 de octubre de 1931 mantuvo los aspectos más significativos del ordenamiento monárquico. Entre los más expresivos, se cuenta el hecho de que el presidente de la nueva Junta de la

---

[18] Julio Palacios se refiere también a ello en el artículo publicado en *Acción Española*, ya citado en nota.

262
República, Universidade e Academia

Ciudad Universitaria, que sustituye al Rey, sea el Presidente de la República, al que se le atribuye un papel insólito de acuerdo con la función que se reserva en la legislación española al Jefe de Estado. Asimismo, es también especialmente indicativo que la Vicepresidencia de la Junta se confíe al Presidente del Gobierno en persona.

Hay otro elemento de continuidad entre el ordenamiento legal monárquico y el republicano que merece ser resaltado. Entre los recursos de los que se dota a la Junta monárquica de la Ciudad Universitaria para el cumplimiento de sus funciones, se incluye el producto neto de un sorteo extraordinario de la Lotería Nacional en 1928, sorteo que se irá repitiendo mediante normas renovadas, y que se convertirá en anual, permanente, en la nueva ley republicana de 22 de octubre de 1931. Se trata de un sistema de financiación flexible, que fue "sumamente eficaz" – dice Eduardo García de Enterría –, y supone también un recurso extraordinario en la administración española.

En la regulación del organismo rector de la Ciudad Universitaria se produce por tanto un claro mimetismo entre la Monarquía y la República. Y en este mismo sentido, aunque no se refiere al periodo considerado en este texto, es interesante tener en cuenta que, tras la guerra civil, la Ley de 10 de febrero de 1940 vuelva a consignar el Patronato del Jefe del Estado – el general Franco, en este caso –, sin la existencia, como ocurría en el periodo monárquico, de Presidente[19].

La continuidad – antes y después del 14 de abril de 1931 – del equipo técnico encargado de las obras de la Ciudad Universitaria, y muy especialmente de su arquitecto director, Modesto López Otero, no es un aspecto intrascendente en el cambio de régimen de la República a la Monarquía. Catedrático en la Escuela de Arquitectura de Madrid, de la que fue también director desde 1923, López Otero fue nombrado responsable del proyecto de la Ciudad Universitaria en la Sesión de la Junta Constructora del 25 de abril de 1928. A pesar de su línea ecléctica y monumentalista, López Otero[20] formó a su alrededor un equipo de jóvenes arquitectos pertenecien-

---

[19] Eduardo García de Enterría, "La Ciudad Universitaria de Madrid y el Derecho", *Civitas*, 57, enero-marzo 1988, pp. 4-16. Véase también Miguel Fernández de Sevilla Morales, *Historia Jurídio Adminstrativa de la Ciudad Universitaria de Madrid*, Madrid, Universidad Complutense, 1993 (Tesis doctoral).

[20] Sobre el trabajo de López Otero en la Ciudad Universitaria, véase Teresa Sánchez de Lerín García-Ovies, "El arquitecto y académico Modesto López Otero", *Boletín de la Real Academia de San Fernando*, 94-95, 2002, pp. 60-65.

La Ciudad Universitaria de Madrid, de la Monarquía a la República

tes a lo que se ha llamado la generación del 25, caracterizados por su afán de incorporar cierta simplificación y funcionalidad propias de las tendencias racionalistas, vigentes entonces en Europa. Entre ellos puede citarse a Lacasa y Sánchez-Arcas, así como al ingeniero Eduardo Torroja. La inclinación ideológica de estos jóvenes era además diversa, y algunos estaban lejos de sentirse monárquicos.

El cambio en la Secretaria de la Junta requiere una atención más detenida. El 4 de mayo de 1931, apenas tres semanas después de la proclamación de la República, el Gobierno provisional disuelve la Junta Constructora de la Monarquía, y constituye una nueva; se produce entonces el cese del antiguo Secretario, el Doctor Florestán Aguilar, y su sustitución por el también médico y catedrático de Fisiología Juan Negrín López, cuyo nombramiento fue sancionado por el Ministro de Instrucción Pública, de acuerdo con la nueva ley, el 7 de noviembre de 1931. Pero Negrín no era nuevo en el ejercicio de funciones administrativas en la Universidad. Catedrático en 1922, fue elegido secretario de la Facultad de Medicina un par de meses después, siendo decano Sebastián Recasens – el ginecólogo de la Reina Victoria Eugenia –. Tuvo, como demuestra la documentación que se conserva en el Archivo de la Universidad Complutense, un papel muy activo en la renovación de los planes de estudios de su Facultad, y, en general, en la gestión universitaria desde su puesto de secretario de la Facultad de Medicina.

A propuesta de su Facultad, pero con la aprobación de la Junta Constructora monárquica a comienzos de noviembre de 1930, formó incluso parte de la Comisión encargada de organizar los campos de deportes y el plan de educación física de la Ciudad Universitaria, en vista de que había determinado, en su condición de fisiólogo, los estudios para formar profesores de gimnasia[21]. Otros miembros de la Junta monárquica – y muy cercanos al Rey – continuaron en la Junta republicana. Así ocurrió, por ejemplo, en el caso de Sebastián Recasens, en su calidad de decano de la Facultad de Medicina, alguien de quien cabe asegurar que tenía un buen entendimiento con Negrín, puesto que compartieron la dirección de ese centro durante nueve años.

La Ciudad Universitaria madrileña se presenta en la Monarquía como una obra de prestigio. En su entorno, se teje una intensa labor de difusión y propaganda dentro y fuera de España. La instalación de la Universidad en

---

[21] Expediente de Juan Negrín López. AGUCM. Sign. P-624,12. Su pertenencia a la Comisión encargada de los campos de deportes y de la educación física se acordó en la sesión de la Junta Constructora de los días 1 y 2 de noviembre de 1930.

la Moncloa, visitada repetidamente por ilustres invitados extranjeros guiados a veces por el Rey, se muestra como una prueba particularmente indicativa de la modernización de España, de su conexión con las corrientes punteras de Europa y Estados Unidos, e incluso, de manera un tanto abusiva, como la avanzadilla de todas ellas. Naturalmente, estas perfecciones se atribuyeron, desde las instancias oficiales, al reinado de Alfonso XIII, y, de forma más o menos directa, a la propia persona del Rey. Los folletos publicitarios definen la nueva Ciudad Universitaria como "uno de los mejores núcleos universitarios del mundo", como "la urbe escolar que España va a ofrecer al mundo como modelo en su clase", y hasta como la "nueva Atenas de nuestro siglo". Y se atribuye a algunos de sus visitantes, como el Alcalde de París, Conde de Castellane, una sorpresa tan grande al conocer, el 16 de enero de 1931, la nueva instalación de la Universidad de Madrid, que, en una carta posterior al doctor Aguilar, escribió que provocaría "l'admiration du monde".

Pero la verdad es que, junto a estas afirmaciones tan vacuas como altisonantes, con la retórica propia de la dictadura primorriverista, pocas se refieren al carácter sustantivo de la nueva Universidad, a la innovación – y a la mejora de orden educativo, intelectual y científico – que se suponía que iba unida a la nueva instalación universitaria. Hay múltiples referencias a la recuperación de "las pasadas grandezas de la Universidad española", como hace, por ejemplo, el Rector Luis Bermejo. Y hay también muchas expresiones, cargadas sin duda de deseos encomiables, acerca de la Ciudad Universitaria, "institución modelo que sirva para regenerar y perfeccionar la educación superior", en palabras de Alfonso XIII pronunciadas en la sesión de la Junta celebrada en Palacio el 1 de junio de 1927.

Sí es claro que se opta pronto por el tipo de campus norteamericano, donde las Escuelas y Facultades están instaladas en edificios independientes – y no, como se dice en un folleto, según "el anticuado sistema del edificio único" –, y donde se incluyen residencias y campos de deporte, rodeados de un parque arbolado. Se quiere, como dice Alfonso XIII, que "el estudiante viva en un ambiente universitario y encuentre cuanto necesite para su bienestar espiritual y físico". Y para ello se le proporciona "alojamiento cómodo, comida abundante, barata y sana y honestas recreaciones". Se menciona también el propósito de que la nueva Ciudad Universitaria se constituya como "centro de investigación científica", con laboratorios y bibliotecas, y que no se limite a ser "un conjunto de aulas, colegios y seminarios para la educación y enseñanza de la ciencia existente".

Y sin embargo en los inicios no había una idea clara y suficientemente precisa de la Universidad que se quería, más allá de consideraciones gene-

La Ciudad Universitaria de Madrid, de la Monarquía a la República

rales y algo superficiales, aunque desde luego bien intencionadas y voluntariosas. Y fue poco a poco, sin abordar la cuestión en toda su dimensión, como fueron surgiendo temas tan importantes como, por ejemplo, la mejora de la formación de los alumnos y la preparación del profesorado mediante la concesión de becas para ampliar estudios en prestigiosos centros foráneos. E incluso la misma idea de trasladar a la zona de la Moncloa, en edificios nuevos, el conjunto de las Facultades, además de las de Medicina, Farmacia y Ciencias, únicas mencionadas en el Real Decreto de mayo de 1927, no se formuló en un principio. El catedrático de Filosofía del Derecho de la Universidad Central, Fernando Pérez Bueno, se quejó a Primo de Rivera en la Asamblea Nacional, el 23 de noviembre de 1927, por el hecho de que fueran a levantarse "grandes palacios" para las Facultades de Medicina, Farmacia y Ciencias, dejando a las de Derecho y Letras "contra una esquina del muladar de la calle de San Bernardo". En su respuesta, el general no hizo la menor referencia a la posibilidad de ir aumentando el número de centros en la Moncloa, sino que se refirió al carácter experimental de las Facultades de Ciencias y Farmacia, que requerían la construcción de laboratorios modernos, y en el caso de Medicina, la proximidad además de un Hospital Clínico adecuado[22].

Lo cierto es que en las publicaciones del tiempo sobre la Ciudad Universitaria se hace alarde de los aspectos puramente materiales y constructivos, y se insiste en lo avanzado de las técnicas empleadas, o en el volumen de las tierras removidas, o en la rapidez en la ejecución de las obras, o incluso en el elevado número de obreros contratados. Se habla del trazado de una tupida red de comunicaciones o de la explanación de grandes plazas, de la utilización del hormigón, de la importancia de obras de fábrica como el viaducto de la Avenida de Alfonso XIII y el de la Zona de Residencias, o de dos muros de contención de tierras de "factura moderna", que suponen "un alarde técnico". Una y otra vez, se llama a la Ciudad Universitaria "la magna obra", en un sentido claramente más material que espiritual, jactándose de los numerosos servicios que se prevén: "Teatro, Club de Estudiantes, Casa de Correos y Telégrafos, Iglesia, etc., etc." Y se hace también gala del cuidado que piensa prestarse al ajardinamiento de su "hermoso parque" de 360 hectáreas, con la plantación de 27.000 pinos, la creación de un "cuerpo de guardería" para su cuidado y la previsión de su riego con la construcción de un "embalse", e incluso la adquisición de "tractores moder-

---

[22] *Diario de sesiones de la Asamblea Nacional*, 23 de noviembre de 1927, pp. 47-48.

nos" para el trasplante de los árboles añosos, que resultaba necesario desplazar para proceder a la apertura de las grandes vías.

Esta última referencia al arbolado quería sin duda atajar algunas de las críticas más insistentes que se lanzaron contra la Ciudad Universitaria. Se puso en cuestión muy pronto la propia ubicación de las nuevas construcciones, porque, en vez de elegir una zona desarbolada y seca de las muchas de los alrededores de Madrid, se escogió un hermoso parque con vegetación antigua y abundante, que era además un lugar de recreo muy popular para los madrileños. Se trataba de una zona suavemente accidentada, que se desnaturalizó al nivelarse, para urbanizar y construir. Así, por ejemplo, en septiembre de 1929, el periódico *El Socialista* publicó un artículo muy crítico, defendiendo, desde luego, la construcción de la Ciudad Universitaria, pero en terrenos del extrarradio. Se quejaba muy vivamente el artículo de la pérdida de un "lugar de esparcimiento y recreo" tan conveniente como la Moncloa, que suponía además para Madrid "el único pulmón de que disponía para solazarse y respirar"[23].

Naturalmente, por lo avanzado de las obras, no hubiera cabido mucha rectificación después del 14 de abril de 1931. Por lo demás, no todos los responsables de la Junta de la Ciudad Universitaria en la República opinaban de ese modo. El nuevo – y entusiasta – secretario de la Junta, Juan Negrín, afiliado al PSOE desde 1929, no pareció lamentar, como *El Socialista*, las consecuencias de construir en parajes tan valiosos como la Moncloa. Proyectó incluso situar la Escuela de Montes, y algún otro establecimiento de este tipo, nada menos que en la Casa de Campo, la mayor zona arbolada de Madrid, patrimonio de la Corona hasta la caída de la Monarquía. Negrín pensaba incluso en llevar a cabo alguna otra ampliación universitaria en el magnífico – y cercano – monte de El Pardo, patrimonio también de la Corona hasta la República. Manuel Azaña, que es quien cuenta en sus *Memorias* – con desagrado y tristeza – estos planes expansionistas de Negrín, recuerda una visita que hizo con éste, la fría y desapacible mañana del 8 de noviembre de 1931, a la Ciudad Universitaria, en la que como Jefe de Gobierno tenía una importante responsabilidad: "Yo veía con gusto que se hiciese la Ciudad Universitaria; pero no podía imaginarme – escribe –, que en esta parte anterior de la Moncloa fueran a hacer tamaño destrozo". "Me he encontrado – añade – con la desolación de la Moncloa destruida". Antes, aquel paisaje "era bellísimo, dulce, elegante; lo mejor de Madrid. Ya

---

[23] "La Ciudad Universitaria. Madrid y sus problemas", *El Socialista*, 12 de septiembre de 1929, p. 1.

La Ciudad Universitaria de Madrid, de la Monarquía a la República

no queda nada: 'una gran avenida', rasantes nuevas, el horror de la urbanización"[24].

Pero hubo otras críticas que tuvieron un carácter más profundo y más intencionado, como las surgidas en el entorno de profesores vinculados a la Junta para Ampliación de Estudios e Investigaciones Científicas. Su secretario, el catedrático de Derecho Romano José Castillejo, sintió – como el artículo de *El Socialista* y como Azaña – la pérdida de los "preciosos y sombreados pinares", de lo que era "un exquisito parque arbolado y montuoso", e incluso de lo que hubiera podido ser, si no se hubiese nivelado el terreno, "un escenario pintoresco similar al de la Universidad de Cornell". Pero rechazó además el enorme gasto que supuso la construcción de la Ciudad Universitaria – que hubiese sido suficiente, en su opinión, para equipar y reparar todas las universidades españolas y preparar a su profesorado –, así como su tamaño excesivamente grande. El juicio, por todo ello, resulta muy duro y rotundo: esa "inmensa Ciudad Universitaria" con "un enorme campus" – dice Castillejo –, "resultó atractiva a la imaginación de la gente y proporcionó un símbolo material de reforma universitaria"[25].

Américo Castro, catedrático de Historia de la Lengua Española y miembro del Centro de Estudios Históricos, una de las creaciones más importantes de la Junta para Ampliación de Estudios, se expresó en este mismo sentido, refiriéndose a la Ciudad Universitaria madrileña en 1928: "La reforma de la Universidad ha sido concebida como una grandiosa modificación arquitectónica". Echaba de menos Castro un auténtico plan de reformas, que afectase a "la íntima armazón de los organismos docentes", a "la estructura misma de la Universidad". "No vemos formulado – concluye – el programa de los derribos y reconstrucciones mentales"[26].

Ése fue justamente el propósito fundamental que en el periodo republicano se introdujo en la Ciudad Universitaria. La instalación en la Moncloa de la Universidad Central siguió jugando una función de realce de la política republicana, tan consciente, por lo demás, de la importancia de

---

[24] Manuel Azaña, *Memorias políticas y de guerra*, I, Madrid, Crítica, 1978, p. 274. La idea de construir edificios universitarios en El Pardo no era nueva. En 1927, el catedrático de Zoología de Vertebrados Luis Lozano Rey había propuesto instalar allí la Ciudad Universitaria ("Informaciones de Madrid", *ABC*, 19 de marzo de 1927, p. 23).

[25] José Castillejo, *Guerra de ideas en España. Filosofía, política y educación*, Madrid, Revista de Occidente, 1976, p. 274.

[26] Américo Castro, "La Ciudad Universitaria", *De la España que aún no conocía*, II, Barcelona, Promociones y Publicaciones Universitarias, 1990, pp. 52-53. El texto se publicó en *El Sol*, el 6 de enero de 1928.

la educación. El prestigio que podía suponer para la reciente República española la nueva sede de la Universidad Central se basó desde luego en el carácter puntero de algunos aspectos de su construcción y en la belleza de su emplazamiento. Se utilizaron en realidad los mismos argumentos que en la etapa monárquica, y así lo demuestra, por ejemplo, un informe, con inequívoca intención propagandística, redactado en francés con posterioridad a enero de 1933 – "La Cité Universitaire de Madrid" – para su difusión exterior desde el Ministerio de Estado[27]. Pero sobre todo, en el periodo republicano, la Ciudad Universitaria se constituyó, con carácter sustantivo, en la enseña de la reforma y de la mejora de la Universidad española, de acuerdo con las pautas más escogidas y modernas. Resulta indicativo en este sentido que, en la nueva legislación de la República de 22 de octubre de 1931, el organismo rector de la Ciudad Universitaria ya no se llame Junta Constructora, sino simplemente Junta[28], lo que parece indicar la intención de prestar detenida atención a otros quehaceres además de los relativos a las edificaciones y a las obras, todavía muy necesitados de consideración.

La influencia que la Institución Libre de Enseñanza tuvo en la política educativa republicana se dejó sentir de manera muy directa en el planteamiento de la nueva sede universitaria madrileña. La penetración de los presupuestos institucionistas relativos a la Universidad se hizo de manera directa e inmediata, mediante la inclusión en la nueva Junta, nombrada por el Ministro Marcelino Domingo el 4 de mayo de 1931[29], de algunos de los catedráticos relacionados con la Junta para Ampliación de Estudios e Investigaciones Científicas o con algunos de sus centros: José Castillejo, como representante de la Facultad de Derecho, Claudio Sánchez Albornoz, por la de Filosofía y Letras, por ejemplo. Hubo otras incorporaciones representado a instituciones no vinculadas hasta entonces a la Universidad, sino directamente a la Junta para Ampliación de Estudios: así ocurre en el caso de Ignacio Bolívar, Director del Museo de Ciencias Naturales, catedrático también de Entomología de la Universidad Central, o con Alberto Jiménez Fraud, presidente de la Residencia de Estudiantes, fundada en 1910. El propio Juan Negrín – hay que subrayarlo – era director del Laboratorio de Fisiología de la Junta para Ampliación de Estudios desde 1916.

---

[27] AMAE. Leg. R.-1729, exp. 58.

[28] *Gaceta de Madrid*, 23 de octubre de 1931.

[29] *Gaceta de Madrid*, 5 de mayo de 1931.

La Ciudad Universitaria de Madrid, de la Monarquía a la República

Las vicisitudes de la política republicana no cambiaron esa orientación general[30]. Así, por ejemplo, cuando Negrín dimite de su cargo de secretario de la Junta de la Ciudad Universitaria en el otoño de 1934, es sustituido por el catedrático de Numismática y Epigrafía José Ferrandis Torres[31], secretario de la Facultad de Filosofía y Letras con el decano García Morente, inscrito este último desde la juventud en la órbita de la Institución Libre de Enseñanza y muy cercano a algunas fundaciones de la Junta para Ampliación de Estudios, como la Residencia de Estudiantes.

El deseo de facilitar la presencia internacional en la Moncloa continuó durante la República. No se interrumpieron las negociaciones para facilitar la construcción de distintos pabellones extranjeros. Los de Cuba, Perú, Chile, Uruguay y Argentina estaban ya comprometidos a comienzos de 1934. En el caso de Argentina, fue Claudio Sánchez Albornoz quien, en un viaje a Buenos Aires en septiembre de 1933, siendo ministro de Estado, hizo una "gestión cerca del Gobierno argentino para que construyese éste una residencia en la Ciudad Universitaria de Madrid". Y surgieron iniciativas nuevas. El Ministerio de Instrucción Pública de Brasil se interesó por la Ciudad Universitaria en abril de 1935, y solicitó que se le remitiesen sus planos[32].

Y se afianzó la idea de fomentar la participación europea, sin que parecieran pesar, del lado español, condicionantes de tipo político. En el informe propagandístico sobre "La Cité Universitaire de Madrid", se precisa que también "les nations européennes ont voulu se joindre à cette œuvre importante". Y se recalca la labor cultural de Francia a través de la Casa de Velázquez, inaugurada el 20 de noviembre de 1928 en la zona de la Moncloa. Pero se recuerda asimismo la aportación del Conde de Jay para la edificación de una residencia alemana, y se apunta la existencia de contactos para la construcción de una "Casa de Italia"[33].

---

[30] Sobre la marcha de las construcciones en la Moncloa durante la República , véase Pilar Chías Navarro, *La Ciudad Universitaria de Madrid. Génesis y realización*, Madrid, Universidad Complutense, 1986, pp. 129-151.

[31] Véase Alfredo Rodríguez Quiroga, "Juan Negrín López. Su obra científica y universitaria (1892-1936)", *Asclepio*, XLVI, 1, 1994, p 169.

[32] AMAE. Leg. R.- 1209, exp. 3. La Casa do Estudiante de Brasil había transmitido ya a la Junta Constructora su satisfacción por el hecho de que fueran a establecerse residencias de estudiantes en la Ciudad Universitaria, según se recoge en el Acta de la sesión de la Junta Constructora celebrada el 1 de abril de 1930.

[33] AMAE. Leg. R.-1729, exp. 58.

República, Universidade e Academia

En 1935, y desde el diario *ABC*, Tomás Borrás ve en la política portuguesa de entonces, y en la disposición del propio Oliveira Salazar, que había publicado unos meses antes "una declaración amistosa hacia España", una oportunidad propicia para la creación en la Ciudad Universitaria de una Casa de Portugal. "Después – escribe – habremos de trabajar por que tenga su adecuada réplica en una Residencia española en Lisboa o Coimbra"[34]. El 21 de febrero de 1930, se había producido ya una visita de un grupo de profesores y estudiantes portugueses a las obras de la Ciudad Universitaria. Y estaba organizada otra para los asistentes al Congreso Hispano-portugués de Ginecología el 24 de abril de 1931, como reflejan las actas de la última sesión de la Junta Constructora de la Monarquía, el día 4 de ese mismo mes.

La "Universidad Hispánica", una denominación que sigue en vigor en el periodo republicano, no perdió su perspectiva americanista. El año 1937, en plena guerra, el arquitecto Luis Lacasa consideraba el proyecto de construir un Museo Biblioteca de Indias en la Ciudad Universitaria, con el fin de recoger, e investigar, todas las colecciones dispersas en centros como la Academia de la Historia, el Museo Arqueológico o el de Ciencias Naturales[35].

* * * * *

El resultado de la aplicación de los principios de la Institución Libre de Enseñanza en la Ciudad Universitaria republicana resultó especialmente interesante y completo en la Facultad de Filosofía y Letras, la primera que se trasladó a la sede de la Moncloa, la única en realidad en la que hubo tiempo de impartir clases en el nuevo campus antes de la guerra. A la inauguración de la Facultad de Filosofía y Letras, el 15 de enero de 1933, asistió el Presidente de la República, Niceto Alcalá Zamora, y el Jefe del Gobierno, Manuel Azaña, acompañados, entre otros, de cuatro Ministros, empezando por el de Instrucción Pública, Fernando de los Ríos. El Decano de la Facultad, el catedrático de Ética Manuel García Morente, quería que la nueva Facultad de Filosofía y Letras pudiera "parangonarse con las más

---

[34] Tomás Borrás, "La Residencia de Portugal en la Ciudad Universitaria", *ABC*, 14 de noviembre de 1935, p. 7.

[35] Sofía Diéguez Patao, "La Ciudad Universitaria de Madrid y el ideal panhispánico", *Espacio, Tiempo y Forma*, Serie VII, Historia del Arte, t. V, 1992, p. 476, y Paz Cabello, "El Museo de América", *Anales del Museo de América*, 1, 1993, p. 17.

ilustres y respetadas del mundo"[36]. Para ello, se puso en pie un plan de estudios muy flexible, que permitía a los alumnos elegir con libertad las materias, que perseguían un cierto equilibrio entre la especialización y los conocimientos de orden general imprescindibles para todo licenciado en Filosofía y Letras. Y se planteó una enseñanza basada en la indagación y en la reflexión personales, y no en la repetición ni en la memorización, procurando poner en contacto directo a los estudiantes con el objeto de estudio. Se suprimió un buen número de exámenes y se racionalizaron los indispensables.

Se introdujeron asimismo enseñanzas muy descuidadas hasta entonces en España, como las lenguas modernas, y se instaló una buena biblioteca al servicio de estudiantes y profesores. La relación entre profesores y alumnos, muy lejana y encorsetada hasta entonces, se hizo más próxima. En el buen resultado obtenido jugó sin duda un papel de primer orden la presencia de un nutrido grupo de profesores excepcionales, entre los que puede citarse a Ramón Menéndez Pidal y a José Ortega y Gasset.

La reforma de la Facultad de Filosofía y Letras, que iba a tener una residencia de estudiantes en su cercanía, el Colegio de Córdoba, suponía en realidad un cambio de modelo universitario. Se rechazaba el modelo de la Universidad liberal, un sistema de enseñanza centralizado, uniforme y jerarquizado, controlado por el poder público, un sistema, de origen francés, que se había ido acomodando desde el siglo XVIII y a lo largo del XIX, una Universidad que se limitaba a ser una oficina administrativa más, con la misión de expender títulos académicos, mediante unos procedimientos librescos, repetitivos, memorísticos. Y se ponía en marcha una Universidad autónoma – protegida de las interferencias administrativas y políticas –, que se planteaba como una corporación de maestros y de alumnos, de régimen colegial y organización tutorial. Se trataba de una Universidad que quería aunar, de acuerdo con una pauta en vigor entonces en Europa y en Estados Unidos, el modelo de la Universidad alemana – cientificista e intelectualista –, y el modelo humanista de Gran Bretaña, para lograr una educación integral[37].

---

[36] Manuel García Morente, "La Facultad de Filosofía y Letras en la Ciudad Universitaria de Madrid", *Residencia*, III, 4 de octubre de 1932, p. 117.

[37] Para una consideración general del tema, véase Santiago López-Ríos Moreno, Juan González Cárceles (eds.), *La Facultad de Filosofía y Letras de Madrid en la Segunda República. Arquitectura y Universidad durante los años 30*, Madrid, Sociedad

República, Universidade e Academia

Planteada con carácter experimental, la reforma de la Facultad de Filosofía y Letras estaba destinada a tener una significación de gran alcance en la política universitaria del primer bienio republicano, porque supuso el punto de partida del proyecto de Ley de Bases de la reforma universitaria, firmado por el Ministro Fernando de los Ríos – institucionista y socialista – el 14 de marzo de 1933[38], un proyecto que no llegaría a ponerse en práctica por el desarrollo de los acontecimientos políticos.

Estatal de Conmemoraciones Culturales, Ayuntamiento de Madrid y Fundación Arquitectura COAM, 2007. Sobre el plan de estudios, Isabel Pérez-Villanueva Tovar, "El plan de estudios de García Morente. Cultura y humanidades", en *Íbidem*, pp. 193-209.

[38] *Gaceta de Madrid*, 19 de marzo de 1933.

CIÊNCIA E MOVIMENTOS CIENTÍFICOS

Rui Manuel de Figueiredo Marcos

**A Reforma dos Estudos Jurídicos de 1911
Coordenadas Científicas e Pedagógicas**

MARCOS, **Rui Manuel de Figueiredo** – Doutor em Direito pela Faculdade de Direito da Universidade de Coimbra. Professor Catedrático da Faculdade de Direito de Coimbra.

1. O Governo Provisório da Primeira República, logo nas suas declarações iniciais, anunciou a Reforma da Universidade e, em especial, a dos estudos jurídicos. É exactamente da Reforma dos Estudos Jurídicos de 1911 de que me ocuparei. Um tema que surge radioso no contexto comemorativo do Centenário da Primeira República.

Comemorar é, de certo modo, voltar a viver. No momento, significa reviver pela lembrança reflectida uma das melhores reformas que visaram o ensino jurídico universitário português. Repassava-a uma modernidade tal que muitas das sereias da novidade, se a conhecessem, a louvariam sem descanso.

2. Ao romper do século XX, a Universidade de Coimbra abraseava num vibrante debate em torno da remodelação global do seu ensino. Instada a pronunciar-se pelo gabinete da Ernesto Rodolfo Hintze Ribeiro e não insensível ao apelo, a Faculdade de Direito designou uma comissão integrada por Dias da Silva, Guilherme Moreira e Marnoco e Sousa, com o encargo de elaborar um relatório sobre a parte concernente ao magistério jurídico. Aprovado sem alterações em Congregação Extraordinária de 2 de Março de 1901, o parecer forneceu as bases da reforma que o Decreto n.º 4, de 24 de Dezembro de 1901, coroou.[1]

Ainda a Reforma de 1901 não recebera inteira execução e já se erigira em alvo de críticas demolidoras. Os ventos não a acarinharam. O conflito académico de 1907 levantara uma onda concertada de fúrias desabridas e de acerbíssimas objurgatórias contra a Faculdade de Direito[2]. À agressão anónima em folhas volantes juntou-se a condenação em declarações públicas, para arguir o seu ensino de imóvel e anacrónico.

De todas as injustas acusações que dardejaram a Faculdade, a que mais a feriu foi, sem dúvida, a relativa ao pretenso atraso dos estudos jurídicos, ao carácter arcaico, bafiento e dogmático do seu magistério. Quando a fogueira de 1907 continuava a crepitar, confessaram-no Marnoco e Sousa e Alberto dos Reis na peça que corajosamente escreveram em defesa firme da Escola a que pertenciam[3]. Depressa a Faculdade de Direito percebeu a

---

[1] Ver RUI MANUEL DE FIGUEIREDO MARCOS, *A História do Direito e o seu Ensino na Escola de Coimbra*, Coimbra, 2008, págs. 68 e segs.

[2] Quanto à origem dos protestos académicos em que parece ter estado o acto de «Conclusões Magnas» do candidato a Doutor, José Eugénio Ferreira, consultar ALBERTO XAVIER, *História da Greve Académica de 1907*, Coimbra, 1963, págs. 63 e segs.

[3] Ver MARNOCO E SOUZA e ALBERTO DOS REIS, *A Faculdade de Direito e o seu ensino*, Coimbra, 1907, *expressis verbis*, pág. VII.

278
República, Universidade e Academia

necessidade de empreender modificações. A isso mesmo se devotaram os Doutores Marnoco e Sousa, José Alberto dos Reis, Guilherme Moreira, Machado Vilela e Ávila Lima[4]. Sucederam-se alterações pontuais.

A Faculdade porém, não demoraria muito a apresentar um plano acabado de reforma. Precedera-o uma preparação cuidadosíssima, tendo, como pano de fundo, a imagem da internacionalização. Em 1909, cumpriram uma missão de estudo à organização do ensino francês na Faculdade de Direito de Paris e à organização do ensino italiano nas Faculdades de Turim e de Roma os Doutores Marnoco e Sousa e José Alberto dos Reis[5]. No decurso de 1910, coube em sorte ao professor Machado Vilela observar o magistério do direito apurado no crisol da prática, nas Universidades de Paris, Toulouse e Montpellier, em França, nas de Bolonha, Pádua e Turim, em Itália, Bruxelas, Gand e Louvain, na Bélgica, Berlim, Leipizig e Heidelberg, na Alemanha, e, por fim, Lausanne e Genebra, na Suíça. Às Universidade não visitadas, decidiu-se enviar, após uma amadurecida reflexão, um «questionário sobre organização do ensino do direito». Coligidos os alvitres oriundos do estrangeiro e na base das investigações conduzidas pelos próprios membros do Conselho da Faculdade, elaborou-se um projecto reforma, o qual se ficou a dever, em larga medida, ao labor e inquebrantável entusiasmo de Machado Vilela[6].

Subiu à Congregação de 27 de Março de 1911, onde obteve incontidos aplausos. Consagrou-o, em forma de lei, o Decreto de 18 de Abril de 1911.

3. A Primeira República, ainda no decurso dos trabalhos preparatórios que conduziram à reforma, logo trouxe consigo alterações signi-

---

[4] Já no final do acto lectivo de 1905-1906, a Faculdade dera sinais de que tencionava reponderar a organização do seu ensino. Designou, na altura, uma comissão composta por Guilherme Moreira, Marnoco e Sousa e Machado Vilela. Ver MÁRIO JÚLIO DE ALMEIDA COSTA, *O Ensino do Direito em Portugal no século XX*, Coimbra, 1964, pág. 25.

[5] Os professores Marnoco e Sousa e José Alberto dos Reis reuniram em livro as impressões colhidas na missão de estudo que efectuaram em 1909. Ver MARNOCO E SOUZA e ALBERTO DOS REIS, *O Ensino Jurídico em França e na Itália*, Coimbra, 1910.

[6] Disse-o de modo frontal o Doutor Guimarães Pedrosa, ao exaltar o incansável zelo do relator Machado Vilela, a quem, quase exclusivamente, se devia a reforma. No seio da comissão, ao lado de Machado Vilela, estiveram Guimarães Pedrosa, José Alberto dos Reis e Ávila Lima. Pouco depois da sua constituição, foi-lhe ainda agregado o professor Marnoco e Sousa.

A Reforma dos Estudos Jurídicos de 1911. Coordenadas Científicas e Pedagógicas

ficativas que implicavam também a Faculdade de Direito. Salientemos as principais.

A um pronto, transfigurou-se o rosto institucional da Universidade de Coimbra mercê de vários Decretos de 23 de Outubro de 1910. Um deles aboliu os juramentos prestados pelo reitor, lentes, graduados, oficiais da Universidade e alunos que se matriculassem pela primeira vez. Um outro extinguiu o juízo privativo da Universidade de Coimbra, determinando que os casos que corriam pelo foro académico passassem para as justiças ordinárias. E o de maior relevo para o ensino veio acabar com o ponto tomado aos estudantes da Universidade e instituir o regime dos cursos livres em todas as cadeiras das diferentes Faculdades. Os alunos respiravam de alívio, finalmente soltos do flagelo agrilhoante das faltas.

Ao expirar de 1910, a Faculdade de Direito, pela voz do Reitor da Universidade, tomou conhecimento das diversas providências oriundas do Governo Provisório, que foram depois acolhidas legislativamente pelo Decreto de 21 de Janeiro de 1911. Como mudanças de vulto, registaram-se a supressão do exame de licenciatura e do exame das conclusões magnas, mais conhecido, nas palavras da lei, por defesa da tese na Sala dos Capelos. A obtenção do grau de doutor exigia agora uma dissertação impressa que versasse um ponto importante para a ciência jurídica, saído da livre escolha do candidato. Além disso, impunha-se um argumento de meia hora sobre três temas fundamentais para a respectiva ciência. Um deles seria eleito pelo candidato, de entre três propostos pela Faculdade.

4. A Primeira República, em Novembro de 1910, visou especificamente a Faculdade de Direito de Coimbra. Aliás, o Governo Provisório mais não fez do que vir ao encontro de uma sugestão do Vice-Reitor Sidónio Pais que alvitrara a substituição da cadeira de Direito Eclesiástico por uma de Processo[7]. A Faculdade anuiu à proposta e o Decreto de 14 de Novembro de 1910 sancionou a opção.

Avizinhava-se a projectada separação do Estado e da Igreja e, com a manifesta tendência para a laicização de todas as relações jurídicas, não se justificava a conservação da cadeira de Direito Eclesiástico. Este bem poderia ser encarado como factor histórico das instituições jurídicas, cujo estudo lograria pleno cabimento no seio da disciplina de História do Direito Português. Mas o que deixava de ter utilidade para os que se destinassem às car-

---

[7] Ver MÁRIO JÚLIO DE ALMEIDA COSTA, *O Ensino do Direito em Portugal no Século XX*, cit., pág. 34.

República, Universidade e Academia

reiras forenses era o conhecimento desenvolvido do regime jurídico da Igreja, na sua vida interna e nas suas relações exteriores.

Apropositou-se, pois, o ensejo para expandir a dimensão processualista no magistério da Faculdade de Direito. Assim, deslocou-se o ensino da Sociologia Criminal e do Direito Penal para a 11ª cadeira. Tomou o lugar do direito eclesiástico uma cadeira de Processo Penal e da Prática Judicial, que ficou a ocupar a 14ª cadeira. De feição que a 16.ª cadeira consagrou-se apenas ao estudo alargado dos processos especiais civis e comerciais.

Não foi tanto a queda do direito eclesiástico que atingiu a Igreja no âmbito universitário. O golpe mais estrepitoso infligiu-o o Decreto de 29 de Janeiro de 1911 que extinguiu o culto religioso na Capela da Universidade de Coimbra. Os tesouros da Capela destinaram-se a um novo Museu que se ergueria no seu edifício, já considerado monumento nacional.

A lei, na sua fundamentação, colocou o órgão da Capela da Universidade a soar vibrantes acordes republicanos. As ciências entraram definitivamente no período da emancipação de todos os elementos estranhos à razão. Só dela emanavam e só dela dependiam. Nos termos da lei, o império do poder incruento e irredutível da verdade demonstrada apagará as dissidências das escolas dogmáticas que dividiram os indivíduos e os povos. Daí que o culto religioso sofresse ordem de despejo da Capela da Universidade.

5. A Primeira República, no que toca à Faculdade de Direito, respeitou a sua autonomia científica e pedagógica. A própria Faculdade de Direito de Coimbra reconheceu que o Decreto de 18 de Abril de 1911 traduziu a conversão em lei do projecto de reforma dos estudos jurídicos, votado unanimemente pelo Conselho da Faculdade em Congregação de 27 de Março de 1911 e, em seguida, apresentado ao Governo Provisório da República, o qual deu à Faculdade a subida honra de o aprovar quase integralmente[8].

Para tal desenlace, vislumbram-se diversas razões. O extraordinário valimento pessoal dos membros da comissão reformadora foi, com certeza, uma delas. Mas, acima de tudo, vingou o facto de os aturados trabalhos preparatórios terem sido entretecidos por coordenadas de natureza exclusivamente científica. Dir-se-ia mesmo que, atendendo ao ímpeto reformador que

---

[8] É o que expressamente se reconheceu na Congregação de 1 de Junho de 1915 do Conselho da Faculdade de Direito de Coimbra. Ver *A Universidade de Coimbra no Século XX. Actas da Faculdade de Direito* (1911-1919), vol. I, introdução de MANUEL AUGUSTO RODRIGUES, Coimbra, 1991, pág. 194.

A Reforma dos Estudos Jurídicos de 1911. Coordenadas Científicas e Pedagógicas

impôs a si própria, com ou sem Primeira República, a Faculdade de Direito teria fatalmente modernizado a sua pauta docente.

6. A Reforma de 1911 revelou-se deveras audaciosa. Atrás de si contou, como vimos, com prudentes esforços e estudos preparatórios verdadeiramente paradigmáticos, e nunca, entre nós, excedidos. A audácia começou, desde logo, no voto primordial de restituir a Escola à sua verdadeira missão. Em tal óptica, promoveu a separação entre a função docente e a função de julgamento. A primeira pertencia naturalmente à Faculdade e a segunda devia caber a representantes do Estado. O exame tornara-se objecto de infinito culto. O professor sacrificava ao exame o tempo, a energia e até a tranquilidade de espírito necessários à investigação científica. Por seu turno, o estudante via o professor pelo óculo do exame, ou, se se preferir, o exame personificado no professor, o que podia perturbar um saudável ambiente de cordialidade. Impunha-se, por conseguinte, descontaminar a atmosfera da Faculdade de Direito, proporcionando ao professor o sossego mental indispensável à função docente e, do mesmo passo, libertando o espírito do estudante das imagens incómodas que nele desencadeavam as vestes carregadas do professor-examinador.

O modo de realizar a separação entre a função docente e a função de julgamento viu-o o Governo da Primeira República no sistema dos exames de Estado. Adoptado em toda a sua pureza na Alemanha, na Áustria e na Suíça alemã, o sistema do *Staatsprüfung* entregava a uma comissão de exames nomeada pelo Estado a tarefa de verificar se os candidatos possuíam o nível de preparação jurídico-científico indispensável ou ao ingresso imediato nas carreiras públicas ou ao tirocínio seguido de exame preponderantemente prático de carácter profissionalizante. Este era ainda um exame de Estado, o grande exame de Estado (*grosse Staatsprüfung*), o que só ocorria depois de alguns anos de prática junto dos tribunais, de instituições administrativas ou de escritórios de advogados. Em harmonia, os júris das comissões de exames integravam individualidades que representavam não só os interesses do ensino, mas também as diversas profissões a que os candidatos se dirigiam. Tomavam assim assento nos júris magistrados, altos funcionários administrativos, advogados e professores da Faculdade de Direito de Coimbra.

Atentemos no modelo esquadrinhado pela lei. A habilitação científica para as diversas carreiras era julgada através de dois exames de Estado. O primeiro, o exame de Ciências Económicas e Políticas, que poderia realizar-se depois de três anos de estudos na Faculdade de Direito e englobava a História do Direito Português e todas as disciplinas das áreas económicas e políticas.

República, Universidade e Academia

O segundo exame, o de Ciências Jurídicas, exigindo agora cinco anos de estudos na Faculdade de Direito e a aprovação no exame de Ciências Económicas e Políticas, versava as múltiplas disciplinas inseridas na secção de Ciências Jurídicas e a História das Instituições do Direito Romano[9].

Da cisão entre a função de ensinar e a função de examinar fluiu um enorme préstimo para vida escolar da Faculdade de Direito de Coimbra. Foi nada menos do que o pleno aproveitamento do ano lectivo para aulas. O semestre de Inverno começava no dia 15 de Outubro e findava no dia 15 de Março. O semestre de Verão iniciava-se no dia 16 de Março e terminava em 31 de Junho[10].

7. Ao desenho da pauta curricular a Reforma de 1911 trouxe arroja-das inovações e preciosos retoques. As novidades traduziram-se nas inclu-sões da estatística, como processo indispensável à investigação científica, da economia social, mercê da relevância atribuída às questões operárias, do direito constitucional comparado, a título de complemento do direito polí-tico, da legislação civil comparada, na sequência lógica do estudo das insti-tuições de direito privado pelo ângulo da sua conformação histórico-jurídica e da matéria das confissões religiosas nas suas relações com o Estado, dada a sua palpitante importância na vida política e jurídica do País. Aliás, a introdução desta última disciplina pertenceu à exclusiva responsabilidade do Governo Provisório.

Do lado das reponderações, regressou-se à antiga separação entre a história do direito português e a história das instituições do direito romano. Triunfou a tese de que irmanar à força a docência de duas disciplinas que, por natureza, abraçavam métodos expositivos e técnicas de investigação diferentes redundava em impedir que cada uma delas contribuísse para a educação jurídica na exacta medida das suas virtualidades específicas. A Reforma de 1911 acarinhou o direito romano. Não esqueceu a essencia-lidade do seu valor formativo que então se repercutia no ensino de todos os países, mesmo naqueles onde a recepção romanista se afigurava menor, como na Inglaterra e nos Estados Unidos. À vista dos reformadores ressal-tava o facto de o direito romano se professar na generalidade das Universi-dades inglesas e em algumas Universidades norte-americanas, com saliên-cia para Chicago, Colômbia e Harvard.

---

[9] Ver Decreto de 18 de Abril de 1911, artigos 49.º e 50.º.
[10] Ver Decreto de 18 de Abril de 1911, artigo 42.º, § 2.

A Reforma dos Estudos Jurídicos de 1911. Coordenadas Científicas e Pedagógicas

Acresce que se desdobrou o direito internacional num curso de direito internacional público e numa cadeira de direito internacional privado. Surgiu ainda um curso semestral de Direito Civil Desenvolvido, com contornos inéditos. Assinalou-se-lhe o objectivo da versar uma ou outra questão importante, sob todos os seus ângulos, para o efeito de mostrar aos alunos o processo de abordagem esgotante de um problema jurídico no seu pleno desenvolvimento. Descobre-se aqui o esplêndido voto de centrar exclusivamente o ensino de uma disciplina no problema.

Um dos rostos da Reforma de 1911 correspondeu, como veremos, à acentuação de um ensino de cariz reflexivo-problemático. Com os olhos repletos de admiração, lembrava-me um dia o Doutor Pinto Bronze que, em tempos próximos de nós, o paradigma da inteligência carinhosa que guiava os alunos, sem galas, nem alardes, nas rotas meândricas do saber jurídico, sempre polarizado em torno de magníficos lances prático-problemáticos era o nosso muito venerado Mestre Francisco Manuel Pereira Coelho.

Numa visão panorâmica, observa-se que o elenco das disciplinas da Faculdade de Direito de Coimbra espraiava-se por quatro grupos de cadeiras e cursos, respectivamente anuais e semestrais[11]. O 1.º Grupo recebeu a *intitulatio* de História do Direito e Legislação Civil Comparada. O 2.º Grupo era o de Ciências Económicas. Ao 3.º Grupo pertenciam as Ciências Políticas e o 4.º Grupo reservava-se às Ciências Jurídicas. Com grande desvelo profissionalizante, anexos ao grupo de Ciências Políticas, estabeleceram-se ainda dois cursos complementares de habilitação para as carreiras diplomática e consular: o Curso de História das Relações Diplomáticas (anual) e o Curso de Direito Consular (semestral).

8. O Governo da Primeira República sustentou o princípio da liberdade de espírito dos alunos. Em coerência, modificou o regime legal da dependência das disciplinas da Faculdade de Direito, admitindo que o estudante pudesse escolher, em cada ano, as disciplinas que melhor quadrassem ao desenvolvimento da sua cultura jurídica. Abria-se a porta aos percursos individualizados.

Mas o que a Reforma de 1911 não ignorava é que subsistia entre as cadeiras uma filiação natural e uma sequência que se conservava prestimosa, para a qual muitos alunos não teriam ainda sensibilidade aferidora.

---

[11] Nos termos do artigo 4.º da lei, o ensino de cada uma das cadeiras durava um ano lectivo enquanto o dos cursos ocupava um semestre. Contemplava-se apenas a excepção do curso de História das Relações Diplomáticas que se prolongava por um ano.

284
República, Universidade e Academia

Por isso, se impôs à Faculdade a obrigação de gizar um plano de estudos que, no seu superior entendimento, lhe parecesse o mais harmónico com a solidariedade e a sucessão lógica das diferentes disciplinas. Era um modo hábil de salvar a ideia de coerência integrante que, seguramente, entretecera o novo currículo da Faculdade de Direito de Coimbra.

A Faculdade de Direito oferecia, por conseguinte, um ensino segundo um plano aconselhado e não de acordo com um plano imposto[12]. No fundo, a Reforma de 1911 antecipou, quase de um século, o enorme alvoroço causado pela actual Reforma de Bolonha, na condição de pregoeira da geometria variável dos currículos e dos planos curriculares simplesmente aconselhados. Não raro, as ideias novas são as ideias velhas de que já nos esquecemos.

9. A Reforma de 1911 apontou rumos metódicos claros ao ensino do Direito. Reconhecia, desde logo, que um deles não podia deixar de ser a transmissão da ciência feita. Nesta óptica, lograva inteiro sentido a lição magistral, em que o professor comunicava aos alunos, de um modo pessoal, os princípios da ciência que professava. Realça-se a menção da lei que encerrava um doce apelo à lição entendida como fruto de uma recriação individual e permanente do professor, um pouco ao gosto da velha *ars inveniendi*. Para arrepio da informática, os verdadeiros Mestres não são programáveis. A concordância dos olhares terminava aqui, porquanto o concreto *modus docendi* já levantava ondas argumentativas alterosas e desencontradas.

Agitaram-se categorias pedagógicas novas e fizeram-se opções inequívocas. Na concepção de lições magistrais que adoptou, a Reforma de 1911 impunha aos professores que banissem das aulas a aridez inóspita do tradicional verbalismo abstracto. A apresentação dos princípios e institutos jurídicos de uma maneira apriorística e dogmática devia ceder a um ensino em que eles, preferencialmente, surgissem emoldurados na sua formação histórica e nas relações com a vida social. Procuravam-se, assim, desterrar as secas prelecções que cultivavam o puro género dogmático em tom pastoral.

Uma das maleitas visíveis que debilitava o magistério jurídico representava uma sobrevivência da velha Escola do Direito Natural que concebia o direito como uma categoria metafísica superior aos factos, conduzindo ao fosso entre o direito da escola e o direito da vida. O remédio encontrou-o

---

[12] Ver Decreto de 18 de Abril de 1911, artigo 9.º.

A Reforma dos Estudos Jurídicos de 1911. Coordenadas Científicas e Pedagógicas

a lei de 1911 na valorização da historicidade jurídica, mostrando, do mesmo passo, os laços que prendem o direito à vida social. Muito do que é direito explica-se, genética e funcionalmente, por aquilo que não o é. O direito não irrompe por actos solitários de génio, nem desaparece, fugidiamente, na noite do acaso. Insere-se sempre num certo contexto constituinte e reconstituinte. A própria natureza do direito reclama que o seu ensino o entenda vinculado à existência cultural e histórica do homem.

10. O verbalismo transformara-se num culto maldito que a Reforma de 1911 se empenhou em abater. As suas máculas eram muitas. Convidava à memória fresca e não exaltava ao raciocínio. Amontoava palavras e não construía ideias. Preferia mobilar a cabeça em vez de a formar ao abrigo de um pensamento problemático-reflexivo.

A solução julgou encontrá-la a Reforma de 1911 no sistema que apelidou de «concretização do ensino», o qual se centrava em apresentar factos e em formular hipóteses. Tomado da Universidade de *Harvard* que começara a abandonar os velhos métodos do *booksystem* e do *lecturesystem*, isto é, do sistema do compêndio e da lição dogmática, em favor do *casesystem* ou do *casemethod*, a Reforma de 1911 adoptou este último, com o objectivo confesso de desterrar o verbalismo do ensino jurídico português. O seu fulcro matricial radicava em assentar os princípios jurídicos sobre a análise de casos da jurisprudência.

O professor estava prevenido para não deixar resvalar a concretização do seu ensino até cair no precipício do nefasto empirismo. Lançar mão de um laboratório experiencial não significava renegar a elaboração científica. Bem pelo contrário, era ainda fazer *sciencia iuris*.

O *casemethod* não se compadecia com a acção unilateral do professor. Uma coisa, bem o advertiu Cícero, é saber e outra é saber ensinar. Ora, na ponderação da Reforma de 1911, saber ensinar implicava a recusa do ressequido monólogo que apenas convidava o estudante à passividade receptiva. No seu lugar, erguia-se, em gesto de emancipação intelectual do aluno, a chamada lição-diálogo.

Não se tratava já do que se rotulou de diálogo velho que mais não espelhava do que uma antecipação parcial do exame. Assente no princípio da cooperação, a Reforma de 1911 decretou o diálogo novo, em que o professor não visava averiguar os conhecimentos do aluno, mas antes convocá-lo a cooperar no ensino, levando-o a pensar por si próprio e a acompanhar o raciocínio do professor. Desperto o espírito crítico, o aluno aprendia a observar os factos, a discutir as normas e a formular soluções judicativo-concretas. Em sintonia, ficou expressamente proibido o ditado

República, Universidade e Academia

como sistema de exposição e vedou-se a adopção oficial de quaisquer livros de texto para as lições.

Convertida em máxima rectora da Reforma de 1911, a ligação do direito da escola ao direito da vida necessitava do forte amparo de um largo espectro de exercícios práticos. Entre exercícios escritos e orais, denunciativo deste clima não era só o apelo constante à jurisprudência fresca, mas também o recurso a visitas de estudo sob a direcção do professor. Deveras sugestivos revelaram-se os exercícios práticos inscritos nas ciências económicas e que incluíam, por exemplo, quer o uso de estatísticas, inquéritos e relatórios oficiais, quer a análise da cotação de fundos, dos câmbios, de balancetes de bancos, de orçamentos e de relatórios financeiros[13]. Na Europa, a Alemanha proporcionara tal paradigma, se bem que a Faculdade de Direito de Coimbra tivesse registado a existência florescente de cursos práticos regulares na Áustria, Bélgica, Bulgária, França, Inglaterra, Noruega e Rússia.

11. Na visão de 1911, o ensino não devia exaurir a actividade de um docente de Direito. O universitário precisa sempre da investigação para fazer respirar o seu ensino. Uma teia científico-cultural e didáctica que se entretece de aquisições recíprocas. A este propósito, a Reforma de 1911 exibia uma cintilância bifronte. De um lado, expor a ciência feita e, de outro, mostrar como se faz a ciência.

As sementes sopradas de além-fronteiras voejaram até ao nosso país. Nas universidades alemãs, os seminários constituíram exemplos notáveis de progresso científico. Em Berlim, destacava-se o seminário de direito criminal dirigido por *Von Liszt*, em *Leipzig* avultava o seminário de economia política sob a orientação de *Karl Bücher* e, em *Heidelberg*, ganhou projecção internacional o seminário de direito público do famoso *Jellineck*. O modelo dos seminários jurídicos passou à Itália, designadamente a Pisa e a Pádua e fez carreira na França, em especial, na Faculdade de Direito de Paris, com as chamadas «Salas de Trabalho». Já haviam então alcançado enorme renome a sala de trabalho de direito penal, dirigida por *Garçon*, de direito público, orientado por Larnaud e de direito romano que contava com o prestígio de *Cuq* e, sobretudo, *Girard*.

O voto de alimentar a docência com a investigação surdiu estupendas consequências na Faculdade de Direito de Coimbra. A Reforma de 1911 transplantou o modelo estrangeiro, criando um estabelecimento congénere a que deu o nome de Instituto Jurídico.

---

[13] Ver Decreto de 18 de Abril de 1911, artigo 27.º.

A Reforma dos Estudos Jurídicos de 1911. Coordenadas Científicas e Pedagógicas

Assumia todos os contornos de um centro de actividade científica, considerado de suma utilidade a professores e a alunos. Aí se tenderia a implantar um ambiente de fervilhante debate de ideias.

Os trabalhos do Instituto Jurídico consistiam em exercícios, conferências e discussões científicas propícias ao domínio dos métodos de investigação. Do ponto de vista organizativo, o Instituto Jurídico integrava quatro secções, em harmonia perfeita com o mosaico dos grupos de disciplinas. Eis as quatro secções: a 1.ª de História do Direito e de Legislação Civil Comparada, a 2.ª de Ciências Económicas, a 3.ª de Ciências Políticas e a 4.ª de Ciências Jurídicas. Em cada uma delas, surgiram dois tipos de cursos. Um era elementar, para principiantes. O outro, crismado de curso superior, destinava-se à preparação de estudos originais[14]. Como apoio fundamental à missão que lhe foi assinalada, o Instituto Jurídico passava a dispor de uma biblioteca privativa.

12. Uma dimensão que não pode ser omitida a respeito da Reforma de 1911 toca o subido esplendor com que acolheu o princípio do ensino livre. E tomou-o na dupla acepção que ele comporta, ou seja, liberdade de ensinar e liberdade de aprender. O ensino do direito ou se impunha por si próprio ou não tinha razão de ser. O registo da falta tornava-se incompreensível. Um ponto em que comungavam a Faculdade de Direito e o Governo da Primeira República.

Destacou-se a resposta da Faculdade de Direito de Chicago *Evanston* à questão seguinte que lhe foi dirigida pela Faculdade de Direito de Coimbra: «A assistência dos estudantes aos cursos é obrigatória ou facultativa, isto é, o ensino é livre ou obrigatório?». Eis a resposta que tanta admiração concitou: «Livre e facultativa. Importa, porém, explicar que nós adoptamos nas escolas americanas um sistema de exames que torna inútil tentar fazê-los sem uma cuidadosa preparação e uma assistência regular. É o método dos problemas originais, semelhante ao que se aplica nos estudos matemáticos. Toma-se um julgado recente dos tribunais, determinam-se os factos do litígio e pede-se a solução segundo os princípios que regulam o assunto».

Uma peça estruturante da Faculdade de Direito passou a ser o curso livre. De carácter geral ou especial, esses cursos livres poderiam abordar matérias que se situavam no plano curricular normal, ou então no quadro mais vasto das múltiplas ciências jurídicas e sociais. Merece uma explícita desocultação a valiosa possibilidade de se confiar a regência de cursos livres

---

[14] Ver Decreto de 18 de Abril de 1911, artigo 34.º.

288
República, Universidade e Academia

a prestigiadas individualidades estranhas ao corpo docente da Faculdade, ou como lhes preferiu chamar a lei, a notabilidades científicas nacionais ou estrangeiras[15].

13. O que acabámos de salientar transporta-nos, *recta via*, ao tema candente da formação dos professores de Direito, no qual a Reforma de 1911 também intrometeu juízo. Em palco argumentativo esgrimiram-se duas correntes de opinião. Uma confiava na auto-formação do professor e no regime do livre-docentismo. Assim acontecia na Itália, onde existiam cerca de dois mil *privati docenti*. Todavia, a condição de livre-docente, em vez de indicar um meio de formação, representava um simples título acrescido, quer para ingressar nas carreiras públicas, quer para conferir preferência no exercício das profissões liberais. Daí que o Governo da Primeira República recusasse o livre-docentismo como sistema geral do recrutamento dos professores de Direito.

À imagem de algumas Universidades americanas, a Reforma de 1911 decidiu adoptar o outro sistema possível de recrutamento, o da assistência, que se baseava no princípio da formação oficial do professor. Mas com a promissora novidade da especialização. Especialização esta que começava, logo à partida, no concurso de provas públicas para assistente que se pautava de acordo com a divisão em grupos de disciplinas que a Faculdade gizara. A progressão na carreira, agora aferida por concursos documentais, conduziria aos postos cimeiros de professor extraordinário e de professor ordinário[16].

O regime dos assistentes, que se encontra actualmente nos seus últimos suspiros, acreditava na lição permanente dos Mestres. Perante o que se aproxima, não desfitemos os olhos de uma verdade inabalável. Ninguém nasce professor da Faculdade de Direito, por muito doutorado que esteja.

14. A Reforma de 1911, que tantas esperanças concitara, nunca chegou verdadeiramente a lograr uma perfeita execução. Depararam-se-lhe escolhos enormes. O regime transitório suscitou vagas tempestuosas de reclamações por parte dos estudantes. A opção pelos cursos livres não conduziu a resultados satisfatórios. Algumas das suas virtualidades foram

---

[15] Ver Decreto de 13 de Abril de 1911, artigo 82.º.

[16] Entre assistentes, professores extraordinários e professores ordinários, o quadro do pessoal docente da Faculdade de Direito de Coimbra não ia além dos vinte e oito lugares.

A Reforma dos Estudos Jurídicos de 1911. Coordenadas Científicas e Pedagógicas

desaproveitadas. Ainda durante a Primeira República, suceder-se-iam, na linha dos rasgos de 1911, as Reformas de 1918 e de 1922-1923[17].

15. Não se pense que a Reforma de 1911 morreu. Vive entre nós. E vive entre nós, através dos legados imperecíveis que deixou à actual Faculdade de Direito de Coimbra. A organização interna em Secções que tão frutífera tem sido, a nossa preciosa Biblioteca que se haveria de tornar numa das melhores à escala internacional, o nosso confidente dilecto que é o Boletim da Faculdade de Direito e o Instituto Jurídico como centro de investigação científica constituem sinais visíveis e permanentes da Reforma de 1911.

Além destes cintilantes recortes institucionais, a Reforma de 1911 gravou uma mensagem ao aluno da Faculdade de Direito que bem poderia sintetizar, socorrendo-me do sábio alvitre de *Lichtenberg*, professor da Universidade de *Gottingen* no século XVIII: «dá ao teu espírito o hábito da dúvida e ao teu coração o da tolerância».

Desvelada a alma da Reforma de 1911 e, volvido um século, no meio da turbulência da Reforma de Bolonha, justifica-se um desabafo. Tal como em muitas coisas da vida, nas reformas do ensino jurídico universitário, andamos, andamos e não chegamos. Conforme do cimo do seu pensamento, lembrava Teixeira de Pascoais, «o andar é tudo: princípio e fim».

---

[17] Neste sentido, ver MÁRIO JÚLIO DE ALMEIDA COSTA, *História do Direito Português*, 4.ª ed. revista e actualizada com a colaboração de RUI MANUEL DE FIGUEIREDO MARCOS, Coimbra, 2010, pág. 503.

Maria de Fátima Nunes

Cientistas em Acção: Congressos, Práticas Culturais e Científicas (1910-1940)

NUNES, **Maria de Fátima** – Doutora em História da Cultura Moderna e Contemporânea pela Universidade de Évora. Professora Associada com Agregação de História Contemporânea na Universidade de Évora.

1. História da Ciência – História da Cultura Científica

No âmbito da investigação do CEHFCi – Centro de Estudos de História e Filosofia da Ciência – a temática do público entendimento da ciência na sociedade tem sido objecto de investigação articulada por parte dos investigadores que trabalham história da ciência em Portugal no século XX, numa perspectiva de intercâmbio de conhecimentos. Neste contexto foi surgindo como temática relevante para a renovação da historiografia portuguesa o tema *Congressos Científicos Internacionais em Portugal*, numa dupla perspectiva. Uma, a realização destes encontros em Portugal; outra, a concomitante relação da participação dos membros da comunidade científica portuguesa – rostos personalizados das instituições científicas e culturais existentes – nos périplos temáticos dos congressos internacionais, especialmente na Europa, mas também na América do Sul e nos Estados Unidos[1].

Ponto de partida fundamental foi o levantamento de notícias científicas que se encontram registadas no jornal diário informativo *O Século*, reflexo de várias perspectivas relacionadas com a divulgação dos acontecimentos de cultura científica nacional e internacional. Um conjunto que nos permite a construção de uma hipótese mais vasta de investigação. Perspectivando a realidade da ciência em Portugal, na transição da República para o Estado Novo, num contexto internacional e de trocas de práticas científicas, considerámos que o tema *Congressos Internacionais* pode ser um território de reflexão e de investigação interdisciplinar inovador.

O último quartel do século XIX foi marcado pelo cientismo, pelo triunfo do progresso que em conjunto inspiraram um conjunto de actividades internacionais, regulares, que geograficamente se deslocavam entre

---

[1] Nesta dinâmica de trabalho encontram-se Augusto Fitas, Emília Gomes, Margaret Lopes e, recentemente, Quintino Lopes, doutorando do programa de História e Filosofia da Ciência. Este texto só foi possível graças aos seus contributos e aos pontos de situação que vamos realizando no âmbito do CEHFCi. Agradecemos à Margaret Lopes e à Madalena Esperança Pina o facto de nos terem facultado o *paper* «Género e Internacionalismo: congressos científicos, congressos feministas na primeira metade do século XX» – *VIII Congresso Ibero-Americano de C&T Género*, Brasil, Curitiba, Abril 2010. Um contributo de debate para a abertura de alguma das linhas de investigação aqui levantadas. Neste contexto devemos referenciar, igualmente, o *paper* de Emília Gomes, Augusto Fitas, Fátima Nunes intitulado «Cientistas em acção no jornal O Século (1926--1940). Imagens públicas da ciência no dealbar do Estado Novo», apresentado no *Congresso Internacional Representações da República*, CHC-UNL, Abril 2010.

República, Universidade e Academia

continentes da civilização ocidental. Falamos das Exposições Universais e Internacionais[2].

Nesta cartografia, os conceitos de progresso, de ciência e de desenvolvimento tecnológico sempre estiveram presentes, sobretudo através das representações oficiais dos pavilhões de cada Estado Nação; gramática que se manteve até aos dias de hoje: Expo Xangai 2010! Estas festas internacionais – propiciadoras de vários caminhos de análise – possibilitam entender a construção de redes de contacto e de trocas de saberes, de conhecimentos, de tecnologias, facilitando o entendimento do esboçar da globalização. Os Estados – nomeadamente Portugal – organizaram pavilhões, encomendaram relatórios científicos para serem apresentados no âmbito do tempo festivo das Exposições[3]. É neste jogo de referências que se encontra uma ponte para ligar o estudo da história da ciência e o da cultura científica em Portugal, numa perspectiva transnacional.

O jornalismo de divulgação cultural e científico, assim como a imprensa científica especializada, transmitem ecos importantes da participação nacional nestas realizações internacionais. Nas suas páginas encontramos abundante informação, nomeadamente da representação de membros da comunidade científica portuguesa, com a respectiva afiliação científica: as sociedades e academias nacionais, e internacionais, a que pertencem no momento da presença do evento expositivo.

Estamos em crer que a imagem pública da ciência – e o papel que o Estado Nação teve sobre a prática e a comunicação da ciência e da tecnologia – pode ser estudada quer a partir do eixo temático das exposições, mas também a partir da realização de congressos científicos internacionais em –

---

[2] Lembrar o surto de edições comemorativas que a organização de edições Expo'98 fez aparecer a público, em 1994, reconstruindo a memória das Exposições Universais em que Portugal tomou parte desde a de Londres, em 1851. Para uma visão sobre a importância destes eventos na civilização ocidental ver Nunes 1999 e Pesavento 1997. A dissertação de doutoramento em História, de José Luís Assis, *Ciência e Técnica na Imprensa Militar em Portugal (1850-1918)*, realizada no âmbito da investigação do CEHFCi, sob orientação de Maria de Fátima Nunes (Évora, Junho 2010), traz resultados interessantes neste domínio da presença oficial portuguesa nas Exposições Internacionais e Universais e dos relatórios de Estado elaborados para estas festividades científicas e técnicas.

[3] Para esta magnificência de Progresso e nacionalismo nas exposições ver Nunes 1999 (Maria Helena Souto tem cruzado a perspectiva da arte com as representações da tecnologia) e também Silva 2000, com uma abordagem teórica centrada na retórica do progresso presente nas Exposições dos anos trinta do século XX.

Portugal, tendo como antecedentes a presença individual e, a comunidade científica portuguesa em realizações congéneres no estrangeiro.

Deste modo, pretendemos também inserir o tópico de desafiar o mito historiográfico de centro-periferia do final do século XX[4]. Consideramos que os congressos científicos podem ser um excelente campo para ir em busca de outras formas de olhar a relação entre diferentes espaços de comunicabilidade e de trocas de conhecimentos e de relações inter-culturais e científicas no Mundo em mudança do final do século XIX para o *Século dos Extremos*, no dizer de Eric Hobsbawm.

2. Cientistas em Acção

Realizar a *arqueologia das palavras e das ideias* de um congresso científico implica entender as redes de contactos existentes por parte dos organizadores, a par das suas relações com instituições científicas, nacionais e internacionais.

Cada congresso tem sempre um programa estruturado – com os respectivos *comptes rendus* – acompanhado de um amplo corolário de actividades culturais, sociais, políticas e de um capital simbólico que se projecta para um universo informativo, especializado e genérico[5]. A realização de congressos científicos internacionais realizados em Portugal – metropolitano ou colonial – pode assumir um significado de relevância política e ideológica quer para a configuração do Estado, quer para a comunidade científica que foi capaz de negociar redes de contacto para viabilizar a realização científica, extraordinária, para o espaço nacional. Este movimento de captar congressos pode ser equacionado como um sintoma da existência de redes científicas entre Portugal, a Europa e a América, na

---

[4] Tenha-se em conta a produção de Basalla 1968 e 1988: dividindo o mundo em centro-periferia na produção e difusão da ciência. Aspecto que a historiografia latino--americana de história da ciência tem vindo a debater e a recusar como modelo de arrumação da geografia do saber científico e que hoje a Europa do Sul ameaça também refutar este modelo de territórios de margens científicas.

[5] Para o nosso estudo exploratório tomámos como estudo de caso o *XV Congresso Internacional de Medicina*, Lisboa, 1906; o *Primeiro Congresso de Medicina Tropical da África Ocidental*, Luanda, 1923; o III *Congresso Internacional de História da Ciência, Porto, Coimbra*, Lisboa, 1934. Ver nas referências bibliográficas o material usado para este artigo.

viragem do final do século XIX para o século XX, no contexto do republicanismo. Assim, as trocas de conhecimentos são feitos entre várias comunidades de diferentes continentes, e não apenas no simplismo de determinismo histórico da Europa do Norte que supervisiona cientificamente a Europa do Sul, a tradicional Europa das margens, sem ciência, sem instituições ou organizações científicas. Pelo contrário, pretendemos ver nesta afirmação organizativa de grandes acontecimentos de trocas de ideias, de debates científicos, de cosmopolitismo cultural, social e humano uma prática cultural e científica de grande impacto, interno e externo. Um corolário normal para universos científicos que casavam habilmente Nação e Ciência, num tempo de afirmação nacional e patriótica no contexto da categoria de ciência mundo[6].

Julgamos ser pertinente ter em conta a geografia institucional dos membros da nossa comunidade científica: Lisboa, Porto e Coimbra, em diferentes configurações, conforme olhamos o tempo antes ou depois da República. Mas, a trilogia das cidades que protagonizam a sede das redes de trocas de conhecimentos são um dos dados de longa duração da história da ciência do Portugal Contemporâneo. À Universidade de Coimbra – produto da reforma pombalina de 1772 – juntavam-se vários gabinetes, institutos, periódicos científicos e espaços de laboratório e de saber produção de saber científico. Digamos que Coimbra, sob o ponto de vista científico, vivia entre o tempo marcado pela Torre sineira, O Instituto, o Jardim Botânico e os Observatórios[7].

Lisboa, detinha desde a prática das luzes a Academia Real das Ciências de Lisboa (1779); do tempo do setembrismo de 1836-1837 data a Escola Politécnica e a reforma da Escola Médico-Cirúrgica, instituições que foram permanecendo e convivendo com os Estabelecimentos de Ensino Militar, uma rede de Hospitais, Sociedades Científicas variadas, Institutos Superiores de Ensino, o Real Instituto Bacteriológico e ainda a Sociedade de Geografia de Lisboa (1875), esta última verdadeira placa giratória de sociabilidades científicas, ideológicas e políticas, em prol do ideal do patriotismo ultramarino, cientifico, positivista e também republicano.

A cidade do Porto como símbolos da sua actividade científica o Laboratório Municipal, a Academia Politécnica do Porto, os Hospitais e a Escola

---

[6] Ver número temático da revista *Osíris* 2009.

[7] O Projecto *História da Ciência na Universidade de Coimbra (1547-1933)*, FCT-HC/0119/2009, sob coordenação científica de Carlos Fiolhais, trará importantes contributos a este tópico da história da cultura científica universitária.

Cientistas em Acção: Congressos, Práticas Culturais e Científicas (1910-1940)

Médico-Cirúrgica, além de uma imprensa científica especializada que complementava a que se editava em Lisboa e em Coimbra[8].

Da investigação já realizada no âmbito do CEHFCi percebe-se a existência de uma rede de comunicabilidade entre vários membros destas instituições que participam, escrevem, organizam e deslocam-se em conjunto para missões científicas ou em delegações nacionais como representantes do Estado[9].

Se a geografia universitária se altera substancialmente com a legislação republicana de 1911 – a que organiza a Universidade de Lisboa, de Coimbra e do Porto – o ritmo de participar e de organizar congressos – nacionais ou internacionais – apresenta-se como um traço de permanência entre a Monarquia de fim de século e a República de 1910. Assim, o denominador comum para estas ligações científicas internas tem que se procurado nas várias sociedades e academias científicas que enquadravam a comunidade científica em Portugal, inserida numa rede de trocas de práticas científicas com congéneres europeias e americanas, com antecedentes de participação em congressos temáticos, especializados e gerais por várias cidades do mundo ocidental.

Um outro aspecto relevante desta abordagem de «cientistas em acção» em congressos reporta-se às ligações existentes entre os actores sociais da ciência e a sua produção de história/memória. Em estudos anteriores do CEHFCi desenvolvemos alguns tópicos sobre a importância do Grupo Português de História da Ciência, filiado na rede internacional do Comité de História da Ciência que tinha na revista *Archeion* (1929-) o seu rosto colectivo, a identidade internacional de cientistas em acção no campo da história da ciência[10]. O cruzamento temático traduziu-se na realização do III Congresso Internacional de História da Ciência em Portugal, no ano de 1934, sob a coordenação científica de Joaquim de Carvalho[11] e com a presença de

---

[8] Para uma visão de síntese de vários aspectos da história das instituições científicas em Portugal ver História e Desenvolvimento da Ciência 1986.

[9] Sobre este assunto ver Fitas et all 2008; Nunes 2002, 2004, 2009; Lopes 2010; Marques 2010. Actualmente, no âmbito da preparação do I Centenário da Universidade de Lisboa, o sitio de Memória da Universidade: http://memoria.referata.com, sob coordenação de José Pedro Sousa Dias, permite entender que estamos perante um campo da investigação em crescimento sustentado e em rede.

[10] Veja-se como obra de visão de conjunto: A. Fitas, M. Rodrigues, M. F. Nunes, 2008.

[11] Para além dos já referenciados em nota 9 ver ainda Simões et all 2008.

República, Universidade e Academia

alguns dos mais reputados historiadores da ciência da época, com particular destaque para Georges Sarton, director da revista *Isis*[12].

Diríamos que congressos e história da ciência foram signos que se cruzaram desde cedo no uso da memória científica como retórica de um discurso público, como alavanca de um publicismo em favor de áreas científicas, do poder científico institucional ou da valorização do poder simbólico do Estado.

É à luz deste contexto de uso público de entendimento da ciência que consideramos de grande importância a ligação existente entre o Congresso Internacional de 1934 e o VIII Congresso do Mundo Português de 1940: *História da Actividade Científica em Portugal*, sob a organização científica de Joaquim de Carvalho[13], o espírito de cultura científica que se vai afirmando na sociedade portuguesa ao longo da primeira metade do século XX[14].

Uma ciência pela Pátria, no enunciado de Elena Ausejo[15] a propósito dos Congressos Luso-Espanhóis da Associação Espanhola e Portuguesa para o Progresso da Ciência. Um movimento pendular no quadro da Península Ibérica que se iniciou em 1917 e terminou em 1974. Um movimento organizativo de congressos em prol da «boa ciência» dos países peninsulares (as duas pátrias das descobertas do mundo) que sempre envolveu instituições científicas portuguesas e espanholas – universidades, academias, sociedades científicas – a comunidade activa, a história da ciência e os Estados: Portugal e Espanha, independentes e peninsulares. Um ritmo de presenças regulares por parte da comunidade científica portuguesa e espanhola que sabiam intercalar a participação nestes rituais científicos da Península Ibérica com a prática científica dos outros *comptes rendus* internacionais, dentro e fora do território do Estado português.

Estamos, pois, perante um dos sinais idiossincráticos da sociedade portuguesa face à importância da realização e da participação em congressos – festas de ciência e festas de práticas culturais e ideológicas, eivadas de

---

[12] Georges Sarton, fundador da revsita *Isis*, publicação de referência internacional para a «história da ciência, da tecnologia e da medicina», ainda em publicação. Sobre o seu impacto na historiografia da ciência mundial ver Dear 2009; Lightman 2009; Numbers 2009; ver Nunes 2009 sobre a presença de Sarton em Portugal, no III Congresso Internacional de História da Ciência, realizado em Portugal.

[13] Ver Nunes 2004; Lopes 2010; para todas as referências de fonte ver História da Actividade Científica 1940.

[14] Para uma visão de síntese ver Ribeiro 1980.

[15] Veja-se Ausejo 1993 e Nunes 2002.

Cientistas em Acção: Congressos, Práticas Culturais e Científicas (1910-1940)

uma forte carga historicista na sua planificação, realização e publicitação, nacional e internacional[16].

3. Ciência e República

Uns dos aspectos de grande relevância no desenrolar dos congressos são os programas sociais, as visitas turísticas e os discursos oficiais de abertura e de encerramento. Acontecimentos que são galvanizados e difundidos por via do impacto psicológico que, habitualmente, têm sobre os congressistas e acompanhantes, mas também porque são peças jornalísticas e fotográficas por excelência que se propagam pelas páginas dos jornais informativos e pela imprensa cultural e científica.

O programa científico do um congresso é habitualmente completado pelo programa social, as visitas guiadas, as excursões científicas a sítios ou museus, as recepções formais localizadas em espaços de consagração da identidade científica, mas também da identidade cultural e ideológica de quem recebe os visitantes, como o Salão Nobre de uma Universidade, a Sala de Portugal da Sociedade de Geografia de Lisboa ou os Paços do Concelho dos municípios de Lisboa, de Coimbra ou do Porto!

Os congressos podem, pois, ser perspectivados como mostras de construção de identidades científicas e culturais para consumo de exportação, ex-libris de síntese de vários aspectos que se pretendem valorizar conjunturalmente a propósito da longa duração de 800 anos da História de Portugal. Há, pois, uma linha de investigação a não descurar que permite interceptar o turismo especializado com o turismo científico. Como instrumento aferidor encontra-se o Estado que superintende, co-organiza e financia boa parte destas actividades paralelas, por vezes tão ou mais importantes que as sessões científicas normais.

De facto, os programas sociais permitem mudar a fisionomia da cidade – *caso da colina da saúde* em Lisboa, em 1906, por ocasião do XV Congresso Internacional de Medicina, ou captar para a Sala de Portugal da Sociedade de Geografia de Lisboa uma multidão composta pela *entourage* da elite científica média presente em Lisboa para esse evento[17]. Fotógrafos, jornalistas nacionais e internacionais, publicações de sociedades médicas,

---

[16] Para o campo da História veja-se o contributo de Fernando Catroga, Torgal *et all* 1996.

[17] Ver XV Congrès International de Médicine 1906; Programme 1906.

300
República, Universidade e Academia

revistas sociais e de divulgação cultural foram receptivas à cobertura do evento: da homenagem a Miguel Bombarda – alma do Congresso – à exibição de sequências fotográficas e musicais sobre a amplitude geográfica e cultural do território do Estado português, ou seja o mosaico do espaço europeu cruzado com os espaços exóticos, distantes mas portugueses das colónias espalhadas pelo Mundo[18]! Assim, era possível tecer num mesmo congresso a temática colónias e África. Por um lado a medicina colonial e tropical foram secções que marcaram o tempo da modernidade científica, por outro a organização da *soirée* social para a Sala de Portugal da Sociedade de Geografia demonstra profissionalismo na construção de uma identidade cultural e científica. Sinal claro de existir um colonialismo científico a aplicar a África, traços que já eram visíveis desde 1900, num outro fórum especializado: Congresso Colonial Nacional[19].

E, congressos sempre tiveram o desígnio da festa, do banquete, das senhoras acompanhantes, dos fatos de cerimónia, de rituais que faziam passar a imagem para a sociedade de momentos sagrados dos encontros internacionais e excepcionais da ciência: os Congressos Internacionais; basta olhar para algumas das reportagens realizadas na época pela revista *Illustração Portuguesa*, de 1906 por exemplo.

---

[18] Veja-se o detalhe do programa social da *soireé* organizada pela Sociedade de Geografia de Lisboa, para o XV Congresso Internacional de Medicina, realizada na noite de 23 de Abril: Sociedade de Geografia 1906.

[19] Ver Sociedade de Geografia 1900. Um conjunto de teses justificativas da importância da retórica científica para a prática colonial no grande laboratório de experimentações que podia ser o continente africano, sobretudo no campo dos temas médicos. Nesta organização de teses encontram-se temas como o dos climas de África em comparação com Brasil; a meteorologia nas colónias; a climatologia, a geografia médica, a demografia, a etnologia, a etnografia. Uma preocupação que vamos continuar a encontrar em 1919, ver Sociedade de Geografia de Lisboa 1919 [1920], um relatório que termina com o capítulo «Medidas de Utilidade para as Colónias». Hospital Colonial», estabelecendo-se várias ligações entre a Sociedade de Ciências Medicas de Lisboa, o Hospital Colonial, o Instituto Bacteriológico e as missões a Londres para estudar modelos a aplicar às Colónias.

4. Ciência e Congressos no século XX: práticas científicas e práticas culturais

A investigação de levantamento de dados sobre realização de congressos internacionais em Portugal, e a participação em congressos internacionais no estrangeiro, em fase de *working in progress* tem vindo a proporcionar um conjunto de pistas e de elementos fulcrais para um novo travejamento de consciente possível da história da ciência em Portugal na viragem do século XIX. Há uma clara herança de práticas culturais e científicas associadas a congressos internacionais, como sinal inequívoco da afirmação do positivismo cientista e da profissionalização da ciência, em Portugal. Estes dados vêm por duas vias. Uma, o levantamento parcialmente já realizado da notícias científicas no jornal *O Século*, tal como já foi referenciado no início; um repositório informativo jornalístico que nos permite investir em outros periódicos, em outros arquivos e em outras direcções de fontes patrimoniais para a história da ciência. Um trajecto de articulação de investigação que sempre se cruza com as sociabilidades mundanas da Sociedade de Geografia de Lisboa, com a Universidade de Coimbra e com a comunidade científica do Porto, sobretudo da Escola Médico-Cirúrgica e Academia Politécnica, depois Universidade do Porto[20].

Um núcleo informativo que nos permite perceber a existência de uma tendência de participação em actividade científica em rede. O regular pontuar de referências ao binómio congressos internacionais/membros da comunidade científica portuguesa pode ser encontrado desde o último quartel do século XIX, o que nos faz perceber que estamos perante uma tendência de longa duração no âmbito da esfera pública da história da ciência em Portugal, inserida no contexto científico do seu mundo envolvente: a civilização ocidental, Europa e América, com projecção de aplicação laboratorial ao continente africano.

Porém, necessitamos de outros pontos de observação e de investigação em rede. Se tomarmos os grupos da comunidade científica em acção, ou seja em congresso, e realizarmos a sua anatomia prosopográfica verificamos que no itinerário profissional e científico dos membros individuais sempre encontramos a referência à apresentação, em tempo anterior, de uma comunicação em congresso científico, à organização ou presidência de uma

---

[20] O ponto de partida foi a bibliografia de referência portuguesa: Rosas et all 2003; Barrreto et all 1999; Nóvoa 2003. Fundamental a consulta da base de dados informativa de José Pedro Sousa Dias: www.ff.ul.pt/paginas/jpsdias/ipcf/guia-biomedicas.html

República, Universidade e Academia

secção científica em algum dos muitos congressos realizados entre o final da Monarquia, a República e o Estado Novo. Linhas de continuidade e não de ruptura, o que pode evidenciar que nem sempre as cronologias políticas casam com as cronologias científicas e culturais dos regimes[21].

A tese de mestrado em Estudos Históricos Europeus de Quintino Lopes[22] permite perceber como pela via da história da ciência se podem obter novos olhares inter-relacionais sobre as permanências e as mudanças em tempos de aceleração do tempo histórico, dado que nos é permitido avaliar a textura da vida científica dos membros activos da comunidade portuguesa que em 1940 respondem à chamada de Joaquim de Carvalho, para em Coimbra apresentarem o seu contributo sobre a evolução da ciência em Portugal, leia-se desde o século das Luzes até ao momento da consagração da celebrações do duplo centenário nacional do Estado Novo. E nessa arqueologia de referências de cargos e de edições de separatas e de menções a *comptes-rendus* vamos elaborando uma base de dados relativa à participação e/ou organização de congressos internacionais. Um elemento que cruza várias gerações de diferentes formações científicas, desde os que iniciaram os seus estudos académicos ainda no consulado institucional monárquico, aos que entraram para a Universidade da República ou foram subsidiados pela Junta de Educação Nacional (criada por decreto de 16 de Janeiro de 1929) ou pelo Instituto para a Alta Cultura[23], organismo que partir de 1936 substitui a J.E.N.

Mas voltemos aos congressos internacionais, ao início de um *focus* sobre a temática.

---

[21] Sobre um dos estudos de caso analisados – Cabral Moncada e a modernidade de Verney em 1940, ver Nunes 2005.

[22] No VIII Congresso de Mundo Português – 1940 – a comunidade científica de Lisboa, do Porto e de Coimbra acorreram ao apelo de Joaquim de Carvalho para realizar um congresso sobre a história da Actividade Científica em Portugal. No epicentro celebrativo do nacionalismo patriótico português, Quintino Lopes realiza uma arqueologia da biografia individual de cada um dos participantes, trazendo para a discussão de trabalho os vários enquadramentos internacionais que os comunicantes portugueses, em 1940, evidenciavam, no momento da exaltação do espírito português! Ver Lopes 2009.

[23] Assunto que está a ser alvo de uma investigação interdisciplinar no CEHFCi, um projecto financiado pela FCT: HC/0077/2009 – *A Investigação científica em Portugal no período entre as duas guerras mundiais e a JEN (The ScIentific Research in Portugal between two world wars and the organization of a National Board of Education [SIRNEdu])*, integrado na área científica de História da Ciência

Cientistas em Acção: Congressos, Práticas Culturais e Científicas (1910-1940)

Se Lisboa, Portugal e o Mundo científico ficou impressionado com o XV Congresso Internacional de Medicina – com uma homenagem nacional a Miguel Bombarda, impulsionador do evento[24] – a Europa colonial e a comunidade médica fez transportar para Luanda, em 1923, as atenções da comunidade científica ao organizar o Primeiro Congresso Internacional de Medicina Tropical, com programa e discursos oficiais em português, em francês e em inglês[25].

Um acontecimento excepcional para Angola do início da década de vinte do século XX. Um discurso inaugural realizado pelo Alto-comissário da República e Governador-geral de Angola – General Norton de Matos – que começa por apresentar desculpas institucionais pelo facto de Luanda ainda não ter todas as condições de "civilização e de conforto" necessárias para reunir congressistas internacionais. "Nem hotéis, dignos desse nome, nem museus de arte ou de ciência, nem teatros, nem as perspectivas artísticas que nas grandes cidades majestosamente levantam arruamentos, os jardins, as fontes monumentais e as edificações majestosas [mas] Angola representa para nós portugueses, e para todo o mundo civilizado um passado de tal grandeza que deve apagar aos vossos olhos o que lhe falta ainda para vos receber como um país de prósperas civilizações"[26].

A *Revista Médica de Angola* (edição especial, em vários tomos do n.º 4 de 1923) cobre de modo intensivo o Congresso. Os vários momentos da componente social, as fotografias rotuladas de postal de *souvenir* que são publicadas, os discursos de honra do Governador Geral de Angola, do Presidente da Municipalidade de Luanda, bem assim como todos os outros

---

24 Ver *Relatório* 1907 – publicação que faz eco da homenagem pública a Miguel Bombarda, organizada pela comunidade médica, agradecimento pela capacidade organizativa do XV Congresso Internacional de Medicina.

25 A documentação produzida por Mora 1923; Matos 1923; França 1923 indicia as várias vertentes contempladas pela realização do Congresso em Luanda. Aos objectivos científicos da Medicina Tropical juntavam-se os interesses histórico-coloniais associados ao objectivo de melhoramento e progresso científico, sanitário e médico para o continente africano. Para uma visão global do Congresso – 8 sessões – consultar a *Revista Médica de Angola* – n.º 4, Agosto, 1923 – que consagrou um número especial à realização científica.

26 Matos 1923: 3. O ponto de partida para Norton de Matos abordar aos congressistas nacionais e internacionais um breve resumo histórico de Angola, ou a epopeia das descobertas marítimas portuguesas do século XV. Texto que foi publicado em português, em francês e em inglês, facto que nos permite imaginar que fossem essas as línguas falantes deste Congresso, em Luanda de 1923.

República, Universidade e Academia

discursos protocolares, informações burocráticas sobre as representações no Congresso e, claro, os textos das comunicações. Um trabalho altamente profissional e bem organizado.

Em função do contexto africano, do traje de gala que as fotografias evidenciam, as palavras do J. Falcão Ribeiro – presidente do município de Luanda – foram curtas e eficazes, fazendo ressaltar a singeleza dos cumprimentos, mas um enorme respeito pela «qualidade dos homens de ciência e o alto fim de tão longa viagem»[27].

Lendo a abundante literatura que já existe disponível sobre este Primeiro Congresso Internacional de Medicina Tropical detectamos um claro objectivo em apontar caminhos de construção de símbolos de civilização e de progresso consentâneos com as origens dos vários congressistas, a par da história da epopeia dos Lusíadas, salientando as descobertas marítimas renascentistas. Uma lógica de visão do futuro para Angola que encontramos muitos ecos nas páginas da revista *Angola. Revista Mensal Ilustrada*[28]. Talvez estratégias de divulgação articuladas, com trabalho de terreno realizado de forma organizada e consertada: o trabalho de governação de Norton de Matos, enquanto governador-geral de Angola.

Neste congresso excepcional – em termos de localização e de época – temos que dar importância ao programa social, à cobertura nacional, colonial e jornalística, aos debates científicos centrados no Estado e na Medicina Tropical: um programa de cientistas em acção para África e para Índia, onde se localizava a Escola de Medicina de Goa, sob coordenação científica de

---

[27] "Discurso do Sr. J. Falcão Ribeiro. Presidente da Municipalidade", *Revista Médica de Angola*, n° 4, vol. I, Agosto 1923:39.

[28] *Angola. Revista Mensal Ilustrada*, n.° 1 Fevereiro 1923 – n.° 4 Abril de 1923. Publicação profundamente ilustrada, com uma periodicidade quinzenal, que evidencia os traços de progresso e de projecção da civilização ocidental na província de Angola, sobretudo em Luanda. O primeiro número de cada mês é quase totalmente dedicado à publicidade – uma fonte muito fértil para se entender os consumos, as as redes de comércio e de representação comercial existentes entre a Europa e África/Angola, assim como blocos informativos sobre as facilidades e comodidades que os congressistas poderiam vir a encontrar em Luanda, *e.g.* operações bancárias do Banco Colonial Português, caminhos de ferro, um porto operacional em Luanda operacional, telégrafo, hotéis, máquinas de escrever Remington, ou mesmo os «Estores Confortables» e ainda «Carros de Turismo – Camionettes – Tractores – Fordson» – Ford!», cerveja Hosten, da Casa Holandesa e produtos Farmacêuticos Dantas, Valadas & Cᵃ, Ldᵃ – Especialidades Farmacêuticas – Águas Minerais – Perfumarias – Produtos Químicos! Informação aleatoriamente retirada dos vários números disponíveis.

Indalêncio Froilano de Mello[29], figura muito presente neste congresso de Luanda, em 1923[30].

Esta personalidade permite-nos estabelecer o elo designado por «congresso científico» com o Estado Novo e os centenários de 1940. No VIII Congresso voltamos a encontrar Froilano de Mello[31] como comunicante da secção de história da ciência em Portugal – Medicina, gravando a memória científica da Escola Médica de Goa. Uma comunicação assente numa cadeia de referências de percursos e de práticas de longa duração no âmbito da comunidade científica profissional em Portugal. Uma retórica independente dos suportes ideológicos que acabam por servir os seus projectos de construção de redes e de trocas de saberes em ambiente de sociabilidade científica institucional, a de excepção que se faz para além da sociabilidade científica da sociedades e academias existentes e a que quase todos os membros da comunidade científica pertenciam.

Para atrair para espaço português a realização dos congressos apontamos um outro factor endógeno da comunidade científica. As redes em que se movimentavam os seus membros, por via das sociedades a que pertenciam e das revistas internacionais em que publicavam os resultados das suas investigações, ou publicitavam os relatórios de missões científicas oficiais, com o apoio da Junta de Educação Nacional ou o Instituto para a Alta Cultura, de acordo com o tempo da realização.

5. Congressos e gerações científicas

Pretendemos com esta incursão introduzir a história da ciência no laboratório dos congressos enquanto projecto de investigação, cruzando-o quando possível com o outro projecto, já referenciad, em curso no CEHFCi: a Junta de Educação Nacional e os intercâmbios científicos na primeira metade do século XX em Portugal.

Pensamos que é possível detectar uma primeira linha de agrupamento científico e de geração que se enquadra no lema «ciência e nação». Neste grupo percebemos que se detectam áreas científicas que podem ser usadas

---

29 Em 1923 apresenta-se como tenente coronel-médico, professor da Escola Médica de Nova Goa, director do gabinete de protozoologia e micologia do Instituto de Investigações Cientificas – Luanda.

30 Sobre este médico veja-se o recente contributo de Bastos 2008.

31 Ver Lopes 2009.

República, Universidade e Academia

como símbolos da pátria, em acção internacional, contra periferias, mas a favor de uma centralidade colonial no planisfério! Uma aliança fácil, acarinhada e incentivada pelo Estado e pelos organizadores de congressos. Neste contexto, verificamos que medicina era uma área com poder! A urbe de Lisboa mudou, a homenagem pública a um dos futuros heróis da ciência republicana – Bombarda – a par da recuperação do património edificado onde se localizava a Escola Médico-Cirúrgica de Lisboa, no coração da colina da saúde[32]: o Real Instituto Bacteriológico, a rede de hospitais que se erguiam no pós hospital de Todos os Santos, destruído pelo terramoto de 1755! Um espaço médico-sanitário que se ergue numa das colinas de Lisboa que resistiu à catástrofe do sismo do século XVIII[33].

Neste grupo de congressos úteis à Nação e ao Estado – sob o ponto de vista da retórica e da ideologia cultural – encontram-se áreas com fortes tradições científicas internacionais na construção das nacionalidades de 1900, na Europa e na América: Arqueologia, Ciências Coloniais, Antropologia, Geologia, Ciências Naturais, Medicina e Medicina Tropical. Redutos do saber fáceis de combinar com ciência e nação, com retóricas de discurso de ciência e pátria para Portugal e colónias, envolvendo as Universidades, a Sociedade de Geografia de Lisboa, a Academia das Ciências de Lisboa e as demais instituições científicas ou os estabelecimentos e as sociabilidades militares. Se pretendermos focalizar dois membros da comunidade científica que cubram amplamente estas áreas de cientistas em acção em congressos internacionais tomamos as figuras de **Georges Zbyszewski** (Rússia; 1909 – Lisboa:1999) na centralidade de Lisboa e das Ciências Naturais e **A. A. Mendes Corrêa (Porto 1880-1960)** no epicentro da Escola Antropológica do Porto e das múltiplas relações com várias componentes culturais e científicas da sociedade portuguesa inserida num contexto europeu e internacional.

Deambular pela sua produção bibliográfica permite uma visita de repositório informativo incontestável da capacidade de dinamismo de cientistas em acção nos congressos internacionais de vários saberes em rede, em diferentes sociabilidades científicas institucionais.

Em todas estas áreas propiciadoras de realização de congressos encontramos, sempre, uma trave comum para a utilidade social e nacional da ciên-

---

[32] Ver o papel do Real Instituo Bacteriológico/ Instituto Câmara Pestana em Marques 2010.

[33] Como modelo operatório que permite estabelecer uma ligação cultural e científica entre a organização do espaço urbano e a instalação de instituições científicas e melhoramentos tecnológicos ver Lafuente *et all* 1998 e Saraiva 2006.

Cientistas em Acção: Congressos, Práticas Culturais e Científicas (1910-1940)

cia internacional em Portugal, desde o final da Monarquia, atravessando a República e instalando-se no Estado Novo.

Segundo grupo da nossa dicotomia – pela ciência internacional sem apegos à Pátria Nação.

Mas, neste núcleo o suporte científico para um potencial desenvolvimento tecnológico e material da Nação esteve ausente da aparente febre congressista internacional realizada em Portugal.

Uma constatação dos dados até agora apurados e dos estudos já realizados sobre história da ciência em Portugal: a Matemática, a Física, a Química enquanto áreas de congressos internacionais não têm lugar no espaço português. Todavia, ressaltam no palco internacional o itinerário de Francisco Gomes Teixeira (1851-1933)[34], mas também o de Ferreira da Silva (1853-1923) e o de Virgílio Machado (1859-1927). Constam das suas biografias científicas a regular participação activa em congressos e internacionais não realizados em Portugal. Talvez para contrabalançar este facto têm uma forte participação na produção da história / memória da ciência em Portugal que se enquadra num contexto de internacionalização, como sucedeu em 1934. Tópico para reflectir em função dos projectos activos no CEHFCi, em função dos laboratórios de investigação destas áreas e da construção das suas identidades científicas, de modo a podermos depois confrontar com a identidade científica dos engenheiros civis[35].

Estes dados integram uma parte da arquitectura científica do Physis-CEHFCi[36], a que neste momento se encontra a trabalhar no quadro global e comparativo da história da ciência na primeira metade do século XX. Como eixos do nosso trabalho, articulado a partir das práticas científicas dos congressos internacionais, podemos apontar os seguintes tópicos: os congressos e cientistas em acção, as formas de público entendimento da ciência e a sua cobertura pela imprensa informativa; os congressos como construção da profissionalização e da identidade científica; por outro lado importa perspectivar os congressos e colónias, sobretudo os aspectos do cientismo e da

---

[34] Ver Guimarães 1914.

[35] Sobre a identidade e a circulação de engenheiros na história da ciência em contexto ver Matos *et all* 2007 com importante acervo bibliográfico actualizado sobre o assunto

[36] Um rosto colectivo em acção: Maria de Fátima Nunes, Augusto Fitas, Margaret Lopes, Madalena Esperança Pina, José Pedro Sousa Dias, João Paulo Príncipe, Jorge Rivera, João Carlos Brigola, Mariana Valente, a bolseira pós-doc Emília Gomes, o bolseiro de investigação Quintino Lopes, e Elisabete de Jesus, estes últimos alunos do Programa de Doutoramento em História e Filosofia da Ciência, na Universidade de Évora.

República, Universidade e Academia

modernização. Por último salientamos o uso público dos congressos pelo Estado na República e no Estado Novo, assim como o estudo do empenhamento social dos cientistas em contextos ideológicos diversos.

Uma agenda de investigação articulada que promete prosseguir e divulgar resultados nos próximos anos.

REFERÊNCIAS BIBLIOGRÁFICAS

Angola 1923, *Revista Mensal Ilustrada*, Luanda, Fevereiro-Abril (quinzenal).

Ausejo Elena 1993, *Por la ciencia y por la patria: la institucionalización científica en España en el primer tercio del siglo XX. La Asociación Española para el Progreso de las Ciencias*, Madrid E. Siglo XXI.

BARRETO, A., Mónica, M. F. (coord) (1999), *Dicionário de História de Portugal*, (vols. VII, VIII e IX). Lisboa, Ed. Figueirinhas.

BASALLA, George (ed.) 1968, *The Rise of Modern Science*: *External or Internal Factors?*, Lexington, Mass Ed. D. J. *Heath*.

BASALLA, Georges 1988, *The Evolution of Technology*, Cambridge, Cambridge University Press.

BASTOS, Cristiana 2008, «From India to Brazil, with a microscope and a seat in Parliament:the life and work of Dr. Indalêncio Froilano de Melo», *HoST: Journal of History of Science and Technology*, 2: 139-189.

CARVALHO, Augusto da Silva 1929, *Elogio do professor Virgilio Machado, lido em sessão plenária da Academia de Sciencias de Lisboa*, realisada em 20 de Dezembro de 1928, Lisboa, Comp. Imp Tipografia Ingleza.

Congresso Nacional de Medicina 1896, Lisboa, Imprensa Nacional.

DEAR, Peter 2009, «The History of Science and the History of the Sciences George Sarton, *Isis*, and the Two Cultures», *Isis*: 100: 89-93.

FITAS, A., Nunes, M. F., Rodrigues. M, 2008, *Filosofia e História da Ciência em Portugal no século XX*, Lisboa [Casal de Cambra], Ed. Caleidoscópio.

FOX, R. 2006, «Fashioning the discipline: History of Science in the European Intellectual Tradition», *Minerva* 2006, 44: 410-432.

FRANÇA, Carlos 1923, *Primeiro congresso de Medicina Tropical da África Ocidental. Sessão de 23 de Julho de 1923. Discurso de encerramento*, Loanda, Imprensa Nacional de Angola.

GUIMARÃES, Rodolfo 1914, *Biografia de Francisco Gomes Teixeira*, Sep. «História e Memórias da Academia das Sciencias de Lisboa» – nova série, 2.ª classe, sciencias morais e políticas, e belas artes (XII, parte II – n.º 4), Lisboa, Imprensa Nacional.

Cientistas em Acção: Congressos, Práticas Culturais e Científicas (1910-1940)

História da Actividade Científica Portuguesa 1940. *Discursos e Comunicações Apresentadas ao VIII Congresso* do Mundo Português, vols. XII, XIII, Lisboa, Comissão Executiva dos Centenários.

História e Desenvolvimento da Ciência 1986, *em Portugal até ao século XX*, Vol. I e II, Lisboa, Ed. Academia das Ciências de Lisboa.

LAFUENTE, A., Saraiva, T. 1998, *Guía del Madrid científico: ciencia y corte Madrid*, Madrid, Doce Calles.

LIGHTMAN, Bernard 2009, «FOCUS: 100 VOLUMES OF ISIS: THE VISION OF GEORGE SARTON – Introduction», *Isis*: 100:58-59.

LOPES, Quintino Manuel Junqueira 2009, *Portugal 1940 A Internacionalização dos Cientistas do VIII Congresso do Mundo Português*, Dissertação de Mestrado em Estudos Históricos Europeus, (orientação M. Fátima Nunes), Universidade de Évora.

MARQUES, Alexandra Isabel Gomes 2010, *O tratamento Anti-Rábico e a Criação do Instituto Bacteriológico em Lisboa*, Dissertação de Mestrado em História das Ciências da Saúde (orientadores J.P.S. Dias/M.F. Nunes), Faculdade de Farmácia – U.L.

MATOS, A.C., Diogo, M.P. 2007, «Bringing it all back home: Portuguese engineers and their travels of learning (1850-1900)», *HoST*: *Journal of History of Science Science and Technology*, Vol. 1, Summer: 155-182.

MATOS, Norton de 1923, Província de Angola. Alto Comissariado da República. *Discurso proferido pelo General N.M., Alto Comissário da República e Governador Geral de Angola, em 18-7-1923, na sessão solene do 1.º Congresso de Medicina Tropical da África Ocidental. Com um resumo histórico sobre Angola (original e tradução francesa e inglesa)*, Loanda, Imprensa Nacional.

MIRANDA, Augusto[1914], *Relatório apresentado à Academia de Sciencias de Portugal em sessão de 13 de Março de 1914 sobre o Congresso Internacional de Medicina de Londres*, Lisboa, Tipografia Cooperativa Militar.

MONTEIRO, Arlindo Camilo 1928, O *Professor Vergilio Machado*, Separata do Jornal da Sociedade das Sciencias Medicas de Lisboa (Julho), Tipografia do Comercio.

MORA, A. Damas 1923, *Premier Congrès de Médicine Tropical de l'Afrique Occidentale, La raison d'être des Congrès de Médicine dans l'Ouest Africain. Allocution pronuncée (sic) par ... à la séance inaugurale du Premier Congrès de Médicine Tropicale, présidée par Son Excellence le Haut Commissaire de la Republique General José Mendes Ribeiro Norton de Matos*, Loanda, Imprensa Nacional de Angola.

NÓVOA, António (Dir) 2003, *Dicionário de Educadores Portugueses*, Lisboa, Ed. Asa.

NUMBERS, Ronald L. 2009, «The *American* History of Science Society or the *International* History the Fate of Cosmopolitanism since George Sarton», *Isis*, 100: 103-107.

NUNES, Maria de Fátima [2002], «O público entendimento da ciência nos congressos da associação para o progresso das ciências: Portugal e Espanha. Estratégias e realidades institucionais», *Revista População e Sociedade*, 8: 231-244

NUNES, Maria de Fátima 2004, «The History of Science in Portugal (1930-1940): «The sphere of action of a scientific community. *e-JPH*», vol. 2:2, Winter.

NUNES, Maria de Fátima 2005, «Verney e Moncada em 1940: em busca de uma (nova) modernidade de cultura cientifica para Portugal?», *Luís António Verney – percursos para um verdadeiro método de estudar*, Évora, Anais da Universidade de Évora:101-103.

NUNES, Maria de Fátima, 2009, «O III Congresso Internacional de História da Ciência. Portugal, 1934. Contextos científicos, contextos culturais e políticos», *Caminhos de Cultura em Portugal* (coord. Fernando Machado), Braga, Ed. Húmus: 130-160.

NUNES, Maria Helena Duarte Souto 1999, *Arte, tecnologia e espectáculo Portugal nas grandes exposições, 1851-1900*, Tese Mestrado. História da Arte Contemporânea (Sécs. XVIII-XX), Universidade Nova de Lisboa.

OSÍRIS 2009, National *Identity. The role of science and Technology* (ed. Carol E. Harrison/Ann Jobson). 24.

PEREIRA, A. Cardoso 1898, *O primeiro congresso nacional de Medicina*, Publicações da Sociedade União Médica do Porto, Porto, Imprensa Portuguesa.

PESAVENTO, Sandar Jatahy 1997, *Exposições universais: espectáculos da modernidade do século XIX*, S. Paulo, Editora Hucitec.

Primeiro Congresso 1922, *de Medicina Tropical da África Ocidental, a realizar em Angola, na cidade de Loanda nos dias 16 a 23 de Julho de 1923, sob o patrocínio e a presidência de honra de General José Mendes Ribeiro Norton de Matos, Alto comissário da Republica em Angola. Regulamento e Programa do Congresso, compreendendo o decreto n.º 214 de 13 de Dezembro de 1922, a circular de convite, pormenores de organização e outras informações de interesse para os congressistas*, Loanda, Imprensa Nacional e Angola.

Programme 1906, *XV Congrès International de Médicine et Chirurgie Lisbonne 19-26 Avril Renseignements utiles à MM. Les Congressistes*, Paris, Librairie Médicale et Scientifique Jules Rousset.

Relatório 1907, *e contas da comissão que tomou a seu cargo a homenagem ao Prof. Miguel Bombarda pela organização do XV Congresso Internacional de Medicina realizado em Lisboa*, Abril 1906, Lisboa, Officina Typographica.

Cientistas em Acção: Congressos, Práticas Culturais e Científicas (1910-1940)

Revista Médica de Angola 1923, Numero Especial Consagrado ao Primeiro Congresso de Medicina Tropical da África Ocidental – n.º 4, Agosto, I, II, III, IV fascículos.

RIBEIRO, Orlando 1980, *Joaquim de Carvalho, personalidade e pensamento*, Sep. Biblos, 56.

ROSAS, F., Brito, B. (dir.), 2003, *Dicionário de História do Estado Novo*, Vol. I, II, Lisboa, Ed. Bertrand.

SARAIVA, Tiago 2006, *Ciencia y ciudad: Madrid y Lisboa, 1851-1900*, Madrid, Editora Centro Cultural del Conde Duque.

SILVA, Ana Paula Lopes da 2000, *Portugal nas Exposições Internacionais Coloniais e Universais 1929-1939: retórica científica e tecnológica*, Dissertação Mestrado História e Filosofia das Ciências, FCT-UNL.

SIMÕES, A., Carneiro, A,. Diogo, M. P. 2008, «Perspectives on contemporary history of science in Portugal» *Nuncius*, 22 (2): 237-263

Sociedade das Sciencias Médicas de Lisboa (1822-1922), 1927, Coimbra, Imprensa da Universidade.

Sociedade de Geografia de Lisboa 1900 *Congresso Colonial Nacional. Theses*, Lisboa, Typ. Companhia Nacional Editora.

Sociedade de Geografia de Lisboa 1900, Congresso *Colonial Nacional Theses*, Lisboa, Typ. Companhia Nacional Editora.

Sociedade de Geografia de Lisboa 1906, Soirée *dediée ai XV Congrès International de Medicine le 23 Avril 1906 à 9 heurs*, Lisboa, Centro Typ Colonial.

Sociedade de Geografia de Lisboa 1919 [1920], *Questões Coloniais e Económicas. Conclusões e Pareceres. 1913-1919*, Lisboa, Tipografia Militar.

TORGAL, L.R., Mendes, J. A., Catroga, F, F. 1996, História *da História em Portugal sécs. XIX-XX*, Lisboa, Círculo de Leitores.

XV Congrès International de Médicine 1906, *Bulltein Officiel*, n.º 1-15, Lisbonne, Typ. Livraria Ferin, Adresse: Lisbonne, Hôpital de Rilhafolles.

SILVA, Ana Paula Lopes da 2000, *Portugal nas Exposições Internacionais Coloniais e Universais 1929-1939: retórica científica e tecnológica*, Dissertação Mestrado História e Filosofia das Ciências, FCT-UNL.

João Paulo Avelãs Nunes

Ciência e Ideologia:
a História na FLUC de 1911 a 1933

NUNES, **João Paulo Avelãs** – Doutor em História Contemporânea pela Faculdade de Letras da Universidade de Coimbra. Professor Auxiliar da FLUC. Coordenador de Investigação do CEIS20.

1. Introdução

Resulta este estudo de um esforço de problematização de dados empíricos e de interpretações gerados, em 1993, no âmbito de uma dissertação de mestrado acerca da Faculdade de Letras da Universidade de Coimbra (FLUC) enquanto espaço de produção de discursos historiográficos e de formação de técnicos superiores em história. Decorre, ainda, da incorporação de análises sobre a historiografia portuguesa, a Faculdade de Letras da Universidade de Lisboa e a Faculdade de Letras da Universidade do Porto apresentadas em outros estudos, posteriormente realizados ou orientados por investigadores como Luís Reis Torgal, José Amado Mendes e Fernando Catroga, Armando Luís Carvalho Homem, Luís Alberto Alves e Sérgio Campos Matos[1].

Utilizando o Grupo de História da FLUC como eventual "amostra significativa", pretende-se analisar algumas das questões associáveis à problemática da ligação entre historiografia – ciência ou esforço de conhecimento da realidade – e ideologia (esforço de convencimento e mobilização de outros). Evocam-se aspectos como o processo de formação de uma instituição de ensino superior e das primeiras gerações de licenciados em História – em "ciências históricas e geográficas" e em "ciências históricas e filosóficas" –, as opções científicas e ideológicas dos docentes de História da FLUC, o relacionamento do Grupo de História da FLUC com o poder político.

Criada em 1911, na fase inicial da Primeira República, a FLUC teve como núcleo fundador parte do corpo docente da Faculdade de Teologia da Universidade de Coimbra. Relativamente à evolução do Grupo de História até meados da década de 1930, terão predominado as correntes metódica e historicista, diversas leituras do positivismo e o idealismo crítico, o historicismo neo-metódico. Foram estabelecidos vectores de cooperação interdisciplinar com a geografia e a filosofia, o direito e as filologias. A Escola Normal Superior de Coimbra garantiu o envolvimento directo do Grupo de História no universo do ensino não superior (estruturação da didáctica da História, formação inicial de professores, consultoria relativamente ao funcionamento do Ensino Primário e do Ensino Liceal).

Durante a Primeira República (regime demoliberal com vectores de autoritarismo), as escolhas curriculares e científico-ideológicas do Grupo

---

[1] Cfr., nomeadamente, F. M. Araújo, 2008; F. Catroga, 2001; H. G. Dores, 2008; A. L. C. Homem, 1993; S. C. Matos, 1990; J. P. A. Nunes, 1995; L. R. Torgal, 1996.

316

República, Universidade e Academia

de História, da FLUC e da Universidade de Coimbra terão sido apenas moderadamente condicionadas pelos responsáveis políticos de âmbito nacional ou local. Esse grau de autonomia e a capacidade de contestação de decisões ou políticas governamentais diminuíram ao longo da Ditadura Militar (regime autoritário) e quase desapareceram no período que decorreu até ao fim da Segunda Guerra Mundial, ou seja, na primeira década de vigência do Estado Novo (regime autoritário ou totalitário).

Fruto, quer de iniciativas de "controlo prévio" e de acções repressivas, quer da adesão de muitos professores e estudantes à "nova ordem" – chefiada por um docente da Faculdade de Direito da Universidade de Coimbra –, uma tal convergência com o "fascismo luso" ou a passividade face ao mesmo facilitaram a concretização de propósitos explicitados pela ditadura: consolidar o ensino superior também como instrumento de afirmação ideológica (interna e externamente), enquanto espaço de formação de diferentes segmentos da "elite nacional" e de reprodução de uma sociedade fortemente hierarquizada.

No que concerne à evolução do Grupo de História da FLUC, a afirmação do Estado Novo acabou por redundar na hegemonia do historicismo neometódico e na recusa de outras concepções historiográficas (positivismo e marxismo, história institucional e política clássica e história económica e social clássica, idealismo crítico e "história nova"); na preferência pela colaboração com a filosofia e com a história do direito; na precariedade das ligações à geografia e à economia, à sociologia e à antropologia, à ciência política e ao estudo das relações internacionais; no quase ignorar da história contemporânea e da história económica e social. Por sua vez, o encerramento da Escola Normal Superior de Coimbra implicou a interrupção dos estudos em didáctica da História e do relacionamento directo com o ensino não superior (investigação, formação inicial e contínua de professores, etc.)[2].

2. Modelos teóricos e periodização[3]

Por se considerar que a historiografia pode e deve ser encarada como uma ciência social, tenta-se, em seguida, referenciar e parametrizar alguns dos conceitos utilizados na elaboração do presente texto. Sendo um dos

---

[2] Cfr., entre outros, G. Bourdé, 1990; F. Catroga, 1991; A. C. Homem, 1989; A. H. O. Marques, 1991; R. Ramos, 1994; F. Rosas, 1994; F. Rosas, 2009.

[3] Cfr., nomeadamente, M. B. Cruz, 1982; A. L. C. Homem, 1993; J. P. A. Nunes, 1993; F. Rosas, 1994; F. Rosas, 2009.

Ciência e Ideologia: a História na FLUC de 1911 a 1933

objectivos deste trabalho a avaliação das consequências para o Grupo de História da FLUC das transformações ocorridas no sistema político luso entre 1911 e a década de 1930, delimitaram-se três etapas principais: a Primeira República (1910-1926), a Ditadura Militar (1926-1933) e os primeiros anos do Estado Novo (1933-1936). Muitas das alterações associáveis ao figurino ditatorial foram, no entanto, introduzidas entre a fase final da Ditadura Militar e o início do Estado Novo (1930-1934).

À luz dos pressupostos do que começa a ser habitual designar como "paradigma neo-moderno", a "ciência" é, hoje, vista, em termos abstractos, como um saber objectivante que tem por função conhecer cada vez mais a realidade, utilizando para o efeito um determinado conjunto de princípios deontológicos e epistemológicos, de noções teóricas e de metodologias experimentais, de espaços de debate entre especialistas e com a sociedade em geral. Nas primeiras décadas do século XX, no entanto, a afirmação do "paradigma moderno" e a sobrevivência de concepções "pré-científicas" levaram à conformação da historiografia (da ciência em geral), quer como explicação objectiva – absoluta e definitiva – da realidade (nas versões empirista ou sistémica), quer como instrumento de legitimação de uma dada interpretação apriorística das sociedades humanas e da natureza (cientismos racionalistas ou irracionalistas, providencialistas ou laicizados).

Coerentemente, os defensores do "paradigma neo-moderno" encaram a "ideologia", por um lado como saber que descreve, justifica e procura tornar dominante ou exclusiva uma leitura da totalidade ou de parte do contexto envolvente a um indivíduo, um grupo ou uma comunidade; por outro, enquanto característica intrínseca aos seres humanos, a qual pode ampliar ou reduzir, em cada situação concreta, a operatividade do conhecimento científico. De 1911 a meados da década de 1930, a ideologia seria percepcionada como uma forma de "não conhecimento" que os historiadores (os cientistas em geral) tinham obrigação de superar na íntegra; ou, em sentido inverso, enquanto conjunto de "certezas e símbolos fundamentais" que a ciência não poderia deixar de confirmar e divulgar.

Quanto ao conceito de "profissionalidade", desenvolvido no âmbito dos estudos de história, sociologia e antropologia dos grupos socioprofissionais e das entidades a eles associadas, contribui de forma positiva para o esforço de reconstituição e análise do processo de estruturação em Portugal da historiografia como área científica autónoma. Foi só a partir de 1911 que, na FLUL, na FLUC e, depois, na FLUP, se criaram condições para a formação especializada (inicial e contínua), a integração no mercado de trabalho e a avaliação de desempenho, a formalização do relacionamento com o Estado e com congéneres estrangeiras, o surgimento ou o reforço do presti-

318
República, Universidade e Academia

gio social e de instituições ou organizações agregadoras e representativas dos historiadores (investigadores, professores, divulgadores, etc.).

Face à hegemonia, entre nós, de mundividências algo mistificadoras quanto à natureza e ao "prestígio social" dos saberes, justifica-se explicitar, igualmente, o significado atribuído ao conceito de "tecnologia". Estar-se-ia perante saberes que visam resolver problemas das sociedades humanas utilizando, para o efeito, conhecimento científico – epistemológico e teórico, metodológico e empírico – e opções cívicas. No período em apreço, a didáctica da História foi, provavelmente, a única tecnologia derivada da historiografia que obteve acolhimento na Universidade de Coimbra (nas Universidades portuguesas em geral). Analisava as modalidades de transposição da história-ciência para diversos registos de história-docência e de história divulgação no âmbito do sistema de ensino ou de entidades produtoras de memória histórica (monumentos e museus, comemorações histórico-patrióticas e órgãos de comunicação social, outras instituições públicas e organizações privadas).

Relativamente ao modo como Portugal se organizou, no plano político-constitucional, nas quatro primeiras décadas do século XX, defende-se que, após a "Crise do Ultimato" (1890), o regime liberal conservador evoluiu no sentido de uma fórmula demoliberal com vectores de autoritarismo. Ou seja, verificou-se um alargamento parcial dos direitos de participação política e das "responsabilidades sociais do Estado"; o ampliar da liberdade de intervenção cívica – política e sindical, jornalística e docente, cultural e religiosa – e, ao mesmo tempo, da eficácia de mecanismos localizados e ocasionais de controlo e repressão (legislação e estruturas administrativas, forças policiais e militares, tribunais e estabelecimentos prisionais, organizações da "sociedade civil").

Apesar das propostas e promessas apresentadas durante a "fase da propaganda" – democratização política e laicização do Estado, autonomização das regiões e das colónias, modernização económica e melhoria das condições de vida, renovação do sistema de ensino e maior acesso à cultura erudita –, da substituição da Monarquia pela República após a Revolução de 5 de Outubro de 1910, das transformações efectivamente introduzidas e das reformas apenas anunciadas através de legislação não aplicada, em aspectos essenciais a Primeira República teria continuado a ser um regime demoliberal com vectores de autoritarismo.

O período de vigência do figurino demoliberal foi, também, marcado por "factores externos de atrito" que acabaram por contribuir para o sucesso do Golpe Militar de 28 de Maio de 1926 e, mais tarde, para a afirmação do Estado Novo. Destacam-se a radicalização dos sectores políticos à esquerda

Ciência e Ideologia: a História na FLUC de 1911 a 1933

e à direita, as tentativas de reintrodução da Monarquia e o "absentismo hostil" por parte da generalidade do campesinato do interior centro e norte, o envolvimento de Portugal na Primeira Grande Guerra e o "interregno sidonista" (1917-1919). A instabilidade e o posterior derrube da Primeira República terão, no entanto, decorrido sobretudo da incapacidade – ou da ausência de vontade – dos "sectores políticos republicanos" (de centro/esquerda e de centro/direita) em assegurar fiabilidade e eficácia institucionais, em concretizar estratégias de intervenção que garantissem o alargamento da base social de apoio à governação.

É consensual entre os historiadores e outros cientistas sociais classificar a Ditadura Militar como regime autoritário. Terá sido uma solução política que visou limitar "liberdades cívicas", parcial e temporariamente, com o objectivo de viabilizar um projecto de "regeneração nacional"; que integrou no seu seio, de forma muito ou pouco conflitual, diversas correntes de opinião; que não multiplicou os instrumentos de enquadramento e de exercício da violência herdados da Monarquia Constitucional e da Primeira República. Verificou-se, também, a ausência de "liderança carismética" e de um "partido radical com capacidade de mobilização de massas", de uma tentativa de instrumentalização absoluta do aparelho de Estado em favor da imposição de um projecto de país e de sistema de relações internacionais.

Diferentemente, a comunidade científica e a "opinião pública" encontram-se divididas perante a necessidade de escolher a categoria teórica a utilizar para analisar o Estado Novo: fascismo ou ditadura conservadora, autoritarismo ou totalitarismo? Para além do crónico debate acerca das vantagens e riscos da utilização de conceitos teóricos em história, uma tal diferença de perspectivas explica-se pela influência de correntes ideológicas alternativas (antes de mais no contexto da "Guerra Fria") e pelo carácter equívoco do próprio objecto de estudo. Como interpretar os traços contraditórios das "ditaduras de direita de novo tipo" e como comparar o salazarismo, por exemplo, com o fascismo italiano ou com o nacional-socialismo alemão?

Propõe-se neste texto que o Estado Novo deve ser encarado como um regime de tipo fascista, tendencialmente totalitário. Implantado a partir do interior da Ditadura Militar sob a chefia de António de Oliveira Salazar – o líder carismático –, pretendeu substituir definitivamente as soluções de matriz liberal. Apresentou-se como única hipótese de "salvação de Portugal" ("Metrópole e Colónias") e afirmou a vontade de utilizar "todos os meios legítimos" para "regenerar a Pátria". Reintroduzindo os "princípios corporativos e cristãos", estaria a cumprir o "imperativo categórico da história nacional" e a destruir os "ideários malignos de origem estrangeira".

320

República, Universidade e Academia

Tal como outras ditaduras de extrema-direita – ou de direita radicalizada –, o Estado Novo procurou equilibrar enquadramento e repressão (preventiva e punitiva); métodos tradicionais de controlo para os segmentos da população com uma vivência pré-cívica e estruturas de cariz totalitário para os sectores já politizados. De entre estas últimas, ligadas ao aparelho de Estado ou à "sociedade civil", realçamos as transformações introduzidas nos subsistemas de investigação científica e tecnológica, de ensino superior e não superior, de divulgação científica e de propaganda. Inicialmente designada como Ministério da Instrução Pública, a pasta ministerial de tutela passou, em 1936, a ser referenciada como Ministério da Educação Nacional.

3. Planos curriculares e prática docente[4]

Respeitando, no essencial, os consensos científicos e ideológicos vigentes no início do século XX, em 1911 a FLUC passou a assegurar um Curso de Bacharelato – posteriormente designado Curso de Licenciatura – em "Ciências históricas e geográficas". Organizado em quatro anos, integrava vinte e cinco disciplinas: doze de história, seis de geografia, quatro de filosofia e três de filologias. Nos outros quatro Cursos de Bacharelato da responsabilidade de FLUC (Filologias Clássica, Românica e Germânica; Filosofia), eram de história, respectivamente, sete, oito, quatro e sete disciplinas. A Secção de História da FLUC era a quarta num conjunto de seis, acompanhada por Filologia Clássica, Filologia Românica, Filologia Germânica, Geografia e Filosofia[5].

Observa-se a presença de seis unidades curriculares (cinco anuais e uma semestral) de história universal – História Geral da Civilização, História Antiga, História Medieval, História Moderna e Contemporânea, História das Religiões – e de uma disciplina anual de História de Portugal; de quatro unidades curriculares trimestrais associadas às metodologias de investiga-

---

[4] Cfr., entre outros, A.R. Amaro, 1995; F. M. Araújo, 2008; G. Bourdé, 1990; P. A. Carvalho, 1993; H. G. Dores, 2008; J. A. França, 1992; J. F. Gomes, 1989; J. F. Gomes, 1990; J. A. Mendes, 1992; J. P. A. Nunes, 1995; J. P. A. Nunes, 1996/1997; M.A. Rodrigues, 1989; *Universidade(s). História. Memória. Perspectivas* [...], 1991.

[5] Cfr. Decreto de 19 de Abril de 1911, *Colecção Oficial de Legislação Portuguesa*, 1911, 1.º Semestre, p. 688-693; Decreto de 9 de Maio de 1911, *COLP*, 1911, 1.º Semestre, p. 816-820; Decreto de 19 de Agosto de 1911, *COLP*, 1911, 2.º Semestre, p. 1617-1630.

Ciência e Ideologia: a História na FLUC de 1911 a 1933

ção em história pré-contemporânea (Epigrafia, Paleografia, Numismática, Diplomática); de duas disciplinas anuais representativas dos saberes que então eram referidos como "variantes da ciência histórica": a Arqueologia, a Estética e História da Arte. No plano pedagógico, afirmava-se que a FLUC deveria promover, tanto a liberdade de ensinar e de aprender – maior pluralismo na contratação de professores, fim dos manuais obrigatórios, possibilidade de os estudantes intervirem nas aulas –, como a ligação entre investigação e ensino para docentes e discentes (os professores ensinariam e divulgariam história a partir da sua própria actividade como investigadores; possibilidade de os estudantes frequentarem "lições magistrais, trabalhos práticos e exercícios de investigação científica").

Tratou-se, pois, de manter, no essencial, o paradigma de "saber humanístico" que havia estado na base do funcionamento do Curso Superior de Letras e, sobretudo, da reforma de inspiração metódica e positivista a que o mesmo fora submetido em 1901. Implicou, ainda, a recusa de experiências estrangeiras mais inovadoras e de propostas aventadas por intelectuais como Teófilo Braga, as quais pressupunham a presença autónoma na FLUC – ou em outras unidades orgânicas da Universidade de Coimbra – da sociologia, da antropologia cultural, da psicologia e da economia. Fruto de um tal equilíbrio, a primeira formação especializada de historiadores foi, em simultâneo, escassamente nacionalista, modernizadora e convencional, geminada (em história e geografia) e semi-enciclopédica (com importantes componentes de filosofia e de filologias).

Enquanto unidade orgânica da Universidade de Coimbra instituída em 1911 e extinta em 1930, a Escola Normal Superior tinha por missões, quer assegurar o desenvolvimento das "ciências da educação" e de didácticas específicas, quer a formação inicial e contínua de professores e de inspectores dos Ensinos Liceal, Primário Superior e Primário[6]. Se os candidatos a docentes do Ensino Liceal deviam obter previamente um Bacharelato na FLUC ou na Faculdade de Ciências, os futuros professores de "Ciências históricas e geográficas" do Ensino Primário Superior realizavam um Curso Médio de dois anos (dez disciplinas), do qual faziam parte cinco unidades curriculares de história – História Geral da Civilização, História Antiga, História Medieval, História Moderna e Contemporânea, História de Portu-

---

[6] Cfr. Decreto de 21 de Maio de 1911, *COLP*, 1911, 1.º Semestre, p. 882-885; Decreto n.º 18: 973, 17 de Novembro de 1930, *COLP*, 1930, 2.º Semestre, p. 789-793; *Arquivo Pedagógico* [vol. I, n.º 1, Março de 1927 – vol. IV, n.º 1-4, Março-Dezembro de 1930].

República, Universidade e Academia

gal –, três de geografia e duas de filologia portuguesa. Por sua vez, todos os candidatos à docência nos três níveis do ensino não superior frequentavam um Curso de Habilitação de dois anos, um dos quais com oito "disciplinas pedagógicas" (Organização Escolar e Legislação Comparada, Psicologia Infantil, Moral e Instrução Cívica Superior, Higiene Escolar, Teoria da Ciência, Metodologia Geral, História da Pedagogia, Pedagogia Experimental) e o outro de "iniciação à prática pedagógica".

Promulgada em plena Primeira Grande Guerra – conjuntura de multiplicação dos discursos e de ampliação das tensões nacionalistas –, a reforma curricular de 1916 do Curso de Bacharelato em "Ciências históricas e geográficas" não chegou propriamente a sê-lo. Limitou-se a reforçar, de forma moderada, o peso dos estudos sobre "a história, a geografia e a literatura lusas" no elenco de disciplinas definido em 1911. História de Portugal passou a contar com duas unidades curriculares anuais; Geografia de Portugal e Colónias evoluiu de disciplina semestral para anual; Literatura Portuguesa passou, também, a ser leccionada em duas unidades curriculares anuais[7].

Quanto à reforma curricular de 1918, elaborada durante o "regime sidonista", não foi anulada após o regresso à "normalidade republicana" (1919), continuando a ter aplicação até ao pós-28 de Maio de 1926. Em termos da componente de história do Curso de Bacharelato em "Ciências históricas e geográficas", verificaram-se alterações não nucleares, as quais consistiram na introdução, por um lado, de uma disciplina sobre questões de teoria da história e de história da historiografia (Propedêutica Histórica, semestral); por outro, da unidade curricular anual História dos Descobrimentos e da Colonização Portuguesa. Verificou-se, ainda, o aumento da duração de Paleografia (de trimestral para anual), Numismática e Esfragística (de trimestral para semestral) e Diplomática (de trimestral para semestral)[8].

Fruto das escolhas da FLUC (da Universidade de Coimbra) e/ou de decisões das elites da Ditadura Militar, a reforma curricular de 1926 implicou uma mudança significativa relativamente ao figurino estabelecido no início da Primeira República[9]. A historiografia passou a constar, como um dos vectores principais, dos Cursos de Licenciatura em "Ciências históricas e geográficas" e em "Ciências históricas e filosóficas". Entretanto, o elenco

---

[7] Cfr. Lei n.º 639, *Diário do Governo*, I Série, 20 de Novembro de 1916, p. 1046.

[8] Cfr. Decreto n.º 4: 651, *DG*, I Série, 14 de Julho de 1918, p. 1323-1325 e Decreto n.º 4: 495, *DG*, I Série, 7 de Novembro de 1918, p. 1910-1913.

[9] Cfr. Decreto n.º 12: 677, *DG*, I Série, 17 de Novembro de 1926, p. 1902-1908.

Ciência e Ideologia: a História na FLUC de 1911 a 1933

de disciplinas de história quase não sofreu alterações por comparação com a oferta disponilizada desde 1918[10]. Por sua vez, a frequência das unidades curriculares foi tornada obrigatória e a FLUC deixou de assegurar, tanto os "exercícios de investigação científica" associados a cada disciplina, como os "cursos livres".

À semelhança do sucedido em outras vertentes da realidade lusa, também no âmbito da formação inicial de historiadores e de professores de História as transformações que, no plano da legislação, acompanharam a fase de afirmação e consolidação do Estado Novo ocorreram em 1929/1930 e prolongaram-se até bastante depois do fim da Segunda Guerra Mundial. Limitações ou ausências já relevantes no início dos anos trinta assumiram dimensão decisiva duas ou três décadas depois. Por intermédio dos Decretos n.º 17: 063 (1929) e n.º 18: 003 (1930), a oferta curricular da FLUC – das Faculdades de Letras portuguesas – foi ajustada de modo a corresponder melhor ao quadro ideológico e às necessidades de uma ditadura "militar e temporária" que acabou por se tornar "civil e definitiva" sob a chefia de António de Oliveira Salazar (Ministro das Finanças desde 1928, Presidente do Conselho de Ministros entre 1932 e 1968). A estrutura citada manteve-se em aplicação até 1957[11].

Em convergência com o encerramento da Escola Normal Superior da Universidade de Coimbra[12], na FLUC a história ficou geminada somente com a filosofia (Curso de Licenciatura em "Ciências históricas e filosóficas"), mudança que representaria, quer o fim do predomínio de um misto de concepções positivistas e metódicas, quer o início da hegemonia do historicismo neo-metódico. Face ao plano curricular de 1926, não foram acrescentadas quaisquer disciplinas de história e constata-se a extinção das seguintes unidades curriculares: Propedêutica Histórica (o único espaço de reflexão teórica sobre a historiografia), História de Portugal II (talvez para diminuir o risco de abordagem de questões associadas aos séculos XIX

---

[10] Propedêutica Histórica (semestral), Paleografia e Diplomática (anual), Numismática e Esfragística (semestral), Epigrafia (semestral), História Antiga (anual), Arqueologia (anual), História da Idade Média (anual), História de Portugal I (anual), História Moderna e Contemporânea (anual), História de Portugal II (anual), História dos Descobrimentos e da Colonização Portuguesa (anual), História das Religiões (semestral), História Geral da Civilização (anual), Estética e História da Arte (anual).

[11] Cfr. *DG*, I Série, 3 de Julho de 1929, p. 1618-1624 e *DG*, I Série, 25 de Fevereiro de 1930, p. 284-291.

[12] Cfr. Decreto n.º 18: 973, 17 de Novembro de 1930, *COLP*, 1930, 2.º Semestre, p. 789-793.

República, Universidade e Academia

e XX), História das Religiões (uma análise comparativa e laicizada do fenómeno religioso) e História Geral da Civilização (reintroduzida em 1930).

Complementarmente, os docentes que asseguravam ou que passaram a leccionar as doze disciplinas de história do Curso de Licenciatura em "Ciências históricas e filosóficas" tenderam, cada vez mais, a hiper-valorizar os fenómenos políticos e religiosos – vectores nucleares da "Civilização Ocidental" e da "história Pátria" –; a ignorar a regionalidade económica e social – geradora de leituras "materialistas e subversivas" –; a evitar problemáticas relativas à Época Contemporânea – "período maligno" por excelência –; a optar por um registo de cariz descritivo e factualista, em aparência "neutro e indiscutível"; a explicitar apreciações de natureza valorativa acerca de personalidades, acontecimentos e ideários apresentados como "gloriosos" ou "decadentes", "positivos" ou "negativos" para a "Revolução Nacional" e para a "regeneração de Portugal".

4. Produção e divulgação científicas[13]

Perante a impossibilidade de considerar todas as actividades de investigação e de aplicação historiográfica realizadas por docentes e estudantes da FLUC de 1911 a 1933, delimitou-se o seguinte âmbito documental: dissertações de doutoramento e de licenciatura em História; colaborações na *Biblos*, na *Revista da Universidade de Coimbra* e no *Boletim Bibliográfico da Biblioteca da Universidade de Coimbra*; obras colectivas de história especialmente relevantes como a *História da Colonização Portuguesa do Brasil* e a *História de Portugal*; os "Cursos de Férias" da FLUC (assegurados a partir de 1925).

No conjunto de individualidades que, entre 1911 e 1933, leccionaram disciplinas de história na FLUC, doutoraram-se em História, nas três décadas em apreço, Manuel Gonçalves Cerejeira (1917), Mário Brandão (1933), Torquato de Sousa Soares (1935) e Manuel Lopes de Almeida (1940). Um número tão reduzido de dissertações de doutoramento terá decorrido da procura limitada de doutorados em História por parte da FLUC, de outras instituições de ensino superior, do aparelho de Estado e da "sociedade civil"; do facto de alguns dos docentes em apreço já serem doutorados em campos do saber diferentes da história (teologia, direito, filosofia, medicina); da pre-

---

[13] Cfr., nomeadamente, F. M. Araújo, 2008; P. Bourdieu, 1984; A. L. C. Homem, 1993; J. P. A. Nunes, 1995.

Ciência e Ideologia: a História na FLUC de 1911 a 1933

cariedade do *habitus* de formação pós-graduada numa área científica e tecnológica que só a partir de 1911 se autonomizou – parcialmente embora – no plano da formação graduada (bacharelato ou licenciatura).

Tendo em conta os doutoramentos em História concretizados na FLUC durante o século XX, as provas de doutoramento de Manuel Lopes de Almeida foram as últimas realizadas de acordo com o "figurino tradicional", segundo o qual o grau de Doutor poderia e deveria ser obtido poucos anos depois do fim do Curso de Bacharelato ou do Curso de Licenciatura). Tratava-se, então, de um primeiro teste de acesso à carreira de docente e investigador universitário, não da "prova definitiva" de consagração como investigador. Por sua vez, Avelino de Jesus da Costa defendeu, em 1959, a primeira dissertação de doutoramento resultante de um longo processo de investigação monográfica, terminado já numa fase de plena maturidade do seu autor como investigador e como docente.

O Renascimento em Portugal. Clenardo,[14] de Manuel Gonçalves Cerejeira, sendo embora um estudo de história da cultura erudita, incluiu um capítulo dedicado à reconstituição e interpretação da sociedade portuguesa do século XVI (75 em 183 páginas, ou seja, 41% do total). Elaborada a partir de uma metodologia que se resumiu, quase exclusivamente, à determinação do grau de autenticidade e à análise qualitativa (muitas vezes valorativa) de um reduzido número de acervos documentais – sobretudo cartas de Clenardo acerca de Portugal e obras de alguns dos principais escritores portugueses de quatrocentos e quinhentos –, a dissertação de doutoramento em causa é representativa das condições de produção do conhecimento historiográfico dominantes em Portugal no início do século XX: baixo grau de estruturação, formalização e especialização; utilização simultânea das "técnicas eruditas" de "leitura crítica" de documentação escrita e das regras do ensaísmo mais ou menos filosófico ou sociológico.

Influenciado pelas propostas de análise assumidas por João Serras e Silva, a quem a dissertação é dedicada, Manuel Gonçalves Cerejeira procura reflectir sobre as leituras então existentes acerca das consequências do processo de expansão colonial, acerca da distância entre essas mesmas interpretações e os "dados verídicos" recolhidos na correspondência de Clenardo. As deficiências "de educação" (ao nível das "elites" e da "população em geral") e "de organização social", fruto da desagregação da "harmonia corporativa medieval" e da incapacidade de implantar um novo "equilíbrio

---

[14] Cfr. *O Renascimento em Portugal. Clenardo*, Coimbra, Imprensa da Universidade, vol. I, 1917.

República, Universidade e Academia

orgânico" – adequado às condições do "Mundo moderno" – teriam levado o Portugal quinhentista a uma "situação de crise".

Essa "decadência", patente na perda de "hábitos de trabalho", na hipertrofia da escravatura e das "manias nobiliárquicas", no alto nível do custo de vida e na "pobreza escondida", na "licença dos costumes", não derivaria, portanto, ao contrário do que tinham afirmado Antero de Quental e Oliveira Martins, nem da "construção do Império" – emigração e "política de transporte" –, nem da actividade do Tribunal do Santo Oficio e da Companhia de Jesus. Manuel Gonçalves Cerejeira aplicou, assim, à documentação por si utilizada, uma grelha interpretativa que lhe permitiu reabilitar "a Inquisição e os Jesuítas" (a Igreja Católica e o catolicismo contra-reformista em geral); recuperar a imagem de D. João III, unanimemente condenado pela "historiografia de centro/esquerda e de esquerda"; revalorizar o período medieval e a validade global – apesar de algumas "insuficiências e erros" – da "experiência colonial lusa"; relembrar a importância de "elites bem formadas", de "modalidades orgânicas" ("corporativas") e "espiritualmente bem fundadas" ("católicas") de "organização social".

Quanto às dissertações de doutoramento de Mário Brandão – *O Colégio das Artes (1555-1580)*[15], defendida em 1933 – e de Manuel Lopes de Almeida – *Notícias da Aclamação e de Outros Sucessos*,[16] defendida em 1940 –, focalizam-se, no essencial, em temáticas de história da cultura erudita e de história política. Assumem um registo formalmente neutro (empirista e factualista), tentando apresentar como "verdades óbvias e indiscutíveis" – presentes na documentação escrita de cariz narrativo –, quer segmentos limitados da realidade de cada uma das épocas e problemáticas consideradas, quer apreciações sobretudo ideológicas (historicistas, nacionalistas, conservadoras ou tradicionalistas).

Com o trabalho intitulado *Subsídios para o estudo da organização municipal da cidade do Porto na Idade Média*[17], apresentado em 1935, Torquato Brochado de Sousa Soares surge, também, como protagonista de um esforço de convergência menos linear (não empirista) entre valores ideológicos "de direita" e concepções científicas relativamente inovadoras. Sob a influência do historiador espanhol Cláudio Sánchez-Albornoz e no contexto da Faculdade de Letras da Universidade do Porto – onde iniciou a carreira de investigador e docente –, adoptou pressupostos epistemológicos, conceitos teóricos e metodologias próximos dos da história institucional e política clássica.

---

[15] Cfr. *O Colégio das Artes (1555-1580)*, Coimbra, Imprensa da Universidade, 1933.

Ciência e Ideologia: a História na FLUC de 1911 a 1933

Mau grado a ausência de referências às obras de Henri Pirenne e de outros cultores da história económica e social clássica, à investigação de Marc Bloch e de outros estudiosos integráveis no movimento da *nouvelle histoire*, Torquato Soares analisou a relação verificável entre "interesses sociais" e "instância política". A propósito da evolução das instituições do concelho do Porto durante a Idade Média, defendeu uma leitura idealizada mas complexa – explicitamente estruturada nos planos teórico e cívico – do "equilíbrio de poderes" alcançado, sob tutela régia, pelas "classes populares" (organizadas nos "mesteres" e representadas pelos "magistrados municipais") face às "classes privilegiadas". Estar-se-ia perante um contributo para a consolidação das vertentes "corporativista e municipalista" da memória histórica e da ideologia do Estado Novo.

Sobre o núcleo documental constituído pelas dissertações de licenciatura em História defendidas na FLUC, decidiu-se observar todo o período de tempo que decorreu entre 1911 (as primeiras datam de 1920) e 1974. Rastrearam-se 580 monografias, embora seja possível que algumas teses dedicadas à história das ideias possam ter sido excluídas porque encaradas como dissertações de licenciatura em Filosofia. Revelou-se, ainda, difícil identificar os docentes que orientaram as citadas teses de licenciatura, o que limita as potencialidades de cruzamento de informação.

Excepção feita a um grupo limitado de anos – 1940 com 40%, 1942 com 42,3%, 1944 com 30%, 1945 com 35,7%, 1952 com 41,7%, 1968 com 34,6%, 1971 com 50%, 1972 com 44,4%, 1973 com 56% e 1974 com 33,3% –, no período em causa o número de dissertações de licenciatura que desenvolveu questões de história económica e social foi, por norma, igual ou inferior a 21%. A Idade Moderna e a Idade Média concentraram grande parte das atenções (cerca de 80% das teses), o mesmo se passando com a história – local, nacional ou colonial – de Portugal (cerca de 99% das dissertações).

Visto que a *Revista Portuguesa de História* – até ao início dos anos de 1970 "órgão oficial da Secção de História" – só foi criada em 1941, analisa-se em seguida a presença ou a ausência de textos de âmbito historiográfico na *Biblos* (boletim da FLUC) desde a sua fundação em 1925 até 1940. Docente da Secção de Filologia Românica, Joaquim Mendes dos Remé-

---

[16] Cfr. *Notícias da Aclamação e de Outros Sucessos*, Coimbra, s.e., 1940.

[17] Cfr. *Subsídios para o estudo da organização municipal da cidade do Porto durante a Idade Média*, Barcelos, s.e., 1935.

dios[18] divulgou, de 1925 a 1928, doze artigos sobre a "questão judaica" em Portugal entre a criação do Tribunal do Santo Ofício e a Revolução Liberal de 1820[19]. João Serras e Silva publicou em 1926 um texto designado "A história à luz da ciência social", no qual defende as vantagens de uma "historiografia sociológica" (explicativa e estrutural) por comparação com as "leituras descritivas" dominantes, baseadas na "descoberta" dos "grandes acontecimentos" e das "grandes personalidades"[20].

Finalmente, Torquato de Sousa Soares apresentou, no ano de 1939, o artigo "Henri Pirenne e o problema das instituições municipais", onde salienta a importância das propostas aventadas por aquele historiador belga para a reinterpretação das sociedades medievais ("urbanas e burguesas" para além de "rurais, senhoriais e eclesiásticas")[21]. De 1912 e 1914 a 1940, a *Revista da Universidade de Coimbra* (fundada em 1912) e o *Boletim Bibliográfico da Biblioteca da Universidade de Coimbra* (criado em 1914) não integraram quaisquer textos de docentes de história na FLUC. Até ao fim da década de 1930, a *Revista da Universidade de Coimbra* publicou, no entanto, artigos de estudiosos da história como João Lúcio de Azevedo.

Ainda durante a Primeira República, Carlos Malheiro Dias coordenou a *História da Colonização Portuguesa do Brasil*, "edição monumental" integrada nas comemorações do I Centenário da Independência do Brasil[22]. Paulo Merêa foi o único dos docentes de história na FLUC até 1940 a colaborar. Fê-lo com o texto "A solução tradicional da colonização do Brasil"

---

[18] Ex-docente da Faculdade de Teologia da Universidade de Coimbra, Joaquim Mendes dos Remédios desempenhou, igualmente, as funções de Director da FLUC, Reitor da UC e Ministro da Instrução Pública num dos Governos da Ditadura Militar.

[19] Cfr. "Os judeus portugueses perante a legislação inquisitorial", vol. I, 1925, p. 507-548; "Os judeus portugueses sob o domínio dos Filipes", vol. II, 1926, p. 1-48; "Um notável memorial dos "cristãos novos"", vol. II, 1926, p. 151-175; "Finta para o pagamento do perdão", vol. II, 1926, p. 317-373; "Os judeus em Portugal: a dispersão", vol. II, 1926, p. 429-484; "As "listas" dos condenados", vol. II, 1926, p. 621-637; "Sermões em "Autos-da-Fé"", vol. III, 1927, p. 1-17; "Costumes judaicos descritos por um converso", vol. III, 1927, p. 18-29; "Os judeus portugueses através de alguns documentos literários", vol. III, 1927, 247-263; "A "consolação às tribulações de Usque"", vol. III, 1927, p. 408-424; "Depois da Restauração de D. João IV", vol. IV, 1928, p. 1-22 e 87-121; "De D. João V às Cortes de 1821", vol. IV, 1928, p. 381-401.

[20] Cfr. vol. II, 1926, p. 485-528.

[21] Cfr. vol. XV, t. II, 1939, p. 505-518.

[22] Cfr. *História da Colonização Portuguesa do Brasil*, 3 volumes, Porto, Litografia Nacional, 1921-1924.

Ciência e Ideologia: a História na FLUC de 1911 a 1933

(vol. III, Capítulo IV, p. 165-188), sobretudo dedicado a aspectos jurídico-
-institucionais do processo de colonização mas também com referências
ao enquadramento jurídico dos diferentes grupos sociais (ver subtítulo
"Condição das pessoas. Índios e escravos").

Também de "carácter monumental", começada a publicar em plena
Ditadura Militar e prolongando-se por parte substancial do Estado Novo, a
História de Portugal dirigida por Damião Peres[23] visou, nas palavras do seu
responsável máximo, assinalar o *"8º Centenário da Fundação da Nacionalidade. Profusamente ilustrada e colaborada pelos mais eminentes historiadores e artistas portugueses"*, foi louvada *"pelo Ministério da Instrução
Pública em Portaria de 5 de Julho de 1934 e premiada com diploma de
honra na Grande Exposição do Norte de Portugal de 1933 e na 1.ª Exposição Colonial Portuguesa de 1934"*.

Para além de Damião Peres (inicialmente docente na Faculdade de
Letras da Universidade do Porto), outros professores de História na FLUC
integraram o grupo dos autores da obra referida: Vergílio Correia, Joaquim
de Carvalho e Manuel Lopes de Almeida. Vergílio Correia garantiu os capítulos "O domínio romano", "Arte visigótica" e "Cultura" nos séculos XV
a XVII. Joaquim de Carvalho, docente da Secção de Filosofia da FLUC,
colaborou com textos relativos à "Cultura" nos séculos XII a XVII e à "História política" do século XIX. Manuel Lopes de Almeida elaborou o tema o
"Domínio ultramarino" na segunda metade do século XIX. Damião Peres
redigiu os capítulos "A reconquista cristã", "História política" dos séculos
XII a XV e XVII a XX, "Descobrimentos e conquistas" nos séculos XV e
XVI, "Organização económica" nos séculos XVII a XX, "Cultura e assistência" no século XIX; todo o vol. IX (ou "Suplemento"), dedicado à Primeira República e à Ditadura Militar (até 1933).

Sobretudo destinado a estrangeiros e com a duração de um mês, o
"Curso de Férias" foi pela primeira vez assegurado na FLUC no Verão de
1925. A sua existência vinha, entretando, a ser preconizada desde 1911[24].
Têm estas iniciativas de "extensão universitária" procurado divulgar a língua e a literatura, a cultura e a história portuguesas. Consoante o regime
político vigente, adoptaram discursos mais ou menos condicionados por
vectores de natureza ideológica. Integram sempre disciplinas de história de

---

[23] Cfr. *História de Portugal*, 9 volumes, Porto, Portucalense Editora, 1928-1954.

[24] Cfr. Decreto de 19 de Abril de 1911, *COLP*, 1911, 1.º Semestre, p. 688-693;
Decreto de 9 de Maio de 1911, *COLP*, 1911, 1.º Semestre, p. 816-820; Decreto n.º 7:
361, *COLP*, 1921, 1.º Semestre, p. 128.

Portugal, cujas designações variam de acordo com as opções da FLUC e/ou com as "necessidades propagandísticas" do Governo e do aparelho de Estado.

Entre 1925 e 1940, coube a destacados docentes da FLUC ou de outras unidades orgânicas da Universidade de Coimbra garantir, quer a leccionação do(s) módulo(s) de história de Portugal do "Curso de Férias", quer a dinamização de conferências e de visitas de estudo complementares. Encontramos, assim, os nomes de António de Vasconcelos, João Serras e Silva e Manuel Gonçalves Cerejeira (1925-1927); António de Vasconcelos e Luís Cabral de Moncada (1928); Mário Brandão e Manuel Lopes de Almeida (1929-1934); Damião Peres, Mário Brandão e Manuel Lopes de Almeida (1935-1937); Damião Peres, Mário Brandão, Torquato de Sousa Soares, Manuel Lopes de Almeida e Albin Beau (1938); Damião Peres, Torquato de Sousa Soares, Manuel Lopes de Almeida, Anselmo Ferraz de Carvalho e Orlando Ribeiro (1939 e 1940).

Contrariamente ao que sucedeu nos Cursos de Licenciatura assegurados pela FLUC durante os anos lectivos de 1928/1929 a 1969/1970, nas edições de 1938 a 1940 do "Curso de Férias" as respectivas disciplinas de história de Portugal incluíram conteúdos programáticos de história contemporânea. Manuel Lopes de Almeida leccionou, entre outros tópicos, "As ideias da Revolução Francesa em Portugal" e "Os portugueses em África nos séculos XIX e XX" (1938); Torquato de Sousa Soares abordou a história de Portugal desde a "invasão muçulmana da Península Ibérica" até ao século XX, tendo ainda proferido a conferência "O movimento de independência do Brasil" (1939 e 1940).

5. Alguns exemplos concretos[25]

Procurando tornar mais patentes as transformações ocorridas na FLUC, entre 1911 e 1933, quanto à produção, reprodução e divulgação de discursos historiográficos, evocam-se aspectos pertinentes dos percursos académicos de três dos professores responsáveis por disciplinas de História: João Serras e Silva, Manuel Gonçalves Cerejeira e Torquato Brochado de Sousa Soares. O facto de todos eles partilharem valores ideológicos "de direita" e de terem apoiado a consolidação do Estado Novo garante, em princípio, operatividade a um tal exercício de análise.

---

[25] Cfr., entre outros, F. M. Araújo, 2008; A. L. C. Homem, 1993; J. P. A. Nunes, 1995.

Ciência e Ideologia: a História na FLUC de 1911 a 1933

Docente da Faculdade de Medicina da Universidade de Coimbra e activista da "acção católica", apologista do desenvolvimento em Portugal da "sociologia experimental" e mentor da geração de dirigentes do Centro Académico da Democracia Cristã de Coimbra (CADC de Coimbra) simbolizada por Manuel Gonçalves Cerejeira e António de Oliveira Salazar, João Serras e Silva leccionou na FLUC História dos Descobrimentos e da Colonização Portuguesa (1920/1921-1932/1933). Apesar de não ser historiador profissional, defendeu sempre uma historiografia – investigação e docência – interpretativa e globalizante, influenciada pelos pressupostos epistemológicos e teóricos de um "positivismo católico" e, mesmo, do idealismo crítico.

À semelhança, nomeadamente de António Sérgio e de Jaime Cortesão, João Serras e Silva propôs uma leitura estrutural da "expansão lusa" e das correspondentes implicações, tanto na "Metrópole" e nas "Ilhas Adjacentes", como nas "Colónias". Comparou as limitações das evoluções ibéricas com os sucessos das realidades britânica, francesa e holandesa. Utilizou conceitos como os de "política de transporte" e "política de fixação", "responsabilidade das elites" e "educação da população". Depois de 1932/1933, História dos Descobrimentos e da Colonização Portuguesa voltou, durante muitos anos lectivos, a ser trabalhada como um somatório de informação empírica, "personalidades", "acontecimentos" e apreciações valorativas sobre a "glória" ou a "decadência" de Portugal.

Nas palavras de João Serras e Silva, *"Muita gente imagina que a história não pode avançar sem novos documentos que tragam factos novos [...]. É o conceito erudito da história. Muitos factos, novos factos, sempre factos. Certamente sem os factos não existe história, como não existe nenhuma ciência, mas os factos não são tudo, os factos não bastam [...]. Mas é preciso ter bem presente ao espírito que em história não há factos de geração expontânea, como os não há na biologia [...]. A história será tanto mais científica e mais útil quanto mais explicativa for."*[26]

Sacerdote católico a partir de 1911 depois de ter frequentado a Faculdade de Teologia da Universidade de Coimbra, estudante e professor de História na FLUC, líder do CADC de Coimbra e publicista católico, dirigente de estruturas nacionais da "acção católica", Manuel Gonçalves Cerejeira foi Arcebispo de Militilene desde Junho de 1928 e Cardeal Patriarca de Lisboa entre 1930 e 1971. Nos anos lectivos de 1916/1917 a 1927/1928, assegurou na FLUC disciplinas de Propedêutica Histórica, História Antiga, História

---

[26] Cfr. "O estudo da história", *Arquivo Pedagógico*, vol. II, n.º 4, Dezembro de 1929, p. 390/391.

Medieval, História Moderna e Contemporânea, História Geral da Civilização e História de Portugal.

Enquanto investigador e docente da primeira geração de "historiadores profissionalizados", considerou que a "história-ciência" e a "história-docência" poderiam e deveriam beneficiar da aplicação simultânea das "metodologias eruditas" e de modelos teóricos globais de matriz "positivista católica"; tentar aproximar-se "da verdade" e, ao mesmo tempo, intervir abertamente nos debates culturais e ideológicos coevos. Tendo abordado conteúdos programáticos de história contemporânea – geral e de Portugal –, em 1927/1928 foi o último professor de unidades curriculares constantes de Cursos de Licenciatura da FLUC a fazê-lo até que, em 1970/1971, João Lourenço Roque voltasse a trabalhar a problemática das sociedades e dos Estados "Liberais Conservadores" (pós-Revolução Francesa de 1789).

De acordo com o próprio Manuel Gonçalves Cerejeira, saída *"do "caos étnico" em que desabou o Império Romano, a sociedade cristã fez um enérgico esforço para se organizar sob a direcção da Igreja. Desse doloroso esforço saiu o regime católico-feudal [...]. O indivíduo só é forte e triunfa associado [...]. Fortes instituições reúnem todos os indivíduos e submetem-nos à mesma disciplina por uma extensa rede de direitos e deveres recíprocos [...]. O período católico-feudal aparece-nos como uma grandiosa síntese [...]. Síntese internacional, a Cristandade ou república de todos os povos cristãos [...]. Síntese político-social: ainda que distintos e a despeito das suas lutas, o poder civil e o poder religioso coadjuvam-se mutuamente."*[27]

Oriundo da Faculdade de Letras da Universidade do Porto, onde foi estudante e professor até ao encerramento da mesma pelos Executivos da Ditadura Militar e do Estado Novo – processo desencadeado em Abril de 1928 e concluído em Julho de 1931 –, Torquato Brocado de Sousa Soares tornou-se professor de História na FLUC a partir do final da década de trinta. Começou por conjugar o apoio a vectores ideológicos como o corporativismo, o nacionalismo e o colonialismo com posturas historiográficas próximas da história institucional e política clássica e da histórica económica e social clássica (na esteira de Cláudio Sánchez-Albornoz, Henri Pirenne, Charles Verlinden e Yves Renouard).

Fê-lo, nos anos trinta e quarenta, como investigador e docente universitário; organizando na FLUC quatro cursos de especialização e cinco

---

[27] Cfr. *A Idade Média na história da civilização*, Coimbra, Coimbra Editora, 1953, 2.ª edição.

Ciência e Ideologia: a História na FLUC de 1911 a 1933

conferências sobre história económica e social assegurados pelo belga Charles Verlinden e pelo francês Yves Renouard[28]; na qualidade de principal responsável pela *Revista Portuguesa de História*, fundada em 1941 e inicialmente empenhada em divulgar recensões críticas sobre a produção historiográfica concretizada noutros países europeus e americanos[29]. Em sentido inverso, ao longo das décadas de 1950 a 1970 e através do historicismo neo-metódico – empirista e de forte pendor ideológico –, teria resumido a sua actividade de produção e divulgação historiográfica a um esforço de "legitimação pelo passado" de algumas das principais características e opções do Estado Novo.

Segundo Torquato Soares, *"existindo essencialmente para arquivar a produção do núcleo de estudiosos que se agrupam no Instituto, nem por isso enjeita a contribuição de estranhos que queiram trabalhar de harmonia com os seus métodos de investigação e crítica histórica. E porque o trabalho histórico é, por natureza, um trabalho de colaboração, procurará ainda a* Revista Portuguesa de História *pôr-se desde já em contacto com os diversos países da Europa e da América, dando a conhecer, por intermédio dos seus valores mais representativos, os resultados da sua actividade científica – resultados esses que tanto podem contribuir para dar novos rumos à historiografia nacional que a nossa revista procura, sobretudo, impulsionar e servir."*[30]

6. Conclusão[31]

Através de um conjunto limitado de análises parcelares acerca da actividade da Secção de História da FLUC entre 1911 e 1933, tentou-se analisar de que forma a Primeira República, a Ditadura Militar e o Estado Novo condicionaram a produção, a reprodução e a divulgação de discursos historiográficos em Portugal desde o 5 de Outubro de 1910 até ao fim da década de 1930. Partiu-se da hipótese de que a evolução observada na Universidade de Coimbra não seria muito diferente das permanências e transformações ocorridas nas Universidades de Lisboa e do Porto.

---

28 Cfr. J. P. A. Nunes, 1995, p. 59-61.

29 Cfr. J. P. A. Nunes, 1995, p. 207-217.

30 Cfr. *Revista Portuguesa de História*, t. I, 1941, p. 5.

31 Cfr., nomeadamente, Ch. O. Carbonell, 1982; H. Couteau-Bégarie, 1983; M. Ferro, 1985; *La Nouvelle Histoire* [...], 1978; A. Nóvoa, 1992; J. P. A. Nunes, 1995; G. Pasamar Alzuria, 1991; L. R. Torgal, 1989.

334
República, Universidade e Academia

Poder-se-á afirmar que, mau grado algumas limitações de âmbito conjuntural e estrutural, o regime demoliberal republicano ampliou as condições que viabilizaram, tanto a profissionalização da investigação e do ensino – superior e não superior – da história entre nós, como a aproximação às realidades congéneres existentes noutras nações. Quanto aos contributos positivos, lembram-se a sistemática afirmação da importância da cultura erudita para a modernização e a democratização do país; a criação das Faculdades de Letras e das Escolas Normais Superiores; a significativa liberdade de investigação, de ensino, de divulgação científica e de intercâmbio com o exterior; o reforço da colaboração da história com a geografia, a filosofia e o direito.

No que diz respeito às limitações, destacam-se o "escasso número" de investigadores em história e em didáctica da História contratados pelo Estado e pela "sociedade civil"; a "vinculação excessiva" das novas Faculdades de Letras aos docentes dos extintos Curso Superior de Letras de Lisboa e Faculdade de Teologia da Universidade de Coimbra; a precariedade das relações da história com a sociologia e a antropologia cultural, a psicologia e a economia; a manutenção de hábitos – ténues embora – de ingerência do poder político no funcionamento das instituições de ensino superior por motivos de ordem ideológica, partidária ou pessoal.

Tratando-se de uma solução política de transição, autoritária e marcada pela indefinição relativamente ao caminho a seguir no futuro, a Ditadura Militar não implicou alterações decisivas nas condições de funcionamento da Universidade de Coimbra, da FLUC e da respectiva Secção de História. Manteve-se o pluralismo de correntes historiográficas; o esforço de conjugar operatividade historiográfica – em termos da produção e da rentabilização social do conhecimento – com militância cívica; a noção difusa de que a multiplicidade de concepções filosóficas, científicas e ideológicas não poderia deixar de ser um sintoma de patologia cultural, inorganicidade e decadência.

O processo de estruturação e consolidação do Estado Novo, regime de tipo fascista e tendencialmente totalitário, acarretou e foi acompanhado por uma crescente redução da liberdade de investigação, de ensino e de divulgação científica. Verificou-se a substituição da pluralidade de correntes historiográficas pelo quase unanimismo em torno do historicismo neo-metódico; a sistemática instrumentalização da história em favor da "ditadura de novo tipo" (investigação e ensino, património cultural e museologia, comemorações "histórico-patrióticas", discurso político e propaganda, urbanismo e arquitectura, etc.); o encerramento da Faculdade de Letras da Universidade do Porto e das Escolas Normais Superiores das Universidades de Lisboa e de Coimbra; a diminuição dos contactos com estudiosos e instituições estrangeiros que contrariassem a matriz ideológica da ditadura chefiada por António de Oliveira Salazar.

Devido a "pressões das autoridades" e/ou fruto das escolhas da generalidade dos investigadores e professores universitários de história, a hegemonia do historicismo neo-metódico implicou a adopção de uma grelha epistemológica empirista e factualista; o recurso a metodologias de investigação que dependiam, no essencial, da utilização de documentação escrita narrativa; a afirmação da neutralidade e da indiscutibilidade das leituras explicitadas apesar do seu carácter profundamente ideológico; a preferência pela história de Portugal (local, nacional e colonial) e da Europa Ocidental, pelas Idades Medieval e Moderna, pela história política e da cultura erudita, pelo relacionamento com a filosofia e o direito; a rejeição da história de povos não europeus, da Idade Contemporânea, da história económica e social, da colaboração com outras ciências sociais.

BIBLIOGRAFIA

AMARO, António Rafael, *A Seara Nova nos anos vinte e trinta (1921-1939). Memória, cultura e poder*, Viseu, UCP, 1995.

ARAÚJO, Francisco Miguel, *Faculdade(s) de Letras do Porto. Da (re)fundação à Revolução*, Porto, 2008 (policopiado).

BOURDÉ, Guy e MARTIN, Hervé, *As escolas históricas* (trad. do francês), Mem Martins, Publicações Europa-América, 1990.

BOURDIEU, Pierre, *Homo academicus*, Paris, Éditions de Minuit, 1984.

CARVALHO, Paulo Archer de, *Nação e nacionalismo. Mitemas do Integralismo Lusitano*, Coimbra, 1993 (policopiado).

CATROGA, Fernando, *O republicanismo em Portugal. Da formação ao 5 de Outubro de 1910*, 2 volumes, Coimbra, FLUC, 1991.

CATROGA, Fernando, *Memória, história e historiografia*, Coimbra, Quarteto Editora, 2001.

CARBONELL, Charles-Olivier, "Pour une histoire de l'historiographie", *Storia della Storiografia*, n.º 1, 1982, p. 7-25.

COUTEAU-BÉGARIE, Hervé, *Le phénomène "Nouvelle Histoire"*, Paris, Economica, 1983.

CRUZ, Manuel Braga da, *As origens da democracia cristã em Portugal e o salazarismo*, Lisboa, Editorial Presença, 1982.

DORES, Hugo Gonçalves, *A história na Faculdade de Letras de Lisboa (1911--1930)*, Lisboa, 2008 (policopiado).

República, Universidade e Academia

FERRO, Marc, *L'histoire sous surveillance*, Paris, Calman-Lévy, 1985.

FRANÇA, José Augusto, *Os anos vinte em Portugal. Estudo de factos sócio-culturais*, Lisboa, Editorial Presença, 1992.

GOMES, Joaquim Ferreira, *A Escola Normal Superior da Universidade de Coimbra (1911-1930)*, Lisboa, IIE, 1989.

GOMES, Joaquim Ferreira, *A Universidade de Coimbra durante a Primeira República (1910-1926)*, Lisboa, IIE, 1990.

HOMEM, Amadeu Carvalho, *A ideia republicana em Portugal. O contributo de Teófilo Braga*, Coimbra, Livraria Minerva, 1989.

HOMEM, Armando Luís Carvalho, *Introdução à história (programa, conteúdos, métodos, bibliografia)*, Porto, 1993 (policopiado).

MARQUES, A. H. de Oliveira (coord.), *Portugal da Monarquia para a República*, SERRÃO, Joel e MARQUES, A.H. de Oliveira (dir.), *Nova História de Portugal*, Lisboa, Editorial Presença, vol. XI, 1991.

MATOS, Sérgio Campos Matos, *História, mitologia e imaginário nacional (1939-1939)*, Lisboa, Livros Horizonte, 1990.

MENDES, José Amado, "Os Descobrimentos na Faculdade de Letras da Universidade de Coimbra (1911-1926). História e ideologia", *Revista de História das Ideias*, vol. 14, 1992, p. 389-409.

La Nouvelle Histoire, Paris, Retz-CEPL, 1978.

NÓVOA, António, "A "Educação Nacional"", ROSAS, Fernando (coord.), *Portugal e o Estado Novo (1930-1960)*, SERRÃO, Joel e MARQUES, A.H. de Oliveira (dir.), *Nova História de Portugal*, Lisboa, Editorial Presença, 1992, vol. XII, p. 456-519.

NUNES, João Paulo Avelãs e outros, *O CADC de Coimbra, a democracia cristã e os inícios do Estado Novo (1905-1934)*, Coimbra, FLUC, 1993.

NUNES, João Paulo Avelãs, *A história económica e social na FLUC (1911-1974)*, Lisboa, IIE, 1995.

NUNES, João Paulo Avelãs, "As organizações de juventude e a memória histórica do Estado Novo (1934-1949)", *Anais/História*, 1996/1997, p. 235-275.

PASAMAR ALZURIA, Gonzalo, *Historiografía e ideología en la postguerra española. La ruptura de la tradición liberal*, Saragoça, Prensas Universitárias de Zaragoza, 1991.

RAMOS, Rui, *A segunda fundação (1890-1926)*, MATTOSO, José (dir.), *História de Portugal*, Lisboa, Círculo de Leitores, 1994, vol. 6.

RODRIGUES, Manuel Augusto, "Da Faculdade de Teologia para a Faculdade de Letras da Universidade de Coimbra", *Revista de História das Ideias*, vol. 11, 1989, p. 517-542.

ROSAS, Fernando (coord.), *O Estado Novo (1926-1974)*, MATTOSO, José (dir.), *História de Portugal*, Lisboa, Círculo de Leitores, 1994, vol. 7.

Rosas, Fernando e Rollo, Maria Fernanda (coord.), *História da Primeira República Portuguesa*, Lisboa, Tinta da China, 2009.

Torgal, Luís Reis, *História e ideologia*, Coimbra, Livraria Minerva, 1989.

Torgal, Luís Reis e outros, *História da história em Portugal (séculos XIX-XX)*, Lisboa, Círculo de Leitores, 1996.

Universidade(s), história, memória, perspectivas. Actas, 5 volumes, Coimbra, UC, 1991.

José Morgado Pereira

**A Recepção das Correntes Psiquiátricas
Durante a Primeira República**

PEREIRA, **José Morgado** – Psiquiatra do Centro Hospitalar Psiquiátrico de Coimbra. Colaborador do CEIS20.

É bem conhecida a relação entre a psiquiatria portuguesa e as novas ideias filosóficas e científicas europeias nas últimas décadas do século dezanove, como o evolucionismo de Herbert Spencer, a escola de Maudsley, o monismo naturalista de Haeckel, o neo-lamarckismo e a obra de Lombroso. Desde 1848 até ao início da década de 1880, o único asilo de alienados (Rilhafoles) concentrava os alienados do país, sendo as preocupações predominantemente custodiais, estatísticas, arquitectónicas e administrativas. As classificações nosográficas limitavam-se a utilizar as mais simples e iniciais de Pinel e Esquirol. Portugal não acompanhou a evolução do pensamento psiquiátrico europeu. É a partir de 1880 que começam os esforços para a institucionalização da Psiquiatria, e a sua história começa nesta altura e não em 1910, que é mais um ponto de chegada após uma sucessão de esforços, campanhas e lutas diversas.

Conforme já mencionado em trabalhos anteriores, existem, para lá de diferenças ideológicas também existentes, características comuns a estes alienistas: formação biologista e higienista, uma atitude científico-natural com uma interpretação somática das doenças mentais, o envolvimento em acções sociais e educacionais, a crença profunda na Ciência, a defesa de reformas com intervenção do Estado na assistência pública, a criação de legislação social e assistencial.

Não houve especiais originalidades ou um pensamento novo, tratava-se fundamentalmente de influências colhidas nos países mais desenvolvidos, isto é, o desenvolvimento, modernização e actualização do que se passava nesses países, através de leituras, de estágios, de correspondência, e de viagens de estudo. De acordo com essas ideias, a Psiquiatria teria que ser científica, assente em bases positivas, criticando-se a "Psicologia espiritualista e metafísica". Essa batalha será demorada e difícil.

A primeira figura desta Psiquiatria científica é António Maria de Sena, formado em Coimbra, professor de Fisiologia, evolucionista influenciado por H. Spencer, que adoptou a nosografia de Krafft-Ebing, autor muito influente entre nós, além de Maudsley, Morel, Magnan, Schule. Realçando a importância da hereditariedade, encara a alienação mental como movimento regressivo do homem. Criou um laboratório de anatomia do encéfalo no Hospital Conde de Ferreira, de que foi o primeiro director. A publicação de " Os alienados em Portugal " constitui o primeiro livro sobre o tema em termos estatísticos, sociais e assistenciais.

Os esforços para a divulgação científica da psiquiatria tinham começado, a laboriosa construção duma cultura profissional e a modificação do relacionamento dos profissionais com o Estado, procurando influenciar as politicas assistenciais não mais deixariam de estar na primeira linha das

República, Universidade e Academia

preocupações dos médicos alienistas. São acontecimentos fundamentais na década de 1880:

- A abertura do Hospital do Conde de Ferreira em1883, dirigido por António Maria de Sena, sendo seus discípulos Júlio de Matos e Magalhães Lemos.
- A publicação de "Os alienados em Portugal" por Sena em 1884/1885 em dois volumes.
- A revista "O Positivismo" (1878-1882), dirigida por Teófilo Braga e Júlio de Matos.
- A revista Era Nova (1880-1881)
- A revista de Estudos Livres (1883-1886)
- A publicação de Historia Natural Ilustrada em 1880/1882 em seis volumes por Júlio de Matos
- A publicação do "Manual das Doenças Mentais" em 1884, de Júlio de Matos.
- A revista de Neurologia e Psiquiatria (1888-1889) dirigida por Bettencourt Rodrigues.
- A publicação da "Lei Sena" referente aos alienados que praticassem crimes, em 1889.

Começam também a surgir dissertações inaugurais sobre temas de hereditariedade mórbida, o crime e as prisões, suicídio, prostituição, paralisia geral, a histeria, a neurastenia, a degenerescência, o hipnotismo, temas sexuais, a afasia, a epilepsia, etc., reflectindo a preocupação pelos temas sociais, a mentalidade higienista, os temas psiquiátricos clínico-assistenciais e as patologias sociais.

Júlio de Matos é uma figura fundamental, que durante décadas lutou incansavelmente pelo reconhecimento e institucionalização deste ramo da Medicina. Percebemos pela correspondência com Teófilo Braga a força congregadora e o estímulo permanente de que foi agente para conseguir colaboração para a revista "O Positivismo". Nesta revista defenderá o darwinismo e o evolucionismo e a sua integração na filosofia positiva, especialmente revista por Littré. Como alienista, cita especialmente Krafft-Ebing, Schule, Régis, Ballet, Séglas, Magnan, Tanzi e Morselli, e valoriza marcadamente a escola italiana de Criminologia, com Lombroso, Garofalo e Ferri, insistindo no estudo positivo do delinquente e na prevenção da sua perigosidade, de acordo com os pressupostos da Escola Italiana.

Miguel Bombarda começa por ser professor de Fisiologia e Histologia, tornando-se depois um grande doutrinador e jornalista médico, especialmente na "Medicina Contemporânea" que funda com Manuel Bento de Sousa e Sousa Martins. Nas suas páginas defenderá constantemente o

A Recepção das Correntes Psiquiátricas Durante a Primeira República

Determinismo que opunha ao livre arbítrio, a Ciência que opunha à Filosofia e à Religião, mostrando-se um defensor apaixonado do Monismo Naturalista de Haeckel. Crítico da selecção natural darwiniana, insistia na importância do meio social, que julgava não colidir com o facto de se definir como biologista. Como alienista, os nomes de Krafft-Ebing, Schule e Magnan são especialmente valorizados. A defesa do socialismo, da moral científica, o materialismo e a polémica anti-clerical são outras características que atravessam a obra de Bombarda.

Foi também importante a publicação da revista de Neurologia e Psiquiatria (1888-1889) dirigida por Bettencourt Rodrigues, que se formou em Paris e trabalhou com Charcot, Bouchard e Ball. Colaboraram na revista, entre outros, Júlio de Matos e Magalhães Lemos. Para alem da divulgação de temas e autores de referência na Europa, denunciava-se o atraso da organização assistencial da Psiquiatria e a inexistência de ensino oficial da especialidade.

Magalhães Lemos, outra figura notável, é um discípulo de Sena que se distinguiu como neurologista e patologista cerebral, e dedicando-se às questões assistenciais psiquiátricas em curtas mas incisivas analises. No seu obituário, Egas Moniz elogia-o por ter escolhido decididamente o caminho anátomo-patologico.

Nos últimos anos da Monarquia, houve sucessivas denúncias do atraso social, da falta de protecção aos alienados e da ausência de ensino oficial. Quer Magalhães Lemos, quer Júlio de Matos, e principalmente Miguel Bombarda denunciaram o atraso da situação portuguesa em matéria de legislação, assistencial e do ensino. Após a implantação da Republica, surge em 1911 a legislação tão ansiada sobre a Reforma do ensino médico, com a criação das cadeiras de Clínica Neurológica e Clínica Psiquiátrica e do curso de Psiquiatria Forense. São nomeados os Professores de Neurologia e Psiquiatria em Lisboa, Porto e Coimbra.

Mas a maior novidade é o Decreto de Maio de 1911 sobre a "assistência aos alienados" da autoria de Júlio de Matos, ao autorizar o Governo da Republica a construir sete novos manicómios e a criar dez colónias agrícolas, uma por cada Província, Açores e Madeira. Os manicómios são divididos ainda em Manicómios de Ensino, Regionais, Criminais e Asilos. De todo este plano que hoje nos parece uma grandiosa utopia institucionalizadora, Júlio de Matos apenas assistiu ao início da construção do novo manicómio de Lisboa, inaugurado décadas mais tarde.

No período da Republica o pensamento psiquiátrico é dominado pelo Positivismo de Júlio de Matos até ao seu falecimento em 1922, cujo tratado "Elementos de Psiquiatria" é reimpresso em 1923. A influência do movimento psicanalítico, ignorada por Júlio de Matos, será reflectida pelo contrário, pelo Professor de Neurologia de Lisboa Egas Moniz ao abordar o tema na primeira aula do curso de neurologia em 1915.

A figura que já depois da morte de Júlio de Matos ultrapassa o Positivismo e abre a porta às correntes psicodinâmicas e às influências mais modernas da psiquiatria europeia é José Sobral Cid, médico adjunto de Júlio de Matos no Hospital Miguel Bombarda em Lisboa e encarregado do curso de Psiquiatria Forense após a reforma de 1911. Os autores da sua formação inicial são sensivelmente os mesmos dos seus antecessores, mas em trabalhos publicados a partir de 1924, Sobral Cid actualiza o pensamento psiquiátrico em Portugal ao incorporar os contributos de Kraepelin, Bleuler, Freud, Jung, Kretschmer, Birnbaum, etc., ultrapassando o naturalismo biológico e integrando a dimensão psicológica do adoecer mental. Igualmente manifesta reservas aos internamentos prolongados, defendendo as altas precoces e a criação de dispensários de Higiene Mental, e mostrando que o escasso número de médicos impossibilitava uma prática terapêutica individualizada.

Entretanto as influências filosóficas, científicas e políticas tinham vindo a alterar-se significativamente. Se o Positivismo de Comte e seus discípulos e o Evolucionismo de Spencer se mantinham com representatividade, por outro lado foi-se constituindo um complexo de doutrinas idealistas, às vezes adversárias de todo e qualquer optimismo racionalista e progressista, onde se faziam sentir influências de Renouvier, Boutroux, Bergson, Lange e Fouillé. Entre nós Alfred Fouillé foi inicialmente importante nos meios intelectuais, ao caucionar a evolução para uma espécie de positivismo espiritualista, verificando-se a continuação de uma atitude científica positiva numa atmosfera ideológica geral mais espiritualista. Tal verifica-se por exemplo em Jaime Cortesão, Leonardo Coimbra, ou mesmo em Raul Proença.

Após 1910 começam a acentuar-se estas tendências que põem em causa a visão do mundo positivista e naturalista. Das próprias fileiras republicanas emerge o saudosismo de Pascoaes, o Criacionismo de Leonardo Coimbra, a Renascença Portuguesa. Mais tarde o aparecimento do Orfeu e do Portugal Futurista provoca reacções violentas críticas por parte da imprensa republicana, levantando-se a questão das relações entre vanguardas políticas e estéticas, e o próprio Júlio de Matos criticou a Renascença Portuguesa e o saudosismo. Mas também a imprensa não republicana se manifestou contra o Orfeu da mesma forma.

No pensamento psiquiátrico a "reacção contra a ciência Positiva" é mais tardia, mas a influência da filosofia de Henri Bergson faz-se sentir

A Recepção das Correntes Psiquiátricas Durante a Primeira República

ainda antes da psicanálise. Numa dissertação inaugural em Medicina de 1914 critica-se o materialismo recorrendo-se à obra de Bergson e de Poincaré, de William James e ao criacionismo de Leonardo Coimbra. Em 1923 numa tese de Eduardo Coelho critica-se Júlio de Matos e Magalhães Lemos pelo seu associacionismo e atomismo psicológicos. O autor apoia-se em Bergson e na obra neurológica de Von Monakow e H. Jackson. Uma tese de 1925 de António Ferreira Monteiro sobre a Psicanálise, provavelmente a primeira obra completa sobre o tema depois da divulgação feita por Moniz e de um trabalho publicado por Sobral Cid, é apresentada em Coimbra a um júri presidido por Elísio de Moura, precursor da medicina psicossomática. O psiquiatra Alberto Brochado publica em finais dos anos 20 trabalhos neuropsiquiátricos reflectindo a obra de Bergson e a neurologia globalista de Von Monakow.

Todo este processo evolutivo aqui apenas esboçado é objecto de trabalhos de Barahona Fernandes reflectindo toda esta evolução da psiquiatria em Portugal no início do século 20.

BIBLIOGRAFIA

BOMBARDA, Miguel – *A consciência e o livre arbítrio*. Lisboa, 1898; *A ciência e o jesuitismo*. Lisboa, 1900, *O delírio do ciúme*. Lisboa, 1896; "Projecto de Lei de Protecção dos Alienados", *A Medicina Contemporânea,* Serie – II, Tomo XII, Abril, 1909, pp. 129-146.

CATROGA, Fernando – *Os inícios do Positivismo em Portugal. O seu significado político-social*. Coimbra, 1977.

CID, J. M. Sobral – *Classificação e sistemática geral das psicoses*. Lisboa, 1924; *A vida psíquica dos esquizofrénicos*. Lisboa, 1924; *O professor Miguel Bombarda, a sua carreira e a sua obra de alienista*, Lisboa, 1927; *Obras Completas I, II*. Lisboa, 1983/84.

FERNANDES, H. Barahona – *Filosofia e Psiquiatria*. Coimbra, 1966; *Sobral Cid, mestre da psicopatologia*. Lisboa, 1981; "A Psiquiatria em Portugal". In: *Um Século de Psiquiatria e a Psiquiatria em Portugal*. Lisboa, 1984.

FERRÃO, A– *Teófilo Braga e o Positivismo em Portugal*. Lisboa, 1935.

LEMOS, Magalhães – "Assistence des Aliénés en Portugal", *Publication de La Revue de Psychiatrie et de Psychologie Expérimentale,* Porto, 1907.

MATOS, Júlio de – "*Manual das doenças mentais*". Porto, 1884; *Elementos de Psiquiatria*. Porto, 1911; "Assistência aos Alienados em Portugal", *A Medicina Contemporânea,* Serie-II, Tomo XIV, Maio, 1911, pp. 145-152.

República, Universidade e Academia

PEREIRA, J. Morgado – "A Evolução da Cultura Médica. A Revista de Neurologia e Psiquiatria, 1888-1889. In *Estudos do Séc. XX*, n.º 8 (2008).

SANTANA, M. Fernandes – *"O Materialismo em face da ciência"* I e II, Lisboa, 1899/1900.

SEABRA-DINIS, J. – *"Perspectiva humana"*, Lisboa, 1966.

SENA, António Maria de – *"Os Alienados em Portugal"*, Vol. I, História e Estatística, Lisboa, 1884; *"Os Alienados em Portugal"*, Vol. II, Hospital do Conde de Ferreira, Porto, 1885.

Alfredo Mota

A Medicina na República

Mota, **Alfredo** – Doutor pela Faculdade de Medicina da Universidade de Coimbra. Professor Associado da FMUC.

Como é sabido à instauração da República em 1910 sucedeu um tempo de grande instabilidade política e social. Pois, apesar desta crise que arruinou ainda mais o país económica e socialmente, a Medicina portuguesa viveu nessa época tempos de progresso e de modernização. Concretizaram--se projectos que vinham de trás e desenvolveram-se acções para o futuro. A educação médica portuguesa, particularmente, quis-se pôr ao lado da modernidade com a Reforma Universitária de 1911. Esta reforma e o aparecimento de um conjunto de notáveis médicos, professores de medicina, maioritariamente da Faculdade de Medicina de Lisboa mas também nas de Coimbra e Porto, que ficou conhecida como a geração de 1911, tirou a Medicina Portuguesa do anonimato e trouxe-a para a ribalta aproximando-a da dos seus congéneres europeus. Na análise deste período há dois aspectos que merecem ser considerados: a assistência médico-sanitária do país e o ensino da medicina e da formação dos médicos. Quanto ao primeiro, deve dizer-se que naquela época a assistência médica pública, da responsabilidade do estado, praticamente não existia, e assim continuou durante a República. Vivíamos a época das doenças infecto-contagiosas, como a tuberculose e a sífilis, favorecidas pela falta de higiene, pela miséria e pela subnutrição, que grassavam entre a população mais carenciada. Mas não era só o nosso país que sofria este flagelo. Em 1900, oito milhões de franceses eram sifilíticos. Isto é, cerca de 20% da população, e a sífilis era uma importante causa de morte. Cem mil franceses morriam por ano de tuberculose. Este cenário catastrófico devia-se à completa ausência de estruturas e infra-estruturas sanitárias. As habitações não dispunham de casas de banho, não havia água canalizada e muito menos saneamento básico. Salvo as fossas, os dejectos e os detritos eram despejados para as ruas ao ar livre. O WC, invenção inglesa (daí water-closet) só apareceu em 1907.

A primeira Constituição Política da República Portuguesa, promulgada em 1911 e revista em 1916 e 1919-21, reconheceu o direito à assistência pública. Em 1919, são instituídos os seguros sociais obrigatórios em Portugal, no contexto da entrada do país como membro fundador da OIT. Estes, porém, nunca foram postos em prática devido à falta de condições económico-sociais. A assistência médica estava entregue a instituições religiosas ou caritativas como as misericórdias, ou a iniciativas individuais, de que a figura do João Semana, criada por Júlio Diniz, é um magnífico exemplo. Nesta matéria a República não trouxe nada de positivo para o sofredor povo português.

Em relação ao ensino médico o período correspondente à República foi de grande fecundidade para a medicina portuguesa, que beneficiou de raízes criadas nos últimos anos da monarquia. Cinco anos antes de 1911, em

350

República, Universidade e Academia

1906, houve um acontecimento que teve um grande impacto na nossa medicina, que foi a realização em Lisboa do XV Congresso Internacional de Medicina, com uma organização modelar liderada por Miguel Bombarda (médico republicano), que trouxe até nós 2.000 congressistas de 27 países, entre os quais grandes nomes da medicina mundial como, Osler, Carrel, Von Bergman, Waldeyer, Cajal, etc. Este evento foi muito prestigiante para o nosso país, tendo igualmente contribuído para o progresso e desenvolvimento que as três clássicas Escolas Médicas, de Coimbra, Lisboa e Porto, conheceram no século XX,

No plano da Educação Médica, 1911 marca uma viragem de séculos na medicina portuguesa em consequência da promulgação de duas leis importantíssimas: a de 22 de Fevereiro que reformou os estudos médicos e a de 24 de Março que criou novas Universidades e novas Faculdades de Medicina. De facto, a Reforma Universitária de 1911 transformou as Escolas Médico-Cirúrgicas de Lisboa e Porto, nascidas em 1836 das Escolas Régias de Cirurgia, em Faculdades de Medicina, que assim se juntaram à Faculdade de Medicina de Coimbra, já existente. O ensino médico passou, então, a ser realizado nas Faculdades de Medicina, dotadas de institutos especializados (Anatomia, Histologia, Farmacologia, etc.) que vieram substituir os antigos e quase inexistentes laboratórios, e passaram a contar com o apoio de hospitais escolares. O ciclo de estudos clínico do Ensino Médico passou a realizar-se nos Hospitais Escolares: em Lisboa o Hospital Escolar de Santa Marta, em Coimbra os Hospitais da Universidade e no Porto o Hospital de Santo António. Graças a estes progressos no ensino médico emergiram diversos vultos da Medicina Portuguesa que a prestigiaram, modernizaram e fizeram escola, e que ficou conhecida pela geração de 1911: Augusto Celestino da Costa, Câmara Pestana, Custódio Cabeça, Egas Moniz, Francisco Gentil, Gama Pinto, Pulido Valente, Reinaldo dos Santos, Ricardo Jorge, Sílvio Rebelo, Sousa Martins, de Lisboa, Ângelo da Fonseca, Bissaya Barreto, Daniel de Matos, Elysio de Moura, Sobral Cid, de Coimbra, e Abel Salazar, Corino de Andrade, Hernâni Monteiro, do Porto. A representação lisboeta deste elenco de notáveis, claramente maioritária, ficou registada para a história nas soberbas telas de Columbano que fazem parte do acervo da Faculdade de Medicina de Lisboa. Como alguém afirmou, a reforma de 1911 foi *"Obra colectiva, de grupo, rara entre nós, foi a reforma espontânea de uma escola, coisa rara, e conduzida, o que a tornou ainda mais rara, por um grupo de homens preparados – porque tinham procurado ser competentes"*.

Em 1911 é criada por Francisco Gentil uma enfermaria para doentes oncológicos no Hospital de Santa Marta, que marca o início da autonomi-

A Medicina na República

zação do tratamento do cancro em Portugal. O Instituto Português para o estudo do Cancro, com sede provisória no Hospital Escolar de Santa Marta em Lisboa, é fundado em 1923 através de um decreto assinado pelo médico Manuel Teixeira Gomes, Presidente da República, por proposta de António Sérgio, ministro da Instrução.

Em 1918, Abel Salazar, médico e artista plástico, cria o Instituto de Histologia e Embriologia da FM Porto e, com Marck Athias e Augusto Celestino da Costa, inicia a publicação dos Arquivos Portugueses de Ciências Biológicas.

Em Coimbra, Bissaya Barreto, republicano assumido (como estudante em 1908 recusa receber os prémios com que foi galardoado das mãos do rei D. Manuel, respondendo "Não conheço o rei") e cirurgião distinto, distinguiu-se pela notável obra social e de assistência que criou, já durante o Estado Novo.

Pulido Valente, professor de Clínica Médica, foi o iniciador da grande revolução que se produziu na medicina portuguesa tendo sido um dos mais brilhantes internistas portugueses deste século. Outro Mestre brilhante, nosso único Prémio Nobel, foi Egas Moniz. Doutorou-se em 1901 na FM de Coimbra, com um tema revolucionário e ousado para a época: "A vida sexual I – Fisiologia". E no concurso para Lente reincidiu com a "Parte II – Patologia". Outro grande nome da nossa medicina foi Reinaldo dos Santos, que se licenciou em Medicina em Lisboa em 1903. Dedicou-se à cirurgia/urologia e á arte portuguesa e em ambas as actividades se distinguiu como o provam inúmeras publicações que produziu: 635 trabalhos (400 sobre arte e 235 sobre medicina). A sua paixão pela investigação artística manifestou-se, também, na medicina e foi graças ao seu espírito de investigador clínico que descobriu a aortografia lombar (visualização das artérias através de injecção de produto de contraste na artéria aorta) que ofereceu ao mundo científico da medicina. Em 1949 presidiu em Portugal ao "Congresso Internacional de História", ocasião em que *"...os de além-fronteiras reconheceram quão mal conheciam a arte portuguesa...e declararam-se profundamente impressionados com a originalidade e o carácter da nossa arte"*. Da sua obra destacam-se: *Os Primitivos Portugueses, Escultura Medieval, Les Tresors de l'Orfèvrerie du Portugal, Portuguese Art, História del Art Português e Oito Séculos de Arte Portuguesa – História e Espírito.*

A nota dominante nesta geração de 1911 era na realidade a sua bagagem cultural. Eram tempos em que as palavras do catedrático catalão de anatomia José de Letamendi que costumava dizer, *"O médico que só sabe de medicina, nem de medicina sabe"*, faziam todo o sentido.

Luciano Casali

L'Università Italiana dal Fascismo alla Repubblica. Tentativi di Rinnovamento e Sostanziale Continuità

CASALI, **Luciano** – Professor Catedrático de História Contemporânea na Universidade de Bolonha.

1. Come è noto, la Repubblica Italiana nacque a seguito del Referendum promosso per il 2 giugno 1946[1] e il 52,3 per cento degli italiani e delle italiane (per la prima volta anche le donne parteciparono a un voto politico) decisero di porre fine al Regno d'Italia che era sorto meno di cento anni prima. Si trattò di una maggioranza chiara e indiscutibile di 2 milioni di voti, ma fu una maggioranza che non si distribuiva in maniera eguale su tutto il territorio nazionale. Se infatti nel Centro-nord del Paese furono molto più numerosi i voti attribuiti alla Repubblica, il sud dell'Italia premiò con il suo suffragio la continuazione dell'esperienza monarchica, mostrando un volto non solo più continuista, ma anche molto più conservatore.

Va tenuto presente che questa divisione in due parti così diverse e contrapposte dell'Italia era lo specchio di una eguale divisione che era cominciata dopo l'8 settembre 1943, quando l'Italia si era arresa agli Alleati. In seguito a ciò, il sud del Paese, che era stato raggiunto dagli inglesi e dagli americani, continuò a essere governato, senza alcun cambiamento sostanziale, dal re Vittorio Emanuele III; invece il Nord del Paese venne occupato dagli eserciti della Germania nazista, vide la rinascita di uno Stato fascista (la Repubblica sociale italiana) e nel Nord nacque e trovò un forte appoggio popolare la Resistenza, una lotta politica e militare che prese le armi e combatté per impedire il radicamento della esperienza nazi-fascista e partecipò con risultati apprezzabili ai combattimenti finali che portarono alla Liberazione e alla sconfitta dei tedeschi.

Le due Italie del 1943-1945 rinnovavano la esperienza di forti differenze che avevano caratterizzato nei decenni precedenti la vita economica e sociale fra il Nord industrializzato e il Sud che venne mantenuto ben lontano da qualsiasi processo di modernizzazione. Le basi dell'Italia repubblicana e la legislazione che la venne caratterizzando non potevano non tenere conto della esistenza di due Italie fortemente diverse e sempre più la riflessione storica tende a sottolineare che, in linea di massima, nella costruzione della Repubblica Italiana ebbe più peso la continuità proposta dal Sud conservatore e moderato piuttosto che non le profonde rotture politiche e sociali di cui erano portatori coloro che nel Nord avevano combattuto (armi alla mano) contro il nazismo e contro il fascismo.

---

[1] La bibliografia sulla transizione dal fascismo alla Repubblica è ovviamente amplissima; uno degli ultimi contributi che ne esamina ampiamente tutte le componenti è GIANCARLO MONINA (a cura), *1945-1946. Le origini della Repubblica*, Soveria Mannelli, Rubbettino editore, 2007, 2 volumi.

República, Universidade e Academia

Ciò che occorre tenere presente quando si analizzano le basi fondanti della Repubblica in Italia è il fatto che non solo la legislazione che si andava approvando dopo il 1943 doveva costituire le premesse del nuovo sistema istituzionale, ma che tale complesso di nuove Leggi doveva anche porre le basi per il superamento del Regime fascista che per venti anni aveva governato in Italia. Quando nacque la Repubblica, non si trattò dunque di un "semplice" mutamento istituzionale fra due regimi (monarchia e repubblica) che erano entrambi comunque democratici; gli elementi di continuità e/o di rottura che è necessario individuare rappresentano anche una misura delle continuità e/o delle rotture con il sistema conservatore, accentratore e non democratico che aveva caratterizzato la legislazione promossa nel corso del Ventennio fascista. Ma occorre anche tenere presente che quella che potremmo chiamare la "resa dei conti" con il fascismo non ebbe inizio solo a guerra finita, dopo il crollo definitivo del fascismo nel 1945 (come accadde in Germania). La "resa dei conti" in Italia ebbe inizio mentre la Seconda guerra mondiale era ancora in corso, quando l'Italia era tagliata in due, era occupata a sud dagli Alleati e a nord dai tedeschi ed era quindi relativamente libera di poter effettuare scelte politiche e amministrative.

Nel Nord era operante – sotto lo stretto controllo politico e militare nazista – la Repubblica sociale italiana, con un territorio in progressiva diminuzione fra il 1943 e il 1945; nel Sud continuava la propria vita lo Stato monarchico, ancora retto dallo stesso Vittorio Emanuele III che aveva regnato anche durante il Ventennio fascista. Ma nel Sud esisteva contemporaneamente la presenza anglo-americana che considerava (giustamente) l'Italia più un Paese vinto di cui diffidare che un nuovo alleato, anche se che nell'autunno 1943 il Governo italiano aveva dichiarato guerra alla Germania.

La "nuova Italia" post-fascista (e che solo quasi tre anni dopo, dal 1946, sarebbe diventata repubblicana) cominciò ad essere costruita nell'autunno del 1943 sia attraverso i primi governi successivi a quello di Mussolini (caduto il 25 luglio 1943), che furono di impronta fortemente conservatrice e con caratteri all'inizio molto vicini a quelli di una dittatura militare, governi che furono guidati innanzi tutto dal maresciallo Pietro Badoglio; sia attraverso gli interventi del Governo militare alleato che si trovava ad affrontare per la prima volta in Italia i problemi della definizione e attuazione di una politica di occupazione militare e di democratizzazione di un territorio "liberato" dalla presenza fascista.

Le forze moderate nazionali, che facevano capo al re e a Badoglio, di fronte al problema della "eliminazione" dei residui fascisti, non intendevano avvallare nessun radicale esperimento in tema di epurazione né ritenevano

L'Università Italiana dal Fascismo alla Repubblica. Tentativa di Rinnovamento...

opportuno lasciare spazio ai propositi dei partiti di sinistra (comunisti, socialisti, azionisti), che comunque non erano particolarmente sanzionatori ne "rivoluzionari". D'altra parte questi partiti, che tornavano alla vita politica dopo tanti anni di clandestinità, miravano essenzialmente ad accreditarsi come associazioni democratiche affidabili di fronte alla opinione pubblica (nazionale e internazionale) e non concedevano particolare spazio al tema delle epurazioni e di mutamenti radicali delle strutture nazionali.

Nello stesso tempo, non va dimenticato che i "liberatori" inglesi e americani non godevano di una approfondita conoscenza della situazione italiana. Nel decennio precedente le riflessioni politiche in Gran Bretagna e negli Stati Uniti avevano prestato attenzione specialmente al fenomeno nazista tedesco, che era stato studiato molto attentamente ed era stato valutato molto più a fondo di quanto fosse stato fatto con il fascismo italiano. Hitler era stato ritenuto molto più "pericoloso" di Mussolini; il fascismo, tutto sommato, era stato a lungo stimato un regime antidemocratico indubbiamente, ma parzialmente affidabile e sostanzialmente quasi accettabile all'interno di un contesto europeo che, nel corso degli anni Trenta, era andato progressivamente scegliendo forme non democratiche di gestione della "cosa pubblica"[2].

La costruzione dunque del "nuovo Stato" italiano avvenne in una situazione generale nella quale prevalevano gli elementi di continuità su quelli di rottura. Badoglio e gli uomini del suo governo non pensavano nel modo più assoluto di "scagliare la prima pietra" per colpire profondamente il vecchio gruppo dirigente fascista: d'altra parte tutti – chi più chi meno – erano stati fascisti o avevano avuto a che fare con il fascismo...

La azione degli Alleati non fu sostanzialmente diversa.

> «Nel complesso, i governi europei occidentali preferirono la continuità alle aule di tribunale. Alcuni dipendenti pubblici furono puniti, ma i bastioni del potere statale, segnatamente la polizia, restarono in gran parte immuni dalle inchieste. (...) Altri settori chiave della società – magistratura, pubblica istruzione, imprenditoria – se la cavarono con poco più di qualche inchiesta superficiale»[3].

---

[2] Un sintetico quadro di riferimento in LUCIANO CASALI, *Europa 1939. Fascismo, nazionalismo, autoritarismo*, in "Storia e problemi contemporanei", n.° 52/2009, pp. 131-158.

[3] MARK MAZOWER, *Le ombre dell'Europa*, [Milano], Garzanti, 2000 (ed. orig.: 1998), p. 232.

República, Universidade e Academia

2. Questa lunga premessa è stata necessaria (a mio parere) per rendere più comprensibile quello che accadde (o meglio: non accadde) nelle Università italiane.

Quando gli anglo-americani occuparono la Sicilia – la prima regione italiana a essere liberata nell'estate 1943 dalla presenza fascista – provvidero direttamente a eliminare quanti ritenevano particolarmente compromessi con il passato regime. Per quanto riguarda le tre Università che esistevano nell'isola – Palermo, Catania e Messina – vennero rimossi tutti e tre i vecchi Rettori e 16 Presidi di Facoltà. Ma, per quanto riguarda i professori universitari, il numero di coloro che perdettero il posto fu decisamente più contenuto: nove a Palermo, uno a Messina e uno a Catania.

Secondo quanto scrive Hans Woller relativamente ai primi interventi operati dagli anglo-americani, essi scontentarono la opinione pubblica italiana:

> Per la gente erano ancora troppe le cose che ricordavano il passato: dall'esercito di impiegati e funzionari che ancora dovevano essere sottoposti ad indagine, ai carabinieri, arroganti come sempre e per i quali nulla sembrava essere veramente cambiato, per finire con i tanti profittatori che dopo essere saliti sul carro del partito avevano vissuto nell'agiatezza o si erano, in qualche caso, decisamente arricchiti. Poco importavano, a fronte di tutto questo, i piccoli cambiamenti, in particolare quelli relativi a qualche posizione di vertice: cambiamenti che certo non potevano bastare a convincere il popolo che, dopo essersi aspettato un rapido superamento del fascismo, ora toccava con mano che gli interventi esterni potevano solo scalfire il vecchio stato di cose.[4]

E le cose non cambiarono nei mesi successivi, come del resto annotava Benedetto Croce nel suo Diario giudicando le prime scelte che si andavano facendo a Napoli in relazione alla città e alla Università:

> Per quel che ne vedo e ne osservo qui a Napoli, da quando vi sono giunti gli americani e gli inglesi, io sono venuto nel convincimento che, se la bandiera innalzata dagli Alleati nella guerra era la restaurazione o lo stabilimento della libertà, nella libertà, nella pratica ci si orienta verso un assetto fascistico e semifascistico per effetto dei circoli politici e degli interessi

---

[4] HANS WOLLER, *I conti con il fascismo. L'epurazione in Italia 1943-1948*, Bologna, Il Mulino, 1997, p. 84.

L'*Università Italiana dal Fascismo alla Repubblica. Tentativa di Rinnovamento...*

economici prevalenti nei rispettivi paesi e soprattutto per la paura del comunismo[5].

Anche in questo caso, l'Università non era stata particolarmente toccata dalla epurazione: chi si era guadagnato una buona fama come uomo di scienza e aveva sempre tenuto un atteggiamento sostanzialmente corretto poté contare – nonostante la adesione al regime e il giuramento di fedeltà al fascismo – su una certa comprensione e in ogni caso tutti i pochi professori, che vennero licenziati nel biennio 1943-1944, furono riabilitati e ripresero servizio nell'estate 1945 e poterono quindi continuare tranquillamente la loro attività come docenti e come studiosi.

Ad una epurazione nell'ambito della pubblica amministrazione, insomma, né Badoglio né gli Alleati non pensarono mai realmente. Il 28 dicembre 1943 venne approvato in via definitiva dal Governo un decreto relativo alla epurazione che avrebbe dovuto liberare anche le Università di tutto il personale che era stato compromesso con il ventennio fascista (*Defascistizzazione delle amministrazioni dello Stato, degli enti locali e parastatali, degli enti comunque sottoposti a vigilanza o tutela dello Stato e delle aziende private esercenti pubblici servizi o di interesse nazionale*), ma si trattò solo di un "rullo di tamburi". Il 6 ottobre 1944 Gerald Upjohn, l'ufficiale del Governo militare alleato addetto al problema della epurazione, dichiarò che «il decreto è stato considerato più una dichiarazione di intenti sul piano politico che un provvedimento immediatamente operativo, per cui i risultati pratici, quando ci sono, sono scarsi»[6].

3. Non molto diversa fu la situazione anche nel centro-nord dell'Italia, anche se l'organizzazione di una forte e combattiva azione armata di resistenza contro la rinascita del fascismo e la occupazione nazista sembrarono dare alcuni segnali di maggiore attenzione ad un cambiamento del corpo docente della Università.

Furono senza dubbio un segnale particolarmente significativo (anche per il lungo dibattito che determinarono sulle responsabilità politiche dei docenti universitari) le uccisioni da parte dei partigiani comunisti di due studiosi di grande rilievo scientifico e politico per la storia del fascismo: il filosofo Giovanni Gentile, conosciuto a livello internazionale, ministro e ideologo del regime, professore alla Scuola normale superiore di Pisa e

---

[5] Citato *ivi*, p. 101.

[6] *Ivi*, p. 131.

360
República, Universidade e Academia

direttore della *Enciclopedia Italiana* e il filologo grecista e latinista Goffredo Coppola, organizzatore politico, feroce antisemita e Rettore della Università degli studi di Bologna dalla fine del 1943 al 1945[7].

Anche gli Alleati, quando cominciarono a liberare il centro-nord dell'Italia, divennero più intransigenti e decisero però di rimuovere da ogni incarico solo coloro che avevano prestato la loro adesione e il giuramento di fedeltà alla Repubblica sociale italiana. Dovunque vennero sottoposti ad indagini particolarmente accurate i professori universitari, ma va comunque ricordato che a pagare per la loro adesione al fascismo restavano solo quei professori che avevano collaborato con la Repubblica di Salò – ed erano poco numerosi – mentre, per tutti quelli che avevano insegnato alla Università durante gli anni Trenta, non si indagò in maniera reale e non si procedette a quella "severa punizione" che in molti chiedevano. In ogni caso va tenuto presente che nel luglio 1945 – appena tre mesi dopo la liberazione e la fine dei combattimenti – alcune delle principali Università del nord (per esempio Bologna, Padova e Genova) potevano riprendere la normale attività didattica, in quanto il corpo docente non era stato praticamente toccato in maniera consistente: nelle file dello schieramento antifascista si era fatta strada la convinzione che la fragile pianta della democrazia avrebbe potuto attecchire in Italia solo in un clima di pacificazione sociale e le richieste di una radicale resa dei conti – che soprattutto i partigiani combattenti avanzarono a più riprese e con forza – trovavano sempre meno ascolto con il passare delle settimane[8].

Anche le norme giuridiche che vennero bandite non prendevano in particolare conto la reale situazione delle Università. La disposizione emanata il 7 settembre 1944 (*Modificazioni del vigente ordinamento universitario*) dichiarava che «potevano essere annullati, in tutto o in parte», solo i concorsi a cattedra che erano stati espletati dopo il 1932 (anno in cui era diventata obbligatoria la tessera del partito fascista per i docenti) «quando, su ricorso di chi vi abbia interesse (…), si dimostri che vi sarebbero state serie probabilità di un diverso esito se taluno degli aspiranti non fosse stato escluso dall'ammissione per la mancanza del requisito della iscrizione al Partito nazionale fascista e per motivi politici».

---

[7] Sul primo, cfr. LUCIANO CANFORA, *La sentenza. Concetto Marchesi e Giovanni Gentile*, Palermo, Sellerio, 1985; sul secondo: FEDERICO CINTI, *Il Rettore della Rsi. Goffredo Coppola tra filologia e ideologia*. Introduzione di Luciano Casali, Bologna, Clueb, 2004.

[8] WOLLER, *I conti con il fascismo*, cit., p. 464.

L'Università Italiana dal Fascismo alla Repubblica. Tentativa di Rinnovamento...

È significativo che venne usata la espressione "*potevano* essere annullati" e che non si dicesse che i concorsi a cattedra che avevano visto la vittoria di fascisti "*dovevano* essere annullati".

Ci si dimenticava o si sottovalutavano, da parte del legislatore, due avvenimenti di non piccolo rilievo. Il primo era stato il giuramento di fedeltà al fascismo che era stato chiesto ai docenti universitari nel 1931 (tutti i professori universitari giurarono e soltanto in 12 in tutto il Paese rifiutarono e furono licenziati)[9]. La seconda cosa che si "dimenticava" era la espulsione dalle Università, avvenuta nel 1938, di tutti i docenti, ricercatori (e studenti) di "razza" ebraica. Si trattò di almeno 400 docenti e di un numero assolutamente mai calcolato di studenti, dal momento che non è mai stata condotta una ricerca negli archivi di tutte le Università[10].

Per questi ultimi (cioè per gli studenti universitari) si era trattato di una punizione irrecuperabile: rientrare all'Università nel 1945, a sette anni di distanza dalla espulsione, costituiva un fatto quasi del tutto impensabile e improponibile: a Bologna (una delle poche Università per le quali si è studiato il problema) su 436 studenti ebrei che erano stati espulsi nel 1938, soltanto 6 rientrarono alla fine della guerra e riuscirono, ovviamente con grande ritardo, a laurearsi.

Risultò particolarmente difficile il rientro anche per i docenti ebrei[11], soprattutto considerando che le leggi che vennero promulgate dallo Stato italiano dopo il fascismo non intesero eliminare i professori e ricercatori che avevano occupato il posto degli ebrei espulsi dall'Università e ancora occupavano quelle cattedre. Bisogna anche considerare che molti dei professori ebrei espulsi nel 1938 (i migliori senza alcun dubbio), dopo sette anni, avevano ormai ottenuto un ruolo in Università straniere (soprattutto negli Stati Uniti) o si erano dedicati ad altre attività o erano morti.

Per coloro che, spesso dopo alcuni anni e dopo inenarrabile problemi burocratici, riuscirono comunque a rientrare, si prospettò una attività didattica e di ricerca da vivere al fianco di coloro che li avevano sostituiti quando erano stati espulsi per motivi razziali. E si trattò di una convivenza in molti casi anche difficile, come è possibile comprendere.

---

[9] GIORGIO BOATTI, *Preferirei di no. Le storie dei dodici professori che si opposero a Mussolini*, Torino, Einaudi, 2001; HELMUT GOETZ, *Il giuramento rifiutato. I docenti universitari e il regime fascista*, Milano, Rcs – La Nuova Italia, 2000.

[10] Cfr., fra gli altri, VALERIA GALIMI – GIOVANNA PROCACCI (a cura), *"Per la difesa della razza". L'applicazione delle leggi antiebraiche nelle università italiane*. Milano, Unicopli, 2009.

I sostituti cioè non vennero eliminati. Perché – si chiedevano i docenti di tutte le Università italiane – mandare via dei professori che per sette anni si erano comportati "doverosamente" e quasi sempre avevano dato un contributo onorevole alla didattica e alla ricerca?

L'Università italiana del 1945 volle auto-rappresentarsi come il *luogo neutrale* della scienza, un luogo nel quale non era penetrata la politica, specialmente quella fascista: non era quindi necessaria una auto-analisi e soprattutto non era necessario procedere con valutazioni sul comportamento della istituzione Università e dei suoi componenti durante i venti anni precedenti. La scienza e la didattica (si affermava) non avevano nulla a che fare con quanto era accaduto in Italia, non avevano nulla a che fare con il regime fascista, con la sua ideologia, con la sua propaganda né con il coinvolgimento degli italiani. Si dichiarava categoricamente che i professori universitari avevano conservato una piena libertà didattica, che nessuna pressione era stata fatta dallo Stato fascista né dal partito fascista sulla scelta dei programmi e nei lavori di ricerca scientifica; tra i dirigenti fascisti e gli studiosi si giurava che era esistito un abisso. Il giuramento di fedeltà del 1931 era stato un atto puramente formale che non aveva determinato nessun mutamento nella qualità della didattica e della ricerca e che non aveva intaccato le idee più profonde dei docenti e dei ricercatori.

Negli studi che sono stati fatti (e non sono stati molto numerosi) ancora poco ci si è interrogati sul significato e sul valore che ebbe il conformismo nei confronti dei giovani e degli studenti, che evidentemente non potevano sapere se la adesione al fascismo dei loro professori e la loro presenza alle manifestazioni del regime fossero solo di facciata, mentre nella coscienza di ciascuno di loro albergava una fiera e tenace opposizione, o almeno una serena indifferenza. Poco ci si è chiesto anche quanto l'adesione quasi unanime della Università al fascismo abbia contribuito a fecondare una adesione degli studenti che venivano, come è ovvio, influenzati dai loro docenti e che seguivano (come quasi sempre accade) l'esempio e l'insegnamento anche morale dei loro "maestri"[12].

Possiamo indubbiamente fare nostre le osservazioni di Pier Giorgio Zunino quando considera come per alcuni studiosi fu talmente grande la passione per il cercare, lo studiare e lo scoprire da non preoccuparsi assolu-

---

[11] Dianella Gagliani (a cura), *Il difficile rientro. Il ritorno dei docenti ebrei nell'università del dopoguerra*, Bologna, Clueb, 2004.

[12] Particolarmente stimolanti a tale proposito le osservazioni di Mario Isnenghi (*Intellettuali militanti e intellettuali funzionari*, Torino, Einaudi, 1979).

L'*Università Italiana dal Fascismo alla Repubblica. Tentativa di Rinnovamento...*

tamente del contesto: la cornice politica (libertà o dittatura) entro cui agivano poteva non interessare assolutamente a questi scienziati, purché fosse loro concesso di continuare a cercare, così come può non interessare ad alcune comunità scientifiche, per le quali tutto passa in secondo piano rispetto al risultato conoscitivo che viene ossessivamente ricercato e conseguito[13].

Occorrerebbe avanzare una riflessione sulla moralità della didattica e della ricerca durante gli anni del regime fascista, una riflessione che comunque non fu assolutamente fatta in Italia nel 1945[14].

4. Resta comunque il fatto che dopo il fascismo e in vista della nascita della Repubblica l'Università italiana non interessò particolarmente ai politici e ai partiti politici e essa non sentì la necessità di studiare se stessa e soprattutto di modificare se stessa. Il quadro strutturale della Università italiana che cominciò ad operare nel nuovo Stato democratico era lo stesso che si era andato consolidando alla fine dell'800 con il passaggio delle leggi dallo Stato piemontese al Regno d'Italia. La nascita della Repubblica non fu una occasione per accogliere le profonde innovazioni didattiche e di organizzazione che in oltre mezzo secolo si erano andate maturando fuori dall'Italia. In Italia non venne introdotto neppure il dottorato di ricerca, che dovette attendere ancora parecchi decenni prima che entrasse a far parte del sistema didattico e di avviamento alla ricerca della Università italiana.

La Università della Repubblica italiana continuò con il suo modello ottocentesco, controllata da un sistema burocratico accentrato, con una mentalità e una didattica fortemente conservatrici, che riservavano a pochi e selezionati studenti le vie della conoscenza e della scienza. Fu uno *status quo* che, attraverso un rigido controllo dall'alto, diede vita a un sistema di studi e di ricerca fortemente selettivo, riservato alle classi sociali privilegiate, con l'obbligo di trasmettere valori ideali e politici caratteristici del sistema dominante; tutto sommato si trattava di una Università chiusa in se stessa anche per quanto concerneva la qualità della ricerca, che procedeva

---

13 Pier Giorgio Zunino, *Premessa*, in Id., (a cura), *Università e Accademie negli anni del fascismo e del nazismo*, Firenze, Olshki, 2008, pp. VII-XIII.

14 Cfr. a tale proposito Luciano Casali, *L'Europa degli anni Trenta: il tempo dell'intolleranza*, in Domenico Mirri – Stefano Arieti (a cura), *La cattedra negata. Dal giuramento di fedeltà al fascismo alle leggi razziali nell'Università di Bologna*, Bologna, Clueb, 2002, pp. 20-23.

República, Universidade e Academia

quasi in maniera autarchica, con scarsi e solo episodici momenti di attenzione e confronto a livello internazionale[15].

Sarebbe stato necessario attendere gli anni successivi al 1968, alle agi-
tazioni studentesche, perché cominciassero ad apparire i segni di una
riforma che, progressivamente ma abbastanza rapidamente, avrebbe portato
la Università italiana a una prima modernizzazione e un poco alla volta
sarebbe riuscita a porla al passo, sia per la didattica che per la ricerca, con
il contesto internazionale.

---

[15] Cfr. UMBERTO MASSIMO MIOZZI, *Quarant'anni di politica universitaria*, in
L'Università italiana dalla Costituzione ad oggi, Roma, Ediun Coopergion, 1990,
pp. 23-26.

PROFESSORES E ESTUDANTES

Vítor Neto

Afonso Costa: o Republicanismo e os Socialismos

NETO, **Vítor** – Doutor em História Moderna e Contemporânea pela Faculdade de Letras da Universidade de Coimbra. Professor Auxiliar da FLUC. Investigador do CEIS20.

Aquele que viria a ser uma das principais figuras da Primeira República Portuguesa, amado por uns e odiado por outros[1] nasceu em Seia, em 1871, e aderiu desde a adolescência ao republicanismo tendo pertencido à chamada geração do *Ultimatum* juntamente com António José de Almeida, Norton de Matos, Alexandre Braga, Carmona, Sidónio Pais, António Maria da Silva e outros. No Outono de 1887, com apenas 16 anos, ingressou na Faculdade de Direito da Universidade de Coimbra. Caloiro reprovado pelo Dr. Avelino Calixto no 1.º ano e recusando-se a requerer o exame, na sequência da greve académica de 1892, Afonso Costa foi, apesar disso, um aluno distinto sendo bacharel em 1894, licenciado em 1895 e, cinco meses mais tarde, doutor em Direito, aprovado com uma tese intitulada *A Egreja e a Questão Social. Anályse Critica da Encyclica Pontifícia De Conditione Opificum,* de 15 de Maio de 1891. Recebeu o grau de doutor em Direito com 17 valores. No Outono de 1895, com a dissertação *Commentário ao Código Penal Português* concorreu ao magistério superior. Assim, em Janeiro de 1896, o ministro do Reino, João Franco, nomeou-o lente substituto da Faculdade de Direito. No ano de 1896-1897 iniciou a carreira magistral, leccionando, interinamente, a 5.ª cadeira do curso (Economia Política e Estatística) e, depois, a 12.ª (Organização Judiciária), que viria a ser a sua cátedra de propriedade, quando o nomearam catedrático em Janeiro de 1899, agora por despacho de José Luciano de Castro. Apenas com 28 anos, era o mais jovem catedrático da Faculdade de Direito. Ensinou com regularidade durante oito anos. No historial desta Faculdade, publicado por José Marnoco e Sousa e Alberto Reis em 1907, Afonso Costa era referenciado como um dos professores que mais se esforçaram para trazer ao curso o estudo das ciências sociais, debruçando-se especialmente sobre a Sociologia. Professor empenhado, defendia com fervor e com entusiasmo as suas ideias. No livro *Lições de Organização Judiciária,* publicado em 1898, não escondia a sua militância política fazendo um "paralelismo entre evolução política e judiciária". Participou no esforço de revitalização do PRP pelo Grupo Republicano de Estudos Sociais, criado em 1896. Estreou-se como orador, a 13 de Junho do ano seguinte, num comício no Porto contra o projecto de alienação dos caminhos-de-ferro do Estado. Chegou a membro da Comissão Consultiva do Partido Republicano Português no seu VII Congresso e sendo, em 1899, redactor do diário republicano portuense *Voz Pública*[2].

---

[1] A. H. de Oliveira Marques, *Afonso Costa,* 2.ª ed., Lisboa, Arcádia, 1975, p. 15.

[2] Idem, *ibidem,* pp. 15-43.

Em 23 de Março de 1890 publicou-se em Coimbra uma folha de estudantes que teve como redactores, Afonso Costa, Alberto Pinho e outros e inseriu colaboração de António José de Almeida, Alberto Osório e Osório Falcão. A publicação não continuou por motivo de querela judicial que lhe foi movida e na qual Afonso Costa seria defendido no tribunal por Magalhães Lima, director do jornal *O Século*. Enquanto nesse efémero número António José de Almeida escreveu um artigo intitulado "Bragança O Último", Afonso Costa publicou um texto sobre a Federação Académica no qual procurava reorganizar os estudantes por um lado e defendia o derrube da monarquia para superar o estado de decadência em que se encontrava o país pelo outro. Urgia, a seu ver, estabelecer a República e "em seguida instruir, edificar, moralizar o povo". Nesta linha defendia que mais do que palavras eram necessárias "obras, muitas obras, sangue, revoluções" indispensáveis à "emancipação de Portugal"[3]. Foi em Coimbra que Costa descobriu a política e no meio académico republicano formou a sua visão optimista do mundo. Nesta cidade ganhou influência e proeminência social. Muito lhe ficou a dever uma vez que foi aqui que saiu da provinciana mediania em que crescera e ascendera ao grau de catedrático da Universidade, como se disse.

Em 1895, já formado teve parte activa no periódico republicano *Resistência,* que aliás não tardaria a abandonar. Este jornal publicou as duas "arguições" dos lentes José Frederico Laranjo e Guilherme Alves Moreira no doutoramento de Afonso Costa. O primeiro destes professores lembrou, no seu discurso, que o socialismo já entrara no ensino da Universidade em 1877, na cadeira de Economia Política. Ainda, segundo o testemunho de Laranjo comparavam-se as doutrinas individualistas com as socialistas e estudavam-se os Fisiocratas, Adam Smith, Say e até Proudhon, Herzen e Bakounine. De entre os socialistas a reflexão recaía em Robert Owen, Saint-Simon, Fourier, Marx, Lassalle, Henry Gorge e Wallace. Portanto, as teorias socialistas apresentadas por Afonso Costa no seu estudo, inseriam-se num clima geral de aceitação do ensino do socialismo, embora o candidato a doutor confrontasse estas doutrinas com as teses de Leão XIII presentes na encíclica *Rerum Novarum*. Frederico Laranjo condenava a "guerra selvagem" entre as classes como se vira na Comuna de Paris e, em alternativa, defendia soluções pacíficas para a resolução da questão social. No mesmo sentido, aceitava a mediação da Igreja nesta matéria. Assim, o colectivismo

---

[3] Afonso Costa, "A Federação Académica", *O Ultimatum, Folha Académica,* I Ano, 23-3-1890.

Afonso Costa: o Republicanismo e os Socialismos

defendido por Afonso Costa, ou qualquer solução análoga, só seria realizável, na óptica do lente, "talvez a alguns séculos de distância". Afastando-se das teses de Marx, que conhecia indirectamente, Laranjo afirmava que, depois da guerra Franco-Prussiana, a questão social aberta pelas revoluções de 1848, passou para segundo plano uma fez que a humanidade tinha regredido e a problemática política voltara a estar na ordem do dia. Em todo o caso, o lente não deixou de elogiar Afonso Costa e a sua obra[4].

Também o outro "arguente", Guilherme Alves Moreira acreditava que a humanidade estava no início de uma profunda transformação social e pensava que a coragem do candidato fora grande ao apresentar um tema de tese que desestruturava o discurso da Igreja católica sobre a questão social. Nesse sentido, não deixava de chamar a atenção para o facto de Afonso Costa se ter deixado seduzir pelo socialismo integral de Benoît Malon, teórico importante no movimento das ideias socialistas e que hoje se encontra praticamente esquecido. Este ideólogo era, nessa época, lido na Universidade de Coimbra, facto que também se comprova com o facto de a sua obra se encontrar na Biblioteca Geral da Universidade. Alves Moreira pensava que não se podia recusar o facto do socialismo poder ser cientificamente discutido. E "se na parte orgânica só nos oferece hipóteses mais ou menos defensáveis, na crítica às actuais instituições económicas de há muito lhe cabe a vitória"[5]. A seu ver, Afonso Costa mostrava que não era "só um socialista convicto; era um partidário apaixonado"[6] em virtude de ser sensível à miséria em que vivia a grande maioria da humanidade. O discurso deste lente terminaria com rasgados elogios ao candidato que passou, em consequência das provas, a ser um novo doutor na Universidade de Coimbra.

Como se sabe, o capitalismo concorrencial do século XIX em vez de trazer consigo a harmonia como pretendiam os teóricos do individualismo era a origem da miséria social de muitos operários que trabalhavam para não morrer de fome. Estas contradições entre o capital e o trabalho estiveram na origem do nascimento do socialismo utópico primeiro e do chamado socialismo científico depois, os quais procuravam ser uma resposta para a questão social que surgia ameaçadora no horizonte. Foi neste quadro caracterizado pele luta de classes que o papa Leão XIII, com algum atraso, publicou a encíclica *Rerum Novarum,* que pretendia ser a proposta da Igreja para a

---

[4] *Resistência,* ano I, n.º 36, 20-6-1895 e *Idem,* ano I, n.º 37, 27-6-1895.

[5] Idem, ano I, n.º 40, 7-7-1895.

[6] Idem, *ibidem.*

resolução da conflitualidade social nascida essencialmente no mundo industrial. Ora, a tese de doutoramento de Afonso Costa vinha contestar as ideias apresentadas nesta matéria pelo Pontífice romano e assumir o "socialismo científico" de Marx e, sobretudo, o "socialismo integral" de Benoît Malon. O candidato a doutor começava a sua obra pela definição do conceito de socialismo produzido em 1838 por Pierre Leroux em oposição à palavra individualismo que então estava em voga. Contudo, a obra do nosso autor não se limitava a uma abordagem presencista do fenómeno uma vez que percorria a história começando no comunismo primitivo, referia que Pitágoras fora o primeiro vulto socialista, realçava os sofistas como verdadeiros revolucionários da ideia socialista e via em Platão o primeiro intelectual verdadeiramente comunista. Nesta linha, o cristianismo nascente abrira os braços a essas doutrinas e dera força às aspirações dos proletários. Essa primeira manifestação dos socialismos estivera, segundo Afonso Costa, na base do nascimento dos socialismos utópicos e metafísicos surgidos na Renascença[7]. Daí a admiração que sentia por Tomás Morus e pela sua *Utopia,* por Campanela e a *Cidade do Sol,* por Meslier, Grotius, Hobbes, Pufendorf, Spinoza, Fénelon, abade de Saint-Pierre, Fontenelle, Morely, Babeuf, Buanarroti, etc., etc. Neste quadro interpretativo, que forçava a nota na acentuação do ideário socialista de autores que o não eram verdadeiramente, o nosso escritor dava especial ênfase aos utopistas do século XIX (Saint-Simon, Fourier, Owen, Cabet, Pierre Leroux, Louis Blanc, etc.) não distinguindo o utopismo de uns do reformismo de outros[8]. Por outro lado, embora não nos pareça que tivesse conhecido directamente a obra de Karl Marx, não deixava de citar a *Crítica da Economia Política,* refundida, segundo ele em *O Capital.* É indiscutível que o nosso académico aderiu à teoria do valor marxista que fundamentava a mais-valia (conceito que o nosso ideólogo não refere) e que, para ele o filósofo alemão viera dar cientificidade ao socialismo, embora estivesse atento às críticas que Laveleye fazia ao materialismo da teoria marxista. Afonso Costa não deixava ainda de chamar a atenção para "a influência poderosa que o marxismo tem no velho e novo mundo"[9].

---

[7] Afonso Costa, *A Egreja e a Questão Social. Analyse Critica da Encyclica Pontifícia De Conditione Opificum, de 15 de Maio de 1891,* Coimbra, Imprensa da Universidade, 1895, pp. 23-45.

[8] Idem, *ibidem,* pp. 47-65.

[9] Idem, *ibidem,* p. 73.

Conhecedor do socialista alemão Lassale simpatizava com as suas ideias sobre o desenvolvimento das sociedades cooperativas que deveriam associar o capital ao trabalho e citava o socialista catedrático Schaffle que conhecia através de Oliveira Martins[10]. É impossível referir neste ensaio todos os ideólogos socialistas mencionados por Afonso Costa na sua dissertação, embora seja sintomático o conhecimento, certamente indirecto, que tinha de Paul Lafargue, genro de Marx e do nihilista russo, Bakounine. Conhecedor das actividades da Associação Internacional dos Trabalhadores e da Comuna de Paris, era um jovem intelectual actualizado no que diz respeito à história dos socialismos e também em relação às doutrinas desse pendor no seu tempo. Assim, para ele, em França, o socialismo dividia-se da seguinte forma: Integralistas chefiados por Benoît Malon; Possibilistas cujo chefe era Allemane; Blanquistas liderados por Eduard Vaillant e Granger; Marxistas chefiados por Paul Lafargue e colectivistas intransigentes tendo à cabeça Jules Guesde[11]. Mas havia muitos outros socialistas que Afonso Costa citava não se coibindo de explicar resumidamente as suas ideias no que se refere a França, Alemanha, Inglaterra, Bélgica, Holanda, Rússia e Portugal. Leitor de *O socialismo na Europa* de Magalhães Lima sintomaticamente prefaciado por Benoît Malon, Afonso Costa, embora eclético, mostrava as suas preferências pelas teses deste revolucionário. O académico de Coimbra era claro a este respeito: "A escola integralista é a mais perfeita, a mais conciliadora, a mais sociológica, e a mais variável. É bem conhecida a sua doutrina"[12]. O socialismo de Malon era reformista e traduzia-se na supressão dos monopólios particulares, na extinção gradual das dívidas das nações e dos municípios, na nacionalização progressiva da riqueza e na realização da justiça, da moral social e da fraternidade universal entre os operários. Benoît Malon desejava a aquisição lenta e progressiva, pelo Estado e pelos municípios, dos serviços públicos, dos monopólios e do capital. Este teórico socialista publicou muitas obras, entre as quais, o

---

[10] Sabe-se que este intelectual evoluiu do socialismo proudhoniano para o socialismo catedrático alemão caindo na defesa de um modelo corporativista para o nosso país como se pode comprovar lendo o opúsculo *As Eleições*. Sobre Oliveira Martins leia-se, por exemplo, Fernando Catroga, "O problema político em Antero de Quental. Um confronto com Oliveira Martins, *Revista de História das Ideias,* vol. 3, 1981; Manuel Viegas Guerreiro, *Temas de Antropologia em Oliveira Martins,* Lisboa, Biblioteca Breve, 1986; Francisco Assis d'Oliveira Martins, *O Socialismo na Monarquia: Oliveira Martins e a "Vida Nova",* Lisboa, Parceria António Maria Pereira, 1944.

[11] Afonso Costa, *ob. cit.,* p. 77.

[12] Idem, *ibidem,* p. 78.

Socialismo Integral, conhecida na Universidade de Coimbra e dirigiu a *Revue Socialiste,* órgão do seu grupo. Segundo Afonso Costa teria deixado discípulos notáveis. O socialista francês pretendia ainda que o Estado devidamente organizado tomasse a seu cargo as instituições de crédito, os caminhos de ferro, as minas, os canais, os transportes urbanos, o grande comércio, a grande indústria e encerrar "toda a vida social na concha do processo económico". Tratava-se, assim, de um socialismo evolucionista, estadualista e integral. Desta forma, distanciava-se da ideia de Revolução e confiava num processo gradual que levaria à fundação de um modelo traduzido numa economia mista o qual deveria acabar com a miséria social que caracterizava a sua época.

Ao debruçar-se sobre a proposta da Igreja, Afonso Costa não deixava de sublinhar o cristianismo primitivo e a democraticidade inicial da instituição religiosa até S. Paulo. Traçou a sua evolução nos tempos posteriores, escreveu sobre a aristocratização sequente, sobre a obra de reacção do catolicismo na Época Moderna e ainda sobre a chegada ao pontificado de Leão XIII, papa que encontrara a governação da Igreja "em guerra aberta contra a democracia republicana e socialista, e contra a ciência"[13]. Por isto, a seu ver, o pontífice viu-se na necessidade de mudar de táctica. Neste contexto, apresentou um conjunto de meios destinados a resolver a questão social tais como o da necessidade de criação das corporações de origem medieval reactualizadas. Estas reconciliariam os patrões com os operários e criariam a paz social. Assim, o papa combatia o socialismo, protestava contra a colectivização dos meios de produção, contra o direito à greve e reafirmava a sua preferência pela propriedade individual e pelo regime do salariato. Enfim, pretendia manter o capitalismo apenas corrigido com a difusão da moral cristã e com as associações formadas pelos detentores dos meios de produção e assalariados. Deste modo, Leão XIII pretendia salvar o capitalismo amenizado pelos valores do catolicismo. Face a isto Afonso Costa perguntava: "Como pois, deixar fundir dois inimigos irreconciliáveis? Como não repelir por uma vez a denominação de socialista concedida por alguns videntes ao papa Leão XIII?"[14].

Na conjuntura deste pontificado assistiu-se à dissolução do socialismo católico liderado por Keteller, Moufang, Manning, Ireland, Mun, La Tour du Pin etc.[15]. Estes intelectuais continuaram a seguir o caminho da Igreja,

---

[13] Idem, *ibidem,* p. 128.

[14] Idem, *ibidem,* pp. 156.

[15] Idem, *ibidem,* p. 160.

mas teriam mudado de rota pois abandonaram a hipótese do fim do capitalismo assumindo a possibilidade da reforma deste sistema económico e social. Entretanto Leão XIII publicou uma outra encíclica *Au Milieux des Sollicitudes* (1892)[16] que distanciava politicamente o catolicismo do ultramontanismo ao admitir qualquer regime político desde que ele não atentasse contra os direitos dos católicos. Deste modo, as duas encíclicas completavam-se, pois enquanto uma incidia sobre a questão social a segunda tinha objectivos políticos. Em síntese, Leão XIII na encíclica intitulada *Da Condição dos Operários* defendia a propriedade individual como sendo um direito natural, as corporações católicas, o recurso à espiritualidade do catolicismo como meio de instaurar a fraternidade entre capitalistas e operários, a intervenção do Estado na defesa da propriedade e na condenação das greves e a recusa do socialismo e da socialização dos meios de produção. Daí que Afonso Costa concluísse que as doutrinas do papa eram inúteis ao repelirem as reclamações dos proletários e dos socialistas sobre a intervenção do Estado nas relações de trabalho, pois tais protestos já se encontravam por toda a parte atendidos; inoportunas quando defendiam a propriedade individual e exigiam severas medidas contra o socialismo e os socialistas; antiquadas ao pretenderem salvar a sociedade através do recurso à caridade particular e à primitiva piedade cristã ideias rejeitadas pelo nosso académico; perigosas uma vez que desvalorizavam a vida terrena dos operários em nome de um paraíso celeste e excessivamente retrógradas ao pretenderem estabelecer, à sombra das antigas corporações de artes e ofícios, absolutamente inúteis, na perspectiva de Afonso Costa, as congregações religiosas perigosas na sua essência. Assim, a *Rerum Novarum* tinha, segundo a dissertação de doutoramento, apenas dois objectivos: 1. Fazer perdurar por algum tempo mais a Santa Sé de Roma que se encontrava bastante enfraquecida; 2. Manifestar o propósito de erguer, em consonância com os conservadores de todos os países, uma campanha tendo como finalidade extinguir o socialismo. Apesar disso, a encíclica foi recebida com indiferença pelos operários "sofredores" e as propostas nela contidas seriam por toda a parte votas ao esquecimento. Assim, no dizer de Afonso Costa o socialismo encontrava-se revigorado, "grandioso", "brilhante e forte" prometendo salvar a sociedade dos males trazidos pelo capitalismo industrial[17].

---

[16] Sobre esta encíclica cf. Vítor Neto, *O Estado, a Igreja e a Sociedade em Portugal (1832-1911)*, Lisboa, INCM, p. 417.

[17] Sobre a refutação das ideias do papa expressas na encíclica cf. Afonso Costa, *ob. cit.*, pp. 163-198.

376
República, Universidade e Academia

Na verdade Leão XIII, na sua encíclica, rejeitava a intromissão do Estado no interior da família, contestava a justiça moral imanentista em nome de uma justiça divina, criticava a teoria da propriedade colectiva dos meios de produção e defendia a inviolabilidade da propriedade privada corrigida pela moralidade católica. Afonso Costa não deixou de contestar o apelo que o papa fazia à paciência dos operários perante a sua condição e de apontar, como alternativa, a solução socialista de Benoît Malon. Por seu lado, o pontífice não aceitava que as duas classes – capitalistas e operários – fossem inimigas uma da outra e defendia em alternativa a sua harmonização nas corporações católicas. Para isso, entendia que o patrão deveria considerar a dignidade do operário e do seu trabalho. A grande diferença entre o socialismo de Afonso Costa e as teses do pontífice radicava nas propostas diversas: o nosso autor via no socialismo uma teoria que uma vez aplicada acabaria com as consequências nefastas do capitalismo traduzidas na pobreza e na miséria, enquanto o papa defendia que, para os deserdados da fortuna, "a pobreza não é um opróbrio, e ninguém deve envergonhar-se de dever ganhar o pão com o suor do seu rosto". Por outro lado, Leão XIII pretendia indicar o caminho da salvação ao operário e divulgava a ideia de caridade já mencionada. Para além disso, contrariava a absorção da família e do indivíduo pelo Estado, algo que parecia ser uma proposta socialista. Insistindo no bem comum como fim da sociedade, atribuía um papel regulador ao poder político no plano social. Ora, Afonso Costa queria, nessa fase, substituir o modelo de sociedade capitalista por uma forma de socialismo que originasse a justiça social e substituísse a caridade pela filantropia para que todos os homens emancipados economicamente pudessem beneficiar de um regime de igualdade económica.

O autor da tese *A Egreja e a Questão Social* demonstrou, ao longo da sua vida, que o socialismo era compatível com a vertente republicana do seu ideário. Compreende-se que tivesse sido socialista e essa sensibilidade manteve-se ao longo da sua vida, apesar da oposição em relação aos sindicalistas. Na elaboração da sua tese estavam presentes os vastos conhecimentos da história dos socialismos, apreendidos nos bancos da Universidade e aprofundados certamente com leituras posteriores especialmente da obra de Benoît Malon. Como se sabe, este era uma figura prestigiada do socialismo francês e do movimento revolucionário, prestígio que também lhe advinha da sua participação, enquanto dirigente, na Comuna de Paris.

Afonso Costa comungava do nacionalismo exacerbado, de um colonialismo actuante, de um anticlericalismo feroz, de um republicanismo

Afonso Costa: o Republicanismo e os Socialismos

acentuado, de um demo-liberalismo assumido e de um socialismo nunca abandonado. Foi no quadro destas referências ideológicas que enfatizou o socialismo e que opôs a sua teoria às doutrinas do papa tendo tido a coragem de apresentar como tese de doutoramento a obra referida. Porém, estranha-se um pouco que, ao mostrar uma vasta erudição sobre os socialismos, não tivesse desenvolvido este tema no caso português. É certo que não faltam as referências a José Félix Henriques Nogueira, também é verdade que sublinha o papel de José Fontana enquanto homem de acção e que se refere ao Partido Socialista criado, entre nós, em 1875. Porém, não se pode deixar de estranhar o silenciamento sobre Antero de Quental, que no dizer do próprio na *Carta Autobiográfica a Wilhelm Storck,* tinha sido uma espécie de pequeno Lassalle em Portugal na década de 70. Afonso Costa teria conhecido certamente as razões das divergências ideológicas entre Antero e Teófilo Braga e os motivos da oposição entre os partidos Socialista e Republicano. Porém, estas questões não poderiam ser expostas numa tese que tinha como tema central o combate às doutrinas da Igreja sobre a questão social. Porém, depois de uma fase em que envolvido com os assuntos universitários escreveu essencialmente alguns estudos sobre temas de Direito, Afonso Costa reassumiu nos finais da década de 90 a questão política como assunto fundamental tendo sido eleito deputado pelo Porto em 1900, depois de uma atribulada candidatura pelo Partido Republicano, em 1899, ao lado de Xavier Esteves e Paulo Falcão (eram os deputados da peste). O professor leccionara durante oito anos na Universidade de Coimbra e pelas suas mãos passaram figuras emblemáticas: Afonso Lopes Vieira, Faria de Vasconcelos, Barbosa de Magalhães, António Macieira, Daniel Rodrigues, Menano, João de Deus Ramos, Caeiro da Mata, Rui Ulrich. A partir de 1902-1903 começou a ter substitutos para regerem a cadeira nos seus impedimentos. Em Janeiro de 1905 abandonou provisoriamente a cátedra por motivos de saúde. Retomou-a três anos mais tarde, mas já com muito maior irregularidade, uma vez que a política o absorvera completamente. Todavia apesar de se ter transformado num político jamais deixara de ser o professor, recusando-se, por isso, a admitir um afastamento completo das tarefas de ensino. Daí que em plena República tivesse sido transferido da Universidade de Coimbra para a Escola Politécnica de Lisboa onde ensinou nos anos lectivos de 1911--1912 e em 1912-1913, mas por poucos meses em cada ano. Em 1913-1914 e 1914-1915 leccionaria na Faculdade de Direito de Lisboa, mas sempre com extrema irregularidade. Sabe-se ainda que chegou a ser professor do Instituto Superior de Comércio da capital, em 1915, mas poucas aulas terá dado, pois ausentou-se então do país.

República, Universidade e Academia

O socialismo da sua juventude universitária manteve-se, embora o seu combate à Igreja permanecesse conforme se comprova com a legislação que publicou em matéria religiosa, enquanto ministro da Justiça após o 5 de Outubro de 1910. Como se sabe, a questão central para ele seria, até ao fim da sua vida, política e social.

Manuel Carvalho Prata

A Universidade de Coimbra e os seus Professores na Literatura Memorialista Estudantil (1880-1926)

PRATA, **Manuel Carvalho** – Doutor em História da Educação pela Universidade de Coimbra. Professor coordenador na Escola Superior de Educação do Instituto Politécnico da Guarda. Investigador do CEIS20.

1. A Universidade de Coimbra é constituída por duas componentes muito diferentes uma da outra, mas profundamente ligadas entre si, porque complementares. Uma é a Universidade institucional, a Universidade propriamente dita com o seu Reitor, coadjuvado pelos Vice-Reitores, o seu Conselho Geral, o Conselho de Gestão e, se os seus Estatutos o preconizam, o seu Senado Académico, os seus muitos Serviços, Assessorias e Gabinetes, com as suas Faculdades e seus directores, os Conselhos Científicos e Pedagógicos, as suas bibliotecas e laboratórios, mas também com os graus académicos que são conferidos e ainda, por que não dizê-lo, com a sua capela, a lembrar tempos tridentinos, com os seus Centros de Investigação, os seus professores e funcionários.

A outra componente é a Associação Académica, da qual fazem parte, sem necessidade de inscrição e sem pagamento de qualquer cota, todos os alunos que frequentam a Universidade, a quem, vulgarmente, chamamos de Academia de Coimbra.

Nesta pequena – grande comunidade que é a Universidade, o agente por excelência da educação e do ensino é, sem dúvida, o aluno. Foram já muitos os alunos que passaram pela Universidade de Coimbra. De 1880 a 1926, frequentaram-na 47.282 estudantes, sendo 47.524, isto é, 99,4%, do sexo masculino e 304 do feminino[1]. Por motivos vários, a Universidade de Coimbra, à semelhança do que acontecia com as suas congéneres europeias, era, assim, uma escola essencialmente masculina[2], ao contrário do que vem acontecendo

---

[1] Cfr. Manuel Alberto Carvalho Prata, *A Academia de Coimbra (1880-1926). Sociedade, Cultura e Política*, Vol. II, Coimbra, 1994, pp. 62-64 (Edição policopiada).

[2] Esta questão tem muito a ver com o problema da educação e instrução da mulher. Sobre a presença da mulher na Universidade vejam-se, por exemplo, de Joaquim Ferreira Gomes, *A mulher na Universidade de Coimbra*, Coimbra, Livraria Almedina, 1987 e *Estudos para a história da Universidade de Coimbra*, Coimbra, Livraria Minerva, 1991, pp. 35-73. Em relação à vizinha Espanha veja-se, por exemplo, de Isaura Varela, *La Universidad de Santiago, 1900-1936. Reforma universitária y conflito estudiantil*, Coruña, Gráficas de Castro/Moret, 1990, pp. 177 e ss., onde se colhem algumas informações interessantes e posições assumidas, nomeadamente a de Ana Maria Solo de Zalvidar, no Congresso Hispano-Português-Americano, em 1892.

De âmbito mais geral, a obra de D. António da Costa, *A Instrucção Nacional*, Lisboa, Imprensa Nacional, 1870, pp. 125-145; M. Borges Grainha, *A Instrução Secundária de ambos os sexos no estrangeiro e em Portugal*, Lisboa, Tipografia Universal, 1905; Francisco Adolfo Coelho, *Para a história da instrução popular*, Lisboa, Instituto Gulbenkian de Ciência, 1973, p. 77, onde, através de um adágio, nos define bem os preconceitos da época. O ditado reza assim: "Mula que faz him/E mulher que fala latim/Raramente há bom fim". De Elzira Machado Rosa, *Bernardino Machado. Alice Pestana e a*

desde 1982-83, altura em que o número de alunos do sexo feminino passou a ser superior ao masculino[3]. De então para cá, este fenómeno tem-se acentuado, o que levou Ferreira Gomes a dizer que, como sinal dos tempos, "a feminização da Universidade prossegue e a ritmo acelerado"[4].

Alguns daqueles alunos vieram, mais tarde, passados alguns anos da conclusão do seu curso e da sua saída de Coimbra, a escrever as suas "memórias". De uma maneira geral, estas "memórias" são livros muito interessantes e que, por isso mesmo, se lêem com bastante agrado. Para além de uma certa dimensão picaresca, têm, normalmente, uma particularidade – são, também, extraordinariamente bem escritos, o que cativa profundamente o leitor. Assim acontece, entre muitos outros e para citar apenas três exemplos, com *In Illo Tempore*, de Trindade Coelho[5], *O Livro do Doutor Assis,* de Alberto Costa[6], mais conhecido por Pad-Zé, e *Memórias. Ao longo de uma vida...*, de Cabral de Moncada[7].

Para além de uma leitura de entretenimento que estas "memórias" oferecem, em virtude do carácter burlesco e anedótico que as envolve, elas são, de facto, documentos muito importantes, sobretudo para os historiadores mais ligados ao mundo da educação, na medida em que possibilitam um conjunto imenso de informações sobre problemas múltiplos e temáticas várias do quotidiano estudantil, que, em Coimbra, ontem como hoje, se vive de uma maneira muito particular[8].

---

educação da mulher nos fins do século XIX, Lisboa, Ed. da Comissão da Condição Feminina, 1989. Sobre a presença de rapazes e raparigas nas nossas escolas, nos dias de hoje, veja-se a síntese apresentada por Clara Viana, «Vem aí uma geração de rapazes frustados», *Público*, Ano XX, n.º 7237, de 27 de Janeiro de 2010, P_2, pp. 4-6.

[3] *Dados Estatísticos da Universidade de Coimbra. Reitoria. Cadernos da Assessoria de Planeamento*, Coimbra, 1988, p. 11.

[4] *Estudos para a história da Universidade de Coimbra cit.*, p. 73.

[5] *In Illo Tempore*, Publicações Europa-América, n.º 287, Mem Martins, s.d.

[6] *O Livro do Doutor Assis*, 9.ª ed., Lisboa, Livraria Clássica Editora, 1945.

[7] Luís Cabral de Moncada, *Memórias. Ao longo de uma vida (Pessoas, factos, ideias) 1888-1974*, Lisboa, Ed. Verbo, 1992.

[8] Apesar das modificações que o tempo vai operando, esta singularidade exerceu sempre um certo fascínio sobre os estudantes. É Alberto Costa quem escreve: "Coimbra abria-se-me então! Eu nunca lá tinha ido, mas ia conhecendo tudo, sofregamente, num êxtase, em minuciosos interrogatórios feitos aos rapazes que já lá andavam, e que eu contemplava e admirava... (*O Livro do Doutor Assis cit.*, p. 29). Em 1990, era Joaquim Reis quem desabafava assim: "Nos meus tempos de liceu nunca pensei em tirar um curso. O que eu queria era ser estudante de Coimbra" (*Tal & Qual*, 16 de Fevereiro de 1990, p. 14).

A Universidade de Coimbra e os seus Professores na Literatura...

Como fontes históricas, estas "memórias" levantam-nos alguns problemas de ordem heurística, uma vez que, por vezes, o rigor e a análise dos acontecimentos são remetidos para segundo plano, porque subestimados pelo anedótico e pelo quimérico. Disso mesmo nos dá conta Louzã Henriques, quando nos refere: "já vi descrever situações muito dramáticas da vida individual de amigos meus, até de períodos particularmente violentos da nossa vida política ou académica, em que não se falava do que estava em causa nem dos riscos que se corriam, mas em que se podia falar de uma rapariga mais gorducha que não conseguia fugir e, quando levava com um cassetete no rabo, chamava ao polícia filho de mulher solteira"[9].

Mas estas "memórias" pecam, também, por erros, omissões ou excessos. Não admira que isto possa acontecer, se tivermos em conta as várias circunstâncias em que muitas delas foram redigidas, "com as migalhas que ficaram apegadas às paredes do entendimento"[10] ou deixando "a pena correr ao sabor das recordações, fixando-as sem outra ordem, sem outro nexo, além da simultaneidade com que nos foram surgindo no cérebro"[11] ou quando a idade dos seus autores é já avançada, não permitindo, por isso, reproduzir com fidelidade muitas situações[12] ou ainda quando se utilizam alguns relatos e testemunhos em segunda mão, como nos refere Carminé Nobre, quando escreve: "Fui testemunha de alguns factos que aqui relato. Outros foram-me contados por amigos"[13].

Um outro problema a ter em conta reside na grande diversidade e na qualidade da informação que cada autor transmite. Se a clarividência é pedra de toque em Trindade Coelho e Alberto Costa, já outros revelam

---

[9] Manuel Louzã Henriques, «Considerações sobre a boémia estudantil no século XIX», *Universidade(s). História. Memória. Perspectivas. Actas do Congresso "História da Universidade" (No 7.º Centenário da sua Fundação)*, vol. 3.º, Coimbra, Gráfica Ediliber, Ld.ª, 1991, p. 346, nota 2.

[10] Costa Pimpão, «Ontem e Hoje», *Via Latina*, Ano I, n.º 4, Coimbra, 15 de Maio de 1941, p. 1.

[11] Francisco de Athayde Machado de Faria e Maia, *A minha velha pasta (Tempos de Coimbra e gente do meu tempo) 1896-1901*, Ponta Delgada, Tipografia Diário dos Açores, 1937, p. 12.

[12] É o caso, por exemplo, de Luís Cabral de Moncada que começou a escrever as suas memórias quando contava 84 anos de idade (Cfr. Luis Cabral de Moncada, *ob. cit.*, p. VII).

[13] Carminé Nobre, *Coimbra de capa e batina*, vol. II, Coimbra, Atlântida Editora, 1945, p. 25.

República, Universidade e Academia

contradições em muitos factos[14], para já não se falar da cópia que fazem uns dos outros[15] e até das pesadas críticas feitas a alguns, acusando-os de relatarem acontecimentos que não correspondem à maneira como se passaram, o que levou João Falcato a responder, dizendo: "Se não tivesse ouvido já, a respeito dum meu livro de Coimbra, as objecções: "isto não foi assim", "isto não se passou nesta altura", etc., não me passaria pela cabeça que tal coisa pudesse pôr-se"[16].

Um outro elemento a ter em conta nas "memórias" é o discurso que eles apresentam. O discurso é múltiplo, fragmentário e timbrado com a postura ideológica de cada autor. Se existe uma certa anarquia em Alberto Costa[17], a defesa dos valores monárquicos em António Cabral[18], e republicanismo em Trindade Coelho[19], já a grande maioria dos memorialistas se pauta por um certo conformismo político.

Finalmente, estas "memórias" caracterizam-se ainda por um forte grau de subjectividade, que é necessário ultrapassar. Ao descreverem a Universidade, os mestres, o sistema de ensino ou a vida boémia, cada autor está a transmitir-nos uma imagem que é a sua, a qual tem muito a ver com a sua própria maneira de ser, de sentir e estar no mundo.

Como facilmente se verifica, as "memórias" são, simultaneamente, elementos importantes, em virtude das informações que nos prestam, mas também frágeis, quando queremos fazer história. Há que estar atento e que

---

[14] É o caso do roubo do badalo de um dos sinos da Torre da Universidade. A descrição que Trindade Coelho nos faz do acontecimento (*In Illo Tempore*, pp. 158-62) é diferente da de Antão de Vasconcelos, chegando este a corrigir Trindade Coelho (Cfr. Antão de Vasconcelos, *Memórias do Mata-Carochas*, Porto, Companhia Portuguesa Editora, 1920, p. 80).

[15] Assim acontece com *Tempos de Coimbra* em relação ao *In Illo Tempore*. É António Cabral quem nos diz: "...vários elementos forneci ao falecido escritor" [Trindade Coelho]. (António Cabral, *Tempos de Coimbra. Memórias de estudante – anedotas e casos, figuras e Typos*, Coimbra, Coimbra Editora, 1925, p. 137).

[16] João Falcato, *Palácios Confusos*, s.l., Empresa Nacional de Publicidade, s.d., p. 14.

[17] "... e eu fundara com rápida adesão de valiosos elementos, o partido *oportunista-histórico*, onde cabiam sem conflito liberrimamente todas as convicções, todas as crenças, teorias e tendências" (*Ob. cit.*, p. 39).

[18] "Na tarde em que devia realizar-se a assembleia geral da academia, convocada pelos vermelhaços de ideias avançadas, nós os que não comungávamos em tais ideais..." (*Tempo de Coimbra...*, p. 140).

[19] *Ob. cit.*, pp. 58-70.

A Universidade de Coimbra e os seus Professores na Literatura...

ter cautelas. Dado que todos os autores de "memórias" pertencem à mesma comunidade estudantil, devemos considerá-los não como personalidades individuais, mas como sínteses de elementos sociais. Também o sentido do colectivo deve procurar-se, no dizer de Menéndez Pidal, na "acción continua e ininterrumpida de las variantes"[20], isto é, nos elementos comuns e nas abrangências.

Aqui chegados, importa dizer que, durante muitos anos, a história da Universidade foi feita, fundamentalmente, com aquilo que podemos chamar de documentação oficial. Se este tipo de história é importante e teve o seu papel, entendemos, à semelhança de Reis Torgal, que a história da nossa alma mater não se deve circunscrever "ao campo da sua realidade legal"[21]. Embora a Universidade seja uma instituição de ordem formal, para além de outras razões, ela é, fundamentalmente, uma realidade social, onde se estabelecem determinadas relações.

2. De um maneira geral, os livros de "memórias" retratam o ambiente estudantil coimbrão que os seus autores viveram[22]. São muitos e variados os temas abordados, na medida em que o espaço e o tempo, em Coimbra, eram e penso que continuam a ser, propensos a actividades múltiplas. No entanto, dois temas ocupam um lugar muito especial: Coimbra e a Universidade, mas que, por vezes, não deixam de se identificar, o que levou um memorialista a dizer que "tão uma são ambas...que por sinónimo de cursar a Universidade passa entre nós a expressão vulgaríssima de andar em Coimbra"[23].

Transferida, definitivamente, para o Paço das Escolas, a Universidade passou a dominar geográfica, social, económica e simbolicamente a cidade. A Universidade aparece, pelo menos até 1910, como um enorme e poderoso centro de poder, que se projecta em várias dimensões. Situada, lá no alto, impõe-se aos olhos de todos; detentora do monopólio do saber, todos a reco-

---

[20] R. Menéndez Pidal, *Romancero hispânico,* vol. I, Madrid, 1968, p. 45.

[21] L. Reis Torgal e M. Rosário Azenha, «A historiografia da Universidade em Portugal. Fontes, Bibliografia e Problemas». *1.º Encontro de História da Educação em Portugal. "Comunicações"*, Lisboa, Fundação Calouste Gulbenkian, 1988, p. 187.

[22] Um ou outro livro de "memórias" vai para além do tempo de estudante. É o caso, por exemplo, de Cabral Moncada que "faz a apreciação de pessoas, factos e ideias ao longo de perto de oitenta anos, quase um século inteiro", segundo as palavras de seu filho (Apud, *ob. cit.*, p. VIII).

[23] Alfredo de Pratt, *Bohemia de Coimbra (Epizodios da vida académica)*, Coimbra, Imprensa Academica, 1899, p. 12.

República, Universidade e Academia

nhecem como "o primeiro estabelecimento científico do país"[24]; possuidora de um espaço territorial próprio, a zona da Alta, onde exerce autoridade e jurisdição, afirma-se como um pequeno estado dentro do Estado e, também, porque sendo o "centro colectivo e de acção mais importante do burgo"[25], ela aparece como um universo concentracionário ou, dito de outro modo, é à sua volta que a vida se concentra e se desenvolve.

Conhecida na gíria estudantil por "o tasco", identificada, na maior parte dos casos, com a Faculdade de Direito, a Universidade aparece-nos como um espaço e um tempo de aprendizagem necessária e importante para a vida. À semelhança de Alípio Abranhos, o sonho de muitos era "entrar um dia na vida pública, onde logicamente o chamavam o seu talento e os seus estudos"[26], mesmo que o grau de bacharel tivesse sido "arrancado pela astúcia, pela empenhoca, pela sujeição à sebenta"[27]. Mas se o grau viesse da Faculdade de Direito, qual "máquina de fazer funcionários públicos e agentes eleitorais"[28], este era o melhor passaporte para um lugar de deputado ou mesmo de ministro. Nesta perspectiva, os memorialistas tributam à Universidade muito apreço, simpatia e gratidão. Salinas Calado é um deles, quando escreve: "Somente te saúdo, minha velha e sugestiva Universidade, onde formei o carácter, um dia, saí diplomado e apto para começar a vida"[29].

Mas a Universidade também é criticada e detestada, porque impõe normas, limita e corta a irreverência de um tempo de juventude. Por isso é encarada como um símbolo de autoridade, como um espaço e um tempo de submissão. São as obrigações de carácter religioso impostas a professores e alunos como o juramento dos lentes, o dogma da Imaculada e as preces à divindade na altura dos actos[30]. Fora do âmbito religioso era a vigilância

---

[24] *O Livro do Doutor Assis cit.*, p. 9.

[25] Henriques de Vilhena, *Jerónimo Valverde. Coimbra (Romance)*, Lisboa, 1942, p. 167.

[26] Eça de Queiroz, *O Conde d'Abranhos*, Porto, Lello & Irmão, 1973, pp. 138-39.

[27] Eça de Queiroz, *Notas Contemporâneas*, 3.ª ed., Lisboa, Livros do Brasil, s.d., p. 258.

[28] Alfredo de Freitas Leal, *Coimbra nos noventa e outras impressões*, Funchal, Tipografia Esperança, 1931, p. 125.

[29] Rafael Salinas Calado, *Memórias de um estudante de direito*, 2.ª ed., Coimbra, Coimbra Editora, 1961, p. 17.

[30] Cfr. *Estatutos da Universidade de Coimbra (1653)*, Edição Fac – Similada, Por ordem da Universidade, 1987, Lib. I, tit. XIII e Lib. IV, tit. XIV. Vejam-se também Luís Cabral de Moncada, *ob. cit.*, p. 58; Joaquim Ferreira Gomes, «Os vários Estatutos

A Universidade de Coimbra e os seus Professores na Literatura...

exercida sobre os estudantes sobre o modo de vestir[31] e também quanto às horas a que os alunos tinham que recolher[32].

Todos estes e outros poderes definem e caracterizam a Universidade como uma instituição que não é do seu tempo, desfazada do mundo e, por isso, anacrónica e de cariz eminentemente conservador. Por isso, os estudantes, sobretudo os das fileiras republicanas e anarquistas[33], que entendiam que "o laicismo não podia consentir que a igreja mantivesse o quase monopólio da simbolização do tempo"[34] criticam e ridicularizam os dogmas e os rituais. Foi o caso do Pad-Zé e outros colegas, acompanhados por "um cortejo de garotos e até de polícias" [leia-se, por analogia, cortejo de lentes][35] que fizeram, pelas ruas da cidade, uma paródia, ao passearem, depois de "aspergidas de aguardente nas tabernas, adoradas e beijadas pelas borboletas noctívagas"[36], as comendas do Doutor Francisco Martins, lente de Teologia. Foi, igualmente, logo a seguir ao triunfo da República, a invasão da Universidade pelos estudantes da Falange Demagógica que lavraram o seu protesto com "a demolição das cátedras nas aulas, rasgando no vestiário dos lentes os capelos e as borlas, despedaçando tudo o que pudesse recordar o velho cerimonial escolar"[37].

Muitas vezes, aos olhos dos memorialistas a Universidade identifica-se e reconhece-se num rigoroso e arbitrário poder disciplinar a que "o foro

---

por que se regeu a Universidade Portuguesa ao longo da sua história», *Revista Portuguesa de Pedagogia*, Nova Série, Ano XX, Coimbra, 1986, p. 50. Um dos alunos que se negou a fazer a prece à divindade, na altura dos actos, foi Homem Cristo Filho, que disse: "Não rezo, porque não sou católico. Em face disto o Dr. Calisto não consentiu, em nome dos Estatutos Universitários, que ele fizesse o acto e mandou-o retirar" (Diamantino Calisto, *Costumes Académicos de Antanho*, Porto, Imprensa Moderna, 1950, p. 90).

[31] Cfr. Campos Lima, *A Questão da Universidade. (Depoimento d'un estudante expulso)*, Lisboa, Livraria Clássica Editora, 1907, p. 32.

[32] Diamantino Calisto, *ob. cit.*, p. 28.

[33] Estas críticas são contundentes em Trindade Coelho, António José de Almeida, Ramada Curto, Alberto Xavier, Alberto Costa e Campos Lima.

[34] Fernando José de Almeida Catroga, *A militância laica e a descristianização da morte em Portugal, 1865-1911*, vol. 2.º, Coimbra, 1983, p. 556 (Edição policopiada).

[35] Alberto Costa, *ob. cit.*, p. 58

[36] *Idem*

[37] «Uma revolução na Universidade», *Illustração Portugueza*, n.º 245, 31 de Outubro de 1910, p. 552. Sobre este assunto veja-se Joaquim Ferreira Gomes, *A Universidade de Coimbra durante a primeira república (1910-1926). Alguns apontamentos*, Lisboa, Instituto de Inovação Educacional, 1990, pp. 47 e ss.

académico largo e vasto"[38] dá cobertura e legitimidade. A confirmá-lo os processos que foram levantados a muitos alunos, por este ou por aquele motivo, mas sobretudo aquando da greve de 1907, porque os poderes públicos e académicos não viram ou não quiseram ver nos acontecimentos mais que uma questão de disciplina, aquando, no fundo, o problema era outro e muito mais profundo[39].

Mas o grande poder da Universidade passa, igualmente, pelo processo de ensino-aprendizagem. Da leitura das diferentes memórias fica-nos a ideia de que tanto no campo científico como no pedagógico, a Universidade deixava muito a desejar. As imagens que os memorialistas nos dão é a de uma escola onde o peso do autoritarismo científico é enorme, porque impõe um "literalismo, representado na horrenda sebenta, na exigência do *ipsis verbis*"[40], na supressão de "toda a originalidade, todo o espírito de iniciativa e de independência"[41] e, no entender dos mais críticos, num desajustamento dos conteúdos programáticos à realidade da vida, pois havia "muito bacharel formado que nunca ouviu falar em Darwin mas é capaz de papaguear, aprendida na aula de História, a pataranha de Adão e Eva"[42].

No campo pedagógico criticam-se os métodos e os processos de ensino. Para além da obrigatoriedade de os alunos irem às aulas, o sistema pedagógico reinante passava por uma prelecção erudita que o lente fazia, durante 1 hora, para no resto da aula proceder a interrogatórios sobre as matérias das lições anteriores. Colocando o aluno numa posição de dependência, este sistema era profundamente criticado. Exemplos disso são entre outros, o Centenário da Sebenta e do Enterro do Grau. Por tudo isto, a vida universitária é retratada como profundamente monótona, cheia de tédio e a convidar sempre à boémia. Daí que Trindade Coelho nos diga: "fora das aulas uma delícia... mas da Universidade para dentro, um horror"[43].

---

[38] Alberto Costa, *ob. cit.*, p. 115.

[39] Cfr. Alberto Xavier, *História da greve académica de 1907*, Coimbra, Coimbra Editora, 1962; Natália Correia, *A questão académica de 1907*, Prefácio de Mário Braga, Lisboa, Editorial Minotauro Ld.ª, 1962; José Miguel Sardica, «Combate político e renovação cultural. A greve académica de 1907», *História*, Ano XX (Nova Série), número 04/05, Julho/Agosto de 1998, pp. 28-37.

[40] Eça de Queiroz, *Notas Contemporâneas cit.*, p. 257.

[41] Amadeu de Vasconcellos (Mariotte), *A Universidade antagónica do espírito moderno*, Porto, Livraria Portuense, 1908, p. 16.

[42] Campos Lima, *ob. cit.*, p. 40.

[43] *Autobiografia e cartas*, Lisboa, 1910, p. 17.

389
A Universidade de Coimbra e os seus Professores na Literatura...

Dado que a Universidade, antes de 1910, era dogmática, clerical, autoritária e com praxes antiquadas, os memorialistas identificam-na, também, como um espaço de contestação e como um tempo de aprendizagem revolucionária, pelo menos para alguns.

Com a República, a Universidade de Coimbra vai sofrer profundas alterações. Para além de haver a consciência que a Universidade existente não servia, a maioria dos homens que então constituíram o Governo Provisório (Afonso Costa, Bernardino Machado, Teófilo Braga, António José de Almeida e António Luís Gomes), porque haviam sido professores e alunos da Universidade, também "sabiam, por experiência própria, que a ideologia oficial da Universidade de Coimbra se não coadunava com a ideologia do novo regime"[44]. Além do mais, porque os novos governantes também não desconheciam "que o ambiente na Academia de Coimbra era potencialmente explosivo"[45], cedo meteram mãos à obra, no sentido de reformarem a Universidade.

Tanto no campo ideológico, como no pedagógico e científico a nova reforma rompeu com o passado. Muitos dos valores ancestrais – dogmas, símbolos, rituais e praxes – que, em outros tempos, haviam feito a grandeza da instituição, deixam de existir. Procurou-se introduzir uma *"Pedagogia nova*: menos verbalista, menos dogmática, menos teórica, mais centrada na realidade"[46], mas também "de os professores fazerem investigação científica e de iniciarem os seus alunos nessa mesma investigação"[47].

Assim, numa Universidade diferente, menos poderosa, mais tolerante e democrática[48], as relações estabelecidas são também diferentes. As posturas e as imagens dos estudantes memorialistas são, quando comparadas com as do período precedente, de outra índole, forma e sentido. Se Serrão de Faria, nos princípios do século, nos apresenta a Universidade como uma instituição "bafienta de sornice... feia e triste"[49], agora, já Jorge de Seabra (1913-1918) nos fala, com um certo orgulho, "da doutra e mundialmente

---

[44] Joaquim Ferreira Gomes, *A Universidade de Coimbra durante a primeira república...*, p. 43.

[45] *Idem*, p. 44.

[46] *Idem*, p. 167.

[47] *Ibidem*.

[48] Com a Nova Constituição Universitária, para além de outras disposições, o Reitor passou a ser eleito e os alunos a terem representação no Senado e Assembleia da Universidade.

[49] Serrão de Faria, *À Porta Férrea. Coimbra dos estudantes e amores*, Lisboa, Portugália Editora, 1946, p. 27.

390
República, Universidade e Academia

conhecida Universidade de Coimbra"[50]. A caricatura negativista que Carlos Babo, em 1906, nos dá da Faculdade de Direito e dos seus mestres[51], entra também em choque com aquela que Cabral Moncada nos referencia, ao escrever: "a Faculdade de Direito era então também uma Escola Superior de incontestável prestígio, apesar do ódio que lhe votavam os seus numerosos detractores de todos os tempos. Esse prestígio devia-o ela a certos dos seus professores mais ilustres"[52]. Nesta matéria, Armando Cândido, que se viu obrigado a ir concluir o curso a Lisboa, por causa de desavenças com Mário de Figueiredo, confessa referindo-se-lhe: "do mestre guardo a certeza da competência pedagógica, que um raciocínio brilhante pautava sempre"[53].

Porque a Universidade é outra e "aquele tipo de lente empertigado e altivo"[54] desapareceu, o sentimento de revolta e antipatia contra a Universidade também não se vê. Evocando o seu tempo, os memorialistas do tempo da República saúdam e congratulam-se com o ressurgimento, em 1919, das velhas praxes, dos símbolos e dos cerimoniais, os quais, em 1910, compreensivelmente, em nome da liberdade, haviam sido destronados.

Se, algum ressentimento pode existir, no sector estudantil, ele será pertença de uma pequena minoria anarquista, mas mais por motivos ideológicos, pessoais e políticos, do que por razões académicas[55].

Porque as mudanças foram profundas, as imagens que prevalecem são, agora, as da esperança e da confiança na instituição. Entre outros, é Manuel Ribeiro quem o diz, quando escreve: "Lá por cima, na Universidade, o morrão da candeia esperta, vai tornar-se clarão. Minerva transfigura-se"[56], para, depois, acrescentar: "Tenho esperança na Universidade, no esforço inovador dos académicos e dos mestres"[57].

---

[50] *Coimbra académica do meu tempo. 1913-1918*, Porto, Livraria Tavares Martins, 1948, p. 46.

[51] Cfr. Carlos dos Santos Babo, *Os mestres de Direito ou os Assizes da Universidade (Carta feita de verdades amargas)*, Coimbra, J. Moura Marques, 1906.

[52] *Ob. cit.*, p. 134.

[53] Armando Cândido, *Coimbra do meu tempo*, Lisboa, Livraria Editora Guimarães, 1929, p. XVI.

[54] Luís Cabral de Moncada, *ob. cit.*, p. 121.

[55] Cfr. *Vida Livre*, n.º 2, Coimbra, 2 de Março de 1911.

[56] Manuel Ribeiro, *A Colina Sagrada*, Lisboa, Livraria Editora Guimarães, 1925, p. 49.

[57] *Idem*, p. 55.

391

A Universidade de Coimbra e os seus Professores na Literatura...

Finalmente, porque todos os memorialistas recordam com nostalgia o seu tempo de estudante, a Universidade apresenta-se como sinónimo de um tempo de saudade que vai aumentando com o decorrer dos anos. Assim o confessou António Cabral, em 1925: "Que doidas saudades tenho da Universidade em que me formei"[58]. Foi este amor e veneração que, traduzidos numa pasta e fitas de quintanista, levaram o poeta a escrever:

> "Hei-de guardá-la com mimo e com amor
> E se algum filho estudar p'ra doutor,
> A pasta do Avô há-de trazer"[59].

3. Um outro tema predilecto e a ocupar inúmeras páginas nos livros de "memórias" é o que diz respeito aos professores[60]. Não admira que assim seja, uma vez que, para além de os professores serem as figuras mais preponderantes da Universidade, é com eles que os estudantes compartilham uma boa parte do tempo passado em Coimbra, seja pela sua presença nas aulas, seja pelas lições, por vezes enfadonhas, que têm que ser estudadas.

Diga-se, desde já, que, pelo menos há uns anos a esta parte e ao nível da urbe coimbrã, o simples facto de se pertencer à Universidade implicava, automaticamente, disfrutar de um determinado prestígio social. Se, por exemplo, ao nível de aluno, este prestígio social se projecta, essencialmente, em formas de tratamento como aquela do caloiro que chegado a Coimbra e logo à saída da Estação Nova é chamado de "Senhor Doutor"[61] , já quando se fala de professores esse relevo situa-se a outros níveis, porque alicerçado em outras formas diferentes e reconhecidas de poder. E este facto é tanto mais evidente se os professores forem lentes, porque, no dizer de Trindade Coelho, "os lentes são muito conhecidos e conhecem toda a gente"[62], mas fora de Coimbra já "poucos os conhecem"[63].

---

[58] *Tempos de Coimbra. Memórias de estudante-anedotas e casos, figuras e typos cit.*, p. 36.

[59] Francisco Pinheiro Torres, *"Adeus Senhor Doutor" (Coisas de Coimbra)*, 2ª ed., Coimbra, Coimbra Editora Ld.ª, 1923, p. 39.

[60] Cfr. Trindade Coelho, *In Illo Tempore*, pp. 112-20 e 169-87; Rafael Salinas Calado, *ob. cit.*, pp. 105-47 e Jorge Rabaça Correia Cordeiro, *Crónicas de um antigo estudante de Coimbra*, Coimbra, Minerva Coimbra, 2007, pp. 195-221.

[61] Jorge Rabaça Correia Cordeiro, *ob. cit.*, p. 15.

[62] *In Illo Tempore*, p. 185.

[63] *Idem.*

República, Universidade e Academia

Se, como diz Eduarda Cruzeiro, as práticas desencadeadas pelos lentes os levavam a considerarem-se "a si próprios como *elite*"[64], também o facto de disporem de um capital intelectual e de um poder académico lhes permite afirmarem-se como uma parte da elite intelectual do país. Ao nível das gentes de Coimbra, é a sua sabedoria juntamente com o poder académico que os iguala ao que de "melhor" há na cidade. Daí o seu posicionamento máximo na hierarquia social. Daí que o memorialista escreva: "Ser...lente...não representava só atingir-se o nível mais alto na escala da hierarquia docente da Universidade; era também a conquista da mais destacada posição social em Coimbra"[65].

Esta ideia é reforçada e ganha foros até de algum modo sagrados, quando pensamos no tipo de vida que a maior parte dos lentes levava. Pouco vistos[66], profundamente empenhados no estudo[67], constituíam uma sociedade de certo modo fechada, pois a sua convivência com o resto da sociedade era bastante limitada. Se, alguns, poucos, ainda se davam ao luxo de alguns momentos de sociabilidade[68], a maioria "passam o ano de casa para a Universidade e da Universidade para casa"[69], pelo que, como nos diz Cabral de Moncada, no seu tempo de estudante, "raramente se via um lente na rua"[70]. Só no Verão, alguns iam até à Figueira da Foz retemperar forças, voltando de imediato, ou "chegam à *terra*...e...entretêm-se a ver as hortas; a dar o seu passeio com o administrador; aparecem pela botica ou por casa do padre"[71]. Ciosos do seu prestígio, preferem movimentar-se em ambientes

---

[64] Maria Eduarda Cruzeiro, «Os professores da Universidade de Coimbra na segunda metade do século XIX», *Análise Social*, n.os 116-117, quarta série, vol. XXVII, Lisboa, 1992, p. 531.

[65] Raul Fernandes Martins, *Coimbra-Recordações de um estudante,* Lisboa, Tipocromia Aguiar, Ld.ª, 1984, p. 23.

[66] Veja-se a nota 70.

[67] Quase todos os memorialistas nos dizem que Marnoco e Sousa era um "trabalhador incansaévl, abusando desmedidamente de drogas, afim de se poder aguentar, até noite velha, agarrado ao verbo..." (Jorge de Seabra, *ob. cit.*, p. 47).

[68] Para além do Clube dos Lentes, alguns professores gostavam de uns momentos de amena cavaqueira. Os de Direito frequentavam as livrarias do Cabral e do Pires, na Calçada e na Sé Velha; os de Medicina, reuniam-se na Farmácia do Ferraz, junto ao Castelo e os de Teologia, na botica da Misericórdia, na Rua dos Coutinhos (Cfr. Trindade Coelho, *In Illo Tempore*..., pp. 164 e 177).

[69] *Idem*, p. 185.

[70] *Ob. cit.*, p. 62.

[71] Trindade Coelho, *In Illo Tempore*, p. 185.

conhecidos. É possível que esta e outras razões como, por exemplo, a magreza dos seus vencimentos, os tenham levado a só raramente se deslocarem ao estrangeiro[72].

Mas, porque profundamente ligados à cidade e à Universidade, esta também os protegia. Aquando do Centenário da Sebenta, foi Avelino Calisto, então Vice-Reitor, quem solicitou à Comissão encarregada dos festejos para que "evitassem alusões aos lentes"[73].

Mas, diga-se, também, em abono da verdade, que os próprios lentes não deixavam a sua reputação por mãos alheias. Eles próprios faziam o culto da sua imagem. Embora numa ou outra "memória" se possa colher um auto-retrato, é sobretudo nos discursos produzidos em cerimónias oficiais que melhor se colhem as auto-imagens dos professores. Assim acontece nas orações de sapiência, onde, por vezes, se intitulam "astros de primeira grandeza"[74] ou "fervorosos apóstolos de progredimento científico"[75]. Esta auto-consagração de primeiros entre os primeiros eleva-se, por vezes, ao mais alto grau, sobretudo quando se pretende fazer a afirmação de pertencer a uma elite, que não é um escol qualquer. Assim aconteceu, antes de 1910, com um lente de Direito que, num acto de doutoramento, dirigindo-se ao candidato, afirma: "O Senhor...que se senta aí nesse lugar e nós que nos sentamos aqui nos doutorais não somos toda a gente"[76]

O culto da imagem passava também pela pose na maneira de vestir e andar. Se Machado Vilela vestia "irrepreensivelmente de azul, grande colarinho engomado,... chapéu de coco e luvas amarelas na mão direita, andando ligeiro e risonho"[77], já Sidónio Pais usava "bengala de cana da India... caminhava rápido, direito, absorvido, como que afastado por pensamentos diferentes, da vida que o rodeava"[78], e Salazar trajava " de escuro,

---

[72] É Eusébio Tamagnini quem, em 1909, o refere, na Sala dos Capelos, na oração de sapiência que proferiu: "um professor da Universidade não pode dar-se ao luxo asiático de passar pelo estrangeiro sem comprometer irremediavelmente o seu orçamento..." (*Annuario da Universidade de Coimbra. Anno lectivo de 1909-1910*, Coimbra, Imprensa da Universidade, 1910, p. XXXV).

[73] Diamantino Calisto, *ob. cit.*, p. 36.

[74] *Annuario da Universidade de Coimbra. Anno lectivo de 1900-1901*, Coimbra, Imprensa da Universidade, 1901, p. XXI.

[75] *Annuario da Universidade de Coimbra. Anno lectivo de 1901-1902*, Coimbra, Imprensa da Universidade, 1901, p. XXIV.

[76] Apud Campos Lima, *ob. cit.*, p. 102.

[77] Rafael Salinas Calado, *ob. cit.*, pp. 131-32.

[78] *Idem*, p. 102.

República, Universidade e Academia

com longo sobretudo até bastante abaixo dos joelhos, chapéu preto de feltro... e movia-se vagarosamente com certo ar pausado e solene"[79].

Mas aos olhos dos memorialistas, ser lente não é sinónimo, unicamente, de estudo, Universidade e vida solitária. Vestir borla e capelo é dispor não só dos requisitos necessários para a ciência, mas sobretudo para a obtenção de reais vantagens políticas como vir a ser deputado, par do Reino ou ministro[80].

Em termos de ideias políticas, a imagem que nos fica é a de que a par de alguns professores republicanos como, por exemplo, Manuel Emídio Garcia, Filomeno da Câmara, Guilherme Alves Moreira, Bernardino Machado e Afonso Costa e de monárquicos confessos como Carneiro Pacheco, Fezas Vital e Magalhães Colaço, a grande maioria dos lentes era uma "massa politicamente amorfa... se bem que na sua maior parte de cariz fortemente conservador"[81].

Apesar de posturas ideológicas diferentes, havia entre os professores um certo espírito de solidariedade como aquele que se verificou na Congregação da Faculdade de Medicina, em 30 de Julho de 1894, quando, sob proposta de três professores, se compromete "formal e expressamente de impedir a entrada para o magistério da medicina do estudante António José de Almeida quaisquer que sejam as classificações que hajam de lhe ser conferidas quer agora, quer no quinto ano ou depois"[82].

No contexto escolar, de um modo geral, as imagens que os diferentes memorialistas nos transmitem dos professores caracterizam-se por um forte sentido de ambivalência, embora nelas se evidencie uma perspectiva acentuadamente negativista e crítica, a que não falta, por vezes, um tom de boa ironia. Este sentido negativista tem muito a ver com o facto de a grande maioria dos lentes ser encarada como "autoritária, dogmática, ronceira, inculta e retrógrada"[83]. Esta linguagem sobe de tom, quando os professores são lentes da Faculdade de Direito. Então apelidam-nos de "crassos e crúzios"[84], "bonzos"[85] e "filhos mamões de Minerva"[86]. Se estas críticas são

---

[79] Luís Cabral de Moncada, *ob. cit.*, p. 126.

[80] Cfr. *In Illo Tempore*, p. 185.

[81] Luís Cabral de Moncada, *ob. cit.*, p. 122.

[82] António José d'Almeida, *Desaffronta. (Historia d'uma perseguição)*, 2.ª ed., Coimbra, Livraria Moderna de A. Oliveira, 1986, pp. 3-5.

[83] Alberto Costa, *ob. cit.*, p. 13.

[84] Eça de Queiroz, *Notas Contemporâneas...*, p. 257.

[85] *In Illo Tempore*, p. 149.

[86] Serrão de Faria, *ob. cit.*, p. 65.

já muito antigas[87] e se Eça de Queirós pode ser apontado como um dos responsáveis por esta visão negativista dos lentes, no entender de outros a indisposição contra o lente "é apenas uma forma de materializar grosseiramente a revolta contra o regime universitário"[88].

A esta questão não são alheias, certamente, formas de poder, sobretudo quando mal exercido, como no caso da atitude contra António José de Almeida, mas também comportamentos e modos de actuação, que se materializam, por um lado, na indiferença e na crítica para com alguns e, pelo outro, nos elogios e simpatias que a outros são tributados.

Nos Gerais, a maior parte dos lentes identifica-se como uma superioridade olímpica bem expressa na altivez com que falam da cátedra, no modo como se apresentam, no relacionamento que nem sempre é fácil e na grande distância a que se colocam dos alunos. Alguns há, contudo, que nas suas aulas não se importam de colaborar, quer proporcionando desafios, quer procurando provocar este ou aquele aluno, mas sempre no sentido de espevitarem a grandeza de espírito e de avaliarem a cultura geral e a capacidade de resposta de cada um[89]. Este sentido de colaboração revela-se, também, nas caricaturas e imitações irónicas de que são alvo, sobretudo em récitas de quintanistas, para onde "eram todos convidados"[90].

Este sentido de ambivalência é igualmente evidente na oposição entre o professor encarado como homem e indivíduo, isto é, no seu carácter e na sua alma, e o mestre, onde assume uma síntese de convenções e exigências. Como mestres, nas aulas eram extraordinariamente rigorosos, não só em matéria curricular, mas também "em matéria de uniforme e disciplina"[91]; fora da Universidade, estes mesmos professores eram tidos como grande amigos dos estudantes, pelas práticas que desenvolviam, "protegendo muito académico pobre, numa filantropia generosa"[92]. Foram os casos de Avelino Calisto[93] e de Guilherme Moreira. Por isso mesmo, este último ficou conhecido pelo nome de "Pai Guilherme"[94].

---

[87] Cfr. Hippolyto Raposo, *Coimbra Doutora*, Coimbra, F. França Amado, 1910, pp. 128 e ss.

[88] Campos Lima, *ob. cit.*, p. 184.

[89] Cfr. *In Illo Tempore*, p. 169 e Francisco de Athayde Machado de Faria e Maia, *ob. cit.*, p. 44.

[90] *In Illo Tempore*, p. 142.

[91] Luís Cabral de Moncada, *ob. cit.*, p. 62.

[92] Rafael Salinas Calado, *ob. cit.*, p. 106.

[93] Cfr. Diamantino Calisto, *ob. cit.*, p. 8.

[94] Rafael Salinas Calado, *ob. cit.*, p. 106.

Em matéria de ensino, são extraordinariamente disciplinados e disciplinadores. Raramente dão um feriado e alguns só a muito custo admitem dispensa da lição. O lente identifica-se, essencialmente, com o discurso que profere da cátedra. Daí que o memorialista nos diga que "o métier do lente resume-se em fazer prelecções"[95], muitas delas de erudição, mas só para impressionar.

A imagem do lente passa, igualmente, pela qualidade dos conteúdos programáticos que transmitem e pelo tipo de avaliação que fazem. Quanto àquela, a maioria limita-se a uma ciência "estéril e estiolante"[96]. Na avaliação há variantes: enquanto a grande maioria obrigava a uma descrição fiel dos conteúdos leccionados, já outros atendiam "mais à inteligência do aluno e à maneira como ele se exprimia do que propriamente à reprodução da "Sebenta"[97], também estudantes há que atribuem os seus fracassos à intolerância e agressividade do professor, enquanto para alguns "ainda valem por vezes as protecções"[98].

Diga-se ainda que todas estas imagens contrastam, no fim, com a gratidão, a simpatia, a veneração e muitos agradecimentos, porque foram estes mesmos mestres que ajudaram a formar e a emancipar os homens.

Com o triunfo da República, as imagens negativistas dos lentes tendem a alterar-se. Fruto da força democratizadora da revolução, a perda de poderes por parte da Universidade e o assumir de um outro espírito fizeram com que os professores se tornassem mais humanos e mais acessíveis. Esta alteração de comportamentos está bem expressa nas palavras que o Agostinho, funcionário da Secretaria da Universidade, disse a Octaviano de Sá quando, em 1910, fazia a sua matrícula na Faculdade de Direito: "Os senhores agora são muito felizes... Já não têm o Waldeck, nem o Sr. Dr. Pedro Penedo... Isto está tudo muito modificado"[99]. Percorrendo as "memórias", as imagens negativistas dos lentes como que desapareceram. Tirando um ou outro caso esporádico provocado por alguma reprovação, a imagem que nos fica é a de que os professores são homens pontuais, cumpridores das suas obrigações, mas sobretudo votados à ciência e ao saber.

---

[95] Francisco Athayde, *ob. cit.*, p. 122.

[96] Alberto Costa, *ob. cit.*, p. 241.

[97] Diamantino Calisto, *ob. cit.*, pp. 79-80.

[98] *Idem*, p. 87.

[99] Apud Octaviano de Sá, *Nos domínios de Minerva. Aspectos e episódios da vida coimbrã*, 2.ª ed., Coimbra, Arménio Amado, 1941, p. 19.

A Universidade de Coimbra e os seus Professores na Literatura...

A título conclusivo diremos que neste mundo de princípio de século, com uma rápida evolução e mutações constantes, a memória, ao dilatar-se e democratizar-se, passa a fazer parte, não só das grandes questões do nosso tempo, mas também do quotidiano de cada um de nós. Para além de um poderoso instrumento de poder, a memória é, também, um elemento essencial daquilo a que se costuma chamar identidade. A memória do estudante é um símbolo de identidade.

De uma maneira geral, estas e outras imagens que a literatura memorialista estudantil nos oferece caracterizam-se por um forte sentido de ambivalência – amor e ódio, admiração e contestação – que muito têm a ver com o tipo de instituição que foi a Universidade e, consequentemente, com posturas, comportamentos e relações que nela se estabeleceram. É que, para além da Universidade ser uma instituição de ordem formal, ela é, fundamentalmente, uma realidade social.

Alexandre Ramires

A Imagem Fotográfica de Professores e Estudantes Republicanos da Universidade de Coimbra

RAMIRES, **Alexandre** – Licenciado em Física. Professor de Ciências Físico-
-Químicas na Escola Secundária Infanta D.ª Maria. Colaborador do CEIS20.

A possibilidade de se poder fazer fotografia chega à Universidade de Coimbra com a aquisição de uma máquina daguerreótipo encomendada, em Junho de 1841, ao livreiro francês instalado em Coimbra, J. Orcel., e entregue ao Gabinete de Physica em 19 de Maio de 1842, quando era seu director o lente da Faculdade de Philosophia, Luís Ferreira Pimentel. A primeira tentativa de se fazer um daguerreótipo em Portugal aconteceu nos dias 9 ou 10 de Outubro de 1839, através de uma demonstração feita junto da Rainha D.ª Maria II por tripulantes do navio escola francês Oriental-Hydrographe, cerca de 50 dias após a comunicação do processo do daguerreótipo.

As imagens hoje existentes são 4 vistas do Pátio da Universidade e uma de St.ª Clara tirada da Universidade. Em Portugal, com esta antiguidade (ou seja três anos após a proclamação da descoberta na Academia das Ciências francesa) conhece-se um daguerreótipo que é um retrato de Rodrigo da Fonseca Magalhães, feito por William Barclay em Outubro de 1841. William Barclay foi também autor de um daguerreótipo de Coimbra que foi posteriormente utilizado para ser copiado em desenho por Eugene Cicéri, passado à pedra litográfica e editado pela Imprimerie Lemercier em Paris em 1846, integrando a obra "Le Portugal pittoresque et architectural dessiné d'aprés nature".

A daguerreótipia foi ensinada nas aulas da cadeira de Philosophia Chymica leccionada por Joaquim Augusto Simões de Carvalho que redigiu, em 1849, um manuscrito existente na Biblioteca Geral da Universidade de Coimbra que descreve os conteúdos das suas aulas e se traduziu na edição de um manual com o titulo *Lições de Philosophia Chimica"*, editado pela *Typographia da Rua da Matemática,* em 1850. Quando descreve o conteúdo da 15.ª lição, refere os temas da Acção Chimica da Luz ou Actino-Chymica, Photographia, Daguerreotypo.

Com este ensino e com os materiais necessários disponíveis seria natural que se tivessem feito nesta época retratos de estudantes e professores a daguerreótipo. Não sabemos se ainda hoje existirá algum.

A partir de 1854, e depois de algumas evoluções técnicas na fotografia (como a descoberta do colódio húmido, em 1852) dá-se o aparecimento da fotografia em formato de cartão de visita, em 1854, que consistia num cartão de tamanho 10,5 por 6,5cm com uma fotografia colada que, por um preço relativamente baixo, tornava possível o acesso ao retrato pela população de médios recursos.

A população universitária logo começou a fotografar-se e a partilhar o seu retrato com familiares e colegas, o que faz com que, nos álbuns fotográficos de *cartes de visite,* seja relativamente comum o aparecimento de estudantes de Coimbra. Também surgem álbuns completos só com estudantes, invariavelmente dedicados ao colega possuidor do álbum. Cruzando esta informação com a contida nos Anuários da Universidade procede-se com alguma rapidez à identificação e revelação do rosto destes habitantes da Universidade de Coimbra durante a segunda metade do século XIX. O acesso a provas originais de época, se bem conservadas e digitalizadas com a devida resolução, torna hoje possível a visualização e reprodução destes rostos com uma qualidade que nos faz aproximar e interpretar os mínimos detalhes do seu aspecto físico.

Depois de alguns fotógrafos itinerantes que passaram por Coimbra durante os anos 50, o primeiro fotógrafo a residir e a ter casa aberta foi António da Conceição Mattos, de 1857 até 1869. Infelizmente António da Conceição Mattos, na época do início da sua actividade, não carimbava ou introduzia chancela nos *cartes de visite* que produzia. Outro fotógrafo que aqui se instalou no Largo da Portagem foi o espanhol de Málaga, João Cortés, entre 1861 e 1866; as suas fotografias têm normalmente chancela e os adereços que acompanhavam os retratados são fáceis de identificar.

Esta possibilidade de estabelecer autorias e datação de fotografias torna possível a investigação e descoberta de imagens, que até hoje eram desconhecidas, dos protagonistas das actividades e manifestações académicas relacionadas com a actividade política e com os ideais republicanos. Assim, tem sido possível encontrar retratos tão recuados no tempo como os de José Falcão, Antero de Quental, Guerra Junqueiro e de muitos outros que surgem referidos nos textos mais conhecidos de histórias da Academia de Coimbra, mas dos quais não se conheciam retratos. É esta visualização da História que a fotografia introduz e que vai permitir acrescentar, à investigação, fontes documentais de outro tipo e com uma riqueza própria.

Contudo, alguns fotógrafos que trabalharam em Coimbra eram manifestamente republicanos e sofreram nas suas vidas as consequências das perseguições movidas aos seus ideais.

O primeiro que vamos referir é Arséne Hayes. Arséne é um republicano francês que se exila na ilha de Jersey juntamente com Victor Hugo, perseguido pelo regime do Segundo Império de Napoleão III. O seu nome surge publicado em Portugal pela primeira vez no Jornal "A Nação", a 22 de Novembro de 1855, como sendo o oitavo subscritor do Manifesto de Jersey de Victor Hugo, datado de 17 de Outubro de 1855, quando os refugiados protestam contra a aproximação da política da Rainha Vitória a Napoleão III reprimindo a liberdade de expressão dos refugiados franceses.

Arséne Hayes, posteriormente, virá para Coimbra depois de ter trabalhado na fotografia com Alfred Fillon, outro refugiado republicano convicto da Implantação da segunda República (em 1848) proscrito em 1851 e exi-

A Imagem Fotográfica de Professores e Estudantes Republicanos...

lado na Argélia, de onde virá para Portugal em 1854. Inicialmente Fillon foi para o Porto, onde abriu um atelier fotográfico, e depois para Lisboa. Alfred Fillon, em meados de Outubro de 1859, foi objecto de uma carta de recomendação de Víctor Hugo dirigida a António Feliciano de Castilho para interceder por ele. Já antes "O Conimbricense", em 2 de Abril de 1859 noticia a solicitação de A. F. Castilho ao Governo Português para autorizar o desejo de Victor Hugo de residir em Portugal, o que foi concedido, não o tendo porém concretizado. A. Fillon rapidamente será dos mais importantes fotógrafos em Portugal, tendo adquirido o estatuto de fotógrafo da Casa Real Portuguesa. Na altura dos acontecimentos do final da Guerra Franco--Prussiana e da derrota de Napoleão III A. Fillon volta a França, envolve-se nos acontecimentos da Comuna de Paris e, na sequência, é condenado à morte. Porém consegue escapar e retorna a Portugal, voltando a exercer de novo o ofício de fotógrafo mas é perseguido pela polícia francesa que envia um inspector a Portugal. Posteriormente é indultado, em Março de 1879, por iniciativa de Jules Grevy, Presidente da República Francesa. Morrerá em Portugal no seguimento de uma septicemia causada por uma picadela de insecto na mata do Buçaco, nos finais de Agosto de 1881. Gervásio Lobato, no artigo que lhe dedica no"O Occidente", a 1 de Setembro de 1881, descreve-o como politico ardente, revolucionário avançado, que caminhava ao lado dos mais vermelhos republicanos franceses. Será enterrado em jazigo no cemitério dos prazeres em Lisboa. A. Fillon foi autor de fotografias de Coimbra, nomeadamente o panorama de Coimbra que integra o "Álbum Pittores que du Portugal", e de vistas estereoscópicas da colina de Coimbra. Em 1874 inicia uma publicação de biografias em fascículos com retrato colado, "O Contemporâneo", para que produzirá retratos durante vários anos.

Em Janeiro de 1864 Arséne Hayes chega a Coimbra com um colega, J. Plessix, que também trabalhava com A. Fillon, para abrir atelier fotográfico. J. Plessix regressou a Lisboa e Arséne continuou em Coimbra até à morte, em 24 de Novembro de 1874. São cerca de dez anos de actividade durante os quais Arséne vai fotografar alguns grupos de estudantes, alguns deles identificados como republicanos. As suas opiniões políticas eram públicas de tal modo que, quando morre, a sua entrada no cemitério em Coimbra é negada pela autoridade eclesiástica, o que desencadeia uma reacção de âmbito nacional que teve como protagonistas Albano Coutinho Júnior e Luciano Cordeiro, entre outros. De tudo isto resulta a alteração da lei, o que faz com que o caso Arséne seja o do primeiro enterro civil em Portugal. Da sua obra fotográfica destacamos a habitual produção de retrato em *carte de visite*, onde surgem naturalmente alguns estudantes, e de fotografias de várias cidades, algumas de Coimbra, da colina vista de vários

República, Universidade e Academia

pontos, da recentemente inaugurada Estação de Caminho de Ferro e da sua especialidade, as fotografias de animais.

A partir de finais da década de 60 surge um outro tipo de formato fotográfico, a orla fotográfica de estudantes da Universidade. Consistia na elaboração de um poster de dimensões apreciáveis para a época, onde era impressa uma base gráfica, normalmente litografia, e era criado um espaço para cada estudante do curso tendo, por cima do retrato (cujo tamanho era o do *carte de visite*) o nome e, por baixo, a localidade de origem. A encimar a orla surgia o retrato do Reitor ou o do Vice-Reitor, acompanhado do decano e de lentes da Faculdade de Direito, com as respectivas identificações.

Para a elaboração destas orlas eram contratados fotógrafos de prestígio, tais como: Henrique Nunes, o fotógrafo que continuou o atelier de A. Fillon quando este regressou a França em 1869; Luís de Albuquerque, fotógrafo com atelier na alta de Coimbra, na Rua dos Lóios e Emílio Biel, pioneiro da aplicação das técnicas fotográficas da fototipia e da fotogliptia e de algumas obras marcantes com recurso à fotografia. As bases para as orlas de E. Biel eram mandadas fazer na Alemanha. Em 1881, por altura da comemoração do Tricentenário de Camões em Coimbra, é mandada fazer uma, com a Comissão Académica, da autoria da *Photographia Conimbricense* de José Maria dos Santos. São cinquenta retratos a rodearem o Monumento a Camões que foi inaugurado em Maio de 1881 no lugar onde se encontra a Faculdade de Letras e que tem sido deslocado para variados locais estando hoje na Avenida Sá da Bandeira.

Destas orlas constam retratos de estudantes que vamos reencontrar como grandes protagonistas da luta republicana, como Sebastião Magalhães Lima, Alves da Veiga ou Guerra Junqueiro.

Em Março de 1881 desloca-se a Coimbra um fotógrafo da casa J. David de Levallois, Paris, casa especializada em fotografia de instituições, para fazer um Álbum da Universidade, das suas instalações, dos seus lentes e dos seus estudantes, o que se traduz num conjunto de imagens que nos permitem identificar os retratados cruzando três fontes de imagem distintas: os Álbuns de *carte de visite* existentes no Museu Académico, a Orla do Centenário e o Álbum J. David. Neste Álbum encontra-se a imagem fotográfica de Manuel Emídio da Silva, lente da Faculdade de Direito, fundador e redactor principal dos primeiros jornais republicanos de Coimbra.

Em 1882 inicia-se a publicação "Galeria Republicana"cujo proprietário e editor era João José Baptista, com direcção de Sebastião Magalhães Lima. Consistia na divulgação das biografias dos principais vultos republicanos, acompanhadas de provas fotográficas coladas no centro da 1.ª página de cada fascículo. A autoria fotográfica era de António Maria Serra. Dos colaboradores e biografados consta o lente da Faculdade de Medicina e director da "Coimbra Médica" Augusto Rocha que, mais tarde, abandonará o Partido Republicano, sendo posteriormente antagonista da possibilidade de carreira académica de António José de Almeida em Coimbra. Será o principal alvo no livro "A Desafronta, onde este tece fortes criticas a alguns professores da sua Faculdade. Sairão 44 números até Outubro de 1883, com biografados nacionais e estrangeiros. Atribuem a condição de republicanos a personagens históricos como ao Marquês de Pombal, num fascículo de Maio de 1882, em que o texto surge com tinta vermelha ornado de uma cercadura a verde. A fotografia é uma cópia dum desenho de Júlio Costa publicado em fototipia no "Plutarcho Portuguez" de Emílio Biel, em 1881, Vol 1, fascículo 7.º. Nos biografados portugueses surgem alguns que têm uma relação especial com a Universidade, ou porque foram seus alunos ou seus professores, a saber: Jacinto Nunes, Manuel de Arriaga, Teófilo Braga, Alves da Veiga, Sebastião Magalhães Lima, Alexandre Braga (Pai) e Castelo Branco Saraiva.

Rafael Bordalo Pinheiro é o biografado do fascículo que saiu em Junho de 1882, o que revela a sua proximidade às ideias republicanas que se iam expressando nesta altura na sua produção no "O António Maria". Surgem mais personalidades portuguesas como o primeiro deputado republicano eleito para o parlamento, Rodrigues de Freitas, ou Sampaio Bruno.

Quanto aos republicanos estrangeiros, surgem os franceses Victor Hugo, Louis Blanc, Auguste Blanqui, Jules Grevy, Jules Ferry, Clemenceau e Gambetta e os espanhóis Zorrila, Pi y Margall e Estanislau Figueras. A única mulher contemplada é Maria Luiza Caldas.

A partir de 1874 instala-se em Coimbra, no Pátio do Castilho – local que já tinha acolhido vários gabinetes fotográficos devido à sua boa exposição solar – o fotógrafo de origem italiana e natural do Piemonte, José Sartoris. Posteriormente, mudará a sua localização para a Rua das Figueirinhas, n.º 99, para uma casa que fazia ligação com a Rua Corpo de Deus e que já tinha sido ocupada por outros ateliers fotográficos como os de António da Conceição Mattos e Francisco Teixeira de Araújo, também devido à sua óptima exposição solar. Em 1883 colaborará no "Panorama Contemporâneo" com Trindade Coelho surgindo, em alguns fascículos, fotografias suas. Por altura do Ultimatum inglês disponibilizar-se-á ao comércio de Coimbra para, sem remuneração, tentar encontrar mercados alternativos aos dos ingleses como forma de mostrar a sua solidariedade com a pátria portuguesa. O seu estúdio será alvo de dois incêndios em Junho de 1886 e

República, Universidade e Academia

Novembro de 1888, que o colocarão em situação difícil. Quando da prisão de António José de Almeida pelo seu artigo *Bragança o Último,* no jornal "O Ultimatum", é José Sartoris que o vai fotografar à prisão de St.ª Cruz, fotografia feita em condições técnicas difíceis e que será utilizada para um retrato que sairá na primeira página de "O Século" e iniciará o processo de tornar António José de Almeida conhecido a nível nacional. A mesma fotografia será utilizada na publicação litográfica "Os Pontos nos II" de Rafael Bordalo, a 3 de Julho de 1890, ocupando uma página inteira. Uma boa parte dos retratos em *carte de visite* conhecidos dos estudantes republicanos mais destacados da geração do Ultimatum, do 1.º de Janeiro de 1891 e da greve académica de 1892 é da autoria de José Sartoris. Nos inícios dos anos 90 colaborará com Emil Yoch, professor austríaco contratado para a Escola Brotero, que o levará a aprofundar o seu conhecimento das técnicas da fotogravura. Emil Yoch funda em Coimbra o primeiro atelier photo-chimográphico, em 1892. Em Fevereiro de 1895 fará com que o embaixador do seu país proteste em defesa dos seus direitos contra o privilégio que Pires Marinho requer da patente de invenção da nova indústria relativa a matrizes fotográficas em metal, pedra ou vidro, para obtenção de provas positivas a tintas gordas. Abandonará Coimbra em 1896, magoado, por não lhe ter sido reconhecida em Portugal a sua prioridade.

Em 1896 José Sartoris inicia uma publicação de fotografias de monumentos nacionais, o "Portugal Artístico e Monumental" com o aconselhamento de António Augusto Gonçalves, republicano, vereador, professor e director da Escola Brotero, fundador dos primeiros museus de arte em Coimbra, restaurador da Sé Velha e de St.ª Cruz. Esta publicação vai manter uma periodicidade quinzenal por mais de dois anos distribuindo, por cada saída, duas fotografias. Cerca de oitenta das vistas deste projecto fotográfico, a pedido da Comissão Promotora do Centenário da Índia, foram mostradas em Lisboa durante estas celebrações, em 1898. São de uma grande raridade. Encontram-se, por vezes, provas fotográficas dispersas. Sartoris, na viragem do século, vai instalar-se na alta de Coimbra, na rua do Guedes, onde sofre novo incêndio a Julho de 1900. Morrerá pouco depois, a 16 de Maio de 1901, com sessenta anos.

Os estudantes republicanos de Coimbra aderiram à tentativa de golpe do 31 de Janeiro de 1891, esperando que o telegrafo postal, através de um telegrama, lhes desse indicações para entrar na luta. Segundo o jornal "O Tribuno Popular", de 4 de Fevereiro de 1891, alguns grupos de estudantes e populares formaram-se junto ao quartel no momento em que o sargento Gonçalves de lá saiu, armado, gritando "Viva a República", mas ninguém de dentro o acompanhou, tendo sido preso.

A Imagem Fotográfica de Professores e Estudantes Republicanos...

As cumplicidades académicas e conspirativas também se traduziram pela habitual troca de fotografias em *carte de visite*. Outro grande momento de luta é a greve académica de 1892, que terá como consequência a reprovação de alguns estudantes, como aconteceu a António José de Almeida e a Afonso Costa. Afonso Costa fez-se retratar, em 1895, com a sua pasta académica que ostentava as suas avaliações. Assim, no primeiro ano que chega a Coimbra e ingressa na Faculdade de Direito, – no ano lectivo de 1887-88 – vai reprovar com RRR. Nos três anos seguintes é avaliado com a classificação máxima AAA. 1891-92 é o ano do chumbo devido à greve e, nos restantes, retoma as avaliações máximas, acabando por continuar a carreira académica, chegando a catedrático. Esta geração do Ultimatum revelou um dinamismo e dedicação às lutas republicanas que, para alguns, irá durar para toda a vida.

A partir de meados de 1895 a Photographia Gião, de Lisboa, inicia uma colecção de fotografias em formato *carte cabinet* (11 por 16,5 cm) reproduzindo, pela fotografia, uma primeira página de um jornal a que era sobreposta o retrato do ou dos redactores principais. Saíram 95, entre eles alguns republicanos: "Democracia Portugueza" e Elias Garcia, "O Século" e Magalhães Lima, Martins de Carvalho e "O Conimbricense", "A Batalha" e Feio Terenas, "A Voz Pública" e Sampaio Bruno, "O Paiz" e Alves Correia, "O António Maria" e Rafael Bordalo Pinheiro e "A Marselheza" e João Chagas entre outros.

O jornal que, em Coimbra, veicula os pontos de vista republicanos é "A Resistência", que durará de 1895 a 1909.

Um outro acontecimento que, nos finais de 1895, põe Coimbra em polvorosa é o assassinato de um empregado na repartição da fazenda, Abílio Marques, por dois estudantes numa cena de pancadaria no café e bilhar de Domingos dos Santos e Silva. Um deles é o fotógrafo amador Agostinho Costa Alemão, filho de Manuel Costa Alemão, lente da Faculdade de Medicina, líder do Partido Progressista e Presidente de Câmara. Os estudantes, depois de terem estado presos, serão absolvidos, mas os operários de Coimbra recordarão a data e erigirão um mausoléu no cemitério da Conchada. Agostinho Costa Alemão integrará a guerrilha monárquica após a implantação da República. As fotografias de Coimbra da sua autoria datam de meados dos anos 90 e são de muito valor para a memória da evolução física da cidade, numa época em que Coimbra se expandia pela Quinta de St.ª Cruz.

Após a sua morte as romagens ao túmulo de José Falcão irão tornarse um hábito e, por vezes, estas manifestações serão alvo de reportagens fotográficas.

408
República, Universidade e Academia

A 2 de Maio de 1899 surge, no jornal "O Conimbricense", a notícia da comemoração, em Lisboa, do aniversário da primeira apresentação ao público do *animatographo*, sendo referida para a primeira sessão de cinema, a data de 27 de Abril de 1896. A verificar-se a correcção desta afirmação será antecipada, em cerca de um mês e meio, a data que se costuma celebrar para este momento, que tem sido a de 18 de Junho de 1896.

Albino Caetano da Silva, dono da "Typographia Auxiliar d' Escriptório", republicano e companheiro de lides intelectuais e artísticas com António Augusto Gonçalves, fazia gravura em madeira. São da sua autoria as gravuras do romance histórico "Assassino d'El Rei" da autoria de A. A. Gonçalves. Na viragem para o século XX faz um álbum fotográfico documentando as cheias, as festas e as transformações que ocorriam perto da sua quinta, na guarda inglesa, junto ao convento de St.ª Clara, em cujo muro aproveita para pintar uma publicidade de uma edição sua, o "Roteiro Illustrado do Viajante em Coimbra", com ilustrações de A. A. Gonçalves, cuja 1.ª edição é de 1894. Ensinará a arte da gravura a um seu sobrinho, Belisário Pimenta, que seguirá a carreira militar. Será um bibliófilo estudioso da memória de Coimbra, autor de numerosos estudos de história militar, primeiro Comissário de Polícia em Coimbra após a Implantação da República e, sobretudo, autor de um diário imprescindível para quem quiser estudar e entender o período que vai dos finais dos anos noventa do século XIX até meados do século XX.

O seu fundo documental foi depositado na Biblioteca Geral da Universidade de Coimbra e é de uma riqueza inesgotável. Associados a este fundo surgiram cerca de duas centenas de negativos em vidro de sua autoria que constituem documentos que mostram uma vivência social muito interessante.

Durante todo este período até à Implantação da República o hábito de troca de retratos entre os estudantes vai continuar e alargar-se em torno de grandes festas de estudantes que serão recordadas pela fotografia durante muitos anos, como o Centenário da Sebenta, paródia aos Centenários que a luta republicana soube integrar na sua estratégia de propaganda do culto da pátria e da identidade nacional. Nada mais irónico do que celebrar os apontamentos das aulas em reprodução litográfica, a Sebenta, em que os heróis não eram os vultos da História de Portugal mas o litógrafo Manuel das Barbas que as imprimia, a servente Maria Marrafa que as distribuía e outros personagens populares de Coimbra, como o barqueiro do Mondego Rato, que ganhou o título de Almirante, atribuído pelos estudantes, com farda e tudo.

Nos começos de Fevereiro de 1901 chega a Coimbra um fotógrafo de Mondariz, na Galiza, de nome Feliciano Pardo que, em 12 de Fevereiro

A Imagem Fotográfica de Professores e Estudantes Republicanos...

de 1901, fotografou em grupo a corporação universitária, formada na escadaria principal da Via Latina. Compareceram 48 professores, o secretário da Universidade, 5 bedéis, o guarda-mor, 3 contínuos e 4 archeiros; ao todo, 62 pessoas. O vice-reitor Gonçalves Guimarães aparece rodeado pelos 5 decanos das Faculdades e por 6 lentes jubilados, estando os professores em exercício dispostos pelo anfiteatro formado pela escadaria. Terá sido a primeira vez que se fotografaram em tão grande número os lentes da Universidade. Pardo utilizou 4 clichés, sendo dois pequenos para fazer ampliações. Um exemplar foi oferecido à Universidade para ser colocado numa das suas salas. Encontra-se hoje emoldurado na Reitoria. Nesta imagem podem ver-se alguns lentes que assumiram ou viriam a assumir a condição de republicanos: Afonso Costa, Guilherme Moreira e Bernardino Machado. Separadamente também fotografou em grupo a Faculdade de Direito, para além de ter feito uma cobertura fotográfica de Coimbra.

O cidadão Aurélio da Paz dos Reis, republicano envolvido, no Porto, nos acontecimentos do 31 de Janeiro de 1891, é preso e julgado, não tendo a prova do seu envolvimento sido totalmente conclusiva, alegando que tinha entrado na Câmara do Porto mas que logo saiu como muita gente. Nos começos de Março de 1891, em conselho de Guerra, foi absolvido no julgamento que se efectuou a bordo do vapor Moçambique, na barra do Douro. Aurélio será o primeiro cineasta português, tendo feito um filme com o título "Coimbra", que provavelmente não terá sobrevivido até hoje e já não existirá. Mas a sua obra visual expandiu-se largamente na produção de vistas estereoscópicas com o título genérico de "Estereoscopio Portuguez", pelas quais foi premiado na Exposição Universal de 1900, em Paris. Aurélio da Paz dos Reis visita Coimbra, onde faz vistas estereoscópicas, pelo menos por três vezes: durante o Centenário da Sebenta, numa das festas da Rainha Santa anterior a 1902 e no Enterro do Grau, em Maio de 1905. Nestas visitas fotografará Coimbra e as festas referidas. São cerca de 100 vistas. Aurélio estará em Lisboa no 5 de Outubro de 1910 e fará uma reportagem dos acontecimentos. No seu fundo fotográfico, depositado no Centro Português de Fotografia, no Porto, encontram-se muitas outras reportagens de actividades republicanas, comícios e reuniões.

Em Coimbra estava instalado, no início da Estrada da Beira, um fotógrafo de nome José Gonçalves, dono da "Photographia Europa". Era um activista republicano, fazendo parte da Junta Republicana de St.ª Clara. Fará muita fotografia de estudantes, de repúblicas, de cursos que regressavam a Coimbra regularmente para comemorarem os aniversários da sua conclusão e das reportagens das festas estudantis. Será na sua casa fotográfica que se iniciará um outro fotógrafo, A. Rasteiro, também republicano e posterior-

República, Universidade e Academia

mente continuador da mesma casa. Em 1917, mas por pouco tempo, a casa chamar-se-á Gonçalves e Rasteiro; depois será "Fotografia Rasteiro".

A partir de 1907 começa a publicar-se "O Álbum Republicano" que consistia na publicação de retratos em fotogravura com uma pequena biografia por baixo dos protagonistas do partido republicano, mas sobretudo pretendia mostrar que a adesão ao partido republicano era imparável e provinha de vários sectores e profissões. Sairão cerca de duas centenas de retratados. Uma boa parte dos retratados foram estudantes na Universidade de Coimbra, quer da geração do ultimatum quer da geração da greve académica de 1907.

Em 1907, na sequência do chumbo nas provas de doutoramento de José Eugénio Dias Ferreira por alegadamente ser republicano, desencadeia-se um protesto dos estudantes que desencadeará numa greve académica que se expandirá às outras academias e a outros graus de ensino, testando a reacção do governo de João Franco. Durante estes acontecimentos, Bernardino Machado é acusado de cumplicidade política com os estudantes e é chamado a dar explicações ao Conselho de Decanos na Universidade, dando o jornal "Resistência", a 28 de Abril de 1907, a notícia da sua exoneração.

Joshua Benoliel, o fotógrafo da"Ilustração Portuguesa", faz mais uma grande reportagem dos acontecimentos que será reeditada em toda a sua extensão no "Arquivo Gráfico da vida portuguesa". O hábito de troca de fotografias entre os estudantes contínua, as chancelas fotográficas de José Maria dos Santos, José Júlio da Silva e Sousa, G. Tinoco, " Photographia União" e de José Gonçalves surgem abundantemente. O formato dos *cartes de visite* foi ligeiramente alterado para 14 por 9 cm, embora o tamanho da fotografia colada no cartão seja sensivelmente o mesmo. Estes cursos que participam nesta greve fotografam-se em grupo, alterando o hábito de se fotografarem estudantes apenas de um só curso da mesma Faculdade surgindo, por exemplo, uma fotografia em grande formato com a legenda " Curso do 5.º ano jurídico médico de 1909-1910" que integra estudantes como Ramada Curto, Bissaia Barreto e António Sardinha. Desta geração, denominada de os "Intransigentes de 1907", a República contará com uma ampla participação na vida política.

No início do seu reinado em Novembro de 1908, D. Manuel II efectua uma visita ao Norte com o fim de melhorar a popularidade da Monarquia. A Universidade foi incluída nesta visita, durante a qual foi realizada uma reportagem fotográfica que seria publicada no livro de ouro da visita, onde se pode ver o cortejo com o corpo catedrático das várias Faculdades a acompanhar o Rei. Desta visita foi também feito um filme que seria poste-

A Imagem Fotográfica de Professores e Estudantes Republicanos...

riormente exibido em Coimbra em Dezembro de 1909, e que é alvo de uma critica cinematográfica no jornal republicano "Resistência".

Em Agosto de 1907 inicia a publicação o "Archivo Democrático", cujo primeiro número é dedicado a António José de Almeida, que tem a particularidade de se fazer acompanhar de provas fotográficas, com a finalidade de estas poderem ser utilizadas na propaganda republicana. São de dimensão apreciável, susceptíveis de serem emolduradas em qualquer centro republicano. A periodicidade é mensal. Tem como directores: Feio Terenas para os primeiros quatro números. Victor de Sousa do n.º 5 ao 10. Agostinho Fortes do n.º 11 ao 18 e Thomaz da Fonseca do n.º 19 ao último, o 34, que saiu em Outubro de 1911. Quando Thomaz da Fonseca assume a direcção do "Archivo Democrático", a partir de Agosto de 1910, surge o "Archivo Republicano", publicação semelhante, agora dirigida pelo anterior director do "Archivo Democrático", Victor de Sousa. Este periódico mensal irá durar até Setembro de 1913, depois de terem saído 27 números.

O primeiro acto do novo regime relativo a Coimbra consistiu na tomada de posse do Administrador do Concelho de Coimbra, António Cândido de Almeida Leitão e, de seguida, no envio de três telegramas pelo Ministro do Interior, António José de Almeida, com data de 6 de Outubro e recebidos a 7 no Governo Civil: o primeiro a nomear o cidadão Francisco Fernandes Costa como Governador Civil e pedindo-lhe para entrar imediatamente em funções, o segundo a comunicar que a República está proclamada e diz qual o ministério e o presidente da República e o terceiro decretando feriado geral para o dia 7 de Outubro, tomando-se medidas que se comunicarão.

A proclamação da República em Coimbra, no dia 6 de Outubro de 1910, das varandas da Câmara Municipal, foi registada pelo menos por dois fotógrafos: Domingos Graça e Álvaro Viana de Lemos. Duas fotos de Domingos Graça foram publicadas na "Ilustração Portuguesa", a 24 de Outubro de 1910; das de Álvaro Viana de Lemos tive oportunidade de ver uma prova de uma que me foi mostrada pela sua filha Carolina Tavares de Lemos.

À implantação da República os estudantes de Coimbra reagiram com expectativa e como aparentemente na Universidade, nada acontecia, um grupo que ficou para a História com o título de "Falange Demagógica" decidiu assaltá-la, o que ocorreu a 17 de Outubro. Integravam este grupo os estudantes Aurélio Quintanilha, que viria ser o cientista e botânico reconhecido internacionalmente, Fernando Lopes, advogado e oposicionista militante na Oposição Democrática, José Gomes, natural de Abrantes, Eurico Nogueira, natural de Góis, entre outros. Entraram e escavacaram

República, Universidade e Academia

cátedras das aulas, deitaram bombas nos urinóis, desarrumaram o vestiário dos lentes e alguns entraram na Sala dos Capelos dando tiros para o retrato de D. Carlos e, com uma faca, fizeram um rasgão no retrato de D. Manuel II. A 19 de Março é dada posse ao novo Reitor, Manuel de Arriaga, na presença do Ministro do Interior, António José de Almeida. Os efeitos destes acontecimentos foram fotografados, tendo saído uma reportagem na "Ilustração Portuguesa", a 31 de Outubro, com o título *Uma Revolução na Universidade*. Nesta reportagem não foram publicados os retratos danificados, mas destes foram feitas fotografias que hoje existem.

Na data do primeiro Aniversário da Implantação da República, em 5 de Outubro de 1911, é inaugurada uma exposição comemorativa no atelier de J. Gonçalves, na Estrada da Beira. Foram "trabalhos photográphicos executados pelo hábil artista Sr Afonso Rasteiro".

Em 1911 é publicado um livro sobre as Constituintes e os seus Deputados. O retrato fotográfico de quase todos eles surge nesta publicação. Podemos constatar que, nesta lista, uma grande percentagem dos deputados passou por Coimbra e pela Universidade, sendo claro que esta representação no parlamento resulta fundamentalmente de dois grandes momentos políticos, o do Ultimatum Inglês e o da Greve Académica de 1907. Entre estes dois momentos o espírito republicano esteve sempre presente, com maior ou menor intensidade.

A fotografia continuará a encher a memória de forma continuada, a Universidade e os seus estudantes destas épocas poderão voltar a ser vistos, mesmo que as referências das novas gerações já sejam outras. No entanto, estes momentos de passagem da Monarquia para a República, que marcam uma tão grande e importante transformação na forma de regime e na sociedade, terão que ser sempre revisitados nos tempos futuros pelos olhares das novas gerações.

Nuno Rosmaninho

Historiadores de Arte
na Universidade Republicana

ROSMANINHO, **Nuno** – Doutor em História Contemporânea pela Faculdade de Letras da Universidade de Coimbra. Professor Auxiliar da Universidade de Aveiro. Investigador do CEIS20.

1. Uma dicotomia

Os estudos sobre historiografia artística portuguesa não são novos. No entanto, o conhecimento produzido permanece demasiado fragmentário, cinquenta anos depois de António Manuel Gonçalves ter realizado o elenco de autores e de obras.[1] A Primeira República é um período breve, mas é nela que surgem autores e se afirmam perspectivas que dominarão as décadas seguintes.

Aquilo a que chamamos história da arte era então, apesar do magistério de Joaquim de Vasconcelos, um conjunto quase heteróclito de discursos, no qual predominavam a oratória nacionalista, as biografias, as memórias históricas e descritivas (que a ilustração fotográfica fez perdurar), a publicação de fontes, os álbuns ilustrados e os guias turísticos. Os historiadores de arte constituíam um grupo restrito de autodidactas atraídos pela Idade Média, pela chamada «etnografia artística» e pelas magnas questões do manuelino e da «escola portuguesa de pintura».

O «"corpus" nacional» da historiografia artística durante a Primeira República e o Estado Novo compõe-se, segundo Vítor Serrão e Dagoberto L. Markl, de onze nomes. Apenas dois têm produção significativa no primeiro quartel do século XX: Vergílio Correia (1888-1944) e Reynaldo dos Santos (1880-1971).[2] Esta escolha dá visibilidade a uma dicotomia teórica há muito realçada por José-Augusto França, e que se define pela ideologia nacionalista e pela erudição.

2. Os autores do primeiro terço do século XX

Nas vésperas da implantação da República, para lá dos artigos dispersos em revistas e jornais, a historiografia artística portuguesa era feita de poucos livros e de poucos autores. Alinhando os principais títulos por ordem cronológica, verifica-se que a primeira década de Novecentos se apresenta como um período de relativa pausa, só quebrada pelo trabalho continuado de Joaquim de Vasconcelos. Se nos fosse autorizado um lugar--comum, diríamos que é um intervalo entre duas épocas.

---

[1] António Manuel Gonçalves, *Historiografia da Arte em Portugal*. Coimbra, separata do *Boletim da Biblioteca da Universidade*, 1960.

[2] Vítor Serrão e Dagoberto L. Markl, «Adriano e a história da arte-ciência», introdução a: Adriano de Gusmão, *Ensaios de Arte e Crítica*. Lisboa, Veja, copyright 2004, p. 20.

República, Universidade e Academia

Apenas dois dos principais autores da segunda metade de Oitocentos se apresentam em pleno labor nestes anos. Joaquim de Vasconcelos (1849--1936) é o principal. Estudioso denodado, dominava desde que em 1877 publicara *Albrecht Durer e a Sua Influência na Península Ibérica*. Essa preponderância manteve-se durante mais de quarenta anos, com volumes sobre *A Pintura Portuguesa nos Séculos XV e XVI* (1881), cerâmica (1883, 1884 e 1909), o estilo manuelino (1885), artesanato (1886-1887), torêutica (1904), etc. Foi ele que levou a história da arte dos remotos tempos de Raczynski à geração do início do Estado Novo. Em 1914 e 1915, ainda se destacou com uma síntese sobre *Arte Religiosa em Portugal*. E, em 1918, com um volume sobre o românico.

Um ano mais velho e com um reconhecimento em vida que roçou a celebridade, António Augusto Gonçalves (1848-1932) repartiu a sua actividade pela ficção, pelo restauro e pela direcção da Escola Livre das Artes do Desenho, realizando em Coimbra um magistério frutuoso que também abrangeu a história da arte. Desde 1887 que publicava pequenos artigos sobre os monumentos desta cidade, mas só em 1916 deu à estampa um guia do Museu Machado de Castro, que aliás fundou, e em 1923 lançou um grosso volume sobre a estatuária lapidar deste mesmo museu. A sua carreira profissional decorreu como professor de Desenho na Escola Industrial Brotero (a partir de 1884) e nas Faculdades de Filosofia e de Ciências (1898-1928).

Das décadas anteriores se pode dizer que mais ninguém chegou a 1910. Lino de Assunção (1844-1902) deixou sem continuidade o *Dicionário de Termos de Arquitectura* (1895) e Ramalho Ortigão (1836-1915), que em 1896 publicara o inestimável *O Culto da Arte em Portugal*, abrandou uma actividade crítica que nos anos de 1880 chegou a ser muito relevante. Foi «o primeiro escritor de arte que se definiu em Portugal», destacando-se pela «estruturação estética», embora sem ultrapassar o nível de um «consciencioso diletante».[3] Manuel Monteiro (1879-1952) abraçou uma carreira política e jurídica após o *5 de Outubro*, apenas retomando os estudos artísticos nos anos trinta. António Garcia Ribeiro de Vasconcelos (1860-1941), que em 1908 publicou um livro sobre a capela da Universidade de Coimbra, também só nos anos trinta voltaria à história de arte com dois tomos dedicados à Sé Velha.

---

[3] José-Augusto França, *A Arte em Portugal no Século XIX*. Vol. II. 3.ª ed.Venda Nova, Bertrand Editora, 1990, p. 100.

417
Historiadores de Arte na Universidade Republicana

Com alguma exuberância retórica, poderíamos afirmar que a historiografia artística portuguesa do século XX começou em 1910 com *O Pintor Nuno Gonçalves* de José de Figueiredo (1872-1937) e em 1916 com *Etnografia Artística* de Vergílio Correia. E foi logo a seguir que novos autores surgiram a um ritmo inusitado.

António Arroio (1856-1934), que em 1899 escrevera sobre Soares dos Reis e Teixeira Lopes, aparece em 1917 com um extenso ensaio sobre as *Singularidades da Minha Terra: Na arte e na mística*. No mesmo ano, José Pessanha (1865-1939) resume a questão do manuelino, Manuel de Aguiar Barreiros (1874-1961) publica *Elementos de Arqueologia e Belas-Artes*, Ferreira Deusdado (1860-1918) reflecte sobre *A Crise do Ideal na Arte*, Aarão de Lacerda (1890-1947) persegue a *Estética da Arte Popular* e Alfredo Leal comenta *Os «Painéis do Infante» e a Obra do Sr. José de Figueiredo*. Ano anormalmente rico, que talvez não possa ser explicado apenas no campo artístico.

Em 1922, um ano depois de falecer, Joaquim Martins Teixeira de Carvalho (1861-1921) emergiu de uma certa displicência graças ao início da publicação em volume dos seus múltiplos artigos. É o ano em que o médico Reynaldo dos Santos, depois de um breve tirocínio com José de Figueiredo, se apresenta com um ensaio fundamental acerca da Torre de Belém. Nos cinquenta anos seguintes, afirmou-se como um autor de referência para a crítica e para o público, nomeadamente graças ao seu discurso nacionalista.

Em 1923, saem dez importantes livros. Além de Vergílio Correia, destacam-se João Barreira (1866-1961), que não sendo um jovem se abalança a um extenso estudo sobre a arte grega, José Pessanha, Ribeiro Cristino (1858-1948), José Augusto Ferreira (1860-1944), Luciano Freire (1864-1934) e Henrique de Campos Ferreira Lima (1882-1949). Em 1924, salientam-se Julieta Ferrão (1899-?) e Alfredo Guimarães (1882-1958). Em 1925, além de Pedro Vitorino (1882-1944), vemos surgir Luís Chaves (1889-1975), que veio a marcar o campo da «etnografia artística». Nos anos seguintes, a um ritmo talvez menor, afirmam-se Carlos de Passos (1890-1958), Joaquim Vieira Natividade (1899-1968), Júlio Brandão (1869-1947), Nogueira de Brito (1883-1946), Ernesto Korrodi (1870-1944), Nuno Catarino Cardoso (1887-?) e Alberto Feio (1882-1956).

Desta talvez demasiado extensa apresentação se conclui que a história de arte conheceu um incremento em número de livros e em novos autores a partir de 1916, com picos editoriais em 1917 e 1923. Em que medida as universidades contribuíram para esta dinâmica? Se nos cingirmos às colecções surgidas então, vemos que «Subsídios para a História da Arte Portuguesa», tutelada por Vergílio Correia, com a chancela da Imprensa da Universidade

República, Universidade e Academia

de Coimbra, lançou três dezenas de títulos, compreendendo originais e a reedição de clássicos. Mas fora delas, Marques Abreu iniciou, em 1926, a série «A Arte em Portugal», pequenas monografias com abundantes ilustrações fotográficas. E algo semelhante foi feito pela Litografia Nacional com os «Monumentos de Portugal».

3. O ensino de história de arte

No início do século XX, a universidade não era um centro de estudos artísticos. Antes da criação das Faculdades de Letras, em 1911, esta disciplina não existia no ensino superior. Quando, em 1906, a Direcção-Geral de Instrução Pública recomendou aos liceus «a organização das excursões escolares, como elemento pedagógico de capital importância», Joaquim de Vasconcelos chamou a atenção para o problema que isso punha em relação aos monumentos:

> Devo dizer, a propósito, que semelhante matéria – estudo dos Monumentos Nacionais – portanto estudo da Arte, em geral, e das suas várias manifestações decorativas – é hoje ensinada unicamente na Escola de Belas-Artes de Lisboa, em três cadeiras, segundo a última organização (Reforma de 14 de Novembro de 1901). A Escola irmã do Porto não tem esse ensino, nem sombra dele. Estão no mesmo caso as duas Escolas ou Academias politécnicas de Lisboa e Porto, os dois Institutos industriais das mesmas cidades e ainda todas as Escolas Industriais do Reino, apesar de serem de fundação recente (1883-84).
>
> Contudo, em todos esses estabelecimentos de ensino (e inclusive na própria Universidade de Coimbra, cadeira de Desenho anexa à faculdade de Filosofia), o ensino das formas da arte entra, com mais ou menos desenvolvimento, como disciplina obrigada. Esqueceu-se porém o legislador, esqueceram-se os pedagogos oficiais de nos dizer como é que o ensino das formas, quer pelo desenho (lápis ou pincel), quer pela escultura (escopro ou cinzel), quer pelo esquadro em linhas arquitectónicas – se pode realizar, quando alunos e professores ignoram por completo a génese histórica dessas formas e a estética que delas se deriva, em última instância![4]

---

[4] Joaquim de Vasconcelos, *O Ensino da História da Arte nos Liceus e as Excursões Escolares*. Porto, 1908, in: http://www.gutenberg.org/files/24844/24844-8.txt, acedido em 12-01-2010.

Durante a Primeira República, o ensino da história de arte assentou numa pequena rede constituída por meia dúzia de nós. Até 1911, a disciplina era vagamente ensinada em Coimbra, quer na Universidade quer na Escola Livre das Artes do Desenho, e nas Escolas de Belas-Artes de Lisboa e Porto. Depois, passou a existir de facto nas novas Faculdades de Letras, mas reduzida a uma única disciplina, que foi, até 1957, Estética e História da Arte.[5] Os seus docentes eram portanto obrigados a dispersarem-se por outros conhecimentos mais ou menos adjacentes. Talvez se possa dizer que foi nas universidades que a história da arte ganhou consistência científica e volume bibliográfico, mas o seu ensino permaneceu residual até 1980.

4. Joaquim de Vasconcelos

As carências observadas no ensino da história de arte limitaram estruturalmente o número de especialistas e afastaram da cátedra Joaquim de Vasconcelos, «o verdadeiro fundador da História da Arte em Portugal».[6] É lamentável que o mais competente e operoso historiador de arte português desde 1870 até 1915 tenha permanecido como professor de línguas no Liceu Central do Porto e colaborador pontual da Faculdade de Letras de Coimbra, onde foi professor contratado de Arqueologia entre 1915 e 1918.[7] Para José

---

[5] Ao ser criada, em 1911, a Faculdade de Letras da Universidade de Coimbra estabeleceu a existência de uma disciplina de Estética e História da Arte, que, embora isolada, perdurou durante décadas, através de várias reformas. Entre 1911 e 1914, ela era ministrada apenas aos alunos de Ciências Filosóficas. De 1914 a 1930, integrou os *curricula* de Filologia Clássica e Românica, Filosofia e Ciências Históricas e Geográficas. A reorganização de 1930 restringiu-a aos cursos de Filologia Clássica e de Ciências Históricas e Filosóficas. Em 1957, o curso de Filosofia passou a dispor de Estética e Teorias da Arte e no de História passaram a existir as disciplinas de História da Arte e de História da Arte Portuguesa e Ultramarina. Para um enquadramento destas reformas, ver João Paulo Avelãs Nunes, *A História Económica e Social na Faculdade de Letras da Universidade de Coimbra. O historicismo neo-metódico: Ascensão e queda de um paradigma historiográfico (1911-1974)*, Lisboa, Instituto de Inovação Educacional, 1995.

[6] José-Augusto França, *A Arte em Portugal no Século XIX*, vol. II, p. 115.

[7] Seguimos Manuel Augusto Rodrigues, *Memoria Professorum Universitatis Conimbrigensis (1772-1937)*. Coimbra, Arquivo da Universidade, 1992, p. 84. As diversas biografias não esclarecem quem foi o responsável pela cadeira de Estética e História da Arte entre 1911 e 1919. Em 1 de Outubro de 1917, ao demitir-se da Escola

República, Universidade e Academia

Augusto França, «a sua acção regular teria sido mais útil que a do professor proprietário de História da Arte [da Universidade de Coimbra], Teixeira de Carvalho; como mais útil ela poderia ter sido no ensino da Escola de Belas--Artes de Lisboa», por onde «se sucederam professores medíocres, e onde mesmo [José] Pessanha ou Sousa Viterbo (ou João Barreira) não possuíam a sua formação».[8]

5. Vergílio Correia e a «escola de Coimbra»

Em Coimbra, além do breve magistério de Joaquim de Vasconcelos e do ensino de desenho científico por António Augusto Gonçalves, a história da arte foi confiada, no período que nos ocupa, apenas a dois professores: Joaquim Martins Teixeira de Carvalho de 1919 a 1921 e Vergílio Correia de 1921 a 1944. O primeiro, conhecido no meio coimbrão por Quim Martins, pertenceu, antes de mais, à Faculdade de Medicina, onde foi preparador de Anatomia Normal (1885-1911) e assistente de Anatomia Descritiva e Topográfica (1911-1916). Chegou ao ensino de Estética e História da Arte em 1919, com a idade de 58 anos, e, como se constata, leccionou esta disciplina durante um curtíssimo período.

Vergílio Correia foi o primeiro historiador de arte a fazer uma verdadeira carreira universitária nesta especialidade. Assegurou o ensino de Estética e História da Arte, apesar de também ter leccionado assiduamente Arqueologia (1923-1924 e 1927-1944) e, por períodos mais breves, História Antiga (1923-1930), História da Antiguidade Clássica (1930-1941), História da Antiguidade Oriental (1930-1942) e Epigrafia (1936-1937 e 1939-1942). Na verdade, os seus primeiros interesses foram a arqueologia e a etnografia. Aos 23 anos, era «alcunhado pela rapaziada» o *Vergílio dos cacos*. Belisário Pimenta recorda-o «sempre na aparência bem disposto e já um pouco má língua como foi sempre».[9] Ocupou um lugar na Faculdade de

---

de Belas-Artes do Porto, Joaquim de Vasconcelos sugere para seu sucessor Aarão de Lacerda, dizendo que frequenta na Universidade de Coimbra o seu «Curso de História da Arte e Arqueologia, incluindo Estética Aplicada, há um ano». (António Cardoso, *O Arquitecto José Marques da Silva e a Arquitectura no Norte do País na Primeira Metade do Século XX*. Porto, FAUP Publicações, 1997, p. 177.)

[8] José-Augusto França, *A Arte em Portugal no Século XIX*, vol. II, p. 122.

[9] Belisário Pimenta, *Memórias: diário ao correr da pena*, volume correspondente aos anos de 1911 a 1919, p. 34, manuscrito 3363 da Biblioteca Geral da Universidade de Coimbra.

Letras depois de ter sido conservador do Museu Etnológico Português (1911-1916) e do Museu Nacional de Arte Antiga (1916-1921).

A Vergílio Correia sucedeu Aarão de Lacerda, que fizera a sua carreira no Porto, como veremos a seguir, e que, desafortunadamente, apenas ensinou em Coimbra durante dois anos e meio. Após a sua morte, tornou-se evidente a menorização da história de arte no quadro do conhecimento universitário. A disciplina voltou a ser leccionada, durante mais de uma década, por não-especialistas: Manuel Lopes de Almeida em 1947 e 1948 e Mário Mendes dos Remédios Brandão de Sousa entre 1949 e 1958.

Se podemos falar de uma «escola de Coimbra», isso fica a dever-se em grande medida ao labor de Vergílio Correia e a um grupo informal que remontava a Augusto Filipe Simões (1835-1884) que, ainda antes de abraçar a carreira de lente na Faculdade de Medicina, publicou um estudo fundador sobre arquitectura medieval: *Relíquias de Arquitectura Romano--Bizantina em Portugal e Particularmente na Cidade de Coimbra* (1870). No início do século XX, esse grupo incluía o bibliotecário Augusto Mendes Simões de Castro (1845-1932), que se devotava sobretudo a questões históricas, e o cónego Prudêncio Quintino Garcia (1837-1908), pacientíssimo recolector de documentos arquivísticos.

Não se pode supor que a «escola de Coimbra» fosse homogénea ou formalmente organizada. O notável diário do coronel Belisário Pimenta dá conta de vários conflitos e desconfianças. Em plena Ditadura Militar, uma projectada homenagem a Joaquim Martins Teixeira de Carvalho terá falhado porque a Faculdade de Letras já não via com bons olhos aquela figura irreverente, sobre a qual se contavam anedotas picarescas. O tom coloquial dos seus artigos, verdadeiras crónicas de arte, afastava-o aliás do paradigma erudito. E António Augusto Gonçalves, que em 1924 tivera Vergílio Correia a seu lado na polémica com José de Figueiredo e Reynaldo dos Santos, confidenciava em 24 de Abril de 1932:

> O Vergílio é criatura muito especial e muito malcriada. Cortei com ele, pu-lo de lado. Faltou-me segunda vez ao respeito e já estou velho para aturar malcriados...[10]

Mas existe, sem dúvida, nos estudiosos de Coimbra, uma tendência para aplicarem à arte um método positivo, que então fascinava pelo rigor que impunha a uma matéria tão sujeita às belas palavras dos diletantes. Beli-

---

[10] Belisário Pimenta, *Memórias: diário ao correr da pena. 1928-1932*, p. 295.

República, Universidade e Academia

sário Pimenta, ele próprio um rigoroso pesquisador de história militar, recorda, 75 anos decorridos, o «deslumbramento» colhido na leitura da *Evolução do Culto de D. Isabel de Aragão* (1891-1894), de António de Vasconcelos:

> aquela maneira do Dr. Vasconcelos tratar a história, com abundante e escolhida documentação, com a clareza e meticulosidade nos pormenores, a argumentação tão perfeita em passos duvidosos, fez-me uma impressão bem funda.[11]

Para o melhor e para o pior, esta opção espistemológica ficou associada a Coimbra e, em particular, a Vergílio Correia, o seu primeiro grande representante, evocado por Diogo de Macedo nos seguintes termos:

> Raramente se imiscuía nas especulações da crítica ou da estética, para as quais não nascera com a visão e a maleabilidade necessárias de esgrimista ou adivinho. Era um espírito positivo, uma cultura sólida, um sábio, um escavador de terrenos firmes. Não teriam poesia as suas miragens; tinham, todavia, consciência, as suas convicções.[12]

6. Porto e Lisboa

No Porto, depois de Joaquim de Vasconcelos ter abandonado a Escola de Belas-Artes, em 1917, o ensino da história de arte ficou nas mãos de Aarão de Lacerda, tanto nesta escola como na Faculdade de Letras. Licenciado em Direito e em Ciências Histórico-Geográficas, também ministrou História da Música no Conservatório.

Em Lisboa, a disciplina esteve entregue a dois estudiosos. José Pessanha, conservador do Arquivo da Torre do Tombo, ensinou História de Arte na Escola de Belas-Artes. João Barreira, médico, deputado às Constituintes de 1911, leccionou nesta escola as disciplinas de Arqueologia e de História da Arte Clássica entre 1901 e 1936 e foi professor de Estética e História da Arte na Faculdade de Letras de 1919 a 1936.

---

[11] Belisário Pimenta, *Memórias: diário ao correr da pena. 1919-1921*, p. 305. Texto escrito em Junho de 1965.

[12] Diogo de Macedo, «Notas de arte – Morreu Vergílio Correia», *Ocidente*, Lisboa, vol. XXIII, Maio a Agosto de 1944, n.º 75, Junho de 1944, p. 328.

Historiadores de Arte na Universidade Republicana

Mas as figuras maiores da capital eram, sem dúvida, José de Figueiredo, que exercia a sua influência a partir da direcção do Museu Nacional de Arte Antiga, e Reynaldo dos Santos, cujo domínio, construído sobretudo durante o Estado Novo, radicou na Academia Nacional de Belas-Artes, na Junta Nacional de Educação, na Academia das Ciências e numa intensa produção bibliográfica.[13]

Foi precisamente de Lisboa e de fora da universidade que surgiu um ataque ao modelo historiográfico erudito, dominante em Coimbra. Em 1924, José de Figueiredo e Reynaldo dos Santos procuraram reduzir Vergílio Correia e António Augusto Gonçalves a meros colectores de documentos, sem gosto nem sensibilidade. A polémica ostentou uma dicotomia que vinha sendo alimentada desde meados do século XIX e agora se radicalizava.[14] Cinco anos depois, o conflito continuava suficientemente vivo para José de Figueiredo ter procurado impedir Vergílio Correia de aceder ao cargo de director do Museu Machado de Castro.[15]

---

[13] Reynaldo dos Santos ocupou os cargos de director da Faculdade de Medicina da Universidade de Lisboa (1942-1945), presidente da Academia Nacional de Belas-Artes (a partir de 1940), presidente da Academia das Ciências de Lisboa (1959-1961) e presidente da sexta secção (belas-artes) da Junta Nacional da Educação.

[14] Ver o nosso artigo «Historiografia artística no Estado Novo: a oposição discreta», in Carlos Cordeiro (coord.), *Autoritarismos, Totalitarismos e Respostas Democráticas: ideologias, programas e práticas,* Coimbra e Ponta Delgada, CEIS20 e Centro de Estudos Gaspar Frutuoso da Universidade dos Açores, 2011, pp. 167-175.

[15] É o que refere Belisário Pimenta no seu diário, em 28 de Março de 1929, pp. 106-107: «Na última carta, o João Couto dizia-me que no Ministério da Instrução se falava no Dr. Joaquim de Carvalho para futuro director do Museu Machado de Castro. Eu repeti o dito em conversa, no Museu, há dias, com a maior naturalidade./Ora hoje o Dr. Carvalho procurou-me muito exaltado, para eu desmentir qualquer atoarda que se levante a tal respeito; garantiu-me que não queria o lugar nem falara em tal com qualquer pessoa, e que o seu voto seria para o Vergílio Correia./Eu respondi-lhe que nada tinha com o caso, apenas me limitara a reproduzir o dito do João Couto; e com franqueza não percebi o motivo da exaltação do homem./Um pouco mais tranquilo, quis explicar que o seu nome aparecera por influência do José de Figueiredo para afastar a candidatura do Vergílio seu inimigo capital; fez um aranzel muito grande que eu não compreendi muito bem e acabou por pedir para eu escrever ao João Couto dando-lhe a informação verdadeira.../É possível, realmente, que o José de Figueiredo se intrometesse. Nunca perdoaria que o Vergílio Correia fosse nomeado director do Museu Machado de Castro, e o Dr. Joaquim de Carvalho seria uma excelente solução./Santa gente!»

7. Erudição e nacionalidade

A historiografia artística portuguesa ergueu-se sobre dois pilares: a erudição e a nacionalidade.[16] A oratória sobre a *utilidade* da arte, ainda tão presente em Francisco de Assis Rodrigues (1801-1877), director da Escola de Belas-Artes de Lisboa, perdeu visibilidade nos anos quarenta, quando Athanasius Raczynski mostrou os méritos da erudição e os patriotas começaram a discutir a existência de uma estilo manuelino e de uma escola portuguesa de pintura. Esta duplicidade dominou durante décadas e retardou a consolidação teórica e metodológica dos estudos artísticos. Na primeira metade do século XX, consubstanciava duas tendências concorrentes: uma, marcada pelo carácter metódico e positivo, percorre os arquivos à procura de documentos que resolvam dilemas de autoria e preocupa-se com o trabalho de inventariação; outra, respeitando este labor ou, como aconteceu com José de Figueiredo, desprezando-o, considera a historiografia artística um exercício de sensibilidade e de crítica e tende para a identificação de especificidades nacionais.

A raiz erudita da historiografia artística, bem evidente em Sousa Viterbo e no esplendor da pesquisa de Joaquim de Vasconcelos, não livrou Vergílio Correia dos ataques da ideologia e do convencimento impressionista de José de Figueiredo, mas garantiu-lhe uma perenidade científica indiscutível.

O predomínio da historiografia positiva não equivalia, em 1910 ou 1920, a um simples anacronismo. É verdade que reflectia escassez de estudiosos, amadorismo e fraca autonomia epistemológica. Mas resultava também da necessidade de prosseguir a pesquisa arquivística e a inventariação, e portanto de cumprir uma história assente na crítica textual e na dúvida metódica. Joaquim de Vasconcelos nunca se cansou de verberar a «tendência em querer estabelecer teorias, sem um material de estudo suficiente».[17]

---

[16] Para uma visão mais aprofundada desta questão, ver, além dos trabalhos já citados, a nossa dissertação de mestrado, policopiada, *A Historiografia Artística Portuguesa. De Raczynski ao dealbar do Estado Novo (1846-1935)*, Coimbra, Faculdade de Letras, 1993, em particular dois capítulos publicados autonomamente: «A crítica de arte em Portugal (1846-1935). A afirmação de um género», *Vértice*, II série, Lisboa, n.º 72, Maio-Junho de 1996, pp. 46-53; «Estratégia e metodologia na historiografia artística portuguesa (1846-1935)», *Revista da Universidade de Aveiro. Letras*, Aveiro, n.º 17, 1997, pp. 71-92.

[17] Joaquim de Vasconcelos, *Cartas de Joaquim de Vasconcelos*. Lisboa, Edições Marques Abreu, s.d. (prefácio de 1973), p. 57.

425

Historiadores de Arte na Universidade Republicana

E, de facto, a inventariação constitui uma tarefa fulcral e permanente. As viagens de estudo, encetadas por Joaquim de Vasconcelos, voltaram a produzir avultados frutos no final dos anos de 1930, quando Luís Reis Santos (1898-1967) decidiu percorrer o país à procura de quadros dos séculos XV e XVI.[18]

Vergílio Correia, tendo embora o seu sistema de valores, colocava e procurava resolver problemas de índole factual. Lionello Venturi chamar-lhe-ia *historiador-filólogo*,[19] uma vez que a erudição suplantava a interpretação. Como já tivemos ocasião de escrever, os estudos de Vergílio Correia interligam dois discursos: um *discurso formalista* que vai no sentido de descrever as obras, agrupá-las em conjuntos, épocas ou estilos, e compará-las com congéneres europeias; e um *discurso reconstitutivo* das autorias, dos conjuntos eventualmente desfeitos e das influências.[20] José de Figueiredo, que menosprezava esta abordagem arquivística dizendo que só *pobres-diabos* a ela se dedicariam por falta de sensibilidade, pretendia aceder directamente a questões de *qualidade* e *significado*, nomeadamente de *qualidade estética* e de *significado nacional*.

8. José de Figueiredo e Reynaldo dos Santos

José de Figueiredo fez valer a sua poética nacionalista. Não deixou, por isso, de fazer obra inovadora e desenvolta. José-Augusto França diz que o seu livro de 1910 terminou «cronologicamente um período histórico-bibliográfico da arte portuguesa» e foi o «motor de uma facilidade historiográfica que peduraria», «adiantando e atrasando», abrindo «caminho ao melhor e ao pior», exercitando qualidades de espírito e de estilo ao lado de leviandades e teimosias que o menorizam.[21]

---

[18] Vítor Serrão, *Estudos de Pintura Maneirista e Barroca*. Lisboa, Caminho, 1989, pp. 330-331.

[19] Lionello Venturi, *História da Crítica de Arte*. Lisboa, Edições 70, 1984, p. 19. Tradução de Rui Eduardo Santana Brito, efectuada a partir da 2.ª edição italiana (1948), intitulada *Storia della Critica d'Arte*.

[20] Nosso artigo intitulado «A historiografia artística de Vergílio Correia (1888-1944)», *Revista da Universidade de Aveiro / Letras*, Aveiro, n.º 12, 1995, p. 174.

[21] José-Augusto França escreveu em *A Arte em Portugal no Século XIX*, vol. II, p. 123, que *O Pintor Nuno Gonçalves*, publicado em 1910, sendo um «livro inteligente, [...] não é, porém, isento de leviandade».

República, Universidade e Academia

O interesse de Reynaldo dos Santos pelas questões artísticas assumiu grande relevo na Primavera de 1915, quando realizou uma viagem a Madrid e à Andaluzia na companhia de José de Figueiredo.[22] Foi em grande medida do contacto com este estudioso que nasceu, não decerto o gosto pela arte, mas o impulso para escrever sobre ela. Ao recordar essa viagem, que os conduziu à descoberta das Tapeçarias de Pastrana, Reynaldo dos Santos elogiou «o secreto e poderoso instinto» desse «admirável visionário da arte portuguesa, que é o historiador de Nuno Gonçalves».[23]

É curioso que o lançamento de Reynaldo dos Santos como prestigiado historiador de arte esteja ligado a um «estudo histórico e arqueológico», onde a crítica das fontes prepondera sobre os problemas «espirituais». O principal objectivo (e mérito) de *A Torre de Belém*, publicado em 1922, consistiu em estabelecer em definitivo a autoria do arquitecto Francisco de Arruda, corrigindo assim a ideia, formulada por Raczynski e depois geralmente aceite, de que teria sido projectada pelo cronista Garcia de Resende. No entanto, já aqui se observa o uso de expressões caras a José de Figueiredo, como «carácter», «génio», «sentimento» e «espírito».[24] Rescende um pendor literário que o distancia da «escola de Coimbra», como se a beleza e a magnificência da arte só pudessem ser dados pela elegância da palavra. *A Torre de Belém*, em cujo arranjo gráfico participaram José de Figueiredo e Afonso Lopes Vieira, contém algumas passagens que evidenciam a paixão pelo recorte estilístico. Uma das principais é a que tenta vincar a influência exótica, bizantina. Neste baluarte, escreve Reynaldo dos Santos, «abrem-se *ajimeces*, balcões e varandas – duma sugestão tão veneziana, que às horas ensanguentadas do poente, fremem na água do Restelo, visões da *laguna*.»[25]

O terceiro livro de Reynaldo dos Santos incidiu sobre as Tapeçarias de Pastrana. Continua a ser uma monografia essencialmente erudita e descritiva, como é natural num trabalho que dava a conhecer esta obra admirável. Mas o enquadramento nacional aparece sempre. Estabelecidos os pontos

---

[22] Reynaldo dos Santos, *As Tapeçarias da Tomada de Arzila*. S.l., s.e., 1925, p. VII.

[23] Idem, p. VIII. É aliás de José de Figueiredo a ideia de que os cartões teriam sido pintados por Nuno Gonçalves, expressa numa comunicação à Academia das Ciências de Lisboa, logo em 1915. (Idem, pp. 55 e 65.)

[24] Idem, pp. 13, 92 e 93. Para estabelecer definitivamente a autoria de Francisco de Arruda, Reynaldo dos Santos aduz que a Torre de Belém «traduz uma *concepção* estranha ao génio de Boytac», a quem um ou outro autor atribuíra o projecto.

[25] Idem, p. 92.

Historiadores de Arte na Universidade Republicana

que sugerem ter sido Nuno Gonçalves o autor dos cartões, Reynaldo dos Santos vê nas tapeçarias um «realismo sóbrio e profundo, que sempre havia de caracterizar a arte portuguesa». Esta ideia vai a par de um conceito comportamentalista da identidade nacional, que lhe permite adivinhar a autoria portuguesa. O «sentimento plástico» que elas ostentam radicaria directamente no «sentimento da contemplação» do Português, «sempre mais recolhido e lírico que teatral», por contraposição ao sentimento «do movimento e da acção dramática» do castelhano. A «composição dinâmica do assalto quase repete a estática do cerco», mostrando assim ser obra de «artista nacional».[26] A autoria extrai-se portanto de aspectos materiais e de características intrínsecas:

> Por tudo isto: exactidão dos pormenores, náuticos e indumentários, das armas, armaduras e engenhos de guerra; falta de ordenação na concepção dos conjuntos, mais *filmados* que estilizados; carácter português das cabeças (retratos em muitas delas) e a expressão nobre e recolhida que reflectem; obsessão dos emblemas nacionais por toda a parte, nos estandartes, balizas das tranqueiras, pavêses das naus e nos próprios cestos das gáveas; composição, enfim, sem perspectiva de valores – que não existe ainda para quem participa dos acontecimentos – tudo revela, a meu ver, a origem e carácter portugueses dos cartões, sobre que se teceram depois estas admiráveis tapeçarias de Arzila.[27]

Para Reynaldo dos Santos, tal como para José de Figueiredo, a historiografia metódica nada valia sem esta projecção de sensibilidade e de nacionalismo. As «particularidades de composição» mostrariam «o génio artístico nacional». O «carácter grave e nobre das máscaras» reflectiria «o idealismo da raça». É em torno da questão nacional que as «escolas» de Coimbra e de Lisboa se opõem.[28]

---

[26] Reynaldo dos Santos, *As Tapeçarias da Tomada de Arzila*, p. 57.

[27] Idem, p. 58.

[28] Reynaldo dos Santos, apreciado pelo requinte das teorizações nacionais, chegou a ser também acerbamente criticado pelas mesmas razões. Hoje, extintos os entusiasmos patrióticos, as suas qualidades voltam a ser realçadas. E foi talvez sem ironia que Paulo Varela Gomes o considerou recentemente um «esplêndido» historiador de arte. (Paulo Varela Gomes, «Um país lindo», *Público*, Lisboa, ano XX, n.º 7186, sábado, 5 de Dezembro de 2009, caderno P2, p. 3. Artigo da coluna regular «Cartas do Interior».)

9. Novas sínteses

Concluímos salientando o contributo da universidade para uma historiografia artística metodologicamente mais consistente e menos permeável ao discurso nacionalista. Confundindo erudição com falta de sensibilidade, foi possível a José de Figueiredo e a Reynaldo dos Santos atacarem não apenas dois académicos de Coimbra, mas a universidade que se dedicava à história de arte.

Faltava encontrar uma via de estudo que alcançasse níveis superiores de síntese, sem ceder à tentação patriótica. Em 1924, estava quase esquecido o trabalho pioneiro de Joaquim de Vasconcelos sobre *Albrecht Durer e a Sua Influência na Península Ibérica*. Estribado numa desusada erudição, Joaquim de Vasconcelos não se limitara a descrever e a agrupar edifícios, nem a biografar artistas. Dera de si o melhor para integrar Portugal no quadro de uma difusão europeia dos modelos artísticos, sem perder tempo a discorrer sobre a originalidade portuguesa.

Foi decerto a geração de estudiosos que se afirmou a partir dos anos trinta e quarenta que quebrou esta dicotomia. Mantendo a linha de uma história metódica, António Nogueira Gonçalves publicou em 1938 um importante ensaio intitulado *Novas Hipóteses Acerca da Arquitectura Românica de Coimbra*. A renovação foi também protagonizada por Mário Tavares Chicó, Myron Malkiel-Jirmounski, João Miguel dos Santos Simões, Adriano de Gusmão, Armando Vieira Santos, Luís Reis Santos, Jorge Henrique Pais da Silva, Flávio Gonçalves e Túlio Espanca.[29] O nacionalismo artístico não perdeu de imediato a preponderância, mas foi gradualmente ultrapassado por novas abordagens, novos temas e novas preocupações.

---

[29] Segundo Vítor Serrão e Dagoberto L. Markl, estes historiadores de arte, juntamente com Vergílio Correia e Reynaldo dos Santos, são os que se destacam no período da Primeira República e do Estado Novo. (Introdução a Adriano de Gusmão, *Ensaios de Arte e Crítica*, p. 20.)

António Gomes Ferreira
Luís Mota

Formar Professores
para Cumprir a Educação na República.
A Ideologia e a Acção Política

FERREIRA, **António Gomes** – Doutor em Ciências da Educação pela Universidade de Coimbra. Professor Associado da Faculdade de Psicologia e de Ciências de Educação da Universidade de Coimbra. Investigador do CEIS20.

MOTA, **Luís** – Doutor em História da Cultura pela Universidade de Coimbra. Professor Adjunto da Escola Superior de Educação de Coimbra. Investigador do CEIS20.

A matriz ideológica da República começa bem antes da implantação do regime republicano em Portugal e constitui-se a partir de ideias que assentam na emergência de racionalidades que integram a influência iluminista e a ideologia modernista muito apoiada numa perspectiva positivista. Da Questão Coimbrã às Conferências do Casino, em 1871, emergiu um projecto cultural, político e ideológico, que progressivamente conquistou espaço na sociedade portuguesa e colocou em causa os fundamentos da monarquia constitucional – o trono e o altar – combatendo um regime, que aparentava estar em crise, e a influência da Igreja e do catolicismo na sociedade. Apoiando-se na razão e na ciência, retirando da sua força analítica consequências políticas, esse projecto promoveu a revolução, sendo decisivo no derrube do regime monárquico e na afirmação da República. A proposta republicana, assente no paradigma científico e positivo, transportava no seu bojo a fabricação de um *homem novo* através da mobilização da educação e da crença na capacidade reformadora da escola, como atesta a lei de 25 de Março de 1911. Para fabricar o *homem novo*, os republicanos necessitavam de um novo professor, o que justifica um (re)investimento na sua formação, através da reforma do incipiente ensino normal que vinha da monarquia. A nossa análise incide, precisamente, sobre a orientação dada à formação de professores do ensino secundário, no período da I República.

Enquadramento ideológico

A formação social portuguesa, na década de setenta do século XIX, transformou-se pela força motriz do vapor, resultante da política de melhoramento das vias de comunicação conduzida por Fontes Pereira de Melo, e da consequente abertura às novas ideias que sopravam da Europa. No Velho Continente difundiam-se um conjunto de ideias que viriam a constituir um paradigma de modernidade e que só por facilidade de linguagem se pode identificar por positivismo, uma vez que, paralelamente a uma matriz comteana, um conjunto de outras lhe foram agregadas. Em finais do século XIX, Théodore Ruyssen, atribuiu a Auguste Comte um conjunto de ideias que, há época, tinham já acolhimento junto de largos sectores da opinião pública europeia, e constituíam um conjunto de coordenadas de uma visão do mundo e da vida:

> Desconfiança em relação a qualquer metafísica, culto da experiência, crença na eficácia moral da ciência, hierarquia das ciências, noções de progresso e de evolução, subordinação natural do indivíduo à sociedade, teoria

432
República, Universidade e Academia

dos meios, estabelecimento moral com base na solidariedade humana, reconhecimento da grandeza social do catolicismo e da Idade Média, enfim, criação de uma ciência nova, a sociologia – são estas as grandes ideias que Auguste Comte pôs ou repôs em circulação (Ruyssen, [1886-1902]).

Na verdade, tratava-se de um conjunto de ideias que foram associadas ao pensamento positivista mas que se caracterizavam, como já sublinhámos, muito mais pelo seu ecletismo do que pela sua fidelidade ao pensamento de Comte. Nas primeiras décadas do século XX, a origem heterogénea deste *corpus*, era, aparentemente, reconhecida pela *opinião esclarecida*, facto que podemos inferir da leitura da seguinte passagem do vocabulário de Lalande (1928):

> Dá-se por extensão o nome de positivismo a doutrinas que se ligam à de Auguste Comte ou que se lhe assemelham às vezes mesmo de maneira muito longínqua, que têm como teses comuns que só o conhecimento dos factos é fecundo; que o tipo da certeza é fornecido pelas ciências experimentais; que o espírito humano, na filosofia como na ciência, só evita o verbalismo ou o erro na condição de se manter incessantemente em contacto com a experiência e de renunciar a todo e qualquer *a priori*; enfim, que o domínio das «coisas em si» é inacessível, e que o pensamento só pode alcançar relações e leis.

O positivismo, conquistou, nesse período, uma supremacia ideológica junto dum importante sector da opinião pública portuguesa, muito devido ao pensamento e acção de Teófilo Braga e de outros membros da «geração nova» que, souberam aproveitar as condições específicas da sociedade portuguesa, retirando consequências políticas das suas reflexões metafísicas e da sua aplicação noutros campos do saber.

O positivismo português foi obviamente devedor de Comte, apropriando-se da concepção evolutiva da *teoria dos três estados*, do cientismo, de um certo filantropismo humanitário e do culto dos grandes homens, mas rejeitando, entre outras ideias, a religião da humanidade e a sua concepção de estado forte e intervencionista, ainda que lhe atribuísse um papel decisivo no âmbito da educação. Mas o referido ecletismo deste positivismo fundava-se na sua permeabilidade a influências como as de Herbert Spencer (lei da evolução) ou Stuart Mill, que integravam o transformismo (Lamarck), o evolucionismo de Charles Darwin, o empirismo e o materialismo e, por vezes, até a influência de pensadores de orientação organicista (Schäffe, Vitry, Worms, Bordier, De Greef). Nas últimas décadas de Oito-

Formar Professores para Cumprir a Educação na República. A Ideologia...

centos, o positivismo disseminou-se em termos académicos e vulgarizou-se junto da opinião pública. Algumas instituições de ensino público difundiram e constituíram centros de propagação do cientismo, como as escolas médico-cirúrgicas ou as politécnicas, o Curso Superior de Letras e a Universidade. O positivismo acabou por disseminar-se por diferentes campos do saber e conquistar espaço no currículo universitário.

Na linha da tradição iluminista, este movimento cultural e ideológico, assume claramente a crença na evolução das sociedades – percebida como prolongamento da natureza cósmica e sem diferenças qualitativas e substantivas face à realidade natural e biológica e, por isso mesmo, condicionada externa (factores geográficos, climatéricos) e internamente (factores biológicos e antropológicos) – porque acredita efectivamente na ciência e na perfectibilidade humana, o que pressupõe confiar nas virtualidades da educação, que agora se quer científica como condição necessária para a pretendida *regeneração* nacional (Catroga, 1993) (Catroga, 1996).

Alicerçados nesta confiança das possibilidades do saber positivista, uma plêiade de académicos, escritores e artistas, retiram consequências para o plano político, dando corpo a um reformismo, que devia combater os fundamentos do regime monárquico-constitucional e da igreja. Era em nome da ciência que Teófilo Braga, em 1879, verberava os fundamentos e valores da monarquia constitucional:

> Felizmente o critério científico aplicado aos problemas políticos revela-nos que todas as dificuldades se podem resolver de um modo racional e desapaixonado; pondere-se a indignidade de uma instituição que se baseia no acto humilhante de um povo ser herdado como logradouro de uma família; pondere-se na ficção desgraçada da monarquia derivar a sua autoridade da graça de Deus; veja-se como o primeiro agente da lei se coloca acima dela como inviolável e sagrado, e como é o primeiro a atropelá-la arbitrariamente pelo pretendido poder moderador: veja-se como o mandato legislativo é conferido por graça régia a indivíduos de confiança monárquica e como esse mesmo mandato se torna também hereditário [...] (Braga, 1912 [1879], p. 321).

O que aqui nos interessa sublinhar é quanto o discurso de Teófilo Braga já parece supor a existência duma aceitação popular do cientismo para argumentar contra o governo e a situação política do país. Numa linguagem bastante lúcida (profética?) e contundente, ele não só denuncia que "o futuro deste país é constantemente comprometido pelo sistema governativo da dívida pública" e, socialmente, estava hipotecado porque a burgue-

República, Universidade e Academia

sia se achava vinculada a todas as "torpezas para não perder os papéis do crédito em que converteu as suas economias", como, colocando em causa, e sempre evocando a ciência, os fundamentos políticos do Estado e a sua prática política, avança uma radical mudança de regime, numa linguagem retirada do campo da medicina:

> Todos os males que sofre o nosso organismo nacional derivam-se da instituição monárquica; extirpemos este cancro que nos depaupera, com a mesma impassibilidade e conhecimento experimental com que o operador ataca uma degeneração mórbida. Como um povo, que tem direito à existência livre e ao progresso, compete-nos exercer esse direito de um modo consciente; há cinquenta e quatro anos (1826-1880) que a monarquia se exime à revisão do pacto constitucional em que firma a sua soberania; é tempo de revisarmos esse título, de lho sacarmos e de nos reorganizarmos por uma – Constituinte (Braga, 1912 [1879], p. 322).

A divulgação, junto da opinião pública, de uma certa *vulgata* do processo histórico português, caucionada pela verdade científica, da qual se retiravam consequências para a *coisa* política, mobilizou igualmente o género jornalístico, servindo a Ramalho Ortigão para narrar a «história da nossa decadência», apresentada como «a mais perfeita confirmação das leis de Darwin», identificando as causas que «pelo exercício e pelo hábito, pela hereditariedade e pela selecção artificial» conduziram à degeneração das «faculdades que fizeram de nós um povo exemplar até ao século XV» (Ortigão, 1992, pp. 172-173). Em jeito de diagnóstico ou de inventariação, Ramalho Ortigão apresentava algumas causas que mais tinham prejudicado o progresso do país, para fundamentalmente responsabilizar a igreja, a instituição que mais obstáculos colocava à expansão da visão de mundo positivista. A sua escrita era implacável e apontava:

> A Inquisição, fazendo da delação uma virtude cristã e da hipocrisia uma necessidade social, obriga os indivíduos pelo instinto da conservação a dissimular, a atraiçoar, a mentir. [...]
> A expulsão dos judeus e dos mouros e a perseguição dos cristãos-novos [...] elimina da comunidade social os indivíduos mais operosos e mais úteis.
> A confissão tornada obrigatória pelo Concílio de Trento [...]
> Esmagada a arte nacional, emudecido o génio do povo, monopolizados o ensino, a ciência e a filosofia pelas ordens religiosas, o celibato eclesiástico esteriliza o princípio da hereditariedade intelectual, destrói a orientação dos cérebros. [...]

Formar Professores para Cumprir a Educação na República. A Ideologia...

O jesuitismo, impelindo para a derrota de África D. Sebastião [...]

A monarquia aristocrática, apoiando-se na nobreza com os seus morgados, vinculando a terra, monopolizando a propriedade, impede a formação da família burguesa, e faz do povo uma plebe servil, uma criadagem vilã (Ortigão, 1992, pp. 173-174).

Tanto quanto a preocupação em diabolizar a Igreja enquanto causadora da decadência da raça, é evidente a vontade de afirmar uma retórica cientista que devia demonstrar a pertinência dos argumentos que davam conta do que impedia a sociedade portuguesa de produzir os cidadãos capazes de a conduzirem ao progresso. Apoiando-se em ideias de Horácio Ferrari, redactor da revista *O Positivismo,* Ramalho Ortigão (1992, p. 174) escrevia:

> Estas causas, que determinaram biologicamente, fatalmente a extrema decadência da nossa raça, desapareceram, mas os seus efeitos permanecerão enquanto novas influências não vierem excitar a nossa actividade, produzindo o progresso pela sobrepujança dos indivíduos mais fortes, mais enérgicos e mais inúteis. A sociedade portuguesa, tal como está presentemente organizada, não actua, porém, sobre os seus membros no sentido da selecção, tendo por efeito o progresso da raça. O nosso meio actua sobre nós em sentido contrário – no sentido da regressão ao estado selvagem (Ortigão, 1992, p. 174).

A mesma visão da realidade estende-se quando a educação se perspectivava pelo lado da escolarização. Numa obra editada nas vésperas da República, Alves dos Santos, lente da Universidade de Coimbra e antigo inspector do ensino primário, propunha-se «esclarecer alguns dos nossos problemas da educação» (Santos, s. d., p. 7) e realizar uma espécie de síntese comparativa entre o que tinha sido a nossa educação e aquilo que devia ser, no futuro, "sob pena de nos sepultarmos no pó das civilizações extintas" (Santos, s. d., p. 7). Ao analisar a questão do analfabetismo, numa abordagem onde sobressaem as marcas do paradigma cientificista, salienta que a sua solução dependia do recurso às ciências que pudessem "elucidar sobre as condições em que gerou, desenvolveu e estacionou a nossa nacionalidade, desde o século XII até aos nossos dias» (Santos, s. d., p. 16). Com recurso, no seu dizer, a um «rigoroso método científico», em tom darwinista, defende a distinção entre o analfabetismo enquanto produto do «hábito individual» e o que resulta do «hábito hereditário» (Santos, s. d., p. 16). Seguindo o mesmo tipo de raciocínio, apresenta o estado colectivo do povo condicionado pela tradição histórica, ou seja, como resultado de

República, Universidade e Academia

«uma espécie de hereditariedade social» (Catroga, 1996, p. 94), muito em razão do efeito da religião e, como não podia deixar de ser, dos jesuítas:

> Se a esta causa [reconquista] acrescentarmos a ignorância do valor da instrução, como factor imprescindível da luta pela vida; o prejuízo medieval, muito arraigado, de que, para o povo, a religião bastava e era preferível à instrução; e, mais tarde, os resultados nefastos da educação jesuítica, que acabou por obliterar, no espírito colectivo, os últimos vestígios da autonomia individual, teremos esgotado a série de principais motivos que determinaram a passividade mental, definitivamente fixada na alma da raça pelo facto do analfabetismo.
>
> É claro que, obedecendo as espécies psicológicas às mesmas leis que as espécies anatómicas, essa tendência, fixada pelo hábito, havia de transmitir-se e acentuar-se por hereditariedade. E foi o que sucedeu. De modo que as causas eficientes daquele facto, que mergulha as suas raízes na própria constituição física e mental da nossa raça, devem procurar-se, para se combaterem, nos defeitos do carácter nacional; nos prejuízos e preconceitos do nosso povo; e também nas leis do determinismo histórico, que se manifesta pela acção dos elementos dissolventes da nossa vida colectiva (Santos, s. d., pp. 16-18).

A crença, de raiz iluminista, na plasticidade humana e no progresso, compaginada com a percepção da educação como motor da ascensão civilizacional, colocam a educação como prioridade na agenda republicana. Compendiando ideias positivistas e evolucionistas e buscando fundamentação científica na medicina, na antropologia e na psicologia experimental os republicanos pensaram que era tempo de romper com o passado e proporem uma reforma educativa que refizesse o povo português.

A prática política republicana ao nível da educação, após a instauração da República, indicia que os republicanos não tiveram a percepção de que a sua acção se inseria muito mais «numa linha de *continuidade* em relação à última fase da Monarquia que numa dinâmica de *ruptura*» (Nóvoa, 1988, p. 34) nem compreenderam que, ao nível dos sistemas educativos, os ritmos de transformação são lentos e que «as mudanças de superfície escondem muitas vezes permanências» (Nóvoa, 1988, p. 34). Na verdade, a vanguarda republicana, imbuída de positivismo militante e de entusiasmo generoso mas algo ingénuo investiu na educação como se esta se alterasse por decreto ou pela exaltação retórica. A formação de professores para o ensino secundário pode ser um bom exemplo dessa vontade dominada pela inércia da prática política.

Da concepção de educação à de formação de professores

Muitas vezes, embalados pelo discurso entusiástico dos republicanos, se cai na tentação de exagerar rupturas na dinâmica educativa que vinha dos tempos do regime monárquico. Sem negar importância ao esforço de muitos militantes republicanos e às iniciativas políticas do poder que se institucionalizou com a instauração da República, é conveniente ter noção que o investimento na educação neste novo regime se faz muito em sequência com o pensamento desenvolvido ao longo das décadas anteriores. Ao radicalismo de algumas medidas dos governos republicanos à que equacionar a efectividade das políticas à luz da capacidade de actualização do projecto de modernização da sociedade. Muito do que os republicanos pretenderam no campo da educação tinha já sido enunciado e, até, tentado ao longo da monarquia liberal. Isso mesmo pode ser visto no que diz respeito à formação de professores. Na verdade, as manifestações de preocupação com a necessidade de formação específica para o professorado do ensino secundário remontam à segunda metade do século XIX, chegando mesmo a ser criada, para esse efeito, uma cadeira de *Psicologia e Ciência da Educação*, no Curso Superior de Letras (Nóvoa, 1988, p. 50). O reconhecimento da sua necessidade e importância conduziu à institucionalização, em 1901, da formação para o magistério secundário, com o Curso de Habilitação para o Magistério Secundário (CHMS), definindo-se que a iniciação à docência se realizaria no Curso Superior de Letras. A estrutura subjacente à formação englobava já o domínio científico da especialidade e psicopedagógico bem como a sua componente prática. No âmbito psicopedagógico a formação incluía *História da Pedagogia e em especial da metodologia*, *Pedagogia do Ensino Secundário* e *Psicologia* e *Lógica* – esta última só para os candidatos à secção de ciências, ainda que os conteúdos leccionados aos futuros professores fossem os mesmos (Pardal, 1992).

Embora sendo conveniente atender à continuidade da acção educativa, também não podemos ignorar que a instauração da República se fez com homens que pretenderam instaurar uma ordem política mais democrática, mais justa, mais esclarecida. O cidadão republicano devia cumprir a sua missão social mobilizado pela responsabilidade de ser útil, agindo sob a razão fundada no conhecimento científico. Nesse sentido, era natural que se sentissem impelidos para uma nova educação e quisessem impor uma nova ordem escolar. A importância e o valor atribuídos à educação e a *fé* nas potencialidades da escola como veículo de regeneração social ficam bem patentes no preâmbulo da lei de Março de 1911:

República, Universidade e Academia

O homem vale, sobretudo, pela educação que possui, porque só ela é capaz de desenvolver harmonicamente as faculdades, de maneira a elevarem--se-lhe ao máximo em proveito dele e dos outros. [...]

Educar uma sociedade é fazê-la progredir, torná-la um conjunto harmónico e conjugado das forças individuais, por seu turno desenvolvidas em toda a plenitude (Lei de 29 de Março de 1911).

Esta vontade acompanhada de uma concepção de educação integral, eixo fundamental da modernidade entre 1880 e 1930 (Nóvoa, 2005, p. 79), evidencia uma ambição pedagógica incomensurável, assente na crença de uma actuação sobre o *indivíduo total*, que compagina a transmissão de técnicas e saberes com a formação de mentalidades (Ramos, 1994, p. 414), através do «desenvolvimento do carácter pelo exercício permanente da vontade», formando «a alma da pátria republicana», o cidadão republicano, tanto mais que a «República portuguesa libertou a criança portuguesa, subtraindo-a à influência jesuítica» (Lei de 29 de Março de 1911). O enunciado da lei comporta, no entanto, o exagero do voluntarismo revolucionário e o inconfessável utilitarismo social. Como nela se diz:

Portugal precisa de fazer cidadãos, essa matéria-prima de todas as pátrias, e, por mais alto que se afirme a sua consciência colectiva, Portugal só pode ser forte e altivo no dia em que, por todos os pontos do seu território, pulule uma colmeia humana, laboriosa e pacífica, no equilíbrio conjugado da força dos seus músculos, da seiva do seu cérebro e dos preceitos da sua moral (Lei de 29 de Março de 1911).

Trata-se de um discurso portador de marcas de modernidade e de referências caras aos republicanos, consubstanciando mais um manifesto do que a retórica própria de uma lei. Tanto o seu conteúdo como o seu "tom" correspondem bem ao pensamento e à acção de um dos homens da República que mais generosamente se devotaram à causa da educação, António Aurélio da Costa Ferreira (1879-1922). De facto, a sua proposta educativa, profundamente marcada pela Educação Nova e na lógica de uma pedagogia científica, pugnava por uma educação integral, no sentido do desenvolvimento de todas as capacidades do educando e que a escola deveria dar a cada indivíduo para a intervenção de cada um num futuro melhor da humanidade (Pereira & Ferreira, 1999). O testemunho de Costa Ferreira é tão mais relevante porque ele foi professor na Escola Normal Primária de Lisboa, onde leccionou, desde 1915, *Pedologia*, *Higiene Geral* e *Higiene Escolar* (Pereira & Ferreira, 1999) e porque ele conferia grande importân-

Formar Professores para Cumprir a Educação na República. A Ideologia...

cia à pedagogia científica e ao seu conhecimento por parte dos professores. Aurélio da Costa Ferreira explicita, na lição de abertura do curso de Psicologia Experimental, no ano lectivo de 1919-1920, comparando com o desempenho do médico a importância do professor possuir conhecimentos de pedagogia e metodologia e de, simultaneamente, dominar as técnicas de observação e experimentação:

> A arte de educar assenta como a arte de curar, na anatomia e na fisiologia e assim como o médico, médico que tenha de exercer a profissão, tem não só de conhecer as doenças e os remédios, mas também conhecer os doentes e encontrar as indicações, assim também o educador, que tenha de educar, tem não só de conhecer os fins da educação e os meios da educação, a pedagogia e a metodologia, mas também de saber conhecer o educando e encontrar a forma de educação que mais lhe convenha e se adapte ao seu feitio. E assim como para o estudo do doente não basta conhecer os sintomas das doenças, porque é necessário sabê-los observar, assim também não basta ao educador conhecer os fenómenos da educação, a psicologia, mesmo que esta tenha a feição moderna e científica, e se chame psico-fisiologia ou psicologia experimental, é necessário também principalmente possuir a técnica da observação e experimentação (Ferreira, 1920, pp. 17-18).

A observação e a experimentação permitiriam ao professor orientar, ou seja, educar aproveitando a *natureza humana* – e não lutando contra ela – para desenvolver as boas tendências e inibindo as más. A educação devia preparar os indivíduos para a vida e, na medida em que «viver era, no seu entender, uma luta de adaptação, um esforço para o ajustamento do ser ao meio» (Pereira & Ferreira, 1999, p. 115), educar devia traduzir essa capacidade de «conduzir intencional e metodicamente esse ajustamento, essa adaptação». Para Aurélio da Costa Ferreira, o educador, esclarecido pela ciência, deveria ser capaz de condicionar a vontade dos educandos. Por isso, educar implicava «primeiro do que tudo, o saber estudar as causas e mecanismo das reacções individuais». Portanto, o estudo dessas reacções tinha «o maior interesse e importância para o educador» (Ferreira, 1920, pp. 19-20).

Esta preocupação com uma educação integral científica e sistemática, fazia com que autores republicanos, como Aurélio da Costa Ferreira, Alves dos Santos e Faria de Vasconcelos, pretendessem que a formação de professores devesse dar espaço à pedagogia, à metodologia, à psicologia experimental de modo que os professores pudessem agir de acordo com as características de cada aluno. Deste modo, a formação de professores era pensada, à imagem da dos médicos, como preparação de profissionais especialmente capacitados para avaliar as condições de aprendizagem dos alunos e para encontrar as soluções mais adequadas para cada caso. Embora isto não constituísse exactamente uma novidade, não há dúvida que o contexto ideológico propiciava a que tais ideias pudessem ser contempladas nas propostas políticas sobre a organização da formação de professores. Independentemente das hesitações e das dificuldades na implementação das medidas, vários governos da 1.ª República foram receptivos à necessidade de dotar os professores dum conhecimento que articulasse um saber disciplinar específico com um saber psicopedagógico fundado numa racionalidade científica assente nos princípios da observação e da experimentação. A questão que ainda se coloca é a que se prende com o alcance das políticas decretadas. Como é óbvio, nunca tiveram o sucesso que os pedagogos mais entusiastas desejavam. Algumas nunca chegaram mesmo a passar de propostas. Mas a formação de professores foi-se delineando tendo como pressuposto que a profissionalidade requeria competências técnicas que deviam resultar da articulação dos conhecimentos necessários à função que o docente devia desempenhar. Entre esses conhecimentos estavam os de âmbito psicopedagógico, que deveriam assegurar que o professor era um especialista na arte de ensinar, e que nunca deixaram de ser controversos e de encontrar resistências. Mas empreender uma compreensão deste ensino normal superior exige entrar na sua organização, no seu ensino e na apropriação deste e essa tarefa só pode ser tentada tecendo escassas informações numa narrativa artesanal.

A escola normal superior – coordenadas de uma formação

É notório que a formação de professores na I República pretende seguir uma teleologia da educação que se inscreve no processo de modernização da sociedade ocidental, muito assente no paradigma intelectualista que se havia consolidado durante os últimos anos de Oitocentos e nos primeiros do século XX e na valorização dum ethos republicano onde os valores da laicidade, da cidadania e do sentimento nacional são muito centrais. Uma evidência disso está em que o primeiro anúncio da prevista criação do ensino normal superior foi feito no âmbito da já referida Lei de 29 de Março de 1911, um documento com um alcance muito mais amplo, e que dois meses depois logo surgiu o Decreto que concretizava essa manifestação de vontade de investir na formação de professores.

Criado pelo Decreto de 21 de Maio, de 1911, o ensino normal superior constituiu o primeiro momento na história da instrução em Portugal em

Formar Professores para Cumprir a Educação na República. A Ideologia...

que a formação de professores é atribuída ao ensino universitário. As novas Escolas Normais Superiores, funcionando anexas às universidades de Coimbra e Lisboa, tinham como missão «promover a alta cultura pedagógica e habilitar para o magistério dos liceus, das escolas primárias, das escolas primárias superiores, e para admissão ao concurso para os lugares de inspectores» (Decreto de 21 de Maio, 1911). Mas a ânsia de logo se avançar para as reformas pretendidas nem sempre teve o correspondente sucesso. Entre outras razões, a condição de admissibilidade, o bacharelato das recém-criadas Faculdades de Letras ou de Ciências, determinou que o funcionamento das Escolas Normais Superiores apenas se iniciasse em 1915 e, de imediato, surgisse a necessidade da publicação de um conjunto de normas transitórias. O currículo – os planos de estudos, os trabalhos do ano de preparação pedagógica, a prática pedagógica do 2.º ano, a título de exemplo – conheceu diversas alterações legislativas, nalguns casos sem se efectivarem. Quando *chega* o 28 de Maio de 1926, o plano de estudos em vigor estava datado de 1918 (Decreto n.º 4 900, de 5 de Outubro, 1918).

Na verdade, independentemente das vicissitudes da política republicana e dos diferentes projectos sobre a educação, as Escolas Normais Superiores foram vingando, dando sequência à institucionalização de uma formação de profissionais do ensino liceal e do ensino normal e primário superior e buscando conferir uma dignidade para estes professores por via da habilitação específica para a docência. Na medida em que a admissão se realizava com o bacharelato, obtido nas faculdades de Letras ou Ciências, o plano de estudos da Escola Normal Superior cuidava apenas, se nos reportarmos às vertentes enunciadas por Eusébio Tamagnini, da *preparação profissional teórica* e da *prática profissional*. Organizada a formação em dois anos, um era dedicado à preparação pedagógica e o segundo, à prática pedagógica, a efectuar nos liceus, nas escolas normais primárias ou nas escolas primárias superiores, de acordo com o curso de habilitação frequentado pelos alunos-mestres. O ano de preparação pedagógica possuía um elenco de cadeiras anuais, o que lhes conferia centralidade no desenho curricular do curso – *Pedagogia (com exercícios de pedagogia experimental), História da pedagogia, Psicologia infantil*, as *Metodologia geral das ciências do espírito, das ciências matemáticas* e *das ciências da natureza* – e cursos semestrais – *Higiene geral e especialmente a higiene escolar, Moral e instrução cívica superior, Organização e legislação comparada do ensino secundário* (exclusivamente para o curso de habilitação ao magistério liceal) e *Organização e legislação comparada do ensino primário, e obras complementares e auxiliares da escola* (para os cursos de habilitação aos magistérios do ensino normal e primário superior). As cadeiras de *Metodo-*

República, Universidade e Academia

logia geral das ciências matemáticas e *das ciências da natureza* destinavam-se aos alunos-mestres da secção de ciências e desenho e a *Metodologia geral das ciências do espírito*, era apenas para os da secção de letras (Decreto n.º 4 900, de 5 de Outubro , 1918).

Caminhar na peugada das coordenadas para a formação de professores enunciadas por Aurélio da Costa Ferreira, conduz-nos a uma reflexão mais atenta a áreas como a metodologia, a pedagogia, a psicologia experimental e o consequente domínio de técnicas de observação e experimentação. Podemos adiantar que estamos perante um curso que tinha como preocupação dotar os futuros professores do ensino liceal e normal primário, de um capital, no âmbito das Ciências da Educação, em que a Metodologia se colocou no centro do ensino normal competindo-lhe criar um *espírito profissional metodizado*, sendo a ciência aplicada, a *ciência dos métodos pedagógicos* (Nóvoa, 1989, pp. 106-108) e a Pedagogia e a Psicologia constituíram um eixo fundamental de interpretação e de sustentação da dinâmica educativa.

De facto, a criação das três cadeiras de *Metodologia geral* – a das ciências do espírito, a das ciências matemáticas e a das ciências da natureza – revelavam uma preocupação de ligação entre a componente mais conceptual das Ciências da Educação e o saber ensinar presente na prática pedagógica, mobilizando, de igual modo, o saber de ciências como a Pedagogia e a Psicologia, para encontrar os caminhos, as orientações a adoptar para o ensino cumprir os seus objectivos. A ausência de uma cadeira de Metodologia, de natureza geral, no plano curricular conduziu a que estas diferentes disciplinas de metodologia, provavelmente, se tenham centrado em dois pólos, ou seja, numa abordagem duma metodologia geral, científica e pedagógica, e noutra mais centrada na processologia.

A consulta dos sumários da cadeira de *Metodologia Geral das Ciências do Espírito*, ainda que de uma fase tardia final, 1929-1930, parece permitir-nos esta asserção. No primeiro caso, situam-se o estudo da classificação das ciências de Wundt, base da organização das metodologias nas escolas normais superiores, a noção de ciência e o problema da sua classificação, os métodos dedutivo e indutivo e a lógica e a teoria do silogismo. Já a metodologia da História, dos factos e do conhecimento histórico, a aplicação do teste nas lições e exames de História e a didáctica das línguas novas e os métodos directo e gramatical, parecem enquadrar-se no segundo caso. A análise dos sumários da cadeira de *Metodologia Geral das Ciências da Natureza*, relativos aos anos lectivos de 1928-1929 e 1929-1930, cuja leccionação era da responsabilidade de Eusébio Tamagnini, confirma o que acabamos de destacar. Iniciando o curso com a problemática do «objectivo

Formar Professores para Cumprir a Educação na República. A Ideologia...

e método da ciência», Eusébio Tamagnini, realiza um excurso sobre a «questão dos agentes educativos: a família, a escola e a sociedade» seguido do «fim ético da educação» e das «bases individual e social do processo educativo». Ele contemplava uma análise das «bases científicas dos métodos da educação secundária» e o estudo da «História pedagógica especial dos estudos secundários». Após o tratamento de métodos das ciências, indutivo e dedutivo, dedicava alguma atenção ao método pedagógico em geral, tratando das «lições de demonstração» e de «revisões e repetições» e da organização de «excursões». Finalmente, abordava aspectos de processologia e didáctica específica, debruçando-se sobre o «equipamento necessário para o ensino das ciências, salas de aula e laboratórios», «o ensino da biologia», incidindo, nomeadamente, nos «princípios a observar nos cursos secundários de biologia: conceito de tipo; método comparativo; classificação», a «adaptação e divisão do trabalho fisiológico» e «diferenciação dos cursos botânicos e zoológicos». Depois encetava uma reflexão no âmbito da metodologia geral, com o estudo do «significado das leis científicas; seu objectivo». Abordava, seguidamente, temáticas de metodologia pedagógica, como «As intuições e os factos da vida diária como ponto de partida para a iniciação dos alunos» e «A questão do interesse na organização do ensino. Economia de tempo e esforço». Analisava, ainda, aspectos de processologia e didáctica específica, como a «organização do estudo da mecânica, a da hidrostática, da pneumática e do calor, encerrando com o «estudo da electricidade» (AUC, Escola Normal Superior de Coimbra – Documentos diversos. Caixa IV 2.ª E 9-5-17). De resto, um levantamento dos trabalhos realizados – conferências, lições, exercícios escritos (Decreto n.º 4 900, de 5 de Outubro, 1918) – pelos alunos-mestres e alunas-mestras da Escola Normal Superior de Coimbra, nas cadeiras de Metodologia geral reforça precisamente a nossa interpretação, surgindo muitos dedicados a métodos específicos de ensino das disciplinas do currículo do ensino secundário, particularmente datados de 1917 e 1930 (AUC, Escola Normal Superior de Coimbra – Alunos – Conferências. Dissertações. Exercícios Escritos I. Caixa IV 2.ª E 9-5-19) (AUC, Escola Normal Superior de Coimbra – Alunos – Conferências. Dissertações. Exercícios Escritos II. Caixa IV 2.ª E 9-5-20).

Levando em consideração a disciplina de *Pedagogia (com exercícios de pedagogia experimental)*, os sumários correspondentes ao ano lectivo de 1929-1930 informam que se iniciava com uma noção genérica de Pedagogia, tratando os fins e limites da educação e da «acção educativa da hereditariedade» para depois passar às «qualidades pessoais e sociais» e ao seu aproveitamento na «acção educativa». Posteriormente o tema abordado era a criança, o seu «intuito coleccionista» e a «actividade lúdica». O «hábito»,

República, Universidade e Academia

a «atenção» e a «memória» eram os assuntos seguintes. Depois da abordagem da «Organização e administração da escola» terminava-se com a problemática do «método dos testes» e a sua «apreciação estatística», com estudo da «média», «mediana» e «desvio padrão», a avaliação estatística dos testes e os «Histogramas» e os «polígonos de frequência» (AUC, Escola Normal Superior de Coimbra – Alunos – Conferências. Dissertações. Exercícios Escritos II. Caixa IV 2.ª E 9-5-20).

O conhecimento científico dos meios de ensino e de educar sobrepunha-se à matéria específica de ensino, facto bem expresso na cadeira de *Metodologia Geral das Ciências Matemáticas*. Dimensão bem visível num relato, elaborado pelo aluno-mestre Mário Alcântara, de uma conferência, da autoria da aluna-mestra Maria de Castro, subordinada ao tema *Método Experimental (ou de Laboratório) nas Matemáticas Elementares*, onde se reconhecia a necessidade sacrificar a «exactidão das proposições» (AUC, Escola Normal Superior de Coimbra – Alunos – Conferências. Dissertações. Exercícios Escritos II. Caixa IV 2ª E 9-5-20) em função do interesse:

> Todo o trabalho de aprendizagem é penoso e de resultados pouco satisfatórios desde que os alunos não aprendam com interesse.
>
> No caso particular da matemática, temos de atender a este factor psicológico, mesmo com sacrifício da exactidão das proposições. O professor e o autor do livro de texto devem empenhar-se e despertar o interesse dos seus alunos, embora tenham de sacrificar por vezes a ordem e o rigor que caracterizam a matemática.
>
> Esse interesse da parte dos alunos não é tão difícil como à primeira vista pode parecer. Basta que o professor saiba aproveitar a curiosidade natural da criança.

A influência da psicologia parece ser bastante forte no contexto das concepções educativas que vingavam na Escola Normal Superior de Coimbra. Eusébio Tamagnini, por exemplo, considerando que o professor, «além de instruir tem de inspirar ideais de harmonia com o espírito do tempo nas múltiplas manifestações do desenvolvimento social» (Encarnação, 1927, p. 28), discutindo o processo de desenvolvimento de um ideal na fase de crescimento da adolescência, dá a máxima prioridade à vertente emocional. As suas palavras são bem eloquentes:

> O desenvolvimento dum ideal comporta um processo intelectual e um processo emocional, mas como o elemento emocional é o mais importante

Formar Professores para Cumprir a Educação na República. A Ideologia...

compreende-se bem porque o período da adolescência corresponde ao melhor tempo para o seu desenvolvimento. As escolas têm por isso necessidade de organizarem o seu trabalho em referência especial a este facto e à alta influência que no processo adquire a personalidade do professor.

Mera instrução didáctica não basta visto que o espírito emocional da instrução é o facto de maior importância (Encarnação, 1927, pp. 28-29).

O professor devia estar preparado para atender às características dos alunos. Era conveniente conhecer o seu lado psicológico para melhor saber adequar o seu ensino. Despertar a curiosidade e o interesse da criança necessitava de algo que estivesse «na relação directa com a sua observação e a sua actividade» (AUC, Escola Normal Superior de Coimbra – Alunos – Conferências. Dissertações. Exercícios Escritos II. Caixa IV 2.ª E 9-5-20) o que implicava estudar e conhecer a Psicologia infantil, cadeira dedicada ao conhecimento «científico da natureza física e psíquica da criança» que visava preparar o futuro professor do ensino liceal para «subordinar os métodos de ensino às necessidades individuais da criança, tendo em atenção as particularidades fisiológicas e psicológicas de cada uma» (Vasconcelos, s. d., p. 10).

A importância dos conhecimentos das cadeiras de Pedagogia experimental e da Psicologia infantil na sua articulação com a Metodologia geral e as implicações na acção do professor, sobressai num texto de Augusto D'Almeida Cavacas, antigo normalista, quando sublinha a natureza imperativa da «observação científica da criança» e do conhecimento profundo das suas «fases de evolução», referindo que este avanço do conhecimento científico tem de ter uma tradução na forma de orientar o ensino:

> Nestas condições é necessário conhecer os caracteres próprios destas fases de desenvolvimento, para exercitar duma maneira profícua a actividade do educando, canalizando os seus instintos para a formação dessa personalidade, que aparece depois do período pubertário. Se se não orienta o ensino, ou aproveitando os *interesses* próprios da criança, espontâneos, ou provocados artificialmente, a missão do educador torna-se inútil, para não dizer prejudicial. [...]
>
> Sem ensino, que interesse, provoca-se a falta de atenção, a fadiga, o desassossego (vulgarmente chamado mau comportamento), que são válvulas de segurança, ou como diz Claparède, reflexas de defesa de que dispõe o organismo, segundo a lei da conservação na luta pela vida (Cavacas, 1928, p. 23).

República, Universidade e Academia

A afirmação de cientificidade das duas disciplinas está bem presente na realização de exercícios de Pedagogia experimental e Psicologia infantil, no âmbito dos laboratórios de psicologia experimental, da Faculdade de Letras, emergindo como que uma legitimação científica do saber, construído pelos alunos-mestres, através da efectiva experimentação, aproximando-os assim da realidade científica e, por outro, antecipando, de algum modo, «a iniciação à prática pedagógica» (Pintassilgo, Mogarro, & Henriques, 2010), componente do 2.º ano. Os exercícios experimentais realizavam-se com as turmas reduzidas a dez alunos, de acordo com o estipulado na lei, e, como o comprovam os trabalhos práticos realizados, a título de exemplo, em 1917, no laboratório de psicologia experimental, da Faculdade de Letras da Universidade de Coimbra, sob a orientação de Augusto Joaquim Alves dos Santos, os alunos levaram a cabo experiências sobre a medida da memória, formas e condições da atenção, o problema das memória, condições psicológicas da atenção, a medida da atenção por meio de tempos de reacção (AUC, Escola Normal Superior de Coimbra – Alunos – Conferências. Dissertações. Exercícios Escritos I. Caixa IV 2.ª E 9-5-19) (AUC, Escola Normal Superior de Coimbra – Alunos – Conferências. Dissertações. Exercícios Escritos II. Caixa IV 2.ª E 9-5-20). O relato de Alves dos Santos dá-nos ainda conta de experiências, nomeadamente, «sobre a capacidade de retenção da memória; sobre a psicometria da atenção; sobre a sugestibilidade das crianças, medida do nível intelectual, pelo método de Binet e Simon (escala métrica da inteligência); e sobre outros problemas das ciências psicológicas e pedológicas» (Gomes J. F., 1990, p. 28).

A própria criação do Laboratório de Psicologia Experimental da Universidade de Coimbra deve ser enquadrada no paradigma científico e positivista do ensino. Sublinhe-se que o seu fundador e primeiro responsável, Alves dos Santos, realizou uma viagem científica a várias cidades europeias, tendo em vista tirar o melhor partido do laboratório. No seu périplo, passou por Genebra, e foi ao laboratório da Universidade (Gomes J. F., 1990), onde realizou investigações e escutou as lições de Édouard Claparède. Em Paris visitou os laboratórios de Fisiologia e de Psicologia da Escola dos Altos Estudos e adquiriu livros e diferentes «aparelhos, acessórios e utensílios» (Gomes J. F., 1990) que constituíram o primeiro equipamento do laboratório, inicialmente instalado na sede do Instituto de Coimbra, no antigo Colégio de S. Paulo Eremita para, posteriormente, em 1914, passar para o edifício da Faculdade de Letras.

Neste mesmo período, e atestando a importância atribuída à observação e ao estudo científico do crescimento da criança, Alves dos Santos, professor das cadeiras de Pedagogia (com exercícios de pedagogia experimen-

Formar Professores para Cumprir a Educação na República. A Ideologia...

tal), Psicologia infantil e Moral e Instrução Cívica Superior, da Escola Normal Superior de Coimbra, realizava, com recurso ao *método auxonológico* (Pimentel, s. d.), um estudo sobre o crescimento com os alunos do colégio Moderno, de Coimbra:

> As primeiras *mensurações* foram realizadas, durante os meses de Maio e Junho, do ano de 1918.
>
> Em Maio e Junho, deste ano de 1919, ao perfazerem-se doze meses completos, continuou-se este *serviço antropométrico*, que não pode ser executado em Novembro e Dezembro (fim do 1.º semestre), como convinha, mercê das *ocorrências políticas*, que perturbaram a *vida nacional*.
>
> Foram observados e mensurados (e continuá-lo-ão a ser) 115 alunos, de idades que se acham compreendidas entre os dez e os dezoito anos (Santos, 1919, p. 168).

Alves dos Santos, depois de referir as primeiras medidas e de nos esclarecer qual o grupo de estudo indica-nos o material pedométrico utilizado, a técnica e respectivas instruções, prosseguindo depois a descrição dos resultados, com os respectivos quadros, e as conclusões a que o estudo permitiu chegar. Estávamos, efectivamente, perante um esforço no sentido da cientificação do estudo da criança que servisse de fundamento e orientação da prática de ensino.

A preocupação com a aplicação prática dos conteúdos, leccionados e a apreender, efectivava-se – estando previstas 3 horas semanais de aulas, sendo uma reservada aos exercícios práticos – na forma de «conferências» (quatro por ano, dois por semestre), «exercícios orais sobre a matéria já dada nas lições» (doze em cada ano, seis por semestre), «exercícios escritos nas aulas sobre a matéria das lições anteriores» (três em cada cadeira anual e dois por curso semestral) e «um exercício escrito em casa» (por cadeira ou curso semestral), não perdendo de vista a apreensão dos conteúdos e capacidade de discorrer sobre os assuntos, mas com a preocupação da preparação profissional, patente na determinação dos professores terem «o máximo cuidado em exigir dos candidatos ao magistério toda a correcção e esmero possíveis na linguagem, tanto falada como escrita» (Decreto n.º 4 900, de 5 de Outubro, 1918). Sublinhe-se a preocupação do legislador em definir um quadro legal minucioso e exaustivo, bem patente nesta preocupação marcadamente racionalizadora e moderna, definindo o tipo e o número de exercícios previstos para cada cadeira e curso semestral, guardando pouco espaço para autonomia das instituições e dos seus profissionais, aparentemente em contradição com um discurso do *self-governement* (Sérgio, 1984 [1915]).

República, Universidade e Academia

Era evidente a aposta numa formação que provocasse adesão ao espírito científico, à observação, à preferência por uma aprendizagem activa. Na legislação estavam ainda previstas a realização de «excursões científicas», nomeadamente «passeios de carácter histórico ou artístico e visitas a escolas, museus, monumentos, estabelecimentos fabris, instalações eléctricas ou hidráulicas», a realizar pelos «conhecimentos concretos» que se adquirem, bem como pelo seu «valor educativo» (Decreto n.º 4 900, de 5 de Outubro, 1918).

Os candidatos, aprovados no primeiro ano, realizavam, no 2.º ano a prática pedagógica relativa à disciplina ou disciplinas do grupo liceal, normal primário ou normal superior, correspondente à secção a que pertencessem, dirigida pelo respectivo professor de metodologia especial. No primeiro trimestre da iniciação na prática pedagógica tinham os alunos-mestres de «assistir às aulas» devendo o professor de metodologia especial «dar-lhes as noções precisas sobre o ensino das mesmas disciplinas». Aos candidatos competia «preparar algumas lições, sob indicações do professor dirigente». Estas lições seriam assistidas pelo professor de metodologia especial e pelos «candidatos da mesma secção». As mesmas seriam objecto de crítica, «nunca realizada na presença dos alunos do Liceu», do professor dirigente, que assinalaria «os defeitos notados na preparação, na exposição ou na atitude do candidato perante os alunos» e onde poderiam tomar parte os candidatos que tivessem comparecido à lição. No resto do ano lectivo os candidatos exerciam a leccionação exclusivamente, no que eram acompanhados pelo professor dirigente, que os aconselhava na condução da *coisa* pedagógica. Cabia ao professor dirigente cuidar para que a cada candidato coubesse «pelo menos, o ensino completo de um assunto ou de uma parte do programa da respectiva disciplina». Os alunos-mestres estavam obrigados a assistir «aos trabalhos práticos individuais» dos candidatos da sua «disciplina ou disciplinas da sua secção» e a «apresentar ao director da Escola Normal Superior relatórios das observações de carácter pedagógico, realizadas sobre os alunos das suas aulas», observações supervisionadas, «feitas sob as indicações do professor de pedagogia e de acordo com o professor dirigente da prática pedagógica». Neste período do ano lectivo os candidatos deviam ainda comparecer às reuniões de turma ou classe onde tirocinavam e aos conselhos escolares que se debruçassem sobre classificação de alunos e exames (Decreto n.º 4 900, de 5 de Outubro, 1918). A *prática pedagógica* conheceu alterações legislativas mas nunca se modificou a natureza inicial estabelecida aquando da sua criação. Neste modelo de formação de professores, articulavam-se instituições de dois níveis de ensino e professores da

Universidade com professores responsáveis pelas metodologias especiais e pela iniciação à prática pedagógica realizada, como vimos, nos estabelecimentos de ensino secundário. Mas nem sempre as situações correram como estavam pensadas.

Concluída a prática, o candidato obtinha a habilitação pedagógica através da realização de um exame de Estado. No caso dos candidatos ao magistério liceal esta consubstanciava-se em três dimensões, a primeira consistia em dois argumentos de meia-hora cada, sobre matérias ensinadas nos liceus centrais, sorteados no momento. O segundo momento consistia numa lição dada a uma classe ou turma, seguida de discussão pedagógica durante uma hora. Por último, havia lugar a uma dissertação sobre um ponto de didáctica do ensino secundário.

As vicissitudes de um projecto. Em jeito de reflexão final

As Escolas Normais Superiores viveram, ao longo de toda a sua existência, diversas vicissitudes e, se ao nível retórico, constituíram um *momento significativo na nossa História da Educação*, o mesmo já não se pode afirmar quanto ao seu funcionamento, ficando muito aquém do que seria desejável, como de resto deixam transparecer relatos da época, seja na imprensa ou nos relatórios dos seus directores (Gomes J. F., 1991).

Logo em 1914, ainda não existiam bacharéis para frequentarem as escolas normais superiores, já uma representação do senado universitário apelava à não execução da lei orçamental (Lei Orçamental n.º 226, 1914) que facultava a abertura de vagas do quadro aos professores provisórios dos liceus, ameaçando, desse modo, o que hoje apelidaríamos, de saída profissional dos seus futuros diplomados. A extinção, aventada na Câmara dos Deputados para a escola da universidade de Lisboa (1922) e a extinção, em 1924, da escola anexa à universidade de Coimbra, seguida da ordem de reabertura, em 1925, a desanexação e anexação às respectivas universidades (1924, 1926) ou as sucessivas modificações introduzidas na situação do 2.º ano de prática pedagógica, no que à remuneração diz respeito, são exemplos das consecutivas alterações legislativas que afectaram o quotidiano destas escolas, cujo funcionamento foi também prejudicado pelas dificuldades orçamentais (Gomes, 1989), como o comprova o facto de, no caso da Escola Normal Superior de Coimbra, nunca se terem iniciado as aulas aquando da abertura regular do ano lectivo, uma vez que o Estado não nomeava júris de admissão por falta de verba para pagar aos professores ou por a ter desviado para outros fins (Tamagnini, 1930). No primeiro número

República, Universidade e Academia

do *Arquivo Pedagógico*, já em plena ditadura nacional, escreverá Eusébio Tamagnini a abrir a publicação:

> No presente ano lectivo as aulas ainda não abriram, nem se faz ideia de quando isso será! De quem é a culpa? Desanexaram-se as Escolas Normais Superiores das respectivas Universidades. Foram ouvidos os professores de Coimbra sobre as vantagens ou desvantagens dessa desanexação? Não foram! Consumado o facto, discutido o assunto, como é que pretendeu corresponder ao desinteresse pessoal e ao ardor profissional com que os professores de Coimbra defenderam os seus pontos de vista? *Tentando suprimir a sua Escola!!*
> O público precisa conhecer este e outros factos para apreciar a situação e julgar as nossas acções (Tamagnini, 1927, pp. 2-3).

Na realidade o modelo obriga-nos a questionar a sua eficácia na formação de professores dos ensinos liceal, normal primário e primário superior, e qual o seu impacto na transformação das práticas tradicionais, quando, apesar do investimento na pedagogia experimental já por nós assinalado, tudo se parece conjugar para a manutenção duma didáctica clássica, assente no método expositivo, tanto mais que as três horas por semana de aula apontavam mais para a tendência de se centrar na transmissão de um conjunto de conteúdos pedagógicos em voga desde o início do século XX, do que ao seu exercício. Este modelo de formação apresenta, em nosso entender, dois aspectos nevrálgicos que interessa ter em atenção: por um lado, a sua natureza sequencial leva-nos questionar a articulação entre as dimensões científicas, ou seja, entre os saberes da especialidade e os do domínio psicopedagógico e, por outro, a articulação destes com a prática pedagógica, realizada nos liceus, escolas normais primárias ou escolas primárias superiores e onde, aparentemente, o único contacto ocorria com a visita mensal do professor de *Pedagogia* ou de *História da Pedagogia*.

Algumas das interrogações que colocamos, encontram algum eco no relatório que antecedia o decreto da extinção das escolas normais superiores, que consubstanciava três acusações:

> O primeiro ano da escola (ano de preparação teórica) nunca teve a duração devida. [...]
> A prática reservada ao 2.º ano, não foi, em geral, feita como era mister, sucedendo que se acumularam públicas acusações sobre a forma como têm decorrido todos estes serviços. [...]
> Não era possível que as Escolas Normais Superiores funcionassem bem, visto que os professores universitários, do 1.º ano do curso, exerciam as

Formar Professores para Cumprir a Educação na República. A Ideologia...

suas funções por acumulação, e os professores liceais, das práticas pedagógicas, não podiam preocupar-se grandemente com elas, e se desconheciam reciprocamente por estarem dispersos por vários liceus. Destes factos resultava falta de unidade de vistas e de coordenação de esforços (Tamagnini, 1930, pp. 157-158).

No entanto, o último director da Escola Normal Superior de Coimbra, não deixou sem resposta as críticas insertas no preâmbulo do decreto que extingue as escolas, bem como as difundidas na imprensa. Criticando a extinção das escolas normais superiores e a alternativa adoptada para a formação de professores para o magistério secundário, ele dava conta da importância da existência das referidas escolas e do seu significado para a qualidade da formação dos professores do ensino liceal até então. No combate às ideias constantes do decreto de extinção contrapôs as responsabilidades do Estado, nomeadamente do ministério da tutela, nas dificuldades do funcionamento das referidas escolas e apresentou alternativas, há muito reclamadas pelo corpo docente da escola que dirigira. Quanto às críticas e ataques ao profissionalismo e competência dos professores, manifestou estranheza face à gravidade das acusações e não compreender que não dessem lugar a qualquer inquérito ou sindicância (Tamagnini, 1930). Na verdade, quando seis anos mais tarde foram suspensas as matrículas nas escolas do magistério primário, o governo acautelará a situação, determinando a abertura de um inquérito, em resultado de uma campanha previamente construída na imprensa.

Significativo e a merecer outras reflexões, o facto de muitas das críticas produzidas na imprensa e os *aplausos* à posição governamental de extinção das escolas normais superiores, pelo menos aquelas com as quais Eusébio Tamagnini decidiu dialogar, terem brotado da pena de Manuel Maria Múrias Júnior. Ora Manuel Múrias, jornalista, professor da Escola do Magistério Primário de Lisboa, desempenharia, entre outros, os cargos de director do Arquivo Histórico Colonial e de censor da Academia Portuguesa de História, tendo, política e ideologicamente, sido membro do Integralismo Lusitano e integrado o Grande Conselho do Movimento Nacional-Sindicalista (MN-S), antes de pertencer e desempenhar funções na União Nacional e ser deputado à Assembleia Nacional ao tempo do Estado Novo (Rodrigues L. N., 1996) (Alexandre, Manuel Maria Múrias Júnior (Carrazeda de Ansiães, 3-4-1900 – Lisboa, 24-7-1960), 1999). Quatro anos após este debate na imprensa, em 1934, Manuel Múrias, acompanhando Costa Leite (Lumbrales), José Cabral e, precisamente, Eusébio Tamagnini, cindirão do MN-S e engrossarão as fileiras da União Nacional, parecendo denunciar, por um lado, que mesmo entre a ala politicamente conservadora da sociedade era possível encontrar apoios para a manutenção da Escola Normal Superior tal como tinha vindo a ser pensada até então. Mas o contexto ideológico dominante era outro e tendia a ser reactivo relativamente ao que havia condicionado o poder político nos últimos decénios. Se o liberalismo republicano buscava um patriota instruído no caminho da ciência, a ênfase que veio da situação política criada pelo golpe militar de Maio de 1926 punha-se no patriota que devia seguir os valores seguros da tradição católica. Tal como o liberalismo, na perspectiva dos adeptos da nova ordem, havia conduzido aos interesses particulares, à desagregação social, a educação tinha soçobrado num intelectualismo pedante, favorecido por um anárquico e confuso ensino (Resende, 2003). Para muitos desta ala mais conservadora do regime que agora se desenhava era tempo de parar com esta sucessão de mudanças inoperantes. No que há docência dizia respeito, não faltavam os que entendiam que "o dom de educação e de ensinar é privilégio ingénito e misterioso de poucos" e que a sua falta só podia ser de algum modo superada "pela aquisição do hábito, do processo, na receita vista em prática" (Campos, 1928, p. 1). Mas esta posição radical, dificilmente podia ser aceite na sua pureza, pois não era mais possível recusar completamente os caminhos do saber psicopedagógico. Em face disso, a solução encontrada em 1930, conciliava a perspectiva corporizada nas Escolas Normais Superiores com esta de forte pendor tradicionalista. A partir de então às universidades caberia a formação científica e cultural pedagógica e aos Liceus Normais o treino pedagógico, num estágio fixado em dois anos.

BIBLIOGRAFIA

ALEXANDRE, P. M. (1999). Eusébio Barbosa Tamagnini Encarnação (Tomar, 8-7-1886 – 1-11-1972). In A. Barreto, & M. F. Mónica, *Dicionário de História de Portugal. Volume VII. Suplemento A/E* (p. 622). Lisboa/Porto: Livraria Figueirinhas.

ALEXANDRE, P. M. (1999). Manuel Maria Múrias Júnior (Carrazeda de Ansiães, 3-4-1900 – Lisboa, 24-7-1960). In A. Barreto, & M. F. Mónica, *Dicionário de História de Portugal. Volume VIII. Suplemento F/O* (pp. 576-577). Lisboa/Porto: Livraria Figueirinhas.

AUC. *Escola Normal Superior de Coimbra – Alunos – Conferências. Dissertações. Exercícios Escritos I. Caixa IV 2.ª E 9-5-19.*

AUC. *Escola Normal Superior de Coimbra – Alunos – Conferências. Dissertações. Exercícios Escritos II. Caixa IV 2.ª E 9-5-20.*

Formar Professores para Cumprir a Educação na República. A Ideologia...

AUC. *Escola Normal Superior de Coimbra – Documentos diversos. Caixa IV 2.ª E 9-5-17.*

BAGLEY, W. C. ([1905?]). *The educative process.* London: Macmillan.

BRAGA, T. (1912 [1879]). *Soluções positivas da política portuguesa.* Lisboa: Livraria Chardron de Lello & Irmão.

CAMPOS, A. (13 de Julho de 1928). "Juno e a Núvem". *Diário de Notícias.*

CATROGA, F. (1993). Os caminhos polémicos da «geração nova». In L. R. Torgal, & J. L. Roque, *Os Liberalismos (1807-1890)* (pp. 569-581). Lisboa: Círculo de Leitores.

CATROGA, F. (1996). Positivistas e republicanos. In L. R. Torgal, J. M. Mendes, & F. Catroga, *História da História em Portugal* (pp. 87-115). Lisboa: Círculo de Leitores.

CAVACAS, A. D. (Março de 1928). Considerações psico-pedagógicas para a orientação da didáctica geral. *Arquivo Pedagógico. Boletim da Escola Normal Superior de Coimbra. Volume II. N.º 1*, 21-28.

Decreto de 21 de Maio. (24 de Maio de 1911). *Diário do Governo, n.º 120.*

Decreto n.º 4 900, de 5 de Outubro (5 de Outubro de 1918). *Diário do Governo, I.ª Série, n.º 229.*

ENCARNAÇÃO, E. T. (1930). A extinção das Escolas Normais Superiores. *Arquivo Pedagógico. Boletim da Escola Normal Superior de Coimbra. Volume IV. Número 1 a 4. Março a Dezembro*, 101-204.

ENCARNAÇÃO, E. T. (1927). Questões de educação secundária. *Arquivo Pedagógico. Boletim da Escola Normal Superior de Coimbra. Volume I. N.º 1 Março*, 20-29.

FERREIRA, A. A. (1920). *Algumas lições de Psicologia e Pedologia.* Lisboa: Lumen.

GOMES, A. F. (2005). *A educação libertária segundo Aurélio Quintanilha.* Braga: Universidade do Minho [dissertação de mestrado].

GOMES, J. F. (1989). *A Escola Normal Superior da Universidade de Coimbra (1911--1930).* Lisboa: Instituto de Inovação Educacional.

GOMES, J. F. (1990). As origens do Laboratório de Psicologia Experimental da Universidade de Coimbra. *Revista Portuguesa de Pedagogia Ano XXIV*, 3-38.

GOMES, J. F. (1991). Três modelos de formação de professores do ensino secundário. *Revista Portuguesa de Pedagogia.* Ano XXV, 1-24.

GUIMARÃES, J. (s. d.). *Quintanilha, Aurélio Pereira da Silva.* Obtido em 3 de Junho de 2010, de Biblioteca Digital de Botânica: http://bibdigital.bot.uc.pt/index.php?menu=8&language=pt&tabela=geral

LALANDE, A. (1928). *Vocabulaire technique et critique de la philosophie.* Paris: Presses Universitaires de France.

Lei de 19 de Abril de 1911. (22 de Abril de 1911). *Diário do Governo n.º 93.*

Lei de 21 de Maio de 1911. (24 de Maio de 1911). *Diário de Governo n.º 120.*

Lei de 29 de Março de 1911. (30 de Março de 1911). *Diário de Governo n.º 73*.

Lei Orçamental n.º 226. (30 de Junho de 1914). *Diário de Governo, I.ª Série, n.º 127*.

MATOS, P. F. (11 de 2007). *A escola de antropologia de Coimbra, 1850-1950. O que significa seguir uma regra científica?* Obtido em 1 de 6 de 2010, de Etnográfica [on line]. Volume 11, n.º 2: htttp://www.scielo.oces.mctes.pt/scielo.php?script=sci_artte&pid=S0873-65612007000200013&lng=pt&nrm=iso

NÓVOA, A. (1988). A República e a Escola. Das intenções generosas ao desengano das realidades. *Revista Portuguesa de Educação. I (3)*, 29-60.

NÓVOA, A. (2005). *Evidentemente. Histórias da Educação*. Porto: Edições ASA.

ORTIGÃO, R. (1992). *As Farpas. O País e a Sociedade Portuguesa. Tomo VIII. Os nossos filhos – Instrução pública*. Lisboa: Clássica Editora.

PARDAL, L. A. (1992). *Formação de Professores do Ensino Secundário (1901- -1988). Legislação essencial e comentários*. Aveiro: Universidade de Aveiro.

PEREIRA, J. A., & Ferreira, A. G. (1999). *António Aurélio da Costa Ferreira. Um Educador na Primeira República*. Lisboa: Casa Pia de Lisboa.

PIMENTEL, F. A. (s. d.). *Pedologia (Esboço de uma História Natural da Criança)*. Lisboa: Livraria Editora Guimarães & C.ª.

PINTASSILGO, J., Mogarro, M. J., & Henriques, R. P. (2010). *A formação de professores em Portugal*. Lisboa: Edições Colibri.

QUINTANILHA, A. (1927). O papel das Universidades na Reforma do Ensino Secundário. *Arquivo Pedagógico. Boletim da Escola Normal Superior de Coimbra. Volume I. Número 2. Junho*, 110-113.

RAMOS, R. (1994). *A segunda fundação (1890-1926)*. Lisboa: Círculo de Leitores.

RESENDE, J. M. (2003). *O engrandecimento de uma profissão: os professores do ensino secundário público no Estado Novo*. Lisboa: Fundação Calouste Gulbenkian/Fundação para a Ciência e a Tecnologia.

RODRIGUES, L. N. (1996). Manuel Maria Múrias Júnior (1900-1960). In F. Rosas, & J. M. Brito, *Dicionário de História do Estado Novo. Volume II M-Z* (p. 646). Venda Nova: Bertrand Editora.

RODRIGUES, M. A. (1992). *Memoria Professorum Vniuersitatis Conimbrigensis*. Coimbra: Arquivo da Universidade de Coimbra.

RUYSSEN, T. (1886-1902). In M. D. BERTHELOT, *La Grande encyclopédie: inventaire raisonne des sciences, des lettres et des arts*. Paris: Lamirault.

SAMPAIO, S. (1975). *O ensino primário 1911-1969. Contribuição monográfica – Volume I 1.º Período 1911-1926*. Lisboa: Fundação Calouste Gulbenkian.

SANTOS, A. (s. d.). *A nossa escola primária (O que tem sido, o que deve ser)*. Porto: Casa Editora de A. Figueirinhas.

SANTOS, A. d. (1919). *Educação Nova. As Bases. I O corpo da criança*. Porto/Rio de Janeiro: Livraria Chardron/Livraria Francisco Alves.

Formar Professores para Cumprir a Educação na República. A Ideologia...

SÉRGIO, A. (1984 [1915]). *Educação Cívica*. Lisboa: Livraria Sá da Costa.

TAMAGNINI, E. (Março a Dezembro de 1930). A extinção das Escolas Normais Superiores. *Arquivo Pedagógico. Boletim da Escola Normal Superior de Coimbra. Volume IV. N.º 1 a 4*, 101-204.

TAMAGNINI, E. (Março de 1927). Duas palavras. *Arquivo Pedagógico. Boletim da Escola Normal Superior de Coimbra. Volume 1. N.º 1*, 1-4.

TORGAL, L. R. (2008). *A Universidade entre a tradição e a modernidade*. Obtido em 30 de Maio de 2010, de Revista Intellectus/Ano 07 Volume I: http

VASCONCELOS, F. d. (s. d.). *Lições de Pedologia e Pedagogia Experimental*. Lisboa: Antiga Casa Bertrand – José Bastos e C.ª Editores.

Joaquim Romero Magalhães

**Leonardo Coimbra e a Criação Política
da Faculdade de Letras da Universidade do Porto**

MAGALHÃES, **Joaquim Romero** – Doutor em História Económica e Social pela Faculdade de Economia da Universidade de Coimbra. Professor Catedrático da FEUC.

À memória de meu Pai,
Joaquim da Rocha Peixoto Magalhães,
aluno, amigo e admirador de Leonardo Coimbra*

Leonardo Coimbra (1883-1936) ministro da Instrução em 1919 – no rescaldo da Monarquia do Norte – toma a peito lançar medidas reformadoras de longo alcance. Acusava a Faculdade de Letras de Coimbra de não caminhar no sentido da "liberdade pelo ensino" e por dedicar "especial atenção ao elogio histórico de jesuítas..."[1] Segundo ele, "essa Faculdade não está de forma alguma adaptada ao espírito republicano moderno, porque há professores que não estão integrados nesse espírito, e cuja atitude perante a República não é das mais amigas."[2] A estes dizeres responde o lente de Medicina Daniel de Matos: "Não eram de hoje essas acusações tão malévolas como infundadas. Vinham de longe – de que a Universidade era reaccionária, depois que era germanófila; por último insinuar-se-ia que ela tinha feito política sidonista." Bem pelo contrário, os seus professores "não são políticos, não são reaccionários, mas sim progressivos, trabalhadores, sempre prontos a auxiliar os poderes do Estado a bem da prosperidade da Pátria." O poder político bem tentará replicar que se tratava de "integrar o espírito universitário no movimento das ideias científicas modernas; de normalizar a vida da Universidade de acordo com os princípios e ideias de hoje."[3] Era esse o sentido da acção de Leonardo Coimbra, eliminando ainda um dos focos de reaccionarismo que no seu entender prejudicava a consolidação do regime republicano. Porque disso se tratava: havia que erradicar saudosismos da repressiva ditadura sidonista (1917-1918) e da ameaça de restauração da Monarquia do Norte (1919).

---

* Agradecimentos são devidos à Dra. Isabel Pereira Leite, ao Prof. Doutor Luís Miguel Duarte e ao Dr. Flávio Miranda.

[1] Leonardo Coimbra, *A questão universitária (discurso parlamentar)*. Lisboa – Rio de Janeiro: Portugal – Brasil Limitada – Companhia Editora Americana, [1919], p. 40.

[2] Idem, *Cartas, Conferências, Discursos, Entrevistas [Registos de Imprensa]*. *Bibliografia Geral de Leonardo Coimbra*, ed. Pinharanda Gomes e Paulo Samuel. Lisboa: Fundação Lusíada, 1994, pp. 76-77.

[3] "A Universidade de Coimbra no século XX. Actas da Assembleia Geral. 1911--1934, *in Boletim do Arquivo da Universidade de Coimbra*. Coimbra: Arquivo da Universidade, 1988, p. 36-37.

República, Universidade e Academia

Leonardo Coimbra muda o plano de estudos das licenciaturas em Filosofia nas Faculdades de Letras, logo nomeando professores (2 de Maio de 1919).[4] Tratava-se de uma notabilíssima reforma, que poria Portugal a par do que melhor se fazia no Mundo.[5] Era querer demasiado: protestam os professores, protestam os estudantes.[6] Imenso alarido, feridas que ficavam as autonomias das mal-preparadas instituições. Mas logo em seguida, e com um só golpe, desanexa a Faculdade de Letras da Universidade de Coimbra e transfere-a para a Universidade do Porto. Serão uma extinção e uma criação mascaradas por uma transferência. Era uma medida corajosa, embora não atingisse o cerne: a Universidade de Coimbra, que Leonardo Coimbra teria até sonhado fechar, desde o tempo em que escrevia contra a sua "rançosa Faculdade de Direito."[7]

O seu radicalismo, naturalmente desconfiado de lentes e de lentências, a isso o incitaria. Porém não era medida política que um governo, fosse qual fosse, pudesse empreender. Havia limites à acção possível, que não seriam ultrapassados.[8] Sobre o que Leonardo Coimbra não tem dúvidas. E faz afirmações francas na Câmara dos Deputados: "há professores da velha Faculdade de Teologia, e que fazem parte da Faculdade de Letras, que, pela sua formação psíquica, [...] encontrando-se dentro de confissões religiosas, não podem oferecer, para um dado ensino, as garantias de neutralidade e imparcialidade que esse ensino requer." Considera que a sua "orientação científica especializada [...] não podia aplicar-se aos novos estudos que ali tinham de ser professados, numa nova era que ia desenvolver-se em todo o país,

---

[4] Plano de estudos proposto para a licenciatura em Filosofia em Luís Reis Torgal, "Estudo Introdutório", in *Lobo Vilela e a polémica sobre a Universidade e o ensino nos inícios do Estado Novo*. Lisboa: Serviço de Educação e Bolsas da Fundação Calouste Gulbenkian, 2009, p. 34; Lúcio Pinheiro dos Santos, "Profundeza e perenidade do pensamento de Leonardo Coimbra", in *Leonardo Coimbra. Testemunhos dos seus contemporâneos*. Porto: Livraria Tavares Martins, 1950, p. 57.

[5] A. H. de Oliveira Marques, "Notícia Histórica da Faculdade de Letras de Lisboa (1911-1961)", sep. da *Revista Ocidente*: Lisboa, 1970, pp. 24-25; Álvaro Ribeiro, *Memórias de um Letrado*. Lisboa: Guimarães & C.ª Editores, vol. 2, pp. 153-155.

[6] Damião Peres, *História de Portugal. Suplemento*. Porto: Portucalense Editora, 1954, p. 249; Álvaro Ribeiro, *Memórias de um Letrado.*, vol. 2, pp. 158-160.

[7] José Gomes Ferreira, *A memoria das palavras ou o gosto de falar de mim*. Lisboa: Portugália Editora, 1965, p. 243; Leonardo Coimbra, *Dispersos. V. Filosofia e Política*, ed. Pinharanda Gomes e Paulo Samuel. Lisboa: Editorial Verbo, 1994, p. 32.

[8] Idem, *Cartas, Conferências, Discursos, Entrevistas [Registos de Imprensa]*. *Bibliografia Geral de Leonardo Coimbra*, p. 77.

461

Leonardo Coimbra e a Criação Política da Faculdade de Letras...

orientada na Democracia." E aponta o Doutor António de Vasconcelos como autor de trabalhos "que brigam com a orientação que deve ter o moderno estudo da história."[9] Argumentos que todos serão tidos como de "pérfida imbecilidade."[10]

Leonardo Coimbra ataca a Universidade através da mais fraca das instituições coimbrãs. As Faculdades de Letras, criadas em 1911, ainda em 1919 careciam de prestígio.[11] Apenas a de Lisboa, como continuadora do Curso Superior de Letras, dispunha já (ou ainda) de alguns mestres prestigiados e prestigiantes: Theophilo Braga, José Leite de Vasconcelos, José Maria Rodrigues, José Joaquim Nunes, David Lopes e Adolfo Coelho nas Filologias e Literaturas, ou Silva Teles na Geografia. Em Coimbra, apenas D. Carolina Michaëlis de Vasconcelos era nome sonante.[12] Estava-se ainda no começo de vida dos novos estabelecimentos, o arranque revelava-se moroso, os talentos tardavam a afirmar-se.

O argumento oficial para a dupla operação de transferência da Faculdade de Letras era especioso: é que sendo Coimbra "um meio essencialmente universitário, vivendo o professorado e corpo docente da Universidade como que insulados no seu trabalho especulativo, literário ou científico", impunha-se passá-la para o Porto. Também porque, "sendo as condições sociais" dessa cidade "de mais larga actividade que as de Coimbra, convém que na Universidade do Porto haja uma Faculdade de Letras."

---

[9] Ibidem, pp. 79-81; António de Vasconcelos, "Bibliografia", *in Escritos Vários relativos à Universidade Dionisiana*, ed. Manuel Augusto Rodrigues. Coimbra: Publicações do Arquivo da Universidade de Coimbra, 1987, n.os 83 a 98, pp. XXII-XXVI.

[10] Joaquim de Carvalho, *A minha resposta ao ultimo considerando do decreto que desanexou Faculdade de Letras de Coimbra*. Coimbra: Tipografia França Amado, 1919, p. 15.

[11] António de Vasconcelos, "Faculdades de Letras", *in Revista da Universidade de Coimbra*. Coimbra: Imprensa da Universidade, 1912, p. 629.

[12] Gonçalves Cerejeira, "Os nossos mestres. A Senhora D. Carolina Michaëlis de Vasconcellos", *in Biblos. Boletim da Biblioteca da Faculdade de Letras da Universidade de Coimbra*. Coimbra: Faculdade de Letras, vol. I, n.º 1, Janeiro de 1925, pp. 7-11; *Lusitania. Revista de Estudos Portugueses, In Memoriam de D. Carolina Michaëlis de Vasconcelos*, Lisboa, Fasc. X. Vol. IV, Outubro de 1927; *Memoria Professorum Universitatis Conimbrigensis. 1772-1937*. Direcção de Manuel Augusto Rodrigues. Coimbra: Arquivo da Universidade de Coimbra, vol. II, 1992; João Paulo Avelãs Nunes, *A História Económica e Social na Faculdade de Letras da Universidade de Coimbra. O historicismo neo-metódico: ascensão e queda de um paradigma historiográfico. 1911-1974*. Lisboa: Instituto de Inovação Educacional, 1995, p. 233.

República, Universidade e Academia

Porque a Faculdade de Coimbra "tem orientado, embora notavelmente, à erudição livresca sobre a de especulações originais do espírito moderno, manifestando-se na filosofia revelada nas obras dos seus principais professores e alunos laureados uma quase completa orientação tomista de forma escolástica." Era um aviso solene à Universidade de Coimbra: a Faculdade de Letras, sendo a mais recente, teria menos defesas. E, vista a origem de uma parte dos mestres ser a Faculdade de Teologia, talvez se não esperasse uma reacção muito violenta a seu favor. A transferência para o Porto também levanta dúvidas. Esperaria Leonardo que alguns lentes se deslocassem para a cidade nortenha? Não parece muito crível. Pior: com eles as intenções expressas de inovar não poderiam ter êxito.[13]

Para fazer vingar a sua criatura no Porto, Leonardo teria de apostar em que ela com nova gente se desenvolvesse, formando novos prosélitos num novo espírito que contribuísse para a democratização e republicanização da Universidade e de toda a escolaridade, através dos liceus em que esses seus licenciados depois iriam ensinar. Por isso nos considerandos do Decreto não deixa de se referir que convinha "que quem se destina ao ensino secundário – que neste é que se forma o carácter dos alunos e porque não pode ser bom educador quem não tenha conhecimento prático da vida – siga os seus estudos superiores num meio social em que as mais variadas manifestações da actividade se exerçam."[14] Meio social, boa justificação; meio académico seria mais apropriado. O objectivo político era muito claro e devidamente explicitado no decreto n.º 5770, de 10 de Maio de 1919.

A Faculdade de Letras de Coimbra terá entendido o que estava em jogo e não lhe convinha contrariar as boas razões: prefere usar o argumento de que a extinção resultava de uma vingança pelo protesto elevado a propósito da reforma dos cursos de Filosofia. E ainda, e muito em especial, sobre a nomeação de professores vinda do Ministério, assim arguindo contra uma depreciada "razão de dignidade e prestígio do Corpo Docente das Universidades." E em sua defesa a Faculdade trata de afirmar que "jamais traiu o pensamento ou a inspiração com que na Universidade foi fundada." Insiste o Senado em que a Faculdade de Letras apenas protestou por "considerações de ordem pedagógica e só teve em vista defender os interesses do ensino e autonomia das Faculdades, tal como está consagrada no Estatuto

---

[13] Boa narrativa em Álvaro Ribeiro, *Memórias de um Letrado*, vol. 2, pp. 160-196.

[14] Luís de Pina, "Faculdade de Letras do Porto (Breve História)" in *Cale. Revista da Faculdade de Letras do Porto*. Porto: 1966, pp. 67-68.

Universitário."[15] Mas a percepção do perigo desta primeira medida para a Universidade revela-se na afirmação de que o Decreto n.º 5770 "pode ser o início da destruição da velha e gloriosa Universidade de Coimbra."[16] Ou pelo menos da sua integridade – era o bom argumento.

Como talvez fosse de esperar, o ministro da Instrução não conseguira impor a extinção da Faculdade de Letras de Coimbra. Professores dados como republicanos, entre os quais Ângelo da Fonseca, assinam uma representação ao parlamento contra o decreto. Republicanos ilustres, como Brito Camacho, Fernandes de Mira, ou Santiago Prezado juntam as suas vozes às dos lentes. Ouve-se o protesto de Joaquim de Carvalho. A academia levanta-se em peso contra a medida que a atingia. Greve de estudantes declarada e conseguida em Coimbra não será acompanhada por toda a academia em Lisboa.[17] E a extinção revelou-se impossível de conseguir. Politicamente. Que os argumentos políticos não bastavam. Um republicano como Joaquim de Carvalho escreve: "Que a República se defenda, é justo; mas quando essa defesa vicia a atmosfera serena da cultura, estrangulando ou cilindrando o espírito, que é independência e liberdade, é abominável, tanto ou mais que roubar a vida."[18]

Não tardou a que ficasse resolvida a *Questão Universitária*. É este o título que Leonardo dá ao discurso parlamentar sobre o assunto com que encerra o debate em São Bento. Pela lei 861, de 27 de Agosto de 1919, voltavam as Letras para Coimbra, mas também se criavam outras, novas, no Porto. Nem tudo se perdia, agora por vontade do parlamento. Todavia, a Faculdade Técnica que o ministro propusera criar em Coimbra não chegou sequer a esboçar-se; nem chegaram as prometidas Belas-Artes. E os professores acomodam-se, contentando-se com a demissão do Reitor Coelho de Carvalho, de uma inqualificável falta de habilidade na melindrosa questão. Que poderá ser tida como "obra miseravelmente sectária."[19]

---

[15] Joaquim Ferreira Gomes, *A Universidade de Coimbra durante a Primeira República (1910-1926). Alguns apontamentos*, Lisboa: Instituto de Inovação Educacional, 1990, pp. 334-336.

[16] "A Universidade de Coimbra no século XX. Actas da Assembleia Geral. 1911-1934", p. 44.

[17] Um aguerrido grupo de jovens contrariou essa greve em Lisboa, porque Leonardo figurava então como "ídolo da gente progressiva", no dizer de José Gomes Ferreira, *A memoria das palavras ou o gosto de falar de mim*, p. 102.

[18] Joaquim de Carvalho, *A minha resposta ao último considerando do decreto que desanexou Faculdade de Letras de Coimbra*, p. 15.

[19] Ibidem, p. 6; "A Universidade de Coimbra no século XX. Actas da Assembleia Geral. 1911-1934", p. 53.

Leonardo Coimbra vai conseguir instalar a nova Faculdade de Letras que a Universidade do Porto jubilosamente adopta. Porque a academia portuense reclamava uma instituição que a completaria.[20] Nomeou os primeiros professores o ministro da Instrução Joaquim de Oliveira.[21] Só depois Leonardo seria director.[22] Não houve transferências de Coimbra, não houve candidatos provenientes de Lisboa. A Faculdade do Porto iria ter o seu próprio professorado, pouco numeroso: gente nova. Dela se esperava "o rejuvenescimento da pátria portuguesa, visto o ensino ministrado neste estabelecimento tender a inculcar na mocidade estudiosa sãs doutrinas patrióticas, e a dar-lhe um ideal superior de cultura humana."[23]

A Faculdade de Letras do Porto conseguiu criar um corpo docente de elevada qualidade e afirmou-se como uma verdadeira escola. O ensino de Leonardo Coimbra e de Newton de Macedo no grupo de Filosofia, de Damião Peres, Aarão de Lacerda e Magalhães Basto na História, de Hernâni Cidade e José Teixeira Rego na romanística, de Ângelo Ribeiro e Luís Cardim na germanística e de Canuto Soares e Francisco Torrinha nas Clássicas não eram menores no Portugal desse tempo – e basta comparar as suas obras com as dos que professavam idênticas matérias nas outras Faculdades.[24] E não chegarão sequer a ter acesso às suas cátedras Agostinho da Silva e António Salgado Júnior, entretanto já doutorados pela escola que tinham frequentado (em 1929 e 1930).

Não se compunha o corpo docente da Faculdade de Letras do Porto de correligionários políticos, que bastante diversidade havia entre eles. Porém,

---

[20] Luís de Pina, "Faculdade de Letras do Porto (Breve História)", p. 62.

[21] Leonardo Coimbra, *Cartas, Conferências, Discursos, Entrevistas [Registos de Imprensa]. Bibliografia Geral de Leonardo Coimbra*, pp. 192-193.

[22] Luís de Pina, "Faculdade de Letras do Porto (Breve História)", p. 132.

[23] Ibidem, p. 86; Luís A. de Oliveira Ramos, "Os quadros da antiga Faculdade de Letras", *in O Comércio do Porto*, 18 de Novembro de 1980; Adriano Eiras, *Faculdade de Letras do Porto 1919-1931. Contribuição bibliográfica para a sua história*. Porto: Biblioteca Pública Municipal do Porto, 1989.

[24] Pinharanda Gomes, *A "Renascença Portuguesa" – Teixeira Rêgo*. Lisboa: Instituto de Cultura e Língua Portuguesa, 1984; Armando Luís de Carvalho Homem, "A história que nos fez e a história que se faz: da primeira para a segunda fase da Faculdade de Letras do Porto", *in Revista de História*. Porto: Faculdade de Letras da Universidade do Porto, 1991, pp. 230-233; João Carlos Garcia e José Ramiro Pimenta, "Os Livros de Geografia da Faculdade de Letras da Universidade do Porto (1919-1931): Ciência, Ensino e Divulgação", *in Estudos em Homenagem a Luís António de Oliveira Ramos*. Porto: Faculdade de Letras da Universidade do Porto, vol. II, 2004, p. 558.

só terá sido nomeada gente leal, que não fosse hostil à República.[25] Tendo embora havido equívoco na escolha de Homem Christo, republicano ou monárquico conforme a sazão[26], não se contaria no corpo docente nenhum monárquico – salvo Torquato de Sousa Soares (empenhado reaccionário), vindo quando os horizontes de continuidade se apagavam e Leonardo já não dirigia a Faculdade.

Porém, o que distinguiu a nova escola foi acima de tudo a atitude dos seus professores, em ambiente de estudo e convívio, "isento de doutorismo."[27] Todos, professores e alunos, praticavam "uma convivência que tinha todo o sabor e toda a eficiência da afectuosa camaradagem intelectual." A razão disso, explica Hernâni Cidade, está em que sentiam "a necessidade de dignificar uma escola que, tendo surgido e continuando sem os sacramentos da liturgia tradicional, mais do que nenhuma precisava de afirmar valor intrínseco que pudesse prescindir dos valores exteriores que as velhas praxes não lhe tinham conferido. E foi a iniciativa da Universidade Livre, a actividade dentro da *Renascença Portuguesa* e sua revista *A Águia*, a *Revista da Faculdade de Letras do Porto*, a irradiação, pelo livro, pela conferência e pelo jornal de uma acção de excitação intelectual, que ia da investigação no arquivo e na meditação em casa, à tertúlia do café e da livraria, ao contacto com o *homem da rua*."[28] Corpo docente que funcionava

---

[25] Terá sido o convite aos docentes uma das "falhas" da Faculdade: no entanto, os que disso tiram motivo de acusação esquecem sempre que também em Coimbra não houve concursos para o preenchimento dos lugares na Faculdade de Letras e isso não foi objecto de crítica – a menos que os doutoramentos em teologia valessem como prova de saber universal... Mais: D. Carolina Michaëlis não cursara a universidade nem tinha qualquer diploma académico. Cfr. Francisco Manuel Veloso Araújo, *Faculdade(s) de Letras do Porto: da (re)criação à revolução*. Porto: Faculdade de Letras, 2008, pp. 87-88. Leonardo Coimbra, *Cartas, Conferências, Discursos, Entrevistas [Registos de Imprensa]*. *Bibliografia Geral de Leonardo Coimbra*, p. 85;

[26] Ibidem, pp. 155-157 e 192-201; nomeado por influência de António José de Almeida, Presidente da República: Sant'anna Dionísio, "Nascença da decantada Faculdade de Filosofia e Filologia do Porto", *in O Primeiro de Janeiro*, 1 de Dezembro de 1980. Em 1923 Homem Christo teve um conflito com a Faculdade atacando Leonardo e os colegas no seu *O de Aveiro*; a resposta dos alunos da Faculdade ficou em *A Garrocha*, Órgão dos Estudantes da Faculdade de Letras da Universidade do Porto, também de 1923.

[27] Sant'anna Dionísio, "A Quinta Amarela", *in O Primeiro de Janeiro*, 12 de Março de 1958.

[28] Hernâni Cidade, "Leonardo Coimbra (Depoimento dum companheiro de trabalho)", *in Leonardo Coimbra. Testemunhos dos seus contemporâneos*, p. 50. As ter

República, Universidade e Academia

como grupo, em "afinidade espiritual"[29]. Era uma "Faculdade não catedrática, criada à margem da mentalidade burocrática que foi uma das mais belas encarnações do espírito da democracia."[30] Não por acaso no primeiro número da *Revista da Faculdade de Letras do Porto* se anuncia a cooperação de professores e alunos no trabalho universitário: "Trabalho honesto, comovido, consciente da ampla e humana nobreza da sua missão."[31]

Dificuldades muitas enfrentou a nova Faculdade, "desde logo caluniada, pelos que a diziam pura criação política; praticamente desamparada dos próprios poderes públicos que a tinham criado, pois nos primeiros anos, teve de viver, quase exclusivamente, tanto da abnegada acção dos seus professores que ocorriam com milagres de devoção pedagógica à insignificância do material e à miséria das instalações, como da compreensiva dedicação e do anseio de saber dos seus estudantes." Sequer estava garantida a sua continuidade: alguns governantes pensavam extinguir faculdades para diminuir os encargos financeiros do Estado, e as Letras do Porto temiam esse fim.[32] Como testemunha Damião Peres, que as dirigiu (1925-1929), só a ditadura militar proporcionou instalações dignas, em 1927.[33] Era Ministro da Instrução Pública José Alfredo Mendes de Magalhães (Reitor da Universidade do Porto), sendo Damião Peres seu chefe de Gabinete.[34]

E é também com o mesmo titular na pasta da Instrução Pública que o governo da ditadura militar presidido por José Vicente de Freitas decreta em 12 de Abril de 1928 a extinção da Faculdade de Letras do Porto... Com ela desapareceriam também a Faculdade de Direito de Lisboa, a Faculdade de

---

túlias nos cafés com Leonardo Coimbra, que já ocorriam em Lisboa com estudantes do Liceu Gil Vicente, continuaram no Porto, algumas vezes no Café Sport na Avenida dos Aliados.

[29] Álvaro Ribeiro, "O Porto e os estudos humanísticos", *in O Tripeiro*, Novembro de 1945, p. 153.

[30] Adolfo Casais Monteiro, "O meu mestre Leonardo Coimbra", *in Leonardo Coimbra. Testemunhos dos seus contemporâneos*, p. 254; Álvaro Ribeiro, *Memórias de um Letrado*, vol. 2, p. 193.

[31] *Revista da Faculdade de Letras do Porto*, n.º 1. Porto: Tipografia de "A Tribuna", 1920, p. VIII.

[32] Leonardo Coimbra, *Cartas, Conferências, Discursos, Entrevistas [Registos de Imprensa]. Bibliografia Geral de Leonardo Coimbra*, pp. 161-163; Francisco Manuel Veloso Araújo, *Faculdade(s) de Letras do Porto: da (re)criação à revolução*, p. 63.

[33] Damião Peres, *História de Portugal. Suplemento*, p. 251, n. (1).

[34] Na tentativa de resolver os problemas de instalação da Faculdade, comprando um prédio na Rua do Breyner: foi a versão que correu entre os alunos da Faculdade.

Leonardo Coimbra e a Criação Política da Faculdade de Letras...

Farmácia e a Escola Normal Superior de Coimbra. Como única razão, pelo menos aparente, a que consta do articulado de um decreto que não tem preâmbulo: "assegurar a economia e melhor eficiência dos respectivos serviços."[35] Seria essa a razão? José Alfredo Mendes de Magalhães, republicano politicamente inconsistente que terminará na União Nacional, sempre disposto a fazer fretes a quem mandasse, na acusação de Raul Proença...[36]

A greve académica então decretada não produziu qualquer efeito nos militares que se instalavam para governar o País. Que entenderam que não se justificava manter essa escola. Como depressa se percebeu a Faculdade não subsistiria. "Entre a opinião pública circulava a nota de que a extinção da Faculdade de Letras visava principalmente a ferir a figura distinta de Leonardo Coimbra."[37] Talvez. Faltou à Faculdade poder de intervenção pública. Nem a Universidade do Porto, que já em 1923 defendera a Faculdade de Letras soube tomar medidas que impedissem a extinção. Tendo embora protestado.[38] Porque a Faculdade de Direito de Lisboa não seria extinta, que pela sua reacção e pelos seus defensores seria impedida tal execução.[39] No caso da Faculdade de Letras do Porto, não havia fora dela gente de peso politicamente empenhada em salvaguardar uma escola democrática... "Poucas foram as entidades responsáveis que se manifestaram em defesa da Faculdade de Letras."[40] Nem sequer o município.[41] Quando o País era posto a marcar passo, logo se concluiu que não havia como voltar atrás sobre a decisão tomada pelo governo ditatorial.[42]

---

[35] Luís de Pina, "Faculdade de Letras do Porto (Breve História)", pp. 71-73.

[36] Raul Proença, *Panfletos. II. Ainda a ditadura militar.* [Lisboa, 1926], pp. 21-23.

[37] Álvaro Ribeiro, *Memórias de um Letrado*, vol. 3, p. 26.

[38] Francisco Manuel Veloso Araújo, *Faculdade(s) de Letras do Porto: da (re)criação à revolução*, p. 63.

[39] Ibidem, p. 72; Cristina Faria, *As lutas estudantis contra a ditadura militar (1926-1932).* Lisboa: Edições Colibri, 2000, pp. 135-138.

[40] Álvaro Ribeiro, *Memórias de um Letrado*, vol. 3, p. 27.

[41] Francisco Manuel Veloso Araújo, *Faculdade(s) de Letras do Porto: da (re)criação à revolução*, pp. 76 e 83-84.

[42] Talvez por isso não se encontra nenhuma declaração de Leonardo Coimbra sobre o assunto: ou será efeito da censura? Não é impossível que assim tenha acontecido: Álvaro Ribeiro, *Memórias de um Letrado*, vol. 3, p. 35; Duarte Pacheco, o ministro da Instrução que se seguiu, ainda prometeu analisar a questão para acabar com a greve: Cristina Faria, *As lutas estudantis contra a ditadura militar (1926--1932)*, p. 141.

468
República, Universidade e Academia

Apesar da solidariedade da Universidade do Porto a extinção da Faculdade aconteceu, bem ao invés do que se passara aquando da frustrada transferência das Letras de Coimbra para o Porto que o Parlamento e a opinião pública impediram. Da dimensão política se apercebeu o exilado Presidente da República Bernardino Machado: "O gabinete passado suprimira escolas entre elas a Faculdade de Letras do Porto e a Faculdade de Direito de Lisboa, criadas pela República, mas evidentemente incompatíveis com o militarismo, que, alheio a todos os interesses mentais, obedece à reacção que, essa, quer pensar por todos nós. A letras, desdenha-as ignaramente, o direito é o seu maior inimigo."[43]

Permitiu-se aos alunos terminarem as suas licenciaturas... Apenas três professores entenderam continuar no ensino superior: Mendes Correia nas Ciências do Porto, Damião Peres em Coimbra e Hernâni Cidade em Lisboa. A maioria regressou ao ensino secundário, como o próprio Leonardo Coimbra, obrigado a dar aulas de desenho e álgebra elementar a crianças...[44]

Não obstante, de algum modo a Faculdade de Letras do Porto cumpriu parte do seu programa. E esse foi o de preparar gente que se dedicasse a sério ao ofício de professor dos liceus. Dali saíram os que nos exames de Estado obtiveram as mais altas classificações desse tempo[45]; dali saíram ilustres mestres.[46] Isto quando não se temiam avaliações e a competência e a seriedade do ensino não podiam ser postas em causa.

A partir da ditadura militar e sobretudo do avanço reaccionário com a entrada de Salazar no governo (1928) não podia persistir a Faculdade de Letras do Porto. Havia que liquidar uma vanguarda das intenções pedagó-

---

[43] Bernardino Machado, *A Pastoral Financeira do Patriarca*. Paris: Imprimerie Nationale, 1928, p. 21.

[44] Sant'Anna Dionísio, *Leonardo Coimbra. Contribuição para o conhecimento da sua personalidade e seus problemas*. Edição do Autor. Porto: 1936, p. 111; Álvaro Ribeiro, *Memórias de um Letrado*, vol. 2, p. 80 e vol. 3, p. 26: Leonardo e os seus amigos ter-se-iam recusado a apresentar-se a concursos em Lisboa e Coimbra – pelo que a decisão de Hernâni Cidade não teria sido muito bem vista: Sant'anna Dionísio, "A decantada Quinta Amarela", *in O Diabo*, 3 de Maio de 1983.

[45] José Marinho, George Agostinho da Silva, António Salgado Júnior, Joaquim Magalhães.

[46] Eugénio Aresta, Sant'anna Dionísio, Adolfo Casais Monteiro, Álvaro Ribeiro, Carlos Augusto Sanches, Feliciano Ramos, Luís Guedes de Oliveira, Baltasar Valente, José Dias da Silva, Augusto Saraiva, Armando de Lacerda e Delfim Santos entre outros.

gicas da República, formadora de um novo professorado.[47] Vedava-se o bom caminho da criatura libertadora do propósito e empenhamento de Leonardo Coimbra. Agora os reaccionários dominavam. Muitos seriam fiéis servidores do Estado Novo – impedindo aventuras intelectuais. E pretendendo modelar o professorado liceal pela mesma forma obtusa em que se compraziam. O tempo da esperança democrática passara.

---

[47] Luís A. de Oliveira Ramos, "Notas sobre a origem e estabelecimento da Faculdade de Letras do Porto", *in Boletim Cultural da Câmara Municipal do Porto*, 1, 2.ª série, 1983, pp. 251-252.

Salomé Marivoet

Educação Física, Ginástica e Desportos
na Primeira República

MARIVOET, **Salomé** – Doutora em Sociologia. Professora Auxiliar da Faculdade de Ciências do Desporto e da Educação Física da Universidade de Coimbra. Investigadora do Centro de Investigação do Desporto e da Actividade Física da FCDEFUC.

Acerca da implantação dos desportos na sociedade portuguesa

O modelo do desporto moderno difundido na sociedade portuguesa, tal como no resto Mundo, surgiu em Inglaterra no século XIX. Inspirado nos ideais liberais, partilhados igualmente pelos republicanos, o modelo de desporto moderno foi desde o seu início orientado pelos princípios da organização social das sociedades marcadas pela Modernidade – a liberdade, a igualdade e a fraternidade –, expressos no livre associativismo desportivo, na igualdade da competição ou verdade desportiva, e no *fair-play*.

Durante a Primeira República assistiu-se ao reforço das estruturas associativas desportivas no território nacional – os clubes desportivos, também designados de colectividades ou agremiações –, e pela via destes ao avanço da implantação do desporto moderno na sociedade portuguesa.

As primeiras colectividades desportivas em Portugal, impulsionadas pela aristocracia portuguesa do século XIX, gozaram de uma boa aceitação por parte do regime monárquico. Refira-se, que a primeira a constituir-se, a Real Associação Naval de Lisboa, fundada em 1856 (que passou a designar--se de Associação Naval de Lisboa em 1911), contou até à instauração da República com o protectorado da família real, chegando a instituir o troféu Rainha Dona Amélia, considerada a primeira timoneira desportiva em Portugal (Dias, 2000).

No leque das primeiras colectividades desportivas, merece ainda destaque a fundação do Ginásio Clube Português, em 1875, pioneiro na introdução de vários desportos na sociedade portuguesa. Também no final do século XIX, assistia-se já a uma rápida ascensão do futebol, tendo o rei D. Carlos, conhecido apoiante da modalidade, oferecido a primeira taça instituída em Portugal para jogos de futebol, o torneio Porto-Lisboa realizado em 1894 (Dias, 2000: 37).

Durante a Primeira República, o futebol, ou '*foot-ball*' como era então designado, sedimentou a sua implantação na sociedade portuguesa, fortemente impulsionado pelo crescente número de clubes desportivos fundados a partir de 1910, como assinalam João Nuno Coelho e Francisco Pinheiro, na sua obra *A Paixão do Povo. História do Futebol em Portugal* (2002)[1].

---

[1] Dias antes da instauração da República, a 23 de Setembro de 1910, foi criada a primeira associação distrital da modalidade, a Associação de Futebol de Lisboa. Entre 1910 e 1920, assistiu-se a um contínuo crescimento de clubes com equipas de futebol por todo o território do continente e ilhas, num total de 29 clubes (Coelho e Pinheiro, 2002: 131). O crescente número de clubes a nível distrital, permitiu em 1912 a criação

República, Universidade e Academia

O futebol, também se encontrou no centro da dinamização do desporto nas academias universitárias de Coimbra, Lisboa e Porto, assim como em algumas escolas secundárias do país, como veremos. No entanto, o modelo do desporto moderno contou com fortes resistências na sua introdução nos currículos escolares, em particular devido à oposição dos defensores da corrente higienista, tendo prevalecido uma concepção de educação física baseada na ginástica.

Nos anos dez do século XX, para além dos torneios de futebol, a imprensa da época dá-nos conta da realização de outras competições desportivas em outras modalidades. Nestas, e tendo por base as edições da *Illustração Portugueza, Revista semanal dos acontecimentos da vida portugueza*, destacam-se pelo número de notícias: – os desportos náuticos, em particular as regatas ou as designadas "corridas à vela"; o hipismo, com os concursos ou "corridas de cavalos"; o tiro ("tiro aos pombos" e provas de "carreira de tiro"); as tradicionais caçadas (entre estas, as caçadas aos veados e aos javalis, e as batidas e "caçadas ás raposas"); o ténis (torneios de *"'tennis'"* ou *"'law-tennis'"*), e os desportos motorizados ("gymkhana de d'autommoveis", "provas de motocicletas" e de "d'aviação"). São ainda notícia, competições desportivas de esgrima, hóquei em campo (*"'hockey'"*), polo aquático (*"'walter-polo'"*), "corrida de maratona" e "parada cyclista".

Na década de vinte, para além das modalidades desportivas referidas, são também noticiadas competições de natação ("corrida de natação", e as travessia do Douro e do Tejo a nado), de boxe (*"'box'"*), de hóquei em patins (*"'hockey'"* em patins), de luta greco-romana, de xadrez, de remo e

---

da Associação de Futebol do Porto e a Associação de Futebol de Portalegre. Dois anos depois, a 31 de Março de 1914, as três associações distritais fundaram a União Portuguesa de Futebol (UPF), que a partir de 1926 passou a designar-se de Federação Portuguesa de Futebol. Até à organização do 1.º Campeonato Nacional de Futebol, na época desportiva de 1921/1922, a UPF foi organizando encontros anuais entre as selecções de Lisboa e Porto, dinamizando a criação das associações distritais, de modo a implementar a sua estrutura associativa a nível nacional (os clubes deveriam filiar-se nas associações distritais, e estas na UPF). Procurando também a projecção internacional do futebol português, a UPF emitia autorizações para a realização de torneios entre equipas portuguesas e estrangeiras, sendo que a partir de 1923, passou a ser membro efectivo da FIFA, Federação Internacional de *Football Association*. No entanto, já dois anos antes, em 1921, a UPF tinha criado a primeira selecção portuguesa de futebol, que começou por participar em encontros com a selecção espanhola (os célebres Portugal-Espanha como veremos), e participou nos Jogos Olímpicos de Amesterdão, em 1928, onde atingiu os quartos-de-final da prova (Coelho e Pinheiro, 2002: 155).

de râguebi (*"rugby'"*). Entre 1920 e 1923, as notícias dão-nos também conta da organização de várias competições desportivas regionais, nacionais e internacionais[2], factos reveladores da implantação associativa desses desportos na sociedade portuguesa.

O interesse do público pelos acontecimentos desportivos, parece ter igualmente aumentado durante os anos da Primeira República, como evidencia o facto da revista *Illustração Portugueza*, ter a partir de 1922 (volume n.º 872), alterado as notícias desportivas do final para o início da sua paginação, sob o título "Todos os *'Sports'*"[3].

Também, os sucessivos governos da Primeira República não ficaram alheios ao desenvolvimento e impacto social que o desporto foi adquirindo na sociedade portuguesa, encontrando-se nos apoios concedidos, alguns financiamentos públicos, em particular os dirigidos à preparação da selecção olímpica portuguesa.

---

[2] Competições regionais: Taça da A.F.B. de Lisboa e a Prova ciclista Porto--Lisboa;

Competições nacionais: Campeonato Nacional de Atletismo; Concurso Nacional de Tiro; Campeonato de *Sports* Atléticos; Campeonato de *"box"* organizado pelo Século; Campeonato de Esgrima no Grémio Literário; Campeonato Militar de Esgrima; Campeonato de Natação; Campeonato de Cavalo de Sela;

Competições internacionais: Concurso Hípico Internacional; Encontro Portugal-Espanha em *"Foot-ball"*; Participação da "Equipe" do Sport Club do Porto no Campeonato do remo da Europa; Campeonato Internacional de *"Lawn-Tennis"* em Cascais (Revista *Ilustração Portugueza*, n.º 724 ao n.º 932/ http://hemerotecadigital.cm-lisboa.pt/OBRAS/IlustracaoPort/IlustracaoPortuguesa.htm).

[3] Com excepção durante a Primeira Guerra Mundial (de 28 de Julho de 1914 a 11 de Novembro de 1918), em que se registou uma diminuição do interesse da imprensa pelo relato dos acontecimentos desportivos (Rosa, 1999; Coelho e Pinheiro, 2002). Também, durante o conflito assistiu-se a uma diminuição do número de competições desportivas em Portugal, principalmente de futebol, já que era o desporto com maior implantação. No entanto, segundo Albano Fernandes (1997: 43), o basquetebol (na época designado de *basket-ball*), viria a ser incrementado na Europa justamente durante a Grande Guerra de 1914-1918, devido aos contingentes de soldados americanos. O basquetebol foi criado no Colégio Internacional da Associação Cristã da Mocidade, nos EUA (Universidade de Springfield em Massachussets), e difundido pelos vários continentes através das delegações da ACM.

Republica, Universidade e Academia

Portugal nas competições internacionais:
em destaque o caso dos Jogos Olímpicos

A restauração dos Jogos Olímpicos da Era Moderna, em 1896, pelo seu grande impulsionador, o barão francês Pierre de Coubertin, constituiu um facto histórico de enorme importância para a afirmação do modelo de desporto moderno no Mundo, dada a importância que este grande evento desportivo internacional passou a desempenhar na afirmação dos Estados-Nação, através dos feitos desportivos dos atletas, e desse modo, o interesse político dos Estados em investirem na sua promoção e desenvolvimento (Elias e Dunning, 1986).

Até à instauração da República em Portugal, o movimento olímpico internacional encontrava-se a dar os seus primeiros passos, contando apenas com a realização de quatro Olimpíadas (a de Atenas, em 1896; a de Paris, em 1900; a de São Luís nos EUA, em 1904; e a de Londres, em 1908), ainda que nenhuma destas edições tenha contado com a representação portuguesa.

Com a criação do Comité Olímpico Português (COP), em 1909, no seio da Sociedade Promotora de Educação Física Nacional, os Jogos Olímpicos de Estocolmo, realizados em 1912, puderam contar pela primeira vez com a participação da selecção portuguesa[4].

Em Abril de 1912, a revista *Illustração Portugueza* noticiava os Jogos Olímpicos de Estocolmo, realçando a sua atracção internacional, nomeadamente a importância turística da organização do evento para o país acolhedor, como elucida o seguinte trecho:

> A Suecia chama para si os turistas de uma maneira habilíssima. É espantosa a fórma de reclamar esse paiz cheio de pitoresco e de beleza como Portugal e onde existe uma fórma pratica de levar a efeito a sua propaganda. Vão realizar-se no proximo julho os jogos olímpicos em Stockolmo e já por toda a Europa se preparam os turistas para irem assistir não só ás partidas de *foot-ball*, *law-tennis* e tiro ao alvo, como desafios ciclistas, esgrima, ginastica, luta, natação, equitação, regatas de *yachs*, tudo quanto o sport moderno tem de curioso e que n'um enorme espaço se apresentará, devendo os vencedores receber belos premios. (...) As festas duram de 20 de junho a 22 de julho e assim ainda os viajantes poderão assistir ao grande espectaculo do sol da meia noite. (...) Em Portugal organisa-se também uma excursão á Suecia com escala por Paris e Berlim e assim haverá ocasião de visitar a terra do sol da meia noite, o paiz singular d'Ibsen e de Bjornesten.
>
> (*Illustração Portugueza*, n.º 322, de 22 de Abril de 1912, p. 535)

---

4 http://www.comiteolimpicoportugal.pt/conteudo-detalhe.php?id=113

Educação Física, Ginástica e Desportos na Primeira República

O apuramento da selecção olímpica nacional para os Jogos Olímpicos de Estocolmo teve lugar um mês antes do início das Olimpíadas, como nos dão conta as notícias da época:

> O campeonato dos Sports Atleticos foi este ano brilhantissimo. Realisaram-se tambem os jogos olimpicos nacionaes e d'ali saíu uma regular *equipe* para ir representar o paiz nos jogos atleticos de Stockolmo, que constituem um atrativo e são anciosamente esperados por todos os homens de *sport*. (...) Foi esta festa mais uma afirmação do desenvolvimento do *sport* em Portugal, marcada por tantas e tão interessantes manifestações.
>
> (*Illustração Portugueza*, n.° 325, de 13 de Maio de 1912, p. 627)

Como vemos, o carácter de representação do desporto, ou de afirmação e avaliação de supremacias através dos desempenhos desportivos em provas internacionais, cedo despertou o interesse de um vasto público, e desse modo foi veiculando o sentido de afiliação nacional.

Os Jogos Olímpicos terão também incentivado a organização de competições entre equipas ou atletas de diferentes países em alguns dos desportos, factos que por sua vez impulsionaram a criação de estruturas associativas a nível internacional[5].

Segundo as notícias da época, também em Portugal se assistiu à realização de algumas competições internacionais, como as de hipismo e ténis (*cf.* nota 2), assim como de encontros de futebol entre equipas portuguesas e estrangeiras, nomeadamente francesas, inglesas e espanholas (*cf.* nota 1). Por exemplo, em Abril de 1912, a revista *Illustração Portugueza* relatava um destes eventos sob o título: – "*O DESAFIO DE 'FOOT-BALL'* ENTRE FRANCESES E PORTUGUESES":

> O desafio de *foot-ball* entre a équipe portugueza e o grupo francez da Vie au Grand air Medoc, constitui uma vitoria magnifica para os jogadores nacionaes que no fim d'um renhido encontro fizeram 5 *goals*, não conseguindo nenhum os seus adversários. O grupo francez é considerado como dos

---

5 O COI, Comité Olímpico Internacional, foi fundado em 23 de Junho de 1894, tendo as primeiras Olimpíadas da Era Moderna se realizado em Atenas 2 anos depois, como já referimos. Nas primeiras federações internacionais de modalidade, encontram-se: a UCI, União Ciclista Internacional, fundada em 1990; a que se seguiu a FIFA, Federação Internacional de *Football Association*, fundada em 1904; a FINA, Associação Internacional de Natação, fundada em 1908; e a IAFF, Associação Internacional de Federações de Atletismo, fundada em 1912.

República, Universidade e Academia

melhores de França, sendo campeão do sudoeste e no campo bem o demonstrou pelas suas qualidades de resistencia e saber. Os nossos jogadores foram d'uma extrema correção, sendo muito saudadas de a parte as *équipes* que tão distintamente se defrontaram.

(*Illustração Portugueza*, n.º 321, de 15 de Abril de 1912, p. 504)

Em 1921, com a criação da selecção portuguesa pela UPF (*cf.* nota 1), deu-se início à realização dos encontros de futebol entre Portugal e Espanha. Como seria de esperar, as rivalidades entre os dois países foram acalentando os entusiasmo de parte a parte na procura da vitória, ao mesmo tempo que o futebol se ia afirmando como galvanizador do sentido de identidade nacional[6].

Também as autoridades públicas republicanas, se vieram a interessar pelo desporto, sobretudo pelo desempenho dos atletas em representação nacional nas provas internacionais oficiais, como no caso dos Jogos Olímpicos. Um ano antes dos Jogos Olímpicos de Antuérpia, em 1920[7], o governo republicano reconheceu oficialmente o Comité Olímpico Português, actualmente Comité Olímpico de Portugal (COP), tendo-lhe concedido um subsídio para apoiar a preparação da selecção nacional.

A seriedade com que era seguida a missão de representação nacional do desporto, encontra-se bem evidenciada na notícia sobre o desempenho da selecção olímpica nacional nos Jogos Olímpicos de Antuérpia, publicada em 4 de Outubro de 1920:

> Sinceramente nos regosijamos com o exito obtido pelos nossos compatriotas que tomaram parte na VII Olimpiada, há pouco realisada em Antuerpia. O nome português foi honrado, pois os nossos delegados demonstraram que a raça a que pertencem não receia confrontos com quaisquer outras, antes perante as mais vigorosas se sente bem e triunfa. Isso basta para que, ao

---

[6] No III Portugal-Espanha, em 1923, a derrota de Portugal chegou a gerar uma elevada contestação entre os críticos jornalísticos devido a aspectos técnicos do jogo. Na edição de 22 de Dezembro da revista *Illustração Portugueza*, o relato do jogo terminava com uma saudação, reveladora do sentido de respeitabilidade da missão de representação nacional, que a selecção já teria adquirido: "E como bons desportistas e bons portugueses não deixamos de saudar o *onze* portuguez, que em terras de Espanha, na tarde do aborrecido dia 16, lutaram pelo bom nome de Portugal desportivo." (n.º 932, p. 829).

[7] Não foi celebrada a VI Olimpíada, em 1916, devido à Primeira Guerra Mundial.

Educação Física, Ginástica e Desportos na Primeira República

regressarem a Portugal os nossos compatriotas, lhes enviemos as nossas saudações, felicitando-os e felicitando-nos pela representação de Portugal nas grandes provas mundiais de "sport".

(*Illustração Portugueza*, n.º 763, de 4 de Outubro de 1920, p. 217)

No entanto, o apoio público à preparação da selecção olímpica nacional não se tornou regular, tendo o COP aberto uma subscrição pública de angariação de fundos para garantir a participação portuguesa na VIII Olimpíada de Paris, em 1924. Segundo os registos do COP[8], o então Presidente da República terá sido o primeiro a responder ao apelo, deslocando-se pessoalmente à sede do Comité para aí fazer a sua contribuição pessoal. Os bons resultados da selecção portuguesa nos Jogos Olímpicos de Paris, com a conquista de três medalhas de bronze nas provas de hipismo por equipas, terão levado o governo republicano da época a voltar a apoiar o desporto.

No ano seguinte, em 1925, foram então promulgados dois diplomas neste sentido, o primeiro a 5 de Janeiro, em que se determinou a expropriação de terrenos considerados de utilidade pública e urgente para a construção de equipamentos desportivos com o fim de promover a educação física e a prática de desportos, incluindo as instalações de "agremiações" desportivas (pela lei n.º 1.728, de 5 de Janeiro de 1925), e o segundo, de 27 de Julho, que estabeleceu a criação de um crédito no Ministério das Finanças a favor do COP, destinado a subsidiar a preparação nacional dos atletas amadores para os Jogos de 1928, a IX Olimpíada de Amesterdão[9].

Refira-se, que o amadorismo era na época um dos princípios fundamentais do Olimpismo, tendo-se mantido consagrado na Carta Olímpica até à revisão de 1978. Considerava-se, que o amadorismo era indispensável à manutenção do carácter formativo do desporto, sendo o profissionalismo veemente condenado por desvirtuar as suas potencialidades educativas (Marivoet, 2007).

---

[8] http://www.comiteolimpicoportugal.pt/conteudo-detalhe.php?id=125.

[9] Contudo, o financiamento público ao desporto, só se viria a consolidar na década de quarenta, com a criação de um Fundo de Apoio aos Organismos Desportivos (pelo decreto-lei 35.992, de 23 de Novembro de 1946), reforçado no início dos anos sessenta, pela afectação de parte das receitas dos jogos de apostas mútuas sobre os resultados desportivos, promovidos pela Santa Casa da Misericórdia, para o então criado Fundo de Fomento do Desporto (pelo decreto-lei n.º 43.777, de 3 de Julho de 1961, revisto pelo decreto-lei n.º 46.449, de 33 de Julho de 1965).

Desporto e educação

Pierre de Coubertin, impulsionador do restabelecimento dos Jogos Olímpicos da Era Moderna como acima referimos, defendeu as virtualidades educativas do desporto na formação física e moral dos jovens rapazes[10], tendo como referência a obra do clérigo protestante Thomas Arnold, mentor da introdução dos desportos nos currículos das escolas públicas inglesas, em 1830, e o enaltecimento de Aristóteles às actividades atléticas no exercício das virtudes[11].

Na pedagogia desportiva de Pierre de Coubertin, inspiradora do Olimpismo, o desporto era visto como uma filosofia de vida, assente no enaltecimento da robustez física, em articulação com o reforço do carácter (1972 [1919]). No entanto, a concepção das virtualidades educativas do desporto, que justificara a sua introdução nas escolas públicas inglesas e americanas, não recebeu a concordância de muitos sectores influentes em alguns dos países do continente europeu, em particular os do Sul, como foi o caso de Portugal.

Nas resistências à adopção do modelo de desporto inglês (ou moderno), e em particular à sua introdução nos currículos escolares como meio de formação e educação, encontravam-se os defensores da ginástica, quer na sua vertente higienista, defendida predominantemente pela classe médica simpatizante do método de Ling (também designada de 'ginástica sueca' ou 'científica'), quer na de preparação física baseada no método de Amorós, que contava com o apoio dos militares[12].

---

[10] Pierre de Coubertin considerava o desporto uma actividade viril, e por isso opôs-se à participação das mulheres nos Jogos Olímpicos, tendo a sua participação sido reduzida até à sua morte em 1937. Será também de referir, que apenas na Carta Olímpica de 1996 foi consagrada a igualdade de género na missão do Comité Olímpico Internacional (Marivoet, 2007). No caso de Portugal, a primeira participação feminina em Jogos Olímpicos só se viria a concretizar em 1952, nos Jogos Olímpicos de Helsínquia, onde 3 atletas integraram a selecção olímpica nacional (4%).

[11] Em a *Ética a Nicómaco*, Aristóteles argumentou que o [H]omem encontraria a felicidade através das virtudes que poderia adquirir (sabedoria, temperança, coragem e justiça), pois considerava que, pelo facto de não serem inatas, haveria que exercitá-las. Na argumentação deste seu enunciado, fornece alguns exemplos sobre as actividades dos atletas como meio de experimentação e exercício das virtudes consideradas 'boas' (1965 [384-322 a.C.]: 78-86).

[12] Segundo Boaventura (1998: 43), a ginástica de Ling (1776-1839) foi também designada de 'ginástica educativa'; a de Jahan (1771-1837) terá dado origem à ginástica

Educação Física, Ginástica e Desportos na Primeira República

Preocupados com a higiene do corpo, e o desenvolvimento corporal das crianças e jovens, os higienistas defendiam a ginástica como meio de promoção da educação física, enaltecendo a sua importância para a saúde das novas gerações. Como refere Jorge Crespo (1990: 548), na sua obra intitulada *A História do Corpo*, o enaltecimento das funções morais e higienistas da educação física por parte da classe médica portuguesa, datava já do final do século XVIII.

Para a compreensão da diversidade de concepções acerca da dimensão formativa das práticas físico-desportivas nas sociedades ocidentais, torna-se importante referir, que o seu enaltecimento na educação das crianças e jovens tinha sido reintroduzido pelos humanistas do século XVII (Marivoet, 2007).

João Amós Coménio[13], reconhecido pedagogo humanista, terá sido o primeiro pré-moderno a enaltecer a educação física ou corporal, na sua obra *Didáctica Magna* (1996 [1627-57]), ao defender a introdução da ginástica nos currículos escolares. Se Coménio argumentou a favor da máxima de Juvenal *"mens sana in corpore sano"*, o filósofo humanista Bento Espinosa pretendeu demonstrá-la na *Proposição XXXIX* do seu tratado de *Ética* (1992 [1675]: 477-8).

No século XVIII, também o filósofo das luzes Jean-Jacques Rousseau, no seu célebre tratado de educação *Émile ou de l'Éducation* (1966 [1762]), enalteceu os jogos lúdicos na robustez das crianças, assim como na apreensão, através da experiência, do seu meio ambiente e das suas capacidades corporais, e ainda na aprendizagem do carácter moral, através do esforço e do mérito da recompensa, isto é, do desenvolvimento do *ethos* individual.

Como vemos, se por um lado, o enaltecimento das virtualidades educativas dos jogos ou actividades físicas na formação das novas gerações foi reunindo consensos, e captando defensores e promotores, por outro, encontraram-se fortes divergências sobre os modelos de desenvolvimento a

---

olímpica, a de Guts-Muths (1759-1839) à ginástica rítmica, e a do espanhol Amorós (1770-1848) à 'ginástica militar'. Segundo Garcia Prieto, a vertente de preparação militar que veio a ser retomada na ginástica de Amorós, terá tido as suas *raízes* nos pedagogos católicos, em especial os Padres Jesuítas que desde a Idade Média introduziram nos seus colégios "Milicia y Religión" na educação dos "caballeros cadetes" (1966: 101).

13 Jan Komenský nasceu em 1592 na Morávia (na época, Reino da Boémia, actualmente República Checa), tendo o seu nome sido *latinizado* para Comenius, e traduzido para português como João Coménio, tal como é referido na sua obra *Didáctica Magna* traduzida pela Fundação Calouste Gulbenkian (1996 [1627-57]).

República, Universidade e Academia

seguir, tendo a corrente higienista, defensora da ginástica, e opositora da entrada do modelo de desporto inglês nos currículos escolares, vingado em Portugal durante a primeira metade do século XX, tal como em outros países do Sul da Europa, como veremos.

Porém, os factos sugerem, que durante a Primeira República (e também durante Monarquia), os defensores da ginástica como único meio da educação física, não terão tido um apoio institucional por parte das autoridades públicas. Deste modo, os estabelecimentos de ensino terão beneficiado da liberdade de promover a prática dos desportos, constituindo equipas, e participando em torneios, especialmente de futebol, dada a sua rápida implantação na sociedade portuguesa como acima referimos, como constituem exemplo a Casa Pia de Lisboa, o Colégio Villar[14], e também várias escolas públicas e privadas de Coimbra, e em particular, o caso da criação da secção de futebol da Associação Académica de Coimbra, em 1912, como veremos mais adiante.

Carlos Rosa, na sua dissertação de licenciatura intitulada *O Futebol em Coimbra. Dos Primórdios à Criação da Associação de Futebol de Coimbra* (1999: 35, 36), identificou na imprensa da época até 1922, nomeadamente na *Gazeta de Coimbra*, a participação em torneios de futebol da equipa da Associação Académica de Coimbra[15], mas também a do Liceu de

---

[14] Nos fundadores dos primeiros clubes desportivos encontram-se frequentemente ex-alunos das escolas que promoveram o desporto, como foi o caso do Foot-Ball Club Lisbonense, fundado em 1892, cujo principal impulsionador foi Carlos Villar, sendo que mais tarde se tornou um dos principais responsáveis pela formação da Associação de Futebol de Lisboa, em 1910 (Dias, 2000: 33; Coelho e Pinheiro, 2002: 125). Também os ex-alunos da Escola Pia de Lisboa se tornaram grandes dinamizadores do desporto e da criação de clubes, como por exemplo, o Casa-Pia Atlético Club ou a equipa de futebol denominada os Telégrafos de Coimbra (Rosa, 1999: 34). De resto, a instituição escolar tornou-se um espaço por excelência na aprendizagem e gosto pelos desportos, e por isso importante na sua difusão e desenvolvimento, como constitui exemplo, o facto do futebol ter sido introduzido na sociedade portuguesa pelos irmãos Pinto Bastos, justamente quando regressaram de Inglaterra, após aí terem realizado os seus estudos.

[15] A Associação de Foot-Ball de Coimbra foi criada a 28 de Outubro de 1922, embora a primeira competição inter-clubes da região Centro, se tenha iniciado na época de 1919/1920, sob a designação do 1.º Campeonato do Centro e Taça Agostinho Costa. Segundo Carlos Rosa (1999: 50-2), terão sido justamente os conflitos em torno da organização das duas edições deste campeonato (nos quais se envolveu um largo público da cidade de Coimbra, incluindo académicos), que pressionaram a criação de uma estrutura associativa distrital, que oficialmente regulasse as competições.

Educação Física, Ginástica e Desportos na Primeira República

Coimbra *Foot-ball* (estabelecimento público que terá organizado um Campeonato Inter-escolar em 1914), e ainda as equipas do Colégio S. Pedro, Colégio Nacional, Colégio Mondego, Escola Agrícola, e a União *Foot-ball* Brotero.

Também nos anos vinte do século XX, a revista *Illustração Portugueza*, na sua edição de 5 de Maio de 1923, dava a notícia da realização de um torneio inter-escolas de Lisboa, com o relato de um jogo disputado, como se refere, entre "os alunos do Liceu Gil Vicente, que fazem parte do seu *"team do football* que venceu o grupo representativo do Liceu Camões por 5 bolas a 0" (n.º 898, p. 545).

Como vemos, os factos ao nosso dispor, atestam a existência de vários exemplos da introdução do desporto moderno (ou também denominado inglês) em escolas secundárias privadas e públicas durante os anos da Primeira República, ainda que exclusivamente pela via do futebol, pois não encontrámos registos sobre outras modalidades. No entanto, estamos convictos, de que para uma maior compreensão da realidade, seria necessário aprofundar a investigação, nomeadamente, através do alargamento das fontes consultadas. Porém, nos currículos da educação física das escolas, os desportos modernos não foram adoptados, encontrando-se, por isso, uma prevalência da corrente higienista defensora da ginástica.

Em Portugal, desde a reforma de Passos Manuel, de 1836, que os exercícios de ginástica tinham sido introduzidos nos currículos escolares das escolas oficiais[16], ainda que com pouca implantação na prática (Boaventura, 2001)[17]. Durante a Primeira República, a educação física continuou ser contemplada no Regulamento da Instrução Secundária, de 1918 (decreto nº 4.799, de 8 de Setembro de 1918[18]), prevendo-se 2 horas semanais de ginástica para os alunos entre o 1.º e o 5.º ano, e de 1 hora para os do 6.º e 7.º ano, enquanto no Regulamento do Ensino Secundário Feminino

---

[16] Na promoção do ensino da ginástica durante as últimas décadas da monarquia, conta-se ainda a criação dos designados "batalhões escolares", em 1881, pela iniciativa do republicano José Elias Garcia, enquanto vereador do pelouro da Ginástica da Câmara de Lisboa, cujo método seguido terá tido a influência "dos *turnverein* e dos bandos *frescos e joviais* de Jahan" (Teixeira de Sousa, 1988: 38).

[17] Segundo João Boaventura (2001), os exercícios de ginástica e jogos de armas foram introduzidos nos diplomas regulamentares da reforma dos estudos secundários de 1886, assim como na regulamentação do ensino nos liceus, em 1905, se encontrou contemplada a prática da ginástica sueca.

[18] Com as alterações introduzidas pelo decreto n.º 5.787, de 10 de Maio de 1919, e o decreto n.º 6.675, de 12 de Junho de 1920.

484

República, Universidade e Academia

(decreto n.º 4.961, de 11 de Novembro de 1918) se previam jogos e danças. No entanto, ressalvava-se que, a "ginástica [seria] praticada nos liceus que [tivessem] as condições materiais indispensáveis para o regular aproveitamento dos alunos e professor legalmente habilitado para o ministrar", condições que tendiam a não existir.

A formação de professores de educação física

A necessidade de formar professores habilitados à leccionação da educação física no ensino secundário, levou também o governo republicano, a decretar em 1911, a criação de duas Escolas de Educação Física, anexas respectivamente à Universidade de Coimbra e à de Lisboa (DG n.º 124, de 29 de Maio de 1911). O diploma previa um curso de três anos, estabelecendo, que no leque de disciplinas a leccionar, as de higiene geral e escolar, antropometria e higiene dos exercícios físicos seriam leccionadas por professores ou primeiros assistentes das respectivas Faculdades de Medicina.

Contudo, não se terá verificado a criação destes cursos, sendo que o ensino superior da educação física terá ficado a cargo de escolas privadas durante a Primeira República. No caso de Coimbra, Carlos Rosa (1999: 6) refere, que em 1910, o *Notícias de Coimbra* (n.º 242), dava a notícia da existência de uma "Escola de Educação Physica – creada pelo Sr. Miguel Furtado Barreto Chichorro, que mandou construir um edifício próprio, na Avenida Sá da Bandeira". Jorge Crespo (1991) dá igualmente conta, que face à ausência de oferta pública de formação para professores de educação física, foi criado em 1914 por iniciativa privada, um curso de formação orientado por um professor diplomado pelo Instituto de Ginástica de Estocolmo, argumentando que este facto, terá contribuído para o reforço da ginástica de Ling (ou sueca) na educação física das escolas portuguesas.

Anos mais tarde, em 1930, foi criada a Escola Superior de Educação Física pela Sociedade de Geografia de Lisboa (em funcionamento até 1939), contando no seu corpo docente com médicos encarregues da leccionação nas áreas da anatomia e da fisiologia[19]. Deste modo, apenas em 1940 se deu início ao ensino superior público da educação física, com a criação do Ins-

---

[19] Segundo Pierre de Coubertin, a primeira Universidade de "Directeurs d'Exercice Physiques", precursora dos futuros cursos de Educação Física na Europa, foi criada nos EUA, onde se registou um forte desenvolvimento dos desportos e da ginástica devido às influências do modelo de Thomas Arnold, mas também do método de Jahn trazido pelos imigrantes alemães (1972 [1919]: 49).

Educação Física, Ginástica e Desportos na Primeira República

tituto Nacional de Educação Física em Lisboa, actualmente Faculdade de Motricidade Humana, integrada na Universidade Técnica de Lisboa desde 1989. Quanto à gorada pretensão da criação, em 1911, de um curso de Educação Física na Universidade de Coimbra, apenas em 1992 esta se veio a concretizar, com a criação da Faculdade de Ciências do Desporto e Educação Física.

Ginástica *vs.* desportos nos currículos da educação física

A oposição à introdução dos desportos nas escolas públicas em Portugal, tal como, por exemplo, em Espanha ou em França, contou, não só, com a legitimidade científica dos médicos mentores da corrente higienista como já referimos, pois consideravam-nos um risco para a saúde das crianças e jovens, como com as mentalidades dominantes na época, que lhe encontravam outros perigos, nomeadamente, o de afastarem os jovens das famílias mais abastadas do estudo, aquele, que deveria ocupar o seu tempo sem grandes distracções. Também, da parte da Igreja Católica, a prática dos desportos não era bem vista, encontrando-se no seu seio defensores da educação física e da ginástica[20].

No caso francês, Pierre de Coubertin assinalou, que as oposições à introdução dos desportos nas escolas surgiram de diferentes meios, onde destacou os pais dos alunos, certos meios católicos, o corpo médico, e os defensores da educação física[21]. Como refere na sua obra intitulada *Pedagogia Desportiva*, publicada em 1919, "uma luta que dura ainda" [tradução nossa] (1972 [1919]: 53).

---

[20] Apenas a partir do Concílio Ecuménico do Vaticano II, em 1964, a Igreja Católica mostrou de forma clara o seu apreço pelos "exercícios e manifestações desportivas", como meio de "descanso do espírito e saúde da alma e do corpo", por contribuírem, como se menciona no texto, "para manter o equilíbrio psíquico, mesmo na comunidade, e para estabelecer relações fraternas entre homens de todas as condições, ou de raças diversas" (s.a., 1987 [1964]: 391).

[21] Também em França terão havido excepções, como por exemplo a École des Roches, criada em 1899 à imagem das escolas públicas inglesas, que tinham justamente os desportos como um meio de formação do carácter físico e moral. Ainda hoje, o projecto pedagógico desta escola contempla a prática intensiva de desportos, como forma de "susciter le goût de l'effort, développer les capacités d'endurance, l'esprit d'équipe et de compétition (...)" (http://www.ecoledesroches.com/).

République, Universidade e Academia

Também em Espanha, segundo Garcia Prieto, a tradição da educação física se encontrou ligada à prática da ginástica até à década de sessenta, dados os obstáculos à prática dos desportos, como refere, dos "Pais de família e educadores, que coincidem em estimar como tempo perdido, aquele que qualquer rapaz dedique à prática de um desporto" [tradução nossa] (1966: 247).

No final da Primeira República, a crescente e diversificada oferta desportiva das colectividades, terá levado as autoridades públicas a manifestarem algumas reservas (ou cautela), quanto à prática dos desportos por parte da juventude estudantil, como evidencia o teor da legislação publicada a 7 de Maio de 1926, em que se obrigava os alunos matriculados nas escolas públicas a pedir uma autorização especial para praticar desporto nos clubes (decreto n.º 11.651, de 7 de Maio de 1926).

Esta acção controladora, viria a ser reforçada durante a Ditadura Nacional instaurada após o golpe de Estado de 28 de Maio de 1926, com a proibição dos desportos nas escolas públicas, defendida por uma argumentação de tipo ideológico-patriótica, como bem elucida o teor do Regulamento da Educação Física nos Liceus, aprovado por decreto em 1932, onde se pode ler:

> Os desportos não são um meio de aperfeiçoamento do nosso povo, os desportos não são um meio de aperfeiçoamento individual, mas antes de deformação física, quantas vezes de perversão moral (.../...) prática funesta, desvirtuando toda a obra educativa e consciente da formação, estão fora do género do povo português, são um elemento exótico, que só serve para se juntar às causas que, de longe, também vêm trabalhando no sentido de o desviar do seu bom e verdadeiro rumo nacional. (.../...) O Estado não deve, nem pode, portanto, auxiliar iniciativas neste sentido, pois que sob o ponto de vista educativo os seus fins são nulos e ainda prejudiciais ao indivíduo e à sociedade.
>
> (Decreto n.º 21.110, de 16 de Março de 1932)

Este diploma, promulgado no ano anterior ao da aprovação da Constituição Política da República Portuguesa em "plebiscito nacional" (em 19 de Maio de 1933), deixa bem claro, que nas escolas públicas portuguesas a educação física se deveria confinar à ginástica, em particular à denominada 'sueca', realidade que, grosso modo, se manteve com raras excepções durante a vigência do Estado Novo, por isso até à instauração do Estado Democrático.

Como argumenta Luís Rei Torgal (2009), na sua obra *Estados Novos Estado Novo*, a construção ideológica do Estado Novo iniciou-se durante os anos da Ditadura Nacional. O interesse ideológico do Estado Novo nas actividades físicas e desportivas prendia-se com o "adestrar e disciplinar",

487
Educação Física, Ginástica e Desportos na Primeira República

o "revigoramento rácico" através da preparação física, e o fomento de um nacionalismo patriótico de apoio militante ao regime.

Elucidativo destes objectivos são, por exemplo, o teor do artigo 19.º dos Estatutos da União Nacional[22]; ou o discurso institucional proferido no I Congresso dos Clubes Desportivos de Lisboa, em 1933, onde segundo Reis Torgal (2009: 150) se "focou a importância da educação física para formar as virtudes da mocidade"[23]; ou ainda o teor dos textos legais da criação da FNAT, Fundação Nacional para a Alegria no Trabalho, em 1935 (decreto n.º 25.053), da MP, Mocidade Portuguesa, em 1936[24], e da MPF, Mocidade Portuguesa Feminina no ano seguinte[25], e ainda o da criação da Direcção Geral de Educação Física, Desportos e Saúde Escolar, em 1942 (decreto 32.241), cujos objectivos enunciados eram "orientar e promover, fora da Mocidade Portuguesa, a educação física do povo português e introduzir disciplina nos desportos".

O desporto na academia: em particular o caso da AAC

Regressando à Primeira República, e aproximando-nos agora do tema do presente colóquio – *República, Universidade e Academia* –, o desporto universitário foi uma realidade praticamente ausente na sociedade portuguesa até meados do século XX, contando, no entanto, com algumas excepções, onde se destaca a acção da AAC na promoção do futebol na universidade e na cidade de Coimbra.

---

[22] No artigo 19.º dos estatutos da União Nacional, de 20 de Agosto de 1932, refere-se que "O Estado promove, protege e auxilia agremiações destinadas a adestrar e disciplinar a mocidade em exercícios que a preparam para serviços patrióticos (...)" (Torgal, 2009: 213).

[23] E também se prometeu a construção de instalações desportivas, como viria a acontecer com a criação do Estádio Nacional, cujos trabalhos inspirados no Estádio Olímpico de Berlim tiveram o seu início em 1939, tendo a sua inauguração ocorrido a 10 de Junho de 1944.

[24] Base XI da lei n.º 1.941, de 16 de Abril de 1936, segundo Reis Torgal (2009: 211), uma espécie de lei de bases da "Educação Nacional".

[25] O artigo 4.º do decreto-lei n.º 28.262, de 8 de Dezembro de 1937 (que criou a Mocidade Portuguesa Feminina), estabelecia que "a educação física, sempre associada à higiene, visará o fortalecimento racional, a correcção e a defesa do organismo, tanto como a disciplina da vontade, a confiança no esforço próprio, a lealdade e a alegria sã, mediante actividades rigorosamente adequadas ao sexo e à idade" (Torgal, 2009: 217).

Subsidiária da Academia Dramática de Coimbra, fundada em 1837, a AAC constitui-se em 1887. Depois de alguns anos de interregno de actividade, devido a conflitos na academia que impuseram o seu encerramento, como assinalam João Santana e João Mesquita, em *Académica. História do Futebol*, a AAC retomou a sua actividade de forma regular, em 1898, encontrando-se nos seus objectivos estatutários, "a instrução e recreio dos sócios" (2007: 24).

Em 1912, a AAC criou a sua secção de futebol, muito embora a sua acção de promoção e desenvolvimento da modalidade na universidade e cidade de Coimbra remontar aos primeiros anos do século XX, nomeadamente através da criação de espaços desportivos para a prática de futebol[26].

A equipa de futebol da AAC, constituída unicamente por estudantes – a Académica –, foi coleccionando vários troféus em torneiros entre clubes não académicos, como foi o caso da vitória na edição da Taça Monteiro da Costa de 1913, que lhe deu o título de "Campeã do Norte". Mas nem sempre as vitórias aconteceram, como foi o caso do jogo realizado em Março de 1918, ainda durante a Primeira Guerra Mundial. Sob o título " O 'Foot-Ball' em Coimbra", a revista Illustração Portugueza dava conta do *fair play* da equipa dos estudantes:

> Constituiu um acontecimento de vulto, no meio sportivo conimbricense, o ultimo torneio de "foot-ball", disputado acerrimamente pelos pri-

---

[26] Primeiro, o arranjo do Largo D. Dinis (actual Praça da República), constituiu a resposta de uma solicitação da AAC à Câmara Municipal de Coimbra, em Maio de 1901. Refira-se, que este espaço desportivo veio a ser utilizado não só pelos associados da AAC, como por outros grupos estudantis. Conta-se ainda, a utilização de um pequeno terreno arrendado na Quinta de Santa Cruz (actualmente Jardim de Santa Cruz), terreno que em 1910 viria a ser cedido pela Câmara à Universidade, e ainda a utilização do espaço na Ínsua dos Bentos até à finalização das obras de remodelação do Campo de Santa Cruz, por solicitação da AAC aos serviços fluviais. As obras de remodelação do campo de Santa Cruz, contaram com a atribuição em 1919 de um subsídio público de "*100 contos*", decorrente de uma promessa do governo de Sidónio Pais, o que terá permitido a formalização da escritura de cedência do terreno da Câmara à Universidade (Santana e Mesquita, 2007: 34). O campo de Santa Cruz veio a ser inaugurado em 1922, num encontro com o Académico do Porto. Na inauguração esteve presente o Ministro dos Negócios Estrangeiros, tendo o pontapé de saída da partida sido dado pelo então magnífico Reitor da Universidade de Coimbra, o Doutor António Luiz Gomes, também primeiro presidente da Associação Académica de Coimbra (quando decorria o ano de 1887), e, igualmente um destacado dirigente republicano, que exerceu a função de ministro do Fomento do Governo Provisório da Primeira República (Santana e Mesquita, 2007: 24).

Educação Física, Ginástica e Desportos na Primeira República

meiros "teams" da Associação Academica de Coimbra e do Imperio Lisboa Club, que ficou vitorioso. Todos os jogadores, que se conduziram com notavel corréção, mostraram possuir excelentes qualidades de "sportman". O público que seguiu com grande interesse as diversas fases do jogo, aclamou com entusiasmo os vencedores, não deixando de dispensar tambem merecidos aplausos aos vencidos que, sem duvida, procurarão obter em breve o seu "return match".

(*Illustração Portugueza*, n.º 632, de 1 de Abril de 1918, p. 259)

Consagrada campeã na 2.ª edição do Campeonato do Centro, na época de 1921/1922, a equipa da Académica passou a competir no Campeonato Nacional de Futebol da época seguinte, de 1922/1923, justamente quando decorria a 2.ª edição desta competição nacional, tendo alcançado, logo nessa sua primeira participação o honroso 2.º lugar[27] (*Illustração Portugueza*, n.º 905, de 23 de Junho de 1923).

Na época de 1922/1923, segundo as notícias da época, assistiu-se também ao envolvimento das academias de Lisboa e Porto na organização e participação em torneios de futebol, embora neste caso, exclusivamente entre equipas universitárias. Assim, em Maio de 1923, as notícias assinalaram a realização dos jogos da Taça Guilherme Ferreira Pinto Basto, disputada no campo da Escola Militar, entre as equipas de futebol das escolas superiores de Lisboa: – equipas da Faculdade de Medicina, Faculdade de Ciências, Faculdade de Direito, Instituto Superior Técnico, Instituto Superior de Comércio; Escola Militar, Escola Naval (*Illustração Portugueza*, n.º 898, de 5 de Maio de 1923). No mês seguinte, a FAL, Federação Académica de Lisboa, organizou o 1.º Campeonato Universitário de Portugal em Futebol ("Foot-Ball"), disputado entre as selecções de Lisboa e Porto, na qual saiu vencedora a segunda (*Illustração Portugueza*, n.º 906, de 30 de Junho de 1923).

Como vemos, a AAC constitui uma excepção no panorama do desporto universitário da Primeira República, não só por se ter tornado pioneira

---

[27] Mais tarde, tornou-se campeã nacional, com a vitória na Taça de Portugal, na época desportiva de 1938/1939, tendo participado na I Divisão até 1974, ano em que a AAC extinguiu o futebol profissional da sua secção desportiva, tendo a equipa da Académica dado lugar ao Clube Académico de Coimbra (CAC), que viria a retornar à AAC como OAF, em 1984. A par de um leque de várias modalidades amadoras já desenvolvidas em 1974 (actualmente conta com 26), a secção de futebol amador da AAC viria a ser reaberta em 1977.

República, Universidade e Academia

na promoção do desporto, ou mais concretamente do futebol[28], como pelo facto de ter participado nos campeonatos organizados pelas estruturas associativas da modalidade, tal como as suas congéneres equipas universitárias inglesas e americanas.

Já durante o Estado Novo, com a criação da Inspecção do Desporto Universitário, em 1945, assistiu-se no mesmo ano, e por iniciativa deste órgão estatal, à organização do 1.º Campeonato Universitário Português, embora só dez anos depois, no ano lectivo de 1955/1956, se tenha assistido à organização do primeiro Campeonato das Associações de Estudantes Universitárias. Também na década de cinquenta, se assistiu à construção dos estádios universitários, com a inauguração do estádio Universitário do Porto, em 1953, do Estádio Universitário de Lisboa, em 1956, e já na década de sessenta, do Estádio Universitário de Coimbra, em 1963.

A testar o incipiente desenvolvimento do desporto universitário em Portugal, encontra-se o facto, de apenas em 1990, se ter assistido à criação da FADU, Federação Académica do Desporto Universitário[29], membro da FISU, Federação Internacional do Desporto Universitário, desde 1993. Refira-se, que a FISU foi fundada em 1949, no seguimento de vários eventos desportivos internacionais, sendo que o primeiro data de 1923 – os Jogos Mundiais Universitários de Paris –, organizados pela Confederação Internacional dos Estudantes (CIE), (Campana, 2004).

A partir de 1959, estes Jogos passaram a ter uma regularidade de 2 em 2 anos, passando a designar-se de Universíadas. Portugal, contou com a sua primeira participação neste evento desportivo internacional universitário em 1955, apresentando-se a FADU, como o organismo responsável pela participação nacional desde a 16.ª Universíada, realizada em Sheffield, em 1991.

---

[28] A AAC participou também com uma equipa de basquetebol no 1.º Campeonato Regional de Coimbra, realizado em 1928, por isso já depois da Primeira República. A delegação de Coimbra da Associação Cristã da Mocidade (ACM), designada de Associação Cristã dos Estudantes (ACE), organização internacional sediada nos EUA (*cf.* nota 3), foi a dinamizadora da criação de equipas de basquetebol no distrito, a partir de 1921, assim como, da criação da Associação de Basquetebol de Coimbra, no início de 1928, que viria a organizar justamente o 1.º Campeonato Regional de Coimbra nesse mesmo, como dá conta Albano Fernandes: "com a inscrição de 4 clubes. Associação Académica de Coimbra. Associação Cristã dos Estudantes. Santa Clara Futebol Clube e Sport Clube Conimbricense, realizou-se a 1.ª Jornada em 22 de Abril de 1928" (1997: 791 e 793).

[29] Actualmente, a FADU conta com cerca de 7000 praticantes em 25 modalidades. (http://www.fadu.pt/net/index.php?option=com_content&task=view&id=5&Itmid=126).

BIBLIOGRAFIA

ARISTÓTELES (1992 [384-322 a.C.]), *Éthique de Nicomaque*. Paris: GF Flammarion.

BOAVENTURA, J. C. (1998), "Olimpismo e Cultura Desportiva", em J. Proença e J. M. Constantino (orgs.), *Olimpismo, Desporto e Educação*. Lisboa: Edições Universitárias Lusófanas (pp. 41-52).

BOAVENTURA, J. C. (2001), "A sociologia do desporto em Portugal" [manuscrito facultado pelo autor].

CAMPANA, R. (2004), "Presentation of FISU (International University Sports Federation)", in *Booklet of the 7th FISU Forum, Education through University Sport, Lisbon, July 21st to 27th* (pp. 13-21).

COELHO, J. N. e F. Pinheiro (2002), *A Paixão do Povo. História do Futebol em Portugal*. Porto: edições Afrontamento.

COMÉNIO, J. A. (1996 [1657]), *Didáctica Magna* (4). Lisboa: Fundação C. Gulbenkian.

COUBERTIN, P. (1972 [1919]), *Pédagogie sportive*. Paris: Librairie Philosophique J. Vrin.

CRESPO, J. (1991), "A Educação Física em Portugal. A Génese da Formação de Professores", *Boletim da Sociedade Portuguesa de Educação Física*, n.º 1: 11-19.

CRESPO, J. (1990), *A História do Corpo*. Lisboa: Difel.

DIAS, M. T. (2000), *História do Futebol em Lisboa. De 1888 aos grandes estádios*. Coimbra: Quimera.

ELIAS, N. e E. Dunning (1986), *Quest for Excitement, Sport and Leisure in the Civilising Process*. Oxford: Blackwell Publishers.

ESPINOSA, B. (1992 [1675]), *Ética*. Lisboa: Relógio D'Água.

FERNANDES, A. (1997), *Textos de Albano Fernandes 1913/1977*. Lisboa: edição da Federação Portuguesa de Basquetebol.

MARIVOET, S. (2007), *Ética do Desporto. Princípios, Práticas e Conflitos. Análise sociológica do caso português durante o Estado Democrático do século XX*. Lisboa: ISCTE [dissertação de doutoramento em Sociologia].

PRIETO, J. L. G. (1966), *Dimensión Social del Deporte*. Madrid: Publicaciones del COE.

s.a. (1987 [1964]), *Concílio Ecuménico Vaticano II*. São Paulo: Edições Paulinas.

SANTANA, J. e J. Mesquita (2007), *Académica. História do Futebol*. Coimbra: Almedina.

SOUSA, M. (1997), *História do Futebol. Origens. Nomes. Números e Factos*. Mem Martins: SporPress.

SOUSA, J. T. (1988), *Contributos para o Estudo do Associativismo Desportivo em Portugal*. Lisboa: UTL/ISEF.

Rosa, C. (1999), *O Futebol em Coimbra. Dos Primórdios à Criação da Associação de Futebol de Coimbra*. Coimbra: FCDEF-UC [monografia de licenciatura em Ciências do Desporto e Educação Física].

Rousseau, J.-J. (1966 [1762]), *Émile ou de l'éducation*. Paris: GF Flammarion.

Torgal, L. Reis (2009), *Estados Novos Estado Novo* (2). Coimbra: IUC.

Referências on-line

http://hemerotecadigital.cm-lisboa.pt/OBRAS/IlustracaoPort/IlustracaoPortuguesa.htm

http://www.comiteolimpicoportugal.pt/conteudo-detalhe.php?id=113

http://www.comiteolimpicoportugal.pt/conteudo-detalhe.php?id=125

http://www.ecoledesroches.com/

http://www.fadu.pt/net/index.php?option=com_content&task=view&id=5&Itemid=126

Resumos

António José de Almeida, a Universidade e a Reforma Republicana do Ensino
Luís Reis Torgal

A reforma republicana do titular do Ministério do Interior (sucedâneo do magno Ministério do Reino da Monarquia Constitucional), António José de Almeida, realizada durante o curto tempo do Governo Provisório (1910--1911) da Primeira República, é – como alguém já disse – a reforma mais importante do ensino depois da famosa Reforma Pombalina. Independentemente do exagero das palavras, o certo é que pela primeira vez surgiram em Portugal duas novas universidades, a de Lisboa e a do Porto. Mas outras importantes alterações surgiram na política universitária, por acção deste médico que frequentou a Universidade nos anos noventa e que lhe fez então grandes considerações críticas. É essa análise que será também feita, ou seja, a posição de António José de Almeida antes da Revolução de 1910, como estudante, militante republicano, deputado e médico, como será feita uma prospecção à política da Educação quando foi presidente do Conselho de Ministros por altura da União Sagrada (1916-1917) e mesmo quando foi Presidente da República (1919-1923). Essa observação dar-nos-á conta de algumas das directrizes mais significativas da Primeira República, quanto ao Ensino, à Ciência e à Universidade.

Palavras-chave: *António José de Almeida, Governo Provisório, Universidade, Ciência, Educação*

El Sueño de una Universidad Republicana, 1931-1939
Jaume Claret Miranda

El advenimiento de la Segunda República española permitió el acceso al poder de una nueva clase política comprometida con la mejora de la educación. Sin embargo, la reforma tuvo que afrontar la gran inestabilidad política del período, sin poder llegar a cumplir las grandes expectativas creadas. En el mundo universitario, el principal logro fue, sobre todo, la autonomía otorgada a la Universidad de Barcelona. A pesar de funcionar brevemente, su huella fue profunda. El compromiso político de buena parte de la intelectualidad explica la posterior y contundente represión desplegada por los insurgentes. Una persecución de carácter político e ideológico, con graves consecuencias a nivel académico para España, y que forzó el exilio de toda una generación de científicos e intelectuales.

Palavras-chave: *Universidad, reforma, república, intelectuales y represión*

A República e a Universidade de Coimbra
MANUEL AUGUSTO RODRIGUES

Com a publicação do Decreto n.º 4, de 24 de Dezembro de 1901 "Bases para a Reorganização da Universidade de Coimbra" e de outra legislação subsequente como o Decreto com força de Lei, de 19 de Abril de 1911, deu-se início a um novo regime jurídico e científico-pedagógico da Universidade. De referir ainda os Estatutos universitários de 1918 e de 1926.

O Decreto com força de Lei de 9 de Maio de 1911 estabeleceu a legislação orgânica das Faculdades de Letras das Universidades de Coimbra e Lisboa. Em 1919, foi decretada a extinção da Faculdade de Letras de Coimbra e a sua transferência para a Universidade do Porto, o que não chegou a concretizar-se.

Nesta intervenção pretende-se à luz da documentação existente evidenciar os momentos mais significativos da história a Universidade de Coimbra no período em causa.

Palavras-chave: *Legislação universitária, reitores, história das Faculdades, pedagogia, produção científica*

A Universidade Brasileira: Tensões, Contradições e Perspectivas em sua Trajetória
ANGELO BRIGATO ÉSTHER

Ao se discutir a instituição universitária brasileira no contexto atual, em termos de seu conceito, sentido e identidade, é preciso analisá-la a partir de suas raízes históricas, de modo a compreender, as tensões, contradições e desafios de sua atuação e gestão. Em outras palavras, busca-se compreender como a República brasileira lidou e vem lidando com o conceito de universidade, e as políticas daí decorrentes. Para tanto, torna-se impor-

Educação Física, Ginástica e Desportos na Primeira República

tante resgatar as origens da instituição de ensino superior no Brasil, desde a criação das escolas autônomas e a recusa da fundação de universidades durante o Império e o início da República, as razões pelas quais as primeiras universidades públicas foram fundadas no país, bem como seus modelos de gestão e de organização e, por fim, a dinâmica de crescimento das instituições de ensino superior públicas e privadas, partir do entendimento das políticas adotadas.

Palavras-chave: *Universidade brasileira, ensino superior brasileiro, identidade institucional, história da universidade, conceito de universidade*

Le Projet Universitaire de la Troisième République et ses Limites, Science, Démocratie et Élites
CHRISTOPHE CHARLE

La troisième République a attaché son nom à la renaissance et à la rénovation des universités comme réponse à la défaite face à l'Allemagne, moyen de rénovation des élites pour la démocratie et outil du rayonnement culturel international de la France. Après un examen de la réalité et des effets de ce programme mené avec continuité des années 1880 aux années 1930, on s'interrogera sur certaines de ses contradictions internes et sur son incapacité à remplir véritablement ses objectifs. On adoptera pour ce faire une approche à la fois de longue durée et comparative car il n'est pas sûr que les autres régimes européens aient mieux réussi dans cette voie ni que les républiques suivantes, en France, aient véritablement non plus surmonté ces contradictions comme le montre les crises universitaires récurrentes qu'elles ont connues dans la seconde moitié du XIXe siècle

Mots-clés: *Élites en Europe, histoire sociale, histoire culturelle, Europe du XIXe siècle*

República, Universidade e Academia

Ideias Políticas, Formas Organizativas e Lutas Estudantis Universitárias: Marcos de um Itinerário (1918-1926)
ERNESTO CASTRO LEAL
NOÉMIA MALVA NOVAIS

O ciclo da vida académica dos estudantes universitários durava quatro a cinco anos, o que é um dos factores objectivos para a pouca durabilidade dos seus projectos organizativos (associações) ou informativos (imprensa), devendo-se juntar, para uma visão geral, a diversidade das comunidades académicas universitárias portuguesas. Do Sidonismo até à Ditadura Militar, essas comunidades académicas vão confrontar, quase todos ao anos, o poder político com protestos parcelares, principalmente em Coimbra, vindo a ocorrer uma greve geral nas Academias de Lisboa, Coimbra e Porto, em Maio de 1926. Nesses protestos, evidenciou-se os ideários políticos republicanos e monárquicos, em convergência ou em divergência, e (re)construiu-se o associativimo estudantil universitário, regressando a ideia antiga da Federação Académica Nacional

Palavras-chave: *República, Universidade, Estudantes, Associativismo, Protesto*

A Academia de Coimbra – Revolução e República
MARIA MANUELA TAVARES RIBEIRO

As revoltas que ocorreram entre 1842 e 1851 tiveram eco entre os lentes e estudantes da Universidade de Coimbra. A conjuntura política, social e económica nacional, por um lado, e os movimentos revolucionários nacionalistas e republicanos europeus, por outro lado, provocaram pronunciamentos em Coimbra e críticas enérgicas no seio da Academia. Contra a política centralizadora de Costa Cabral, em nome da autonomia do ensino universitário, dos ideais socializantes e republicanos, da fraternidade universal, ergueram-se vozes que proclamavam a revolução social e a república.

Palavras-chave: *Academia de Coimbra, liberdade de ensino, revolução social, república, Fraternidade universal*

La Ciudad Universitaria de Madrid, de la Monarquía a la República
ISABEL PÉREZ-VILLANUEVA TOVAR

La Ciudad Universitaria madrileña constituye, con sus vacilaciones y retrasos en su concepción teórica y en su puesta en marcha, una realización singular de la política educativa y cultural española del primer tercio del siglo XX. Fue en la etapa de la Dictadura del General Primo de Rivera cuando recibió un impulso definitivo, y, tras el 14 de abril de 1931, la República hizo suyo con gran entusiasmo este proyecto, al que Alfonso XIII había estado vinculado de forma personal. La caracterización de la Ciudad Universitaria es el resultado de su trayectoria en tiempos de la Monarquía y de su adaptación a la política republicana, un paso que simboliza la sucesiva – e importante – responsabilidad de dos catedráticos de la Facultad de Medicina, los doctores Florestán Aguilar y Juan Negrín, muy cercano el primero al rey y relacionado el segundo en ese periodo con la labor reformista de la Junta para Ampliación de Estudios e Investigaciones Científicas.

Palavras chave: *Universidad de Madrid, Ciudad Universitaria, política universitaria, Dictadura de Primo de Rivera, Segunda República*

A Reforma dos Estudos Jurídicos de 1911. Coordenadas Científicas e Pedagógicas
RUI MANUEL DE FIGUEIREDO MARCOS

Elegi, como tema da minha comunicação a reforma dos Estudos Jurídicos de 1911. Abordam-se, antes de mais, a origem e a cuidadosa preparação da Reforma, evidenciando o papel destacado que então assumiu a Faculdade de Direito de Coimbra. Apreciam-se, em seguida, os lineamentos gerais de natureza científica e pedagógica que entreteceram a Reforma. Não se descurou ainda o grau de execução que obteve. Em foco, encontra-se, pois, o modelo de ensino jurídico saído da Reforma de 1911.

Palavras-chave: *Ensino Jurídico, Reforma de 1911, Faculdade de Direito de Coimbra, Primeira República, Modelos de Ensino*

República, Universidade e Academia

Cientistas em Acção: Congressos, Práticas Culturais e Científicas (1910-1940)
MARIA DE FÁTIMA NUNES

Os congressos científicos inserem-se numa herança cientista e positivista de final da Monarquia tiveram um largo prolongamento durante o período da República e mesmo na afirmação pública, nacional e internacional, do Estado Novo até 1940 – data mítica e de comemorações variadas no Portugal de Salazar. Pretendemos avaliar a forma como decorreram os congressos científicos internacionais realizados em Portugal na primeira metade do século XX e entender o público entendimento da ciência na sociedade portuguesa e as relações que os membros da comunidade científica tiveram com o Estado e as suas instituições científicas e culturais. Estaremos atentos a uma arqueologia científica e de rituais culturais existentes nos programas científicos e nos programa sociais, ao envolvimento das instituições acolhedoras e ao empenhamento nacional e internacional dos portugueses.

Palavras-chave: *História da Ciência, Práticas culturais e científicas, Congressos científicos, Comunidade Científica, Congresso História actividade Cientifica (1940)*

Ciência e Ideologia: a História na FLUC de 1911 a 1933
JOÃO PAULO AVELÃS NUNES

Criada em 1911, na fase inicial da Primeira República, a FLUC foi estruturada partindo do corpo docente da Faculdade de Teologia da UC. No que concerne à evolução do Grupo de História, predominaram as concepções das historiografias metódica e historicista, de diversas leituras do paradigma positivista. Foram estabelecidos vectores de cooperação interdisciplinar com a geografia e as filologias, a filosofia e o direito. A Escola Normal Superior de Coimbra garantiu o envolvimento directo da FLUC e da UC nas questões do ensino não superior.

Durante a Ditadura Militar e, sobretudo, na fase de transição para o Estado Novo, o poder político visou transformar o ensino superior num instrumento de formação de elites e de legitimação ideológica. Relativamente ao Grupo de História da FLUC, tal significou a hegemonia do historicismo neo-metódico e a recusa da história nova; a ausência de ligações à economia e à sociologia, à antropologia e às relações internacionais. O encerra-

Educação Física, Ginástica e Desportos na Primeira República

mento das Escolas Normais Superiores implicou o quase desaparecimento das didácticas específicas e da história dos sistemas educativos.

Palavras-chave: *Ciência, Tecnologia, Ideologia, Regime demoliberal, Regime autoritário e/ou totalitário*

A Recepção das Correntes Psiquiátricas Durante a Primeira República
JOSÉ MORGADO PEREIRA

Depois de uma pequena introdução ao tema, o autor analisa o período histórico anterior, que se inicia pelo menos desde 1880, procurando depois situar a evolução do pensamento psiquiátrico em Portugal muito influenciado por correntes e autores de outros países da Europa, nomeadamente da França, Alemanha, Inglaterra e Itália.

As influências são enquadráveis em contextos filosóficos científicos e políticos por vezes anteriores aos propriamente médico-psiquiátricos. São especialmente analisadas em Portugal as obras dos médicos Júlio de Matos, figura dominante durante a Primeira República, Magalhães Lemos, psiquiatra e neurologista e já para o fim deste período Sobral Cid, que se faz eco de novas correntes e novos autores da modernidade psiquiátrica europeia do Século XX, cujos desenvolvimentos se prolongam para além do período estudado.

Palavras-chave: *Psiquiatria, História da Psiquiatria, Filosofia, Ideologias, Primeira República*

A Medicina na República
ALFREDO MOTA

O início do século XX marcou a afirmação da Ciência Médica no sentido do progresso e da sua modernização actual. Portugal apesar de ser um país pequeno, atrasado e pobre, tentou acompanhar esta evolução da Medicina, que a República veio ajudar. Os sinais mais evidentes desse propósito foram: a realização em 1906 do XV Congresso Internacional de Medicina, que foi um sucesso com 2.000 congressistas de 27 países; a Reforma Universitária de 1911 que criou as Faculdades de Medicina (FM) de Lisboa e Porto, que se juntaram à FM de Coimbra, e que em relação à Educação Médica seguiu o "Relatório Flexner"; o despontar de uma nova geração de

Médicos e Professores de Medicina, que ficou conhecida em Lisboa como a geração de 1911 e cujas preocupações se centraram na exigência da preparação e da formação, no rigor dos processos e na inovação dos meios e dos métodos, tentando, assim, seguir a Europa da excelência.

Palavras-chave: *Portugal, Medicina, República, Reforma Universitária, Geração de 1911*

L'Università Italiana dal Fascismo alla Repubblica. Tentativi di Rinnovamento e Sostanziale Continuità
LUCIANO CASALI

L'uscita dell'Italia dal fascismo e l'avvio lungo la strada che avrebbe portato nel 1946 alla nascita della Repubblica non assunsero una rettilinea via rottura con il passato, di sanzioni contro i dirigenti del regime dittatoriale e di epurazione nei confronti dei pubblici dipendenti che avevano fatto dell'adesione al fascismo un mezzo per fare carriera e conseguire ruoli di potere.

Dopo l'8 settembre 1943 (armistizio), l'Italia venne divisa in due dalla occupazione tedesca al nord (accompagnata dalla nascita della Repubblica sociale italiana) e dalla progressiva liberazione anglo-americana (accompagnata dalla continuità del Regno d'Italia e delle sue istituzioni con Vittorio Emanuele III). La Resistenza armata che, nel Nord del Paese, coniugò l'idea della Liberazione con quella di una profonda modificazione dello Stato e delle sue strutture, non rappresentò l'elemento fondante del Nuovo Stato che nacque con la fine della guerra, ma, come affermò il leader socialista Pietro Nenni, fu il "vento del Sud" a prendere il sopravvento e a caratterizzare il prevalere della continuità sul rinnovamento.

La Università seguì le stesse linee, ma con alcune caratterizzazioni che ne accentuarono gli elementi di continuità, a partire dallo spirito di difesa corporativa dei docenti che non furono, se non marginalmente, toccati dalla epurazione. Non solo si "dimenticò" il quasi unanime giuramento di fedeltà che i docenti avevano fatto nei confronti del Regime; si stabilì che si sarebbe indagato sulla carriera dei soli docenti che erano entrati in servizio dopo il 1932, data da cui la tessera di iscrizione al Pnf fece obbligatoriamente parte dei documenti necessari per ottenere un impiego statale.

Particolarmente rilevante fu la situazione cui furono sottoposti i docenti ebrei che – espulsi dalle Università nel 1938 in conseguenza delle Leggi razziali – con molte difficoltà e molto ritardo (e non tutti) furono riammessi nelle loro Cattedre e quasi sempre lo furono affiancando quel docente che nel 1938 li aveva sostituiti a seguito della loro espulsione per motivi razziali.

Palavras-chave: *Repubblica, Università, Postfascismo, Fascismo, Epurazione*

Afonso Costa: o Republicanismo e os Socialismos
VÍTOR NETO

Tentar-se-á explicar o percurso político e universitário da Afonso Costa desde o seu ingresso na Universidade no Outono de 1887 até 1899, quando o fizeram catedrático. Politicamente comprometido com a República desde a adolescência, o jovem universitário estudaria a evolução dos socialismos desde tempos primitivos até à sua época e, e à luz destas doutrinas, contestaria as ideias inscritas na encíclica do papa, Leão XIII, Rerum Novarum (1891). A seu ver, a resolução da questão social não podia vir das corporações medievais actualizadas propostas pelo pontífice, mas do socialismo integral de Benoît Malon. Revelando um conhecimento apreciável dos socialistas utópicos e do próprio Marx, Afonso Costa recusava o recurso à caridade para combater a miséria social e, ao invés, apostava nas teorias socialistas e na sua aplicação para a solução da questão social.

Palavras-chave: *República, socialismo, Rerum Novarum, Benoît Malon, questão social*

A Universidade de Coimbra e os seus Professores na Literatura Memorialista Estudantil (1880-1926)
MANUEL CARVALHO PRATA

A Universidade de Coimbra é constituída por duas componentes, bem diferentes uma da outra, mas complementares. Uma é a Universidade institucional, a Universidade propriamente dita; a outra é a Associação Académica, da qual são membros todos os estudantes que frequentam a Universidade, a quem, vulgarmente, chamam Academia.

Depois de abandonarem Coimbra e passados alguns anos, alguns estudantes publicam as suas memórias. Nelas se fala, entre outros assuntos, de Coimbra, da Universidade e dos seus professores. De uma maneira geral,

República, Universidade e Academia

estas memórias são livros bem escritos, mas também fontes relativamente frágeis, em termos históricos. Daí a necessidade de algumas cautelas, quando se pretende fazer história.

São muitas e variadas as imagens que estes memorialistas nos dão da Universidade e dos seus professores. Resultantes de uma relação estabelecida, estas imagens caracterizam-se, fundamentalmente, por um forte sentido de ambivalência, onde não falta, também, um elevado espírito crítico, mas que os tempos vão modificando.

Palavras-chave: *Memórias, História, Universidade, Professores, Imagens*

A Imagem Fotográfica de Professores e Estudantes Republicanos na Universidade de Coimbra
ALEXANDRE RAMIRES

A actividade política republicana tem uma componente integrada pela fotografia. Muitos dos elementos protagonistas destes acontecimentos ficaram registados por este meio que, ao mesmo tempo, fazia o seu caminho na difusão de imagens e de memória.

A Universidade de Coimbra é um lugar de encruzilhada por onde passaram, em momentos chave, quase todos os mais destacados protagonistas, da actividade política que levaria à implantação da República.

Esta comunicação pretende dar a conhecer retratos, lugares e publicações que desempenharam um papel relevante na criação de um imaginário fotográfico republicano. Algumas destas imagens são inéditas. Serão também referidos alguns dados biográficos de fotógrafos republicanos que exerceram a sua actividade em Coimbra, nomeadamente: Arséne Hayes, exilado em Jersey com Vítor Hugo; José Sartoris, que fotografou António José de Almeida na Cadeia de Stª Cruz, quando este esteve preso na sequência do processo do Ultimatum; J. Gonçalves, membro da Paróquia Republicana de St.ª Clara e Afonso Rasteiro, autor da exposição de fotografia comemorativa do 1.º aniversário da proclamação da República, ou ainda outros activos, noutras localidades, que fotografaram Coimbra nesta época de agitação republicana, como Aurélio da Paz dos Reis.

Palavras-chave: *Fotógrafos republicanos, Universidade de Coimbra, cartes de visite, orlas fotográficas, História da Fotografia*

Educação Física, Ginástica e Desportos na Primeira República

Historiadores de Arte na Universidade Republicana
NUNO ROSMANINHO

No início do século XX, a história da arte, conduzida em grande parte por amadores, obteve as primeiras condições de institucionalização universitária. Especialistas vindos da arqueologia e da etnografia, ou acumulando disciplinas destas áreas e da história, criaram nichos de ensino e de investigação que as décadas seguintes tardaram a consolidar. Numa época de paixões políticas tão fortes, não foi o confronto entre monárquicos e republicanos que marcou os estudos artísticos, mas antes um dilema, que chegou a ser acalorado, entre o rigor metodológico, positivo, de Vergílio Correia e as imponderáveis ilações nacionalistas de José de Figueiredo e Reynaldo dos Santos.

Palavras-chave: *Historiografia artística, Universidade, Identidade nacional, Vergílio Correia, Reynaldo dos Santos*

Formar Professores para Cumprir a Educação na República. A Ideologia e a Acção Política
ANTÓNIO GOMES FERREIRA
LUÍS MOTA

A República propunha-se construir uma entidade colectiva, a nação republicana, de que os indivíduos eram a matéria-prima. Integrando os movimentos políticos modernos *gnósticos* (Voegelin, 1968), o republicanismo considerava a humanidade alienada e cria que o seu projecto societal transportava a sua redenção, por via da instrução e da liberdade, desde sempre associada à República (Almeida, 1907), cabendo-lhe a fabricação do cidadão republicano, sustentada, em larga medida, pela pedagogia do movimento da escola nova. Neste quadro tem especial relevância reflectir sobre o projecto das Escolas Normais Superiores, em particular a anexa à Universidade de Coimbra, inspirada na École Normale Supérieur, de Paris, para equacionar quanto se prenunciou e se concretizou sob um ideal sujeito às vicissitudes da acção política e da inércia da vontade académica.

Palavras-chave: *Formação, Professores, República, Educação, Ensino Superior*

República, Universidade e Academia

Leonardo Coimbra e a Criação Política da Faculdade de Letras da Universidade do Porto
JOAQUIM ROMERO MAGALHÃES

A criação da Faculdade de Letras da Universidade do Porto obedeceu ao propósito deliberado de Leonardo Coimbra, ministro da Instrução, de opor um ensino inovador e republicano ao que considerava um ensino clerical e conservador da Faculdade de Letras de Coimbra. Num panorama de muito baixa qualidade que então era o do ensino nas Faculdades de Letras, a escola do Porto destacou-se pela excelente formação de professores para o ensino liceal.

Palavras-chave: *República, Educação, Universidade, Faculdades de Letras, Filosofia*

Educação Física, Ginástica e Desportos na Primeira República
SALOMÉ MARIVOET

Durante a Primeira República, assistiu-se à difusão e implantação do modelo de desporto moderno na sociedade portuguesa. No conjunto dos desportos, o futebol destacou-se pelo número de clubes criados, principalmente a partir de 1910, mas também pelo interesse crescente de um público alargado, tendo sido igualmente o motor da introdução do desporto nas academias de Coimbra, Lisboa e Porto. Porém, os currículos escolares continuaram a privilegiar a prática da ginástica na educação física das crianças e jovens, tal como já vinha a acontecer desde a reforma do ensino secundário de Passos Manuel. Esta tendência, manifestou-se não só em Portugal, como nos restantes países do continente europeu marcadamente católicos. A corrente higienista da educação física, a par das mentalidades dominantes na época, criaram fortes resistências à introdução na instituição escolar do modelo de desporto moderno, surgido em Inglaterra no século XIX, assim como obstáculos à prática desportiva dos jovens nos clubes livremente organizados no seio da sociedade civil. Ainda assim, durante a Primeira República, muito pela via do futebol, assistiu-se à criação de equipas em algumas escolas secundárias que competiram em torneios da modalidade. Também, o desejo da afirmação nacional através da participação de atletas nas competições desportivas internacionais, em particular nos Jogos Olímpicos, mobilizou os poderes públicos republicanos no apoio à preparação da selecção olímpica portuguesa, cuja primeira participação teve lugar nos Jogos Olímpicos de Estocolmo, em 1912.

Palavras-chave: *Ensino, educação física, ginástica, desportos, futebol*